제2판

현대조직관리

유종해 | 이덕로

박영사

개정판 서문

　행정학은 국가운영에 관한 학문이고, 이를 구성하는 분과학문으로서의 조직론은 인사행정론이나, 재무행정론과 함께 행정학의 핵심을 차지하면서도, 행정학의 정체성을 규정하는 가장 중요한 학문이라고 할 수 있다. 이미 초판에서도 밝혔듯이 국가는 조직의 한 유형이라 할 것이고, 행정학이 그 목적으로 하고 있는 성공적인 국가의 운영과 관리는 조직의 성공적인 운영과 관리의 종속변수라 하겠다.

　「현대행정학」과 「현대공기업」의 자매서로서 「현대조직관리」는 광범위한 행정현상 중에서 조직의 운영과 관리에 초점을 맞추고 있다. 이 책의 특징은 행정학의 구조와 행태, 그리고 이에 대한 관리를 동시에 개관한다는 점이라 할 것이다. 즉 행정에 있어서 해부학적 측면의 정적인 조직과 생리학적 측면의 동적인 관리를 동시에 다루고 있다.

　조직과 관리를 동시에 다루고 있기 때문에 「현대조직관리」의 기본적인 구성은 크게 조직론과 관리론으로 구분된다. 따라서 제1부는 조직구조와 조직행태를 개관할 수 있게 하였고, 제2부는 조직의 관리방법을 중심으로 전개하였다는 점은 초판과 대동소이하다.

　이번 개정판의 특징은 주로 제2부의 조직관리론에서 새로운 논의를 추가하고, 몇가지 관리방법은 제외하였다는 점이다. 제1부 행정조직에서는 제2편 조직구조론의 위원회제도를 애드호크라시에서 포괄적으로 다루었고, 각 장별로는 각각의 주제에 대한 이해를 돕기 위하여 용어와 설명을 좀 더 보강하였다.

　제2부 조직관리론에서는 제1편 제2장의 의사결정의 요소와 유형 등에 좀 더 충분한 내용을 보강하였고, 제6장 의사소통의 경우 성공적인 의사소통을 위한 다양한 요소를 추가적으로 검토하였다. 변화가 많은 제2편 행정관리의 전략의 경우 사무관리, 정보관리에 대한 대폭적인 보강과 새로운 시대적 조류의 포함, 그리고 이 두개의 관리와 맥을 같이 한다고 할 수 있는 지식관리를 추가하였다. 마지막으로 제15장에 변화관리를 보강함으로써 당대의 조직관리

의 흐름을 담을 수 있도록 시도하였다. 이에 따라 기존의 행정감독과 목표에 의한 관리는 장 수준의 논의를 하지 않고 일부의 장에서 설명하도록 하였다.

이미 언급한 바와 같이 조직론은 행정학 분과에서 가장 중요한 논의이고, 이에 대한 주제 역시 광범위할 수밖에 없다. 초판 이후 7년이 지나 개정을 할 수밖에 없었던 저자의 한계를 밝히면서 앞으로도 많은 학계와 실무계의 질책을 받아 더욱 더 정진하고자 한다.

개정을 위하여 많은 지원을 해주신 박영사 안종만 회장님, 조성호 이사님, 배근하 과장님 등 관계자 분들에게 깊은 감사의 뜻을 전하고자 한다.

2023년 3월
유종해 · 이덕로

서문

　국가가 주된 연구대상인 행정학에 있어서의 조직관리의 중요성은 아무리 강조해도 지나치지 않다. 이는 국가 자체가 조직의 한 유형일 뿐만 아니라, 국가 역시 다양한 유형의 조직으로 구성되어 있기 때문이다. 결국 국가의 성공적인 운영과 관리는 조직의 성공적인 운영과 관리에 달려있다 해도 과언이 아니다.

　지난 3월에 출간된 졸저 「현대행정학」의 자매서로서 「현대조직관리」는 광범위한 행정현상 중에서 조직의 운영과 관리에 초점을 맞추고 있다. 이와 같이 행정에 있어서 해부학적 측면의 정적인 조직과 생리학적 측면의 동적인 관리를 동시에 다루고 있다는 점에서 「현대조직관리」는 조직을 공부하는 행정학도들에게 좋은 동반자가 될 수 있으리라 생각한다.

　특히 「현대조직관리」는 한국 행정학에 있어서 조직론의 토대를 구축하는 데 일익을 담당한 1.5세대 행정학자와 그의 후학이 함께 초창기의 논의로부터 최근의 논의에 이르기까지 조직관리론의 전반을 조망하였다는 점에 의의가 있다고 할 수 있다.

　조직과 관리를 동시에 다루고 있기 때문에 「현대조직관리」의 기본적인 구성은 조직론과 관리론으로 대별된다. 즉 1부에 편성된 행정조직론에서는 조직에 관한 기초적인 논의를 시작으로 조직구조 및 조직행태를 논의하였고, 2부에 편성된 행정관리론에서는 조직관리에 요구되는 일반적인 지식과 개별적인 관리전략을 다루었다.

　이에 따라 구성된 각 부의 내용을 요약하면 다음과 같다.

1. 행정조직론의 1편에서는 조직의 존재이유, 조직과 환경과의 관계와 같이 조직을 이해함에 있어서 기초가 될 수 있는 논의와 다양한 조직이론을 소개하였다.
2. 2편 조직구조론에서는 계층제 및 관료제와 같은 조직을 만드는 원리와

애드호크라시와 같은 여러 가지 조직의 유형을 검토하였다.

3. 3편 조직행태론에서는 조직을 구성하는 인간들의 행동양상과 이들을 보다 적극적으로 행동할 수 있게 만드는 방법에 관하여 논의하였다.

4. 행정관리론의 1편에서는 의사결정, 리더십 등과 같이 모든 조직의 운영과 관리에 기초가 되는 방법을 개관하였다.

5. 2편은 성과관리, 갈등관리, 위기관리 등과 같이 구체적인 관리전략을 다루고 있다.

이와 같은 광범위한 주제를 다루었기에 아직도 부족함이 많다고 생각하지만 세상에 내놓아 학계와 실무계의 여러분들에게 많은 충고와 가르침을 받고, 이를 기반으로 앞으로 더 수정하고 보완하여 좋은 책을 만들겠다는 각오를 말씀드리는 바이다.

이 책이 세상에 나오게 된 데에는 어려운 출판계의 사정에도 불구하고 쾌히 출판을 승낙하여 주신 박영사 안종만 회장님의 후원과 조성호 이사님의 열성이 있었다. 이 자리를 빌어 깊은 감사의 뜻을 전하고자 한다.

2015년 8월
유종해·이덕로

차례

제1부

행정조직

제1편 조직의 이해

제2편 조직구조론

제3편 조직행태론

CHAPTER

14 조직문화

제2부
행정관리

제1편 행정관리의 전제

CHAPTER
1 **현대행정관리의 토대**

CHAPTER
(4) **조정**

CHAPTER
7 리더십

제2편 행정관리의 전략

갈등관리

ORGANIZATION AND MANAGEMENT

제1부 행정조직

제 **1** 편

조직의 이해

1 조직의 의의

제 1 절 조직의 정의

1. 조직의 개념

현대사회는 조직사회이다. 현대를 살아가는 인간은 태어나면서부터 다양한 조직의 구성원이 되며, 단 하루도 조직을 떠나서는 살 수 없다. 우리들은 깨어 있는 시간의 대부분을 조직 내에서 보낼 뿐만 아니라, 조직에 속해있지 않은 순간에도 조직으로부터 다양한 영향을 받고 있다. 이러한 현대의 조직사회는 인간에게 독특한 인성, 그리고 조직과 인간의 협조적인 관계를 요구한다.[1]

역사적으로 보더라도 조직은 국가는 물론 국가 내의 다양한 기능을 운영하고 활용함에 있어 필수적인 것이었다. 인류의 역사적 유산을 보면 인간의 조직적 행위가 없다면 도저히 이루어질 수 없는 많은 사례를 확인할 수 있다. 예컨대 서기전 2800년경의 이집트는 면적 16,000평 이상의 땅에 평균 2.5톤이나 되는 무게의 바위를 무려 200여 만 개나 쌓아서 피라미드를 만들었는데, 이 거대한 유적의 건축은 방대한 인력과 물자의 관리가 가능한 조직의 활용없이는 불가능할 것임은 쉽게 짐작할 수 있다.[2]

---

[1] Robert Presthus, *The Organizational Society*(New York: Knopf, 1962), pp.3~4.

[2] 초기 조직문제의 개념을 위해서는, Claude S. George, Jr., *History of Management Thought* (Englewood Cliffs, New Jersey: Prentice-Hall, Inc., 1968), ch. 1~3; Lewis Mumford, *The Myth of the Machine*(New York: Harcourt, Brace and World, Inc., 1966)을 참조하고, 현대 생활에 대한 조직 영향에 대한 통찰·분석은, Kenneth E. Boulding, *The Organizational*

이와 같이 조직이란 우리가 상정할 수 있는 시기보다 더 오래전부터 존재하여 왔고, 특히 현대인의 생활은 조직을 떠나서는 생각할 수조차 없다. 게다가 종전의 사회와는 달리, 현대사회는 효과성(effectivenes)과 효율성(efficiency)에 최고의 가치를 부여하고 있어 현대사회를 살고 있는 우리에게 있어 가장 효과적이고 가장 효율적인 사회제도(social institution)인 조직의 활용은 필연적이다.

이러한 조직을 좀 더 자세히 보면, 과정과 구조라는 두 개념을 동시에 포괄하고 있다. 과정이라는 측면에서 볼 때, '조직한다'는 것은 혼돈된 상황에 질서를 부여하는 것이다. 조직 내에 있는 구성원들의 행위를 예측할 수 있으면 질서가 있는 것이고, 예측할 수 없으면 혼돈상태라 할 수 있다. 즉 '조직한다'는 것은 구성원의 행위를 예측할 수 있도록 만드는 과정이고, 이러한 과정의 결과가 구조적인 측면에서의 '조직'을 의미한다.

이렇게 본다면 조직은 의식적인 집단목적을 달성하기 위하여 이루어진 구조적 배열(structural arrangement)이며 관리(management)의 도구라 할 수 있다. 이와 같이 조직은 각 시대의 모든 사회적 목적을 달성하기 위한 수단이었으며, 사회적 목적의 변동에 따라 변모하여 왔다.

조직이라는 단어는 사용되는 상황에 따라 다양하게 정의될 수 있는데, 이에 관한 여러 학자들의 견해를 살펴보면 다음과 같다.

피프너(J. Pfiffner)와 셔우드(F. Sherwood)는 조직이란 많은 사람으로 이루어지는 것으로서 대면적 접촉(face-to-face contact)이 곤란하고, 많은 의무를 수행하며, 모든 구성원이 업무를 통해 상호연관되어 있으며, 서로의 합의된 목적을 달성하기 위하여 노력하는 존재라고 말하고 있다.[3] 블라우(P. Blau)와 스코트(R. Scott)는 조직이란 특정한 목표를 추구하며, 이를 위해 치밀한 구조를 갖춘 사회적 단위(social unit)라고 정의한다. 한편 사회학자인 에치오니(A. Etzioni)도 이와 유사하게 조직이란 일정한 환경 하에서 특정한 목표를 추구하

Revolution(Chicago: Quadrangle Books, Inc., 1968)을 참조한다.

3) John M. Pfiffner and Frank Sherwood, *Administrative Organization*(Englewood Cliffs, New Jersey: Prentice-Hall, Inc., 1960), p.30.

며, 이를 위하여 구성된 일정한 구조를 가진 사회적 단위(social unit)라고 규정하고 있다.

이러한 뜻을 가진 조직의 특색으로는, 첫째로, 조직은 분업·권력·의사소통·책임 등의 요소로 구성된다. 둘째로, 조직에는 한 개 이상의 권력의 핵심(power center)이 있어 구성원의 행위를 조정하고 통제한다. 셋째로, 구성원이 다수가 있기 때문에 구성원간의 직무 대체가 가능하다는 점 등을 들 수 있다.

2. 조직의 구성요소

현대조직에서 인간은 조직의 구성원으로서 자신의 존재를 확인하고, 자신의 역할을 수행하는 과정에서 존재가치를 느끼며, 또한 자신의 능력을 조직에 제공하면서 이에 대한 반대급부로서의 인정·승진·보수 등과 같은 보상을 받는다.

즉 조직의 목적 달성은 조직구성원에 대한 물질적 반대급부 이외에도 사회적·인간적인 대가 없이는 이루어지지 않는다. 현대사회에서 조직을 위하여 일하는 많은 사람들은 심한 욕구 불만에 빠져 있으며, 일로부터 소외되어 인간다움을 상실한 기계적 존재로 변해 간다고 느끼기 때문이다.4) 물론 조직의 합리성을 높이는 것이 반드시 인간의 행복을 감소시키는 것은 아니며, 양자는 서로 양립이 가능하다. 이렇게 볼 때 현대조직의 당면과제는 효과성과 효율성을 추구하는 동시에, 이로 인해 발생하는 역기능을 최소화하고, 조직으로부터 최대의 만족을 얻을 수 있는 인간집단을 구성하는 것이다.

이와 같은 조직의 구성은 대체로 다음과 같은 세 가지 요소로 이루어진다. 이 세 요소는 조직성립의 기본요소이며, 나아가서는 행정의 기본요소이기도 하다.

첫째, 조직의 구성원은 인간이며, 따라서 인간행태의 근본적 특성에 근거를 두고 있다. 즉 인간이란 언제나 두 사람 이상이 상호관계를 맺어야만 생존이 가능하기 때문에 이로 인하여 조직이 구성된다. 따라서 인간의 사회생활은

---

4) Amitai Etzioni, *Modern Organizations*(Englewood Cliffs, New Jersey: Prentice-Hall, Inc., 1954), p.3.

조직을 떠나서는 생각할 수 없다.

둘째, 어떤 조직이던 조직은 그 구성원들이 명시적이거나 묵시적으로 달성하려고 하는 합의된 공동목표를 가지고 있다.

셋째, 조직은 조직구성원들 간의 목표를 달성하려는 노력과 협동 없이는 성립될 수 없다. 따라서 조직은 어떤 특정한 목표를 이룩하기 위한 수단적인 성격을 갖고 있으며, 그 목표를 합리적으로 달성하고자 노력한다.

제 2 절 현대조직의 특성

1. 대규모화

현대조직은 그 인원·예산 등 규모면에서 매우 커지고 있다. 이러한 조직의 대규모화로 인하여 행정국가의 출현은 불가피하였다. 이는 현대국가에 있어서 국민의 행정서비스에 대한 요구가 날로 커지고 있으며, 이와 같은 행정수요를 충족하기 위하여 행정조직이 비례적으로 확장되고 있기 때문이다.

한편 이러한 조직의 대규모화 현상의 몇 가지 원인을 지적하면, 첫째로, 경제발전과 이에 따르는 높은 생활수준에 대한 욕구를 들 수 있다. 인간은 언제나 현재보다 나은 생활을 장래에 영위하기를 기대하고 노력하고 있다. 이것이 대부분의 국가에서, 농촌으로부터 도시로의 이주현상을 유발하며, 이는 또한 다양한 조직의 비대화를 초래하게 된다. 둘째로, 과학기술의 발달도 조직의 대규모화를 초래한 중요한 원인이다. 현저하게 발달하고 있는 현대의 과학기술로 인하여 다양한 재화의 대량생산은 물론 작업의 전문화가 가능해졌으며, 인간은 적은 노력과 시간으로 많은 보상을 기대하게 되었다. 이는 현대적 의미의 조직이론의 전개가 대량생산으로 인한 테일러(F. Taylor)의 과학적 관리 운동(scientific management)에서부터 비롯되었다는 사실을 상기하면 쉽게 이해할 수 있다. 셋째로, 의사소통(communication)과 통제(control)방법의 발달을 지적할 수 있다. 첨단의 전자정보통신기술의 발달로 인하여 전 세계적인 규모의 조직은 시간과 공간을 초월하는 수준의 협력이 가능하게 되었고, 이는 다시 적절한 의사소통과 통제방법의 발달을 초래하였다.

2. 복잡화

과거 조직 속의 인간관계는 주인과 노예의 관계처럼 비교적 단순하였고, 여기에서는 명령과 복종만이 강요되었다. 또한 상하관계의 계층의 수도 적었으므로 한 감독자는 많은 부하를 감독할 수 있었으며 전문가도 필요 없었다. 그러나 오늘날의 조직은 조직 전체가 어떤 정점을 중심으로 한 계층제를 구성하면서 조직의 내부조직단위 간의 여러 관계가 매우 복잡성을 띠고 있다. 이러한 복잡화 현상을 상술하면 다음과 같다.

첫째, 조직 속의 개인의 인권을 존중하게 되었다. 각 개인은 종전과는 달리 자기의 권익을 옹호하기 위하여 단결하게 되었고, 개인의 역할도 부품과 같이 취급되었던 산업혁명시대와는 그 성격이 완전히 달라지게 되었다. 이러한 현상은 종래에 비해 조직구성원의 경제적 상황과 교육수준 향상 등에서 기인한다고 할 수 있다.

둘째, 오늘날의 조직은 계층의 수(levels of authority)가 분화·증가되고 있다. 따라서 계선(line)과 참모(staff)의 관계와 같이 다양한 조직의 내부관계가 이전보다 더욱 복잡해지고 있다.

셋째, 인간협동에 대한 새로운 인식이 생겨났다. 즉 인간의 존엄성이나 인간관계가 변함에 따라 인간협동의 방식도 변했다. 종래의 권위주의적 관계에서는 법률주의(legalism)가 지배적이었으나, 오늘날에 와서는 자율적 지원을 얻을 수 있는 방법을 강구하고자 하는 경향이 뚜렷해졌다.

넷째, 목표의 다원화가 이루어지고 있다. 현대사회의 문화적 가치(cultural value)는 끊임없이 변하고 있으며, 따라서 조직도 이러한 가치의 변화를 수용해야 하는데, 이는 조직으로 하여금 추가적인 목적(additional goals)을 가지게 한다.

다섯째, 업무의 전문화가 이루어지고 있다. 현대조직은 과거와는 달리 다수의 전문가(specialist)를 포함하여 수많은 사람들의 상호관계를 불가피하게 요구하고 있다.

여섯째, 조직은 사회적 존재(social entity)로 인식된다. 조직은 그 사회의 축소판으로서 조직의 목표를 위해서는 모든 요소들(factors)을 조정해야 하는데, 이는 조직에 여러 가지 복잡한 기능을 부여한다.

3. 기동화

현대조직은 여러 가지 다양한 요인으로 고도의 기동성을 띠게 되었는데, 이는 조직 내·외부의 높은 유동성을 의미한다. 우선 환경의 급격한 변화는 조직의 신속하고 적절한 대응을 요구하고, 이에 따라 조직은 이에 상응하는 발빠른 변화와 대응을 모색하게 되었다. 기후변화를 포함한 물리적 자연환경의 변화, 과학기술의 발전을 포함한 사회환경의 변화, 이에 따른 조직인으로서의 인간의 심리적 상황을 포함한 대응자세의 변화는 결국 조직의 행태와 구조, 그리고 기능의 급격한 변화를 수반하게 되며, 이 과정에서 조직의 인적·물적자원과 기능의 유동성은 강화될 수밖에 없다.

콕스(H. Cox)에 의하면 현대사회는 도시화로 특징지을 수 있는데, 이러한 도시화는 익명성과 유동성으로 더욱 가속화된다고 한다. 도시에서 살고 있는 사람들끼리 서로 누가 누구인지 알 수 없는 것이 도시의 매력이고, 도시인들의 신속한 정보교환과 물리적 이동 등이 일반화됨으로써 도시 자체가 고도의 유동성을 띠게 된다는 것이다.

또 그로스(B. Gross)는 현대사회에는 다섯 가지 변화가 일어나고 있다고 말한 바 있다. 즉 (i) 고도의 기동화, 이를 모빌레틱스(mobiletics)의[5] 도래라고 말한다. (ii) 탈공업화사회의 대두, (iii) 조직혁명, (iv) 도시혁명 등이 그것이다. 말하자면 현대사회는 고도의 기동성을 띤 조직사회가 되어 간다는 것이다.

한편 벨(D. Bell)은 이미 오래전에 현대사회의 특징과 변화의 방향을 설명한 바 있다.[6] 그 특징은 (i) 인간의 수명연장 (ii) 교육받은 인구의 증가

---

5) mobiletics는 mobile과 electricity의 두 말을 줄여 만든 말인데, 기동성이라고 이름 붙일 수 있겠다.

6) Daniel Bell, *The Coming of Post−Industrial Society*(New York: Basic Books, 1973).

(ⅲ) 노동의 전문화 (ⅳ) 테크노크라트(technocrat)의 우대 (ⅴ) 행정절차의 자
동화 (ⅵ) 자연자원 보전의 중요성 (ⅶ) 핵가족화 (ⅷ) 대도시화 (ⅸ) 정부와
비정부간 협력 (ⅹ) 탈민족주의 (ⅺ) 국제계획의 증가 등으로 집약될 수 있
다. 이와 같은 현대사회의 세분화된 특징에 대응하는 현대조직은 대규모화·
복잡화, 그리고 기동화의 특성을 가지게 되고, 이 세 가지 특성들은 긴밀한 상
호작용을 하게 된다.

CHAPTER

2 조직과 유형

조직의 이해에 있어 가장 중요한 개념 중의 하나는 기획과 통제를 통한 '질서'의 구현이라 할 수 있다. 특히 조직 내의 한 계층이 하위계층을 통제하고, 구성원들의 활동을 결정하는 방법을 고찰하는 것은 의미있는 일이다. 번즈(T. Burns)와 스토커(G. M. Stalker)는 이런 현상을 묘사하기 위하여 '기계적 체계'와 '유기적 체계'라는 말을 사용했는데, 기계적 체계는 고도의 분업과 직무의 분장, 그리고 엄격한 계층제의 유지가 특징이며, 유기적 체계는 직무의 포괄적 정의와 상하 간의 자유롭고 유연한 의사전달이 특징이다.[1] 이와 같은 조직의 분류에는 크게 두 가지 접근방법이 있다.[2]

하나는[3] 규범적 방법이라 할 수 있는데, 조직의 목표달성과 조직구성원의 동기나 욕구의 만족을 얻기 위해 모든 조직은 X·Y·Z라는 몇 개의 구조적 특성과 원칙을 가져야 한다는 방식이다. 예를 들면 좋은 기획을 하기 위해서는 기획에 영향을 받는 사람들과 긴밀한 의사소통을 전제로 해야 한다든가, 또는

---

1) Tom Burns and G. M. Stalker, *The Management of Innovation*(London: Travistock Institute, 1961), pp.119~125.

2) Robert T. Golembiewski, *Behavior and Organization*(Chicago: Rand McNally & Co., 1962), pp.49~61.

3) Rensis Likert, *New Patterns of Management*(New York: McGraw−Hill Book Co., 1961); Chris Argyris, *Understanding Organizational Behavior*(Homewood, Ill.: The Dorsey Press, 1960).

너무 자세한 통제보다는 폭넓은 의미에서의 감독을 해야 한다든가, 또는 분업화에 있어서 너무 일을 세분하여 적은 일을 맡길 것이 아니라 몇 개로 나눌 수 있는 커다란 업무를 근거로 하여 분업화가 이루어져야 한다든가 하는 것 등이다. 이러한 접근은 조직의 관리나 운영에는 하나의 최선의 방법(one best way)이 있다는 전제에 의거하고 있다. 이와 같은 접근에 과학적 관리법이나 인간관계론도 해당된다.

두 번째 접근방법은 실증적인 방법으로 조직유형의 측면에서 조직을 분류하고 이해하려는 방법이다. 이 접근방법의 기초를 이루고 있는 것은 조직을 내적 내지 외적 환경에 적응하는 '적응체'로 보는 견해이다. 따라서 여기에서는 조직을 그 조직체가 당면한 여건에 따라서 이루어진 구조적 측면을 중심으로 분류한다.

조직의 유형은 여러 사람이 제각기 다른 기준에 따라 분류하고 있으나, 어떤 식의 분류이든지 분류된 대상의 성격을 예측하는 데 도움을 줄 수 있어야 한다.[4]

제 2 절 ▶ 조직의 유형별 분류

Ⅰ 파슨스(T. Parsons)의 분류

파슨스(T. Parsons)는 특정 조직이 그의 사회적 필요성을 충족시키기 위해서 수행하는 기능의 관점에서 조직을 분류하였다.[5] 그에 의하면 조직이 추구

---

4) Tom Burns, "The Comparative Study of Organization," in Victor H. Vroom(ed.), *Methods of Organizational Research*(Pittsburgh: University of Pittsburgh Press, 1967), pp.11~70; Theodore Caplow, *Principles of Organization*(New York: Harcourt, Brace & World, Inc., 1964), pp.36~49.

5) Talcott Parsons, *Structures and Process in Modern Societies*(Glencoe, Ill.: Free Press, 1960), pp.48~58; Henry H. Landsburger, "Parsons' Theory of Organization," in Max

하는 사회적 기능은 네 가지가 있다.

1) **적응(adaption)** 사회가 당면한 환경에의 적응과 생존문제를 해결하는 활동

2) **목표달성(goal attainment)** 사회의 목표를 규명하고 사회의 성격을 결정하며, 사회가 지향하는 목적과 가치를 성취하는 활동

3) **통합(integration)** 사회 구성요소들의 갈등을 관리하고, 기존 관계를 통제하는 활동

4) **체제유지(latency)** 사회의 문화형태와 가치를 보존하고, 전승 · 유지하는 활동 등이다.

이와 같은 소위 '체계'(system)의 개념에 입각하여 파슨스는 각각의 기능을 담당하는 네 가지 유형의 조직을 규정하였다. (i) 적응의 역할을 수행하는 생산 및 경제조직(상업 또는 산업체), (ii) 목표달성의 역할을 수행하는 정치조직(공공행정기관이나 정당), (iii) 사회의 안정을 유지하고 이탈을 막아 통합역할을 수행하는 조직(사법기관 · 경찰서 · 정신병원), (iv) 사회의 내적 가치를 유지하는 역할을 수행하는 조직(종교 · 교육기관) 등이 각각의 사회적 기능 수행에 부합하는 조직 유형이며, 이 모형을 AGIL모형으로 일컫기도 한다.

Ⅱ 카츠(D. Katz)와 카안(R. Kahn)의 분류

카츠(D. Katz)와 카안(R. Kahn)도 조직을 목표달성을 위한 사회체계(social system)로 보고, 조직은 (i) 적응, (ii) 목표달성, (iii) 통합, (iv) 형태유지의 네 기능을 수행한다고 하였는데,[6] 조직의 유형도 이러한 조직의 네 기능에 대응하는 것이다.[7]

---

black(ed.), *The Social Theories of Talcott Parsons*(Englewood Cliffs. New Jersey: Prentice-Hall, Inc., 1961), pp.214~249.

6) T. Parsons도 조직의 기능으로서 i) 적응, ii) 목표달성, iii) 통합 및 iv) 형태유지를 들고 있다. P. Blau and R. Scott, *Formal Organizations*(San Francisco: Chandler Publishing Co., 1962), p.38.

7) Daniel Katz and Robert Kahn, *The Social Psychology of Organization*(New York: Wiley.

1) **적응조직(adaptive organization)** 적응기능을 주목적으로 하는 조직으로서 지식을 창조하며 이론을 발전시키고 정보를 수집하여 다양한 사회적 문제의 해결을 위한 기초적 자료로 활용하는 기관이 이 조직유형에 속하며, 연구조직·각종 조사기관 등이 그 대표적인 예이다. 문화적·예술적 활동에 종사하는 조직도 이 적응조직에 속하는데, 이들은 경험을 풍부하게 하고, 새로운 경험을 통해 문화를 창출한다.

2) **생산 또는 경제조직(productive or economic organization)** 목표달성의 기능에 대응하는 조직으로서 부의 창출, 물자의 제조, 일반대중 내지 그 특정 부분에 대한 서비스의 제공에 종사한다. 행정분야에 있어서는 대부분의 공기업이 이에 속할 것이다. 이 조직은 다시 (ⅰ) 농림·어업의 제1차 산업활동 (ⅱ) 제조·건설의 제2차 산업활동 (ⅲ) 서비스 등의 제3차 산업활동에 종사하는 조직 등으로 재분류된다. 이들 산업조직은 사회 전체에 대해서는 수단적 통합(instrumental integration)과 인간의 기본적인 욕구를 충족시키기 위한 산출(output)을 제공한다.

3) **관리 또는 정치조직(managerial or political organization)** 통합 내지 관리의 기능에 대응하는 조직으로서 권력의 행사나 이해관계의 분쟁과 관련이 있다. 구체적으로 행정기관·노동조합·각종 이익단체 등이 이에 속한다.

4) **형태유지조직(maintenace organization)** 형태유지의 기능에 대응하는 조직으로는 다른 조직과, 보다 큰 사회에 있어서의 각종 역할에 인간을 적응시키기 위한 사회화(socialization)기능도 포함된다. 학교·종교단체·병원 등이 이 유형에 속한다. 이 조직유형은 다시 두 가지로 세분될 수 있다. (ⅰ) 교육·교화·훈련 등을 통하여 형태유지의 직접적 기능을 다하는 조직과, (ⅱ) 복지활동, 정신적·육체적 치료활동, 교정활동 등을 통하여 사회복귀의 기능을 다하는 조직이 있다. 또한 이들 모두는 사회의 분열(disintegration)을 막기 위해서 사회의 규범적 통합을 꾀하는 책임도 진다.

1966), pp.112~113.

Ⅲ 휴즈(E. Hughes)의 분류

휴즈(E. Hughes)는 현대사회에서 확인되는 몇 가지 유형의 조직을 기능·목적·구성 등에 따라 다음과 같이 분류하고 있다.[8]

1) **자원조직(voluntary association of equals)** 이는 특정한 목적을 위한 조직으로서 누구든지 자유로이 조직의 구성원이 될 수 있다. 예컨대 각종 동호회, 전문가단체(professional association) 등이 이에 해당된다.

2) **자선조직(philanthropic model)** 이와 같은 조직은 운영위원회, 전문가, 그리고 이들의 서비스를 받는 특정한 고객(client)으로 이루어지는데, 적십자 등이 이에 해당된다.

3) **회사조직(corporation model)** 일정한 이윤을 목적으로 사업을 하는 조직이다. 이 조직은 주주·경영진·참모 등으로 구성·결합된다.

4) **군대조직(military model)** 이 같은 유형의 조직은 엄격한 권위의 계층(hierarchy)과 서열(rank)이 강조된다.

5) **가족기업조직(family business)** 이는 혈연과 혼맥으로 구성된 친족들로 운영되는 조직유형을 말한다.

Ⅳ 블라우(P. Blau)와 스코트(R. Scott)의 분류

블라우(P. M. Blau)와 스코트(R. Scott)는 조직과 관계를 맺고 있는 사람들, 즉 조직의 수혜자(cui bono)를 (ⅰ) 구성원, (ⅱ) 조직의 소유자나 운영자 (ⅲ) 조직 밖에 있는 사람들, 즉 고객(client), (ⅳ) 사회 전체 또는 대중(public-at-large) 등으로 구별하고, 이에 입각하여 조직을 분류하고 있다.[9]

---

8) Everett C. Hughes, "Going concerns: The study of American institution," in E. C. Hughes(ed.), *The Sociological Eye: Selected paper*(Chicago: Aldine Atherton, 1971); "Memorandum of going on concerns," unpublished paper(The Society for the Applied Anthropology, 1952).

위의 네 종류의 수혜자에 상응하여 네 종류의 조직체가 존재하는데, 조직과 관계를 맺고 있는 사람들은 대부분 일정 정도 조직의 수혜자이지만 여기서는 조직의 존립근거가 되는 주요 수혜자가 중요한 문제가 된다. 이 네 가지 종류의 조직체를 간추려보면 다음과 같다.

1) **호혜조직** 조직의 구성원이 주요 수혜자가 되는 경우로서 정당·노동조합·직업단체·종교단체 등이 이에 속한다. 호혜조직(mutual－benefit associations)의 가장 큰 문제는 조직 내의 민주주의(internal democracy)라 할 수 있으며, 여기서 파생되는 문제로는 구성원의 무관심과 과두제(oligarchy)를 들 수 있다.

2) **사업조직** 조직의 소유자가 주요 수혜자인 경우로서 사기업조직이 대체로 이에 속한다. 공기업은 기업조직이라는 점에 있어서는 사기업과 같으나, 주요 수혜자가 국민이라는 점에서 여기서 말하는 사업조직(business concerns)과는 다르다고 하겠다. 사업조직의 최대의 관심사는 이윤의 극대화이다.

3) **서비스조직** 조직과 직접적인 관계가 있는 고객(clients)이 주요 수익자인 경우로서 사회사업기관·병원·학교 등이 이에 속한다. 이와 같은 서비스조직(service organization)의 목적은 고객에게 양질의 전문적 서비스를 제공하는 데 있으며, 고객의 복지가 가장 큰 관심사가 된다.

4) **공공조직** 일반 대중이 주요 수혜자인 경우로서 외교부·국방부·경찰청·소방청 등 정부와 공공기관 등이 이에 속한다. 대중이 주요 수혜자인 동시에 소유자이므로 소유자의 이익을 위한 사업조직 속에 포함시킬 수도 있겠으나, 특정한 수의 소유자가 아니라 불특정 다수인 대중일반이 주요 수혜자라는 점에서 사업체와 구별할 필요가 있다.

공공조직(commonwealth organizations)에 있어서는 (i) 권력의 문제, (ii) 창의성과 같은 특수한 능력의 촉진문제 및 (iii) 소외자들(outcasts)에 대한 관리 등의 문제에 주의를 기울일 필요가 있다.

---

9) Peter M. Blau and Richard Scott, *op. cit.,* pp.7~8.

에치오니(A. Etzioni)의 분류

에치오니(A. Etzioni)는 조직 내에서 상급자의 하급자에 대한 통제방법과 하급자의 이에 대한 태도와 같은 상호작용을 중심으로 조직을 세 가지로 나누었다.[10] 즉 조직은 세 가지 통제방법과 세 가지 하급자의 수용태도에 의하여 구분된다는 것이다.

에치오니가 말하는 세 개의 통제형식은 (i) 강압적 통제(육체적인 보복을 가하거나 가한다고 협박하는 것)와 (ii) 보상적 통제(월급·임금 기타 금전으로 통제하는 것), 그리고 (iii) 규범적 통제(사회가 허용하는 규범에 의해서 명예 등을 부여하여 통제하는 것) 등의 세 가지 종류이다. 그리고 세 가지 하급자의 수용태도란 (i) 소외적 태도(조직의 목적이나 법에 수동적으로 수용하는 태도), (ii) 타산적 태도(조직의 목적에 적극 찬성도 반대도 하지 않고, 단순히 조직에 참여함으로써 얻는 이득에만 관심이 있는 태도), 그리고 (iii) 도덕적 태도(조직의 목적에 적극 동조하고 그 목적달성에 적극 참여하려는 태도)를 말한다.

표 1-2-1 수용관계

반응유형	통제유형		
	강제적	보상적	규범적
소외적 · · · · · · · · · · · · · · · ·	교정기관 (강제적 조직)		
타산적 ·		기업 (공리적 조직)	
도덕적 ·			교회·학교 (규범적 조직)

자료: Amitai Etzioni, *Comparative Analysis of Complex Organization*(New York: Free Press of Glencoe, 1961), p.12와 p.66에서 발췌.

---

10) Amitai Etzioni, *Modern Organizations*(Englewood Cliffs, New Jersey: Prentice — Hall, Inc., 1954), pp.3~7.

이 개념을 [표 1-2-1]로 표시하면 9개의 조직유형이 가능하나, 실제로는 다음과 같은 세 개의 조직만 현실적인 의미가 있다.

1) **강제적 조직(coercive organization)** 이는 강제를 주된 통제의 수단으로 하며, 대부분의 조직구성원들이 높은 소외감을 느끼는 조직이다. 강제수용소·포로수용소와 대부분의 교정시설, 정신병원 등이 이에 속한다.

2) **보상적(공리적)조직(utilitarian organization)** 이는 보수를 주된 통제의 수단으로 하며, 대부분의 조직구성원들이 타산적인 성향을 지니는 조직이다. 대부분의 민간기업을 포함한 보수를 전제로 구성되는 모든 조직은 이와 같은 속성을 가진다. 다만 공공성 등과 같은 금전적 보상 이외의 가치가 포함되기도 한다.

3) **규범적 조직(normative organization)** 통제의 주된 원천이 규범적 권력이며, 조직구성원이 높은 귀속감을 지니는 조직이다. 종교조직, 이데올로기적인 정치조직 등의 경우는 비교적 규범적 요소가 강조되고 있는 데 비하여, 교육기관이나 보수가 중요한 역할을 하는 전문적 조직 등은 규범적 요소가 비교적 약한 예로 되어 있다.

위에서는 단일한 상호관계가 성립하는 조직을 살펴보았는데, 이원적 상호관계구조를 지니는 조직들이 있다. (ⅰ) 규범적·강제적 구조를 지닌 전투부대, (ⅱ) 보상적·규범적 구조를 지닌 대부분의 노동조합, (ⅲ) 보상적·강제적 구조를 지닌 일부 전근대적인 기업체, 농장·함선 등이 그것이다.

Ⅵ 민쯔버그(H. Mintzberg)의 분류

민쯔버그(H. Mintzberg)는 사회 전체를 구성하고 운영하는 조직의 유형을 분류하기 보다는 중범위 차원의 기업조직을 중심으로 유형화하였다고 말할 수 있다. 즉 그는 조직의 조정기제와 상황요인 등을 기초로 일반적으로 조직을 구성하는 다섯 가지 기본 부문을 규명하고 이에 따라 조직의 유형을 구분하고 있는데, 조직은 작업 부문, 전략 부문, 중간 라인 부문, 기술구조 부문, 지원 스태프 부문으로 구성되어 있다는 것이다.[11]

1) **전략 부문(strategic apex)** 조직에 대해 전반으로 책임을 지고 전사적인 관점에서 조직을 관리하는 최고관리층을 의미한다.

2) **중간 라인 부문(middle line)** 작업 부문과 전략 부문을 연결시키는 라인에 위치한 모든 중간관리자를 의미한다.

3) **기술구조 부문(technostructure)** 조직 내의 기술적인 문제를 전문적으로 다루는 부문으로 조직 내의 과업 과정과 산출물의 표준화를 담당하는 분석가들로 구성된다.

4) **지원참모 부문(support staff)** 조직의 기본적인 과업 외에 발생하는 문제에 대해 간접적인 지원을 하는 스태프 부서에 속한 전문가들로 구성된다.

5) **작업 부문(operating core)** 현장에서 실제로 산출물을 생산해 내는 곳을 의미한다.

민쯔버그(H. Mintzberg)는 조직은 조직 내에서 개인의 역할과 지위, 관리층의 규모, 계획과 통제체계, 의사결정체계 등과 같은 조직 내적요인과 조직의 연령과 규모, 기술체계, 외부환경 등 상황요인에 따라 달라진다면서 이것들과 앞에서 언급한 조직의 다섯 가지 기본부문의 역할정도에 따라 조직을 유형화하고 있다.

1) **단순구조(simple structure)** 분업화의 정도가 낮고, 공식화도 거의 이루어지지 않았으며, 최고관리자에게 권한이 집중되어 있는 조직이다. 이와 같은 조직은 환경 변화의 대응에 신속하고 유연하며, 책임 한계가 분명하고 조직의 목표가 정확하게 구성원들에게 인지되어 조직 운영의 효율화를 꾀할 수 있으나, 의사 결정의 집권화로 조직의 민주성은 제한을 받는다.

2) **기계적 관료구조(mechanic bureaucracy structure)** 이 조직의 경우 과업은 철저하게 세분화되어, 일상적이고 반복적으로 수행되며, 규칙이나 규정이 명확하게 공식화되어 있다. 또한 의사 결정은 명령 계통을 따라 이루어지고, 계선의 활동과 참모의 활동이 명확하게 구분되어 있다. 은행, 우체국, 세무서 등에서 이루어지는 작업은 일상적이고 반복적이기 때문에 표준화가 가능한데,

---

11) Henry Mintzberg, *The Structuring of Organizations*(Englewood Cliff, NJ: Prentice-Hall, 1979).

이러한 조직이 기계적 관료조직의 대표적인 예이다. 기계적 관료조직에서 중요한 역할을 하는 것은 기술구조 부문으로,[12] 이는 베버(Max Weber)가 언급한 관료제 조직구조와 가장 가까운 형태로서, 명확하게 규정된 권한 계층, 표준화된 의사소통 경로, 명문화된 책임 규정 등을 특징으로 한다.

3) 전문적 관료구조(professional bureaucracy) 이는 표준화를 통한 효율성을 유지하면서도 핵심 운영에 고도로 훈련받은 전문가를 배치하여 운영하는 조직을 말한다. 즉, 표준화와 분권화를 결합한 형태가 바로 전문적 관료구조인데, 전문적 관료구조는 과업에 상당한 자율권을 부여받기 때문에 동기 부여가 잘 되고, 책임 의식이 높다. 그러나 전문가들이 조직의 규칙을 잘 따르려 하지 않는 경향이 있고, 전문가들 사이의 의견 조정이 어렵다는 문제가 있다.

4) 사업부제 구조(divisional structure) 이는 중간 라인 부문이 강한 권한을 갖고 있는 구조로 자율적인 사업 단위들의 집합체이며, 각 사업부는 사업 활동에 필요한 자율권을 부여받아 하나의 책임 단위로 운영된다. 이 사업부는 기능별로 분화되고 각 사업부들은 분화의 정도가 크고, 공식화의 정도도 높다. 사업부제는 구성원들에게 자율권을 부여하고, 다양한 교육훈련 기회를 제공하고 관리자로서의 자질을 제고시킬 수 있으며, 이에 따라 구성원들이 강한 책임감을 갖게 한다. 그러나 각 사업부 안에 모든 기능 부서를 설치하여 동일한 기능 부서들의 중복으로 인한 자원의 낭비가 초래될 수 있고, 사업부서 간에 갈등이 상존할 수 있고, 이에 따른 사업부 간의 조정이 어렵다.

5) 애드호크라시(adhocracy) 이는 높은 수평적 분화, 낮은 수직적 분화, 낮은 공식화, 분권화, 유연성 등을 특징으로 하는 조직유형이다. 이 조직유형은 높은 수준의 전문성을 지닌 전문가들에 의해 조직이 운영되기 때문에 수평적 분화가 커지고, 공식화의 정도는 매우 낮아진다. 이와 같은 조직은 환경의 변화에 신속하게 대응하고 다양한 전문가들의 조정을 가능하게 하며, 구성원의 능력을 최대한 발휘하게 함으로써 혁신을 촉진할 수 있다. 그러나 조직 내에서 권한과 책임에 관한 갈등이 존재할 가능성이 높다.

---

12) Henry Mintzberg, *Structures in Five: Designing Effective Organizations*(Englewood Cliff, NJ: Prentice-Hall, 1983), p.194.

제 3 절	조직의 내적 관계

　　조직의 공식적 구조는 계층적 성격을 띠고 있는 일반적인 과업구조, 즉 '과업계층제'(job-task pyramid)가 기본형이다. 이는 조직의 구성원이 인정하는 조직의 공식적 유형 내지 형태를 의미한다. 그러나 조직구성원의 조직 내에서의 행태는 조직의 공식적 구조나 계획만으로는 설명될 수 없다. 즉 조직 내의 구성원 간에는 실제 상호작용(actual interaction)인 비공식적 상호작용이 있기 마련이다. 피프너(J. Pfiffner)와 셔우드(F. Sherwood)는 이를 조직의 내적관계(overlays)라고 부르면서 다음과 같은 다섯 가지 종류의 조직의 내적관계를 설명하고 있다.13) 그런데 여기서 한 가지 주의할 것은 각각의 내적관계는 각기 독립적으로 구별되어 나타나는 것이 아니라 복합적으로 작용하고 있다는 점이다.

1. 사회감성관계(sociometric overlays)

　　조직에는 타인에 대한 좋고 나쁜 감정으로 이루어지는 사회감성관계가 있다. 이것은 주로 대인관계(person to person contact)에서 나타나며, 사회적 관계·친근감·증오감 등으로 이루어진다.

　　모레노(J. L. Moreno)에 의하면 이 관계는 다시

　　1) **규정관계**(prescribed relation) 공식적 조직과 동일한 관계
　　2) **지각관계**(perceived relation) 공식적 구조에 대한 개인의 인지에 의한 관계
　　3) **실제관계**(actual relation) 실제의 구성원 사이에서 일어나는 관계
　　4) **소망관계**(desired relation) 조직원이 바라고 있는 타인과의 관계
　　5) **거부관계**(reject relation) 원치 않는 타인과의 관계
　　등으로 세분된다.

---

13) John M. Pfiffner and Frank Sherwood, *Administrative Organization*(Englewood Cliffs, New Jersey: Prentice-Hall, Inc., 1960), pp.19~32.

2. 기능관계(functional overlays)

이는 기능적인 접촉 때문에 일어나는 조직관계를 말하며, 대개의 경우 특수한 필요정보가 있을 때에 발생한다. 테일러(F. Taylor)도 이 기능적 관계를 기능적 감독(functional supervision)이라는 용어를 써서 강조한 바 있다. 참모(staff) 또는 전문가(specialist)에 의한 접촉이 이 경우의 좋은 예가 된다.

3. 의사결정관계(decision overlays)

사이몬(H. Simon)은 조직을 분석하는 데 제일 좋은 방법은 의사결정이 어디에서 이루어지며, 또 누구와 하는가를 아는 것이라고 하고 있다. 일반적으로 의사결정방식(decision pattern)은 공식적 계층제의 구조를 따르게 되어 있지만, 실제적인 권력 및 권위의 조직망(network)과 기능적 조직망은 계층적 구조를 가로질러 일어난다.

4. 권력관계(power overlays)

권력(power)과 권위(authority)는 반드시 동의어는 아니나, 일반적으로 권력은 계층의 상부로 갈수록 증가하는 것으로 알려져 있다. 이런 경우 권위와 권력은 동일한 것으로 본다. 그런데 실제로는 그렇지 않은 경우가 있다. 예컨대 조직의 장의 비서 또는 보좌관(assistant)이 핵심 권력자가 될 수 있다. 즉 많은 경우 이런 사람들이 의사결정자(decision maker)가 된다. 따라서 권력은 개인적(personal)인 것이며, 정치적(political)인 것으로 반드시 합법적인 것(legitimate), 즉 법이나 계층으로 인정된 것만이 아닌 것이다. 어떤 사람이 다른 권력자에게 특정한 방법으로 행동을 하거나 결정을 하도록 할 수 있다면, 그 사람에게 권력이 있다고 할 수 있다. 따라서 반드시 권력구조는 계층의 구조와 일치하는 것은 아니다.

5. 의사소통관계(communication overlays)

조직에는 의사소통의 경로에 따라 형성되는 접촉관계가 있다. 의사소통과정은 조직체계의 중심이 되며, 조직의 통제와 의사결정·영향력·권력·인간관계·리더십 등에 영향을 미친다.

　조직 내의 의사소통의 경로(channel)는 '누가(who), 누구에게(whom), 무엇에 관해(what) 이야기하나'를 물으면 알 수 있다. 많은 경우 의사소통의 봉쇄(blockage)·왜곡(distortion) 등이 일어나므로 의사소통관계는 조직분석의 중요한 요소가 된다고 볼 수 있다.

CHAPTER

3 조직과 목표

1. 조직목표와 환경

고전적 조직이론은 주로 조직의 내부문제만을 중점적으로 연구하였다. 그러나 오늘날의 조직이론은 체계의 개념에 입각하여 조직과 그것을 둘러싸고 있는 환경과의 관계를 중시하고 있다. 조직 내부의 문제만을 다루었던 과거의 조직이론이 폐쇄적이고 미시적이었다면, 환경문제를 중시하는 오늘날의 조직이론은 개방적이고 거시적인 것이라 할 수 있다.

조직을 개방체계로 생각하는 것은 어떤 조직이던 환경과 일정한 교호작용을 하는 상호의존관계에 있으며, 환경으로부터 인적·물적자원은 물론 다양한 정보와 같이 조직운영이 필요한 모든 에너지를 받아들이고, 전환과정을 통해 이들을 산출물(output)로 만들어 환경에 공급하는 순환과정을 유지하기 때문이다. 조직은 이러한 산출활동 때문에 환경으로부터 그 존립의 의의와 정당성을 부여받는다.

일반적으로 조직을 분석할 때 중요한 고려대상의 하나로 조직의 목표를 드는 경우가 많다. 조직목표의 설정은 환경의 요구, 조직 내의 요구, 조직지도자의 개인적 선호 등에 따라 결정되며, 그 자체가 지지와 갈등을 수반하는 복합적인 의사결정과정이다. 조직의 목표는 일단 정립된 다음에는 조직 내의 여러 가지 결정을 지배하는 전제가 되므로 조직에 미치는 영향력이 매우 크다. 따라서 조직을 보다 명확히 이해하기 위해서는 조직의 목표를 환경과 관련하여 조직 전체의 관점에서 고찰하여야 한다.

2. 조직목표의 정의와 기능

조직의 목표란 조직이 달성하려고 하는 소망스러운 상태(desired state)를[1] 의미한다. 이런 의미에서 목표는 장래의 원하는 상태를 그린 것이라고 할 수 있다. 조직은 바람직한 미래상을 성취할 수도 있고, 또 성취하지 못하는 경우도 있을 것이다. 그러나 목표가 달성되고 나면 그것은 이미 조직의 미래상이 아니며, 조직 또는 그 환경에 동화되어 조직의 일부분이 되는 것이다. 따라서 조직의 목표는 조직이 추구하는 이미지(image)에 지나지 않을 수도 있지만, 조직행동에 영향을 끼치게 되는 매우 현실적인 사회적 힘(sociological force)을 가지고 있다.

한편 조직목표의 개념을 파악하는 데는 몇 가지 어려운 문제가 있다. 첫째는 누구의 미래상을 추구하는 것인가 하는 문제이다. 일반적으로 조직의 목표는 집합체로서의 조직이 실현하려고 하는 미래의 상태를 말하며, 단순히 최고관리자가 지향하는 미래상은 아니다. 둘째는 목표를 관찰하고 측정하기 어렵다는 점이다. 예를 들면 전체 조직구성원의 형태에 초점을 둘 것인가, 아니면 권력자의 행태에 중심을 둘 것인가, 혹은 공식적 목표와 실질적 목표를 어떻게 구별할 것인가 하는 등의 어려운 문제들이 따른다. 셋째는 목표와 수단의 구별이 어렵다는 점이다. 즉 한 목표는 더 큰 목표의 수단이 될 수 있고, 또한 조직의 수단이 하위조직의 목표가 될 수도 있기 때문이다.

조직목표를 분명히 밝히는 것은 이와 같이 어려운 일이지만, 조직이 그의 목표를 성공적으로 수행하기 위해서는 될 수 있는 한 목표를 분명히 해야 한다. 왜냐하면 조직의 목표는 최소한 다음과 같은 기능을 수행하기 때문이다.[2]

첫째로, 그것은 조직의 활동에 대한 지침을 제공한다. 이 경우 목표의 투사

---

1) Amitai Etzioni, *Modern Organizations*(Englewood Cliffs, New Jersey: Prentice—Hall, 1964), p.6.
2) *Idid.*, p.9.

기간이 길면 길수록 추상적이고 이상적인 목표가 될 가능성이 많으며, 반대로 이 기간이 짧을수록 구체적이고 현실적인 목표가 될 가능성이 높다. 둘째로, 조직의 목표는 조직의 활동 내지 그 존재 자체를 정당화하는 정당성(legitimacy)의 근거를 제공한다. 따라서 조직은 그 탄생부터 정당성을 인정받을 수 있는 목표를 표방하며, 탄생 이후에 있어서도 환경의 변화에 따라서 목표의 내용을 수정함으로써 정당성을 유지하고자 노력한다. 셋째로, 조직의 목표는 조직의 구성원이나 조직의 외부인사가 조직의 성공 여부, 즉 조직의 효과성을 측정하는 척도를 제공한다.

제 2 절 조직목표의 분류

1. 공식성에 따른 분류

공식적 목표(stated goal)란 조직이 공식적으로 내세우는 목표이며, 실질적 목표(real goal)란 조직이 실제에 있어서 추구하는 목표이다. 공식적 목표와 실질적 목표는 서로 일치하는 경우도 많지만, 일치하지 않는 경우도 있다.

공식적 목표와 실질적 목표 간에 차이가 나는 이유는 다음과 같다. 첫째는 조직의 대표자나 조직구성원들이 의식하고 있지 못하는 사이에 이 양자 간의 간격이 생기는 경우이다. 목표의 대치, 목표의 승계 같은 예가 이에 해당할 수 있는데, 이 경우에 관해서는 후술하는 목표의 변화에서 다시 설명하기로 한다. 둘째는 조직의 대표자나 조직구성원이 양자의 차이를 의식하고 있으면서 실질적 목표의 달성을 위하여 공식적 목표를 수단으로 사용하는 경우이다. 예를 들어 겉으로는 문화사업을 표방하면서 실제로는 영리를 추구함으로써 조직의 정당성을 확보하려는 경우가 이에 속한다. 일반적인 조직은 공식적 목표와 실질적 목표가 일치되어야 조직의 정당성을 얻을 수 있는 가능성이 커지게 된다.

2. 통제방법에 따른 분류

에치오니(A. Etzioni)는 조직구성원의 통제방법을 기준으로 하여 조직의 목표를 질서목표, 경제목표 및 문화목표로 분류하고 있다.

질서목표를 지닌 조직으로는 교정시설, 정신병원 등을 들 수 있으며, 이러한 조직은 이탈자를 사회로부터 격리하거나 이탈행위의 재발을 막거나 이를 통제하는 데 그 목적이 있다. 경제목표란 경제적인 이윤을 추구하는 것을 말하며, 대부분의 민간회사 등이 이에 속한다. 문화목표를 지닌 조직은 상징적 대상의 창조·유지·활용에 공헌하는 조직으로 학교·종교단체 등을 들 수 있다.

3. 성취수준에 따른 분류

페로우(C. Perrow)는 조직을 체계로 보고, 성취수준, 즉 목표가 누구의 견해를 인정한 것인가를 기준으로 조직의 목표를 다음과 같은 다섯 가지 유형으로 분류하고 있다.[3]

1) 사회목표(social goal)

사회목표란 사회가 요구하는 바를 충족시켜 주기 위해 가지는 목표로서 최상위 수준의 목표라고 할 수 있다. 이 목표유형은 한 사회 속에 존재하는 조직들을 크게 몇 개의 조직군으로 나누고, 각 조직이 갖고 있는 공통적인 지향성을 포착하는 것이라 할 수 있다. 에치오니(A. Etzioni)가 말한 질서목표(order goal), 경제목표(economic goal) 및 문화목표(cultural goal) 등이 이러한 사회목표에 해당된다.

2) 체계목표(system goal)

체계목표란 조직이 생산하는 재화나 서비스 또는 파생목표와 관계없는 조직 자체의 생존을 위한 운영방법과 관련된 목표이다. 즉 이는 하나의 조직이

---

3) Charles Perrow, *Organizational Analysis: A Sociological View*(Belmont Calif.: Brooks Cole Publishing Co., 1960), pp.134~171.

조직으로서 유지해야 할 바람직한 상태에 관한 목표를 말한다. 가령 성장·안정·이윤의 강조 등의 목표가 이에 해당되는데, 특히 이 목표는 조직이 외부환경의 영향을 받지 않고 자유로이 택할 수 있다.

3) 산출목표(output goal)

사회의 구성원으로서의 조직은 사회로부터 많은 자원을 수용하고, 조직이 추구하는 목표를 달성하기 위하여 일정한 재화와 용역을 사회에 내어 놓게 되는데 이때 재화와 용역의 종류와 양, 그리고 질을 결정하게 되는데 이를 산출목표라고 할 수 있다. 현대에 있어서 조직은 이 산출을 얼마만큼 어떤 종류로 다양화할 것인가 하는 점을 항상 고민하게 되는데, 이러한 목표는 정태적인 것이 아니고 조직의 성장이나 외부환경의 변화에 따라 항상 변화하는 동태적인 성격을 지니게 된다.

4) 파생목표(derived goal)

파생목표란 조직이 본래 추구하던 목표 이외의 다른 목표를 추구하는 경우에 해당된다. 이것이 조직의 존재에 근본적인 중요성을 가진 것은 아니라고 하지만, 파생적 목표의 추구는 목표의 대치를 가져오는 계기가 될 수 있다. 그렇게 되면 당초에 파생목표이던 것이 본래의 목표를 대치하거나 본래의 목표에 준하는 중요성을 가지게 된다.

제 3 절 　조직목표의 변화

조직은 생존을 위하여 끊임없이 변화한다. 탄생할 때부터의 체제를 그대로 유지하는 경우는 거의 없다. 때로는 외부환경의 변동과 압력에 의하여, 때로는 내부모순의 축적이나 구조적 세력관계에 의하여 끊임 없이 변화하고 성장·발전 혹은 소멸된다. 따라서 조직이 지향하고 있는 목표도 이러한 상황의 진전에 따라 끊임 없이 변화하기 마련이다.

이러한 변화의 원인은 크게 내부와 외부의 두 가지 방향에서 찾아질 수 있다. 첫째는 외부 환경의 변화에 따라 조직이 원래 추구하는 목표가 전혀 다른 방향으로 바꾸게 되는 경우이다. 기후환경의 변화에 따라 냉난방 회사가 감당해야 하는 변화를 상정해 볼 수 있다. 둘째는 내부 환경의 변화에 따라 조직이 원래 추구하려고 한 활동과는 전혀 다른 활동을 추구하게끔 하는 조직목표 변화를 들 수 있다. 특히 조직구성원의 변화는 조직의 구조는 물론, 산출, 업무과정 등 많은 변화를 유도하게 된다.[4] 우리는 목표의 변화를 일컬을 때 일반적으로 목표의 대치와 목표의 승계 등의 두 가지로 크게 대별할 수 있는데, 이외에도 목표의 확장이나 다원화 내지 목표의 축소를 추가시키기도 한다.

1. 목표의 대치(displacement of goals)

목표의 대치란 조직이 목표달성을 위한 수단을 오히려 목표 자체로 전환시켜 놓는 현상을 말한다. 말하자면 목표의 대치란 기존의 정당한 목표가 다른 목표에 의하여 저해되거나 종속화되는 것을 지칭하는 경우로서 이 현상은 다른 목표들 간에 쉽게 일어나는 현상이다. 가장 순수하고 일반적인 목표의 대치는 목표달성의 효과성과 능률성을 지나치게 강조한 결과 수단적 가치(instrumental value)가 종국적 가치(terminal value)로 변하는 현상, 즉 목표와 수단 간의 우선순위(priority)가 바뀌는 과정에서 발생한다.[5]

이러한 목표의 대치가 일어나는 원인으로써 그동안 지적되고 있는 것으로는 지나친 외형적 목표의 추구, 소수지도자의 권력욕, 정책·규칙·절차에 대한 집착, 조직내부 문제만을 지나치게 중시하는 경향 등을 지적할 수 있다.[6]

우리가 목표의 대치현상을 논할 때 자주 들고 있는 예로 미헬스(R. Michels)

---

4) Richard H. Hall, *Organization: Structure and Process*(Englewood Cliffs, New Jersey, Prentice-Hall, Inc., 1972), pp.87~88.

5) Robert K. Merton, *Social Theory & Social Structure*(Glencoe, Ill.: The Free Press, 1957), p.199.

6) 박연호·이상국, 현대조직관리론(서울: 박영사, 1982), 159~160면.

의 과두제의 철칙(iron law of oligarchy)이 있다. 과두제의 철칙이란 앞서 언급한 목표대치현상의 원인 중 소수지도자의 권력욕과 밀접히 관련된 것으로서, 원래의 목표가 수단으로 대치되는 현상을 말한다. 미헬스에 의하면 1차 대전 전 유럽 여러 나라의 사회주의 정당과 노동조합들은 급진적인 사회변혁을 추구하기 위해 구성되었으나, 실제 활동과정에서 이들 조직의 지도자들은 급진적인 사회변혁의 추구보다는 자기들의 지위를 유지하기에 급급하였다는 것이다. 그리하여 급진적 변혁이라는 원래의 목표가 지위유지라는 수단으로 대치되게 되었는데 이를 과두제의 철칙(iron law of oligarchy)으로 표현하였다.[7]

2. 목표의 승계(goal succession)

목표의 승계란 조직이 원래의 목표를 이미 달성했다든가 또는 달성이 불가능한 경우, 조직의 생존을 위하여 새로운 목표를 찾는 것을 말한다. 조직이란 대개 목표달성을 위해서 성립되거나 활동을 하게 되는 경우가 많다. 그러나 이러한 목표가 달성되었다고 해서 그 조직이 없어지고 만다면, 그와 같은 자원의 낭비도 없을 것이다. 따라서 조직이 목표를 달성한 후에도 그 존재의 정당성을 계속 유지하기 위해서는 새로운 목표의 승계가 이루어지는 것이 바람직하다. 가령 미국의 재향군인회(The American Legion)는 창설 당시에는 제1차 세계대전 중의 원정군의 정신을 기념하고 보존한다는 목표를 내세웠지만, 그 후에는 점차 예비역 군인의 권리를 보호하고 지역사회 봉사사업을 추진하는 일로 그 목표를 바꾸게 되었다.

목표의 승계에 관한 연구로서 가장 많이 인용되는 것은 실즈(D. L. Sills)의 미국의 소아마비 재단(The Foundation for Infantile Paralysis)에 관한 연구이다.[8] 이 재단은 원래 1938년 소아마비의 퇴치를 위한 연구지원과 소아마비 희생자들을 돕기 위한 기금 모금이라는 목표로 설립되었다. 이 재단은 그 후 20년간 이 목표달성을 위한 노력을 한 끝에 소아마비 예방을 위한 백신을 개

---

7) Robert Michels, *Political Parties*(Glencoe, Ill.: The Free Press, 1949).
8) David L. Sills, *The Volunteers*(New York: The Free Press, 1957), pp.62~69.

발함으로써 원래의 목표를 달성하게 되었다. 물론 원래의 목표가 달성됨으로써 이 재단은 해체될 수도 있었겠지만, 방대한 기구와 인력을 그대로 활용하기 위해서 관절염과 기형아 출산의 예방 및 치료라는 새로운 목표를 채택하여 조직은 그대로 존속하였다.

이상의 두 가지 예는 목표가 완전히 달성됨으로써 일어나는 목표승계의 경우를 보여 주고 있다. 그러나 현실적으로는 목표를 완전히 달성함으로써 일어나는 승계의 경우보다는 목표달성이 불가능함으로써 일어나는 승계가 더 많다는 사실을 인식할 필요가 있다.

3. 목표의 확장과 다원화(goal expansion and multiplication) 및 축소

목표의 확장 및 다원화란 기존목표에 새로운 목표가 추가되거나, 목표의 범위가 넓어지는 것을 말한다. 즉 목표의 확장이란 동종목표의 범위가 넓어지는 형태의 목표변화인 반면, 목표의 다원화는 동종목표의 수가 늘어나는 것뿐만 아니라 다른 종류의 목표가 추가되는 것도 포함한다. 또 목표의 축소(goal reduction)란 동종 또는 이종목표의 수나 범위가 줄어드는 것을 말한다.

그런데 이러한 목표의 변화는 앞서 언급한 목표의 대치나 목표의 승계현상과는 달리 현실적으로 자주 볼 수 있는 목표변화의 양태이다. 즉 목표달성이 심한 난관에 봉착하거나 목표달성이 낙관적이라고 보여질 때 목표를 축소시키거나 확장·다원화시키는 것은 흔히 볼 수 있는 현상인 것이다. 가령 대학의 경우 원래의 목표인 학문의 연구와 교육이라는 목표에서 이제는 한 걸음 더 나아가서 사회봉사라는 목표도 추가하고 있는 것이 그 좋은 예라 할 수 있겠다.

CHAPTER

4 조직의 효과성

초기 조직이론에서는 효과성과 효율성을 같은 것으로 생각했으나, 이 양자의 의미는 확실히 차별화된다. 즉, 효율성이란 수단을 목적으로부터 분리한 상태에서 제한된 자원과 중립적인 수단을 사용하여 산출의 극대화나 투입의 최소화를 기하는 것을 의미하는 정태적·경제학적·수단적 개념으로, 이는 대개 투입에 따른 재화생산비율로 정의된다. 반면 효과성은 목적과 수단을 연결한 상태에서 현실적인 산출이 당초의 목적을 어느 정도 충족시켰는가 하는 목적의 달성도를 의미하는 동태적·사회학적·행정학적·목적적 개념으로, 조직목표달성에의 조직활동이나 결정의 공헌도로서 정의된다.[1] 특히 효과성은 목표와 환경에 의해 영향을 받으며, 조직개선 및 발전과도 관련된다.[2] 따라서 한 조직이 목표를 성공적으로 달성하였다 하더라도, 이를 위하여 투입된 자원의 양이 지나치게 많다면 이는 효과적일 수는 있지만, 효율적이라 할 수는 없을 것이고, 이 반대의 경우라면 효율적이지만 효과적으로 조직이 운영되었다

---

1) James L. Price, *Organizational Effectiveness*(Homewood, Ill.: Irwin, 1968), pp.2~3; Bruce L. Eates, *Social Program Administration*(Englewood Cliffs, New Jersey: Prentice—Hall, 1980), p.175; Amitai Etzioni, *Modern Organization*(Englewood Cliffs, New Jersey, Prentice—Hall, 1964); Stephen P. Robbins, *Organization Theory*(Englewood Cliffs, New Jersey: Prentice—Hall, 1983), p.20.

2) Edgar F. Huse and James L. Bowditch, *Behavior in Organization, 2nd ed.*(Massachusetts: Addison—Wesley Publishing Co., 1977), p.278.

고 말하기 어려울 것이다.

또한 생산성(productivity), 탁월성(excellence), 고품질(quality) 등이 조직의 효과성과 관련하여 빈번하게 등장하는 개념들로, 고품질(quality)은 오류가 없는 상태나 상황으로, 탁월성(excellence)은 일정한 기준을 초과하는 성과로 정의할 수 있고, 3) 생산성(productivity)은 주어진 시간에 생산된 제품의 수량으로 정의된다.4) 따라서 생산성의 향상은 이전과 비교할 때 동일한 시간에 생산 또는 처리되는 제품이 많아진다는 것을 의미한다. 이와 같이 조직의 효과성에 대한 정의와 이에 따른 기준의 규정, 그리고 조직의 효과성과 성과를 바라보는 학자들의 시각 차이는 조직의 효과성에 대한 이해를 어렵게 만드는 요인이라 할 수 있다.5) 그러나 이들은 모두 일정 정도 더 나아진 조직 상황을 다소 다른 시각에서 정의하고 있을 뿐 본질적으로 조직의 성과(performance)로서의 의미를 함축하고 있다.

제 2 절　조직효과성의 결정요인

효과성은 개인수준의 성과를 측정·평가하는 데도 관련되지만, 그것을 조직 전체의 성과와 관련하여 판단하는 것이 보다 중요한 일이다. 리커트(Rensis Likert)는 조직의 효과성에 관계되는 변수들을 요인변수·매개변수·산출변수의 3군으로 분류하여 [그림 1-4-1]과 같이 정리하였다. 이들 세 변수군을 상술하면 다음과 같다.

---

3) Kim S. Cameron, "Institutional Effectiveness in Higher Education: An Introduction," *The Review of Higher Education*, Vol. 9, No. 1(1985), pp.1~4.

4) Robert E. Quinn and John Rohrbaugh, "A Competing Values Approach to Organizational Effectiveness," *Public Productivity Review*, Vol. 5(1981), pp.122~140.

5) John P. Campbell, "On the Nature of Organizational Effectiveness," in P. S. Goodman, J. M. Pennings and Associates(eds.) *New Perspectives on Organizational Effectiveness*(CA: Jossey-Bass, 1977), p.15; S. P. Robbins, *op. cit.*, p.21.

▼그림 1-4-1 조직효과성 변수 간의 관계

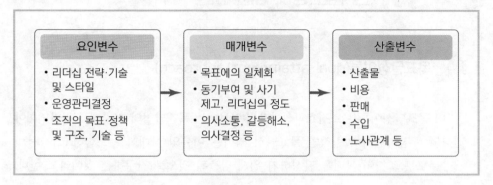

1) 요인변수

요인변수는 조직 내 발전과정과 그 결과 및 성과에 영향을 미치는 요인으로, 이들은 조직관리에 의하여 변경될 수 있다.

2) 매개변수

인적자원에 영향을 미치는 의사소통이나 갈등해소 상황 등이 조직 내 매개변수들이며, 이러한 매개변수들은 조직의 내적 상태를 나타내 준다.

3) 산출변수

산출변수는 조직의 운영결과를 나타내는 종속변수이다.6)

[그림 1-4-1]에서 세 변수군의 관계는 요인변수를 자극하여 기관(매개변수)에 영향을 주고, 이에 따라 어떤 반응(산출변수)이 나타나는 것으로 이해할 수 있다. 따라서 매개변수의 조건 및 수준은 요인변수에 의해 생산되고, 다시 매개변수가 산출변수에 영향을 미치게 되는 것이다.

---

6) Rensis Likert, *New Patterns of Management*(New York: McGraw-Hill Book Co., 1961), p.2.

제 3 절 | 조직효과성에 대한 이론

I 목표달성이론(goal-attainment approach)

이 목표달성이론은 조직효과성이란 수단보다는 목적달성의 견지에서 평가되어야 한다고 주장하면서 일반적인 목표달성 영역은 이윤의 극대화를 포함하고, 그들의 공통분모는 조직이 목적을 달성하기 위해 창출된 것으로 간주하는 것이라고 한다.

1. 가정

1) 조직은 궁극적인 목표를 가져야 한다.
2) 목표들은 충분히 이해될 수 있도록 정의되어야 한다.
3) 목표들은 관리할 수 있는 정도로 소수이어야 한다.
4) 목표에 대한 일반적인 합의나 동의가 있어야 한다.
5) 목표의 달성과정은 측정가능해야 한다.

2. 운영전략

목표달성이론의 운영전략은 목표에 의한 관리(MBO: management by objectives)에서 가장 명확히 나타난다. 실제적인 조직의 업무수행은 목표와 비교되고 측정된다. 조직이 특정과업을 달성하기 때문에 조직은 효과성을 위한 목표지향적 접근에서의 궁극적인 고려대상이다.[7]

3. 문제점

목표달성이론의 문제점은 기본가정에서 비롯되고 있다. 우선 일반적인 목표를 실제 목표달성을 위하여 조작화할 때 이에 대한 충분한 검토가 요구된

---

7) J. Campbell, *op. cit.*, p.26.

다. 즉 조직의 공식적 목표가 항상 조직의 실제목표가 아닌 경우가 있는데, 이는 조직의 공식적 목표가 사회적인 견지에서 건전해야 하기 때문이다. 또한 공식적 목표가 모호한 경우에는 조직이 실제로 무엇을 달성하려는가를 파악하는 데 지장을 초래하며, 조직의 단기목표와 장기목표는 다를 수도 있다. 한편 목표에 대한 구성원의 합의가 전제되는데, 조직 내 목표 간 경쟁과 이해관계의 대립을 완화하여야 할 필요 때문에 조직의 목표가 모호하고 추상적으로 설정되기도 한다.

또 다른 문제점은 조직의 다양한 목표들이 중요성에 따라 순위를 배정하는 과정에서 나타난다. 즉 경쟁적이고 상이한 이해를 반영하는 목표들 간의 우선순위 결정이 어려울 뿐더러 인사상의 변화와 조직 내 권력관계의 변화가 발생하면 기존목표의 우선순위도 변화하게 되기 때문이다.

마지막으로 목표 자체가 행태를 규정하지 않는다는 점이다. 즉 공식적 목표는 때로 미래행동의 지침으로 쓰이기보다는 기존행동의 합리화에 사용된다는 것이다. 이러한 이유로 공식적 목표가 조직효과성을 평가할 수 있는 지표로서 바람직하지 않을 수도 있다.

4. 관리상의 시사점

조직의 존재의의는 목표의 달성에서 찾아질 수 있다. 따라서 다른 어떤 가치보다 조직의 목표를 우선시하는 목표달성이론은 타당하다. 다만 목표달성에 따르는 다양한 영향요소에 대한 고려가 필수적이다. 조직 내외부의 이해관계자, 구성원의 업무과정, 조직의 생존에 필요한 자원의 획득과 활용 등 조직의 목표달성과정에서 요구되는 다양한 요소에 대한 분석과 대응이 목표달성의 전제라는 점을 인식하여야 한다.

Ⅱ 체계이론(system approach)

체계이론은 결과를 중시하는 목표달성접근에 대한 반명제로 제시되어, 조직의 투입·자원획득 및 과정을 강조하고 있다. 다시 말해서 체계이론은 구체적 목표보다는 목표달성에 필요한 수단에 초점을 둔다.

1. 가정

1) 조직은 상호연관된 하위부분들로 구성된다. 따라서 한 하위부분의 부실은 전체조직의 성과에 영향을 줄 수 있다.
2) 효과성은 환경과의 성공적인 상호관계를 요구한다. 조직의 관리자들은 고객·자원공급자·정부기관·노동조합 등과 좋은 관계를 유지하는 데 주력해야 한다.
3) 생존을 위해 소비된 자원들을 재보충해야 한다.

2. 운영전략

체계이론의 요소로는 지속적인 투입과 유익한 산출, 환경변화에 대한 반응에 있어서의 유연성, 자원의 투입을 산출로 전환하는 데 있어서의 효율성, 내적 업무과정 및 의사소통의 명확성, 집단 간의 갈등수준 통제, 피고용인의 직무만족도를 보장하기 위한 환경과의 원만한 관계 등이 있다.

체계이론은 조직의 지속적인 생존을 보장하기 위해 필요한 수단을 강조한다. 체계접근론자들은 조직효과성의 결정변수로서의 특정 최종목표(end goal)의 중요성을 부정하진 않지만, 선정된 목표의 타당성과 이런 목표의 달성을 평가하기 위해 사용된 측정요소들의 타당성을 의문시한다.

핵심적인 체계의 상호관계는 조직효과성 변수나 비율로 전환될 수 있다.[8] 이는 산출/투입(O/I), 전환/투입(T/I), 전환/산출(T/O), 투입에서의 변화/투입

---

8) William M. Evan, "Organizational Theory and Organizational Effectiveness: An Exploratory Analysis," in S. Lee Spray(ed.), *Organizational Effectiveness Theory, Research and Utilization*(Kent, Ohio: Kent State University Press, 1976), pp.21~24.

(△I/I) 등을 포함한다.

또 다른 조직효과성의 평가를 위한 제도로는 관리회계감사제를 들 수 있다.[9] 이는 조직이 그 자원으로부터 최대의 산출을 얻는 것을 보장하기 위해 조직의 과거와 현재와 미래에서의 주요활동을 분석하는 것이다.

표 1 - 4 - 1 상이한 조직유형을 위한 효과성 측정의 예

체계변수	사업체	병원	대학
O/I	투자회수율	의사에 대한 완치환자 비율	교수에 대한 졸업생 비율
T/I	투자거래량	의료기술에의 자본투자	정보체제비용
T/O	재화의 판매량	치료받는 총환자 수	교육받는 학생 수
△I/I	자본의 변화	치료받는 환자수의 변화	재학생 수의 변화

3. 문제점

체계이론에 관해 가장 많이 언급되는 문제점은 성과측정과 수단의 중요성에 관한 것이다. 예컨대 특정최종목표의 측정은 '환경변화에의 반응에 있어서의 유연성'이나 '내부의사소통의 명확화'와 같은 과정변수를 측정하려는 시도와 비교될 수 있다. 그러나 개념적으로는 이해될 수 있다 해도 효과성의 양이나 정도를 포착할 수 있는 타당한 측정도구를 개발하는 것은 상당히 어려운 것이다. 체제접근이론이 갖는 또 다른 문제점은 그 초점이 조직효과성 자체보다는 효과성 달성에 필요한 수단에 있다는 점이다.

4. 관리상의 시사점

조직효과성을 위해 체계이론을 활용하는 조직의 관리자들은 조직의 장기적인 생존전략을 단기전략보다 우선시한다. 또한 체계이론은 조직활동의 상호

---

9) Jackson Martindell, *The Scientific Appraisal of Management*(New York: Harper & Row, 1962).

의존성에 관한 관리자들의 관심을 제고시키며, 최종목표가 몹시 모호하거나 결과의 평가에 문제가 있는 경우에도 이 접근법이 적용될 수 있다.

Ⅲ 전략적 이해관계자이론(strategic constituencies approach)

전략적 이해관계자이론은 조직이 지속적으로 존속하기 위해 지지를 받아야 하는 조직환경의 여러 집단들의 요구를 충족시켜야 효과적인 조직이라는 입장을 견지한다.10) 이 이론은 체계이론과 유사하나 강조점에서 차이가 있다. 양자가 조직과 환경 간의 상호의존성을 고려하기는 하나, 전략적 이해관계자이론은 모든 조직환경에 관심을 갖는 것이 아니라 조직의 생존을 위협할 수 있는 환경 내 주요 집단의 요구충족에 관심을 갖는다는 점에서 체계이론과 차이가 있다.

1. 가정

1) 조직은 다양한 이익집단들로부터 경쟁적인 요구를 빈번히 받고 있다고 가정한다. 이런 이익집단들이 똑같이 중요하지는 않기 때문에 조직의 효과성은 조직의 주요 고객의 요구를 충족시킬 수 있는 조직의 능력에 따라 결정된다고 한다.

2) 관리자들은 많은 목표를 추구하며, 선택된 목표는 결국 조직의 생존에 필요한 자원을 통제하고 있는 이익집단들에 대한 반응을 나타내는 것이라고 가정한다.

---

10) Jeffrey Pfeffer and Gerald Salancik, *The External Control of Organizations*(New York: Harper & Row, 1978).

2. 운영전략

이 이론에 따른 조직의 운영은 크게 4단계로 나누어 볼 수 있다.

첫째, 조직의 생존에 중요하다고 생각하는 이해관계자집단을 식별한다.

둘째, 주요 이해관계자집단들의 목록을 작성한 후 이들의 상대적 영향력을 평가한다.

셋째, 주요 이해관계자집단들이 조직에 대해 갖고 있는 요구를 확인한다.

마지막으로, 여러 요구를 비교하여 이들 요구 간의 우선순위를 결정하는 것이다. 조직의 효과성은 이런 목표들을 충족시킬 수 있는 조직의 능력에 따라 평가된다.

3. 문제점

이 이론이 갖고 있는 문제점은 다음과 같다.

첫째, 전체 환경에서 전략적 이해관계자집단을 식별하는 일이 실제로는 어렵다는 점이다.

둘째, 전략적 이해관계자집단을 식별한다 해도 이들 집단 간의 상대적 중요도를 결정하기 어렵다.

마지막으로, 전략적 이해관계자집단들이 조직에 대해 갖고 있는 요구를 확인하기 어렵다.

4. 관리상의 시사점

조직의 생존이 중요한 것이라면 조직의 생존을 좌우하는 집단이 무엇인가를 식별하는 것이 조직관리자의 임무이다. 이 접근법이 시사하는 바는 관리층에게 조직의 운영에 중요한 이해관계자집단을 식별하여 조직과 이들 집단과의 권력관계의 변화를 조직목표의 우선순위의 수정에 반영하여야 한다는 점이다.

경쟁가치이론(competing values approach)

조직의 효과성은 이해당사자들의 가치를 반영한다는 시각에서 출발하는 경쟁가치이론은 모든 조직이 상반된 이해관계를 가진 다양한 조직원들로 구성되기 때문에 서로 상충할 수 있는 다양한 조직목표를 포괄하고 있고, 이 조직목표는 시간의 흐름에 따라 변화할 수 있다는 점을 인정한다.[11] 따라서 모든 조직은 장·단기 목표가 있고, 조직의 관리자와 구성원, 그리고 고객 등 이해관계자들은 각자가 중시하는 다양한 목표를 가진다.[12] 결국 경쟁가치이론은 조직의 이해관계자들이 시·공에 적합한 조직목표를 결정하기 때문에 모든 조직의 성과를 평가하고 관리하는 척도는 다를 수 있다는 점을 인정한다. 이에 따라 경쟁가치이론은 이해관계자 이론을 토대로 합리적 목표이론, 개방체계론, 내부과정론, 인간관계론 등 조직연구의 대표적인 이론들을 포괄한다.

1. 가정

1) 조직의 목표갈등을 유발하는 다양한 가치가 있다.
2) 조직 내에는 어떠한 단일목표도 없으며, 또한 확인가능한 목표 간에도 합의가 존재하지 않는다.
3) 경쟁가치이론은 조직효과성 평가를 조직이 추구하는 가치에 기초하여 행하는 것으로 본다.

---

11) Robert E. Quinn and John Rohrbough, "A Competing Values Approach to Organizational Effectiveness," *Public Productivity Review*, Vol. 5(1981), pp.122~140.

12) David A. Whetten and Kim S. Cameron, "Organizational Effectiveness: Old Models and New Constructs." in J. Greenberg(ed.), *Organizational Behavior: The State of the Science* (N.J.: Lawrence Erlbaum Associates, Publishers, 1994), pp.135~153.

2. 운영전략

1) 경쟁가치 결정기준

경쟁가치이론의 세부모형을 구성하는 가치는 다음과 같은 기준에 의하여 결정된다.

(1) 신축성 대 통제차원 이 차원은 혁신, 적응성, 변화, 질서, 통제의 가치에 대한 논란 등의 기본적인 딜레마를 반영한다.

(2) 구성원의 이해 대 조직 자체의 이해차원 이 차원에는 개인의 감정과 욕구와 조직의 생산성과 업무성취 간의 상충이 존재한다.

(3) 수단 대 목적차원 이는 과정과 최종산물 간의 상충에 관한 것으로서 조직의 목적 자체와 목적을 달성하기 위한 수단 간의 갈등이 내재되어 있다.

▼ 그림 1-4-2 조직효과성의 3차원적 가치 지향

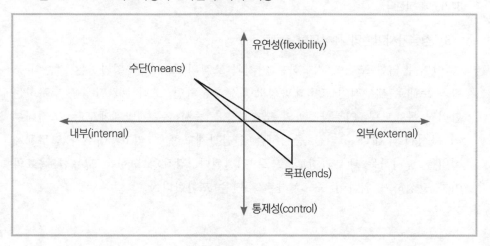

2) 경쟁가치 결정기준에 따른 조직효과성의 조합

조직의 신축성과 내부지향적인 인간과 외부지향적인 조직의 상대적 중요성에 대한 고려, 그리고 조직의 수단과 목적을 기초로 한 조직효과성을 결정하는 기준은 앞서와 같은 8가지의 조합으로 구성된다.

| 표 1-4-2 | 3차원적 가치와 조직효과성의 조합 |

분 류	8가지 기준의 정의
ECE*	효과성/능률성, 산출물의 규모, 산출물 대 투입의 비율
ECM	기획과 목표설정, 기획·목표·평가과정에 대한 강조의 정도
EFE	자원획득, 자산과 외부지원을 획득하는 능력
EFM	신축성-준비성, 외부조건과 요구변화에 적응하는 능력
ICE	안정성-통제, 외부조건의 완화, 연속성, 평형
ICM	정보관리-의사소통, 정보흐름의 충분성, 내부적 조화의 적절성
IFE	인적 자원훈련의 가치, 전체 참모능력의 향상 및 유지
IFM	응집력-사기, 참모들 간의 자율성 및 동조수준

* 분류는 [표 1-4-2]의 외부(external), 통제(control), 목적(ends)의 조합을 말하며, 이후의 분류는 이 기준에 의한다.

3) 경쟁가치이론의 세부모형

이미 논의한 조직이 지향하는 가치와 조직의 효과성을 평가하는 기준의 조합을 토대로 세부적인 조직효과성모형을 추론하면, 조직목표 달성을 추구하는 합리적 목표모형, 외부환경과의 교호작용을 중시하는 개방체계모형, 조직내부의 구성원에 대한 고려를 중시하는 인간관계모형, 그리고, 내부의 업무체계 정비를 중시하는 내부과정모형으로 귀결된다. 각각의 모형은 고유한 목표와 이를 달성하기 위하여 중요시하는 수단을 포함한다.

▼ 그림 1-4-3 조직 효과성에 대한 경쟁가치모형

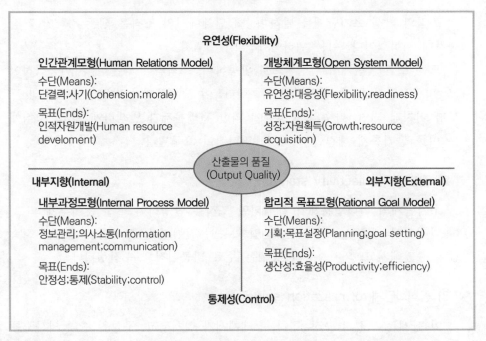

자료: Robert E. Quinn and John Rohrbaugh, "A Competing Values Approach to Organizational Effectiveness," *Public Productivity Review*, Vol. 5(1981), pp.122~140.

3. 생애주기와 조직효과성

경쟁가치모형에서의 조직효과성은 특정 조직이 처한 환경과 조직 내·외부의 상황에 따라 각기 다른 운영전략을 구사하게 된다. 또한 조직의 효과성은 조직의 연령 즉, 생애주기에 따라 다른 지향점을 갖게 된다는 측면에 주목할 필요가 있다.[13] 조직의 생애주기에는 4단계로 구분될 수 있다.

---

13) Robert E. Quinn and Kim Cameron, "Organizational Life Cycles and the Criteria of Effectiveness: Some Preliminary Evidence," *Management Science*, Vol. 29 No. 1(1983), pp.33~51; Larry E. Greiner, "Evolution and Revolution as Organizations Grow," *Harvard Business Review*, Vol. 50(1972), pp.37~46.

1) 생성단계(entrepreneurial stage)

조직의 발생 초기단계를 말하며, 이 단계에서의 조직은 생존 자체가 가장 중차대한 목적이다. 이를 위하여 조직의 설립자
는 모든 조직 국면에서 열정적으로 활동하며, 조직의 운영은 매우 비공식적이고, 비관료적인 혁신·창의성에 기초한다. 이 생성단계가 발전하여 조직의 규모가 커지게 되면, 다수의 구성원에 의한 관리문제가 발생하게 되고, 조직에는 이를 슬기롭게 해결할 수 있는 리더십이 요구된다.

2) 집합단계(collectivity stage)

초기단계의 리더십문제가 해결되면 조직은 안정적인 발전을 이루게 되고, 이 과정에서 계층제, 직무배분, 분업화 등이 진행된다. 조직의 구성원은 소속감이 충만해지고, 의사소통과 통제는 주로 비공식적으로 진행된다.

3) 공식화단계(formalization stage)

이 단계는 조직의 규정, 절차, 통제체제가 설치되고, 구성원 간의 의사소통은 점차 공식적이 되며, 빈도가 떨어진다. 조직은 안정성, 운영의 효율성을 추구하고, 보수적 경향이 일반화되며, 관리층은 기획과 전략 등에 주목하게 된다.

4) 정교화단계(elaboration stage)

관료제의 한계를 뛰어 넘는 구성원 간의 새로운 차원의 협력과 공조가 요구되는 단계이다. 조직의 공적인 통제보다는 사회적 통제와 자기규율이 더욱 중요해지며, 부서를 넘는 협력과 세부부서화가 동시에 일어난다.[14]

이와 같이 각 단계는 서로 다른 조직의 운영방식을 추구하며, 이로 인하여 조직효과성의 평가는 조직이 현재 작동하고 있는 특정단계 동안 지배적인 활동에 중점을 두게 된다.

---

14) Paul Dobson, Kenneth Starkey, and John Richards, *Strategic Management*(Oxford: Blackwell, 2004), pp.32~35; 생애주기로는 진입(introduction), 성장(growth), 성숙(maturity), 쇠퇴(decline)의 네 단계를 활용하기도 한다.

4. 문제점

경쟁가치이론은 조직이 상정할 수 있는 모든 유형의 효과성을 포괄하기 때문에 현실적인 활용도가 매우 높다고 할 수 있다. 더욱이 조직의 생애주기(life cycle) 개념을 도입함으로써 그 실효성을 제고시키고 있다. 그러나, 이와 같은 포괄성은 사실상 일반이론으로서의 성립가능성을 제약하는데, 이는 조직의 상황에 따른 효과성의 다양성을 인정하기 때문에 조직효과성의 일반원칙을 추론하는데 한계가 있기 때문이다.

5. 관리상의 시사점

경쟁가치이론은 조직의 상황에 따라 추구되는 조직효과성과 이의 평가에 다양한 기준과 경쟁적 이해가 내재되어 있음을 인정하고 있기 때문에, 다양한 조직의 개별상황에 적합한 세부 모형을 활용한 조직의 관리에 유용한 측면이 있다.

CHAPTER

5 조직과 환경

조직환경의 의의

조직이 환경 속에서 환경과 교호작용을 한다는 사실은 옛날이나 지금이나 변함이 없음에도 불구하고 오랫동안 조직에 관한 연구는 조직 내부의 문제에만 편중되어 왔다.[1] 그러나 조직과 환경의 관계를 거의 도외시했던 조직이론의 고전기를 벗어나 신고전기에 접어들면서 조직을 연구하는 학자들은 점차 조직과 환경의 관계에도 관심을 갖게 되었다. 그렇지만 신고전기의 연구는 환경과 조직의 관계에 대한 일반적인 관심을 부각시키는 정도에 그쳤다.

신고전기 이후 시대가 변천함에 따라 환경문제에 점차 많은 관심이 모아지게 되었고, 조직사회의 가속화와 환경의 급속한 변동으로 말미암아 조직들은 환경에 대응하고 적응해야 할 필요성을 한층 더 느끼게 되었다. 이러한 여건의 변화는 그 동안 조직을 연구하는 사람들에게 많은 자극을 주어 조직과 환경의 관계에 대한 연구를 촉진시켜 왔는데, 현대의 조직이론은 개방체계(open system)의 개념에 입각하여 환경과 조직의 관계를 중시하는 경향을 보여 주고 있다.

그러나 이러한 조직과 환경의 관계에 관한 연구는 매우 풀기 어려운 난제 중의 하나라 할 수 있다. 이의 가장 중요한 원인은 환경의 복잡성과 불확실성, 그리고 급격한 변동에서 찾아볼 수 있다. 실제로 조직의 경계와 환경의 범위

---

1) 오석홍, 조직이론(서울: 박영사, 2014), 703~710면.

를 규명하는 것부터가 매우 어렵다. 또한 조직의 환경은 조직이 통제하기 어려울 뿐 아니라, 예측할 수 없는 요인들을 너무나 많이 가지고 있는 복잡하고 불확실한 현상이기 때문이다. 이렇게 복잡한 환경적 요인들은 서로 얽혀 있으며 서로 영향을 미치고 있다. 이러한 환경은 스스로 급격한 변화를 겪고 있으며 조직활동을 더욱 어렵게 만들고 있다. 특히 과거에는 이와 같은 변화를 어느 정도 예측할 수 있었으나, 현대에 들어와서는 환경변화의 예측이 더욱 어려운 '단절의 시대'(the age of discontinuity)[2]에 들어섰기 때문에 조직과 환경에 관한 관계는 더욱 복잡한 양상을 보이고 있다.

이렇게 복잡하고 예측이 어려운 환경변화가 조직과 어떻게 교호작용을 하는가에 대해 알아내는 일은 상당히 어려운 문제라 할 수 있으나, 오늘날의 조직이 환경의 변화에 적응하고 능동적으로 도전해야만 한다는 사실은 이제 조직이 성장·발전하는 데 절대원리가 된 것이다.

제 2 절　조직환경의 분류

오늘날 조직의 핵심요소는 보통 (ⅰ) 조직인, (ⅱ) 조직구조, (ⅲ) 조직환경으로 이해되고 있다. 그런데 환경은 한 마디로 정의하기가 어렵다. 다만 우리가 알 수 있는 바는 환경이란 조직 외부에 존재하는 여러 가지 요인의 집합체라는 것이다. 그러나 조직이 환경을 명확히 인식하고 환경의 영향에 적절히 대처함에 있어 이러한 정의는 환경에 관한 구체적인 정보를 제공해 주지 못하기 때문에 환경을 막연하게 전체로 보는 것보다는 어떤 분류체계를 통해서 보는 것이 바람직하다.

우선 조직의 환경은 크게 내부환경(internal environment)과 외부환경(external environment)으로 구분할 수 있다. 내부환경은 조직의 구조·목표·역량 등 공식적 요소를 비롯하여, 조직 내에서 실제로 일어나고 있는 자생적 상

2) Peter F. Drucker, *The Age of Discontinuity: Guide Lines to Our Changing Society*(New York: Harper and Row, 1969).

황을 포함하는 조직분위기(organizational climate) 또는 조직문화(organizational culture)를 말한다. 외부환경은 내부환경을 제외한 모든 환경을 뜻하는데, 조직의 연구방법과 관점에 따라서 과업환경·일반환경, 그리고 인식적 환경으로 분류할 수 있다.

1. 내부환경

내부환경은 조직분위기(organizational climate)를 말하는데, 조직분위기란 우리가 생활을 통하여 우리들의 고유한 개성을 형성해 나가는 것과 마찬가지로 조직이 주어진 환경에 대한 적응과정에서 갖게 되는 자신만의 독특하고 고유한 성격을 말한다. 즉 조직분위기는 조직이 자신의 독특한 특성을 통하여 우리들에게 주는 전반적인 인상 또는 느낌(feeling)으로서 어떤 절대적인 객관적 개념이라기보다는 오히려 우리들의 지각에 의한 상대적이고 주관적인 개념이라고 할 수 있다.

조직분위기를 형성하는 데 결정적인 역할을 하는 조직의 요소로는 (i) 조직의 업종·역량·외부환경과 관계, (ii) 수익성·자본력·구성원에 대한 보상 등 조직의 경제적 상황, (iii) 관리이념과 가치, (iv) 조직의 방침·규율·규정·절차, (v) 조직 각 계층에서의 리더십 유형, (vi) 조직구조의 설계, (vii) 구성원의 배경·가치관·행동경향 등을 들 수 있는데,3) 위의 요소들을 종합적으로 구분하면 (i) 집권적·분권적, (ii) 기계적·유기적, (iii) 관료적·신축적, (iv) 보수적·발전적, (v) 폐쇄적·개방적, (vi) 침체적·활성적, (vii) 불신적·신뢰적, (viii) 비정적·온정적 분위기 등 여러 가지의 조직분위기 유형으로 분류할 수 있다.4) 조직의 전체적인 관점에서 볼 때 이러한 요소들은 조직 내부의 상황적 요인이라 할 수 있는데, 이는 외부환경과 매우 밀접한 관계에 있고, 나아가서는 조직의 성과에도 많은 영향을 주고 있다.

한편 [그림 1−5−1]에서 보는 바와 같이 조직 내부의 모든 환경적 요인들

---

3) Andrew J. Dubrin, *Fundamentals of Organizational Behavior*(New York: Pergamon Press, 1974), pp.334~340.

4) 이학종, 조직행동(서울: 세경사, 1984), 366면.

은 지도자를 구심점으로 하여 상호작용한다. 따라서 이 모든 환경적 요인들이 지도자에게 역할에 따른 기대(role expectation)를 전달하게 되며, 이러한 지도자의 환경을 진단하는 일은 매우 복잡해지는 것이다.[5]

▼ 그림 1-5-1 조직의 지도자와 관련된 환경적 요인들

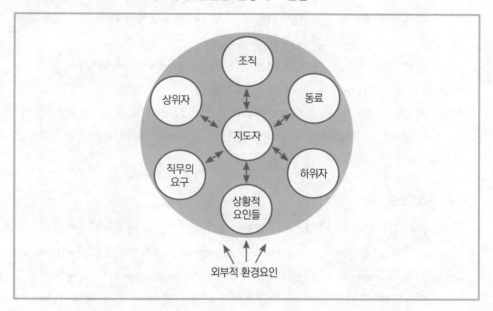

2. 외부환경

1) 과업환경

과업환경은 개별조직의 의사결정이나 전환과정에 관계되는 세분화된 영향력이라고 말할 수 있다.[6] 카스트(F. E. Kast) 등의 학자는 과업환경을 고객·공급자·경쟁자, 사회·정치적 요소 및 기술적 요소로 나누고 있는데, 각각에 대

---

5) 유종해, 현대조직관리(서울: 박영사, 2006), 125면.

6) William R. Dill, "Environment as an Influence on Managerial Autonomy," *Administrative Science Quarterly*, Vol. 3(March 1958), p.409.

해 설명을 하면 다음과 같다.[7]

(1) **고객** 재화와 서비스의 유통에 관계되거나 그것을 실제로 사용하는 자를 말한다.

(2) **공급자** 새로운 재료·설비·제품 등의 물적자원의 공급자와 노동의 공급자를 말한다.

(3) **경쟁자** 경쟁자는 자원의 공급에 대한 경쟁자와 노동력에 대한 경쟁자로 나눌 수 있다.

(4) **사회·정치적 요소** 이 요소에는 법률적 규제, 조직이 속한 사회영역이나 해당 조직에 대한 사회의 정향 등이 포함된다.

(5) **역량요소** 조직이 산출하는 재화와 용역에 요구되는 그 조직이나 관련분야의 새로운 기술적 요구에 대한 대처방안과 새로운 기술의 적용으로 인한 조직역량의 개선 등이 속하게 된다.

2) 일반환경

조직의 일반환경은 사회 내의 모든 조직에 영향을 미치는데, 일반적으로 사회·문화적 환경(social and cultural environment), 정치적·법적 환경(political and legal environment), 기술적 환경(technological environment)으로 나누어지고 있고, 오늘날에는 공해에 따른 환경오염과 기후변화의 문제와 에너지난에 따른 자연자원의 문제 등 여러 가지 문제가 새로운 환경의 도전으로 등장하고 있다.

일반환경을 분류하는 데는 여러 학자들의 견해가 있는데, 그 중 홀(R. H. Hall)은 조직의 일반환경을 기술·법·정치·경제·인구·생태·문화의 일곱 가지로 나누어 설명하고 있다.[8] 여기에서는 일반환경을 사회·문화적 환경, 경제적 환경, 정치적·법적 환경, 기술적 환경, 그리고 기타의 환경으로 나누어

---

7) Fremont E. Kast and James E. Rosenzweig, *Organization and Management: A Systems and Contingency Approach, 3rd ed.*(New York: McGraw-Hill Book Company, 1979), p.133.

8) Richard. H. Hall, *Organizations: Structure, Process, and Outcomes*(Englewood Cliffs, New Jersey: Prentice Hall, 1999), pp.204~248.

서 살펴보기로 한다.

(1) **사회·문화적 환경** 사회·문화적 환경은 사회의 가치관·풍습·윤리·도덕 등을 통하여 개인과 집단의 행동에 영향을 줌으로써, 조직에서의 모든 행동형성에 직접 또는 간접적으로 작용하는 중요한 요인이다.

(2) **경제적 환경** 경제구조·제도, 그리고 여러 경제단체와 기관을 통하여 우리들의 경제활동은 물론 조직의 경제활동과 성과에 커다란 영향을 준다.

(3) **정치적·법적 환경** 사회의 일반적인 정치풍토나 권력집중의 정도, 정치조직의 성격, 정치·정당체계는 조직에 커다란 영향을 미치게 되고, 정치적 안정은 조직활동의 안정을 보장해 주기도 한다. 또한 우리들의 일상생활이나 조직활동에 있어서 지켜야 할 여러 가지 법과 규정이 마련되고, 이것이 조직의 운영과 활동에 틀(frame)로서의 역할을 하고 있다.

(4) **과학기술적 환경** 현대를 과학기술의 시대라고 할 정도로 과학기술이 이 시대에서 차지하는 비중은 매우 크고, 이러한 기술의 변화 또한 급격하게 일어나고 있다. 특히 이 시대를 특징짓는 NT, BT, ICT 등의 변화는 눈부시다. 이러한 과학기술은 사회의 변화를 일으키는 가장 큰 요인이고, 기술의 변화는 생산양식뿐만 아니라 사회의 가치관도 변화시킨다. 이러한 기술적 환경은 조직이 효과적인 성과를 달성할 수 있는 물적·지적 방법(knowhow)을 제공해 주고 있다.

3. 인식환경

조직환경을 앞에서와 같이 과업환경·일반환경의 구성요소 중심으로 구분할 수 있지만, 이와는 달리 조직이 처해 있는 환경을 종합적으로 인식하고 여기에서 나타나는 환경의 전체적인 성격에 의하여 조직환경을 분류할 수도 있다. 조직의 행동관점에서 볼 때 이러한 인식적 차원에서의 환경분류는 그 분류기준에 있어서 두 가지의 환경적 특성을 특히 중요시하고 있다. 즉 첫째는 환경의 변화도(degree of change)로서 환경을 구성하고 있는 요소들이 변화량과 변화율(amount and rate of change)에 대한 척도이고, 둘째는 환경의 복잡성의 정도(degree of complexity)로서 조직의 환경을 구성하고 있는 요소들의 다양성(diversity)과 이 요소들 간의 상호관계 및 이 요소들과 조직체 간의 상호연관관계(inter－relationship)를 의미한다.

표 1-5-1 환경의 유형과 불확실성

	단순(simple)	복잡(complex)
정적 (static)	1. 불확실성에 대한 인식의 정도가 낮다 • 환경: 환경 내의 구성요소나 요인들의 수가 적다	2. 불확실성에 대한 인식의 정도가 약간 낮다 • 환경: 환경 내의 구성요소나 요인의 수가 많다
동적 (dynamic)	3. 불확실성에 대한 인식의 정도가 약간 높다 • 환경: 환경 내의 구성요소나 요인들의 수가 적다	4. 불확실성에 대한 인식의 정도가 높다 • 환경: 환경 내의 구성요소와 요인의 수가 많다

자료: Stephen P. Robbins, *Organizations Theory: The Structure and Design of Organizations* (Englewood Cliffs, New Jersey: Prentice-Hall, 1983), p.153 참조.

환경의 변화도와 복잡성을 중심으로 조직환경을 분류할 때, 여러 가지 인식적 차원에서 환경을 구분할 수 있다.

즉 톰슨(J. D. Thompson)은 조직의 환경을 동질적－이질적(homogeneous－heterogeneous), 안정적－불안정적(stable－shifting)이라는 두 연속선상에 있는 것으로 구분했으며,[9] 로렌스(P. R. Lawrence)와 로쉬(J. W. Lorsch)는 환경을 다양성과 동태성의 과소에 따라 분류했는데,[10] 이 때 환경은 (ⅰ) 단순하고 정적인 환경, (ⅱ) 단순하고 동적인 환경, (ⅲ) 복잡하고 정적인 환경, (ⅳ) 복잡하고 동적인 환경으로 나누어진다고 한다. 이러한 네 가지 유형의 환경은 단순－복잡(simple－complex)의 차원과 정적－동적(static－dynamic)의 2차원으

---

9) James D. Thompson, *Organizations in Action*(New York: McGraw－Hill Book Co., 1967), p.72.

10) Paul R. Lawrence and Jay W. Lorsch, *Organization and Environment: Managing Differentiation and Integration*(Boston: Harvard Graduate School of Business Administration, Division of Research, 1967), pp.23~53.

로 구분되어 환경의 불확실성을 설명해 주기도 하는데, [표 1-5-1]에 의하면 환경이 정적이고 단순할 때에 불확실성은 가장 낮게 인지되고, 반대로 환경이 동적이고 복잡할 때 불확실성은 가장 높게 인지된다는 것을 알 수 있다.

제 3 절 조직환경에 관한 연구

생태학(ecology)이 대두되기 이전까지는 환경(environment)이라는 용어는 거의 거론되지 않거나, 기껏 거론된다고 해도 환경변수는 정적이거나 종속적인 것으로 파악되어 왔다. 그러나 조직 자체가 그 기능이 증대되고 그에 기인하여 보다 넓은 조직 외적 요소와 상호작용해야 할 필요성이 절실히 요청되자 환경변수 자체를 독립변수화 시키는 움직임이 싹트게 되었고, 이에 따라 환경에 관한 연구가 활발해지게 되었다.

Ⅰ 에머리(F. E. Emery)와 트리스트(E. L. Trist)의 연구

에머리(F. E. Emery)와 트리스트(E. L. Trist)는 환경의 내용을 밝히는 데 일찍이 공헌한 학자들이다. 이들은 사례연구를 통하여 '복잡성과 변화율'이라는 특성에 중점을 두고 환경을 4가지로 분류하였는데, 이것을 설명하면 다음과 같다.[11]

1) 평온·원시적 환경(placid-randomized environment)

이는 가장 단순한 환경으로 큰 변화가 수반되지는 않는 안정적인 상황을

---

11) Fred E. Emery and Eric L. Trist, "The Casual Texture of Organizational Environments," in John G. Mauser(ed.), *Readings in Organizational Theory: Open System Approach*(New York: Random House, 1971), pp.46~47.

말한다. 다만 조직의 미성숙으로 인하여 외부환경은 매우 익숙하지 않기 때문에 이에 대응한 조직의 활동은 거의 시행착오를 전제로 한 전술적 수준에서 이루어진다. 이 환경에서의 조직생존은 예측불가능한 외부변화에 대한 적응능력과 적응의욕에 의해 결정된다. 이 환경에서는 소규모조직이 기능을 잘 발휘한다. 이 상황은 변화율이 낮고 상대적으로 덜 복잡하지만, 외부환경의 불확실성은 높다.

2) 평온·집약적 환경(placid-clustered environment)

이 환경에서는 변화가 서서히 일어나지만, 외부환경요인이 일정정도 유형에 따라 구분되기에 환경이 다소 복잡하기는 하지만, 어느 정도 예측할 수 있게 된다. 평온·원시적 환경과는 달리, 이러한 상황에서 조직의 생존은 환경에 대한 조직의 지식에 의존한다. 환경정보를 수집하고, 그것에 적응하기 위해서 조직은 공식적인 관리계획도 발전시키게 된다. 이 환경에서의 조직은 점차 규모가 커지고 위계가 형성되게 되며, 중앙집권적 통제와 조정의 경향을 보인다.

3) 교란·반응적 환경(disturbed-reactive environment)

이 환경과 평온·원시적 환경의 가장 명확한 차이는 많은 수의 유사조직이 교란·반응적 환경에서 출현한다는 것이다. 이 교란·반응적 환경에서는 소수의 대규모조직이 동일 환경에서 경쟁을 벌이게 된다. 이 환경의 특성은 각 조직의 상호작용에 따른 변화의 가속화에 있다. 그리고 조직 내의 상호작용과 다른 환경요인과의 관계로 인하여 복잡성도 증가된다. 또한 이 환경에서는 적응력과 신축성이 중요하게 되고, 이에 따른 조직 내의 분권화도 필요하다.

4) 소용돌이의 장(turbulent field)

이 상황은 변화가 극히 빠르게 진행되고 복잡성도 높다. 이러한 격동성은 조직 간, 조직과 환경요소 간, 환경요소 간의 급격한 상호작용에 기인한다. 또한 이러한 환경에서는 조직의 정치적·경제적·사회적 환경 간에 상호의존성이 증대되며, 경쟁에 대처하기 위한 연구개발 그 자체가 환경의 변화를 가속화된다. 이 소용돌이의 장은 매우 불확실한 환경이라 할 수 있다.

위와 같이 환경을 분류한 에머리와 트리스트는 조직의 환경은 매우 단순한 단계로부터 점차 복잡성·불확실성이 높은 단계로 변화되어 간다고 한다. 여기에서 에머리와 트리스트가 밝힌 환경관의 공헌은 타조직과의 관계에서 환경의 성격을 규명했다는 점과 이 시도의 결과로 불확실성(uncertainty)이라는 개념, 즉 '불확실한 환경'을 현대의 환경으로 특징지을 수 있게 되었다는 점이다.

Ⅱ 테리베리(S. Terreberry)의 연구

에머리와 트리스트의 이론을 한 단계 더 진전시킨 사람이 테리베리(S. Terreberry)인데, 그는 에머리와 트리스트가 지적한 다른 조직과의 관계를 조금 더 구체화하여 다음과 같이 주장했다.[12] 즉 오늘날의 급변하는 조직의 환경은 소용돌이의 환경이 되며 아울러 불확실성이 체증한다고 하는데, 환언하면 한 조직이 당면하는 환경은 진화하는 것으로서 조직의 성장과 함께 환경의 구성요소(다른 조직)도 변하며, 마침내는 다른 조직의 반응에 신경을 쓰면서 의사결정을 해야 하는 절박한 상황에 놓이게 된다. 그리고 이 절박성 때문에 그 조직의 환경은 더욱 불확실해지고, 조직을 변화시키는 주된 요인이 되는 것이다.

에머리와 트리스트가 환경을 다른 조직과의 관계에서만 파악했음에 비하여, 테리베리가 다른 조직과의 관계도 조직의 성장과 함께 진화되고 복잡화된다고 주장한 것은 상당히 진보된 것이라고 볼 수 있다.[13]

---

12) Shirley Terreberry, "The Evolution of Organizational Environments," *Administrative Science Quarterly*, Vol. 12(March 1963), p.609.

13) Richard Hall, *Organizations: Structure, Process, and Outcomes*(Englewood Cliffs, New Jersey: Prentice Hall, 1999), pp.204~248; J. Pennings, "Strategically Interdependent Organizations," in P. C. Nystrom and W. Starbuck(eds.), *Handbooks of Organizational Design*(Oxford: Oxford University Press, 1981), pp.431~455.

Ⅲ 셀즈닉(P. Selznick)의 연구

셀즈닉(P. Selznick)의 연구는 조직과 외부 환경과의 상호 관계에 관한 초기 연구 중의 하나라 할 수 있다. 셀즈닉은 미국이 대공황 이후에 경기 부양을 위해 시작한 테네시강 유역의 종합적 개발을 위해 설치된 기관인 TVA(Tennessee Valley Authority)에 관한 사례연구를 실시한 바 있다. 이 연구에서 셀즈닉은 정부에 의해 설치된 TVA가 목표 달성을 위한 전략의 일환으로 활용한 현지인들과의 협조 관계가 결국 조직과 환경 간 상호작용의 산물임을 실증적으로 밝혔다.[14] 즉, TVA는 현지인들을 조직 내로 적응적으로 흡수(cooptation)함으로써 자신의 존재에 대한 지지를 이끌어내어 궁극적인 조직의 목표 달성에 이르렀다. 이 연구는 환경의 존재를 인정하여 조직을 폐쇄적인 체계에서 개방 체계로서 파악하는 인식의 전환에 기여했다.

Ⅳ 카츠(D. Katz)와 카안(R. Kahn)의 연구

외부의 환경이 조직에 어떻게 영향을 미치느냐 하는 문제를 취급함으로써 환경의 성격을 규정하려는 또 하나의 연구는 환경이 조직변화를 설명하는 가장 중요한 변수라는 명제로부터 시작한다. 이 점을 가장 강력히 주장한 학자가 카츠(D. Katz)와 카안(R. Kahn)인데,[15] 그들에 의하면 조직의 변화를 일으키는 것은 조직 내부에 있는 수평적·수직적 압력이 아니고, 그 변화는 조직 외부로부터 받는 입력(input)에 의해서 이루어진다는 것이다. 이 입력에 따라 조직은 전략을 수립하게 되는데, 능동적이고 복잡하며 불확실한 환경일수록 폭이 넓고 다각적인 전략을 세우게 되고 이 전략을 뒷받침하기 위해서 구조의

---

14) Philip Selznick, *TVA and the Grass Roots: A Study in the Sociology of Formal Organization* (Berkeley: University of California Press, 1949).

15) Daniel Katz and Robert L. Kahn, *The Social Psychology of Organizations*(New York: Wiley, 1966), p.448.

변화가 유발된다고 한다.

이들의 견해를 이해하는 데는 '의사결정요소'(decision point)라는 개념의 이해가 필요하다. 바로 이 의사결정요소가 환경의 요구(environmental demand)에 대한 조직의 반응을 유발하기 때문에 이 의사결정요소를 관찰하면 환경에의 적응양태를 알 수 있다. 의사결정요소로는 4개가 있는데, 즉 첫째가 전체환경 가운데에서 어느 특수분야를 택하여 이에 맞는 전략을 세우는가를 결정하는 영역(domain)의 문제이고, 둘째는 그 전략을 집행하기 위한 적절한 기술(technology)을 택하는 결정, 셋째는 이 전략과 기술을 통제하기 위한 구조(역할)를 수립하는 결정, 그리고 넷째는 조직의 계속성을 확보하기 위한 의사결정이다.

 톰슨(J. D. Thompson)의 연구

조직영역(domain)과 조직기술(technology)의 개념을 적절히 이용하여 환경과 조직의 관계를 설명한 학자는 톰슨(J. D. Thompson)이다.[16] 그에 의하면 영역은 조직이 의존하고 있는 환경의 일부(다른 조직 또는 집단 등)를 나타내는 것으로서, 자원획득이 특정한 영역에서 이루어질수록 조직은 이 영역에 의존하게 된다고 한다. 조직은 계약(contracting)·연합(coalition) 또는 적응적 흡수(cooptation)와 같은 기법을 사용하여 다른 조직에 대한 의존도를 줄이고, 환경전체에 대한 영향력을 증대시키려고 노력한다.

톰슨은 조직이 단지 일부만 환경에 개방되어 있는 것으로 보고, 합리의 본보기인 핵심기술(core technology)을 보호하기 위하여 환경의 외부세력으로부터 격리시켜야 한다고 하는데, 그는 기술이야말로 능률의 척도이며 합리성을 나타내는 강력한 조직규범(organizational norm)이라고 파악한다.

---

16) James D. Thompson, *Organizations in Action*(New York: McGraw－Hill Book Co., 1967).

Ⅵ 로렌스(P. Lawrence)와 로쉬(J. Lorsch)의 연구

로렌스(P. Lawrence)와 로쉬(J. Lorsch)는 조직의 환경에의 적응상황을 분화 (differentiation)와 통합(integration)의 측면에서 설명하려고 하였다.[17] 분화와 통합은 조직구조의 재정비라는 의사결정에 해당되는 것으로, 이들은 이 개념 을 더욱 구체화하였다. 즉 분화란 각 구성원의 환경에 대한 상이한 인지적·감정적 정향(differing cognitive and emotional orientation)을 의미하고, 이러한 상이한 정향으로 인하여 추구하는 목표설정(goal orientation)·시간관, 그리고 대인관계에 갈등이 일어난다. 반면 통합이란 상이한 정향으로 인하여 발생하 는 부서 간의 압력(갈등)을 해소하고 협동을 촉진하기 위해 사용되는 방법, 즉 역할·규율·보수제도·통합을 꾀하는 지도자의 역할과 달성되는 협동의 양상 (quality of cooperation)을 지칭한다.

이런 개념을 갖고 분화·통합 및 환경이 어떠한 상호관계를 맺고 있는가를 연구하는데, 그들의 가설은 외부의 환경변화와 불확실성의 증진에 따라 조직 내부의 분화와 통합의 필요도 증진된다는 것이다.

이들이 환경의 불확실성의 정도에 따라 가장 불확실한 환경에 처한 플라스 틱업계, 중간 정도의 불확실성을 가진 식품업계, 그리고 상대적으로 가장 안 정적인 컨테이너업계를 선정하여 살펴본 결과 각각의 업종에서 분화와 통합 의 정도에 따라 조직의 성과 정도가 달라진다는 것을 확인했다.

즉, 환경의 불확실성이 높은 업종의 경우 이에 대응하기 위한 조직의 분화 와 통합의 정도가 높은 조직이 성과가 높다는 점을 입증했다. 물론 불확실성 의 정도가 낮은 산업군에서도 환경에 대응한 분화와 통합의 정도가 상대적으 로 높은 조직이 다른 조직에 비해 성과가 높다는 사실도 입증했다. 로렌스와 로쉬의 연구에 있어서 환경의 특징은 조직구조의 특징을 결정짓는 강력한 요 인으로서 규정되었고, 또한 쌍방의 특징이 서로 일치되지 않으면 효율적인 조 직으로서 존재할 수 없다는 점도 입증되었다. 바꾸어 말하면 환경의 특징에

---

17) Paul R. Lawrence and Jay W. Lorsch, *Developing Organizations: Diagnosis and Action* (Reading, Massachusetts: Addison—Wesley Pub. Co., 1969), pp.20~30.

따라 조직의 구조도 다르게 설계될 수가 있는 것이다.[18]

Ⅶ 하난(M. T. Hannan)과 프리만(J. H. Freeman)의 연구

하난(M. T. Hannan)과 프리만(J. H. Freeman)은 환경에 대응하는 조직현상을 연구하면서 단일 조직이 아닌 유사한 조직군을 분석대상으로 확장하여 접근하고 있다.[19] 이들은 조직은 내·외부적 제약요인으로 인하여 환경에 적극적으로 적응하기 어렵고, 환경은 자신에게 적합한 조직을 선택하고, 부적합한 조직은 도태시킨다고 주장한다. 이때 조직의 내부적 제약요인으로는 정보 및 자원의 한계를 들 수 있고, 외부적 제약요인으로는 자신이 속한 환경에서 탈출하는데 요구되는 법률적·재정적 제약을 들고 있다.

세상에는 다양한 조직이 존재하는데 이는 환경의 다양성으로 인하여 발생한 결과라 할 수 있고, 이 조직들 간의 동형화(isomorphism)로 인하여 일정한 환경에 유사한 다수의 조직들이 생존하게 된다. 그러나 이 조직들은 자신이 속한 장소(niche)가 제공하는 자원의 크기에 따라 일정정도가 자연스럽게 도태되거나 생존하는데, 이는 결국 환경의 선택에 의한다. 다만 조직이 크거나 오래될수록 안정적이어서 생존가능성이 높아진다. 그러나 안정의 강조는 오히려 조직의 지속적인 혁신을 부정하게 되는데, 이는 인간의 능동성을 부정한다는 비판에 직면하게 된다. 전반적으로 이들의 이론은 조직군으로 조직과 환경의 분석대상을 넓혀 사회 전반에서 부각되는 변화에 대한 해석의 가능성을 열어 놓았다는 점에서 의의가 있다.

---

18) 로렌스(P. Lawrence)와 로쉬(J. Lorsch)의 연구와 유사한 초기 연구에서 번즈(T. Burns)와 스토커(G. Stalker)는 환경의 안정성과 조직 구조의 관계를 규명한 바 있는데, 이들은 안정적인 환경에서는 기계적 조직 구조가, 유동적인 환경에서는 유기적 조직 구조가 적합하다고 주장하였다; Tom Burns and G. M. Stalker, *The Management of Innovation*(London: Tavistock Press, 1961).

19) Michael T. Hannan and John H. Freeman, "The Population Ecology of Organization," *American Journal of Sociology*, Vol. 82 No. 5(1977), pp.929~964; "What to Do Organizational Form Come From," *Sociological Forum*, Vol. 1(1986), pp.50~72.

페퍼(J. Pfeffer)와 살란식(G. R. Salancik)의 연구

조직은 환경으로부터 자원을 공급받지 못하면 생존이 불가능하다. 따라서 조직은 항상 외부환경과의 긴밀한 관계 속에서 생존이 유지된다. 페퍼(J. Pfeffer)와 살란식(G. R. Salancik)은 조직연구의 관점을 조직 내부요소에서 조직의 외부요소, 즉 조직의 생존에 필요한 자원의 공급원으로서의 환경으로 전환시켰다.[20]

이들은 기존의 조직환경에 대한 연구가 주로 조직을 환경에 적응하는 피동적인 존재로 인식하고 접근하였는 데 비해 조직이 능동적으로 환경을 조작할 수 있다는 점을 부각시킴으로써 보다 적극적인 조직과 환경과의 상호작용에 초점을 두었다. 즉 이들은 조직이 환경을 능동적으로 자신에게 유리한 방향으로 전환시킨다는 점을 강조하고 있다.

이 과정에서 조직관리자의 역할은 매우 중요하다. 특히 이들의 연구는 조직의 효과성이라는 관점에서 조직의 성과와 조직, 그리고 환경의 삼자 간 상호작용관계를 규명함으로써 조직의 생존을 위한 변수로서의 환경을 조직의 성과제고를 위한 변수로 전환하였다는 점을 평가받는다. 즉 페퍼(J. Pfeffer)와 살란식(G. R. Salancik)의 연구는 조직을 환경에 대한 능동적 존재로, 환경을 조직의 성과제고를 위한 변수로 전환시켰다는 점에서 학문적 기여를 확인할 수 있다. 이들의 이론은 자원의존이론(resource dependence theory)으로 명명되기도 한다.

---

20) Jeffery Pfeffer and Gerald Salancik, *The External Control of Organizations*(New York: Harper & Row, 1978), pp.39~61.

제 4 절 조직과 환경의 관계

I 조직환경의 속성

조직환경의 속성은 크게 두 가지로 대별된다. 하나는 정적인 것이고, 다른 하나는 동적인 것이다. 정적(static)이라는 것은 환경의 변화가 크지 않은 상황을 의미하며, 이는 복잡성(complexity)·일상성(routineness)·상호관계(interconnectedness), 그리고 접근성(remoteness) 등으로 특징지어진다. 반면 동적(dynamic)이라는 것은 환경의 변화가 심한 상황을 말하며, 여기에는 변화율(rate of change), 변화의 예측가능성(predictability of change) 등의 요인이 관련된다.

이러한 여섯 가지 요인과 전술한 조직환경에 관한 여러 학자들의 견해를 종합해 볼 때 다음과 같은 결론이 가능하다. 즉 환경의 요구가 복잡성·일상성·상호관련성·변화율, 그리고 변화의 예측가능성 등에서 낮으면 조직의 관리전략은 단순해질 것이며, 그렇지 않은 경우에는 복잡해질 것이라는 것이다.[21]

1. 정적 속성

1) 복잡성

환경의 복잡성은 조직의 자원에 영향을 미치는 수요자와 공급자의 수가 많아질 때 발생하게 된다. 환경의 복잡성은 조직의 관리전략에 갈등과 혼란을 불러일으킬 것 같지만, 실제로는 안정감을 제공해 주는 경우가 더 많다. 가령 대규모 기업조직이 경제의 불확실성을 회피하기 위해서 업종을 다양화시키는 것이 여기에 해당된다.

---

21) Stephen L. Fink, R. Stephen Jenks, and Robin D. Willits, *Designing and Managing Organizations*(Homewood, Ill.: Richard D. Irwin, 1983), p.278.

2) 일상성

일상성이란 조직이 이해관계자의 수요에 맞춰 계획과 통제기능을 수행할 수 있는 능력을 의미한다. 현대사회에서는 환경의 급격한 변화와 치열한 경쟁으로 말미암아 비일상성(nonroutineness)이 환경의 지배적인 현상이라고 할 수 있다.[22] 따라서 모든 조직은 이러한 비일상성을 줄이고 예측가능성과 통제가능성을 높이기 위해서 외부 환경과 다양한 협약관계를 맺는 등 다각적인 노력을 기울이고 있다.

3) 상호관련성

현대사회에서 조직은 독자적으로 생존할 수 없다. 모든 조직은 다른 조직과의 관계에서 자기의 생존을 유지하고 있다. 모든 조직이 이와 같이 서로 연결되어 있다는 것은 일견 조직의 독자적인 자유에 제한을 가하는 것이 될지 모르지만, 실제적으로는 조직의 생존에 필수적이기 때문에 자연스러운 현상이라 할 것이다. 이 상호관련성이 환경 외부로부터의 악영향을 조직간의 협력을 통하여 수월하게 방어할 수 있게 해 주기 때문이다.

4) 접근성

각 조직이 이해관계자를 포함하여 다양한 상호관계를 맺고 있는 다른 조직 등과 위치하고 있는 거리도 조직의 관리전략에 중요한 영향을 미치게 된다. 조직이 커지게 되면 그에 비례하여 자신들의 환경에 미칠 수 있는 영향력도 커지게 된다. 특히 조직의 입장에서 보면 고객과의 거리감을 줄이기 위한 다양한 노력을 한다.[23] 접근성은 특히 시간의 차원과도 관계가 깊다. 예컨대 내년에 집행될 법안은 지금 당장 집행될 법안보다 긴박성이 덜할 것이기 때문이다. 이와 같이 조직과 관계있는 다양한 주체 또는 요소들과의 접근성은 조직의 관리전략에 큰 영향을 미치게 된다.

---

22) *Ibid.*, p.280.
23) *Ibid.*, p.282.

2. 동적 속성

1) 변화율

외부환경이 급격하게 변하면 변할수록 조직이 그것에 대처할 수 있는 능력은 더욱 더 저하된다. 특히 고도의 기술수준을 요하는 첨단 산업의 경우, 급격한 시장의 변화에 대처할 수 있는 능력의 요구가 강하다. 물론 현대의 모든 조직이 이러한 급격한 외부환경의 변화에 직면하고 있는 것은 아니다. 가령 의약계의 경우에는 첨단 정보통신산업만큼 그렇게 급격한 외부환경의 변화에 직면하고 있는 것은 아니다. 그것은 환자보호나 치료라는 업무가 현실적으로 그렇게 급격하게 변하는 것은 아니기 때문이다.

2) 변화의 예측가능성

현재 우리가 지니고 있는 여러 가지 정보처리능력은 환경의 변화와 추이를 예측함에 있어 큰 기여를 하고 있다. 가령 향후 10년 후의 인구의 분포라든가, 교육수요·경제성장 등과 같은 복잡한 환경변화 등도 이러한 정보처리능력으로 인하여 상당 부분을 예측할 수 있다.

그러나 환경의 변화가 매우 급격한 경우도 있고, 또 변화의 속도가 급격하지는 않더라도 예측이 용이하지 않을 때도 많다. 갑자기 일어난 기후변화나 석유파동 같은 것도 여기에 해당한다. 실제로 이와 같은 현상은 생각하는 것 이상으로 조직에 커다란 영향을 미칠 수가 있다.

대부분의 조직은 외부환경에 나타나는 예측할 수 없는 현상을 예측하고자 노력을 기울인다. 즉 자신의 경험을 바탕으로 하여 똑같은 실수를 반복하지 않으려 하거나, 미래에 용이하게 대처하기 위해서 구조적·정책적 변화를 시도하는 것 등이 이러한 노력에 포함된다.[24]

---

24) William K. Hall, "Survival Strategic in a Hostile Environment," *Harvard Business Review*, Vol. 58(September~October 1980), pp.75~85.

Ⅱ 조직과 환경의 관계

1. 조직환경에 대한 상반논리

환경에 나타난 정적·동적 속성은 확실히 조직이 처하고 있는 개방체계적 특징을 잘 설명해 준다. 에머리(F. E. Emery)와 트리스트(E. L. Trist)의 주장이나 이것을 더욱 더 뒷받침해 주고 있는 테리베리(S. Terreberry)의 논의에서도 이러한 사실은 분명하게 입증되고 있다.25) 그들은 한결같이 조직의 개방체계적 특징을 강조하여 조직이란 덜 복잡한 상태에서 더욱 복잡한 상태로 발전해 나아간다고 주장하고 있다. 따라서 이 때 조직이 취해야 되는 전략도 변해가는 경향을 보인다. 즉 환경의 불확실성은 조직을 좀 더 복잡한 어떤 것으로 만드는 데 기여하게 된다.

이와 같이 모든 환경의 변화가 점차 소용돌이 상황으로 변모해 간다는 주장은 어느 모로 보나 일리 있는 주장임에는 틀림없다. 조직이 처하고 있는 환경이 확실히 과거 어느 때보다도 더 빠른 속도로, 그리고 더 큰 폭으로 변화하고 있다는 사실은 아무도 부인할 수 없을 것이다. 에머리와 트리스트, 그리고 테리베리는 이러한 소용돌이의 환경이 조직의 불확실성과 상호의존성을 증대시킨다고 주장한다. 실제로 의미있는 주장이 아닐 수 없다.

그러나 환경의 상태가 점차 복잡하여 진다고 해서 동시에 불확실성이 가중된다고는 말할 수 없다는 주장도 있다. 즉 분화는 전문화를 낳고, 이 전문화는 곧바로 당면한 문제에 과학적 지식의 적용을 가능하게 한다는 것이다. 따라서 전문화는 행동의 합리화나 일상성을 통하여 오히려 확실성을 증가시킨다는 것이다.26) 이와 마찬가지로 조직의 확산은 표준화와 예측가능성의 증대를 가져오기 때문에 조직 간의 상호관련성의 증대가 반드시 불확실성을 가중시킨다는 주장도 어떤 면에서는 그 정당성을 상실하게 되었다. 따라서 에머리와 트리스트, 그리고 테리베리의 주장은 그것들이 지니고 있는 장점에도 불구하

---

25) S. Terreberry, *op. cit.*, p.598.

26) John K. Galbraith, *The New Industrial State*(Boston: Houghton Mifflin, 1967).

고 이 점에 있어서 확실히 제한을 받지 않을 수 없게 되었다.

변화가 급격한 현대사회에서도 조직은 합리성을 기반으로 자기들의 영역을 확대시킬 수 있고, 집권화와 동질성을 신장시켜 나갈 수 있다. 즉 지속적인 합리성의 확보를 통하여 현대사회의 조직은 다양한 형태의 환경의 확실성을 담보할 수 있다는 것이다.[27]

그러나 이러한 확실성을 보장해 주는 합리성의 증대가 마치 만병통치약인 것처럼 착각해서는 안 된다. 가령 합리성의 핵심인 것처럼 인식되고 있는 법의 경우에 있어서도 해석이 모호하거나 여러 가지로 해석이 가능할 수 있기 때문이다. 따라서 환경의 변화에 따른 조직의 관리전략이 아무리 확실한 방향으로 나아간다 할지라도 필연적으로 발생하는 불확실성의 증가현상은 어찌할 수 없는 것이다. 따라서 현대의 조직이 처하고 있는 이러한 이율배반성, 즉 한편의 표준화와 합리성, 그리고 다른 한편의 불확실성과 변동성은 조직이 극복해 나아가야 하는 환경변화의 이중성인 것이다. 이러한 두 가지 상반된 입장을 바탕으로 하여 조직과 환경과의 관계에 관한 몇 가지 논의를 전개해 보고자 한다.

2. 조직과 환경의 상호작용

모든 조직은 환경과 밀접한 관계에 있다. 그러나 어떤 조직이 어느 정도나 환경과 밀접한 관계에 있는지 정확하게 알기는 매우 어렵다. 다만 여기에서 한 가지 분명한 것은 환경이 조직에 미치는 영향의 정도는 이들 사이의 관계에 따라 달라진다는 것이다.[28] 가령 노조가 있는 조직은 노조의 활동에 영향을 받는 바가 크며, 관리자들의 영향력은 노조와의 관계에 달려 있다고 할 수 있다.

일반적으로 동적인 환경은 조직을 유기적 형태로 유도한다.[29] 조직은 환경의

---

27) John W. Meyer, "Strategies for Furrther Research: Varieties of Environmental Variation," in Marshall W. Meyer(ed.), *Environments and Organizations*(SanFrancisco: Jossey-Bass, 1978), pp.361~363.

28) John Child, "Organizational Structure, Environment, and Performance: The Role of Strategic Choice," *Sociology*, Vol. 6, No. 1(January 1972), pp.1~22.

급격한 변화에 직면하게 될 때 이 환경에 대한 의존성을 줄이기 위해서 여러 가지 방안을 강구하게 된다는 것이다. 여기에서는 환경과 조직 간의 관계를 살펴보기로 한다.

1) 환경과 복잡성

환경의 불확실성과 조직의 복잡성은 역의 관계에 있다. 로렌스(P. Lawrence) 와 로쉬(J. Lorsch)의 견해도 이러한 사실을 지지한다. 불확실한 환경에 가장 의존적인 조직의 부서는 비교적 복잡성이 낮다는 것이다. 또한 여러 연구결과 가장 상호작용을 많이 하는 조직경계상의 활동도 복잡성이 가장 낮은 것으로 밝혀졌다.

2) 환경과 공식성

공식성(formalization)에 있어서도 환경의 불확실성은 복잡성과 같은 원리가 적용된다. 즉 불확실한 환경하에서 조직의 공식성은 낮아진다는 것이다. 불안정된 환경하에서는 조직은 신속한 대응이 요구되는 경우가 많으며, 이로 인하여 공식적이고 정형화된 조직의 구조는 적합한 대응을 담보할 수 없다. 따라서 환경의 변화가 극심한 경우에는 조직 전체의 공식성을 떨어뜨린다는 가정이 성립한다.

3) 환경과 집권화

환경이 복잡하면 할수록 구조의 집권화는 약화된다.[30] 환경의 정적·동적 차원을 불문하고, 환경 내에 상이한 요소와 구성부분이 많아지면 많아질수록 분권화를 통해서 이를 해결할 수밖에 없다. 고도로 복잡한 환경을 이해하기는 어렵다. 따라서 정보의 활용능력이 중요해지고, 이것은 곧바로 분권화를 촉진시키는 요인으로 작용하게 된다. 따라서 일반적으로 동적 환경하에서는 분권

---

29) Henry Mintzberg, *The Structuring of Organizations*(Englewood Cliffs, New Jersey: Prentice-Hall, 1979), p.272.

30) *Ibid.*, pp.273~286.

구조가 더 효과적이다. 그러나 환경에서의 적대감 증대는 일시적으로 조직구조를 집권화시키는 요인이 된다. 조직의 생존이 문제가 될 때 최고관리자가 직접 의사결정을 관장하게 된다.

제 5 절　조직환경의 변화

Ⅰ　조직환경변화의 초점

앞에서 설명한 바와 같이 조직은 정치·경제·사회·문화 등 여러 가지 일반환경으로부터 많은 영향을 받고 있다. 따라서 이들 환경에서의 변화는 조직변화에 커다란 압력을 가하게 된다. 특히 오늘날에 더욱 심화되어가고 있는 과학기술의 발전은 조직의 변화에 매우 중요한 요소이다.

이러한 과학기술의 발전은 경제·사회·문화발전에도 큰 자극을 줌으로써 전체적인 일반환경변화에 상당히 중요한 역할을 하고 있다. 또한 환경적 변화는 조직 내부에 많은 변화를 요구하게 되었다. 새로운 과학기술을 활용하여 새로운 기술과 제품을 개발하는 것은 물론이고, 관리체계의 정보화(management information), 다변화 환경에 적합한 신축성 있고 창의적인 조직의 설계와 관리 등 환경적 변화에 대응하고, 또한 조직의 효과성을 높이기 위한 구조·제도·인력관리 등 조직 내부의 모든 분야에 많은 변화를 요구하게 된다.[31]

---

31) 베니스(W. Bennis)의 '유기적·적응적 조직'(organic−adaptive organization), 드럭커(P. Drucker)의 '단절의 시대'(the age of discontinuity), 토플러(A. Toffler)의 '제3의 물결'(the third wave), 내이스비트(J. Naisbitt)의 '대변혁'(megatrends) 등은 모두 점점 심화되어가는 환경적 변화와 조직변화를 강조하는 상징적 표현들이라고 할 수 있다; W. Bennis and P. Slater, "Democracy is Inevitable," *Harvard Business Review*, Vol. 43, No. 2(March~April 1964); P. Drucker, *The Age of Discontinuity: Guideliness to Our Changing Society*(New York: Harper & Row, 1969); Alvin Toffler, *The Third Wave*(New York: William Morrow and Company, Inc., 1980); John Naisbitt, *Megatrends: Ten New Directions Transforming Our Lives*(New York: Warner Books, Inc., 1984).

　　그러나 조직의 변화는 그 과정에서 많은 문제 또한 노정시키고 있다. 직무의 자동화는 직무를 일상적이고 반복적인 내용으로 변화시킴으로써 조직구성원의 직무에 대한 보람을 감소시키고, 직무에서의 소외감을 증대시키는 결과를 초래할 수 있다. 또한 전체적인 조직구조도 전문화된 직무구조로부터 시작하여 전문기능의 증가와 이에 따른 각종 기능의 구조화 및 권한의 집권화 등 조직구조상의 통제적이고 관료제적인 경향이 커질 수도 있다.

　　이러한 조직구조의 변화 경향은 조직구성원의 직무소외감과 사기저하를 한층 더 심화시키는 중요요인이 될 수 있다. 특히 사회·경제발전에 따라서 개인의 욕구수준과 기대수준이 점점 향상되고 있는 점에 비추어, 이러한 현대조직에 있어서의 기계화 및 관료화경향은 조직과 조직구성원 사이에 매우 심각한 갈등관계를 가져올 수도 있다. 그리고 급속한 과학기술의 발전은 조직의 시설설비와 같은 물리적인 요소는 물론 조직구성원의 역량도 상대적으로 낙후시킴으로써 조직구성원들의 인력관리와 개발문제가 심각한 과제로 등장하고 있다.

　　이와 같이 조직환경의 변화는 조직에 많은 문제를 야기키시고, 이들 문제는 조직성과에 직접적인 영향을 끼침으로써 조직의 변화에 대한 압력요소로 작용하게 된다. 즉 조직구성원의 사기(morale) 저하, 무관심한 태도, 무사안일한 태도, 구성원과 집단 간의 갈등, 조직의 방침에 대한 비협조적 태도, 고의적인 태업 등의 다양한 조직행동이 나타난다.

　　이러한 문제는 조직성과에 직접적으로 연결되어 조직의 효과성과 효율성을 저하시키는 요인이 되는데, 오랜 기간을 통하여 점차 악화되어가면서 조직변화와 조직발전의 필요성을 제시해 주는 압력요소로 작용하게 되는 것이다.

Ⅱ 조직환경의 변화에 관한 거시적 접근

변화의 물결이 거센 시대를 살아가는 사람들은 조직과 자신의 생활이 앞으로 어떠한 방향으로 나아갈 것인가에 커다란 관심을 갖고 있는데, 미래의 사회변동에 관한 거시적(macro) 고찰은 조직환경의 변화를 예측하는 데 중요한 방법을 제공한다. 이러한 의미에서 앞으로의 사회를 좌우할 몇가지 거대한 흐름(megatrends)을 살펴보는 것은 의미가 있다.[32]

첫째, 현대의 산업사회(industrial society)는 탈산업화를 거쳐 정보화사회(information society)로 이행되고, 이는 점차 가속화한다.

둘째, 산업화시대에 있어 주류를 이루었던 비인간적인 대량생산기술(forced technology)은 인간적인 가치를 제고하는 하이 터치(high touch)와 공존하게 된다.

셋째, 지구촌의 각 국가경제체제(national economy)는 국경을 초월한 세계경제체제(world economy)와 공존한다.

넷째, 조직의 관리방식은 단기적(short term) 차원에서 장기적(long term) 차원으로 전환된다.

다섯째, 조직관리에 있어서 주종을 이루는 집권화(centralization)는 독창성이 풍부한 소집단들이 보다 전문성을 발휘하는 분권화(decentralization)와 공존한다.

여섯째, 외부의 의존하는 제도적 원조(institutional help)에서 탈피하여 자조(self-help)하려는 노력이 가속화된다.

일곱째, 계층제(hierarchy)를 대체할 수 있는 네트워크형(networking) 사회가 확산된다. 이것은 냉혹하고 몰인정적 본질을 갖고 있는 관료적 위계체제보다는 인간미가 풍부한 의사소통(communication) 수단이 요구되기 때문이다.

여덟째, 양자택일(either/or) 방식으로부터 다원적 선택(multiple options)의 시대로 변화하게 된다.

이러한 거대한 환경의 변화 속에서 조직의 성과를 증대시키려는 노력은 지

---

32) J. Naisbitt, *Ibid.*

속되어야 한다. 따라서 계속적으로 나타나는 조직환경의 변화에 적절히 대응하여 조직의 유효성을 유지·향상시키기 위해서는 폐쇄적인 조직에서 개방성 있고 동태적인 조직으로 변화시키는 노력이 필요하며, 조직이 처하고 있는 변화에 대한 정확한 진단과 처방이 요청된다고 하겠다.

제 6 절 환경변화에 따른 조직의 대응방안

환경의 변화가 극심한 상황에 처한 조직은 이것을 극복할 수 있는 자기나름대로의 대응방안을 모색하여야 한다. 그러나 문제는 환경에서 일어난 여러 가지의 변화유형이 일정하지 않기 때문에 이것에 대처하는 방안 또한 일정할 수 없다는 것이다. 일반적으로 환경변화에 따르는 대응방안은 경계활동, 조직의 대내적 대응방안, 조직의 대외적 대응방안 등 세 가지 측면에서 생각해 볼 수 있다.

Ⅰ 경계활동의 활용

경계활동이란 환경의 불확실성을 줄이기 위해서 조직에 만들어 놓은 경계조직의 활동을 일컫는다. 경계활동조직은 조직과 환경 사이의 중간에 위치하며, 대부분 환경을 진단하는 역할을 수행한다. 로비활동가나 P.R.전문가 등이 이에 해당한다. 대체로 경계활동이라는 의미는 외부환경을 다룬다는 말로 치환할 수 있지만, 조직의 하위부처 간의 경계활동을 담당할 때도 이 말을 사용할 수 있다.[33]

---

33) John Stacy Adams, "Interorganization Processes and Organization Boundary Activities," in Barry M. Staw and Larry L. Cummings(eds.), *Research in Organizational Behavior*, *Vol. 2*(Greenwich, Conn.: JAI Press, 1980), pp.328~332.

경계역할 담당자들이 수행해야 할 임무는 상당히 많은 것으로 평가되고 있다. 실제로 그들이 수집·평가하는 환경에 관한 정보는 조직이 생존하는 데 필수적인 경우가 많다.

Ⅱ 조직의 대내적 대응방안

조직의 대내적 대응방안은 환경에서 발생하는 사건에 직접 영향을 미치려고는 하지 않는다. 오히려 사건 그 자체에서 생긴 문제에 더 잘 적응하기 위하여 조직의 내부문제를 기술적으로 해결하고자 한다. 일반적으로 조직내적 대응방안은 영역선택(domain choice), 충원(recruitment), 완충(buffering), 평준화(smoothing), 할당(rationing), 지역분산(geographic dispersion) 등으로 구성된다.[34]

1. 영역선택(domain choice)

불확실한 환경에 처한 조직관리자가 취할 수 있는 가장 포괄적인 조치는 불확실성이 적은 영역으로 조직을 옮기는 것이다. 관리자는 약한 경쟁자가 있는 틈새(niche)를 차지하고 아울러 다른 경쟁자를 방해함으로써 조직을 강화하여야 한다. 그러나 규제가 없는 독점영역이 존재하지 않는 이상 이러한 영역변경이 본질적인 문제를 해결하지 못하는 경우도 많다. 만일 보다 바람직한 영역으로의 이동이 어렵다면 조직의 목표, 구조, 활동 등에 대해 보다 일반적인 부문에서 다양한 전략을 선택하여야 한다. 이를 통해 환경의 역동적 변화에 신축적인 대응을 하고, 비교적 환경이 안정적일 때는 종합적인 관점에서 조직을 운영하는 것이 바람직하다.

---

34) Stephen P. Robinson, *Organization Theory: Structure Designs and Applications*, *3rd ed.*(N.J.: Prentice－Hall, 1990), pp.362~369.

2. 충원(recruitment)

적절한 인재의 충원은 조직에 대한 환경의 영향을 감소시킬 수 있다. 환경적 불확실성을 감소시키기 위한 선택적 고용은 일반화되어 있다. 예를 들면, 조직은 경제적 유인 등을 통해 자신의 분야에 관련된 전직관료 등을 자기 조직에 충원하여 정부운영에 대한 지식의 확보와 영향력 있는 정책결정자들과의 우호적인 관계를 유지해 나갈 수 있으며, 경쟁 조직의 고위관리자들을 채용함으로써 경쟁 조직의 계획, 전문기술 등에 관한 정보를 활용하여 환경의 불확실성을 줄일 수 있다.

3. 완충(buffering)

완충방안은 조직운영이 투입과 산출의 급격한 변화로 인해 위협받는 것을 방지하는 관리상의 핵심전략이다. 투입과 산출의 양 측면에서 조직의 핵심분야를 환경의 영향으로부터 완충시킴으로써 관리자가 조직을 폐쇄체계처럼 운영할 수 있게 하는 전략이다. 예를 들면, 투입면에서 자원을 미리 비축함으로써 산출과정의 투입을 안정시켜 준다든가, 또는 미리 조직구성원을 모집하고 이들을 조직에 적응하도록 훈련시키는 것을 말한다. 한편 산출면에서는 재고품을 유지하면서 분배자적 역할을 수행, 변환과정이 일정하게 운영되도록 하는 작용이 이에 속한다.

4. 연성화(smoothing)

연성화방안은 외부의 환경변화로 인한 영향을 균등화하여 둔화시키는 것으로, 특히 변동이 심한 환경하에서 활동하는 조직원들에게 중요한 전략이다. 통신 및 전기공사의 심야할인정책, 의류업체 등의 비수기 세일, 렌트카 회사의 주중할인제, 잡지사 등의 정기구독자에 대한 할인 혜택, 스포츠팀의 시즌 티켓제 등이 그것이다.

5. 할당(rationing)

초과수요로 인한 환경의 불확실성이 발생하였을 때 관리자는 재화 또는 용역의 할당을 고려할 수 있다. 즉, 재화나 용역을 어떤 우선순위 체계에 따라 할당하는 전략을 말한다. 예를 들면, 병원에서 환자가 너무 많은 경우에 병의 정도가 심각한 사람이 우선순위를 갖게 되고 나머지 사람들에게는 비율할당의 방식을 통해 입원 여부가 결정된다. 수강생이 많은 대학의 강의나 손님이 많은 식당도 예약이나 비율할당의 방법을 사용할 수 있다.

6. 지역분산(geographic dispersion)

환경의 불확실성은 때로는 지역에 따라 다양하게 나타난다. 이러한 지역적 불확실성을 감소시키기 위하여 불확실성이 적은 지역으로 조직을 이동시키거나 지역을 다양화하여 조직을 운영하는 전략을 지역분산방안이라고 한다. 미국의 기업들이 전통적으로 노조활동이 약한 남부로 이동하는 것과 미국의 수입억제정책 및 달러화의 가치등락 등에 대응하기 위하여 자동차회사가 미국 내에 공장을 설립하는 것이 좋은 예이다.

Ⅲ 조직의 대외적 대응방안

환경을 조직에 적합한 것으로 변화시키려는 보다 적극적 노력인 조직 외적 대응방안은 이해관계자의 선호를 형성하기 위한 홍보로부터 경쟁을 억제하기 위한 경쟁조직과의 단합적 협상에 이르기까지 매우 다양하다. 일반적으로 조직 외적 대응방안으로는 홍보(advertising), 적응적 흡수(coopting), 연합(coalescing), 로비(lobbying) 등이 있다.

1. 홍보(advertising)

많은 민간기업들이 자신들의 제품홍보에 천문학적인 돈을 쓰는 것은 소비자들에게 어떤 고정된 이미지를 형성시켜서 소비자들의 변하기 쉽고 새로운 것을 추구하는 심리를 자사제품에 대한 안정적 수요로 유지하기 위한 전략에서 기인하는 것이다. 이것은 조직의 외부환경, 특히 소비자에게 계속적인 조직의 입장과 상품의 가치를 알려 소비자의 마음에 내재하는 조직환경의 불확실성을 감소시키는 전략이다. 홍보를 통해 관리자는 경쟁적 압력을 감소시키고 수요를 안정시키며 경쟁자의 반응에 관계없이 가격을 결정할 기회를 갖게 된다. 이와 같은 민간의 홍보는 공공기관이나 정부기관에서 행하는 공익적 차원의 정책홍보와 맥을 같이 한다.

2. 적응적 흡수(coopting)

이것은 조직이 안정을 유지하고 존립의 위협을 제거하기 위하여 조직의 지도층이나 정책결정과정에 외부로부터의 새로운 요구를 흡수하는 과정을 말한다. 흔히 이중겸임 중역제가 조직 외적 대응방안으로 널리 사용되고 있는데, 이는 2개 이상의 조직이 한 명 이상의 중역을 동시에 선임하는 방법이다. 이러한 방법을 통해 수평적으로 통합된 조직 간에는 공동의 관심사인 홍보·연구·개발 등에 대한 높은 수준의 조정수단을 보유하게 되어 환경을 안정시킬 수 있는 능력을 갖게 된다. TVA의 정책집행과정에서 나타난 적응적 흡수는 이의 전형이라고 할 수 있다.

3. 연합(coalescing)

연합은 공동목표의 달성을 위하여 2개 이상의 조직이 제휴관계를 가지는 상태이다. 합병과 합작투자가 연합의 예들인데, 많은 회사들이 불필요한 관리인력을 줄이는 방안으로 합병전략을 사용한다. 이것은 공동행동이라는 목적을 위하여 둘 이상의 조직이 결합함으로써 경영합리화는 물론 합병전략을 통해 조직 간의 상호경쟁을 줄여 보다 능동적인 환경관리를 꾀하는 방법이다. 이러한 연합전략은 조직이 환경을 관리하기 위한 합법적인 수단인 반면 불법적인 협력행위, 즉 기업들이 공모하여 이익증대를 위해 가격을 조정하는 행위도 존재할 수 있다.

4. 로비(lobbying)

로비는 조직이 자신의 목표를 달성하기 위하여 영향력을 행사하는 것으로서 환경을 관리하는 데 가장 광범위하게 활용되는 전략이다. 이것은 조직에 불리한 법안의 저지활동이나 유리한 법안의 통과를 위한 활동을 포함한다. 이러한 활동들로 인하여 정부의 규제가 일반대중의 이익을 보호한다기보다는 기업의 독점력을 유지시켜 주는 역할을 할 가능성도 높게 된다. 이와 같은 행위는 공공기관 간, 정부기관 간에도 존재한다.

제 7 절　환경과 조직설계

우리는 앞서 설명한 '인식적 환경'에서 환경의 변화도와 복잡성에 의한 조직환경의 유형을 설명한 바 있다. 여기에서 변화의 정도(degree of change)는 환경이라는 요소가 시간의 경과에 대해 정적(static)이냐 또는 동적(dynamic)이냐에 관한 것이며, 복잡성의 정도(degree of complexity)는 조직의 환경이 몇 개이냐에 관한 것이다.[35]

또한 앞서 언급한 바와 같이 이러한 두 가지 환경적 차원은 환경적 불확실성(environmental uncertainty)을 결정해 준다. 즉 [그림 1-5-2]에서 볼 수 있듯이 조직의 환경이 정적-단순(stable-simple)으로부터 동적-복잡(dynamic-complex)으로 움직임에 따라 환경에 대한 특정정보의 부족, 특정 조직활동의 효과에 관한 지식의 부족은 관리적 의사결정(managerial decision-making)이 고도로 불확실한 과정이 될 정도로 증대된다. 예컨대 사분도 I 에서 컨테이너회사와 같은 조직의 관리자들에 의한 의사결정은 적은 변수 또는 요인에 의해 영향을 받는다. 따라서 결정들은 최종결과에 대해 어느 정도 확실성을 가

---

35) W. Jack Duncan, *Organizational Behavior, 2nd ed.*(Boston: Houghton Mifflin, 1981), p.315.

지며 이루어질 수 있다. 이와 반대로 사분도Ⅳ에서의 컴퓨터 소프트웨어회사와 같은 조직의 경우, 관리자들은 태도·행태·고객의 활동·공급자, 그리고 경쟁자에 대해 매우 불확실한 상태에 놓이게 된다. 따라서 의사결정은 불확실성의 조건하에서 이루어진다.

▼ 그림 1-5-2 환경의 차원과 불확실성

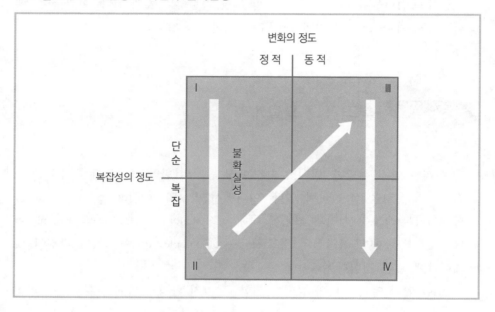

조직의 설계전략은 [그림 1-5-2]에서 보는 바와 같이 변화의 정도(정적·동적)와 복잡성의 정도(단순·복잡)로 구성되는 환경적 차원과 환경적 불확실성에 기초하게 된다. 즉 정적·단순, 정적·복잡, 동적·단순, 그리고 동적·복잡의 네 가지 유형의 환경에 따라 각기 다른 조직설계방식을 구상할 수 있다. 이에 의한 환경과 설계특성, 그리고 설계전략 간의 관계는 [표 1-5-2]와 같다.36)

---

36) Andrew D. Szilagyi, Jr. and Marc J. Wallace, Jr., *Organizational Behavior and Performance, 2nd ed.*(Santa Monica: Goodyear Pub. Co., 1980), pp.381~383.

1. 정적·단순환경

여기에서의 조직환경은 비교적 완만한 변동과 외부와의 상호작용에 있어 최소한의 복잡성을 갖는 것으로 특징지어진다. 내부적으로는 권한과 책임의 집중화가 높고 낮은 복잡성과 제한된 통제범위를 가지며, 규칙과 절차를 강조함으로써 높은 공식성을 갖는다. 효과성은 내적 통제(internal control)에 기초하기 때문에 이러한 조건하에서 가장 효과적인 설계전략은 기능적 또는 기계적 설계이다. 요컨대 관료제적 구조가 이러한 조직에 적합하다.

2. 정적·복잡환경

여기에서의 조직환경은 정적이나 외부와의 상호작용이 많음으로써 복잡성의 정도는 증대된다. 내부적으로는 집권화와 분권화의 정도가 높다. 그러나 조직성원들이 상이한 속성을 갖기 때문에 복잡성과 통제의 범위는 사분도 Ⅰ의 조직보다 크다. 이 경우 효과적인 설계전략은 태스크 포스(task force)나 팀워크(team work)를 추가한 기능적 또는 기계적 구조이다. 태스크 포스는 보통 일시성을 띠며 연구개발 또는 시장조사 등의 분야에서 효과적이다.

3. 동적·단순환경

여기에서의 조직환경은 동적으로 변화하나 복잡성은 낮은 환경이다. 의류·전문품 제조업체가 이러한 예이다. 이 경우 조직은 일반적으로 급격하게 변화하는 환경 속에서 주문이나 유행에 따라 몇몇 제품에만 전념하게 된다. 따라서 높은 정도의 분권화, 유연성, 적응적 행태, 그리고 낮은 공식성을 강조하는 설계전략이 이러한 환경을 지닌 조직에 적합하다.

4. 동적·복잡환경

여기에서의 조직은 고도로 복잡하고 동적인 환경에 직면해 있다. 이러한 유형의 환경에 있는 에너지 회사·기계공업회사·정보통신기기회사와 같은 조직들은 내부적으로도 매우 복잡하며, 권한과 책임의 위임, 규칙의 낮은 정형성을 강조하며, 관리자가 광범위한 통제범위를 가질 것을 요구한다. 이 경우 효과적인 설계 전략은 기능적 구조의 통제요소와 생산적 구조의 유연적·적응적 요소를 필요로 하는데, 이러한 양 구조를 최선으로 결합한 설계의 대표적 유형이 매트릭스 조직 이다.

표 1 - 5 - 2 환경과 조직설계

환경			설계특성				설계전략
변화의 정도	복잡성의 정도	사분도	분권화	통제의 범위	공식성	복잡성	
정적	단순	I	낮음	적음	높음	낮음	기능적 또는 기계적 설계
	복잡	II	낮음	많음	높음	높음	팀이나 태스크포스를 활용한 기능적 또는 기계적 설계
동적	단순	III	높음	적음	낮음	낮음	생산적 또는 유기적 설계
	복잡	IV	높음	많음	낮음	높음	매트릭스 구조와 같은 기능적 설계와 생산적 설계의 결합

자료: Andrew D. Szilagyi, Jr. and Marc J. Wallace, Jr., *Organizational Behavior and Performance, 2nd ed.*(Santa Monica: Goodyear Pub. Co., 1980), p.382.

6 조직이론의 발전

조직이론의 의의

　　이론이란 일반적으로 자연과 사회현상에 내재하는 상황을 설명하고, 그것에 대한 예측력을 강화시키려는 일반화작업을 말한다. 이 과정에서 현상에 대한 인과관계를 실증적이고 경험적인 분석방법이나 지적 숙고를 활용하여 밝혀내게 된다. 이러한 의미의 이론이란 여러 가지 개념틀과 개념들 사이에 존재하는 상호관계이며, 이러한 관계 속에서의 가정을 규명하여 특정현상을 설명·예견하는 체계라고 말할 수 있다.[1] 따라서 우리가 조직이론이라고 부르는 것은 공·사조직이나 공식·비공식조직 등의 조직현상에 나타난 여러 사실들의 개념틀이나 개념들 사이의 상호관계를 말하는 것이라 하겠다.

　　이러한 의미에서 조직이론은 행정학에 있어서 크게 두 가지 중요한 임무를 수행한다고 볼 수 있는데, 첫째로, 이념구축이나 실제적용면에 있어서 공공조직이 어떻게 작동하고 있으며, 그것이 사회의 다른 조직들과 어떠한 관계를 맺고 있는가를 이해하는 데 도움을 준다.[2] 둘째로, 조직이론은 조직을 '바람직하다' 혹은 '효과적이다'라고 판단하고 규정할 수 있는 근거가 되는 지식과 통찰력을 제공해 준다. 따라서 조직이론은 이론의 일반적 속성과 마찬가지로

---

1) Claire Seltiz, Lawrence S. Wrihtsman and Stuart W. Gook, *Research Methods in Social Relations*(New York: Reinhart and Winston, Inc., 1976), p.16.
2) Felix A. Nigro and Lloyd G. Nigro. *Modern Public Administration, 4th ed.*(New York: Harper & Row, Pub., 1977), pp.125~127.

(i) 행정가로 하여금 여러 가지 문제점이나 조직상황에 나타난 중요한 측면을 설명하게 해 주며, (ii) 여러 가지 사건 사이에 나타난 관계를 추적해서 그것을 예측하게 해 주고, (iii) 여러 가지 행정대안에 대한 지침이나 평가근거를 마련해 준다. 그리고 (iv) 정책결정상황에 나타난 중요한 정보를 확립시키기 위한 척도를 제공해 준다고 볼 수 있다.[3]

현대조직이론은 이상의 논의에 의해서 적어도 다음과 같은 세 가지의 상이한 일반화단계를 거쳤다고 볼 수 있다.[4] 첫째는 두 개 혹은 그 이상의 서로 유사한 변수를 관련시킨 아주 특정하고 그 범위가 좁은 전제를 바탕으로 한 일반화이다. 이것의 예로는 통솔의 범위나 감독·권위의 수준 및 의사전달의 유형 등을 들 수 있는데, 이것들은 주로 좁은 범위의 상황이나 작업가설로서의 의미를 지닌다. 둘째는 중범위이론으로 대표되는 일반화단계이다. 이들은 비교적 복잡한 상황을 다루게 되며, 이들 사이에 포함된 상호관계를 논리적으로 설명하고자 한다. 이러한 시도를 한 중요한 예로는 급격하게 변화하고 고도의 기술이 작용하는 환경에서 존재하는 조직구조나 과정 사이의 관계를 다룬 이론을 들 수 있다. 이런 경우로는 베니스(Warren G. Bennis)의 조직구조이론을 들 수 있다.[5] 셋째는 가능한 한 모든 상황을 포괄적으로 일반화시켜, 여기에 대한 개념화나 이론적 틀을 제시하고자 하는 일반화의 단계이다. 이러한 식의 이론은 모든 학문의 개념적 기초가 되기 때문에 실제로 필요한 것이라 보겠지만, 이에 대한 완벽한 접근을 달성하기란 현실적으로 매우 어렵다. 그럼에도 불구하고 파슨스(T. Parsons)나 카츠(D. Katz)와 카안(R. Kahn) 등의 학자에 의하여 이러한 방향으로의 시도가 이루어진 바 있으며, 체계이론(system theory) 등은 이러한 노력의 결실이라고 할 수 있다.

오늘날 조직이론의 첫 출발점은 대개 베버(Max Weber)의 관료제모형으로 보는 것이 일반적으로 일치된 의견이다. 물론 이에 관해서 논란의 여지가 없

3) Bertram M. Gross, *The Managing of Organizations*, Vol. 2(New York: Free Press, 1964), p.17.
4) 유종해, "현대조직이론의 계보와 경향," 고시계 제294호(1981), 107면.
5) Warren G. Bennis, "Organizational Development and the Fate of Bureaucracy," *Industrial Management Review*, Vol. 7(1966), pp.41~55.

는 것은 아니지만, 우리의 경우에도 이러한 입장을 따르기로 하겠다. 그러나 관료제에 관해서는 후에 장을 달리하여 살펴보기로 하겠고, 본 장에서는 대표적인 고전이론인 과학적 관리론, 신고전이론으로서의 인간관계론, 그리고 구조론적 입장에서 개방체계론과 상황적응론을 검토하고,6) 일련의 현대조직이론을 추가하고자 한다. 물론 이러한 구분이 전술한 이론의 일반화단계와 완전히 일치한다고 보기는 어렵지만, 그 이론적인 전제에 있어서는 큰 차이가 없다. 또한 학자에 따라서는 그 구분의 명칭을 각각 다르게 붙이고 있는데, 가령 왈도(D. Waldo)는 고전이론·신고전이론·현대이론 등으로 구분하고 있다.

제 2 절 │ 과학적 관리론

Ⅰ │ 이론적 배경

조직 분야의 고전이론은 인구가 급격히 팽창하고 산업화가 촉진되었던 1930년대에 급격히 성장하였다고 할 수 있다. 당시 생산공장에서는 미증유의 수많은 노동자들을 고용하게 되었는데, 고전적 조직이론은 이와 같은 상황에서 인력을 보다 더 능률적으로 활용함으로써 생산성을 올리는 데 초점을 맞추었다.

1900년 초기의 미국의 생산업체들은 오늘날의 기준으로 볼 때에는 무질서하기 그지 없었다. 작업장에서 일하는 사람들은 자기 취향에 맞는대로 제각기 다른 도구를 구입하여 사용하였으며, 기계의 속도는 그 생산업체의 관리자 마음대로 조정되었다. 훈련이란 것도 조직적인 것이 못되어 선임자가 하던 것을 현장에서 보고 배우는 정도에 지나지 않았고, 감독자는 인사권을 전담하여 채

---

6) Curt Tausky, *Work Organizations: Major Theoretical Perspectives*(Ill.: F. E. Peacock Pub. Co., 1970).

용·고용 등을 마음대로 하였으며, 따라서 노동자들을 대하는 태도에 부당한 점이 다분히 있었다. 작업과정과 다른 부서와의 업무의 조정 여부는 현장에서 직접 결정·처리되었으며, 기획과 생산의 분리가 이루어지지 않았다. 이와 같은 상황하에서 테일러이론이 대두되었는데, 그는 기획과 작업이 분리되어야 한다는 점을 강조했으며, 많은 산업체의 관리자들이 이의 일부 또는 전부를 받아들였다. 따라서 고전적 이론과 과학적 관리론은 같은 의미로 사용된다.[7]

과학적 관리론은 생산성을 높이기 위한 방법으로 분업화를 도입하였다. 이를 위해서는 무엇보다 먼저 관리와 업무를 명료하게 구분하였고, 작업을 손쉽게 배울 수 있는 여러 부분으로 나누어서 생산의 양과 질을 조절하도록 관리적 기획을 세우게 되었다. 이에 따라 모든 작업과정이 분업화됨으로써 숙련공의 필요성이 적어지고, 능률적인 방법으로 작업을 완료할 수 있게 되었다.

테일러(F. Taylor)와 그의 후계자들은 기획을 강조하였다. 또한 그는 노동력의 육체적 조건, 특히 노동자의 육체적인 능력을 엄밀히 검사하는 데 주력하였는데, 테일러는 어떤 일을 하는 데 적합하다고 판단되는 노동자를 선택하여 여러 가지 속도로 일을 시켜 보고 최적의 작업속도와 휴식시간을 발견하였다. 테일러는 이와 같이 시간과 동작에 관한 연구(time and motion study)를 하여 과학적인 방법으로 생산성을 제고할 수 있는 최선의 방법을 찾아내려고 노력하였다.

이른바 이와 같은 과학적 방법은 노동자와 조직의 이해가 공통될 수 있다는 이론에 근거를 두고 있다. 테일러는 인간은 본질적으로 돈을 벌려는 욕망이 있기 때문에 능률을 올리기 위해서는 임금의 결정을 생산율에 직결시켜야 한다고 믿었다. 또한 그는 작업시간을 결정하는 연구를 통해서 한 사람이 자기 자신의 건강을 해치지 않을 정도로 노력하면, 어느 정도의 생산율을 올릴 수 있다는 것을 발견하였다. 이러한 연구에 근거하여 노동자의 임금을 결정하고, 일당을 초과하여 생산하는 자에게는 금전적 혜택을 주게 하였다. 이런 방법으로 노동자의 근로의욕을 고취시킬 수 있었다.

7) Frederick W. Taylor, *The Principles of Scientific Management*(New York: Harper and Brothers, 1911).

테일러는 이성적인 사람이면 자기의 수입을 최대로 확보하려 할 것이고, 따라서 그 최대수입은 그 사람의 신체적 능력에 따라서 결정된다고 믿었다. 노동자는 보다 많은 임금에, 그리고 경영자는 보다 많은 이익에 목적이 있으므로 경영자와 노동자의 이해는 공통된다는 것이다. 왜냐하면 생산율이 높으면 전체 임금의 총액이 낮아지고, 따라서 이익이 늘 것이며 이는 다시 노동자의 임금을 올려 줄 수 있는 기반이 되기 때문이다.

Ⅱ 과학적 관리의 기본원칙

테일러의 일과 직장에 대한 견해는 다음과 같은 네 가지 원칙으로 간추릴 수 있다.

1) 어떠한 일에 소요되는 시간과 동작에 관한 연구를 통해 일일생산율을 극대화할 수 있는 최선의 작업방법을 강구하고,

2) 노동자에게 그 최선의 방법에 따라 일할 의욕이 생기도록 금전적인 혜택을 주며,

3) 4명 내지 8명의 전문가(이들을 기능적 감독자라고 부름)들로 하여금 일의 방법·속도·연장·중요성·규율·품질조정 및 기계보수 등의 관리를 맡게 하며,

4) 표준생산율을 자의적으로 바꾸면 안 된다는 원칙을 엄수할 것 등이다.

이러한 테일러의 원칙은 다음의 두 실례로 설명될 수 있다.

첫째의 경우는 베들레헴 철강회사의 철근운반에 관한 실험이다.

철근을 운반하는 사람들이 40kg의 철근을 들어서 경사진 언덕을 올라가 화물차에 싣는 일을 하고 있었는데, 그들은 하루 평균 12,500kg의 철근을 운반하고 있었다. 철근을 옮겨 싣는 일은 외관상 아주 간단한 작업처럼 보였으나, 테일러는 "그 간단한 작업같이 보이는 그 일이 실상은 굉장한 과학적 지식을 필요로 하기 때문에 막벌이 노동자의 능력으로서는 도저히 분석할 수 없고 전문적 관리자의 노력을 필요로 한다"고 말하였다.[8] 동작·소요시간 및 피로의 정도를 연구한 결과 테일러는 그들이 일일 평균 47,000kg까지 철근을

---

8) *Ibid.*, pp.40~42.

운반할 수 있다는 사실을 알게 되었다. 이를 입증하기 위해 테일러는 체중 60kg이 되는 한 노동자를 선택해 그에게 일하는 방법을 자세히 가르쳐 주고, 그 방법에 따라 일을 하게 하였다. 그 결과 그 사람이 운반하는 철근의 양이 점점 증가되어 하루에 48,000kg까지 운반하게 되었고, 따라서 임금도 하루 1.15달러에서 1.85달러로 오르게 되었다. 이에 따라 다른 노동자들도 자원해서 새 기술을 배우고 돈을 더 많이 벌겠다고 나서게 되었다.

두 번째 예도 역시 베들레헴 철강회사에서 있었던 과학적 삽질의 경우이다. 그 공장에서는 노동자들이 제각기 한 종류의 삽을 구입하여 일하는 데 쓰고 있었는데, 테일러는 어떤 물건을 다루느냐에 따라서 열 가지 종류의 삽이 있어야 한다고 주장하였다. 그리고 한 삽에 담을 수 있는 최고의 무게는 9.5kg라는 것을 확인하였다. 따라서 회사에서 9.5kg을 담을 수 있는 여러 가지의 삽을 구입하여 쇳가루처럼 무거운 물체를 나를 때에는 작은 삽을, 그리고 가벼운 물체를 나를 때에는 큰 삽을 사용하도록 하였다. 또 노동자들에게 일하는 방법도 가르쳐 주었다. 즉 물건을 들 때에 전적으로 팔의 근육을 사용하지 말고 몸무게로 삽을 떠밀고 오른 팔을 넓적다리 바로 밑에 밀착시키라고 지시하였다.[9] 이런 방법으로 일한 결과 전과 비교하여 1t을 나르는 비용이 1/2로 줄었고, 동시에 노동자의 수입도 60%가 올랐으며, 일하는 사람의 수도는 이전의 1/2로도 충분하였다.

Ⅲ 과학적 관리에 대한 비판

과학적 관리방법이 조직의 생산성 제고에 있어 많은 성과를 거둔 것은 사실이나 동시에 문제도 야기시켰다. 테일러는 과학적 관리법이 관리자와 노동자를 동시에 유익하게 해 주는 것이라고 하였지만, 실제는 그렇지 못했다. 즉 관리자들은 과학적 관리법에 의한 객관성을 전제로 경영한다는 핑계로 노동자의 복리에는 관심을 두지 않고, 생산성을 높이는 데만 전념하였던 것이다.

---

9) *Ibid.*, p.60.

과학적 관리법은 산업조직들의 운영방법에 혁신적인 변화를 일으켰으나, 관리자와 노동자 사이의 융화를 촉진하여 주지는 못하였다. 테일러는 과학적 관리법만 사용하면 노동자에게 최상의 이익이 보장되므로 노동조합도 불필요하다고 말했으나, 시간이 흘러갈수록 노동조합은 점차 커지고 강력해져서 그 존재가 불가피하게 되었다. 이러한 노동조합은 제고된 생산성으로 생긴 이윤을 나누어 갖기를 원하게 되었고, 자기들이 일하는 조건이나 환경에 대하여 발언권을 갖고자 하였으며, 궁극적으로는 노동자들의 대변인으로서의 역할을 수행하고자 하였다. 즉 그들은 노동자의 이익을 대변할 수 있는 노동조합과 관리자의 관계를 정립함으로써 관리자의 독단적인 의사결정을 제지하려 한 것이다.

이와 같은 과학적 관리법의 사용에 따라 전술한 노동자와 경영자 간의 상호불신뿐만 아니라, 다음과 같은 새로운 인간심리적인 문제가 대두되게 되었다. 즉 과학적 관리론은 세밀한 분업화를 추구하였고, 일이 세분화됨에 따라 노동자가 기술을 연마해야 하는 시간이 짧아짐과 아울러 작업은 반복적인 것이 되어버려 결과적으로 생산성은 향상되었으나 노동자의 심리에는 나쁜 영향을 주게 되었다. 이 문제는 아직도 해결되지 않은 문제 중의 하나인데, 반복적인 일을 하는 사람들을 대상으로 조사해 본 결과 거의 90%의 사람들이 자기의 일에 대하여 염증을 느끼고 있다는 사실이 이를 뒷받침해 준다.[10]

분업화의 이런 점을 시정하기 위한 방법으로 직무확장(job enlargement)이 시도되기도 하는데, 직무확장이란 시간상으로 짧고 반복적인 일을 다시 길게, 그리고 비교적 덜 반복적인 것으로 만드는 것을 말한다. 따라서 직무확장 이전에는 여러 사람이 나누어 하던 일을 한 사람이 하게 되는 것이다. 실제로 이러한 방법이 능률을 저하시키지 않으면서 동시에 노동자의 만족감을 증진시킬 수 있다는 것이 입증된 경우도 있다.[11] 그러나 아직 직무확장이 문제를

---

10) Charles R. Walker and Robert Guest, *The Man on the Assembly Line*(Cambridge Mass.: Harvard University Press, 1952), p.141; *Toward the Automobile Factory*(New Haven, Conn.: Yale University Press. 1957), p.193; Ely Chinoy, *Automobile Workers and the American Dream*(Garden City, New York: Doubleday & Co., 1955).

11) Robert H. Guest, "Job Enlargement: A Revolution in Job Design," *Personnel Administration*, Vol. 20(1957), pp.9~16; Charles R. Walker, "The Problem of the Repetitive Job," *Harvard Business Review*, Vol. 28(1950), pp.54~58.

간단히 해결해 줄 수 있다고 보기도 어렵다.[12] 게다가 직무확장이 확실히 노무자의 업무에 대한 만족감을 증진시켜 준다 할지라도 그 결과가 생산능률에 어떠한 영향을 미칠 것인지는 명백하지 않으므로, 생산업체들은 그들이 사용하고 있는 조립생산방법(assembly line)을 전면적으로 수정하기는 어려웠다. 요컨대 비록 조립생산공장에서 일하는 사람들이 많은 임금보다 일에 대한 만족감을 원한다는 것이 명백히 입증되지는 않았지만,[13] 생산능률의 향상만을 추구하는 기계적인 과학적 관리법이 반드시 인간에게도 바람직하다고는 할 수 없다는 것이다.

제 3 절 　 인간관계론

Ⅰ　이론적 배경

인간관계론이 독자적인 학파로 인정을 받게 된 것은 1920년대에 있었던 메이요(Elton Mayo)의 호오손(Hawthorne) 공장에서의 실증연구 이후의 일이다. 그 후 1940년대 레윈(K. Lewin)을 비롯한 몇몇 학자들에 의해 행해진 세 가지 연구를 통하여 인간관계론은 조직이론에 있어서 새로운 계보를 형성하기에 이르렀다.

고전적 조직이론은 주로 직위를 어떻게 배열하는 것이 능률향상에 도움이 되는가에 관심을 기울였다. 인간관계학파도 그런 문제에 관심을 전혀 두지 않

---

12) Charles L. Hulin and Milton R. Blood, "Job Enlargement, Individual Difference and Worker Responses," *Psychological Bulletin*, Vol. 69(1968), pp.41~55; Milton R. Blood and C. Hulin, "Alienation, Environmental Characteristics, and Worker Responses," *Journal of Applied Psychology*, Vol. 51(1967), pp.284~290; Paul Bloomberg, *Industrial Democracy: The Sociology of Participation*(New York: Schocken Books, Inc., 1969), pp.66~69.

13) C. Walkers and R. Guest, *op. cit.*, ch. 6; Elizabeth Lyman, "Occupational Differences in the Value Attached to Work," *American Journal of Sociology*, Vol. 61(1955), pp.138~144.

은 것은 아니나, 그들은 직위보다는 인간 그 자체에 중점을 두었다. 즉 인간관계론은 인간의 태도·가치관·감정 등 사회심리적 문제들을 더 중요시하였던 것이다.

인간관계론자들은 그들의 이론적 근거로서 두 가지 가설을 세우고 있다. 첫째로, 인간행위는 외적인 여건에 의하여 결정되기도 하지만, 근본적으로는 내부적인 요인에 의하여 결정된다는 것이다. 이들은 인간의 행태를 설명하기 위해서는 외부적인 직위와 관련된 요인들을 중요시하기보다는 내부적인 주관의 문제에 더욱 비중을 두어야 한다고 주장한다. 따라서 어떤 사람의 행동을 알고 싶으면, 그 사람의 태도 내지 감정구조를 알아야 한다는 것이다. 이 점이 과학적 관리론과 같은 고전학파들과 크게 다른 점이다. 고전학파는 인간의 행위를 효과적으로 규제하기 위해서는 금전 또는 승진과 관련된 여러 물질적 상벌을 활용해야 한다고 믿고 있다. 그러나 인간관계론자들은 인간은 상벌만으로 행위를 규제할 수 없는 존재라고 믿는다. 정말 효율적으로 인간을 통제하려면, 인간 스스로 자기 자신을 통제하도록 하지 않으면 안 된다는 것이다. 벌을 준다든가, 상을 준다든가 하는 외적인 통제는 인간으로 하여금 자발적으로 최선을 다해 조직의 목적달성을 위하여 진력하게 하지 못하므로 인간을 통제하려면 무엇보다 사회심리적 방법을 사용하지 않으면 안 된다는 것이다.

이와 같은 가정으로 자연히 권위주의형의 지도자보다는 민주주의형의 지도자가 더욱 바람직하다는 결론을 얻게 되었다. 이 주장은 민주주의의 이념과 일치하기 때문에 쉽게 미국과 같은 민주사회에서 인기를 얻을 수 있게 되었다. 더욱이 테일러(F. Taylor)의 과학적 관리론의 경우와는 달리 노동자들도 많이 달라져 징계 위주의 관리방법은 점차 효력을 잃게 되었다. 테일러가 과학적 관리론을 주장할 당시의 노동자들은 특별한 기술도 없고 교육수준도 낮은 주로 이민 온 사람들이었고, 그 수도 많았으므로 관리자가 혹사를 한다고 하더라도 견디어낼 수밖에 없는 형편이었다. 그러나 노동자들의 교육수준이 점차 높아지고 생활수준도 향상됨에 따라 노동자와 관리자와의 격차가 점점 줄어들게 되었다. 즉 종래 잡부라고 생각되던 사람들이 자기네들의 당당한 권리를 요구하게 되었고, 이제 잡부 아닌 조직의 구성원이 된 것이다. 탄압적이고 비인간적인 관리방법은 점차 현대사회에서 인기를 잃게 된 것이다.

인간관계론의 또 다른 가정은 조직 내의 여러 관계수립에는 '최선의 방법'이 있다고 하는 것이다. 구체적으로 어떤 것이 최선의 방법이냐 하는 데는 의견의 일치가 없으나, 일반적으로 조직 내에서 일하는 사람들이 최대의 독립성을 가지고 자기 일에 완전히 몰두할 수 있고 독자적으로 의욕을 가질 수만 있다면 그런 관계가 조직 내의 '최선의 관계'라는 것이다. 다시 말해서 사람들의 목적과 조직 그 자체의 목적은 상충하는 것이 아니라 일치될 수 있다고 보는 견해인 것이다. 만약 조직과 조직 내에서 일하는 사람의 목적 사이에 갈등(conflict)이 생긴다면 그것은 무엇인가 잘못된 것이고, 이런 문제는 쉽게 고쳐질 수 있는 것이라고 믿는다. 이와 같이 '최선의 방법'과 '근본적인 갈등의 부재'를 믿는 점에서 인간관계론자와 과학적 관리론자는 유사하다 하겠다.

Ⅱ 인간관계론에 관한 실증연구

1. 호오손 연구

호오손 연구는 1927년에 시작하여 1932년에 끝난 5년간의 실증연구이다. 이 연구에서 메이요(E. Mayo) 교수가 이끄는 대학연구팀은 직접 생산공장에 들어가서 인간의 행태를 실증적으로 분석하였다.[14]

1) 조명도 연구

첫 번째 연구는 조명도와 생산량의 인과관계에 관한 것이었다. 즉 조명도

---

14) Fritz J. Roethlisberger and William J. Dickson, *Management and the Worker*(Cambridge, Mass.: Harvard University Press, 1939); T. North Whitehead, *The Industrial Worker*(Cambridge, Mass.: Harvard University Press, 1938); Elton Mayo, *The Human Problems of an Industrial Civilization*(New York: The Macmillan Co., 1933); Henry A. Landsberger, *Hawthorne Revisited*(Ithaca, New York: Cornell University Press, 1958); Reinhard Bendix and Lloyed Fisher, "The Perspective of Elton Mayo." in Amitai Etzioni(ed.), *Complex Organization: A Sociological Reader*(New York: Holt, Reinhart & Winston, Inc., 1962), pp.113~126.

를 증감시킴에 따라 생산량이 어떻게 변하느냐 하는 것을 고찰하여 이 두 개의 인과관계를 살펴보는 것이었다. 처음에는 특별한 인과관계를 찾지 못하여 처음 세 과를 대상으로 하던 분석을 한 과로 줄이고, 다시 엄밀한 조사를 하였다. 한 과를 A조와 B조의 두 조로 나누어 각각 다른 건물에 배치하고, A조가 일하는 방에는 조명도를 항상 일정하게 유지하고, B조로 일하는 방의 조명도는 계획에 따라 변화시켰다. 그 결과 B조가 일하는 방의 조명도를 높임에 따라 B조의 생산량도 증가하였으나 놀랍게도 조명도를 변화시키지 않은 A조의 생산량도 증가되었던 것이다. 또 한편 B조가 일하는 방의 조명도를 아주 밝은 상태에서부터 점점 어둡게 하였음에도 불구하고, B조는 물론 A조의 생산량도 계속 증가하였다. 따라서 연구팀은 실내의 조명도 이외의 어떤 다른 요인이 생산량의 변화에 작용하고 있음을 알게 되어 이번에는 노무자들의 인간적 요소에 관한 실험을 계속하게 되었다.

2) 제1차 계전기 조립실 연구

이 연구에서는 친한 관계에 있는 두 여직공에게 네 사람을 택하게 하여 그 여섯 여직공을 다른 여직공들과 분리해서 일하도록 하고, 그 곳에 한 연구원을 배치하였다. 그리고 특히 이 방에는 방 안의 분위기를 화목하게 유지하도록 하였고, 조명도 밝게 해 주었으며, 선풍기도 놓아 주었다.

그리고 연구팀은 매일매일 그 여섯 여직공들의 생산량을 기록해 두는 것은 물론 실내의 습도와 온도도 기록하였다. 또 매 6주마다 신체검사를 하여 이들의 신체상의 이상 유무를 점검하였으며, 조사가 시작된 몇 달 후에는 여직공 개개인의 월급이 그 방에서 일하는 여섯 여직공 전체의 생산량에 연동되도록 임금제도를 바꿈으로써 작업의욕을 더 갖도록 하였다. 뿐만 아니라 휴식시간도 연장해 주고 작업시간도 단축해 주었으며, 또 그 방에서 기록을 맡은 사람이 감독자의 역할도 맡도록 하였다. 그리고 때때로 공장의 경영진이 그 방에 직접 찾아가 보기도 하고, 학자들 역시 그 방에 와서 일하는 모습을 관찰하기도 하였다. 이 연구는 약 2년간 계속되었는데, 그 결과 이 여직공들의 생산량은 임금제도가 바뀌기 이전에 비하여 훨씬 증가하였다.

3) 제2차 계전기 조립실 연구

이 연구에서는 제1차 연구와 같은 방법으로 5인의 여직공을 선발하여 집단임금제도의 영향을 관찰하였다. 기타의 조건은 공장의 다른 여직공들과 별로 차이가 없었으나, 그 후에 집단임금제도를 철폐하고 임금이 공장 전체의 생산율에 따라 좌우되는 제도를 채택하자 다섯 여직공의 생산율은 현저하게 하락하였다.

이 조사가 시사하는 바는 과학적 관리론자들의 가정이 잘못되었다는 것이다. 즉 노동조건·피로·임금 등 물적·객관적 요소들은 인간적인 요소들에 비하면 2차적인 중요성 밖에 지니지 못한다는 것이다. 이 연구를 맡았던 사람들은 여직공들 사이의 친목을 몹시 중요시하였다. 여직공들은 서로 친한 사이였으므로 일한다는 것이 즐거운 일이었다. 또 제1차 연구에서 감독이 엄격하지 않고 민주적이었던 것도 아주 중요한 요인이라고 생각하였다. 간단히 말해서 생산량이 증가한 것은 감독자가 여직공들을 친절하게 보살펴 주었고 또한 여직공 사이에 친목이 작업을 통해서 생겨났기 때문이라고 볼 수 있다. 제2차 연구에서도 위의 여러 문제들, 즉 인간적 요인들이 중요하다는 것이 확인되었다.

어떤 학자들은 이 연구에서 나타난 생산량의 증감은 임금과 물적 작업환경에 달려 있다고 주장하였으며, 또 어떤 학자들은 '호오손 효과'(Hawthorne effect) 때문이 아닌가라고 보고 있다. 호오손 효과란 실험가들이나 또는 다른 사람들이 실험대상에 특별한 관심을 보이므로, 그 관심 자체 때문에 전혀 기대하지 않았던 결과가 초래되는 것을 말한다. 그러나 호오손 연구를 맡았던 사람들은 이와 같은 호오손 효과나 물적 조건의 중요성보다 인간적인 요소들의 중요성을 강조하고 있다.

4) 배선 조립실 연구

이는 호오손 공장에서 있었던 마지막 실험연구이다. 이 연구는 남자직공을 대상으로 하였다는 점이 특색이다. 열네 명의 지원자들이 배선조립실에서 전기스위치를 조립하는 일을 하게 하였다. 이 열네 명은 전체의 생산량에 따라서 임금을 받게 되어 있었지만, 실제로 일은 세 그룹으로 나누어서 하였다. 네 명으로 구성된 한 그룹에서는 세 명이 스위치조립을, 그리고 한 명은 납땜질을 하도록 하였으며, 열네 명 중 나머지 두 명은 각 그룹이 완성한 스위치를 검사하여 통과시키는 일을 하였다.

조사가 시작된 지 얼마 안 되어서 장려임금제도가 경영진들이 계획한 대로의 효과를 내지 못하는 것이 밝혀졌다.[15] 분명히 더 많은 양을 생산하여 낼 수 있음에도 불구하고, 또 더 많이 생산하면 그만큼 임금을 더 받을 수 있는데도 불구하고 일일생산량이 거의 고정되어 버린 것이다. 즉 전체의 생산량은 집단의 규범에 의하여 제한을 받는다는 사실이 입증되었다. 직공들은 하루의 생산량에 대하여 어떤 표준을 세워 놓고 그 표준을 너무 초과하여도 또 너무 미달하여도 안 된다는 생각을 갖게 되었으며, 이런 집단의 불문율을 어기는 직공은 다른 직공들에 의하여 배척을 받게 되는 것이다.

호오손 연구원들은 생산량이 증가하지 않는 것은 직공 사이에 이미 생산능력에 근거한 사회적 규범이 형성되어 있고, 이 규범이 생산량의 변동으로 혼란을 일으킬까 염려하여 현존의 사회관계를 계속 유지하기 위해 노력하기 때문으로 보았다. 즉 노동자들이 경제적인 이유로 생산율을 제고시킨다는 가설이 기각된 것이다. 과학적 관리론자가 주장한 '경제적 동물'로서의 인간관보다는 임금 하나만으로는 규제할 수 없는 행동의 폭을 가진 '사회적 동물'로서의 인간관을 역설한 것이다.

호오손 연구의 중요한 함의를 간추려보면 다음과 같다.

(1) 조직은 상호의존관계를 갖는 여러 부분으로 구성된 하나의 사회적 체계이다. 즉 조직 내의 일부에서 생기는 변화는 다른 부분에 영향을 미치고, 그 영향은 또 다른 부분에 영향을 미친다.

(2) 조직에는 두 가지 기능이 있다. 즉 (i) 재화를 생산한다든가 또는 서비스를 제공하는 기능과, (ii) 조직구성원에게 만족감을 주는 기능이 있다.

15) William F. Whyte, *Money and Motivation*(New York: Harper Bros., 1955); Orivis Collins, Melville Dalton and Donald Roy, "Restriction of Output and Social Cleavage in Industry." *Applied Anthropology*, Vol. 5(1946), pp.1~44; Donald Roy, "Quota Restriction and Goldbricking in a Machine Shop," *American Journal of Sociology*, Vol. 57(1952), pp.427~442.

따라서 조직이 유지되려면 두 가지 문제를 동시에 적정하게 해결하지 않으면 안 된다.

(3) 다른 사회적 체계에서와 마찬가지로 조직 내에서 항상 자체 평가가 행해진다. 즉 구성원의 가치관에 따라 자체적으로 우수한 사람과 열등한 사람의 구별이 생기게 된다.

(4) 조직 내에 어떤 변화가 생길 때, 그리고 그 변화가 자기의 신분적 지위를 하락시킨다고 느끼면 조직 내의 구성원은 순위의 고하를 막론하고 그런 변화를 원하지 않는다. 따라서 조그마한 변화라도 그것은 그 변화로 인하여 발생하는 신분적 차이라는 각도에서 심각하게 비교되는 것이다.

(5) 조직 내의 모든 사람들의 행위가 전적으로 합리적이고 경제적인 이유만으로 좌우된다고 생각해서는 안 된다. 그 사람이 가지고 있는 가치관·신념·감정 등은 그 사람의 행위와 불가분의 관계에 있는 것이다.

(6) 조직은 한편으로는 공식적이기도 하고, 다른 한편으로는 비공식적이기도 하다. 공식적 조직은 구성원 사이의 관계를 규제하는 정책·규칙·예규 등으로 이루어져 있고, 비공식적 조직은 공식적 조직 내에서 구성원이 서로 접촉하는 가운데 자연적으로 형성되는 것이다.

2. 인간관계에 관한 후속 연구

여기에서 소개할 세 가지 연구는 인간을 사회적 동물로 인식한다는 점에서 호오손 연구와 비슷한 학술적인 공헌을 하였다.

1) 리피트(R. Lippit) · 화이트(R. White) · 레윈(K. Lewin)의 연구

첫번째 연구는 리피트(R. Lippit) · 화이트(R. White) · 레윈(K. Lewin) 등 세 사람에 의하여 이루어진 리더십유형에 관한 연구이다.16) 여기서는 주로 조직 내

---

16) Ronald Lippit and Ralph K. White, "An Experimental Study of Leadership and Group Life," in Eleanor E. Maccoby, Theodore M. Newcomb and Eugene L. Hartly(eds.) *Readings in Social Psychology, 3rd ed.*(New York: Henry Holt, 1958), pp.495~511; Kurt Lewin, Ronald Lippit and R. K. White, "Patterns of Aggressive Behavior in Experimentally Created Social Climates," *Journal of Social Psychology*, Vol. 10(1939), pp.271~299.

의 인간관계 중 상위자와 하위자 사이의 관계에 중점을 두었다. 이들은 열한 살의 소녀들로 구성된 네 개의 교내 클럽을 선정하고, 그 클럽에 각기 다른 유형의 지도자를 배치함으로써 지도자의 유형과 이에 따른 구성원들의 행태와의 관계를 알아보려고 하였다. 지도자의 유형은 대체로 다음의 세 가지로 나타났다.

(1) **권위주의형** 권위주의형 지도자는 자기 자신이 클럽의 모든 정책과 절차를 단독으로 결정한다.

(2) **민주주의형** 민주주의형 지도자는 정책과 절차결정을 클럽 회원의 의사에 맡기고 적극적으로 지도한다.

(3) **자유방임형** 자유방임형 지도자는 클럽 회원의 활동에 전혀 간섭하지 않고 방임한다.

연구결과 모든 클럽 회원 사이에 민주주의형의 지도자가 가장 이상적이라는 것이 발견되었다. 민주주의형과 권위주의형의 지도자는 일을 끝마치는 점에서는 비슷하였으나, 차이점은 권위주의형의 지도자가 맡은 클럽 회원들은 지도자가 자리를 비우면 일을 중단하는 경향이 있는 반면, 민주주의형의 지도자가 맡은 클럽 회원들은 이미 자기들이 스스로 결정한 절차에 따라 지도자가 자리에 있느냐 없느냐에 관계없이 일을 완성해 나갔다는 점이다. 이 연구의 결론은 조직구성원이 자기들의 일에 대해 발언권과 결정권이 있으면 있을수록 일에 더 열성을 갖게 되고, 따라서 민주주의형의 지도자가 조직에서는 가장 바람직하다는 것이다.

2) 레윈(K. Lewin)의 연구

두 번째의 연구는 1940년대 초기에 레윈(K. Lewin)이 여성적십자회원을 대상으로 행한 연구이다.[17] 이 연구는 모두 여섯 그룹을 선정하여 세 그룹은 강연을 듣게 하고, 나머지 세 그룹은 자기들끼리 토론을 하도록 하였다. 이들의

---

17) Kurt Lewin, "Group Decision and Social Change," in Eleanor E. Maccoby, Theodore M. Newcomb and Eugene L. Hartley(eds.), *Readings in Social Psychology, 3rd ed.*(New York: Henry Holt, 1958), pp.197~211.

강연과 토론의 내용은 2차대전 중 물자의 부족으로 주부들로 하여금 비싼 고기보다는 싸고 영양가 있는 고기 부산물, 예컨대 소의 간·콩팥 등을 먹도록 장려하는 것이었다.

연구의 결과에 따르면, 강연을 들은 여성적십자회원보다는 토의에 직접 참여한 회원들이 식생활태도를 바꾸는 데 상당히 적극적 반응을 보였다고 한다. 즉 강연을 들은 사람들 중 직접 식생활개선을 실천한 사람이 3%에 불과한 데 반하여, 직접 토론한 그룹은 30%나 식생활개선을 하여 소의 간이나 콩팥 등 잘 먹지 않던 음식을 가족들에게 요리해 주었다.

3) 코치(L. Coch)와 프렌치(J. French)의 연구

세 번째의 연구는 코치(L. Coch)와 프렌치(J. French)가 잠옷을 만드는 공장에서 일하는 여직공들을 대상으로 행한 실험이다.[18] 이 공장은 생산방법을 바꿀 때마다 많은 직공들이 공장을 떠나는 일이 생겨서 생산에 지장이 있었다. 직공들은 자기들이 하는 일에 변화가 생기는 것을 싫어했다. 연구과제는 어떻게 하면 생산방식을 변화시키면서도 이직율을 높이지 않고 일정한 생산율을 유지할 수 있는가 하는 것이었다.

이 연구에서는 직공을 세 그룹으로 나누어 어떤 방법으로 새로운 생산방법을 도입하는 것이 좋은가를 관찰하였다. 세 그룹은 (ⅰ) 불참여 그룹, (ⅱ) 대표자참여 그룹, (ⅲ) 적극적 참여 그룹이다. 적극적 참여 그룹에서는 생산방식을 바꾸어야 하는 이유를 설명하고, 충분한 토론의 기회를 직공들에게 주었다. 실험결과는 직공의 적극적 참여를 허락했던 그룹에서는 이직도 없고 생산성도 가장 높았다. 불참여 그룹에 비하여 대표를 통하여 참여했던 그룹과 적극적 참여가 있었던 그룹은 자기 일에 대하여 대단히 만족해 하였다. 이 연구결과는 결국 민주주의적 가치관이 현대사회의 경영원리에도 지배적이라는 것을 다시 한번 확인시켜 주었다.[19]

---

18) Lester Coch and R. P. French, Jr., "Overcoming Resistance to Change," *Human Relations*, Vol. 1(1947), pp.512~532; John R. P. French, Jr., Joachim Israel and Dagfinn As, "An Experiment in Participation in a Norwegian Factory," *Human Relations*, Vol. 13(1960), pp.3~19.

Ⅲ 인간관계론의 함의

앞에서 호오손 실험이 주는 함의를 요약했었지만, 인간관계론이 우리에게 주는 의미는 노동생산성은 노동만족도와 함수관계에 있으며, 이는 작업집단의 비공식적·사회적 패턴에 의존하고 있다는 것이었다. 이를 좀 더 구체적으로 정리해 보면 다음과 같다.

1) 생산수준은 사회적 규범에 의하여 정하여지는 것이지 개인들의 물리적 능력에 의하여 결정되는 것이 아니다.

2) 비경제적인 보수와 제재가 조직구성원의 행동에 큰 영향을 미친다.

3) 조직구성원들이 많은 경우, 개인으로서 행동하는 것이 아니라 집단의 일원으로 행동한다.

4) 집단규범의 설정과 시행에 있어서 리더십이 중요한 역할을 하며, 민주적 리더십이 가장 효율적이다.

5) 인간관계론은 조직에 있어서 의사소통, 의사결정에의 참여적·민주적 리더십의 중요성을 강조한다.

6) 고도의 전문화(specialization)가 반드시 능률적인 노동의 분업방법이라고 볼 수 없다.

---

19) Mason Haire, Edwin E. Ghiselli and Lyman W. Porter, *Managerial Thinking: An International Study*(New York: John Wiley & Sons, Inc., 1966).

과학적 관리론과 인간관계론의 비교

인간관계론이 과학적 관리론의 모순에 대응하여 등장했다는 점에서도 알수 있듯이 두 이론 간에는 근본적인 차이가 있다. 과학적 관리론에 따르면, 가장 생산성이 높은 조직이야말로 가장 능률적이고 구성원들의 만족도를 극대화시켜 주는 조직이라고 한다. 즉 이에 따르면 조직의 구성원은 수입의 극대화를 추구하는 경제인으로서, 조직 전체의 수입에 따라 만족도가 결정되므로, 조직에게 이로운 것은 당연히 조직구성원에게도 이롭다는 것이다.

이에 반해 인간관계론은 조직구성원들에게 최대의 만족도를 가져다 주는 조직이야말로 가장 생산성이 높으며 이상적인 조직이라고 주장한다. 과학적 관리론에서 주장하는 경제적 능률성만을 추구하는 비인간적이고 공식적인 조직에서는 구성원들이 만족감을 얻을 수 없으므로 그들에게 민주적이고, 참여적이며, 의사전달적인 관리방법을 사용하여야 비로소 구성원의 만족도나 조직의 생산성문제가 해결된다고 보는 것이다. 또 이를 위해 조직구성원들은 조직의 목표에 적극적으로 참여하는 능동적 자세를 지녀야 하며, 이러한 목표달성에 대해 구성원으로서의 자부심도 가져야 한다고 주장한다.

요컨대 과학적 관리론에서는 조직의 목표가 항상 조직구성원의 목표와 일치한다고 보고 구성원들의 목표를 소홀히 한 반면, 인간관계론에서는 인간을 복잡한 심리적 욕구를 가진 존재로 파악하고, 조직 내의 비공식조직과 같은 인간적 관계를 인정하여 조직의 목표와 구성원의 목표 간의 균형을 유지하는 데 큰 관심을 기울였다고 하겠다.

제 4 절 구조론

구조(structure)란 일반적으로 역할을 근거로 하여 이루어지는 유형화된 관계(patterned relation)라고 정의할 수 있다. 따라서 구조란 분업체계로 파악할 수 있으며, 환경과의 끊임없는 교류를 통하여 존재의의를 확인한다. 우리가 여기에서 의미하는 구조론(structuralism)이라는 용어도 이러한 맥락에서 파악할 수 있다. 즉 여기에서 말하는 구조론이란 과학적 관리론과 인간관계론이 취한 조직의 공식적·비공식적 측면을 포괄적으로 통합한 것이며, 조직내적인 문제뿐만 아니라 문화를 포함한 조직환경적인 문제를 다루는 것이고, 인간과 조직 사이의 갈등을 포함한 상호작용을 필연적인 것으로 보는 입장인 것이다.[20] 물론 이 경우에 있어서도 갈등을 반드시 바람직하지 않은 것으로 보지는 않는다. 따라서 구조론은 다음에서 논의하는 여러 개념을 총칭하는 것이라 하겠다.

ⓘ 인간에 관한 융합적 시각

앞에서 본 바와 같이 인간관계론자들은 인간을 사회적 존재로 강조하였고, 과학적 관리론자들은 인간을 경제적 동물로 가정하였다. 반면 구조론자들은 인간을 사회경제적 존재로 파악하고자 하는 특색이 있다. 구조론은 고전이론이나 인간관계론 모두 일정 정도 옳다고 본다.

사회경제적 존재로서의 인간은 사회적 욕망과 경제적 이익을 동시에 추구하고 싶은 욕망을 가진 복잡한 존재이다. 그의 행위는 자기가 속한 집단의 영향을 받아 좌우되며, 그는 내적으로 동료의 후원과 존경을 받기 원한다. 그러

---

20) 이 용어는 Etzioni가 사용하였으며, 새로운 용어를 만들기보다 그대로 쓰기로 한다. Amitai Etzioni, *Modern Organizations*(Englewood Cliffs, New Jersey: Prentice-Hall, Inc., 1964), pp.20~21.

면서도 동시에 사회적인 영향은 경제적 이익이 문제로 대두될 때에 제한을 당한다. 따라서 사회적인 요구와 자기 개인의 경제적 이익의 추구가 서로 상충하느냐 안 하느냐는 중요한 문제가 된다.

호오손 연구에서의 배선조립실(bank wiring room)연구를 보면 직공들은 자기들이 할 수 있는 데도 불구하고 하루의 생산량을 일정비율 이상 올리면, 경영자측에서 개당 임금을 인하할 것이라는 구실로 생산량 제고를 거부하였다. 호오손 연구원들은 이 같은 경제적인 이유는 단지 합리화에 불과하다고 말하였다. 그러나 구조론자들은 실제로 이들의 경제적인 우려가 집단 전체의 규범체계와 일치하였기 때문에 생산율이 오르지 않은 것이라고 말한다. 이처럼 이론적인 입장에 따라 조직 내의 형태에 관한 해석이 달라진다.

구조론자들은 인간이 사회적 동물이 아니라는 것은 아니고, 다만 좀 더 이기주의적인 존재로 보는 것이다. 개인과 그 개인을 둘러싼 집단과의 유대는 강할지 모르나, 인간은 이기적이므로 그 집단의 규범을 따르는 것이 불리하면 그 집단과의 유대도 약하게 된다는 것이다. 그러므로 개인의 이익과 사회적 집단의 요구수준 간에는 항상 긴장이 잠재한다는 것을 가정하는 것이다.

조직의 계층 사이에서나 조직의 목표와 개인의 목표 사이에도 이런 본질적인 갈등의 요소가 존재한다.[21] 구조론자들은 이런 갈등을 조직 그 자체에 내재한 필연적인 것으로 받아들인다. 그 이유는 조직의 최고층의 사람들은 조직의 생산성과 이익을 조직구성원 개개인의 욕구를 충족시켜 주는 것보다 더 중요하게 생각하는 경향이 강하며, 더구나 개개인의 모든 욕구를 충족시켜 주려한다고 하더라도 실제로 그것이 가능한 일도 아니므로 조직의 목표와 구성원의 목표 간의 갈등은 불가피하다는 것이다.

인간관계론자들이 조직구성원의 만족도를 향상시키는 것이 조직의 효율성을 제고하는 길이라고 주장하는 반면, 구조론자들은 그러한 인간관계론자들의 견해에 회의를 가지고 조직구성원을 만족시키는 일과 업무를 완수하는 일은

---

21) Robert Dubin, Arthur Kornhauser and Arthur Ross(eds.), *Industrial Conflict*(New York: McGraw—Hill, Co., 1954), pp.37~62; Walter Buckley, *Sociology and Modern Systems Theory*(Englewood Cliffs, New Jersey: Prentice—Hall, 1967), ch. 5.

항상 동시에 달성할 수 있는 것은 아니라고 주장한다.[22]

스튜드베이커(Studebaker) 자동차회사의 사례는 이를 잘 말해 주고 있는데, 스튜드베이커사는 인디애나 주의 사우스벤드에서 1850년대 역마차를 만들던 시절부터 운영된 오래된 회사였다. 1954년 인간관계론자는 그 회사를 다음과 같이 평했다. "스튜드베이커사의 사원들 사기는 대단히 높고, 노사 간의 노골적인 충돌도 없다. 스튜드베이커사에서는 다른 회사에서 공장장이나 인사과장 혹은 최고공장감독자가 가지는 정도의 실권과 통제력을 일반노동자와 그들의 노동조합대표들이 갖고 있었다. … 더욱이 이 작은 회사는 다른 거대한 자동차회사와 능히 경쟁하며, 사원들은 다른 어떤 회사의 경우보다 더 자기회사에 소속감과 애착심을 갖고 있었다." 스튜드베이커사의 직원은 자기 회사와 일에 만족하였을지는 모르나, 스튜드베이커사는 1963년에 망하여 문을 닫는 비운을 맞았다.

구조론자들의 이론에 따르면 조직의 구조가 중요하고, 조직구성원의 행태에 대한 비공식적인 사회적 영향은 구성원이 받는 영향의 일부분에 지나지 않는다. 공적인 업무는 그에 못지 않게 중요하며, 특히 상관의 평가시 근거가 되는 결과가 외형상으로 나타날 수 있는 임무는 개개인에게 커다란 영향을 미친다. 따라서 구조론자들은 상벌제도가 구성원의 행위에 영향을 미치는 중요한 제도라는 것을 강조한다.

Ⅱ 사회기술적 체계

오늘날 기술의 중요성을 부인할 사람은 아무도 없을 것이다. 모든 일은 사회기술적 체계 안에서 행해진다고 믿고 있다. 사회기술적 체계(sociotechnical system)라는 개념은 어떠한 목표를 수행하기 위하여 집단의 노력 또는 개인의

---

22) Daniel Katz, "Worker Satisfactions and Deprivations in Industrial Life," in Arthur Kornhauser, Robert Dubin and Arthur Ross(eds.), *Industrial Conflict*(New York: McGraw-Hill Book Co., 1954), pp.104~105.

가치판단 및 태도와 기술적 과정 등의 각 사회적 요소들이 상호의존관계에 있음을 뜻한다.[23]

　따라서 작업에 대한 만족감은 직장동료 및 상하관계와 업무의 기술적 특성, 그리고 작업조건에서 생기는 대인관계로부터 나온다고 이해할 수 있다. 업무에 필요한 기술이 불충분할 경우에는 어떠한 사회적 요인이나 월급봉투도 업무에 대한 불만을 불식시켜 주지 못한다는 것이 명백하다.

　구조론자는 업무의 기술성을 제일의 요소로 강조하고 있다. 업무의 자율성, 감독의 치밀성, 그리고 대인관계를 가질 수 있는 기회 등은 조직의 유형에 영향을 주는 업무기술이 되는 것이다. 반면에 인간관계론자들은 "모든 사람은 스스로의 역할이 어렵고 중요하며 의미가 있다고 생각되는 직무를 가져야 하며, 만약 직무가 이러한 특성을 구비하지 못할 때에는 재편성해서라도 이러한 특성을 가지도록 해야 한다"고 한다.[24]

Ⅲ　개방체계

1. 의의와 기능

　구조론에서는 조직을 개방체계로 보는 것이 특색이다. 체계라는 말은 상호의존하는 부분들로 이루어진 실체라고 말할 수 있다. 따라서 조직 속의 부분 혹은 단위들은 그 조직을 이루고 있는 경계 내에서 활동하면서 한 부분의 변화는 다른 부분에 영향을 미치도록 연결되어 있는 것이다. 폐쇄체계는 한정된 체계 속의 내부적 기능만을 이해함으로써 전체를 파악할 수 있고 또 예견할 수도 있는 것이지만,[25] 개방체계의 기능은 체계가 속해 있는 외부적 환경에

---

23) E. L. Trist and K. W. Bamforth, "Some Social and Psychological Consequences of the Longwall Method of Goal Setting," *Human Relations*, Vol. 4(1951), pp.3~38; E. L. Trist, *Organizational Choice*(London: Tavistock Pub. Co., Ltd., 1963).

24) Rensis Likert, *New Patterns of Management*(New York: McGraw－Hill, 1961), p.103.

25) Daniel Katz and Robert Kahn, *The Social Psychology of Organization*(New York: John Wiley & Sons, Inc., 1966), ch. 1~2; Stanley Young, *Management: A Systems Analysis*

적응해야 하기 때문에 그 자체가 전체 체계의 한 부분으로 존재하는 종속적인 특성을 지닌다.

개방체계와 폐쇄체계에 대한 개념의 이해를 돕기 위해서 몇 가지 예를 들어보기로 하자. 먼저 폐쇄체계의 예로서 시계를 보면, 시계의 기계적 작용은 전부 폐쇄체계로서 우리가 적절한 상식만 갖고 있다면 쉽게 이해할 수 있고 예견할 수도 있는 것이다. 그러나 자동차에 붙어 있는 모터는 부분적인 개방체계라고 할 수 있다. 왜냐하면 모터의 작용은 온도와 습도의 영향을 받기 때문이다. 그런데 모터를 자동차에서 떼어내어 상자 속에 넣고 온도와 습도의 변화를 받지 않게 한다면, 그것은 마치 시계와 같은 폐쇄체계가 되며, 그 모터의 작용을 알기 위하여 모터의 주위환경을 알아야 할 필요는 없는 것이다.

개방체계는 다음의 두 가지 측면에서 개방을 의미한다.

1) 개방체계란 조직을 유지하기 위하여 필요한 물자를 외부로부터 받아 들여야 한다. 예를 들면 인체에 필요한 식량 같은 것이 그것이다. 물론 유용한 생산품이나 노폐물들을 외부로 내보내기도 한다. 이 점은 시계와 같은 폐쇄체계와의 차이점으로서, 기계적인 시계는 외부와의 지속적인 교류가 없을 뿐만 아니라 기계장치를 변경시킬 필요도 없다.

2) 그러나 다양한 개방체계의 사례 중에서 촛불과 산소의 관계와 같은 경우는 실체와 외부의 교류가 수동적으로 이루어지는 데 불과하지만, 개방체계란 여기서 한 걸음 더 나아가 능동적인 적응이 일어남을 말한다. 따라서 체계는 외부의 환경에 능동적으로 적응할 수 있도록 의식적인 장치가 요구되는 것이다. 이와 같은 의식적인 장치란 인체를 예로 들자면, 음식물을 먹을 때에 먹을 수 있는 것인지 아닌지에 대한 주의를 환기시키면서 조직으로 하여금 그 음식물이 내려갈 길을 열어 주는 것과 같은 것이다. 인간의 조직은 일정정도 외부적 자극에 순응하여 내부적 상태를 변경시킬 수 있는 능력이 있는데, 예를 들면 외부의 환경이 쉽사리 수용하지 않는 자기의 생산품에 변화를 줄 수 있다.

(Glenview, Ill.: Scott, Foresman, 1966), ch. 2.

▼ 그림 1-6-1 개방체계의 기본구조

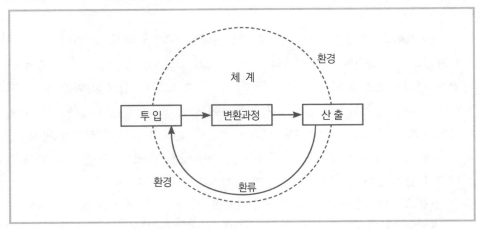

과거의 조직은 폐쇄체계로 이해되어 왔다. 즉 체계의 단위와 그 연관성에 관한 지식만 가지면 이에 대한 예견이 가능한 대상으로 연구되어 왔다. 그러나 이제 조직은 적응성 있는 개방체계로 인식되고 있다. 이처럼 조직은 외부환경과의 계속되는 교류를 통해 기능을 수행하는데, 이는 크게 두 가지 측면에서 고찰된다. 첫째는 투입면, 즉 체계가 변환단계에서 운영하는 데 필요한 자본·인력 및 물자를 받아들이는 작용이고, 둘째는 산출면, 즉 변환단계에서 생산된 생산물이나 서비스를 처분하는 작용인데, 이것은 곧 또 하나의 투입-변환-산출이라는 순환과정에 소요되는 물자를 얻기 위한 것이다. 이를 단순화하여 도식화하면 [그림 1-6-1]과 같다.

한편 조직의 경계에는 의식적인 장치와 같은 조직이 있다. 경계는 조직으로부터 두 방향으로 환경과 접하고 있는데, 그 하나는 투입물을 공급해 주는 환경이며, 다른 하나는 산출물을 흡수해 주는 환경인 것이다. 경계의 지위는 중요한 것으로서 그것은 투입의 경우이든 산출의 경우이든간에 환경의 변환과정체계를 통해 변화된 상태로 바꾸는 기능을 수행해야 한다. 예를 들어 조직이 갖고 있는 가용노동력이 숙련인지 혹은 비숙련노동인지 하는 노동력의 질과 관련해서 생각할 때, 만약 비숙련공 밖에 공급할 수 없는 환경이라면 조직의 경계에서는 적은 숙련노동으로도 생산활동이 가능하도록 생산과정의 구조를 변경시켜야 한다.[26] 또 조직의 생산물을 흡수해 주는 환경과 접하고 있는 경계에서는 산출물과 환경과의 갈등을 줄이기 위해 소비자를 포함한 이해관계자의 취향측정 및 구매력측정 등에 관심을 기울여야 할 것이다.

2. 특징

개방체계의 특징은 다음과 같이 요약할 수 있다.

1) 개방체계는 외부환경으로부터 어떤 형태의 에너지를 공급받는다. 체계로서의 조직은 다른 기관이나 사람 또는 물적 환경으로부터 에너지를 공급받으며, 결코 자급자족적인 것은 아니다.

2) 개방체계는 물품이든 용역이든 어떤 형태로든 산출물을 환경으로 내보낸다.

3) 개방체계에 있어서의 에너지 교류의 패턴은 순환적 성격을 띤다.

4) 개방체계는 모든 형태의 조직이 해체·소멸로 이끌어가는 과정인 엔트로피(entrophy)의 작동을 억제하지 않으면 안 된다. 사회조직은 생물적 유기체와는 달리 엔트로피적 과정을 거의 무한정하게 저지할 수 있는 능력을 가진다.

5) 개방체계에의 투입은 에너지만이 아니며 환경에 대한, 그리고 환경과의 관계에 있어서 체계의 기능에 관한 정보도 포함된다.

6) 개방체계는 분화와 정밀화의 방향으로 나아가는 경향을 지닌다.

그러므로 개방체계에서는 산출과 투입작용을 위해서 그 경계에 반드시 전담조직을 설치해야 한다. 이러한 경계조직의 수는 그 조직이 처해 있거나 또는 그 조직이 적응해야 할 환경의 복잡성에 따라서 결정지어질 문제이다. 조직의 유지와 발전에 심각한 영향을 미치고 있는 사회의 여건들이 다양하면 할수록 이러한 환경의 여건을 탐지하는 데 필요한 부서도 많아져야 할 것이다. 경계부서 없이는 조직의 생존이 어려우며, 이 경계부서는 조직의 눈과 귀의 역할을 하게 된다.

---

26) William J. Goode, "The Protection of Input," *American Sociological Review*, Vol. 32(1967), pp.5~8.

Ⅳ) 불확실성의 감소

구조론에서는 조직의 예측과정 혹은 변환과정에서 불확실성을 감소시키는 방안을 중히 여기고 있다.

조직은 내부적으로 변환과정이 예측가능하게 운영되도록 구조화되어 있다. 법규·규칙·명령계통·분업 등은 변환과정의 확실성을 증가시키는 방법이다. 경계조직은 환경의 예측가능성을 제고하기 위하여 환경을 재정비하고 해석하는 기능을 수행한다. 그러나 조직의 내부기능은 비교적 통제가 용이한 데 반하여, 환경은 그렇지 못하기 때문에 경계조직은 환경의 변동으로부터 내부적 변환과정을 보호하는 역할을 담당해야 한다.[27]

환경적 변동의 개념은 매우 중요한 것이다. 고정된 환경을 갖고 있는 조직이 자체의 보존을 위하여 경계조직에 의존하는 법은 거의 없다. 이와 반대로 환경 속의 위험요소가 폭넓게 진동하는 경우에는 이러한 요소를 관장하는 직책은 중요해진다. 예를 들면 시장수요가 떨어지면 홍보 및 판매담당임원은 조직 내에서 존재가치가 제고되거나 혹은 하락하게 되며, 노동시장이 경화되면 인사담당자의 활동이 중요하게 되고, 원료가 귀해지면 물자를 획득하는 구매기능이 높이 평가되는 것이다. 이러한 부류의 우발적인 상황은 조직이 적어도 잠정적으로나마 환경의 변동에 대한 경계조직의 예상 및 반응작용에 의하여 안정을 유지할 수 있기 때문에 조직에 대해 직접적이고도 급격한 영향을 미치지 못하는 것이다.

이와 같이 조직 내에서 지위의 중요도는 어느 정도 환경적 요인에 따라 달라지는 것이며, 경계조직은 변화하는 환경 속의 위험요소에 대해 책임을 지고 있기 때문에 근본적이고도 중요한 기능을 수행한다.[28] 다시 말하면 명백하게 예측할 수 있는 업무를 담당하고 있는 사람은 조직이나 구성원의 안정을 위하여 취해야 할 예측불가능한 행동이 요구되는 업무에 종사하는 사람보다 조직 내에서 영향력이 적다. 따라서 불확실성을 취급하는 직위는 운영상 확실성만

---

27) James D. Thompson, *Organization in Action*(New York: McGraw‒Hill, 1967), ch. 2.
28) Robert Dubin, "Power, Function and Organization," *Pacific Sociological Review*. Vol. 6(1963), pp.16~24.

을 전문적으로 취급하는 직위보다 사실상 유력한 지위라는 것을 알 수 있다.

앞의 조직의 유형에서 언급한 바와 같이 조직의 기계적 형태(mechanistic form)는 변환과정이 투입 및 산출의 양면에서 외부동요와 격리되어 있을 때에만 존재할 수 있는 것이다. 고도로 치밀한 노동의 분업, 분명한 업무한계, 군대와 같은 명령계통, 엄격한 작업일정, 그리고 작업의 조정 등은 폐쇄체계의 상태 아래서 업무를 수행하게 하는 합리적인 제도적 장치인 것이다. 이와 같은 제도는 대단위 생산업체의 변환과정을 위하여 존재하는 것이며, 이들 변환과정은 모든 개방체계가 직면하게 되는 주요 외부동요를 경계조직이 완충시키고 평준화하며, 더욱 그 동요를 봉쇄해 주기 때문에 마치 하나의 폐쇄체계처럼 운영될 수 있는 것이다. 그러나 소규모 생산업체와 같은 조직의 유기적 형태에서는 투입－변환과정－산출 사이의 봉쇄가 어렵기 때문에 그렇지 못한데, 이는 판매·고안·생산·실험·고객의 의견 사이에는 계속적으로 높은 상호의존도가 존재하며, 생산단위는 안정될 수 없이 동요하는 환경 속에 놓이게되기 때문이다. 이것은 조직으로 하여금 끊임없이 적응할 것을 요구하며, 그리하여 기계적 체계가 가지고 있는 변환과정에서의 폐쇄성과 같이 고도의 예측가능한 업무수행은 허용되지 않는다.

조직에 있어서 불확실성의 감소는 행정관리상 중요한 과제로 강조된다. 조직의 구조는 대체로 운영상의 확실성이 변환과정에서 잘 이루어지도록 마련한 결과물인 것이다. 지금까지 살펴본 바와 같이 조직을 관리하는 데 있어서 어떠한 경우에도 적용할 수 있는 가장 훌륭하고 유일한 방법은 있을 수 없는 것이다.[29] 외부환경의 성질, 직원의 숙련 및 기대, 그리고 기술성 등은 조직을 설계하는 데 참작하여야 할 기본적 요소이다. 구조론은 고전적 이론과 인간관계론을 혼합하고 불확실성의 감소에 좋은 방안을 도출하려고 한다. 이른바 고전이론 그 자체는 '인간을 빼놓은 조직'을 논하였으며, 인간관계론은 '조직 없는 인간'을 주로 논한 것이다.[30] 이 양자의 결합이 조직이 취할 수 있는 가장

---

29) Raymond A. Katzell, "Contrasting System of Work Organization," *American Psychologist*, Vol. 17(1962), pp.102~108.

30) Warren G. Bennis, "Leadership Theory and Administrative Behavior," *Administrative Science Quarterly*, Vol. 4(1959~1960), pp.259~301.

훌륭하고도 유일한 방법의 차선책은 될 수 있음을 강조한다.

 ## 상황적응적 접근

조직행태에 대한 상황적응적 접근(contingency approach)은[31] 조직이 행태 (행동)로 구성된 체계이며, 그 체계는 서로 경계가 구분될 수 있는 하위체계로 구성되어 있다고 가정한다. 이 경우 각각의 하위체계는 그 자체가 하나의 행동단위로서 분석될 수 있고, 또는 다른 하위체계와 교호작용하는 하나의 하위체계로 분석될 수 있다.

조직 내의 한 하위체계가 다른 체계 또는 하위체계에 반응하여 행동하는 경우, 우리는 그러한 반응을 환경(이 경우 다른 체계)에 상황적응적(contingent) 인 것이라고 말한다. 어느 하위체계의 행태는 그것이 바라는 결과를 어느 정도 통제할 수 있는 다른 체계 또는 하위체계와의 환경적 관계에 의존하는 것이라고 보는 주장이 상황적응적 접근(contingency approach)이다.

상황적응적 접근은 이러한 틀 속에서 세 가지 행동단위를 논의하게 된다. 세 가지 행동단위란, 첫째, 집단 내에서 행동하는 개인, 둘째, 조직 내에서 행동하는 집단, 셋째, 사회 내에서 행동하는 조직을 말한다. 이와 같은 각 수준의 행동을 분석하는 상황적응 접근법의 요소는 서로 유사하다. 각 수준의 행동을 분석할 때 대상으로 삼는 상황적응 접근법의 구성요소는 환경, 환경 속에서 일어나는 행태, 환경으로부터 생겨나는 형태의 결과(consequence)이다. 결과는 언제나 환경 속의 행태에 연관되어 있다. 그러므로 상황적응적 관계 (contingency relationship)의 검토를 통해서 조직 속에 있는 여러 가지 하위단위 내의 또는 하위단위 간의 상호관계뿐 아니라 조직과 그 환경의 관계를 설명하는 것은 매우 설득력이 있다고 하겠다. 특히 상황적응 접근법은 조직의 환경에의 적응을 중요시하기 때문에 조직의 능동성이 강조되며, 조직과 환경

---

31) Henry L. Tosi and W. Clay Hammer(eds.) *Organizational Behavior and Management: A Contingency Approach*(St. Claire Press, 1974), pp.1~8.

의 조합에 따라 적응의 양태는 달라진다고 주장한다.

우리의 주된 관심이 조직 내의 '인간행태'를 결정하는 요인을 다루는 것이지만, 조직의 구조도 행태에 중요한 영향을 미친다는 점을 간과해서는 안된다. 상황적응모형을 설정할 때에는 조직 속의 행동을 이해하는 데 관계있는 네 가지 주제를 포함시킨다. 이 네 가지 주제는 다음과 같다.

1) 개인 및 집단행동의 심리적 결정요인
2) 개인 및 집단행동을 결정하는 조직상의 요인
3) 조직체제의 내적 특성
4) 조직체제의 환경적 결정요인

그러므로 상황적응적 접근은 개인행태를 결정하는 심리적 요인 또는 조직체제의 환경적 결정요인을 체계적으로 분석하는 데 매우 유용하다.

제 5 절 　 조직이론의 신조류

간명하게 말해서 효과적인 조직구조와 관리방법을 찾아내고자 하는 것이 조직현상을 탐구하는 이유 중의 하나라고 할 수 있다. 과학적 관리론, 인간관계론, 구조론으로 대표되는 조직이론의 주류이론들은 이와 같은 조직연구의 산물이라 할 수 있다. 이와 같은 노력은 꾸준히 지속되고 있는데, 현대의 조직연구들은 조직의 가장 바람직한 조직구조와 관리방법을 추론하기 위하여 조직의 탄생원인을 확인하고자 하는 시도에 많은 노력을 기울이고 있다.

(I) 신제도주의

제도주의는 조직을 포함하는 모든 인간사회의 제도의 발생에 관심을 두고 있다. 다만 신제도주의(new institutionalism)는 주로 공식적인 제도를 주된 대상으로 하는 제도주의와는 달리 관습, 문화 등과 같은 비공식적인 제도로 그 관심대상을 확대함으로써 차별화된다. 특히 신제도주의적 접근은 정치학, 경제학, 사회학 등 사회과학 분과에서 상이한 입장을 견지하고 있다.[32]

우선 경제학 분과를 중심으로 발전해 온 합리적 선택 제도주의는 특정한 선호를 지닌 합리적인 인간은 자신의 이익을 극대화하기 위하여 능동적이고 의도적으로 제도를 창출한다고 주장한다.[33] 물론 이 때의 인간은 제한된 합리성(bounded reationality)에 기초한다. 특히 합리적 선택 제도주의에서는 조직의 탄생과 거대화의 이유를 거래비용(transaction cost)을 줄이기 위한 방편으로 이해한다. 즉 일정한 개인이나 조직 간의 수직적 결합(vertical integration)이나 합병(merging)을 통하여 이들 간의 거래에서 수반되는 정보와 행정비용을 내부화시킴으로써 궁극적으로 거래비용을 줄이는 것이 합리적이라는 것이다. 물론 이 과정에서 조직이 생성되거나 기존의 조직이 거대화된다.[34] 결국 인간은 자신의 목표달성을 위하여 지불해야 하는 비용의 지출을 최소화하고, 이익을 최대화하기 위한 합리적이고 전략적인 판단으로 조직을 창출한다는 것이 이들의 입장이다.[35]

역사적 제도주의는 정치학을 중심으로 발전해왔는데, 이들은 제도를 정치체제의 조직구조에 내재되어 있는 공식적 · 비공식적 절차, 규범, 관습 등으로 규정한다. 이들은 인간과 제도와의 관계를 정치체제와 같은 상대적으로 광범위한 차원에서 접근하고, 제도의 운영과 발전과정에서의 권력의 불균형, 제도의 경로의존성(path dependence)과 합리적 선택제도주의와는 달리 의도하지 않는 결과를 강조한다.[36] 물론 이 역사적 제도주의가 비공식적 제도를 인정하

32) Thomas A. Koelble, "The New Institutionalism in Political Science and Sociology," *Comparative Politics*, Vol. 27, No. 2(1995), pp.231~243.

33) Kenneth Shepsle and Barry Weingast, "The Institutional Foundations of Committee Power,"*American Political Science Review*, Vol. 81(March 1987), pp.85~104.

34) Oliver E. Williamson, *Markets and Hierarchies: Analysis and Antitrust Implications*(New York: The Free Press, 1975).

35) Peter A. Hall and Rosemary C. R. Taylor, "Political Science and Three New Institutionalisms," *Political Studies*, Vol. 44(1996), pp.942~946.

36) *Ibid.*, pp.937~942.

고는 있으나, 사회학적 접근과 달리 공식적 제도의 경로의존성에 보다 관심을
두고 강조하고 있음을 상기할 필요가 있다.

　사회학적 제도주의에 있어 제도란 단순히 사회와 조직의 절차, 규칙, 기준
(standards), 통치구조일 뿐 아니라 관습과 문화를 포괄한다.[37] 이들은 합리적
선택 제도주의와 달리 제도가 행위자를 규정한다고 본다.[38] 특히 이들에게 제
도적 동형화(isomorphism), 즉 사회에 있어서의 제도와 조직이 유사해지는 현
상은 매우 중요한 해답을 제공하고 있다. 우선 강제적 동형화(coercive
isomorphism)는 특정 조직이 의존하고 있는 다른 조직이나 권위체로부터 영향
을 받아 일정한 조직의 유형이나 제도를 받아들이는 과정을 말한다. 정부의
정책에 따라 복수의 조직이 동일한 규칙을 제정한다거나, 유사한 조직을 만드
는 경우를 예로 들 수 있다. 두 번째는 모방 동형화(mimetic isomorphism)로 이
는 모범이 되는 사례를 모방하는 경우를 말한다. 해외사례의 차용, 공공부문
의 민간기법 차용 등을 들 수 있다. 세 번째는 규범 동형화(normative
isomorphism)인데, 이는 일정한 분야의 전문가나 전문가 집단의 제도를 따르
는 것으로 자기정당화의 수단이 되기도 한다.

　이와 같은 세 분야의 신제도주의는 결국 상호배타적인 것이 아니라, 상호
보완적이라 할 수 있고, 결국 사회의 제도와 조직은 이 세 분과가 각각 주장
하는 것처럼, 공식적·비공식적 제도, 행위자와 제도 간의 상호작용이 포괄적
으로 연계되어 있다고 할 수 있다.

Ⅱ 학습조직론

　현대사회의 조직은 역동적으로 변화하는 환경에 적응하고, 또한 변화를 선
도하여야 한다. 이때 조직 자체의 변화와 혁신은 환경에의 적응과 변화의 선

---

37) Thomas A. Koelble, *op.cit.*
38) Walter W. Powell and Paul J. DiMaggio, *The New Institutionalism in Organizational
Analysis*(Chicago: The University of Chicago Press, 1991), p.10.

도를 가능하게 하는 원동력이 되며, 변화와 개혁은 자신을 둘러싸고 있는 외부환경과 자신이 속한 조직에 대한 충분한 이해를 통해서 가능하다는 측면에서 조직학습(organizational learning)과 학습조직(learning organization)의 중요성을 찾을 수 있다.[39]

조직구성원들이 지속적인 토론과 학습을 통하여 자신들의 능력을 제고하고, 창의적이고 광범위한 사고능력과 집단적인 조직의 열정을 배양하는 학습조직의 활성화는 조직의 생존과 발전의 필요충분조건이다. 조직학습화를 주창한 생게(P. Senge)는 이를 위한 다섯 가지 원칙(disciplines)을 제시한 바 있다.[40]

첫 번째 원칙은 체계적 사고(systems thinking)의 함양이다. 우리 사회에서 발생하는 모든 사건은 전체가 연결된 체계(systems)인데, 이들 간의 상호작용을 이해하고 이를 효과적으로 활용할 방안을 도출하기 위한 개념적 구조틀(conceptual framework)인 체계적 사고를 지속적인 조직학습을 통하여 정립하여야 한다.

두 번째는 개인의 통찰력 제고(personal mastery)이다. 개인적 통찰력이란 현실에 대한 객관적인 인식하에 자신의 비전(vision)을 구체화해 나가는 능력을 말한다. 따라서 개인의 통찰력을 제고시키는 것 자체가 학습조직의 정신적 토대가 된다.

세 번째는 사고체계의 변화(mental models)이다. 사고체계는 현실세계를 이해하고, 어떤 행동을 함에 있어 영향을 주는 내면적 인지체계를 말한다. 따라서 보수적이 되기 쉬운 조직구성원 각각의 사고체계를 지속적인 토론과 학습을 통하여 혁신 그리고 개혁에 보다 긍정적으로 대응할 수 있도록 변화시켜야 한다.

넷째는 공통된 비전의 구축(building shared vision)이다. 조직 전체가 깊이 공유하고 있는 목표나 가치가 없다면 그 조직은 생존 자체가 어렵다. 성공적

---

39) Donald Kettl, "Managing on the Frontiers of Knowledge: The Learning Organization," in Patricia Ingram and Barbara Romzeck(eds.) *New Paradigms for Government*(CA: Jossey–Bass, 1994), pp.19~40; Michael D. Cohen and Lee S. Sproull, (eds.) *Organizational Learning*(CA: Sage, 1996).

40) Peter M. Senge, *The Fifth Discipline*(New York: Doubleday, 1994).

인 조직을 위하여 진정으로 요구되는 것은 공동의 선을 달성하기 위한 비전
(vision)이며, 이러한 공유된 비전의 구축은 조직구성원의 진정한 노력과 충성
을 이끌어 내는 원칙이다. 조직의 비전 공유는 지속적인 토론과 학습을 통하
여 가능하다.

다섯째는 소규모 조직학습(team learning)의 활성화이다. 경험적으로 우리
는 팀워크(teamwork)가 개인의 역량보다 더 많은 성과를 도출할 수 있다는 점
을 숙지하고 있다. 팀(team)과 같은 소규모 조직은 현대 조직의 기본적인 학습
단위가 된다. 소규모 조직이 학습할 수 없다면 조직(organization)은 학습할 수
없다. 소규모 조직의 학습이 갖는 중요성이 여기에 있는 것이다.

물론 성공적인 학습조직의 구축에는 학습의 중요성에 대한 이해와 이를 이
끌어 나가는 지도자의 역할이 중요한 요소로 작용한다. 생게(P. Senge)는 학습
조직화를 위한 지도자의 역할을 조직의 목표와 비전, 그리고 조직이 추구할
가치를 설정하는 조직체계의 설계자(designer), 조직구성원이 현실을 직시할
수 있는 시각을 갖도록 지원하는 교육자(teacher), 그리고 조직의 발전을 후원
하고 지원하는 봉사자(steward)로 규정하고 조직의 성공과 학습조직화를 위한
조직의 지도자상을 제시하고 있다.

Ⅲ 네트워크이론

조직분과에서 네트워크에 관한 활용과 발전은 1960년대 이후로 거슬러 올
라간다. 이는 단일조직이 아닌 조직 간의 연결에 초점을 둔다. 초기의 연구는
개별 조직 간의 연결에만 국한되었으나, 점차 복수의 조직들 간의 거대한 연
결로 확장되어 갔다. 그리고 연구의 대상은 일반적인 공공조직, 민간조직은
물론 전통적인 조직이론으로는 해결하기 어려웠던 다양한 유형의 협력관계,
네트워크 구조와 운영체계에 관한 분석 등을 포함한다.[41]

---

41) Keith G. Provan and H. Brinton Milward, "Do Networks Really Work? A Framework for
    Evaluating Public-Sector Organizational Networks," *Public Administration Review*, Vol.

실제로 일반적인 조직이론으로서의 자원의존이론이나 거래비용이론 등은 자원의 확보나 비용의 축소를 위한 조직차원의 협력과 상호관계를 다루는 반면, 네크워크이론은 개인이 자신이 속한 조직의 네트워크에 미치는 영향과 조직의 네트워크가 조직의 구성원에게 미치는 영향과 조직 간의 상호관계를 다루기 때문에 조직 내에서의 개인의 영향력과 조직 간의 영향력을 파악하는 데 유용하다.42) 물론 이와 같은 작은 관계의 집적을 통하여 사회 전체를 포괄하는 거대한 네트워크구조의 확인과 분석도 가능하기 때문에 사회적 차원의 조직과 제도의 연구에도 기여하는 바가 크다.

그러나, 개인과 조직, 조직과 조직의 관계를 다루는 대부분의 네트워크분석이 조직을 주어진 것으로 파악하는 등의 소극적인 경향을 띠고 있어 이에 대한 보완과 부가적인 관심이 요구된다.

61, No. 4(2001), p.414.

42) Mark S. Granovetter, "Economic Action and Social Structure: The Problem of Embeddedness," *American Journal of Sociology*, Vol. 91, No. 3(1985), pp.481~510.

제**2**편

조직구조론

CHAPTER

7 조직의 편성

제 1 절 조직편성의 원리

Ⅰ 조직편성의 의의

조직편성의 원리란 복잡·거대한 조직을 보다 능률적으로 관리함으로써 조직의 목표를 효율적으로 달성할 수 있도록 가장 합리적이고 적절하게 편성하는 일반적인 원칙을 말한다.1)

일반적으로 조직편성의 원리는 전문화·분업, 조정, 계층제, 통솔의 범위, 명령의 통일 등을 포괄하고 있다. 그러나 이러한 원리는 능률주의적 행정이 지배하던 이른바 정치·행정 이원론시대의 산물이었으며, 그나마도 과학적인 성격을 지닌 것이라고 할 수 있는 것은 아니다. 즉 미국에 있어서 초기의 행정학자들은 행정의 최고이념으로 절약과 능률을 내세우고, 이러한 이념은 베버(M. Weber)적인 관료제의 구현을 통하여 실현될 수 있는 것으로 믿었다. 이러한 생각은 사기업 분야에서 보급된 과학적 관리론의 영향을 받아 조직에 보편적으로 존재하는 일반원리를 찾아내려는 것을 목적으로 하는 전통적 조직이론으로 발전되었다.

능률성과 합리성을 신봉하던 초기의 능률주의적 행정이론은 모든 조직에 보편적으로 타당한 원리(principle)가 존재하며, 이 원리는 모든 조직이론에 있

---

1) 윤재풍, 조직관리론(서울: 법문사, 1978), 184면.

어서 최고의 가치를 지니는 것이라고 주장하였다. 그러나 그 후 능률주의적·과학적 행정이론의 수정과 더불어 이러한 원리접근법은 여지없이 비판을 받게 되었으며, 그 원리란 엄밀한 검증을 거치지 아니한 하나의 격언(proverbs)에 지나지 않는다고 논박받기에 이르렀다.[2]

오늘날 이러한 조직의 원리가 많은 면에서 미숙하고 불완전하며, 기계적으로 어떠한 상황에서나 적용될 수 있는 것이 아니라고 하는 것은 이미 객관적인 사실이 되었다. 그러나 그것이 일고의 가치도 없는 것이라고 보기는 어렵고, 다만 그것을 조직문제에 있어서 하나의 참고적인 지침으로 평가하는 것이 옳을 것 같다.

따라서 조직원리의 적용은 각 조직의 구체적인 조건들을 고려하여 실증적으로 행해져야 하며, 조직의 편성에 있어서 고려되어야 할 요인에는 기술적인 것 이외에도 정치적인 요인, 인간적인 요인, 환경적인 요인 등이 있다.[3]

Ⅱ 조직편성의 원리

1. 전문화의 원리

전문화(specialization) 또는 분업(division of labor)의 원리란 업무능률의 증진을 위하여 업무를 종류와 성질별로 구분하여 각 조직구성원에게 가능한 한 한 가지의 주된 업무만을 분담시키는 것을 말한다.[4]

분업은 조직의 하층에서뿐만 아니라 상층에서도 이루어지며, 기계적인 직무는 물론 정책결정에 관한 직무에도 적용된다. 또한 분업이란 조직에 있어서 종적인 관계와 함께 횡적 관계에서도 이루어진다.

전문화가 이루어지면 (ⅰ) 작업능률의 향상을 기할 수 있고, (ⅱ) 업무수

---

2) Herbert A. Simon, "The Proverbs of Administration," *Public Administration Review*, Vol. 6(Winter 1946), pp.53~67.

3) 박동서, 한국행정론(서울: 법문사, 1972), 162~163면.

4) 윤재풍, 전게서, 193면.

단의 발달을 가져올 수 있으며, (iii) 업무가 가장 신속하게 수행되도록 업무를 정의하는 최선의 방법을 발견할 수 있는 등의 이점이 있다.[5] 그러나 전문화가 고도화됨에 따라 이에 비례하여 조직의 성과가 올라간다고 생각하면 이는 잘못이다. 지나친 전문화는 (ⅰ) 직무에 대한 흥미와 창조성을 빼앗고, (ⅱ) 시야의 협소화, (iii) 업무의 중복·낭비·책임회피화, (ⅳ) 조정의 곤란 등을 초래하기 쉽기 때문이다.[6]

따라서 전문화에 있어서는 이러한 폐단이 일어나지 않도록 업무를 너무 세분하지 말고 업무의 동질성(homogeneity)에 따라 적당한 정도로 나누어 구성원 각자의 능력에 맞도록 배분할 필요가 있다.

2. 조정의 원리

조정(coordination)이란 하위체계 사이의 통일을 기하기 위한 상위체계의 과정이라고 할 수 있다.[7] 그리고 조정은 분업과 밀접한 관련성을 가지므로 분업이 조직의 어느 계층에서든 행하여지면 꼭 이와 비례해서 조정도 행해져야 한다.

조정의 방법은 여러 다른 관점에 따라서 여러 가지로 분류할 수 있으나 대표적인 몇 가지 방법을 들면, (ⅰ) 계층제에 의한 권한·책임의 명확화, (ⅱ) 위원회 및 참모기관의 활용, (iii) 상위총괄기관의 설치, (ⅳ) 규율 및 징계제도의 활용, (ⅴ) 목표의 명확화, (ⅵ) 의사전달의 촉진 등이 있다.[8]

성공적인 조정은 기술의 문제라기보다는 여러 행정적 변수와 가치에 대한 깊은 고찰에서 나오는 행정철학적인 문제라고 볼 수 있다. 그러므로 조정은 조직의 목적을 달성하기 위한 모든 요인을 융합하여 체계적으로 파악되어야 하며, 최고규범이 되어야 한다. 왜냐하면 조정과 통합이 없이는 어떤 조직체든 존립 자체가 위협을 받게 되며 존립의 의의가 없어지기 때문이다.

---

5) Chris Argyris, *Personality and Organization*(New York: Harper, 1967), p.59.

6) *Ibid.*, p.60.

7) James D. Mooney, *The Principles of Organization*(New York: Harper and Brothers, 1947), p.5.

8) *Ibid.*, pp.5~6.

3. 계층제의 원리

계층제(hierarchy)란 권한과 책임의 정도에 따라 직무를 등급화(grading)함 으로써 상하조직단위가 직무상 지휘·감독관계에 서게 하는 것을 의미한다. 어떤 조직에 있어서도 그 조직을 편성·운영하는 자는 부하에게 권한의 일부 를 위임하게 되고, 그 부하는 자기의 권한보다 작은 권한을 바로 밑의 부하에 게 위임하게 되는 등급화과정을 거쳐서 각 계층 사이의 명령·복종관계를 명 확히 하고, 명령이 조직의 정점으로부터 저변에까지 도달하도록 하는 체계를 확립한다. 따라서 권한의 위임은 계층제의 전제가 되며, 이 원리는 통솔의 범 위, 직무의 결정, 명령의 통일을 그 내용으로 한다.

본래 계층제가 초기의 조직론에서 강조되었던 것은 다음과 같은 기능을 한 다고 생각했었기 때문이다.[9]

1) 명령·의사소통의 경로를 제시함으로서 명령권자를 알 수 있다.

2) 권한 및 책임의 위임경로로 책임의 소재를 쉽게 알 수 있다.

3) 조직 내의 갈등, 분쟁의 해결 및 조정 등 내부통제경로로 작용한다.

4) 승진의 유인을 제공한다.[10]

그러나 그 후 인간관계론·행정행태론·발전행정론 등에서는 계층이 지나 치게 많아지면 다음과 같은 역기능을 지닌다는 사실을 지적하게 되었다.[11]

1) 상하 간의 지나친 수직적 관계는 근무의욕을 저해하고, 경직화를 초래 한다.

2) 계층수준의 심화로 의사소통이 왜곡되기 쉽다.

3) 변동하는 외부 환경에 즉각적인 적용을 하지 못하고 보수적이 되기 쉽다.

4) 하위계층의 창의력을 저해하며, 동태적인 인간관계의 형성을 방해한다.

그러므로 계층은 조직의 필연적인 구성요소이기는 하지만, 너무 지나친 계

---

9) Leonard D. White, *Introduction to the Study of Public Administration*, *4th ed.*(New York: Macmillan, 1955), pp.35~36.

10) 유종해·송영달 공역, 조직이론(서울: 연세대학교 출판부, 1974), 185~202면.

11) Ira Sharkansky, *Public Administration: Policy—Marking in Government Agencies*(Chicago: Markham, 1970), p.81.

층의 확대는 오히려 역기능을 초래하므로 가급적 계층의 수를 줄이고 명령의 연쇄(chain of command)를 짧게 하는 것이 바람직하다.

4. 통솔범위의 원리

통솔의 범위(span of control)란 한 사람의 상사가 적절하게 직접 감독할 수 있는 구성원의 규모나 범위를 의미한다. 조직에 있어서는 상사가 구성원을 효과적으로 통솔할 수 있도록 감독을 받는 구성원의 수를 일정한 한도로 제한해 줄 필요가 있다.

이러한 논의는 인간이 가지고 있는 주의력의 범위에 근거를 두고 있다. 전통적인 조직이론에서는 한 사람의 통솔의 범위에는 한계가 있다고 보고 그 수의 한계가 얼마인가에 관하여 많은 조사연구가 행하여졌는데, 그레이쿠나스(V. A. Graicunas)는 수학적 공식까지 제시하여 6인을 적정수로 보았다.[12]

전통적인 조직이론에서는 통솔자와 하급자와의 밀접한 접촉관계를 중시하여 비교적 통솔인원의 소수범위론을 제기하였으나 오늘날에 와서는 기계적·획일적으로 어느 경우에나 적용되는 확고한 숫자는 있을 수 없다고 보게 되었으며, 사이몬(H. A. Simon)은 이를 마술의 수(magic number)라고까지 비판하고 있다.[13]

통솔의 범위는 그 조직의 여러 가지 조건에 따라 일정하지 않으며, (i) 감독자의 능력, (ii) 피감독자의 수준과 질, (iii) 업무의 성질, (iv) 지리적 분산의 정도, (v) 시간적 요인, (vi) 관리기술의 수준과 상태 등의 사정에 따라 신축성 있게 고려되어야 할 것이다.

한편 계층제의 원리와 통솔의 범위는 역의 관계에 있다. 즉 통솔의 범위를 좁게 하면 계층이 늘어나고, 계층 수를 적게 잡으면 통솔의 범위가 늘어난다.

---

12) V. A. Graicunas, "Relationship in Organization," in L. Gulick(ed.), *Papers on the Science of Administration*(New York: Institute of Public Administration, 1937), pp.183~187.

13) H. Simon, *op. cit.*, pp.53~57.

5. 명령통일의 원리

명령의 통일(unity of command)이란 누구나 한 사람의 상사에게만 보고하며 또 명령을 받아야 한다는 것을 말하는 것으로서 피라미드형의 조직을 상징하는 것이라고 하겠다. 따라서 명령통일의 원리는 계층제의 원리에 포함되는 것으로, 조직 내의 혼란을 방지하고 업무의 책임소재를 분명히 하고자 하는데 목적이 있다고 볼 수 있다.[14] 특히 참모와 계선의 역할분담과 밀접한 관련이 있는 명령통일의 원리는 타 원리와 마찬가지로 많은 비판의 대상이 되고 있는 개념으로 조직편성에 있어서 당위적이기보다는 규범적 성격을 지니는 것으로 보아야 할 것이다.

제 2 절　조직편성의 기준

조직을 편성함에 있어서의 구체적인 기준을 정하는 것은 중요한 작업이다. 여기에서의 기준이란 조직이 일정한 업무를 어떠한 방침에 따라 편성·분담·관리할 것인가에 관한 원칙을 의미한다.

조직편성의 합리적인 기준으로는 (i) 목적 또는 기능, (ii) 과정 또는 절차, (iii) 수익자 또는 대상, (iv) 지역 등 네 가지를 드는 것이 일반적이다.[15]

그러나 이러한 기준도 전술한 조직의 원리와 마찬가지로 많은 비판을 받았는데, 그 이유는 (i) 현실적으로 이 기준대로 조직의 편성이 이루어지는 것이 아니고, 그 사회의 문화·정치 등의 환경 및 이에 관여하는 사람의 주관이 개입된다는 것이며, (ii) 네 가지 기준의 내용이 막연하고 한계가 모호하다는 점, (iii) 어떤 경우에나 어느 하나만이 유일하게 적용되는 경우는 없고 언제

---

14) 三宅太郎, 「行政におけの組織と管理(증보)」(동경: 와세다대학 출판부, 1971), 80~83면.

15) S. C. Wallace, "Consideration Which Enter into the Construction of a Department," in D. Waldo(ed.) *Ideas and Issues in Public Administration*(New York: McGraw‑Hill Book Co., Inc., 1953), pp.116~153.

나 혼합적으로 적용된다고 하는 것 등이다.[16]

1. 목적 · 기능별 편성

조직체가 담당하게 될 목적 또는 기능에 따라 조직을 편성하는 것으로 가장 보편적인 기준이 되고 있다.

이 기준은 다음과 같은 장·단점을 지니고 있다.

1) 장점

(i) 업무의 통합적·종합적 해결에 도움이 된다.
(ii) 조직 간의 기능상 충돌이 없다.
(iii) 책임의 한계를 명확히 할 수 있다.
(iv) 이해관계자의 명확한 이해 및 비판이 가능하다.

2) 단점

(i) 소수의 기능으로만 조직기능을 분화시키기 어렵다.
(ii) 업무가 이루어지는 과정이나 기술이 무시되기 쉽다.
(iii) 할거주의적 행정이 되기 쉬워 조정이 어렵게 된다.

2. 과정 · 절차별 편성

이는 업무수행에 이용되는 기구·수단·과정을 기준으로 하여 동일한 기구를 활용하거나 동일한 직무에 종사하는 자를 동일조직에 편성하는 방법이다. 따라서 주로 조직의 하위단계에서 많이 이용되고 있으며, 행정의 전문화·기술화에 따라 이 기준의 적용범위가 커지고 있다.

---

16) Amitai Etzioni, *Modern Organization*(Englewood Cliffs; Prentice−Hall, Inc., 1964), p.24; H. A. Simon, *Administrative Behavior*(New York: Macmillan, 1961), p.28.

1) 장점

(ⅰ) 최적기술을 분업의 원칙에 따라 최대한으로 활용할 수 있다.

(ⅱ) 따라서 대량생산을 통한 절약·능률화가 가능하다.

(ⅲ) 기술업무의 조정과 발전이 용이하다.

(ⅳ) 직업공무원제의 발달에 도움이 된다.

2) 단점

(ⅰ) 모든 행정사무의 분류기준으로는 부적당하다.

(ⅱ) 전문인으로서의 좁은 시야·이해력 때문에 통제와 조정이 어려워진다.

(ⅲ) 목적·기능보다는 이를 달성하는 수단을 더 중시하는 결과가 된다.

3. 수익자·대상별 편성

이는 행정활동의 대상이 되거나, 서비스를 받는 수익자를 기준으로 하여 편성하는 방법이다. 즉 동일한 수익자 또는 대상을 가진 행정을 동일조직에 편성하는 방법으로 행정의 서비스를 집중적으로 향상시키기 위하여 특수한 경우에 이용한다.

1) 장점

(ⅰ) 수익자 등 이해관계자와 조직과의 접촉·교섭을 용이하게 할 수 있다.

(ⅱ) 수익자에 대한 서비스가 강화된다.

(ⅲ) 동일업무를 반복적으로 처리하므로 행정기술이 향상된다.

(ⅳ) 분산될 업무를 집중해서 처리하므로 업무의 조정이 용이하다.

2) 단점

(ⅰ) 행정의 수익자·대상은 다양하므로 현실적으로 이의 전면적인 적용이 어렵다.

(ⅱ) 조직이 지나치게 세분화된다.

(ⅲ) 편성이 복잡하고 중복을 피하기 어려우므로 기관 간의 권한충돌을 유발하기 쉽다.

(iv) 수익자 등 이해관계자로부터 압력을 받기 쉽다.

4. 지역별 편성

행정활동이 수행되는 지역 또는 장소를 기준으로 조직을 편성하는 방법이며, 주로 조직의 보조기관의 편성에 이용되고 있다.

1) 장점

(ⅰ) 일정지역에 있어서 각종 업무의 조정과 통제를 촉진시킬 수 있다.
(ⅱ) 지역의 특수성에 적합한 행정을 할 수 있다.
(ⅲ) 권한의 위임으로 절약과 사무량의 감소, 지역적 연고를 가진 인원의 효과적인 배치 등을 가능하게 한다.

2) 단점

(ⅰ) 획일적인 정책을 수립하고 집행하는 데 곤란하다.
(ⅱ) 그 지역의 특수수요 및 지역민의 이익에 지나치게 치중할 우려가 있다.
(ⅲ) 업무의 성질에 따라 지역별 조직의 경계선을 합리적으로 확정하기가 매우 어렵다.

제 3 절　집권화와 분권화

Ⅰ　집권과 분권의 의의

집권과 분권이란 상대적인 개념으로서 완전한 분권과 집권이란 있을 수 없고, 이 두 개념 사이에는 항상 균형(equilibrium)이 요구된다. 집권과 분권의 개념은 한 조직 내에 있어서의 권한의 집중(concentration) 또는 권한의 위임

(delegation)에 의한 분산뿐만 아니라 중앙기관과 하급기관 및 일선기관 사이와 같은 상·하위 조직의 사무배분의 관계를 포함하는 것으로 일반적으로 집권이란 의사결정의 권한이 상급조직이나 부서에 체계적으로 유보되어 있는 것을 의미하며, 분권이란 의사결정의 권한이 하급조직이나 부서에 위임되어 있는 것을 의미한다.

이와 같이 집권과 분권이 사용되는 의미를 구분하여 보면, 첫째로, 지역적으로 보아 중앙과 지방과의 관계에서 중앙조직이 지방조직에 대하여 강한 지휘·감독권을 가지는 경우와 그렇지 아니한 경우를 말하는데, 이 때에는 중앙집권과 지방분권이 된다. 둘째로, 집권과 분권은 한 조직 내에서나 조직군 전체에서 최고책임자에게 권한이 집중되어 있느냐 그렇지 아니하느냐에 따른 계층상의 집권과 분권이 있고, 셋째로 인사·구매 등과 같은 특정한 기능이 한 기관에 집중되어 있느냐, 아니면 분산되어 있느냐에 따른 기능상의 집권과 분권이 있다.17)

또한 행정구조의 분권화 현상으로 수직적 분권화와 수평적 분권화를 생각할 수 있는데, 수직적 분권화 현상으로는 지방분권화와 지리적 분권화(geographical decentralization) 및 행정권한의 집중배제(deconcentration)를, 그리고 수평적 분권화현상으로는 독립규제위원회·공사·행정재판제 등을 들 수 있다.18) 특히 지리적 분권화에서는 일선기관(field office)과 광역행정이 문제된다.

집권과 분권과 관련하여 '권력의 집중'과 '권력의 집중배제' 및 '중첩'(cumulation)과 '분화'(proliferation)와 같은 개념의 이해가 필요하다.

'권력의 집중'이란 조직의 정점에 근접한 곳에서 의사결정이 이루어지는 경향을 말하며, '권력의 집중배제'는 종속적 기관이 그들 자신의 재량에 의하여 의사결정을 하는 경향을 말한다. 이 경우는 물론 권한을 위임하는 것이지 양도하는 것은 아니다. 왜냐하면 상급기관은 언제나 연관된 종속기관을 지휘·감독할 권한을 보유하고, 또 후자에 의하여 이루어진 결정을 취소할 수 있기 때문이다. 그리고 '중첩'현상은 조직의 기능적 전문화를 바탕으로 조직 내

---

17) 沖田哲也, "集權と分權," 「行政學講座(4) 行政と組織」(동경대학 출판부, 1976), 1~4면.
18) Paul Meyer, *Administrative Organization*(London: Stevens & Sons, 1967), p.58.

부의 수직적인 계층의 증식을 의미하는 데 비하여, '분화'현상은 수평적 수준에서 외부적 구조의 증식을 의미한다. 예컨대 부서편성에 있어 순수한 기능적 토대에서 부서편성을 하는 경우에는 흔히 중첩현상이 나타나며, 지리적 지역을 토대로 부서편성을 할 경우에는 대개 분화현상이 나타나게 된다.

어떻든 집권화와 분권화는 조직의 수직적·수평적 관계에서의 권한배분 문제이다. 그러나 집권화와 분권화의 개념은 상대적인 것으로 지휘·감독권이나 의사결정권이 행정계층상의 어느 단계에 집중되어야만 집권화이고, 반대로 어느 단계까지 분산·위임되어야만 분권화라고 말할 수 있는 일정한 기준은 없다.

이상에서 언급한 집권화와 분권화가 어떻게 하여 나타나게 되며, 이들이 갖는 장·단점을 살펴보면 다음과 같다.

Ⅱ 집권화

1. 집권화의 발생요인

1) 소규모조직

조직의 규모가 작으면 집권화가 쉬워진다. 이 경우 한 사람의 책임자가 기관의 모든 문제에 관하여 소상히 알고 있으며, 소수의 부하를 거느리고 있기 때문에 집권화가 능률적이다.

2) 신설조직

역사가 짧은 신설조직은 집권화하기 쉬우며, 선례가 없는 까닭에 하급자는 상급자의 지시에 많이 의존하게 된다. 또한 조직이 불안정하면 할수록 집권화 경향을 보이게 된다.

3) 개인의 리더십

조직의 운영이 특정한 개인의 리더십에 크게 의존할 때, 그 조직은 집권화된다. 이러한 조직은 지도자가 사망하거나 물러난 경우, 그와 같은 유형의 지도자가 나타나지 않는 한 위기에 직면할 가능성이 있다.

4) 위기의 존재

국가나 조직을 막론하고 위기는 집권화를 초래한다. 허츨러(J. O. Hertzler)가 역사상 나타난 35개의 독재정치를 연구한 결과 위기가 발생하여 급격한 변동이 필요할 때 독재정치가 나타나기 마련이라는 결론을 얻었다. 급속한 변동을 필요로 하는 경우 독재자에게 권한을 집중시킬 필요가 있는 것이다. 조직의 경우에도 동등한 이론이 적용될 수 있다.[19]

5) 획일성의 요구

상급자 또는 상급기관이 하급자나 하급기관의 획일적인 행정을 원할 때에는 집권화하기 쉽다.

6) 하위층의 능력부족

하급자나 하급기관의 직원이 능력에 있어 상급자나 상급기관의 직원보다 뒤떨어질 때, 또는 적어도 상급자나 상급기관이 그렇게 생각할 때에는 집권화 경향이 일어난다.

7) 전문화의 필요

특정한 활동의 전문화가 필요할 때 집권화가 일어난다. 사이몬(H. Simon) 등은 "넓은 의미에서 특정한 활동의 전문화는 그 활동의 집권화"라고 말하고 있다.

8) 특정 활동의 강조

특정한 활동이 많은 사람의 관심을 끌거나 상급자가 중요하다고 생각할 때에는 그 활동이 집권화되기 쉽다.

---

19) Deniel Lerner, *The Passing of Traditional Society, Modernizing the Middle East*(New York: The Free Press, 1958), pp.43~47; J. O. Hertzler, "Crises and Dictatorship," *American Sociological Review*, Vol. 5(1940), pp.157~169.

9) 교통·통신의 발달

교통·통신의 발달로 상급자나 상급기관의 의사결정에 필요한 많은 정보가 집중될 때에는 집권화가 촉진되기 쉽다.

이 밖에 대폭적인 정부의 지출증가라든가 강력한 통제력의 필요 및 행정의 통일을 기할 필요가 있을 경우 집권화가 이루어질 수 있다.

2. 집권화의 장·단점

1) 장점

(i) 통일된 정책을 수행할 수 있다.

(ii) 강력한 행정을 할 수 있다.

(iii) 전문화를 촉진시킬 수 있다. 즉 정책 및 행정의 전문화, 관리의 전문화가 촉진되고 전문적 기술의 활용이 가능하다.

(iv) 신속한 업무의 대량처리로 경비를 절약할 수 있고 위기에 신속히 대처할 수 있다.

(v) 지역적 격차의 시정 및 통합적 조정을 효과적으로 수행할 수 있다.

(vi) 행정기능의 중복과 혼란을 피할 수 있고 분열을 억제할 수 있다.

2) 단점

(i) 관료주의화 경향을 낳고 권위주의적 성격을 갖게 된다.

(ii) 형식주의화하여 행정의 실효성과 창의성·적극성을 저해한다.

(iii) 획일주의에 빠져 특수성이나 지방의 실정에 부적합하며, 적시에 효과적인 행정업무수행이 곤란하고 정치적 측면에서 볼 때 '풀뿌리 민주주의'(grassroots democracy)를 약화시킨다는 점에 최대의 결함이 있다고 할 수 있다.

Ⅲ 분권화[20]

1. 분권화의 발생요인

1) 관리자의 부담감소

관리자가 세부적·일상적인 업무에서 해방되어 장기계획이나 정책문제에 대하여 보다 많은 시간과 정력을 쏟기를 원할 때에 분권화가 일어난다.

2) 신속한 업무처리의 필요

현장에서 업무를 신속하게 처리할 필요가 있을 때에 분권화가 일어난다.

3) 지역적 실정에의 적응

전국적 또는 종합적인 계획은 중앙에서 담당하되 지방의 특수성을 고려한다거나 시기에 알맞은 행정을 원할 때에 분권화가 필요하다.

4) 책임감의 강화

분권화는 하급자의 책임감을 강화시키고자 할 때에 요청되는 경우가 있다.

5) 관리자의 양성

시야가 넓고 유능한 관리자란 훈시에 의하여 양성되는 것이 아니라 상부로부터 권한을 위임받아 자주적으로 의사결정을 행함으로써 양성될 수 있다.

6) 사기앙양

부하의 사기앙양을 위해서뿐만 아니라 열성과 창의성의 계발을 위해서도 분권화가 필요하다.

---

20) William L. Morrow, *Public Administration, Politics and the Political System*(New York: Random House, 1957), pp.29~34.

7) 민주적 통제의 강화

중앙조직으로부터 지방조직으로의 권한위임은 특히 국가조직에서의 위임은 정부활동에 관한 국민의 통제를 강화시키게 된다.

2. 분권화의 장·단점

1) 장점

(i) 대규모의 조직에 효용이 크며, 최고관리층의 업무를 감소시킨다.
(ii) 의사결정의 시간을 단축시킴으로써 신속한 업무처리를 할 수 있다.
(iii) 참여의식의 앙양과 자발적 협조를 유도할 수 있다.
(iv) 현장의 실정에 알맞은 행정이 가능하다.

2) 단점

(i) 중앙의 지휘·감독이 약화되고 업무의 중복을 초래한다.
(ii) 업무의 처리가 산만해지고 행정력이 분산된다.
(iii) 전문적 기술의 활용이 곤란해진다.

이상에서 집권화와 분권화의 발생요인 및 장·단점을 간추려 보았으나 집권과 분권은 상대적이며 보완적 현상으로 공간적인 관점에서 볼 때, 국가를 포함한 특정조직과 사회의 경제적·사회적 조건에 따라 각양각색인 동시에 시간적인 관점에서 보면 그것은 어느 시점에 그 사회 내에 존재하는 구심력(centripetal force)과 원심력(centrifugal force) 간의 작용에 의하여 결정되는 것으로서 끊임없이 변화하는 것이라 할 수 있다.

8 계층제

제 1 절 계층제와 권력

　우리는 조직내에서의 불평등을 여러 국면에서 확인해 볼 수 있다. 서로 관련된 사람 중에서 어떤 사람은 다른 사람보다 더 많은 권력을 가지고 있어 권력을 적게 가진 사람의 행동을 통제한다. 예컨대 감독자−노동자, 하사관−병장 등의 관계들은 이러한 권력관계를 보여준다.[1]

　인간생활의 여러 부문에서 발견되는 권력관계가 필요한 기본적 이유는 그것이 사람과 사람의 관계에서 질서를 가져오며, 대인관계에서, 좀 더 정확하게 말하면 동일한 조직단위에서의 개인의 질서관계나, 또는 그 개인이 기타 다른 기관과 맺고 있는 포괄적인 관계를 안정되게 해주기 때문이다.

　조직화된 체계는 그 형태가 사실상 장기간 안정되어 있으며, 그 자체로 권력관계를 나타낸다. 왜냐하면 권력은 안정의 유지에 공헌하기 때문이다. 이 말의 의미는 만일 체계 속의 각 단위에서 예측할 수 있는 관계를 유지하려면 권력이 전혀 없어서는 안 된다는 말이다. 공식적 조직은 계획된 행동유형을 통제할 수 있도록 권력관계를 명확히 규정하고 있다. 왜냐하면 권력이란 '공식적'으로 배분되는 것이며, 이는 불명확하게 계획된 관계에서보다는 공식적 조직에서 더욱 분명하게 나타나기 때문이다. 권력의 명시성은 사람이 입고 있는 제복이나 권력의 등급이 명확한 군대의 경우에서 매우 광범위하게 그 효과

---

1) 유종해·송영달 공역, 조직이론(서울: 연세대학교 출판부, 1974), 164~202면.

를 발휘하게 된다.

권력관계는 한 사람, 직위 혹은 단체가 강제적 수단으로 통제할 때 존재한다고 할 수 있으며, 이는 권력을 장악한 사람의 의도에 따라 강제적으로 행동의 대안을 하나 혹은 몇 개로 제한하는 것을 말하기도 한다.2) 무장강도의 경우를 생각해 보자. '너의 돈이냐, 혹은 목숨이냐' 하는 경우는 힘에 의해서 대안의 선택이 제한된 경우이다.

강제의 수단을 지배하는 권력이란 일상생활에서는 앞서 설명한 강도의 경우처럼 노골적으로 행사되지는 아니하며, 그보다는 권위(authority)라 불리는 권력의 형태가 훨씬 더 눈에 띄게 된다. 우리는 이 권위를 '제도화된 권력'이라고 부르는데, 3) 이는 권력이 사회적 직위와 밀접함을 의미한다. 즉 어떤 직위는 다른 직위를 통제하는 권리(right)와 문화적으로 일치되고 있음을 뜻한다. 따라서 심한 강제는 그것과 관련된 직위를 보다 안정된 형태로 변화시키는데, 이는 권위의 행사가 수용되기 때문이다. 대조적으로 권력관계는 노예제도에서 발견되는데,4) 의식적으로 규칙에 복종하는 것은 이 경우에 문제가 되지 않는다. 강제가 주인과 노예 사이의 관계에서는 기본규범이 되기 때문이다.

한편 권력이란 조직으로부터 결코 사라지는 것은 아니며, 오히려 조직의 이면에 숨어서 조직을 지배하는 경우가 많다. 따라서 이 때 권력은 명시적으로 행사되는 경우는 드물며, 묵시적인 형태로 그 조직에 내재해 있으면서 조직을 지배하는 것이다. 상관에게 활동을 규제하는 권리를 부여하면, 부하가 상관의 명령에 복종할 개연성은 커진다. 이러한 관점에서 권위와 권력은 서로 얽혀 있다고 볼 수 있으며, 이 결과 부하의 특정행태 속에 나타난 명령(권위)에 순응하는 자발성과 권력을 행사한 결과로 일어나는 반감을 측정할 수 있는 정확한 '무게'를 알아내는 것은 힘든 일이다.

---

2) Robert Bierstedt, "An Analysis of Social Power" *American Sociological Review*, Vol. 15(1950), p.733; Herbert Goldhammer and Edward A. Shils, "Types of Power and Status," *American Journal of Sociology*, Vol. 45(1939), pp.171~182.

3) R. Bierstedt, *op. cit.*

4) Walter Buckley, *Sociology and Modern Systems Theory*(Englewood Cliffs, New Jersey: Prentice－Hall, Inc., 1967), pp.191~205.

제 2 절 권위와 권력의 유형

Ⅰ 권위와 지배유형

베버(Max Weber)는 권위를 전통적 권위, 카리스마적 권위 및 합법적 권위의 세 가지로 구분하였다. 각각의 권위유형은 각기 다른 유형의 지도자에 합당하며, 조직에 있어서 지도자와 추종자 사이의 관계는 본질적으로 그 형태가 다르다는 것을 의미한다.[5]

전통적 권위는 권위를 행사할 수 있는 직위에 대해 이미 설정된 권리와 권위 있는 직위를 누리는 자의 정통성(legitimacy)과의 결합물이다. 예를 들면 전통은 군주의 통치에 정통성을 부여하고, 왕위에 오른 사람은 통치권을 계승하는 혈통에 따라서 이를 행사하게 된다. 한편 전통적 권위의 행사는 오랜 습관이나 법률에 의하여 제한되기도 하지만, 다른 한편으로는 개인의 자의에 의하여 행사되기도 한다. 왜냐하면 전통적 권위는 다른 모든 사람들을 권위를 지닌 자의 '신하'로 그 지위를 하락시키기 때문이다.

카리스마적 권위란 — 신의 은총으로 — 카리스마가 부여된 지도자의 예외적인 개인적 특성으로부터 유래한다. 사람들은 카리스마적 지도자의 영웅적 기질, 전형적 존엄성 혹은 그의 규범적 · 사회적 생활행태에 끌리게 된다. 이와 같은 카리스마적 지도자로 나폴레옹 · 히틀러 · 카스트로 · 모택동 등을 들 수 있다. 베버에 의하면 역사란 제도화된 사상과 행동의 유형을 주기적으로 변경하는 이른바 새로운 질서를 번갈아 일상화된 전통적인 질서로 바꾸는 동태적인 힘으로서의 카리스마적 리더십의 전시장이라고 한다.

합법적 권위란 일정한 직위에 재직함으로써 주어지는 권위를 말한다. 따라서 부하의 복종은 권위 있는 직위에 대하여 의무가 명시된 명령을 따름으로써

---

5) Talcott Parsons(ed.), *Max Weber: The Theory of Social and Economic Organization*(New York: The Free Press of Glencoe, 1947), pp.334~406; Reinhard Bendix, *Max Weber: An Intellectual Portrait*(Garden City, New York: Doubleday & Co., 1950), part 3.

이루어진다. 권위 있는 직위는 직위보유자의 개인적 소유물이 아니며, 그것은 업무의 체계적인 분업에 의하여 결정되고, 권위 있는 직위를 포함한 전체 업무는 특정한 절차에 따라 수행된다. 권위의 추종자들은 권위보유자에게 주어진 권한의 영역 내에서만 지시에 따르게 된다. 즉 합법적 권위하의 인간은 개인으로서의 한 사람에 복종하는 것이 아니라 법과 규칙에 복종하는 것이다.

'제도화된 권력'(institutionalized power)으로서의 권위는 합법적 권위와 깊은 관련이 있다. 베버는 인간이 사회의 구성원으로 익숙한 합법적 권위의 광범한 내용을 잘 설명한 바 있으며, 이와 같은 설명은 조직에 있어서 상관과 부하관계의 합법성에 대한 이해의 기반을 제공하는 데 크게 기여하였다.

Ⅱ 권력의 유형

여기에서는 프렌치(J. French)와 레이븐(B. Raven)이 지적한 상관과 부하의 지배관계에 있어서 나타난 네 가지 권력의 유형에 더하여 크루그란스키(A. W. Kruglanski)가 제시한 정보소유권력(information power)과 허시(P. Hersey)와 골드스미드(M. Goldsmith)가 제시한 관계적 권력(connection power)을 포함한 여섯 가지 권력의 유형을 검토해 보기로 하겠다.[6]

1) 강제적 권력(coercive power) 만일 복종하지 않으면 상대방이 원하지 않는 상태를 만들어낼 수 있는 능력

2) 보상적 권력(reward power) 복종의 대가로 상대방에게 보상해 줄 수 있는 능력

3) 추종적 권력(referent power) 어떤 사람의 매력으로 인하여 그에 대한 관련성·동일성·동질성을 갖고 싶고 그와 가까운 존재가 되기를 원하기에 생겨나는 복종관계

4) 전문가적 권력(expert power) 어떤 사람의 기술적 지식, 전문지식이 탁월

---

6) David Mechanic, "Sources of Power of Lower Participants in Complex Organizations," *Administrative Science Quarterly*, Vol. 7(1963), p.349.

하여 그 지식을 그대로 이어받기를 원하여 정당화되는 권력

　5) 관계적 권력(connection power) 조직 내외에 있는 중요하거나 또는 영향력이 있는 사람들과 관계가 긴밀하여 생겨나는 권력

　6) 정보소유권력(information power) 다른 이들이 가치가 있다고 보는 정보를 가지고 있기 때문에 나타나는 권력

　이 여섯 가지의 권력은 합리성(강제·보상·전문가적 권력)으로부터 일상적인 통제의 기반을 이루며, 강제적 권력관계는 물론 의무적 관계를 지원하는 방편을 제시하여 준다.

　그런데 앞서 설명한 보상적·강제적·추종적·전문가적 권력이 권위의 배분과 부합되지 않는 경우, 의존관계에서 형성되는 비공식적 유형의 권력이 나타나게 된다. 특히 이러한 경우는 개인적 권력관계에서 자주 볼 수 있다. 가령 회사의 업무를 집행하는 사장의 비서나 회계사, 병원의 간호원의 경우가 그것이다.[7]

　그렇다면 비공식적 권력은 어떻게 하여 생기게 되는 것인가. 메카닉(David Mechanic)에 의하면 이러한 비정형적 유형의 기초는 의존(dependence)에서 비롯된다고 한다. 다른 사람에게 의존하면 할수록 그만큼 잠정적으로 권력의 지배를 받는 정도가 높아진다는 것이다.[8]

　의존을 유발하는 조건은 사람이 아래와 같은 것에 접근할 기회를 통제받을 때에 일어난다.

　1) 정보 사람·절차·기술에 관한 지식

　2) 사람 특별한 재능과 권력이 있어 접근하고자 하는 조직 내·외의 사람

　3) 자원 시설·공간 혹은 재정적 수단

　가령 누가 다른 사람에게서 이러한 정보·인사·자원에 접근할 기회를 통제 당하게 되는 경우, 그 사람은 그만큼 권력을 쥔 자에게 의존할 가능성이

---

7) *Ibid.*, p.350; Richard M. Emerson, "Power—Dependence Relationships," *American Sociological Review*. Vol. 27(1962), pp.31~44.

8) John R. P. French, Jr. and Bertram Raven, "The Bases of Social Power," in Darwin Carwright and Alvin Zander(eds.), *Group Dynamics*(Evanston, Ill.: Peterson, 1960), pp.607~623.

커진다. 그러나 이러한 유형의 통제는 공식적 권위와 같은 것이 되지 못하며 단지 권력관계를 나타내는 데 지나지 않는다.

결국 권위란 궁극적으로 '의존'에 의하여 생겨나며, 이와 같은 의존관계로 인하여 권위가 영향력을 갖게 된다.[9] 여기에서 의존이란 육체적 안전과 경제적 생존을 위한 인간집단의 광범한 요구를 의미한다. 만약 정치·경제체계가 '합리적'이거나 소위 '권위적'이기 위해서는 이와 관련된 다양한 요구가 충족되어야 한다.[10] 반대로 이와 같은 요구를 오랫동안 충족하지 못하는 조직은 권위를 상실하게 된다.

이와 같은 견해는 본래 홉스(T. Hobbes)·로크(J. Locke)·루소(J. Rousseau) 등과 같은 '사회계약'이론가들에게서 유래했다고 볼 수 있다. 카프만(H. Kaufman)이 언급한 바와 같이 권위에 관한 조직이론과 정치이론의 주장이 중복되는 것은 그 상호관련성으로 보아 어쩌면 당연한 것이다. 이 이론들은 국가나 단체가 오랫동안 생존하기 위해 필요했던 자기희생·자기절제·자기부정 등의 기저가 되는 복종과 순종을 어떻게 설명할 수 있는가에 집중하였다.[11] 카프만(H. Kaufman)은 "정치철학자나 조직이론가는 본질적으로 같은 수준에서 권위를 설명하고 있다"고 본다. 즉 "인간의 합리성(복종했을 때의 이익과 복종하지 않았을 때의 결과에 대한 계산)과 그리고 심리적 상태 등에 따라서 인간은 다른 사람에게 복종하게 된다. 왜냐하면 그렇게 하는 것이 자신에게 옳고 적절하다는 것을 알기 때문이다…."[12]

위에서 고찰한 권력의 유형은 조직화를 위한 인적 관계의 측면을 이해하는 데 유용한 틀(framework)을 제공해 준다. 이것이 조직구조에 있어서의 권력의

9) Peter M. Blau, *Exchange and Power*(New York: John Wiley & Sons, Inc., 1964), pp.205~213; George C. Homans, *Social Behavior: Its Elementary Forms*(New York: Harcourt, Brace & World, Inc., 1961), pp.285~286.

10) Stanislas Andreski, *Military Organization and Society*(Berkeley, CA: University of California Press, 1968); Lewis Mumford, *The Myth of the Machine*(New York: Harcourt, Brace & World, Inc., 1966).

11) Herbert Kaufman, "Organization Theory and Political Theory." *American Political Sicence Review*, Vol. 58(1964), p.6.

12) *Ibid.*

역할에 관한 기본적인 논리를 명백히 하여 주기 때문이다. 우리는 성취지향적인 업무와 행동동기를 부여하는 작업환경의 조성이 인간관계론의 기본적인 목표라는 것에 유의하여야 한다. 그러나 보상과 강제적 권력에 의존하는 것은 정반대의 조건을 제공해 주는 것이다. 즉 당근과 채찍질의 방법에 의하여 유지되는 외압적 행태는 업무에 몰두하기보다는 통제자에 대한 의존, 표면적인 복종, 보상을 얻고 처벌을 회피하려는 기본적인 의식 등을 조장하게 된다. 그리하여 이러한 경우는 보다 큰 자기통제에 따른 고도의 생산성과 작업에 대한 열성이 없는 표면적인 복종만을 가져온다고 말할 수 있다. 그러나 지나친 통제는 조직의 생산성이나 민주성에 저해가 되며, 지나친 보상도 조직의 유지에 저해가 된다. 따라서 보다 바람직한 것은 보상·처벌·권위의 3자가 언제나 균형을 이루는 것이라 할 수 있다.

제 3 절   상승유인으로서의 계층제

ⓘ 계층제의 기능

현대적 의미의 계층제는 사람을 통제하고 동기를 부여하는 수단으로 간주할 수가 있으며, 다음과 같은 구체적인 기능을 갖는다.

첫째, 계층제의 기능은 상사와 구성원의 연결을 통해서 업무의 지속성을 강화시키는 것이라 할 수 있다. 계층제란 일반적으로 성과와 평가의 체계(network)라고 할 수 있는데, 그것은 일정한 산출을 위하여 업무를 유지한다는 의미이다. 그러나 이 경우에 있어서도 필요한 때에는 언제든지 변화가 수반될 수 있다.

둘째, 계층제에서는 상사가 보상을 통하여 구성원을 조정·통제함으로써 (ⅰ) 일정한 비율의 산출유지, (ⅱ) 현존하는 수단을 통한 산출의 비율증대, (ⅲ) 새로운 작업방법의 채택 등을 할 수 있도록 한다.

셋째, 차별적인 권위적 보수, 지위적·특권적 보수와 재정적·차등적 보수의 사용으로 이루어지는 조직의 계층적 행태는 사람으로 하여금 보수계층제의 상층에 올라가도록 유인한다. 유인은 모든 사람에게 자극을 줄 필요는 없으나, 모든 조직상의 직위에 필요한 후보자를 충원하기 위하여 몇 가지 선택권이 주어지도록 보장되어야 한다. 따라서 보수는 안정성과 상승을 유발시키는 방편으로 사용되어야 한다. 안정성을 유발하는 방편으로서의 보수는 어느 사람이나 그가 맡은 직위의 직무를 계속 유지하게 하여 준다. 상승을 유발하는 보수는 아직 도달하지 못한 직위로 사람을 유인한다. 계층제는 공식적인 승진제도에서 각각 위에서 설명한 첫째와 둘째의 과정을 유인하면서 복종이 유지되도록 만들어 준다. 이리하여 승진은 실적에 대한 중요한 보상(rewards)의 형태가 되며, 승진에 대한 관심은 상사의 기대에 복종하게 하는 매우 강력한 수단이 된다. 다시 말해서 조직의 계층제의 형태는 보수를 조정함으로써 조직구성원의 활동을 통제하며, 계층상의 승진에 대한 유인을 제공하게 된다.

Ⅱ 승진욕

우리가 아래에 기술하는 세 가지 승진욕과 관련된 이론은 계층제의 연구에 대한 중요한 사회학적 공헌이라 할 수 있다. 이 이론들에 따르면 인간의 자기평가는 타인의 평가결과이며, 그 역의 주장도 성립할 수 있다. 즉 인간이란 타인이 자기를 보는 방법에 의해서 자기 스스로를 보게 된다는 것이다.

이 견해가 시사해 주는 바는 매우 의미심장하고 또 여러 가지의 해석이 가능하다. 다음 이론은 사람이 자기존중을 실현하기 위하여 보다 존경받는 직위를 얻으려고 하는 구체적인 이유를 잘 설명해주고 있다.

1) 립세트와 벤딕스의 이론

립세트(S. Lipset)와 벤딕스(R. Bendix)는 출세를 위한 행동은 인간의 자아욕구에서 출발한다고 주장하고 있다. 이 자아욕구는 심리학적인 것으로 생각할 수 있으며, 하위직에 대하여 반발과 거절을 어렵게 만든다.[13] 그러므로 계층제적 체계의 존재는 그 안에서 출세욕이 자극된다. 혹은 계층적으로 조직된 체계는 그것이 존재하기 때문에 인간을 조직 내에서 승진하도록 자극하고, 승진하지 않고서는 열등감을 느끼도록 만든다. 립세트와 벤딕스가 지적한 이와 같은 견해는 원래 베블렌(Thorstein Veblen)에 의하여 최초로 전개되었다. 그는 "단지 일탈된 성격의 개인만이 부하들의 불존경 속에서도 자기존중을 유지할 수 있다. … 그러나 그 경쟁은 불공평한 비교에 기초한 명성을 얻기 위한 경쟁이기 때문에 어떠한 방법으로도 최종적인 성취를 얻기는 불가능하다"[14]라고 말했다. 그것은 거의 모든 사람이 명성을 얻기 위한 경쟁을 하고 있으며, 동료로부터의 존경과 인정감은 참으로 귀중하여 아무리 많은 양도 지나치게 만족할 만한 것이 못된다는 말이다.

2) 파슨스의 이론

파슨스(T. Parsons)도 출세욕(mobility aspiration)이라는 개념을 통하여 앞서 설명과 비슷한 이론을 제시한 바 있다. 즉 현대사회에서는 타인의 평가에 의하여 현재의 직위보다 높은 직위의 보수를 추구하도록 사람을 유도한다는 것이다.[15] 어린 소년시절에 인간은 상승을 강조하는 문화적 가치에로 사회화되었으며, 그 가치는 바로 개성(personality) 자체가 되는 것이라고 파슨스는 주장한다.[16] 더욱이 다른 사람들로부터 인정을 받는다는 것은 바람직한 것이라고 했다. 이런 이유로 사람들은 눈에 띄는 직업적 성공을 위하여 노력하고, 이를 통하여 자기인정을 얻고 또 타인의 인정을 추구한다. 이러한 관점에서 보

---

13) Seymour M. Lipset and Reinhard Bendix, *Social Mobility in Industrial Society*(Berkeley, Calif.: University of California Press, 1959), p.63; Seymour M. Lipset and Hans L. Zetterberg, "A Theory of Social Mobility," *Transactions of the Third World Congress of Sociology*, Vol. 3(1956), pp.155~177.

14) Thorstein Veblen, *The Theory of the Leisure Class*(New York: Mentor Books, 1953), pp.38~39.

15) Talcott Parsons, "A Revised Analytical Approach to the Theory of Social Stratification," *Essays in Sociological Theory*(Glencoe, Ill.: Free Press, 1954), pp.389~439.

16) Karen Horney. *The Neurotic Personality of Our Time*(New York: W. W. Norton & Co., Inc., 1937), ch. 15. 여기에서 성공에 대한 지나친 문화적 강조는 사람을 신경질적으로 만든다고 하였다.

면 직업적으로 성공하지 못하는 것은 사람의 인격에 반하는 것이고, 또한 타인의 부정적인 반응을 일으키게 하며, 그로 말미암아 호의적인 자기평가를 위협하기 때문에 인간은 승진하도록 강요된다는 것이다.

3) 데이비스와 무어의 이론

데이비스(K. Davis)와 무어(W. Moore)는 왜 보수가 계층제적으로 분류되어져야 하는가를 설명하는 이론을 전개하였다.[17] 그들에 의하면 조직화된 체계에서는 직위에 따라 직무의 난이도가 다르며, 또한 각각의 직위에 적절한 직원을 선발하는 것이 용이하지 않다. 그리고 각각의 직위가 충원되지 않았을 때 조직 전체에 주는 결과가 다르다는 것에 주목하여 연구를 시작하였다. 이 이론에 따르면 가장 높은 정신적 및 금전적 보수는, (i) 가장 큰 기능상의 중요성을 가진 자리, 그리고 (ii) 유능한 직원이 부족한 직위에 주어진다는 것을 시사하고 있다. 보수의 형태는 직위의 기능적 중요성 정도와 상대적인 직원의 부족 내지 과잉과 관련되어 발생한다.[18] 데이비스(K. Davis)와 무어(W. Moore)는 분업화된 각 체제는 유능한 사람이 기능적으로 중요한 직위에 앉을 수 있는 기회를 주기 위해서 계층적으로 된 보수구조를 가져야 한다고 말하고 있다. 전문적인 직위에 따른 보수의 유형은 인간의 노력을 유도하고, 재직자를 효율적인 사람으로 만들어 준다는 것이다.

그러나 인간관계론적 관점에서 볼 때, 이러한 지적들은 반드시 정확한 것이라고는 볼 수 없다. 즉 인간관계론에 따르면 인간이란 공식적인 서열에서 승진하기 위하여 애쓰는 것보다는 자아실현을 추구하는 경향이 강하다. 이와 같은 여러 가지 논리는 '성장'이라는 용어로 요약될 수 있다. 조직적 목표와 개인적 목표를 융합하기 위해서는 사람의 업무가 확대되어야 하고, 지나치게

---

17) Kingsley Davis and Wilbert Moore, "Some Principles of Stratification," *American Sociological Review*. Vol. 10(1945), pp.242~249; 이 논문은 논쟁을 불러 일으켰는데, 그들의 이론에 Melbin Tumin, Walter Buckley, Dennis H. Wrong 등이 이의를 제기하였으며, 이에 대해 그들도 맞서 응수를 하였다. Kingsley Davis, "The Abominable Heresy: A Reply to Dr. Buckley," *American Sociological Review*, Vol. 24(1959), pp.82~83.

18) Robert Dubin, "Power, Function and Organization," *Pacific Sociological Review*, Vol. 6(1963), pp.16~24.

엄밀한 감독은 받지 않아야 하며, 그리고 의사결정에 참여할 수 있고 또 항상 원만한 직원들 상호 간의 의사소통 기술이 제공되어야 한다. 요컨대 이와 같은 관점에서 볼 때 인간의 직업적 성장에 관한 욕망은 계층제적 승진을 위하여 노력한다는 널리 알려진 견해와는 약간의 거리가 있음을 알 수 있다. 따라서 이러한 관점에 따르면 인간의 공식적 계층에서의 승진을 위한 노력은 덜 강조된다. 왜냐하면 공식적 구조는 인간관계론자가 주장하듯이 비민주적·독재적 통제방법을 말하며, 성장욕구를 억누르는 경향이 강하기 때문이다. 그러나 성장이 없이는 특히 관리층의 수준에서 볼 때 조직은 계속해서 발생되는 운영상의 문제를 처리할 수 없게 된다고 한다.[19]

Ⅲ 성공의 다양성

'성공한다는 것'의 의미가 사람마다 다르지만 확실한 것은 그것이 계층제를 통한 것이던 직업적 성장을 통한 것이던 인간은 일정정도 성공하려는 욕구를 가지고 있다는 것이다. 따라서 승진으로 인한 임금의 인상만이 승진의 유인이 아니다.

만일 모든 인간이 승진만을 인생의 중요한 관심사로 생각한다면 '모든 사람이 자신의 자리에서 승진할 수 없으므로' 우리의 사회에는 불만족한 사람들로 가득차게 될 것이다. 휴즈(E. Hughes)의 주장에 따른다면, "일을 잘하려는 욕망 있는 사람과 없는 사람의 비율은 대체로 비등하다"고 한다. 즉 이 사회에는 다른 사람이 열심히 승진하고 있는 동안에도, 기존의 자리에 안주하는 사람도 있다는 것이다.[20]

실제로 최고관리층과 일선관리층, 이 두 그룹들이 생각하는 경력상의 성공이 아주 상이하게 정의된 바 있다.[21] 최고관리층의 인사는 그들의 업무에 몰

---

19) Chris Argyris, *Personality and Organization*(New York: Harper & Low, 1957), ch. 1~2.
20) Everett C. Hughes, "Queries Concerning Industry and Society Growing Out of Study of Ethnic Relations in Industry," *American Sociological Review*, Vol. 14(1949), p.219.

두하며, 그리고 경력에 매우 의식적인 관심을 가지고 있다. 반면에 일선감독층은 작업의 호·불호를 강조하고, 주로 업무 밖에서 벌어지는 만족스러운 일상생활에 대하여 관심을 가지고 있다.

예컨대 일선감독자는 "누구나 최고수준까지 도달할 수는 없다. 낮은 수준에서 매우 성공한 사람도 많이 있다. 그러므로 안전과 행복, 그리고 많은 친구를 가지는 것으로 만족하자. 성공의 척도는 낚시에 갈 수 있는 기회 또는 TV를 즐기는 일이 될 수도 있다"라고 자조한다는 것이다.[22]

치노이(E. Chinoy)의 자동차생산공장 노동자에 관한 연구에서는 작업장 외의 만족한 생활이 주제가 되었다.[23] 이들은 고도로 분업화되고 틀에 박힌 변화 없는 작업이 불만이고, 실생활에서 느낄 수 있는 다소의 경제적인 풍요를 직업적인 출세라고 생각한다. 이를 치노이는 다음과 같이 요약하고 있다. "만일 누군가가 어떻게 해서 신형자동차를 사고, 해마다 집 안에, 예컨대 세탁기·냉장고·TV 등과 같은 살림살이가 늘면 그도 역시 성공한 것으로 본다."는 것이다.[24] 관리감독자나 자동차조립공 등에게 있어 승진의 의미는 앞서 설명한 바와 같이 분명히 다르다.

인간이 자기의 경력을 평가하는 방법을 이해하는 개념구조는 항상 동일하지 않다.[25] 프레스터스(R. Presthus)는 조직 내 성원들을 계층제 내에서의 상승에 대한 욕구 및 반응의 정도를 기준으로 상승형 (upward-mobiles), 무관심형 (indifferents), 그리고 모순형 (ambivalents)으로 분류·분석하였다. 타우스키(C. Tausky)와 듀빈(R. Dubin)은 이와 같은 분류에 대한 실증적인 연구를 통하여 이들 부류의 특징을 다음과 같이 구분한 바 있다.[26]

---

21) Roland J. Pellegrin and Charles H. Coates, "Executive and Supervisors: Contrasting Definitions of Career Success," *Administrative Science Quarterly*, Vol. 1(1957), pp.506~517.

22) *Ibid.*, pp.511~512.

23) Ely Chinoy, *Automobile Workers and the American Dream*(Garden City. New York: Doubleday & Co., 195).

24) *Ibid.*, p.126; 프레스터스 모형의 무관심형은 타우스키와 듀빈 모형의 하강형에 준한다.

25) Curt Tauksy and Robert Dubin, "Career Anchorage: Managerial Mobility Motivations," *American Sociological Review*, Vol. 30(1965), pp.725~735.

26) *Ibid.*

1) **상승형** 이들은 업무를 관리직에서부터 시작하여 보다 '높은' 중간관리직으로 승진한 사람들로서 나이는 41~55세 사이이며, 적어도 4년제 대학졸업의 학력을 가지고 있다.[27]

2) **하강형** 이들의 직업은 육체노동이나 혹은 낮은 사무직에서 시작하였고, 하급관리자보다는 높은 직까지 승진하게 되며, 대학교육은 받지 못하였고 45세 이상이다.

3) **모순형** 이들은 교육정도는 상승형과 비슷하고, 그들의 업무도 상승형과 비슷하나 나이는 45세 이하이다.

연령과 상승형을 결합시켜 보면 45세까지는 40% 수준만 하강형이나, 46세~60세까지는 70% 수준이 되고, 60세 이상은 90%에 육박한다. 이는 46세 이후의 관리자들은 가능성이 적은 장래의 승진을 포기하고 현실에 순응하게 되는 현상을 입증한다. 조직에서의 계층제의 존재는 계층제상의 정상에로 오르기를 유인하는 것이지만, 반드시 모든 사람이 정상에 올라가려고 노력하지는 않는다. 특히 업종으로 구분한다면, 육체노동자일수록 자기의 작업분야에 더욱 의식적인 몰두를 하게 됨으로써 계층제상의 정상으로 오르려고 하는 유인은 그만큼 중요성이 낮아지게 되는 것이다. 결국 소수의 관리자들만이 프레스터스가 말하는 상승형으로 설명될 수 있으며, 대부분은 무관심형과 모순형의 범주에 속하고 있다.

---

27) Harry J. Crockett, Jr., "The Achievement Motive and Differential Occupational Mobility in the United States," *American Sociological Review*, Vol. 27(1962), pp.191~204; Lamar T. Empey, "Social Class and Occupatonal Aspirations," *American Sociological Review*, Vol. 21(1956), pp.703~709; Charles H. Coates and Roland J. Pellegrin, "Executives and Supervisors: A Situational Theory of Differential Occupational Mobility," *Social Forces*, Vol. 35(1956), pp.121~126.

9 관료제

① 관료제의 정의

관료제(bureaucracy)란[1] 극히 여러 가지로 정의되는 용어이므로 한 마디로 개념규정을 하기는 곤란하며, 메리암(C. E. Merriam)도 이를 불확정개념(term of ambiguous meaning)이라는 말로써 표현하고 있다.[2] 관료제는 논자에 따라 합리적 관리의 이상적인 도구로 이해되기도 하나, 한편에서는 인간의 기본적 자유를 해치는 권력적·독선적 의미로[3] 파악되기도 한다. 그러나 대부분의 학자들은 관료제를 현대의 대규모 조직에서 공통적으로 볼 수 있는 어떤 현상을 가리키는 방법으로 정의하고 있다. 이 경우는 관료제에 대한 지지 또는 반대의 가치판단을 사상한 가치중립적인 개념이라고 하겠다.

---

1) F. Morstein Marx에 의하면, bureaucracy라는 용어는 18세기 프랑스에서 bureaucratie, 즉 움직이는 정부기구 전체라는 의미로 사용되기 시작하였다; Ferrel Heady, *Public Administration: A Comparative Perspective*(New Jersey: Prentice-Hall, 1966), p.16.

2) Charles E. Merriam, *Systematic Politics*(Chicago: University of Chicago Press, 1945), p.165.

3) 이 입장의 대표적인 학자로서 라스키(Harold J. Laski)는 관료제란 정부의 통제력이 관료에게 장악되어 일반시민의 자유를 위태롭게 하는 통치구조(system of government)라고 하였다; Harold J. Laski, "Bureaucracy," *Encyclopedia of the Social Sciences*, Vol. 3(1930), pp.70~72.

관료제라는 용어는 베버(Max Weber)와 깊은 관련을 맺고 있는데, 그의 관료제에 관한 저술과 연구는 수많은 학자들에 의한 계속적인 연구를 촉진시켰다. 또한 관료제는 비단 행정관료제만을 의미하는 것이 아니고, 군대나 민간회사 등을 포함한 모든 대규모 조직에서 볼 수 있고, 이와 같은 대규모 조직의 구조 내지 기능상의 여러 특징을 가리켜 베버 이래 학계에서는 관료제적(bureaucratic)이라 불렀다.

지금까지 관료제의 개념규정에 관한 종래의 지배적인 견해는 구조적인 입장에서 어떤 구조적 특색을 지닌 조직이 관료제적인가 하는 것과 정치권력적 입장에서 특권층을 형성하고 있는 관료군이 정치권력의 장악자로서의 지위를 차지하고 있는 통치구조에서 어떤 모습을 보여주는가 하는 것으로 대별된다. 구조적 입장은 관료제를 구조면에서 고찰할 때 많은 분량의 업무를 법령에 따라 몰인정적(impersonal)으로 처리하기 위하여 조직된 대규모의 분업체제를 말하며, 이는 종적인 계층적 분화와 횡적인 기능적 분업을 내포한다고 보겠다. 한편 기능적 입장은 조직의 임무를 수행하는 결과로서 나타나는 기능에 중점을 둔 것으로 합리적 측면도 있지만, 여러 가지 병리적 및 정치권력적 부작용 등을 가지고 있다고 하겠다.

이와 같은 전통적 입장에 반하여 리그스(Fred W. Riggs)는 관료제의 개념규정을 시도하였는데, 리그스는 관료제를 기능적 측면과 구조적 측면으로 대별하고, 다시 이를 다음과 같은 여러 측면으로 세분하고 있다.[4]

1. 구조적 측면

구조적 측면에서 볼 때, 관료제는 계층제적 형태를 띠면서 합법적 내지 합리적 지배가 제도화되어 있는 대규모조직을 의미하며 다음과 같은 특성을 지닌다.

---

4) Fred W. Riggs, "Bureaucratic Politics in Comparative Perspective," *Journal of Comparative Administration*, Vol. 1(May 1969), pp.6~8.

1) 보편성

관료제는 대규모조직을 의미하므로 국가뿐만 아니라 사기업·노동조합·교회 등의 비국가적 조직에서도 찾아볼 수 있다. 리그스는 관료제를 공공관료제(public bureaucracy)와 사적관료제(private bureaucracy)로 대별하고, 공공관료제를 다시 사법관료제·입법관료제·행정관료제·정당관료제로 세분하고 있다.

2) 의사결정 중심(center of decision-making)

관료제란 모든 대규모조직을 가리키는 것이 아니고 계층적 대규모조직, 즉 단일한 의사결정의 최고정점(one center of decision-making)을 지니고 있는 조직을 특히 지칭한다. 따라서 단일한 의사결정 중심이 없는 위원회와 같은 조직은 엄밀한 의미의 관료제라 부르기가 어렵다고 하겠다.

2. 기능적 측면

기능적 측면에서 볼 때, 관료제는 합리적 측면과 병리적 측면, 그리고 권력적 측면을 함께 지니고 있다.

1) 합리성

이른바 베버의 이념형(ideal type)은 이 합리적 측면을 강조한 것으로 전문화·계층제·분업화·몰인정성(impersonality)·표준적인 규칙 등이 이에 해당된다고 보겠다.

2) 병리

흔히 세속적·비판적 의미로 사용되는 관료의 비능률·형식주의·무사안일·비밀주의·문서주의(red-tape) 등으로 현실적으로 노출되는 역기능적 현상을 말한다.[5]

---

5) 관료제의 역기능적·병리적 측면에 관한 연구는 머튼(Robert Merton)에서부터 비롯되었으며, 이와 같은 관료제의 내재적인 갈등을 톰슨(Victor A. Thompson)이 관료제의 병리(bureaupathology)라는 용어로 보편화하였다; Victor A. Thompson, *Modern Organizations*(New York: Alfred

3) 권력성

관료제에는 권력성이 뒤따른다. 라스키(Harold J. Laski)와 파이너(Herman Finer) 등이 이러한 입장을 취하는 대표적인 학자이다. 이는 관료군이 정치권력의 장악자로서 특권층을 형성하고 있는 경우를 말하며, 리그스는 이를 관료주의(bureaucratism)라고 부르고 있다. 한편 클레이어(Guy S. Claire)도 이러한 관점에서 관료제를 시민의 자유가 상실될 위험성이 있는 관료통치(administocracy) 혹은 독선관료제라고 부르고 있다.

Ⅱ 관료제의 연구경향

베버 이래 관료제의 연구경향은 관료제가 지니는 몇 가지 특징적 요소들에 대한 상당한 합의(consensus)에도 불구하고, 그것들을 설명하는 방법론상의 차이로 인하여 여러 갈래로 나누어져 왔다. 이러한 방법론상의 차이는 연구하는 사람이 소속된 학문분과의 차이와 대상을 어떤 입장에서 보는가에 따라 연유된 것으로, 이를 요약하면 다음과 같은 세 가지 경향으로 구분할 수 있다.

첫째, 관료제를 구조적인 특징으로 정의하는 입장이 있다. 베버 이래의 수많은 학자들이 이와 같은 관료제의 구조적 특징의 제시 또는 도식화를 시도하였다.6) 이러한 입장에서 톰슨(V. Thompson)은 관료제란 고도로 정교한 권위의 계층제에 바탕을 둔 조직이라고 정의하고, 이러한 조직은 세밀한 노동의 분화로 구성되어 있다고 한다.

둘째, 전술한 구조적 특징에 관료제의 행태적 특징을 추가하는 입장이 있다. 즉 어떤 종류의 형태가 관료제적이라고 할 수 있는가 하는 것이며, 이것은 합리적 입장과 병리적 측면으로 대별된다. 프리드리히(C. Friedrich)는 전자에 속하는 관료제의 행태적 특징으로 객관성(objectivity)·분별성(discretion)·정확

A. Knopf. 1961), p.177.

6) Richard H. Hall, "Intraorganizatonal Structural Variation: Application of the Bureaucratic Model," *Administrative Science Quarterly*, Vol. 7, No. 3(1962), pp.295~308.

성(precision) · 일관성(consistency) 등을 들고 있다.7) 이러한 특징들은 행정관료의 행정실무기능과 밀접한 관련이 있다고 할 수 있으며, 조직구성원들의 바람직한 행동유형을 규정해 주는 규칙을 마련해 준다.

관료제의 병리적 측면, 즉 병리적인 행태에 대하여 머튼(R. Merton)은 체계적으로 설명을 하고 있는데, 그의 연구는 뒤의 제3절에서 상세히 설명하겠다.

세 번째 경향은 블라우(Peter Blau)에 의하여 제기된 것으로 관료제를 목표의 달성이라는 측면에서 보는 입장이다. 이에 의하면 관료제의 기구 및 행태적 특징은 시간과 공간에 의하여 변화하는 가변적인 것이므로, 어떤 조직이 관료제적인가 하는 관점은 조직목적을 달성하고 있는가에 따라 결정된다고 한다. 이에 따라 블라우는 관료제를 '행정능률을 극대화시키는 조직 또는 행태능률을 위한 조직화된 사회적 행동을 제도화시킨 하나의 방법'이라고 정의하고 있다.

제 2 절　관료제이론과 평가

구조적 · 합리적인 면에서의 관료제이론 중 베버의 이론이 가장 대표적이므로 이에 대한 설명과 평가를 해보고자 한다.

Ⅰ　베버의 이론

1. 관료제의 이념형

관료제에 관한 이론의 원형은 독일의 저명한 사회과학자인 베버의 이념형혹은 이상형(ideal type)에서 유래하고 있다. 이 이론은 인간의 발전을 신비적

---

7) Carl J. Friedrich, *Man and His Government*(New York: MacGraw—Hill Co., 1963), p.471.

존재로부터 경험적·합리적 존재로 본 그의 역사관에서부터 비롯되고 있으며, 그는 합리주의에 기초한 근대국가의 사회목적을 달성하는 데 가장 적합한 지배형식을 관료제라고 이해하였다. 이러한 개념은 현존하는 관료제의 경험에서 정립된 것이 아니고, 고도의 사유작용에 의하여 구성된 추상화된 이념형이다. 따라서 현실적으로 이러한 관료제가 반드시 존재한다고 보기는 어려우나, 현존하는 대규모 조직이 얼마나 이념형에 근접하고 있는가를 판정하는 경험적 연구의 지침으로 고려되는 것이다. 그러나 이 이념형은 단순한 개념도식에 그치는 것이 아니라 가설적인 일반이론의 의미도 지니고 있다.[8]

베버는 이념형의 입장에서 권위의 정당성을 기준으로 하여 권위의 유형(type of authority)을 (i) 전통적 권위(traditional authority), (ii) 카리스마적 권위(charismatic authority), (iii) 합법적 권위(legal authority)로 구분하고, 이들 중 근대사회를 특징짓는 것은 합법적 권위이며, 이것이 바로 관료제적 지배의 근본이라고 하였다. 즉 합법적 권위에 의한 지배 아래서는 합법적으로 제도화된 몰인정적 질서에 대해서 명령과 복종의 계층제가 구성되며, 이 합법적 지배를 전형적으로 표현하는 것이 관료제라는 것이다.

2. 이념형의 특징

베버는 이념형의 특징을 다음과 같이 지적하고 있으며, 이것은 모두가 합리적인 구조를 이루는 데 도움이 되는 요인이라고 하겠다.[9]

1) 규정주의

규칙은 다양한 사례를 처리하는 데 있어서의 일정한 표준화와 평등을 보장한다.

---

8) Peter M. Blau, *Bureaucracy in Modern Society*(Chicago: University of Chicago Press, 1956), pp.34~36.
9) Max Weber[Talcott Parsons(ed.). A. M. Henderson and T. Parsons(trans.)], *The Theory of Social and Economic Organization*(New York: Oxford University Press, 1947), pp.329~330.

2) 명확하고 공식적인 관할영역

관료의 직무·권리 및 권력의 한계가 명백히 법규에 규정되어 있다.

3) 계층제

직무의 조직은 계층제의 원리에 따른다. 즉 각 하위직무는 상위직무의 통제와 감독하에 있게 된다.

4) 전문지식

전문적인 직업활동은 특별한 교육과 훈련을 받은 전문지식이나 기술을 요구한다. 또 전문적인 지식과 기술은 관료에게 합법성을 제공해주는 기초가 된다.

5) 직무에의 전념화

관료의 직무시간이 명확히 제한되어 있다 하더라도 직무상의 활동은 관료의 전노동력을 요구(demands the full working capacity)하게 된다. 물론 이에 대한 반대급부로서의 보수는 제공된다.

6) 문서주의

행정행위·의사결정 및 규칙 등은 공식화되고 문서에 의하여 처리된다.

Ⅱ   베버 이론의 평가

1. 평가

베버의 관료제이론은 형식적 합리성을 추구한 나머지 다양한 역기능을 노출함에도 불구하고, 다음과 같은 의미의 효용성을 지닌다.

  1) 이념형은 현존하는 관료제의 효율성을 평가·보완하는 지침이 된다.

  2) 베버의 이론은 이 분야를 연구하는 학도들에게 많은 영향을 주었다.[10]

---

10) Weber 이후 새로운 모형을 정립한 사람들의 이론은 완전히 새로운 것이라기보다는 이념형에

3) 베버의 이론은 행정발전에 하나의 중요한 방향을 제시한 것이라고 볼 수 있다.

2. 변천

이처럼 지대한 영향을 끼친 베버의 관료제이론도 시대와 사회환경의 변천에 따라 수정과 비판을 받게 되었다.

1) 1930년대 이후 사회학자들에 의한 수정

1930년대의 사회학자들은 베버가 간과한 관료제의 비합리적 · 비공식적 · 역기능적 측면을 수정 · 보완하였다.

(1) 블라우(Peter M. Blau)는 자생집단의 순기능의 연구를 통하여 관료제의 비공식적 측면을 강조하였다.

(2) 블라우 등은 비합리성의 순기능을 지적하였다.

(3) 머튼(Robert K. Merton) 등은 관료제의 역기능적인 면을 이론적으로 설명하였다.

(4) 셀즈닉(Philip Selznick) 등은 적응적 흡수(cooptation)이론을 통하여 관료제와 환경 사이의 상호작용을 강조하였다.

2) 1960년대 이후 발전론자들에 의한 수정

위에서 설명한 1930년대의 사회학자들에 의한 수정은 부분적 내지 보완적이라고 보겠으나, 1960년대 이후의 발전론에서는 베버의 이론을 전면적으로 비판 · 수정하게 되었다. 즉, 이들의 입장은 관료제의 기능에 있어서 전통적인 직무수행의 기계적인 합리성보다는 국가발전의 주도적 기능을 주장하고 있다.

(1) 조직구조에 있어서 법령상으로 정한 지나치게 명확한 구조는 신속한 사회변화에 적응하기 어렵다.

입각하여 도출된 것이 대부분이며, 대표적인 학자로는 골드너(A. Gouldner), 사뮤엘(Y. Samuel), 만하임(B. Manheim) 등이 있다. Yitzhak Samuel and Bilha F. Manheim, "A Multidimensional Approach toward a Typology of Bureaucracy," *Administrative Science Quarterly*, Vol. 15, No. 2(June 1970), pp.216~229.

(2) 계층제를 상·하의 지배관계로만 보지 말고 분업 혹은 직원에게 동기를 부여하는 수단으로 본다.11)

(3) 관료로서 전문가적 소양이 요청되지만, 좁은 분야의 전문지식만 가짐으로 인해 사회 전반에 걸친 넓은 이해력이 부족해서는 안 된다.12)

(4) 법령에 따른 행정이 요청되기는 하지만, 그 해석에 있어서는 형식적인 합리성보다 발전목표에 따른 합목적적인 해석이 요청된다.

제 3 절 　 관료제의 병리

Ⅰ　관료제의 병리에 관한 연구

여기서의 병리란 시스템의 적응이나 조정을 저하시키는 현상을 의미한다. 즉 관료제의 경우 본래 의도된 것과 다른 변화가 기능·구조에 영향을 미쳐 조직목표를 수행하는 데 지장을 초래하는 것을 의미하며, 주로 머튼(R. K. Merton)·톰슨(V. A. Thompson)·블라우(P. Blau) 등의 학자에 의하여 연구되었다.

1. 머튼(R. K. Merton)의 연구

머튼은 관료제의 병리문제에 관하여 최초로 체계적인 연구를 시도한 학자이다. 그는 1940년에 발표된 논문인 '관료제와 퍼스낼리티'에서 베버가 경시한 관료제구조에서 일어나는 역기능(dysfunction)의 문제를 언급하였다.13) 머

---

11) Richard Beckhard, *Organizational Development*(Reading: Addison−Wesley, 1967), p.5; 유종해·송영달 공역, 조직이론(서울: 연세대학교 출판부, 1974), 185~202면.

12) David Maro, "Creativity and Administration," *Public Administration Review*, Vol. 31, No. 1(January~February 1971), p.48.

13) Robert K. Merton, "Bureaucratic Structure and Personality," reprinted in A. Etzioni, *Complex Organization: A Sociological Reader*(New York: Holt, Rinehart and Winston,

튼의 중심과제는 동조과잉(overcomformity)에 의한 목표의 대치(displacement of goals) 현상으로서, 규칙의 엄수는 형식주의를 가져오므로 조직의 목표달성을 저해한다고 한다. 그는 관료의 행태를 훈련받은 무능력(trained incapacity)이라고 하며, 이를 훈련받은 병아리(trained chicken)의 경우를 들어 설명하고 있다. 즉 훈련받지 않았으면 유능할 사람이 훈련을 받음으로써 오히려 무능력이 노출된다고 말하고, 공무원이 그런 예에 속한다고 하였다. 이 같은 관료들의 행태는 목표달성에 큰 저해(maladjustment)가 된다고 머튼은 주장한다.

2. 톰슨(V. A. Thompson)의 연구

톰슨은 관료제에 있어서 인간적 불안정성(personal insecurity)이라는 개념으로 관료제의 역기능적 병리현상을 설명하고 있다. 그는 이러한 역기능적 현상을 가리켜 관료제의 병리(bureaupathology)라고 명명한 바 있다.[14]

3. 블라우(P. Blau)의 연구

머튼의 제자인 블라우는 머튼의 역기능의 개념을 계승하여 동조과잉이나 의식주의(ritualism) 등의 병리는 조직 내 사회관계의 불안정성에서 유래한다고 보았다.[15]

4. 크로지어(M. Crozier)의 연구

크로지어는 「관료제현상론」(Bureaucratic Phenomenon)이란 저서 속에서 관료제의 병리(malady)를 보다 잘 이해하려는 과학적 시도를 하고 있다.[16] 크로지어가 말하는 관료제의 병폐란 인간조직 내에서 불가피하게 일어나는 여러

1961), pp.48~61.

14) V. Thompson, *op, cit.*

15) Peter M. Blau, *The Dynamics of Bureaucracy, revised ed.*(Chicago: University of Chicago Press, 1963), pp.232~237.

16) Mihael Crozier, *The Bureaucratic Phenomenon*(Chicago: University of Chicago Press, 1964).

가지 현상으로 그것은 부적응성(maladaptation) · 부적당성(inadequacy) · 역기능(dysfunction) 등을 말한다. 그런데 크로지어에 따르면 이와 같은 병리적 현상이 일어나는 이유는 인간조직, 즉 관료조직이 몰인정적 관계(impersonal relationship)에 바탕을 두고 있기 때문이라는 것이다.

II 관료제의 병리현상

머튼을 위시한 블라우 · 톰슨 · 크로지어 등이 지적한 관료제의 병리현상은 다음과 같이 정리해 볼 수 있다.[17]

1. 동조과잉(overcomformity)

본래 수단으로 간주되었던 규칙의 준수가 형식주의를 초래하게 되어 그 자체가 목적으로 되는 현상을 말한다.

2. 서면주의 · 형식주의

모든 업무처리를 규칙에 의거한 절차나 서면으로 처리함으로써 결과적으로 문서다작 · 사무주의 등의 현상이 나타난다.

3. 인간성의 상실

조직 내의 대인관계의 지나친 몰인정성(impersonality)은 냉담과 무관심 · 불안의식 등으로 나타나 인간으로서의 인격을 상실하게 된다.

---

[17] 이 밖에도 관료제의 병리현상을 연구한 학자로는 골드너(Alvin Gouldner), 코헨(Harry Cohen) 등이 있다; Alvin W. Gouldner, *Patterns of Industrial Bureaucracy*(Glencoe: Free Press, 1954); Harry Cohen, *The Dynamics of Bureaucracy*(Ames: Jowa University Press, 1965) 참조.

4. 무사안일주의

적극적으로 새로운 일·조언·결정 등을 하지 않고 선례에 따르거나 상관의 지시에 무조건 영합하는 소극적인 행동을 보인다.

5. 전문화로 인한 무능

현대행정은 고도의 전문가를 요구하는데, 이러한 전문가는 좁은 분야의 전문성을 지니고 있어 타 분야에 대한 이해도 적고 때로는 아집화·할거화의 병리현상을 보인다.

6. 관료제 외적 가치(extra bureaucratic value)의 추구

관료제의 구성원은 인간이므로 신분보장·권력과 지위 등을 필요로 하며, 이러한 관료제 외적 가치를 추구하기 위해서 조직의 법규·계획 등을 왜곡하고 파벌구성·아첨·출세제일주의 등의 경향을 나타낸다.

7. 행정의 독선화

관료제는 국민에 대하여 직접 책임을 지지 않을 뿐만 아니라 전문성·권력성·과두제(oligarchy)성 등으로 인하여 고질적인 독선관료주의를 가져와 민주행정에 역행이 된다.

8. 변동에 대한 저항

관료제는 합리적인 조직이지만 변동하는 환경에 신속히 적응할 수 있는 능력이 결여되어 있으며, 변동·발전·쇄신에 대하여 본질적으로 저항을 나타낸다. 이러한 현상은 관료의 자기보존에 대한 위협·불안감에서 유래되며, 따라서 언제나 현상의 유지에 대한 문제가 그들에게 가장 큰 관심사가 되는 것이다.

제 4 절　관료제와 민주주의

I　관료제와 민주주의의 상관관계

관료제와 민주주의는 상호관계에 있어서 양면성을 지니고 있다. 즉 관료제
는 여러 면에서 민주주의를 위협하고 있지만, 동시에 민주주의 사회에 있어서
중요한 역할을 수행하기도 한다. 이러한 차이를 구별하는 기준은 조직의 목적
이 목표설정에 있는가, 아니면 목표수행에 있는가, 또는 의사결정이 다수결의
원리에 의거하는가, 아니면 능률의 원리에 있는가 등이다. 즉 목표설정을 위
해서는 민주적인 조직이 필요하며, 목표수행을 위해서는 능률을 기본원리로
하는 조직이 필요하다. 그러나 이것은 분석상의 구별에 지나지 않으며, 많은
조직이 목표설정과 목표수행의 두 가지 목적을 함께 지니고 있어 실제로는 두
가지 원리 사이에 갈등이 있다.[18]

II　관료제의 민주주의에 대한 저해

관료제가 민주주의를 위협한다는 주장은 주로 라스키(H. Laski) 등과 같이
관료제를 정치권력 집단으로 보는 학자들에 의하여 주장되고 있다.

1. 권력의 불균등

관료제는 이를 장악하고 있는 소수자에게 너무 많은 권력을 주게 되므로
일반국민의 이익보다는 스스로의 이익을 위하여 권력을 행사하게 된다. 이와
같은 논의는 공공선택이론(public choice theory)의 논리와 유사하다.

---

18) Peter M. Blau, *Bureaucracy in Modern Society*(New York: Random House, 1968),
　　pp.102~105.

2. 민중의 요구에의 부적응

파이너(Herman Finer)는 관료제를 가리켜 특수계층인 관료군이 자기가 형성한 원리에 따라서만 행동하면서, 관료와 국가의 동일성을 요구하고 민중을 지도하는 것만 알고 민중으로부터의 지도는 인정하지 않는 체제라고 주장하면서 관료의 비민주적 독선을 비판하였다.19)

3. 행정의 지나친 우월화

관료제는 원래 입법부 및 행정수반의 결정을 집행하기 위해서 존재하는 것인데, 오늘날에는 입법 및 정책수립의 권한까지 행사하고 있다. 클레어(Guy S. Claire)는 이러한 관료제를 독선관료제(administocracy)라고 부르면서, 이러한 것에 의하여 민중의 자유가 위협받을 소지가 있다고 주장한다.

Ⅲ 관료제의 민주주의에 대한 공헌

1. 공직의 기회균등

관료제는 전문적 지식과 능력에 의거한 관료의 임용을 원칙으로 함으로써 고용의 기회균등을 촉진한다.

2. 법 앞의 평등

관료제는 전통적·비합리적인 정실주의와 개별주의를 배제하고 일반적 법규에 의한 보편주의를 추구함으로써 법 앞의 평등이라는 민주적 원리를 이룩하는 데 공헌한다.

---

19) Herman Finer, *The British Civil Service, revised ed.*(London: Fabian Society, 1937), p.9.

3. 민주적 목표의 수행

민주적으로 결정된 조직의 모든 민주적 목표(democratic objectives), 예를 들어 경제발전, 복지사회의 건설과 같은 목표는 오늘날 기술적 우수성을 자랑하는 관료제의 도움 없이 달성하기가 힘들다.

관료제와 민주주의는 이론상으로는 서로 모순·대립이 있는 것처럼 보이나, 실제상으로는 반드시 그렇지도 않다. 그리고 설사 관료제가 민주주의를 위협한다 하더라도 관료제가 주는 이점 때문에 쉽사리 그것을 폐지할 수도 없다. 오늘날 자동차가 결코 사치품이 될 수 없을 정도로 대량생산을 하게 된 것은 과학기술의 발달이라기보다는 합리적인 관료제조직의 운영상의 성과에 그 공을 돌릴 수 있다.[20] 결론적으로 관료제를 효율적으로 활용하기를 원한다면, 우리가 관료제에 예속화되지 않도록 이를 민주적으로 통제할 수 있는 제도적 방안을 강구해 민주성과 능률성의 조화를 찾아야 한다.

---

20) P. Blau, *op, cit.*, pp.16~17.

CHAPTER

10 계선과 참모조직

모든 조직에는 적어도 두 가지의 형태가 있다. 하나는 집행을 담당하는 계선(line)조직이고, 다른 하나는 기획을 포함하는 기타 지원·보조적인 서비스를 제공하는 참모(staff)조직이다.

1. 계선조직의 정의

계선(line)이란 계층제의 구조를 가진 조직의 집행집단을 말한다.[1] 사이몬(H. Simon) 등은 이것을 단일기관(unitary organization)이라고 하였고, 피프너(J. Pfiffner)와 셔우드(F. Sherwood)는 조직의 전체적인 목적달성에 직접적으로 공헌하는 기관이라 하였다.[2]

계선조직은 행정체계에 있어서 중추적인 위치에 있으며, 정책을 결정·집행하고 국민에게 직접적으로 봉사한다. 따라서 계선조직은 조직의 전체목적을 달성하는 데 직접적으로 기여하는 것이다.

---

1) Alvin Brown, *Organization: A Formulation of Principle*(New York: Hilbert Printing Co., 1945).

2) J. Pfiffner and F. Sherwood, *Administrative Organization*(New Jersey: Prentice－Hall, 1960), p.171.

2. 참모조직의 정의

참모조직(staff)은 계선이 원활하게 기능을 수행하여 조직의 존립목적을 달성할 수 있도록 지원·조성 내지는 촉진할 목적으로 자문·권고·협의, 정보수집과 판단, 기획·통제·인사·회계·법무·공보·조달·조사·연구 등의 기능을 수행한다.

참모는 조직의 목적달성에 간접적으로 기여하며,[3] 직접적인 명령·집행·결정을 행할 수 있는 독자적인 권한을 가지고 있지는 않다. 참모업무는 행정지원적 성격을 띠고 있어 지적 기능의 제도화(institutionalization of intellectual function)라고 불린다. 오늘날 행정의 복잡화에 따라 참모의 업무는 더욱 더 그 중요성이 인정되기에 이르렀다. 본래 참모제는 18세기에 프러시아 프레드릭(Frederick) 황제에 의하여 군대에서 체계화되었으며, 민간기업에서는 20세기 초부터 도입되었고, 기능적 분화를 통하여 발전되었다. 그러나 이론상으로는 계선과 참모 사이의 기능구분이 가능할지 모르지만 실제로는 엄격하게 구분하기는 곤란한 경우가 많고, 서로 모순된 명령이나 지시가 내려질 가능성이 많으며, 한편 조직구성원들에 의하여 계선과 참모 간의 갈등이 유발되기도 한다.[4] 또한 계선과 참모는 같은 사람이 행할 수도 있으며, 이 기관들은 서로 보완적이다.

이런 측면에서 사이몬(H. A. Simon)은 계선과 참모를 구분하는 것이 일종의 신화(myths)에 지나지 않는다고 한다. 말하자면 명령·자문 이분론은 때때로 양립하기가 곤란한데, 기술적인 분야에서는 자문의 기능이 명령을 직접 발할 때가 있기 때문이다.

---

3) *Ibid.*

4) Robert T. Golembiewski, *Organizing Men and Power: Patterns of Behavior and Line Staff Models*(Chicago: Rand McNally, 1967), pp.11~12.

제 2 절 　참모조직의 성격과 기능

참모조직의 성격과 기능에 대한 여러 학자들의 견해는 다음과 같다.

1. 화이트(L. White)의 구분

참모조직을 인사·재무·조정 및 회계와 같은 계선을 위한 서비스 기능과 최고관리자 등에 대한 자문기능으로 구분하여 서비스형의 참모기관을 보조기관(auxiliary agency)이라 하였다.5) 즉 서비스 참모(보조기관)와 자문참모를 구분하였으며, 결국 참모기관은 보조기관과 자문기관으로 구분된다. 이는 군대에서 G1 – 인사, G2 – 정보, G3 – 작전, G4 – 군수, G5 – 민사업무를 담당하는 일반참모(general staff)와 전문 문제의 건의·자문을 담당하는 법무관·의무관·군목·헌병 등의 특수참모(special staff)의 구분에 상응한 것이라고 할 수 있다.

2. 윌로우비(W. Willoughby)의 구분

화이트(L. White)가 행한 자문형의 참모에 관한 구분을 인정하지 않고, 화이트의 보조조직을 가정적 조직(housekeeping service)이라고 부른다. 따라서 참모의 기능은 계선을 위한 서비스기능에 한정된다.

3. 사이몬(H. Simon)의 구분

계선·참모·보조조직 등의 구분은 순전히 편의상의 구분이므로 보조조직과 참모조직의 구분은 불가능하며, 보조조직과 참모조직을 합하여 간접조직 또는 상부관리조직(overhead unit)이라고 부르고 있다.6) 결국 조직은 계선조직, 간접조직 또는 상부관리조직으로 대별된다.

---

5) L. D. White, *The State and The Nation*(Baton Rouge, 1936), pp.31~32.
6) H. Simon, et al., *op. cit.*, p.281. overhead unit를 수반행정기관이라고 하는 경우도 있다.

제 3 절 참모조직의 유형

홀덴(P. Holden) · 피쉬(L. Fish)와 스미드(H. Smith)는 주로 관리적 측면에서
참모조직은 자문 · 지원(서비스) · 조정 및 통제 등 네 가지 유형이 있다고 하였
다.[7]

1. 자문조직

대부분의 참모조직의 목적은 관리자의 요구에 응하여 전문적 지식을 제공
하고 자문을 하는 것이 일반적이다. 이와 같은 조직은 명령적 · 관리적 혹은
통제적 기능을 갖지는 않으며, 단지 자문을 통하여 권위 있는 의견을 제공하
고, 여러 가지 문제에 있어서 관리자의 주의를 환기시켜 줄 따름이다. 이러한
형태의 조직은 법제 · 경제 · 공공관계(public relations) 등을 담당한다.

2. 지원(서비스)조직

행정의 합리화를 기하기 위하여 간접적인 업무에 해당하는 지원(서비스)업
무를 수행한다. 이러한 유형의 조직은 조사 · 구매 · 통계 · 세무 등을 담당한다.

3. 조정조직

둘 이상의 부문이 이익을 같이하는 경우에 이들 간의 기능을 조정하고 처
리하기 위해서 설치한 것으로 자원배분 · 기획 등이 이에 속한다.

4. 통제조직

특정한 분야에 있어서 의사결정자의 고민을 인계받아(to take over management's
worries within a certain field) 처리한다. 의사결정자의 요구와 목표를 구체화하

---

7) Paul Holden, Lounsbury Fish and Herbert Smith, *Top Management Organization and
   Control*(New York: McGraw-Hill, 1941), pp.38~44.

며, 통제(control)의 방법을 결정·발전시키고, 의사결정자의 요구가 실제로 달성되기 위하여 필요하고도 적절한 조치를 취한다. 이러한 유형의 조직은 예산통제·인사관리·감독업무 등을 담당한다.

제 4 절　계선·참모 조직의 비교

계선조직과 참모조직의 특징과 장·단점을 비교하여 설명하면 다음과 같다.

1. 계선조직

계선조직은 행정조직의 수장으로부터 국장·과장·계장·계원에 이르는 명령·복종의 관계를 가진 수직적인 조직형태로서 명령적·집행적 기능을 갖는점이 특징이다. 명령결정권을 가지며, 명령계통(chain of command)과 의사전달의 역할을 한다. 바나드(C. Barnard)는 계선의 계층은 의사전달(communication line)의 역할을 하므로 짧을수록 좋다고 하였다. 그리고 이 조직은 계층제의 원리, 명령통일(unity of command)의 원리, 통솔범위(span of control)의 원리에 의하여 조직된다. 귤릭(L. Gulick)은 계선이란 실행기능을 담당하는 조직이라고하였다.

1) 장점

(i) 권한과 책임의 한계가 명확하여 업무수행이 능률적이다.
(ii) 단일기관(unitary organization)으로 구성되어 정책결정(decision making)이 신속히 이루어진다.
(iii) 따라서 업무가 단순하고 비용이 적게 드는 조직에는 적합하다.
(iv) 강력한 통솔력을 행사할 수 있다.

2) 단점

(i) 대규모의 조직에는 계선만으로는 부족하고 업무량이 과다해진다.

(ii) 조직의 장이 주관적·독단적 조치를 취할 가능성이 있다.

(iii) 특수분야에 대한 전문가의 지식과 경험을 이용할 수 없다.

(iv) 조직이 지나친 경직성을 띠게 된다.

2. 참모조직

계선이 조직의 모든 업무를 담당할 수 없고 위임도 할 수 없으므로 참모조직은 계선을 위하여 정책·목표에 관한 자문·권고·건의를 하며, 또한 협의·정보 및 조사 등의 지원활동을 한다. 조직의 목적에 간접적으로 기여하고 조성적·촉진적 기능을 담당하지만 집행권한은 없다.

1) 장점

(i) 기관장의 통솔범위를 확대시킨다.

(ii) 전문적인 지식과 경험을 활용함으로써 보다 합리적인 지시와 명령을 내릴 수 있다.

(iii) 수평적인 업무의 조정과 협조를 가능하게 한다.

(iv) 조직이 신축성을 띨 수 있다.

2) 단점

(i) 조직의 복잡성으로 조직 내의 알력과 불화가 생길 수 있다.

(ii) 경비가 증대된다.

(iii) 참모는 책임을 지지 않으므로 양자가 서로 책임을 전가할 우려가 있다.

(iv) 의사전달의 경로를 혼란에 빠뜨릴 가능성이 있다.

제 5 절 / 계선과 참모조직의 갈등

1. 갈등의 발생

계선과 참모조직은 종종 갈등관계에 놓이게 되는데, 이 갈등관계는 다음의 세 가지 측면에서 문제가 된다.

첫째, 일반적으로 참모는 계선보다 사회적 지위(social status)가 높고 고등 교육을 받은 자가 많으며, 우월감(sense of superiority)을 가지고 있어서 보다 개인적·이론적이며 젊고 의욕적인 데 비하여, 계선은 실증적이며 현실적인 행동파이기 때문에 상호 간에 충돌(line-staff conflict)이 일어날 수 있다.

둘째, 참모는 계선의 권한을 침범하기 쉽기 때문에 계선은 전문가인 참모의 관여로 인하여 영향력을 손상당함으로써 양자간의 불화가 일어나기 쉽다. 해외의 실례로서 회계감사원의 각 부처에 대한 정책문제와 내부행정문제에 대한 간섭으로 각 부처 직원들의 불만이 고조되는 경우가 많으며, 예산국과 인사위원회의 고압적인 태도도 문제가 되곤 한다.[8] 정부에 있어서 뿐만 아니라 사기업에 있어서도 동일한 현상이 일어나고 있다는 사실은 달튼(M. Dalton)이 수 개의 기업체를 조사한 결과에 의하여 실증되고 있다.[9] 또한 참모가 계선에 의하여 권위의 영역을 침해당할 때에는 기능의 상실에 대한 두려움(fear of loss), 즉 자기의 지위를 위태롭게 하지 않을까 하는 의구심을 품게 된다.[10]

셋째, 참모는 계선에 대하여 비판적일 때가 많다. 참모는 그 성격상 계선의 현상유지(status quo)적 속성에 대하여 비판적이기 마련이며, 그 존재가치를

---

8) M. E. Dimock, G. O. Dimock and Louis W. Koenig, *Public Administration*(New York: Rinehart, 1958), p.163.

9) Melville Dalton, "Conflict between Staff & Line Managerial Officers," in A. Etzioni(ed.), *Complex Organization: A Sociological Reader*(New York: Holt, Rinehart and Winston, Incorporated, 1969), pp.212~221.

10) Victor A. Thompson, "Hierarchy, Specialization and Organization Conflict," *Administrative Quarterly*, Vol. 5(March 1961), p.512.

나타내기 위해서도 계선의 결점을 들추어내지 않을 수 없다.[11]

2. 갈등의 해결

계선과 참모조직의 갈등해결방안은 다음과 같이 설명할 수 있다.

첫째, 계선과 참모의 책임한계를 분명히 하여 상호충돌을 방지하여야 한다.

둘째, 회합(meeting)·비공식집회(informal gathering) 등을 통하여 계선과 참모의 친밀관계를 증진하여야 한다.

셋째, 계선과 참모 사이의 이해를 증진시켜야 한다. 이를 위해서는 계선과 참모 간의 인사교류가 매우 효과적이다. 이 인사교류의 방법은 미국 전신전화회사(American Telephone and Telegraph Co.)를 위시하여 미국의 대기업체에서 많이 사용되고 있으며 실제로 효과를 거둔 바 있다. 제1차 Hoover위원회는 그 인사관리에 관한 보고서에서 이와 같은 인사교류를 강력히 건의한 바 있다.[12]

넷째, 기관장의 계선과 참모기능에 대한 올바른 인식이 필요하다. 기관장은 참모의 중요성을 인식하는 동시에 계선과의 관계 속에서 갈등의 소지가 있음을 항상 인지하고 양자를 적정하게 활용하여야 한다.

---

11) J. Pfiffner and F. Sherwood, *op. cit.*, p.186.
12) M. Dimock, et al., *op. cit.*, pp.163~164.

CHAPTER

11 애드호크라시

애드호크라시(adhocracy)는 행정조직을 비롯한 모든 조직의 구조란 관점에서 앞서 설명한 관료제(bureaucracy)와 대조를 이루는 개념이라고 할 수 있다. 즉 관료제가 대규모성·복잡성, 그리고 표준화된 고정적 구조와 계층제 (hierarchy)적 구조를 갖고 있는 데에 비해, 애드호크라시 구조(adhocratic structure)는 융통성이 있고 적응도가 높으며 혁신적인 성격을 띤다. 따라서 관료제를 기계적인 조직에 비유한다면, 애드호크라시는 유기체적 조직에 비유할 수 있을 것이다.

그러나 애드호크라시란 추상적인 하나의 모형이다. 따라서 순수한 관료제가 실제로 존재할 수 없듯이 순수한 애드호크라시란 기대할 수 없으며, 실제에 있어서도 애드호크라시의 성격을 띠는 다양한 조직구조가 존재한다.

제 1 절 애드호크라시의 의의

Ⅰ 애드호크라시의 정의

애드호크라시의 기원은 제2차 세계대전 중 특수임무를 수행했던 기동타격대(task force)에서 찾아볼 수 있는데, 애드혹 팀(adhoc team)이라고 불렸던 이부대는 임무가 완수되면 해산되었다가 새로운 임무가 주어지면 재구성되는 속성을 띠었다. 따라서 팀 구성원의 역할은 주어진 임무의 성격과 복잡성의 정도에 따라 바뀌어졌으며, 구성원 각자는 세분화된 자기 분야에 대해서만 책임을 지는 형태를 취했다.

애드호크라시는 일반적으로 '특별임시팀'이라고 번역되기도 하는데, 베니스(Warren G. Bennis)는 이러한 애드호크라시를 "문제해결을 위해 다양한 전문적 지식이나 기술을 가진 이질적 집단으로 조직된, 변화가 심하고 적응력이 강하며 임시적인 체제"라고 정의하고 있다.[1] 이러한 정의도 애드호크라시의 의미를 잘 표현하고 있지만, 좀 더 구체적인 의미를 파악하기 위해서는 애드호크라시가 갖고 있는 특성을 분석해 보는 것이 필요하다.

구조적 차원에서 볼 때 애드호크라시는 크게 세 가지 특성을 지닌다고 볼 수 있다. 첫째 특성은 구조가 복잡하지 않다는 것이고, 둘째는 형식주의나 공식성에 얽매이지 않는다는 점이며, 셋째는 의사결정권이 분권화되어 있다는 것이다.[2]

먼저 애드호크라시는 고도의 수평적 분화가 이루어진 구조를 갖고 있다. 왜냐하면 애드호크라시는 대부분이 고도의 전문지식을 가진 사람들로 충원되기 때문에 수평적 분화가 이루어진 반면에 수직적 분화는 거의 이루어지지 않게 된다.

다음으로 애드호크라시는 공식주의적인 성격(formalization)이 약한 반면에 전문성이 강하다. 주지하는 바와 같이 공식성과 전문성은 서로 반비례의 관계에 있다고 할 수 있다. 즉 공식성을 강조하다 보면 형식에 치우치게 되고, 융통성이 없게 되며, 새로운 사고나 기술혁신이 어렵게 된다. 반면에 전문성은 자연히 공식성을 배격하게 된다. 따라서 애드호크라시에는 규칙과 규제가 거의 없게 되며, 설혹 있다 하더라도 융통성이나 혁신이란 개념들에 의해 거의 효력을 발휘하지 못하게 된다. 이를 관료제와 비교해서 설명하자면, 어떤 문제가 발생했을 때 관료제조직에서는 그것을 표준화되고 정형화된 프로그램으

1) Warren G. Bennis, "Post-Bureaucratic Leadership," *Transaction*(July~August 1969), p.45.
2) Stephen P. Robbins, *Organization Theory: The Structure and Design of Organizations* (Englewood Cliffs, New Jersey: Prentice-Hall, 1983), pp.210~211.

로 분류하여 획일적이고도 규격화된 방법으로 처리하는 데 비해, 애드호크라 시에서는 새로운 해결방법으로 이를 처리하려 하기 때문에 표준화라든가 공 식화가 적합하지 않게 된다.

또 애드호크라시에서 요구되는 필수적인 요소는 융통성과 신속성이다. 따 라서 몇 명의 최고경영진이 모든 의사결정을 내리기란 어려운 일이며, 할 수 있다고 하더라도 전문성이 결여될 것은 뻔한 일이다. 이를 보완하기 위해서 애드호크라시에서는 거의 모든 의사결정권이 전문가로 구성된 팀에 위임되어 있다. 그리고 팀의 구성원으로서의 각 전문가는 그 팀의 목표가 달성될 때까 지 주요 의사결정에 적극적으로 참여하게 된다. 이에 따라 애드호크라시에서 는 관료제에서의 계층제적 의사결정과는 달리 민주적 의사결정과정이 보편적 이고, 지위가 가져다 주는 권위가 아닌 전문지식에 의해 영향력이 행사되게 된다.

요컨대 애드호크라시는 대단히 융통성이 높은 구조를 취하고 있다. 어떤 구체적인 목표가 정해지게 되면 이를 달성하기 위한 다양한 팀이 구성되게 되 며, 다른 목표를 위해 구성되었던 팀은 목표가 달성됨과 동시에 해산되게 된 다. 따라서 이와 같은 애드호크라시 팀의 구성원은 관료제에서와 같은 명백한 책임분야가 없게 되며, 바뀌는 목표에 잘 적응하기만 하면 되고, 또 자기 팀의 목표를 달성하는 데 필요한 일만 하면 되는 것이다.

Ⅱ 애드호크라시의 장·단점

1. 애드호크라시의 장점

제2차 세계대전이 끝난 지 75여 년이 지났음에도 불구하고 애드호크라시 는 여전히 활용되고 있다. 이는 애드호크라시가 갖는 효용성을 잘 대변해 주 는 증거이다. 여기에서는 애드호크라시가 가장 효과적으로 사용되는 경우를 살펴봄으로써 그것이 갖는 장점을 알아보고자 한다.

첫째, 높은 적응도와 창조성을 요구하는 과업에 적합하다.

둘째, 어떠한 공동목표를 달성하기 위해 개별적으로 활동하고 있는 여러 유형의 전문가들을 모아 상호 협력하도록 하고자 할 경우에 적합하다.

셋째, 수행해야 할 업무가 전문지식을 요할 뿐 아니라 비정형화되어 있고, 또 너무 복잡해서 한 사람의 힘으로는 감당하기 어려운 경우에 애드호크라시는 유용한 대안이 될 수 있는 것이다.

2. 애드호크라시의 단점

첫째, 애드호크라시에서 갈등이란 불가피한 것이다. 왜냐하면 여기에서는 상위자와 하위자 간의 관계가 불분명할 뿐 아니라 권한과 책임 간에도 명확한 구분이 없기 때문이다. 따라서 애드호크라시는 업무의 표준화가 가져다 주는 장점을 결여하고 있다.

둘째, 애드호크라시는 구성원들의 대인관계에 문제를 야기시키며, 또 그들에게 심리적 불안감을 안겨 준다. 즉 어떤 업무에 종사하다가 그 업무의 목표가 달성되었다고 해서 모든 업무와 그 업무로 인해 생긴 인간관계를 갑자기 중단하고 새로운 업무에 적응하는 그러한 방식은 구성원에게 커다란 부담감을 가져다 주기 때문이다.

셋째, 관료제와 비교할 때 애드호크라시는 분명히 비효율적인 구조를 취하고 있다. 그 중에서도 가장 큰 단점은 관료제에서와 같은 기계적 모형이 제공하는 정밀성과 편의성을 결여하고 있다는 것이다.

제 2 절   애드호크라시의 유형

여기에서는 애드호크라시에 대한 이해를 돕기 위해서 애드호크라시가 실제로 어떠한 형태로 사용되고 있는가를 살펴보겠다. 먼저 애드호크라시를 활용하고 있는 구조로서 가장 잘 알려진 매트릭스 구조(matrix structure)에 대해서 알아보고, 다음으로 태스크 포스(task force), 위원회제도(committee structure),

그리고 대학형태의 구조(collegial structure)에 대해서 설명한다. 위원회제도의 경우 그 중요성에 비추어 별도의 절로 구성하여 설명하고자 한다.3)

Ⅰ 매트릭스 구조(matrix structure)

1. 개념

이는 1960년대 초 미국의 항공회사들 사이에서 처음 개발된 것으로 간단히 정의하자면 '기능적인 구조와 생산적 구조의 조합'이라고 할 수 있을 것이다. 이 정의는 그 배경에 대한 설명없이는 이해하기 어려우므로 매트릭스의 특성에서 자세히 알아보기로 한다.

2. 특성

매트릭스 구조는 크게 두 가지의 특성을 갖고 있다. 하나는 관료제의 기본이라 할 수 있는 명령통일의 개념에서 벗어나 두 명의 상위자로부터 명령을 수령한다는 것이다. 다른 하나는 기능적 구조와 생산적 구조의 장점을 취할 수 있을 뿐 아니라 양자의 단점으로부터 벗어날 수 있도록 설계되어 있다는 것이다.

[그림 1-11-1]은 매트릭스 구조를 취하고 있는 조직의 예를 든 것이다. 이 그림의 최고상부에서 가로로 위치한 각부는 기능적 부서, 즉 기능적 구조를 보여 주고 있으며, 그 아래의 각 프로젝트가 취하고 있는 구조는 생산적 구조이다.

먼저 [그림 1-11-1]에서 보는 바와 같이 이 조직의 구성원은 부서별 관리자와 프로젝트를 담당하고 있는 관리자라는 두 개의 명령계통을 갖고 있다. 앞에서 설명한 바와 같이 각각의 프로젝트에서 일하게 되는 전문가들은 기능적 구조에 속해 있는 각각의 부서에서 차출되어 오는데, 이들은 원래 자기부

---

3) *Ibid.*, pp.212~221.

서 관리자의 통제뿐 아니라 새로 속하게 된 프로젝트의 관리자가 행사하는 권위도 받아들여야 한다. 좀 더 구체적으로 말하자면 프로젝트를 담당하는 관리자는 그 프로젝트의 목표와 관련된 사항에 대해서 그들에게 영향력을 행사할 수 있으며, 부서별 관리자는 승진이나 봉급인상과 같은 고유의 권한을 그대로 유지하게 되는 것이다.

▼ 그림 1-11-1 매트릭스 구조의 조직

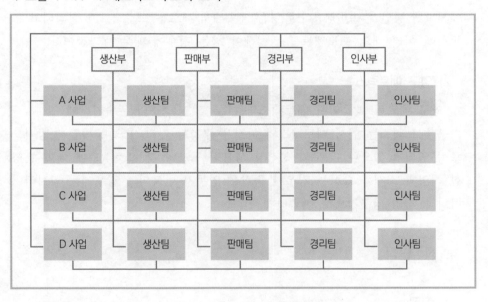

다음으로 앞에서 언급한 기능적 구조와 생산적 구조는 각각의 장·단점이 있다. 우선 기능적 구조는 전문적인 인적·물적 자원들을 중복되지 않게 필요한 수만큼 확보하여 여러 부서에서 다같이 필요로 하는 자원은 공동으로 사용할 수 있게 한다는 장점이 있는 반면, 부서별 목표가 조직의 목표를 대신하게되는 경향이 있다든지 부서 간의 업무협조가 잘 이루어지지 않는다는 단점도 있다. 이와는 반대로 생산적 구조의 경우는 각 그룹에 속해 있는 전문가들 간의 협동이 용이하다는 장점을 갖는 반면, 수시로 새로운 프로젝트가 생기고 종결됨으로 인해서 장기적인 기술개발이 어려워지며, 인적·물적 비용이 이중으로 드는 불이익을 감수해야 하는 단점이 있다.

3. 유형

1) 임시 매트릭스

[그림 1-11-1]은 임시 매트릭스의 예인데, 이 그림에서 보는 바와 같이 어떠한 프로젝트가 결정되면 이를 완성하기 위해서 기능적 구조의 각 부서로부터 필요한 전문가들이 차출되어 프로젝트 그룹을 구성하게 된다. 이 프로젝트 그룹은 오직 그 프로젝트만을 위해 존재하는 임시적인 것으로 대개 6개월에서 1년 동안 존속한다. 이 유형은 계속해서 새로운 프로젝트가 결정되고 또 동시에 여러 개의 프로젝트를 완성해야 하는 경우에 매우 효과적이다.

2) 영구 매트릭스

영구 매트릭스가 임시 매트릭스와 다른 점은 그것의 존속기간에 있다. 즉 영구 매트릭스는 임시 매트릭스와 똑같은 구조를 갖고 있으며 똑같은 방식으로 운영되고 있으나, 업무의 성격상 생산적 구조의 각 프로젝트에 대한 분명한 책임의 소재를 요하는 경우나 똑같은 업무가 반복되는 경우에는 임시적이 아니라 거의 영구적으로 존속하게 된다.

4. 장·단점

1) 장점

첫째로, 매트릭스는 조직의 업무가 다양하며 복잡하게 상호 관련되어 있는 경우 업무 간의 조정을 용이하게 해 주며, 둘째, 매트릭스는 최적의 자원을 최선의 방법으로 배분하여 최대의 효과를 얻는 규모의 경제(economy of scale)에서 얻을 수 있는 장점을 취하고 있다. 특히 환경의 변화와 경제적 효율성을 고려하여 각 부서의 전문가들을 효과적으로 배치할 수 있는 장점을 갖는다.

2) 단점

조직에 있어서 명령통일의 원칙이 지켜지지 않게 되면 조직 내의 모호성이 만연하게 되며, 누가 누구에게 업무를 보고해야 하는가에 대한 혼란이 야기되어 결과적으로는 권력투쟁, 특히 부서별 관리자와 프로젝트를 담당하는 관리자들 간의 권력투쟁의 원인이 된다. 뿐만 아니라 관료제의 예측가능성이 가져다 주는 장점이 결여되어 조직구성원 각자에게 불안감과 스트레스를 안겨 주게 되는 것이다.4)

Ⅱ 태스크 포스(task force)

태스크 포스란 구체적이고 분명하며 복잡할 뿐만 아니라, 많은 수의 하부조직을 수반하는 과업을 달성하기 위해 구성되는 임시구조로서 임시 과업을 달성하기 위해 구성되는 임시 매트릭스의 축소판이라 할 수 있다. 따라서 태스크 포스는 조직 전체에 적용할 수 있는 완전한 구조라기보다는 오히려 전통적인 계층적 구조의 부속구조로 파악하는 것이 타당하다. 따라서 태스크 포스의 구성원들도 애드호크라시의 여느 구성원들과 마찬가지로 과업이 완수되면, 새로운 태스크 포스로 자리를 옮기든지 원래의 부서로 되돌아 오든지 하게 된다.

특히 조직이 해결해야 될 과업의 성격이 그 조직의 사활을 좌우할 만큼 중요한 것이라든지, 정해진 기준에 따라 일정기간 내에 완수해야 되는 경우, 또는 상호의존적인 기능을 요하는 것인 경우에 태스크 포스는 효과적인 역할을 하게 된다.

Ⅲ 대학형태의 구조(collegial structure)

대학이나 연구소, 그리고 그 이외의 고급전문조직에서 흔히 활용되는 애드호크라시 유형이 바로 이 대학형태의 구조인데, 이 구조의 특징은 모든 의사결정이

---

4) Kenneth Knight, Stanley M. Davis and Paul R. Lawrence, "Problems of Matrix Organizations," *Harvard Business Review*, Vol. 56(May~June 1978), pp.131~142.

완전한 민주주의적 방식에 의해 내려진다는 데 있다. 이러한 점에 있어서 이 구조는 대표자들에 의해 의사결정이 행해지는 태스크 포스나 위원회구조와 대조를 이룬다.

대학형태의 구조를 가장 많이, 그리고 잘 활용하는 예가 주요 대학의 학과의 경우이다. 즉 신입생의 선발, 교과과정의 개편, 그리고 학점제 등 주요한 의사결정들이 학과 전체의 의사에 의해 결정되는 것이다. 따라서 이 구조는 높은 분권화와 많은 자유재량이 허용되는 대표적 형태를 취하고 있다.

제 3 절　위원회제도

Ⅰ　위원회의 의의

위원회라는 것은 단독제에 대응되는 개념으로서 법제상 정책의 결정을 단독으로 하는 것이 아니고 조직을 구성하여 복수의 인사가 참여하는 것을 말한다. 조직에 있어서의 위원회의 조정은 계층제를 통한 조정을 수정하고 보완하는 것이라고, 러니드(E. F. Learned)와 스프로트(A. T. Sproat)는 말하고 있다.[5] 또한 리커트(Rensis Likert)는 위원회제를 상급자와 하급자 사이의 1대 1의 계층제(man－to－man hierarchy)를 수정하는 제도로 보았다.[6]

일반적으로 행정기관을 생각하면 단독제를 연상하게 되는데, 이러한 위원회의 효용은 다음과 같다.

첫째, 의사결정을 하는 데 있어서 폭넓은 경험과 소양이 요구되는 경우에 효과적이다.

둘째, 의사결정에 의해 영향을 받는 사람들이 그 의사결정에 참여하는 것

---

5) Edmund P. Learned and Audrey T. Sproat, *Organization Theory and Policy: Note for Analysis*(Homewood, Ill.: Richard D. Irwin, Inc., 1966), pp.26~38.

6) Rensis Likert, *New Patterns of Management*(New York: McGraw－Hill, 1961), pp.106~112.

이 허용되는 경우에 효과적이다.

셋째, 보다 광범위한 업무분담이 바람직한 경우에 효과적이다.

넷째, 어느 한 개인이 조직을 이끌어갈 수 없는 조직의 변환기의 경우에 효과적이다.

위원회 구조에는 임시적인 것과 영구적인 것이 있는데, 임시적인 위원회 구조는 태스크 포스와 대동소이하다. 그리고 영구적인 위원회 구조는 과업의 달성을 위해 활용될 태스크 포스와 같은 여러 가지 투입물의 수집을 용이하게 할 뿐 아니라, 매트릭스 구조가 갖고 있는 안정성과 지속성을 갖고 있다. 조직의 최고위층에 이와 같은 영구적 위원회 구조가 설치된 경우 이 구조는 최고관리자층에게 다양한 시각을 제공하게 되며, 최고관리층 구성원들의 전문지식과 경력에 따라 이들이 관리해야 하는 이질적 업무들을 분담할 수 있도록 해준다.

Ⅱ 위원회의 유형

위원회의 유형은 관점 여하에 따라서 수없이 분류될 수 있지만, 그 중 몇 사람의 분류를 소개하면 다음과 같다.

1) 어윅(L. Urwick)의 분류

어윅은 위원회의 유형을 그 기능에 따라 (ⅰ) 집행(executive)위원회, (ⅱ) 조정(coordinative)위원회, (ⅲ) 자문(advisory)위원회, (ⅳ) 교육(educative)위원회로 분류하였다.[7]

2) 피프너(J. M. Pfiffner)의 분류

피프너는 위원회의 유형을 (ⅰ) 행정위원회(administrative board), (ⅱ) 규

---

7) L. Urwick, *Committees in Organization*(London: British Institute of Management, 1950), pp.8~9.

제위원회(regulatory commission), (ⅲ) 반독립위원회(board tied into hierarchy), (ⅳ) 항구적 자문위원회(permanent advisory board), (ⅴ) 직책에 의한 위원회 (ex－office board), (ⅵ) 초당파위원회(bipartisan board)로 분류하였다.8)

3) 웨어(K. C. Wheare)의 분류

웨어는 영국의 위원회제도를 연구한 '위원회에 의한 정부'에서 위원회의 유형을 (ⅰ) 자문위원회(committee to advice), (ⅱ) 조사위원회(committee to inquire), (ⅲ) 협의위원회(committee to negotiate), (ⅳ) 행정위원회(committee to administer), (ⅴ) 통제위원회(committee to scrutinize and control)로 분류하고 있다.9)

여기에서는 위원회의 유형을 자문위원회·행정위원회·독립규제위원회로 나누어서 살펴보기로 한다.

1. 자문위원회(advisory board)

행정부의 위원회 대부분이 이에 속한다. 이것은 조직 전체에 대한 각종의 자문에 응하기 위한 목적으로 설치된 합의제조직이다. 이에는 법적 구속력이 없는 경우가 많다. 영국에서는 위임입법을 결정하는 데 자문위원회가 중요한 역할을 한다.

2. 행정위원회(administrative board)

관청으로서의 성격을 지닌 합의제의 행정기관이며,10) 이의 결정은 법적 구속력을 가짐과 동시에 많은 경우 하부에 보좌기관을 갖게 된다. 웨어(K. C. Wheare)가 지적한 바와 같이 영국에서는 중앙정부의 경우 행정위원회가 별로 활용되지 않고 주로 단독제의 행정기관에 의존하고 있으나,11) 지방자치단체

---

8) John M. Pfiffner and Robert V. Presthus, *Public Administration*(New York: Ronald Press, 1964), pp.99~104.

9) Kenneth C. Wheare, *Government by Committee*(London: Oxford University Press, 1855).

10) 정인흥, 행정학(서울: 박영사, 1960), 284면.

에서는 행정위원회가 많이 활용되고 있다. 우리 나라의 소청위원회·해난심판원·교육위원회·행정개혁위원회 등이 이에 속한다.

3. 독립규제위원회(independent regulatory commission)

1) 설립이유

(1) 자유방임주의사상의 감퇴 종래에는 사경제에 대하여 국가가 관여할 바가 아니라는 자유방임사상이 강했으나, 이것이 점차 퇴조하게 되었다.

(2) 경제체제의 급격한 발달 정부의 규제를 필요로 하는 경제상의 중요한 변화가 발생하였다.

(3) 행정부의 독재화 배제를 위한 필요성 행정부의 독재화에 대한 반대로 입법부도 아니고 행정부도 아닌 이른바 '제4부'라고 하는 독립적인 규제위원회가 필요하게 되었다. 우리 나라에서는 선거관리위원회·금융통화위원회 등이 일종의 독립규제위원회이다.

(4) 사경제생활의 규제 필요성 민간경제생활상의 여러 가지 기준을 법제화하는 규제제도가 발달하였다.

2) 성격

(1) 독립규제위원회는 입법부·사법부로부터는 물론이거니와 대통령으로부터도 독립성을 가진다.

(2) 합의성으로 여러 명의 위원이 홀수로 구성되어지며, 안정성과 공평성을 지니기 위하여 부분적으로 교체가 이루어진다.

(3) 독립규제위원회는 소관규칙사무에 대하여 법률의 범위 내에서 필요한 규칙을 제정할 수 있는 준입법권과 필요한 제재나 이의신청에 대한 결정을 할 수 있는 준사법권을 가지고 있다.

---

11) K. C. Wheare, *Ibid.*, p.163.

3) 평가

독립규제위원회는 그 성격상의 독립성과 합의성으로 인하여 대통령의 일관성 있는 정책의 수행을 곤란케 할 우려가 있다. 또한, 경제관계에 국가가 개입하면 공평·공정성은 유지되지만 일이 지연되고 특수단체의 이익을 대변하게 될 우려가 있다. 우리 나라의 경우는 독립성이 지켜지지 않으므로 큰 문제이다. 그 이유는 (i) 정당의 파당적 압력, (ii) 한국행정기구의 특성, 즉 계층적 단독제 선호경향 때문이다. 따라서 효율적인 운영을 위해서는 목적·권한·책임의식을 강화시키고 위원회의 운영상태에 관한 정기적인 검토를 행하여 위원회의 설치목적에 영합하는지의 여부를 평가해야 한다.

Ⅲ 위원회의 효율적 운영

1. 위원회의 장·단점

위원회제도를 효율적으로 활용하기 위해서는 이 제도의 장점과 단점의 파악이 필요하다.

1) 장점

첫째, 집단적 결정의 방법은 많은 경제·전문지식 등을 동원하여 보다 합리적인 결정을 할 수 있다.

둘째, 이해관계가 다른 여러 사람이 참여함으로써 보다 많은 사람의 지지를 얻을 수 있는 결정을 할 수 있다.

셋째, 집단결정은 개인의 독자적인 편견이나 경솔한 결정을 억제하여 합리적인 결정을 할 수 있게 한다.

넷째, 집단결정은 많은 사람이 참여하므로, 그 결정은 신뢰성을 얻을 수 있다. 따라서 결정이 수락될 가능성이 높은 것이다. 이것이 민주주의적 결정의 근거가 된다. 따라서 19세기에 영·미에서 많은 위원회제가 생기게 되었다.[12]

다섯째, 집단결정은 행정에 안정성과 지속성을 주어 민주적·자본주의적

생활에 크게 도움이 된다.

여섯째, 집단의 결정은 불가불 각 부문 사이의 조정을 촉진하여 주는 이점이 있다. 다양한 이견들은 대화나 토의를 통하여 차이점을 조정할 수 있다.

일곱째, 집단결정의 또 하나의 장점은 그것이 관리자에의 충실한 도구의 구실을 한다는 점이다.

2) 단점

첫째, 다수의 인원이 참여하므로 일이 지연되고 책임이 전가되는 현상이 일어나기 쉬우며, 일이 지지부진하며 협조가 곤란하고 낭비가 많다. 브라운로우위원회(Brownlow Committee)도 이를 지적하고 위원의 수를 줄인 바 있었다.

둘째, 위원회가 독립성을 지닌 경우에는 국정의 통합성이 고려되지 않는 경우가 많다.

셋째, 다수의 위원회제는 시간이 너무 오래 걸린다. 또 위원들이 필요 이상으로 자기의 의견을 피력한다.

넷째, 위원회의 경우에는 정책결정과정인 회의를 위한 준비가 너무 많이 필요하다. 따라서 재정의 낭비가 많을 수 있다.

다섯째, 위원회는 복수의 인사로 구성되므로 소집이 어려워지는 경우가 많아 행정상의 차질이 생길 우려가 있다.

여섯째, 개인의 책임감을 약화시킬 수 있다. 왜냐하면 위원회의 결정은 위원회 전체의 결정이 되기 때문이다. 개인인 위원으로서는 누구의 책임도 아니다. 모든 사람이 책임을 진다는 것은 아무도 책임을 지는 사람이 없다는 말이 될 수 있다.

일곱째, 모든 집단결정은 타협안이 되는 경우가 많다. 상이한 의견이 종합적인 안이 되기 위해서는 상호 간의 이해관계가 공존하게 된다. 이로 인하여 강력하지 못한 대안이 채택될 가능성이 높다. 뿐만 아니라 위원들은 어떤 안

---

12) C. Hermon Pritchett, "The Regulatory Commssion Revisited," *American Political Science Review*, Vol. 43(October 1949), p.982; William H. Newman, *Administrative Action* (Englewood Cliffs, New Jersey: Prentice-Hall, 1951), pp.219~223.

의 장점 때문이라기보다는 그 안의 제안자에 대하여 호의를 표시하기 위하여 어떤 안을 지지하는 경우가 많다. 지난 번에 그가 내 안을 지지하여 준 데 대한 보답으로 또는 오늘 오후 다른 위원회에서 그의 지지를 얻기 위한 방편으로 특정한 안을 지지하는 경우가 있다는 것이다.[13]

여덟째, 위원들의 분석능력·결과예측능력 등과 같은 능력의 차이로 말미암아 몇몇 사람이 위원회에 대하여 지배적인 영향력을 행사하여 결정을 왜곡하고, 다른 위원들의 열등감을 초래할 우려도 적지 않다.[14]

아홉째, 위원회는 여러 사람의 집합체이기 때문에 단독제의 경우와 같이 개인이 갖는 부하에 대한 통솔력을 결한다. 이에 관하여 어윅(L. Urwick)은 "위원회는 지도할 수 없다"(committee cannot lead at all)라고 하였다.

열째, 마지막으로 투표에 의한 결정방식이 반드시 좋은 것은 아니다. 많은 사람들이 쉽게 다수의 결정에 동조하려는 경향이 있는데, 수완이 좋고 매력적이며, 강력한 성격의 소유자가 있을 때에는 자기의 소신에 대한 확신을 상실하는 경향이 있다고 한다.

2. 효율적인 운영의 요건

위원회가 효율적으로 운영이 되기 위해서는 다음의 제반요건을 구비해야 한다.

1) **목적·권한·책임의 명확화** 목적이 명확해야 위원들이 무엇을 해야 할지를 알 수 있고, 또 권한이 명확해야 혼란도 생기지 않아서 책임이 명백해진다.

2) **위원의 선정** 목적에 따라 위원의 수와 종류가 정하여진다. 정보의 수집은 전문적인 위원이 하고, 조정은 관계부서를 대표하는 책임자가 한다. 따라서 위원은 협조심이 강하며 중심이 있는 사람이어야 한다.

3) **위원회 직원의 선정** 위원회에는 유능한 간사·서기·직원 등이 있어야 한다. 이들은 위원들의 시간이 절약되도록 힘써야 한다.

---

13) W. H. Newman, *op. cit.*, pp.224~227. 미국 의회에서 사용되고 있는 Logrolling이라는 전략도 위원회의 산물이다.

14) E. Learnd and A. Sproat, *op. cit.*, p.34.

4) 위원장의 선정 각 위원에게 필요한 다음의 소양을 구비한 사람이 위원장이 되어야 한다.

(1) 위원회를 잘 이끌 수 있는 능력이 있어야 한다. 즉 리더십이 있어야 한다.

(2) 공평·무사해야 한다.

(3) 경력·지식이 풍부하여 위원들의 공감을 이끌어 낼 수 있는 사람이어야 한다.

5) 위원의 책임의식 강화 책임감이 약한 것이 위원회의 약점이므로 이를 극복해야 한다. 예컨대 서명제도·공개투표 등과 같은 방도를 사용하여 책임이 분명하게 나타나게 한다.

6) 위원회의 평가 위원회의 운영상태에 관해 정기적 또는 수시로 검토를 행하여야 한다. 즉 위원회의 설치목적에 영합하는지의 여부를 평가해야 한다.

제 4 절 　애드호크라시의 활용

애드호크라시는 모든 조직에 활용가능하고 효과적인 조직구조는 아니다. 애드호크라시가 어떤 조직에서 효과적으로 활용되기 위해서는 그 조직의 관리전략, 그 조직이 요하는 기술의 성격, 조직의 환경, 그리고 조직의 발전단계와 잘 조화를 이루어야 한다.[15]

첫째, 애드호크라시는 다양하며 변화가 심하고 위험부담이 큰 관리전략들과 밀접한 관계가 있으며, 또 이러한 전략에는 애드호크라시가 갖고 있는 융통성과 적응성이 필요하다.

둘째, 애드호크라시에서 사용되는 기술의 성격은 비정형적이라야 한다. 왜냐하면 비정형적인 기술이라야 변화가 심한 조직의 관리전략에 잘 적응하여 즉각적인 해결책을 제시해 줄 수 있기 때문이다. 또한 그 기술들은 다양한 전

---

15) Henry Mintzberg, "Structure in S's: A Synthesis of the Research on Organization Design." *Management Science*, Vol. 26(March 1980), pp.336~338.

문가들의 전문지식과 기술들로부터 도출되므로 매우 복잡한 성격을 띤다. 따라서 이러한 기술들은 전문화되고 이질적인 여러 전문지식이나 기술들의 통합과 조정을 필요로 하게 되는데, 애드호크라시는 바로 이러한 통합과 조정기능을 용이하게 하는 장점을 갖고 있다.

셋째, 애드호크라시는 동태적이고 복잡한 환경에 적합하다. 이는 미래를 예측할 수 없는 혁신적인 업무란 동태적인 환경과 밀접한 관계에 있을 뿐만 아니라, 이해하기도 어렵고 판단하기도 어려운 복잡한 환경과도 연관되어 있기 때문이다.

넷째, 애드호크라시는 조직의 초기발전단계에 특히 효과적이다. 왜냐하면 조직의 초기단계에서는 그 조직의 활동범위라든지, 목표달성을 위한 방향설정 등에 관하여 많은 융통성이 요구되기 때문이다. 또 혁신이나 개혁은 조직의 생존을 위해 조직의 형성기에 대단히 활발하며, 초기의 조직은 선례라든지 기득권의 이익이 없다는 점에서 더욱 새로운 방법과 기술을 개발하려 노력하기 때문이다.

그러나 다양한 활용이 가능한 애드호크라시도 일종의 한계를 내포하고 있는데, 우선, 애드호크라시는 조직운영의 핵심구조라기보다는 관료제구조의 보조적 역할로서 활용된다는 점이다. 따라서 조직의 기본골격은 관료제구조를 유지하면서 혁신이나 융통성을 요하는 업무에 대해서만 애드호크라시가 활용된다. 결국 현대조직에서는 관료제와 애드호크라시가 공존해야 하며, 이 두 조직이 효과적인 상호작용을 하여야 할 것이다.

제 **3** 편

조직행태론

ORGANIZATION AND MANAGEMENT

CHAPTER

12 조직의 인간형

인간은 사회적 존재이다. 이 말은 인간은 일생동안 사회 속에서 활동하며 삶을 영위한다는 의미이다. 사회는 다양한 조직으로 구성되어 있으며, 인간은 일정한 조직을 통하여 자신의 삶의 목표를 찾아 나가게 된다. 따라서 현대사회에 있어 인간은 어느 한 조직의 구성원이 되며, 지속적으로 조직과 관련을 맺고 삶을 영위해 나가게 되는 것이다.[1]

조직의 구성원인 각 개인은 조직을 통하여 자기 자신의 목표를 실현하고, 동시에 조직은 개인을 통하여 그 목표를 달성하는 관계에 있다. 즉 조직은 많은 인간의 협동행위 속에서 형성되고, 그것을 통하여 목표를 달성해 가는 것이며, 인간 개개인의 생활은 조직을 통한 협동행위 속에서 존재하게 되는 것이다.

이와 같이 볼 때 조직과 인간은 상호공존관계에 있으며, 따라서 조직의 연구에 있어서 인간, 특히 인간의 행동에 관한 연구가 가장 중요한 과제로 대두되는 것이다. 그러면 본 장에서는 우선 인간성의 본질을 살펴보고, 인간성에 대한 여러 학자들의 연구를 통하여 조직인의 인간형을 고찰하기로 한다.

---

1) 유종해·이덕로, 현대행정학(서울: 박영사, 2014), 200~201면.

제 1 절　인간성의 본질

　현대사회를 살아가는 인간이 조직의 범주에서 벗어날 수 없는 이상 조직 내에서 행동하는 인간이 어떻게 조직에 적응하면서 나름대로의 독특한 인간형을 형성해 가느냐 하는 점에 관심을 갖는 것은 당연하다 하겠다.

　다시 말하면 인간이 조직 안에서 어떻게 하여 균형적인 인성체계(personality system)를 형성하고 동시에 조직에 적응하는 존재가 되느냐 하는 문제는 조직 내 행동주체로서의 인간을 이해하기 위해 필수적인 주제이다.

　인간의 행동은 각 개인이 지니고 있는 특질들이 종합적으로 연계되어 환경에 대한 적응현상으로 나타나게 된다.. 그러므로 우리가 인간성을 이해한다는 것은 개체가 지니고 있는 특질들이 환경에 적응할 때 전체적으로 나타나는 각양각색의 심리현상을 체계적으로 파악하는 것이며, 이는 개인의 대인행동에 대한 올바른 이해를 가능하게 한다.[2]

　인간성(personality)은 매우 다의적인 말이어서 학자에 따라 그 정의도 다소 다르다. 인간성이란 '타인에게 어떤 인상이나 영향을 주는 것, 다시 말하면 타인에게 보여진 그 사람의 전체적 특징'이라고 보는 사람도 있고, '개인의 행동에 반영된 문화'라고 보는 사람도 있다.[3] 그러나 이들은 인간성의 어떤 특수한 일면만을 지적하는 것으로서 일반적인 것이 되지 못한다. 올포트(G. W. Allport)의 인간성에 대한 정의는 가장 많이 원용되고 있는데, 그는 환경에 대한 그 사람의 독특한 적응방식을 결정지어 주는 정신심리상(psychological)의 동태적 체계(dynamic system)라 하여 인간성이란 '상황에 따라서 그 작용도 달라질 수 있는 개인의 독특한 정신과 신체가 일체되어 균형이 잡힌 특성'이라고 하였다.[4]

　또한 카스트(F. E. Kast)와 로센즈웨이그(J. E. Rosenzweig)는 인간성을 '환경

---

2) 김명훈·정영윤, 심리학(서울: 박영사, 1981), 323면.

3) 송대현, 사회심리학(서울: 박영사, 1981), 20면.

4) G. W. Allport, *Personality: A Psychological Interpretation*(New York: Holt, Reinhart & Winston, 1937), p.48.

에 적응할 수 있는 총체적이고 복합적인 개인적 체계'라고 규정하고 있는데,[5] 이는 개인에 있어서 학습·지각·기억·동기·감정, 기타 여러 요인들이 포함되는 전인격적 개념(the whole person concept)을 나타내는 것으로 이해된다.

이상을 토대로 심리학자들 간에 일반적으로 널리 인정되고 있는 인간성의 특징을 살펴보면 다음과 같다.[6]

첫째, 인간성은 개인의 독특한 개성을 나타내는 조직화된 총합이다.

둘째, 인간성은 개인마다 어느 정도 관찰과 측정이 가능한 일정한 유형을 형성하고 있다.

셋째, 인간성은 생리적 특성에 기초한 특정한 사회·문화적 환경의 산물이다.

넷째, 인간성은 권위와 같은 개인의 심리에 깊이 내재되어 있는 핵심적 측면과 팀의 리더가 되고자 하는 것과 같은 개인의 일반적인 태도에서 나타나는 표면적인 측면으로 구성되어 있다.

다섯째, 인간성은 일정한 사회환경 내에서 나타나는 보편적으로 공통적인 특성과 개인마다 서로 다른 고유한 특성을 모두 포함하고 있다.

제 2 절 조직의 인간형

Ⅰ 인간성과 조직의 인간형과의 관계

인간성은 가족과 사회 등 다양한 요인에 의해 형성되는데, 일상을 영위해 나가는 인간은 항상 다양한 상황과 복잡한 상호작용을 하게 된다. 따라서 인간성은 상황에 의해서 크게 영향을 받게 된다. 이를 도식화하면 [그림

---

5) F. E. Kast and J. E. Rosenzweig, *Organization and Management*(New York: McGraw−Hill, 1970), p.214.

6) J. L. Gibson, J. M. Ivancevich and J. H. Donnelly, Jr., *Organizations*(Plano Texas: Business Publications, Inc., 1976), pp.56~57.

1−12−1]과 같다.

그런데 인간성에 영향을 주는 상황을 조직의 차원에서 생각할 때, 인간은 조직에 반응하고 이에 적응하기 위해 각자의 독특한 인간성의 유형을 형성하게 되는데 이를 우리는 조직에서의 인간형이라 규정할 수 있다. 조직구성원의 행동반응은 인간형의 개념을 고려하지 않고서는 충분히 이해할 수 없기 때문에 인간형은 조직행동(organizational behavior)에 있어 중요한 요소라 하지 않을 수 없다.

▼ 그림 1−12−1 인간성에 영향을 미치는 주요요인

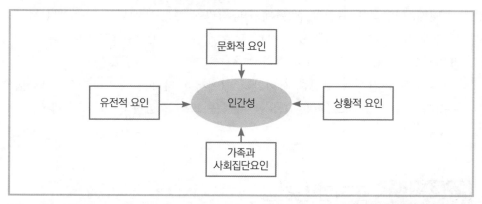

자료: J. L. Gibson, J. M. Ivancevich and J. H. Donnelly, Jr., *Organizations*(Plano Texas: Business Publication, Inc., 1976), p. 99.

Ⅱ 인간형의 구분

1. 과학적 관리론(scientific management)의 인간형

과학적 관리론에서는 인간은 원래부터 나태한 존재이기 때문에 일을 제대로 수행하도록 하기 위해서 관리자는 감독과 통제를 엄격히 하여야 하며, 또한 본질적으로 돈을 벌려는 욕망이 있는 합리적인 기계와 같은 존재이기 때문에 작업계획에 따라 일을 시키고 경제적 보상만 제대로 해 주면 능률적으로 관리할 수 있다고 가정하고 있다.[7] 따라서 테일러(F. W. Taylor)에 의해서 주창된 과학적 관리론은 뒤에 설명할 X이론의 인간형과 유사한 인간형을 전제하고 있다고 할 수 있다.

2. 인간관계론(human relations)의 인간형

인간관계론의 창시자로 지칭되는 메이요(Elton Mayo)는 인간의 기초적 특성을 다음과 같이 설명하고 있다. 첫째, 사회적 욕구(social needs)는 인간행동의 가장 기본적인 동기요인이며, 대인관계는 자아에 의미를 부여하는 주요 요인이다. 둘째, 조직구성원은 관리자에 의한 유인장치나 통제보다는 동료집단(peer group)의 사회적 영향력에 더 민감하다. 셋째, 조직구성원들은 관리자가 소속감·일체감 등의 욕구를 충족시켜 주는 범위 내에서 반응하게 된다.

이렇게 볼 때 인간관계론이 전제하고 있는 인간형은 감정, 분위기, 본능의 집합체로서 인간은 의식·무의식적인 요구에 의해 영향을 받는 사회적 존재(social man)라 할 수 있다.[8]

3. 맥그리거(D. McGregor)의 인간형[9]

1) X이론의 가정과 인간형

(1) 인간은 일반적으로 본래 태만하다. 따라서 가능한 한 적게 일하려 한다.

(2) 인간은 보통 대망이 없고, 책임지기를 싫어하며, 통제받기를 원한다.

(3) 인간은 선천적으로 이기적이며, 조직의 필요에는 무관심하다.

(4) 인간은 본래 변화에 대해서 저항적으로 대응한다.

(5) 인간은 속기 쉬우며 현명치 못하다. 또한 타인의 허풍이라든가 선동에

---

7) Ralph C. Chandler and Jack C. Plano, *The Public Administration Dictionary*(New York: John Wiley & Sons, Inc., 1982), pp.27~28.

8) *Ibid.*, pp.205~210.

9) Douglas McGregor, *The Human Side of Enterprise*(New York: McGraw－Hill Co., 1960); P. Hersey and K. Blanchard, *Management of Organization Behavior*, 3rd ed.(New Jersey: Prentice－Hall, Inc., 1977), pp.54~57.

속기 쉬운 존재이다.

(6) 대부분의 인간은 조직문제 해결에 창의력을 발휘하지 못한다.

(7) 동기부여는 생리적 욕구나 안전욕구의 수준에서만 가능하다.

(8) 따라서 조직의 목표를 달성하기 위해서는 강제·통제·명령·처벌 등에 의해야 한다.

이와 같은 X이론적 가정을 권위주의적 인간형이라고 부르고, 이 인간형에 의하면 인간은 본래 게으르고 일하기 싫어하며, 책임의식이 약하고 오로지 안정을 추구하며, 변화에 대하여 저항하는 미성숙된 상태에 있다. 또한 상호협조도 하지 않고 명령에 따라서 움직이는 수동적인 존재이다. 따라서 X이론을 받아들이는 관리자는 그들의 구성원을 구조화하고 통제하며 엄격히 감독한다. 또 그들은 신뢰할 수 없고 무책임하며, 미성숙한 사람을 다루는 데는 외부적인 통제가 가장 적절한 방법이라고 생각한다. 맥그리거(D. McGregor)는 X이론을 앞서와 같이 기술한 다음, 인간성에 대한 이러한 X이론을 교육수준이나 생활수준이 향상된 현대사회에서는 적절하지 못하다고 결론짓고 이에 대조되는 Y이론을 전개했다.

2) Y이론의 가정과 인간형

(1) 작업조건이 잘 정비되었을 경우, 인간이 업무를 수행한다는 것은 놀거나 술에 취하는 것과 마찬가지로 극히 자연스러운 것이므로, 그들은 책임지고 업무를 수행하려고 한다.

(2) 인간은 자기감독(self-direction)이나 자기통제(self-control)의 능력이 있다.

(3) 인간은 조직문제를 해결하기 위한 창의력을 지니고 있다.

(4) 동기부여에는 생리적 욕구나 안전욕구는 물론 사회적 욕구·존경욕구 ·자아실현욕구도[10] 크게 작용한다.

---

10) Abraham H. Maslow, *Motivation and Personality, 2nd ed.*(New York: Harper & Row, Publishers, 1970).

(5) 인간은 적절한 동기부여가 되면 맡은 일에 자율적이고 창의적이 된다.

이와 같은 Y이론적 가정을 민주적 인간형이라고 부르고, 이 인간형에 의하면 작업이란 고통스러운 것이 아니며, 일하는 것은 인간에게 자연스러운 현상이고, 인간은 책임감이 있다. 그리고 인간이 조직목표에 관여하는 경우, 그는 스스로 동기부여되며, 자기행동의 방향을 정할 뿐만 아니라 그 과정에서 자아실현의 대가를 얻는다. 이렇게 볼 때 사회적 욕구, 존중욕구, 자아실현적 욕구가 인간의 행동요인이 되며, 인간은 성숙된 상태에 있게 된다. 따라서 Y이론을 수용하는 관리자는 인간의 자율성에 입각한 성숙된 인간이라는 입장에서 인간성을 존중하고 인간의 자아발전에 바탕을 둔 관리를 하게 된다.

이와 같이 맥그리거는 X이론의 적용은 '당근과 채찍'에 의한 통제에 의존하고 있는 데 반하여, Y이론은 자율에 입각한 통제라는 점을 강조한다. 조직관리에 X이론이 적용된 결과 사람들은 '나태, 피동, 변화에 대한 저항, 책임감의 결여, 부화뇌동, 그리고 경제적 이득에 대한 부당한 요구'로 대응하게 된 반면, Y이론을 적용시킨 관리방법하에서는 물질적 성과가 현저히 증진되었을 뿐만 아니라 '좋은 사회'로 나가는 중요한 기초가 이루어졌다고 맥그리거를 비롯한 인간관계론자들은 주장한다.

4. 아지리스(C. Argyris)의 인간형[11]

아지리스(C. Argyris)는 인간형에 대해 설명하기 위하여 X이론적 가정에 대응하는 관료적·피라미드 모형의 가치체계(bureaucratic·pyramidal value system)와 Y이론적 가정에 대응하는 인간적·민주적 가치체계(humanistic·democratic value system)를 설정하였다.

인간은 성숙과정에서 인성이 형성되고 인성의 형성과정에서 일곱 가지의 변화가 일어나게 된다. 즉 인간의 인성은 [표 1-12-1]에서 보는 바와 같이

---

11) Chris Argyris, *Personality and Organization*(New York: Harper & Low, 1957); Chris Argyris, *Interpersonal Competence and Organizational Effectiveness*(Homewood, Ill.: Irwin Posey Press, 1962).

표 1-12-1 인성의 연속성

미성숙		성숙
① 수동적	→	능동적
② 의존적	→	독립적
③ 단순한 행동양식	→	다양한 행동양식
④ 변덕스럽고 얕은 관심	→	깊고 강한 관심
⑤ 단기적 전망	→	장기적 전망
⑥ 종속적 지위	→	평등하거나 우월한 지위
⑦ 자아의식의 결여	→	자아의식 및 자기통제

미성숙에서 성숙으로 발달해 간다. 인간은 이와 같은 미성숙에서 성숙에 이르는 과정의 어느 지점의 수준에 있게 되며, 성숙의 정도에 따라 관리방식에 차이가 생긴다고 볼 수 있다.

여기에서의 미성숙인의 특성은 X이론과 일맥상통하는 것으로 인간은 수동적·의존적 및 종속적 행동을 하며, 자아의식이 결여되어 있고 단기적 안목을 가지고 있다. 이에 대하여 성숙인은 Y이론과 유사한 인간형으로 자기의 직무와 관련해서 성숙되기를 원하고, 그와 같은 능력을 갖기 위해 노력하는 존재이다. 즉 인간은 자율성·독립성 및 자기동기를 가지고 장기적인 전망을 하며, 특별한 기술과 능력을 개발하고, 환경에 적응하기 위해서 다양한 행동양식을 활용함으로써 성숙하게 된다고 본다.

인간은 조직이 활용하는 관리방식에 따라 개인의 성숙성에 영향을 받는다. 그러므로 이러한 관점에서 볼 때, 조직의 효과적인 관리방법은 자아의 성숙을 돕는 것이다. 아지리스는 이를 위한 현실적 방안으로서, 첫째는 직무의 확대(job enlargement), 둘째는 참가적 또는 근로자 중심의 리더십이 이루어져야 한다고 주장한다.

5. 쉐인(E. H. Shein)의 인간형12)

쉐인(E. H. Shein)은 조직 내의 인간성에 대한 가정과 이에 따르는 인간의 유형을 제시하였는데, 그의 인간에 대한 가정은 조직이론의 발달순서에 입각한 것이다. 즉 조직이론의 발달순서에 따라 (ⅰ) 합리적·경제적 가정(rational-economic assumption), (ⅱ) 사회적 가정(social assumption), (ⅲ) 자아실현적 가정(self-actualization assumption), (ⅳ) 인간의 복잡성(the complexity of human nature)을 설명하면서 인간형을 논하였다.

1) 합리적·경제적 인간13)

조직 내의 인간은 자기의 쾌락을 추구하는 존재로서 자기의 이익을 극대화하려는 행동을 하는데, 이는 다음과 같은 가정하에 성립될 수 있다.

(1) 인간은 경제적 유인에 의하여 동기부여되며, 최대의 경제적 이익을 얻을 수 있도록 행동한다.

(2) 조직의 통제하에 경제적 유인이 이루어지기 때문에 인간은 조직에 의해서 동기부여되고 통제되는 수동적인 존재이다.

(3) 인간의 감정은 비합리적이다. 따라서 이러한 감정은 자기이익의 합리적인 이해관계가 방해받지 않도록 통제되어야만 한다.

(4) 조직은 인간의 감정과 같은 예측할 수 없는 것을 중화시키고 통제할 수 있도록 설계될 수 있고 또 설계되어야만 한다.

(5) 인간은 원래 게으르다. 따라서 외적인 유인에 의해서만 동기부여될 수 있다.

(6) 인간의 개인적인 목적과 조직의 목적은 대립된다. 그러므로 조직목표의 달성을 위해서는 외적인 힘에 의한 통제가 필요하다.

(7) 비합리적 감정 때문에 인간은 자아통제나 자기훈련의 능력이 없다.

(8) 모든 인간은 '(1)~(7)'에서 묘사한 것과 같은 인간과 스스로의 동기부

---

12) E. H. Schein, *Organizational Psychology*(New Jersey: Prentice-Hall, Inc., 1980), pp.50~101.

13) *Ibid.*, pp.52~55.

여가 가능하고 자기통제가 되며 감정의 지배를 덜 받는 인간으로 구분된다. 따라서 모든 사람에 대한 관리책임은 후자가 져야만 한다.

2) 사회적 인간14)

여기에서 인간이란 사회적 존재로서 사회적인 인간의 관계, 즉 집단에 대한 소속감(sense of belongingness)이나 일체감(sense of identity)을 중시한다. 인간성에 대한 사회적 가정은 다음과 같다.

(1) 인간은 기본적으로 사회적인 욕구, 타인과의 일체감을 통해서 동기부여된다.

(2) 인간에게 있어서 업무의 합리화의 결과로서 생긴 작업자체(work itself)의 의미는 사라졌다. 따라서 직무와 관련된 사회적인 관계에서 의미를 찾아야 한다.

(3) 인간은 관리통제나 유인체제보다는 집단의 사회적인 힘에 민감하게 반응한다.

(4) 인간은 사회적 욕구의 충족정도에 따라서 관리층의 요구에 반응하게 된다.

인간성에 대한 사회적 가정에 입각한 관리는 다음과 같은 전략에 의한다.

(1) 관리자는 수행되는 과업에만 관심을 가질 것이 아니라, 과업을 수행하는 사람의 욕구에 더 많은 관심을 가져야 한다.

(2) 부하에 대한 통제나 유인보다 소속감·일체감과 같은 감정에 특별히 관심을 두어야 한다.

(3) 개인적인 유인에 의한 것보다 집단적인 유인의 방법을 활용하여 집단의 존재를 현실로 받아들여야 한다.

(4) 관리자는 기획하고 조정하며 동기를 부여하고 통제하는 것으로부터 부하의 감정이나 욕구를 이해하는 방향으로 그 자세를 전환해야 한다.

3) 자아실현적 인간15)

여기에서 인간은 끊임없이 자기를 확장하며 강조하여 가는 주체로서 인식

---

14) *Ibid.*, pp.56~57.
15) *Ibid.*, pp.68~71.

되는데, 다음과 같은 가정에 입각하고 있다.

(1) 인간의 동기(motive)는 계층을 이루고 있으며, 하위의 동기가 충족되면 다음 단계의 동기를 추구하고 최종적인 자아실현적인 욕구에 이르게 된다.

(2) 인간은 직무의 숙달을 위해 노력하며, 또한 그러한 능력을 갖고 있다. 이러한 과정을 통하여 자율성(autonomy)과 독립성이 증대되고, 장기적인 면에서는 환경에의 적응능력, 전문적인 능력과 기술의 발전을 가져올 수 있다.

(3) 인간은 스스로에게 동기를 부여할 수 있고 자기통제를 할 수 있다. 외적인 유인과 통제는 오히려 동기부여를 방해하기 쉽다.

(4) 자아실현과 효과적인 조직활동은 상호 모순되지 아니한다.

이같은 인간성에 대한 자아실현적 가정에 의한 관리는 내적인 동기부여에 의한 것이다. 즉, 긍지와 자부심을 갖도록 하고 일의 의미를 발견하게 한다. 따라서 여기서의 관리자는 동기부여자나 통제자가 아니라 촉진자(facilitator)로서의 역할을 한다.

4) 복잡한 존재로서의 인간[16]

앞서 언급한 세 가지 인간형은 인간을 지나치게 단순화하고 일반화시켰기 때문에 특정한 상황이나 조건에 맞지 않는 경우가 많다. 이에 따라 여기에서의 인간은 어떤 특정한 존재로서의 인간이 아니라 다양한 욕구와 잠재력을 지닌 존재로 규정하고 있다.

인간성에 대한 복잡성에 의하면, 인간은 다음과 같은 특성을 지니고 있다.

(1) 인간은 복합적이고 다양한 속성을 가진 존재다. 인간의 동기는 계층성을 이루고 있으나, 이러한 계층은 상황에 따라 달라진다.

(2) 인간은 조직의 경험을 통하여 새로운 동기를 습득할 수 있다. 그러므로 동기부여나 심리적인 갈등의 패턴은 인간의 내적인 욕구와 조직의 경험 등 양자의 복합적인 상호작용의 결과이다.

(3) 서로 다른 조직 또는 동일한 조직 내의 서로 다른 하위조직단위에 있는 인간의 동기는 달라질 수 있다.

---

16) *Ibid.*, pp.93~101.

(4) 인간은 상이한 동기에 의해서 조직의 생산성을 높일 수 있다. 조직 내의 인간의 성향, 직무를 수행하는 사람의 경험과 능력, 수행되는 과업의 성질 등에 따라서 인간의 감정은 달라진다.

(5) 인간은 상이한 관리전략에 반응하고, 자신의 동기나 능력 및 과업의 성질에 의존한다. 따라서 언제나 인간이 일을 하게 할 수 있는 정확하고 유일한 전략은 존재하지 않으며, 관리자는 상황에 따라 적절한 동기부여를 하고 관리하는 다양한 전략을 사용하여야 한다.

6. 프레스터스(R. Presthus)와 라모스(A. G. Ramos)의 인간형[17]

프레스터스(R. Presthus)는 오늘날 대부분의 조직은 계층제의 바탕 위에 관료제적 운영을 하는 조직이라고 전제하면서 인간들이 이러한 조직에 적응하는 형태를 세 가지의 인간형, 즉 (i) 상승형(upward mobiles), (ii) 무관심형(indifferents), (iii) 모순형(ambivalents)으로 나누었다.

1) 상승형[18]

전체적 계층체제에 있어서 평생경력직상의 승진은 단지 소수의 관심사인데, 이 부류에 속하는 사람들을 상승형자라 한다. 이들은 업무를 매우 중시하며, 조직의 목표와 규모에 잘 적응하고, 또 개인적 영달과 출세에 극히 민감한 반응을 보이는 경향이 있다. 이러한 상승형 인간의 특성은 다음과 같다.

첫째, 이들은 대체로 실패를 인정하지 않는 낙관형이며, 조직 내 생활에 대하여 만족하기 때문에 매우 사기가 높다.

둘째, 조직의 목표를 지향하여 행동함으로써 조직이 제공하는 정당성과 합리성을 잘 수용하며, 조직으로부터 생기는 보상의 분배에 있어서도 제일 많은 분량을 차지하려고 한다.

셋째, 권력욕과 지배욕이 높아 이를 얻기 위해서라면 어떠한 희생도 감수

---

17) Robert Presthus, *The Organizational Society*(New York: Vintage Books, 1978), pp.143~251.
18) *Ibid.*, pp.143~183.

한다. 따라서 자신의 출세를 위한 승진방안에 대해서는 지극히 높은 관심을 보이며, 자신의 직무는 출세를 위한 도구로 간주하는 경향이 있다.

넷째, 모든 일에 자신감을 보임으로써 스스로를 과시하는 반면, 대인관계에서는 긴장과 부적응을 초래하므로 조직 내의 갈등을 유발할 수 있다.

2) 무관심형[19]

프레스터스(R. Presthus)에 의하면 계층제의 하위층에 있는 자들은 대개 무관심형자라 한다. 업무를 매우 중요시 여기는 상승형자와는 달리 이들은 업무상 경험과 개인적 생활영역을 구분한다. 업무는 개인생활의 만족과는 전혀 관련이 없는 수단이 되는 것이다. 그리하여 이들은 업무 외의 만족을 얻으려고 한다. 이러한 사람들에게는 조직의 정상에 올라가는 것이 강한 동기가 되지 못하는 것이다.

이 유형에 속하는 구성원들은 조직의 모든 일, 예컨대 권한이라든가 지위, 그리고 각종의 자극요인에 관해서 냉담한 반응을 나타내며, 조직으로부터 비교적 소외된 사람들이다. 이러한 유형의 인간형은 조직에서 비교적 많은 수를 차지한다. 무관심형 인간의 특성을 보면 다음과 같다.

첫째, 이들은 직업의 안정을 가장 중시하는 가운데 무사안일한 태도로 조직생활을 영위한다. 따라서 이들은 변화와 도전을 배타시하며 최소한의 욕구충족이 보장되는 범위 안에서 조직의 규범이나 환경에 적당히 적응해 나간다.

둘째, 업무의 수행과정에서 내재적 보상(intrinsic rewards), 즉 업무의 만족, 보람 등은 그렇게 중요한 것이 되지 못한다. 왜냐하면 일하기 위해서 근무하기보다는 오히려 근무를 통해서 생활에 필요한 재원을 획득하고, 이것을 조직외부에서 소비하면서 개인적인 생활에서 만족을 구하기 때문이다.

셋째, 권위의 수용에 있어서는 상관을 우호적인 존재로도 보지 않으며, 그렇다고 위협적인 존재로 보는 것도 아니기 때문에 상관이 요구하는 규율에 대하여 그다지 많은 관심을 보이지 않는다.

넷째, 이들은 상위직책에 부수되는 더 큰 책임을 지기 싫어하기 때문에 승

---

19) *Ibid.*, pp.184~227.

진에는 관심이 없다. 또한 이들은 직업 내에서 비교적 인간관계가 원만한데, 그 이유는 이들은 아무에게도 잠재적으로 위협스러운 존재가 되지 않기 때문이다.

3) 모순형[20]

이러한 부류에 속하는 사람들은 성공과 권력에 매혹을 느끼지만, 타인과 경쟁하는 데 필요한 역할은 행하지 않거나 할 능력이 없다. 이들은 높은 포부를 가졌으나 감독자와의 인간관계를 이루는 데 있어 승진이 되어야 할 사람이라는 인상을 쉽게 또는 분명하게 주지 못한다. 비록 적절한 대인관계의 유지는 관료로서 필요한 것이라고 인정하고는 있으나, 자신이 지위에 대한 경쟁을 해야 할 때에는 그것을 거부한다. 인간은 지배와 복종 사이의 균형을 적정하게 유지하여야 모순형 인간은 이와 같은 적응성이 부족하며, 또 그것을 원칙 없는 행동이라고 하여 가치를 두지 않는다. 더욱이 능력과 승진과의 모순점을 인식하여 환멸을 잘 느끼기도 한다. 이러한 모순형 인간이 갖는 특성은 다음과 같다.

첫째, 이들은 높은 지적 관심과 제한된 대인관계를 유지하는 전형적인 내성적 인간이다. 행동, 객관성, 그리고 적극적인 대인관계를 강조하는 상승형 인간과는 달리 주관적이며 대인관계의 폭이 좁다.

둘째, 이들은 대개 한 방면의 전문가들로 조직 내에서 매우 중요한 기능을 담당하고 있다. 이들은 조직의 쇄신을 위한 지식·기법 등을 제공하며, 그런 의미에서 가장 창의적인 인간들이라 할 수 있다.

셋째, 이들은 조직의 문제해결에 있어 '최선의 유일한 방법'(one best way)을 모색하는 경향을 싫어한다. 대신 의사결정의 대안은 항상 복수이며 잠정적이라고 생각한다.

넷째, 이들은 권위를 왜곡시키기기도 하고 또 한편으로 두려워하는데, 그 결과로 생기는 불안감 때문에 상관과의 관계가 불안정하다. 또한 의문을 많이 제기하는 유형이기 때문에 조직의 규율에 잘 따르지 않으며 충성심도 약하다.

---

20) *Ibid*.

요컨대 모순형 인간은 조직의 권위체계를 거부한다.

한편 라모스(A. G. Ramos)는 이상과 같은 프레스터스의 인간형에 첨가하여 소위 괄호인(parenthetical man)이라는 제4의 유형을 제시하였다.[21]

이와 같은 인간형의 소유자는 성공을 위해 무리한 노력을 하지 않으며 자아의식이 매우 강하다. 이들은 나름대로의 업무성취기준을 설정하며, 비판적 성향을 가지면서도 새로운 상황에서는 창의성이 돋보인다. 또한 환경에 적극적이고 유연하게 대처하여 그것으로부터 만족을 얻고자 노력한다. 요컨대 괄호인은 소극적 태도와 무관심에서 탈피하여 적당한 절제 속에서 자기존중과 자율성을 바탕으로 자신의 이상을 실현하려 하는 인간유형이다.

Ⅲ 인간형의 평가

이상에서 우리는 조직에 있어서의 여러 가지 인간형에 대해 살펴보았다. 그런데 오늘날의 사회가 민주주의적 가치관에 입각한 사회임을 감안할 때, 조직의 인간에 대한 규정도 수동적이고 자아의식이 결여된 인간형에서 자율적이고 창의적이며 자아의식이 강한 인간형을 지향해야 할 것이다. 즉 조직의 관리자는 테일러의 기계적, 맥그리거의 X이론적, 아지리스의 미성숙적, 그리고 프레스터스의 무관심적·모순적인 인간형에서 맥그리거의 Y이론적, 아지리스의 성숙적인 인간형, 프레스터스의 상승적 인간형, 그리고 라모스의 괄호인과 같은 인간형으로 유도하는 방안을 강구하여 이를 조직의 생산성 향상을 위한 목표의 수단에 부합되도록 해야 한다.

그러나 일률적으로 목표의 수단으로 적용될 수 있는 절대적인 인간형은 현실적으로 존재하기 어려우므로, 조직이 처해 있는 상황에 따라 그에 부합되는 작용(counter action)을 가해 주는 것이 보다 나은 인간형의 활용방안이 될 수 있다는 점이 강조된다.

---

21) A. G. Ramos, "Models of Man and Administrative Theory," *Public Administration Review*, Vol. 32, No. 3(May~June 1972), pp.243~246.

13 동기부여

제 1 절 동기부여의 기초

조직과 조직 내의 개인과의 관계는 조직의 효과적 운영이나 개인적 발전이란 관점에서 볼 때 대단히 중요하다. 그 이유는 개인은 조직활동을 통해서 자신의 욕구나 목적을 성취하게 되고, 또 조직은 개인의 노력을 통하여 조직의 목표를 달성할 수 있기 때문이다. 따라서 이러한 조직구성원의 자발적 노력을 유도하기 위해서는 각 개인에 대한 동기부여가 중요하며, 동기부여이론은 이러한 문제를 다루고 있다.

I 동기부여의 의의

근래에 와서 조직행태에 대한 관심이 급증하였는데, 그 중에서도 동기부여는 조직의 관리자나 조직연구가들의 주목의 대상이 되었다. 이와 같은 상황의 배경에는 여러 가지 이유가 있는데, 여기서는 그 주된 요인들을 살펴봄으로써 동기부여와 동기부여이론의 중요성을[1] 알아보기로 한다.

---

1) 한덕웅, 조직행동의 동기이론(서울: 법문사, 1985), 20~24면.

1. 동기부여의 영향

하버드 대학의 제임스(W. James)교수는 동기부여에 관한 연구에서 동기부여활동이 없는 조직에서의 업무담당자는 자신의 능력을 20~30% 밖에 발휘하지 않고도 해고당하지 않는 반면, 동기부여활동이 활발하여 강한 동기를 부여받는 업무담당자는 자신의 능력의 80~90% 가까이 발휘한다고 주장하였다. 따라서 업무담당자의 능력의 약 60%는 동기부여에 의해 좌우되며, 동기부여가 낮은 업무담당자의 실적은 능력이 낮은 구성원의 실적과 별 다를 게 없는 것이다. 이와 같은 실증적인 연구의 결과는 동기부여의 중요성을 극명하게 보여주고 있다.

▼ 그림 1-13-1 동기부여의 잠재적 영향

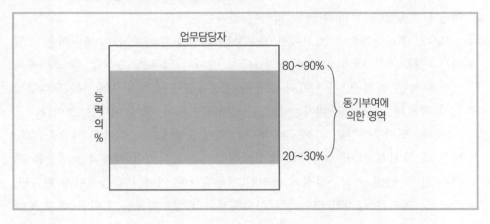

2. 관료적 · 권위적 조직구조의 한계

현대사회에서 관료적 조직구조나 권위적 체제에 의거한 관리형태가 실효를 거두지 못하고 점차 한계에 이르게 되자 조직과 조직구성원 간의 관계를 단순한 수직적 관계에서 수평적 관계로 이해해야 할 필요가 생기고, 조직구성원 개개인의 자발적 노력을 점차 강조하게 되었다. 이에 따라 조직구성원 개개인이 조직 내에서 자발적으로 행동하게 되는 배경, 즉 동기부여에 관한 관심이 고조되었다.

3. 조직의 효율성과 생산성 제고에 대한 관심

근래에 들어 조직의 효율성이나 생산성과 관련해서 관리자나 조직연구가들은 재정적이거나 물질적 자원뿐만 아니라, 인적 자원의 활용도 중요시하게 되었는데, 이러한 인적 자원의 활용과 관련된 문제들은 궁극적으로 동기부여의 문제로 귀착된다.

카츠(D. Katz)와 카안(R. Kahn)은 조직이 활발한 기능을 발휘하기 위해서는 인적 요인과 관련해서 다음과 같은 세 가지 필요조건이 충족되어야 한다고 주장하는데, 이 세 요건이 모두 동기부여에 관한 것들이다.[2]

첫째, 유능한 인적 자원이 조직구성원으로 조직에 들어오도록 유도해야 할 뿐만 아니라, 일단 조직에 들어온 후에는 타 조직으로 가지 않고 그 조직에 계속해서 남아 있도록 해야 한다. 즉, 적정한 수의 조직구성원을 확보해야 하며, 그 후에는 이들의 이탈을 막아야 한다는 것이다.

둘째, 조직구성원은 조직에서 요구하는 과업을 수행하되, 수행방식은 조직에서 정해 놓은 데에 따라야 한다. 다시 말해서 업무를 수행할 때 조직에서 설정해 놓은 질적·양적 목표나 허용된 행동유형에 맞추기 위해서는 조직구성원이 각자의 행동에 가해지는 제약을 받아들이도록 해야 한다는 것이다.

셋째, 조직구성원은 조직에서 부여한 행동유형대로 성실하게 역할을 수행하는 데 그치지 않고, 나름대로의 창조적이고 자발적이며 혁신적인 행동을 보여야 한다. 만일 조직구성원이 규정된 행동유형에 의해서만 움직이게 된다면, 결국 그 조직은 급격히 변화하는 사회체제와의 상호작용을 견디어 내지 못하게 될 것이다.

이와 같은 조직의 요구에서 볼 때, 조직이 효율적으로 운영되기 위해서는 조직구성원들이 업무에 능동적으로 참여하고, 생산의욕을 갖도록 하는 동기부여의 문제가 해결되어야 한다. 특히 이 동기부여문제는 조직의 효과성과 직결되어 있어서 다른 조건이 같다면, 조직의 효과성은 관리자가 조직구성원의 동기를 높이는 능력에 의해 좌우된다.

---

2) Daniel Katz and Robert Kahn, *The Social Psychology of Organization*(New York: John Wiley & Sons, Inc., 1978), pp.402~404.

4. 장기적인 인력관리에 대한 관심

현대의 조직에서는 과학기술의 발전으로 인하여 이를 효과적이고도 능률적으로 운영할 수 있는 고급인력의 충원이 지속적으로 요구된다. 공학과 기술적 진보에 따라서 이를 잘 활용할 수 있는 인적 노동력과 이들에 의한 기술혁신이 조직의 존립에 있어서 중요한 요소가 되었기 때문이다. 즉 조직목표를 성취하기 위해서는 진보된 기술을 도입하는 일이 반드시 필요하지만, 이를 적극적으로 사용하려는 동기가 부여된 인적 자원을 개발하는 것이 더욱 중차대한 문제인 것이다.

이에 따라 조직발전의 장기적인 안목에서 장래에 활용할 수 있는 자원으로서 조직구성원의 개발에 집중적으로 관심을 쏟는 조직들이 많아졌다. 이러한 경향은 관리 및 조직발전(OD: organization development)계획이 증가되는 추세라든가, 교육훈련·직무설계 등에 큰 관심을 보이는 것으로도 나타나는데, 이는 높은 수준의 기술을 습득하려는 목적에 못지 않게 조직구성원들로 하여금 높은 수준의 동기를 유지토록 하려는 노력이라고 볼 수 있다.

Ⅱ 동기부여이론의 의의

1. 동기부여이론의 중요성

원래 동기란 개념은 여러 방면에서 다양하게 사용되는데, 조직에서 관심을 갖는 동기란 조직환경의 자극으로부터 개인의 일정한 행동반응을 일으키게 하는 과정을 나타내기 위해서 사용되는 매개변수를 말한다. 따라서 조직구성원의 동기란 조직의 환경 내에 존재하는 많은 요인들에 의해서 영향을 받으면서도, 한편으로는 이 요인들에 영향을 미치기도 하는 복잡한 현상을 나타내는 개념이다. 그러므로 조직의 기능을 포괄적으로 이해하기 위해서는 상호연관된 여러 변수들을 다룬다는 점에서 동기부여이론을 구심점으로 삼을 수 있다. 이처럼 조직구성원의 직무동기에 대한 연구를 구심점으로 삼는다면, 직무동기와 상호연관된 여러 조직

요인들이 직무수행이나 직무만족 등에 어떠한 영향을 미치는가도 파악할 수 있을 것이다. 이러한 관점에서 볼 때, 조직의 기능과 조직구성원의 행태를 이해하는 데 있어서 상호과정을 포괄적으로 설명할 수 있는 동기부여이론은 중요한 위치를 차지하게 된다.

2. 동기부여이론의 연구대상

한 개인이 행한 특정한 행동의 동기를 알고자 할 때에는 그 행동이 개인 내부의 어떤 힘에 의해서 유발되었으며, 무엇을 목적으로 하고 있고, 또 얼마나 지속적으로 나타나는가를 살펴보아야 한다. 이런 이유로 개인이든 조직 내에서든간에 동기부여된 행동을 이론적으로 해명하려는 동기부여이론은 다음과 같은 주제들을 연구대상으로 한다.

첫째, 인간의 행동을 활성화시키는 요인들은 어떤 것이며, 이 요인들이 어떠한 이유에서 활성화요인으로 작용하고, 또 어떠한 과정을 거쳐서 최종적으로 인간의 행동을 활성화시키는가 하는 문제이다.

둘째, 인간의 여러 가지 행동방향 중에서 일정한 행동을 하도록 하는 행동유형의 요인은 무엇이며, 이 요인들이 왜, 그리고 어떠한 과정을 거쳐서 행동으로 나타나게 되는가 하는 문제이다.

셋째, 개인의 행동유형을 지속하도록 만드는 요인은 무엇이며, 또 이 요인들은 어떠한 과정을 통해서 일정한 행동을 지속시키거나 중단시키는가 하는 문제이다.

따라서 조직 내에서 일어나는 여러 유형의 동기부여된 행동을 연구대상으로 삼는 동기부여이론은 다음과 같이 정의될 수 있다. 동기부여이론이란 적성·기술·과업에 대한 이해정도 및 환경의 제약요인들이 미치는 영향이 일정하다고 보았을 때, 개인행동의 방향·강도, 그리고 지속정도와 같은 현상을 설명하는 독립변수 및 종속변수들 간의 관계를 다루는 것이다.[3]

---

3) J. P. Campbell and R. D. Pritchard, "Motivation Theory in Industrial and Organizational Psychology," in M. D. Dunnette(ed.), *Handbook of Industrial and Organizational Psychology* (Chicago: Rand McNally Co., 1976).

이 정의에서 보는 바와 같이 행동의 유발, 목표의 지향, 그리고 유지라는 세 가지 속성을 지니지 않은 조직행동들은 동기부여된 행동이 아니기 때문에 조직 내에서 일어나는 행동이나, 혹은 좁게 말해서 업무수행과 관련된 행동이 모두 동기부여에 의해 일어나는 것이 아니라는 점을 인식해야 한다. 따라서 조직 내에서 일어나는 우발적이거나 일회적인 행동들까지 모두 동기부여이론에 의해 설명되고 예측될 수 있는 것은 아니다. 그럼에도 불구하고 흔히 동기의 개념을 이용해서 조직 내에서 일어나는 모든 행동들을 설명할 수 있다고 잘못 생각하는 경우가 있는데, 이는 업무수행을 위해 의욕적으로 노력한다거나, 이와는 달리 결근이나 업무를 소홀히 하거나 방해하는 것과 같이 조직행동 중에서도 크게 문제가 되는 중요한 행동들만이 동기부여된 행동들이기 때문이다.

그런데 이러한 동기부여된 조직행동들은 조직 내에서 관찰될 수 있는 환경적인 요인과 조직행동과의 관계만을 가지고 기계적으로 설명하기는 어렵다. 왜냐하면 행동에 영향을 미칠 수 있는 조직의 환경적 요인이 동일한 데도 불구하고, 개인에 따라서 서로 다른 행동을 보이는 경우가 많기 때문이다. 따라서 각 개인의 특성과 외적 요인들을 연관시켜서 이해하지 않고는 조직 내에서의 행동을 제대로 이해하고 설명할 수 없을 뿐만 아니라, 어떤 행동이 일어날 것인지를 예측하고 통제할 수 없다. 그러므로 동기부여의 과정을 이해하기 위해서는 개인의 조직행동을 이해하고 또한 영향을 미칠 수 있는 기초도 이해하여야 한다.

Ⅲ 동기부여의 과정

듀네트(M. D. Dunnette)와 커쉬너(W. K. Kirchner)는 동기부여의 과정을 포괄적이고도 간략하게 설명하기 위해서 간단한 모형을 제시하고 있는데,[4] 여

---

4) M. D. Dunnette and W. K. Kirchner, *Psychology Applied to Industry*(New York: Applenton-Century-Croffs, 1965).

기에는 뒤에 설명할 여러 가지 동기부여이론의 내용들이 포함되어 있다. 따라서 이러한 동기부여의 과정에 대한 이해는 제반 동기부여이론을 이해하는 데 도움이 될 것이다.

▼ 그림 1-13-2 동기부여의 과정

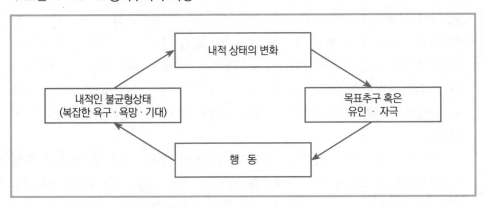

[그림 1-13-2]에서 보는 바와 같이 인간의 행동은 내적인 불균형상태로부터 균형상태라는 목표를 추구하기 위해서 이루어진다. 이러한 행동이 적절하게 이루어져서 바라는 목표가 달성되면 내적인 안정상태를 이루게 되는데, 이 안정된 상태는 일정한 시간이 경과되면 내적 욕구나 기대 혹은 외적 환경에 의해서 다시 깨어지게 된다. 이처럼 내적 균형상태가 불균형으로, 다시 불균형에서 균형으로 반복되는 과정이 바로 동기부여과정인데, 이를 각 단계별로 간단히 설명하면 다음과 같다.

첫째, 각 개인이 갖고 있는 욕구·욕망 또는 기대와 현상은 서로 다른 경우가 많은데, 이러한 이유로 내적 불균형상태가 조성되게 되며, 인간은 이 불균형상태를 경감시키려고 노력하게 된다.

둘째, 이러한 욕구·욕망 또는 기대는 일반적으로 일정한 행동을 함으로써 이러한 불균형상태를 감소시킬 수 있으리라는 예측과 결합되어 있다. 즉 일정한 행동을 하게 되면 불균형이 회복되리라는 예상을 개인마다 갖게 된다. 이것이 일정한 행동을 선택적으로 추구하는 동기의 목표지향적 측면이다.

셋째, 목표지향적 행동들이 일어나면, 목표를 달성하기 전까지는 이러한 행동이 지속된다. 따라서 목표달성과 관련된다고 생각하는 일정한 행동을 하게 되는데, 이러한 행동을 통해서 목표가 달성되면 불균형상태였던 내적 상태가 균형을 이루게 된다.

넷째, 만일 설정한 목표가 잘못되었거나 목표를 달성하지 못했을 경우에는 새로운 목표와 방법이 강구된다. 즉 새로운 목표나 새로운 목표달성방법이 설정됨으로써 동기부여과정이 변형된다. 뿐만 아니라 목표를 달성하기 위해서 행해진 행동에 대해서 각 개인이 성공과 실패의 원인을 분석하게 되는데, 이러한 원인분석의 결과에 따라서 개인의 내적 상태가 달라지며, 그 다음 행동에도 영향을 미치게 되는 것이다.

이상은 동기부여과정을 단순화해서 설명한 것인데, 실제에 있어서는 이처럼 단순하게 생각하기 어려운 복잡한 요인들이 있다. 이처럼 동기부여과정을 이해하기 어렵게 만드는 원인은 대체로 다음과 같이 정리할 수 있다.

첫째, 동기란 단지 추론될 수 있을 뿐이어서 외견상으로 볼 수 없다는 점이다.

둘째, 인간은 일정한 시간에 여러 가지 욕구·욕망 및 기대를 갖는 것이 보통이며, 또 이 동기들은 변화하거나 개인 간의 갈등을 일으키기도 한다. 따라서 동기를 확실하게 파악하거나 측정하는 것이 매우 어렵다.

셋째, 여러 동기들 중에서 일정한 동기를 선택해서 행동에 옮기는 방식뿐만 아니라, 선택된 동기들을 추구하는 강도에 있어서도 상당한 개인차가 있다는 점이다. 또 각 개인마다 욕구도 다양하고, 이러한 욕구의 추구방법도 다양하다.

넷째, 목표가 달성되었을 때, 이 충족된 욕구가 행동에 미치는 영향이 일정하지 않다는 점이다. 예를 들어 식욕의 경우는 일단 충족되면 다른 욕구로 발전하게 되고, 승진이란 욕구가 달성되면 더 높은 지위로의 승진욕구가 또 생겨 그 다음 행동을 자극하게 되는 것이다.

Ⅳ 동기부여이론의 구분

　　동기부여이론의 목적은 동기에 영향을 미치는 여러 관련 변수들 간의 관계를 체계화하기 위한 것이며, 또 이론의 유용성은 관계변수들을 하나의 통일된 체계로 통합하고 있는가 하는 측면과, 다양한 변수들의 영향을 얼마나 잘 설명하고 예측할 수 있는가에 달려 있다. 따라서 조직행동을 설명하기 위해서 포괄적인 동기부여이론을 수립하려면, 조직구성원의 특징, 업무의 특징, 조직의 특성, 업무상의 작업조건, 그리고 조직의 외부환경 등과 같은 주요 관련변수들에 대해서 어떤 형태로든 설명할 수 있어야 하며, 또한 이런 여러 변수들 간의 상호작용도 파악되어야 한다. 그러나 현존하는 대부분의 동기부여이론들은 한 요인이나 몇 개의 요인들의 영향만을 강조하는 이론들뿐이며, 여러 변수들 간의 상호작용을 체계화한 포괄적 이론은 몇 개의 '과정이론'에 불과하다. 따라서 여기서는 다음 절에서 설명할 여러 개의 동기부여이론들이 내용상 어떻게 구분되며, 어떤 요인에 중점을 두고 있는가를 개괄적으로 살펴보도록 하겠다.

　　동기부여이론은 내용상 매슬로우(A, Maslow)의 욕구계층이론, 알더퍼(C. Alderfer)의 E·R·G 이론, 허즈버그(F. Herzberg)의 동기-위생 두 요인이론, 그리고 맥클리랜드(D. McClelland)의 성취욕구이론, 애들러(A. Adler)의 권력이론, 페리(J. Perry)와 와이즈(L. R. Wise)의 공직봉사동기이론 등을 중심으로 한 내용이론과 브롬(V. Vroom)의 기대이론, 포터-로울러(Porter-Lawler)의 모형 및 로울러(Lawler)의 모형, 페스팅거(L. Festinger)의 인지부조화이론, 아담스(J. Stacy Adams)의 공정성이론, 프레이(B. Frey)와 예겐(R. Jegen)의 동기이론 등을 주축으로 한 과정이론으로 구분된다. 그런데 직무동기의 주된 요인을 개인의 욕구에서 찾는다는 점에서 내용이론을 '욕구이론'으로, 개인, 업무의 특성, 그리고 작업환경 등과 같은 여러 변수들 간의 상호작용과정을 밝히려는 과정이론은 일반적으로 기대유의성이론(expectancy valence theory)이라고 불리는 까닭에 '기대이론'으로 부르기도 한다.

1. 내용이론

내용이론은 업무와 관련된 요인이나 조직 내의 작업환경과 같은 요인들을 고려하지 않는 것은 아니지만, 그보다는 개인이 갖는 여러 가지 개인적 요인에 중점을 둔다. 그리고 특히 개인적인 요인들 중에서도 개인이 지니고 있는 욕구강도의 역할에 대해서 체계화된 주장을 제시한다. 이 내용이론들은 개인의 욕구요인이 업무의 성질, 사회적 환경 및 작업조건 등을 포함하는 작업환경에 대처하는 데 중요한 기능을 수행한다는 점을 일깨워 주었다.

매슬로우·알더퍼, 그리고 맥클리랜드 등에 이르기까지 개인의 욕구가 직무동기의 중요한 요인이라고 보는 학자들은 조직구성원이 낮은 수준의 욕구들보다는 자기실현을 위한 강력한 욕구를 지니기 때문에, 이 욕구를 충족시켜주기 위해서는 업무 자체의 성격이나 작업환경을 바꿔 주어야 한다고 주장한다. 이러한 주장을 참고로 할 때, 욕구이론들이 개인적 특징을 중요시하는 이론이라 하더라도 개인적 특징 이외에 업무나 작업환경요인의 중요성을 무시하는 것이 아니라는 점을 알 수 있다. 다만 이와 같이 내용이론들에서는 업무나 작업환경요인이 개인의 욕구충족에 영향을 미칠 수 있다고 보기는 하지만, 상대적으로 개인의 내적 요인들을 비교적 중시하고 있는 것이 사실이다.

내용이론들은 동기부여이론으로서 상당히 오랫동안 주목을 받아 왔으며, 특히 직무동기의 연구에 활력을 불어넣는 계기를 제공하였다. 그러나 최근에는 이 내용이론들의 동기부여이론으로서의 상대적인 비중이 낮아진 실정이다.

그리고 내용이론과 관련지어서 또 하나 주목해야 될 이론이 허즈버그의 동기－위생 이요인이론인데, 이는 내용이론의 범주에 속하지만 업무 자체의 성질을 중요시했다는 점에서 다른 이론들과 구별되는 특징을 지닌다. 특히 이 이론 중에서 동기요인을 근거로 해서 동기부여의 방안으로 제시한 직무확대(job enlargement)기술은 직무의 성질을 인간의 고차원적인 욕구와 연관시켜 직무를 통한 동기부여의 배경을 이론적으로 분명히 제시했다는 점에서 큰 공헌을 하였다.

2. 과정이론

이 이론들은 브룸(V. Vroom)에 의해서 산업조직에 적용되기 이전에 이미 동기부여이론으로서 기반을 구축한 이론들이다. 우선 이 이론은 개인적 요인의 차가 동기에 중요한 영향을 미친다는 점을 분명히 설명하고 있다. 예를 들면 사람마다 가치관이 다르기 때문에 같은 보상이라 하더라도 모든 사람들이 똑같은 가치를 부여하지 않는다. 개인이 지니는 가치의 차이는 여러 방향으로 표현되는데, 업무를 수행함으로써 얻어지는 성과들에 대해서도 서로 다른 선호를 보이기도 한다. 또한 개인마다 자신의 기준을 지니고 있기 때문에 일정한 수준의 보상들이 형평의 기준에 맞는지의 여부에 대해서도 서로 다른 지각을 지니게 마련이다. 뿐만 아니라 일정한 행동을 함으로써 바라는 기대수준도 사람마다 다르다. 이처럼 과정이론들에서는 개인차가 있는 성과의 가치, 일정한 목표의 달성가능성, 그리고 목표달성에 의해서 성과를 얻을 가능성이라는 세 가지 요인에 의해서 개인의 동기수준이 결정된다고 주장함으로써 개인적 요인의 중요성을 강조한다. 그리고 과정이론은 이러한 개인적 특성 이외에 업무요인의 영향이라든지 보상체계를 포함하는 실무적 요인, 대인관계요인 등을 포괄함으로써 광범위한 이론적 범위를 지니고 있다.

개괄적으로 볼 때 좁은 영역의 몇몇 요인들을 중심으로 해서 단편적으로 동기부여의 과정을 이해하려고 시도한 여러 이론들과는 대조적으로 과정이론들은 여러 요인들 간의 상호작용과정을 이해할 수 있을 만큼 폭넓은 관점을 지녔다는 점에서 커다란 자극제가 되었다.

제 2 절 ┃ 동기부여의 내용이론

동기부여의 내용이론이란 조직행동에 있어서 업무를 수행하는 동기의 주된 요인을 개인의 욕구에 두는 이론으로서, 여기서는 매슬로우(A. Maslow)의 욕구계층이론, 알더퍼(C. Alderfer)의 E·R·G이론, 허즈버그(F. Herzberg)의 동기－위생 이요인이론, 그리고 맥클리랜드(D. McClelland)의 성취동기이론, 애들러(A. Adler)의 권력이론, 페리(J. Perry)와 와이즈(L. R. Wise)의 공직봉사동기이론을 살펴보기로 한다.

Ⅰ 매슬로우(A. Maslow)의 욕구계층이론

매슬로우(A. Maslow)에 의하면 인간의 행동은 욕구에 의하여 동기가 유발되며, 이러한 인간의 욕구는 일련의 단계 내지 계층제로 배열할 수 있다. 즉 인간의 욕구는 최하위단계의 생리적 욕구(physiological need)로부터 안전욕구(safety need), 소속과 사랑의 욕구(belongingness and love need), 존중의 욕구(esteem need) 및 최상위단계인 자아실현의 욕구(need for self－actualization)에 이르기까지 순차적인 계층제를 이루고 있다는 것이다. 하위단계의 욕구가 어느 정도 충족되면 다음 단계의 욕구를 추구하게 되며, 이미 충족된 욕구는 인간의 행동을 유발하는 동기가 아니라는 것이다. 이와 같은 각 단계별 욕구의 의의와 특성을 살펴보면 다음과 같다.[5]

1. 생리적 욕구[6]

생리적 욕구는 인간의 생명을 유지하기 위한 가장 기본적인 욕구로서 동기부여의 출발점으로 여겨지는 욕구이다. 이러한 의미의 생리적 욕구는 욕구체계의 최하위에 위치하며, 이것이 어느 정도 충족될 때까지는 가장 강한 욕구로서 존재한다. 따라서 생리적 욕구는 의·식·주와 같은 인간의 생명을 유지하기 위한 항상성(homeostasis)의 기능과 관계되며, 동시에 필요한 것이나 부족한 것을 표시해 주는 지표를 나타내는 욕망(appetite)의 작용에 따르는 욕구체계인 것이다.

---

5) Abraham H. Maslow, *Motivation and Personality, 2nd ed.*(New York: Harper & Row, Publishers, 1970), pp.35~47.

6) *Ibid.*, pp.35~38.

일반적으로 인간생활에 가장 기본적인 생리적 욕구가 어느 정도 충족되고 난 다음에 그보다 높은 다른 욕구, 즉 안전욕구를 추구하게 된다.

2. 안전욕구[7]

안전욕구는 생리적 욕구가 만족되었을 때 바로 그 다음에 나타나는 욕구로서 정신적 · 육체적 안전을 얻고 싶어하는 욕구이다. 즉 육체적 위험으로부터의 보호, 경제적 안정, 질서 있고 예측할 수 있는 환경의 선호 등으로 나타나는 욕구이다. 안전욕구도 어느 정도 충족되면 다음 단계의 욕구를 추구하게 된다.

3. 소속과 사랑의 욕구[8]

이는 생리적 욕구와 안전욕구가 어느 정도 충족되었을 때 나타나는 욕구로서, 소외감이나 고독을 극복하고 어떤 집단에 가입하고자 하는 욕구를 말한다. 즉 동료집단에 소속되고 싶어하고, 그들 동료들과 우의와 애정을 나누고자 하는 욕구이다. 소속과 사랑의 욕구가 충족되면 다음 단계의 욕구로서 존중의 욕구가 나타나게 된다.

4. 존중의 욕구[9]

존중의 욕구란 다른 사람들로부터 높은 평가와 존경을 받고자 하는 욕구이다. 이는 본인이 스스로 중요하다고 느낄 뿐만 아니라 타인으로부터 인정을 받고자 하는 욕구이다. 이러한 존중욕구에는 힘, 업적, 지배능력, 어려운 상황에서 요구되는 용기, 독립심이나 자유에 대한 욕구, 명성, 위신, 지위, 영광, 위엄 등이 포함된다.

---

7) *Ibid.*, pp.39~43.

8) *Ibid.*, pp.43~45.

9) *Ibid.*, pp.45~46.

5. 자아실현의 욕구10)

자아실현의 욕구는 욕구단계의 최정상에 위치하는 욕구로서 인간이 할 수 있는 한 모든 것을 해 보려는 욕구이다. 이는 개인이 자신의 잠재력을 최대한으로 발휘해 보려고 노력하여 계속적인 자기발전과 창조적인 생활을 꾀하려는 욕구이다. 즉 자기발전과 창조성과 관계되며 성취감과 자기만족을 부여하는 욕구이다.

Ⅱ 알더퍼(C. Alderfer)의 E·R·G 이론

이 이론은 전술한 매슬로우(A. Maslow)의 욕구계층이론을 수정한 이론이라고 할 수 있지만, 이론의 기반을 조직의 실제를 다룬 현장연구에 두었다는 점에서 중요한 의의를 가진다고 하겠다. 알더퍼는 주로 설문법을 사용하여 직장이나 대학 등의 조직생활에 직결된 욕구체계를 상관연구를 사용하여 실증적으로 분석했다.

이러한 연구결과를 기반으로 해서 그는 매슬로우의 5단계 욕구수준을 3단계로 수정한 E·R·G이론을 제시했는데, 이 3단계 욕구란 생존욕구(existence need)·관계욕구(relatedness need)·성장욕구(growth need)를 말하는 것으로서, 각 욕구의 첫머리 글자를 따서 이를 E·R·G이론이라고 부른다.11)

매슬로우의 이론은 이미 다룬 바 있으므로 여기서는 E·R·G이론을 매슬로우의 이론과 비교함으로써 이에 대한 이해를 돕기로 하겠으며, 다음의 [표 1-13-1]은 두 이론에서의 욕구수준을 비교한 것이다.

첫째, 매슬로우의 이론에서는 한 수준의 욕구로부터 다음 수준의 욕구로 나아가기 위해서는 낮은 수준의 욕구가 충족되어야 한다고 주장한다. 즉 낮은 수준의 욕구충족에 의해서 다음 수준으로의 진전이 이루어진다고 봄으로써

10) *Ibid.*, pp.46~47.

11) Clayton P. Alderfer, "An Empirical Test of a New Theory of Human Needs," *Organizational Behavior and Human Performance*, Vol. 4(1969), pp.142~175.

낮은 수준의 욕구로부터 높은 수준의 욕구만족 진행과정이 욕구과정의 핵심
이었다. 그러나 알더퍼(C. Alderfer)는 이와 대조적으로 이러한 과정에 덧붙여
서 욕구만족의 좌절 및 퇴행과정도 있다고 본다.

표 1 - 13 - 1 매슬로우(A. Maslow)와 알더퍼(C. Alderfer)의 욕구수준 비교

매슬로우	알더퍼
생리적 욕구	생존(existence)
물리적 안전욕구	
대인관계의 안전욕구	관계(relatedness)
소속 및 사랑의 욕구	
대인관계의 자존심	
자기확신의 자존심	성장(growth)
자기실현	

둘째, 매슬로우의 이론에서는 5가지 욕구 중에서 우세한 욕구가 지배적으
로 활성화된다고 주장한다. 물론 다른 욕구들이 전혀 영향을 미치지 못하는
것은 아니지만 우세한 욕구의 기능을 강조했다. 그러나 알더퍼는 일정한 시점
에서 세 욕구의 강도가 상이하긴 하지만, 하나 이상의 욕구가 동시에 작용되
거나 활성화될 수 있다고 본다.[12]

셋째, 욕구는 의식적으로 인식될 수 있는 것이다. 특히 우세한 욕구는 인간
자신에 의해서 잘 인식된다. 이러한 측면이 있기 때문에 알더퍼는 설문지나
면접 등을 통해서 욕구를 연구할 수 있다고 주장하였다. 이러한 주장을 배경
으로 해서 알더퍼는 인간의 욕구를 무의식수준에서 다루어야 한다는 매슬로
우의 주장과는 달리 조직에서의 인간의 욕구를 의식수준에서 다루었다.

---

12) Clayton P. Alderfer, *Existence, Relatedness and Growth: Human Needs in Organizational
Setting*(New York: The Free Press, 1972), p.12.

Ⅲ 허즈버그(F. Herzberg)의 동기-위생 이요인이론[13]

  허즈버그(F. Herzberg)는 인간에게는 상호독립된 두 종류의 상이한 욕구의
범주가 있으며, 이것은 각기 다른 방법으로 인간행동에 영향을 준다고 주장하
였다. 인간은 자신의 직무에 불만이 있을 경우 직무환경에 관심을 갖게 된다.
환경에 대한 욕구는 곧 직무에 대한 욕구불만을 예방하는 기능을 담당한다.
이와 같이 직무에 대한 불만을 예방하는 기능을 담당하는 요인을 위생요인 또
는 불만요인이라고 하였다.
  한편 인간이 자신의 직무에 만족할 경우, 그 만족도는 직무와 관련된다. 직
무수행과 관련된 이 같은 욕구는 인간으로 하여금 보다 우수한 직무수행을 하
도록 동기부여하는 데 효과적이므로 이것을 동기부여요인 또는 만족요인이라
고 하였다.
  위생요인에는 (ⅰ) 정책, (ⅱ) 감독, (ⅲ) 보수, (ⅳ) 대인관계, (ⅴ) 작업조
건 등이 있다. 이러한 제요인은 모두 직무 자체의 본질적인 것이 아니라, 직무
수행상의 작업환경 및 작업조건에 관계되는 요인들이다. 그러므로 위생요인은
생산능력을 증대시킬 수 있는 것은 아니며, 단지 작업제약요인에 의한 작업수
행상의 손실을 막을 수 있을 뿐이다. 만일 위생요인이 충족되지 못하면 불만
이 생긴다. 그러나 위생요인이 충족되었다고 하더라도 그것은 불만이 없거나
직무의 수행에 중립적인 태도를 취할 뿐이지 그것이 곧 만족을 가져오지는 못
한다.
  동기부여요인에는 (ⅰ) 직무상의 성취감, (ⅱ) 직무성취에 대한 인정감, (ⅲ)
직무에서 오는 보람, (ⅳ) 책임감, (ⅴ) 성장 및 발전 등이 있다. 이러한 동기부
여요인은 직무에 대한 만족감을 주고, 그 결과 생산능력의 증대에 기여한다. 즉
이러한 동기부여요인이 충족되면 만족감을 갖게 되고 동기부여를 하게 되어 생
산성이 증대한다.

---

13) Fredrick Herzberg, *Work and the Nature of Man*(New York: World Publishing Co.,
    1966); P. Hersey and K. Blanchard, *op. cit.*, pp.64~71; F. Herzberg, B. Manser and B.
    Synderman, *The Motivation to Work*(New York: John Wiley & Sons, Inc., 1959), p.ⅸ.

따라서 위생요인 또는 불만요인을 충족시켜 줌으로써 불만을 해소하고, 동기부여요인 또는 만족요인을 충족시켜 줌으로써 만족감을 부여하며, 사기를 높여 생산성을 높일 수 있도록 하여야 한다.

Ⅳ 맥클리랜드(D. McClelland)의 성취동기이론

맥클리랜드(D. McClelland)는 학습개념(learning concept)에 기초한 동기부여이론을 제시했다. 그는 개인이 갖는 욕구들은 사회문화적인 환경에서 학습을 통해 습득되는 것이라 하면서, 이들 욕구를 (ⅰ) 성취욕구(need for achievement; nAch), (ⅱ) 친교욕구(need for affiliation; nAff), 그리고 권력욕구(need for power; nPow)의 3가지로 구분하였다.14)

1. 성취욕구

성취욕구란 해결하기 어려운 도전적인 일을 성취하려는 욕구, 물자와 인간, 그리고 사상을 지배하고 관리하려는 욕구, 이와 같은 욕구를 신속히 수행하려는 욕구, 모든 장애요인을 스스로 극복함으로써 높은 수준을 달성하려는 욕구, 능력을 개발하고 발휘함으로써 자신을 탁월한 존재로 만들고 싶은 욕구를 말하는 것으로, 이러한 욕구를 가진 자는 이를 위해 일정한 기준(standards)을 설정·달성하고 나아가 기준을 능가하려는 성향을 보인다.

맥클리랜드는 그의 연구결과를 토대로 다음과 같은 가정에 입각할 경우, 인간은 높은 성취욕구를 보인다고 하였다. 첫째로, 인간은 문제해결을 위해 적극적으로 책임지기를 원한다. 둘째로, 인간은 적당한 성취목표를 설정하며, 한편으로 계산된 모험(calculated risks)을 추구하는 경향이 있다. 셋째로, 인간

---

14) David D. McClelland, "Business Drive and National Achievement," *Havard Business Review*, Vol. 40(July~August 1962), pp.99~112; David C. McClelland, *The Achieving Society*(New York: van Nostrand, 1961), pp.7~8; J. L. Gibson, J. M. Ivancevich and J. H. Donnelly, Jr., *Organizations*(Plano Texas: Business Publications, Inc., 1976), pp.126~127.

은 자기가 달성한 업적에 대해 명확한 피드백(feedback)이 있기를 원한다.

2. 친교욕구

친교욕구란 다른 사람들과 사회적으로 친근하고 밀접한 관계를 맺고자 하는 욕구를 말하는 것으로 높은 친교욕구를 가진 사람들은 인간관계의 양과 질에 관해 많은 관심을 보인다. 따라서 이들에게 사회적 관계는 업무의 성취보다 우선적인 것이다.

3. 권력욕구

권력욕구란 타인에게 영향력과 통제력을 행사하고자 하는 욕구를 말하는 것으로 높은 권력욕구를 가진 사람은 권력과 권위를 취득하고 행사하는 데 초점을 둔다. 맥클리랜드에 의하면 권력은 두 가지 상이한 정향성을 갖는데, 권력을 행사하는 인간이 우월성과 복종을 강조한다는 점에서는 부정적이며, 설득력 있고 고무적인 행태를 반영한다는 점에서는 긍정적이라고 한다.

맥클리랜드의 주장은 이상과 같은 욕구들은 개인이 환경에 대처하는 가운데 학습되어진다는 것으로, 즉 욕구는 학습을 통해 형성되어지는 것이기 때문에 보상이 따르는 행위는 그 발생빈도가 높고, 업적에 대해 보상을 받는 관리자들은 어느 정도의 위험성을 감내하고 목표성취에 매진하게 된다고 한다. 이렇게 볼 때 개개인은 학습과정의 결과로서 그들의 행태와 업무성취에 영향을 주는 고유한 욕구의 형태를 형성하게 되는 것이다.

Ⓥ 애들러(A. Adler)의 권력이론

애들러(Alfred Adler)는 인간의 권력욕은 인간이 성장하고, 강해지려는 동기요인이라고 주장한다.[15] 프로이드의 제자이기도 한 그는 인간의 근원적 동기

---

15) Alfred Adler, "Individual Psychology," in Carl Murchison(ed.), *Psychologies of 1930*

요인으로 권력욕을 제기하여 성욕을 원초적인 욕구로 주장하는 프로이드와 결별한 바 있다. 애들러는 한 인간의 전 생애는 열등감을 극복하고, 권력을 쟁취하려는 욕구가 지배한다고 주장한다.

조직론에서 인용되는 권력은 보통 타인에게 영향을 끼치려는 욕구로 정의되며, 개인적인 효용을 극대화 하려는 개인적 권력(personal power)과 집단의 공동선을 추구하기 위한 사회적 권력(socialized power)으로 대별된다. 일반적으로 개인적 권력욕보다는 사회적 권력욕이 더욱 바람직한 것처럼 보이지만 양자는 상호작용을 한다고 볼 수 있다. 즉 개인적 권력욕구가 창의력과 혁신을 유도하고, 이러한 욕구가 궁극적으로는 집단의 공공이익에 부합되는 방향으로 전환되기 때문이다.16)

VI 페리(J. Perry)와 와이즈(L. R. Wise)의 공직봉사동기이론

공직봉사동기는 공공조직에 몸담고 있는 사람들의 개인적인 성향으로 이해된다.17) 이는 공동체, 국가, 인류의 공익에 봉사하려는 이타주의적 동기로 정의되기도 하고,18) 개인이나 조직의 이해를 넘어서 보다 큰 공동체의 이익에 부합코자 하는 가치와 태도 또는 신념 등으로 정의될 수도 있다.19)

페리(J. Perry)와 와이즈(L. R. Wise)에 의하면 인간의 행위는 이성적인 선택일 뿐 아니라, 규범적이고, 온정적인 동기의 산물이다. 이들의 주장에 의한다

(Mass.: Clark University Press, 1930), pp.398~399.

16) David D. McClelland, "The Two Faces of Power," *Journal of International Affairs*, Vol. 24, No. 2(1970), pp.29~47.

17) James L. Perry and Lois Recascino Wise, "The Motivational Bases of Public Service," *Public Administration Review*, Vol. 50, No. 3(1990), pp.367~373.

18) Hal G. Rainey and Paula Steinbauer, "Galloping Elephants: Developing Elements of a Theory of Effective Government Organizations," *Journal of Public Administration Research and Theory*, Vol. 9, No. 1(1999), pp.1~32.

19) Wouter Vandenabeele, "Toward a Public Administration Theory of Public Service Motivation: An Institutional Approach," *Public Management Review*, Vol. 9, No. 4(2007), pp.545~556.

면, 공직자들의 동기부여는 단순한 경제적 보상으로만 달성하기 어렵다. 물론 이와 같은 공공을 위하여 봉사하려는 이유는 초기의 고전적 행정학연구 시기부터 행정의 중심이념이었다. 다만 근래에 들어서는 이를 경험적으로 검증하고, 왜 이러한 동기가 유발되었고, 어떻게 이러한 동기가 행동에 영향을 주었는가 하는 문제에 대한 연구가 더욱 진전되었을 뿐이다.

페리와 와이즈가 이 공직동기를 합리적(rational)이라고 한 것은 개인의 효용을 극대화한다는 의미이다. 예컨대 개인이 공직에 투신하는 이유는 공공정책의 형성과정에 참여하는 기회를 갖기 위함인데, 이 공공정책 형성과정에의 참여는 개인의 중요성을 고양시키는 방편이라는 것이다. 또한 규범적(norm-based)이라는 것은 공공윤리와 정부에 대한 충정을 말한다. 더불어 정치적 또는 경제적 약자의 복지와 안녕을 제고시키는 활동을 포함한다. 마지막으로 온정적(affective)이라는 것은 공공정책에 대한 자기의 일체화이며, '온정의 애국심'(patriotism of benevolence)이라는 개념으로 치환될 수 있는데, 이는 자신의 정치체제 안에 있는 모든 국민에 대한 사랑과 이들의 권리를 지켜야 한다는 명령으로 해석된다.[20]

이와 같은 공직봉사동기이론은 외부로부터의 경제적 보상이 내재적 동기를 저하시킬 수 있다는 구축이론(crowding theory)과 연계되어 공공부문의 독특한 동기부여이론으로 발전하고 있는데, 향후 보다 심층적인 연구와 적용이 요구된다.

제 3 절　동기부여의 과정이론

앞에서 설명한 동기부여의 내용이론은 작업에서 동기부여를 하는 것이 무

---

20) James L. Perry, "Measuring Public Service Motivation: An Assessment of Construct Reliability and Validity," *Journal of Public Administration Research and Theory*, Vol. 6, No. 1(1996), pp.5~22.

엇인지를 밝히려고 하였다. 즉 동기부여된 행위의 상호관계를 규명하려고 하였다. 그러나 동기부여의 과정이론은 동기부여되는 변수를 밝히고, 나아가서 이들 변수가 상호간에 어떻게 관계되고 있는가를 밝히고자 하였다.[21]

Ⅰ 브룸(V. Vroom)의 기대이론

동기부여의 기대이론은 레윈(Kurt Lewin)과 톨만(Edward Tolman)의 인지개념(cognitive concept)과 고전적 경제이론인 선택행동과 효용개념에 근거를 두고 있다. 그러나 동기를 부여하는 데 목표를 두고 기대이론을 처음으로 만든 사람은 브룸(Victor Vroom)이다.

브룸의 모형은 유인성(valence) · 수단성(instrumentality) · 기대감(expectancy) 등의 개념으로 형성되었으며, 이에 따라 VIE이론으로 알려져 있다. 이 이론의 기본적인 가정은 "특정 행동의 선택은 이와 관련된 심리적 사건과 연계되어 있다."는 것이다.[22]

1. 이론의 구성

기대이론은 개인의 특정한 욕구의 충족과 조직 내에서의 직무 수행 사이의 직접적인 상관관계에 의문을 제기하면서 발전하였다. 욕구와 만족, 동기유발 사이에 '기대'라는 요소를 포함시켜서 설명하고자 하는 이론이다.[23] 예를 들어, 조직의 관리자는 모든 구성원들이 좀 더 많은 수입을 위해 기꺼이 초과근무를 선택할 것이라고 단순히 예상할 수 있지만, 어떤 구성원들에게는 초과근무에서 발생하는 금전적 수입보다는 가족들과 함께 보내는 시간이 더 중요할

---

21) Fred Luthans, *Organizatonal Behavior, 3rd ed.*(New York: McGraw—Hill Co., 1981), p.186.
22) Victor Vroom, *Work and Motivation*(New York: John Wiley and Sons, 1965), pp.14~15; Gary Johns, *Organizational Behavior, 4th ed.*(New York: HarperCollins, 1996), pp.169~176.
23) 이종수 외, 새행정학 2.0(서울: 대영문화사, 2016), 193~194.

수 있다.[24] 반면, 더 많은 금전적 이익에 가치를 부여하는 구성원은 그가 고위직으로 승진을 하면 더 많은 수입을 얻을 수 있을 것이라고 강하게 믿을 때 더 열심히 일하여 승진하고자 하는 동기를 가질 것이다. 이처럼 개인이 어떤 일을 하기로 선택한다는 것은 그 일로 인해 발생하는 성과가 그 사람에게 가치있는 일인지 그렇지 않은지에 대한 주관적 판단이 중요한 역할을 수행하며, 또한 자신의 선택과 행동이 그 가치있는 성과를 도출하는 수단이라고 믿는 정도에 따라 동기부여의 정도가 달라진다.[25]

브룸은 이러한 동기부여의 힘은 다음과 같은 몇가지에 의해 구성된다고 정리하였다.

우선 성과(outcome)는 행위의 결과로 1차 성과는 조직이 원하는 업무의 성과를 말하고, 2차 성과는 1차 성과로부터 얻어지는 개인적 보상을 의미한다.

유인성(valence)이란 심리학에서는 사람을 심리적으로 끄는 힘의 정도를 의미하며, 여기서는 특정한 성과(outcome)에 대한 개인의 선호도를 의미한다. 유인성에는 가치(value) · 유인(incentive) · 태도(attitude) 및 기대되는 효용(expected utility)이 포함된다. 유인성은 성과를 얻고자 하는 태도와 마음에서 나타나며 1차 성과가 가져올 보상(2차 성과)에 대해 개인이 얼마나 가치를 두는가에 의해 결정된다.

수단성(instrumentality)이란 1차 성과가 2차 성과를 도출할 확률을 의미한다. 예컨대 개인이 승진을 원하며 우수한 업적이 승진의 중요한 요인이라고 가정하면, 1차 성과는 업적이고, 2차 성과는 승진이며, 높은 수준의 1차 성과는 2차 성과인 승진의 수단이 된다.[26] 이 경우 개인은 승진하고 싶은 희망 때문에 더 우수한 업적을 달성하기 위하여 동기부여될 것이며, 더 우수한 업적(1차 성과)은 승진(2차 성과)을 얻는 수단이 되는 것이다. 즉, 수단은 1차 성과에 의해

---

24) Wakeley, J. H. "Managing people and systems: The managementkills."; William B. Eddy(ed.), *Handbook of Organizational Management*.(New York and Basel: Marcel Dekker INC, 1983), pp.178~179.

25) 이종수 외, 전게서.

26) J. G. Hunt and J. W. Hill, "The New Look in Motivation Theory for Organizational Research," *Human Organization*, Vol. 29(Summer 1969), p.104.

개인의 2차 성과로서 어떤 보상을 얻을 것인지를 매개한다.

브룸의 동기부여의 과정이론에서 또 다른 중요한 변수는 기대감(expectancy)이다. 얼핏 보기에는 기대감이 유인성에 대한 수단적 투입과 동일하게 보일 수는 있으나 전혀 다른 개념이다. 즉 수단성은 1차 성과와 2차 성과 간의 상호관계에 관련되는 데 반하여, 기대감은 1차 성과를 향한 노력과 관계된다는 점에서 기대감과 수단성은 서로 다르다.[27] 다시 말하자면, 기대감은 특정한 행동이나 협력, 특정한 1차 성과를 달성할 수 있을 것이라는 가능성에 대한 주관적 믿음이다. 이 때 그 가능성은 0에서 1까지로 나타난다. 반면에 수단성은 1차 성과가 2차 성과를 끌어낼 수 있는 정도를 말한다. 요컨대 인간에게 어떤 행동을 하도록 하는 힘은 모든 1차 성과에 대한 기대감과 그 행위가 어떤 2차적 결과를 얻게 할 것이라는 수단성, 그리고 보상에 대한 선호를 나타내는 유인성의 대수적 총

▼ 그림 1-13-3 브룸(V. Vroom)의 VIE 모형

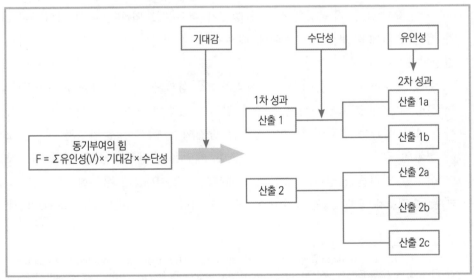

자료: F. Luthans, *Organizational Behavior, 3rd ed.*(New York: McGraw-Hill Co.), p.187.

27) *Ibid.*

합, 즉 동기부여의 힘은 $F = \Sigma$유인성(V)×기대감(E)×수단성(I)이다. 따라서 아무리 노력해도 원하는 성과를 거둘 것이라는 기대가 부족하고, 일정한 성과가 발생한다고 해도 그에 따른 보상이 원하지 않는 보상이거나 조직이 보상을 제대로 해 주지 않을 것으로 판단되는 경우에는 개인의 동기는 낮을 수밖에 없을 것이다.

2. 이론의 평가

브룸(V. Vroom)의 이론은 동기부여에 개인적인 차이를 반영하는 인지적 변수의 발현과정을 묘사하고 있다는 점에서 내용이론과 다르다. 브룸의 이론은 내용이 무엇인지 또는 개인차가 무엇인지를 밝히지 아니한다. 다만 모든 사람은 유인성·수단·기대의 독특한 결합을 통해 행동한다는 것이다. 그리하여 브룸의 이론은 동기부여의 개념적 결정인자와 그들 간의 상호관계만을 지적하고 있다. 따라서 매슬로우·허즈버그·알더퍼, 그리고 맥클리랜드 등의 모형에서 제시했던 바와 같이 조직구성원들에게 동기를 부여하는 것이 무엇인지에 관해서는 제시하지 못했다. 이와 같은 브룸의 모형은 조직 내의 개인에게 동기를 부여하는 데는 직접적으로 기여하지 못하였지만, 조직행태를 이해하는 데는 매우 가치 있는 모형이다.

예컨대 개인목표와 조직목표 간의 관계를 명백히 할 수 있다. 즉 특정한 욕구의 만족은 조직목표에 영향을 주기 쉽다는 가정을 하는 대신, 다양한 '2차수준의 산출'(구성원의 목표), 2차수준의 산출을 획득하기 위한 다양한 '1차수준의 산출'(조직의 목표) 및 1차수준의 산출에 영향을 줄 수 있는 구성원의 능력에 대한 존중에 결부되는 '기대' 등이 얼마나 중요한지를 발견할 수 있게 해 준다는 것이다.[28] 만약 생산표준이 정해져 있다면, 구성원의 산출을 측정함으로써 다양한 개인목표(돈·안정·인정과 같은 2차수준의 산출)와 개인목표를 성취하기 위한 조직목표(생산표준과 같은 1차수준의 산출)의 수단 및 개인의 능력과 협력이 조직목표를 성취할 수 있다는 구성원의 기대가 관리상에 얼마나

---

28) *Ibid.*, p.105.

중요한지를 이해할 수 있다.

브룸의 이 같은 모형은 관리상 구성원의 동기를 이해하고 분석하는 데 도움을 주고, 변수들 간의 관계를 밝히는 데 도움을 주도록 설계된 것이다. 따라서 브룸의 모형은 동기부여의 방안을 구체적으로 제시하지 못한다는데 그 한계가 있다.

Ⅱ 포터-로울러(L. Porter-E. Lawler)의 기대이론

브룸(V. Vroom)의 모형은 만족과 업적 간의 관계 설정을 시도하고 있다. 하지만, 산출과 업적 간의 관계가 취급된 것은 포터와 로울러가 브룸의 모형을 확인하고 확장시킨 이후부터라 할 수 있다. 포터(L. Porter)와 로울러(E. Lawler)는 동기부여는 만족과 업적이 일치하지 않는다는 전제에서 출발하였다.[29] 동기부여·만족, 그리고 업적은 모두 분리된 변수이며, 전통적인 방법의 과정과는 다르게 관련되어 있다. [그림 1-13-4]는 동기부여·업적, 그리고 만족 간에 존재하는 복잡한 관계를 설명하기 위해 이용된 다변수모형을 나타

▼ 그림 1-13-4 포터-로울러(L. Porter-E. Lawler)의 동기부여모형

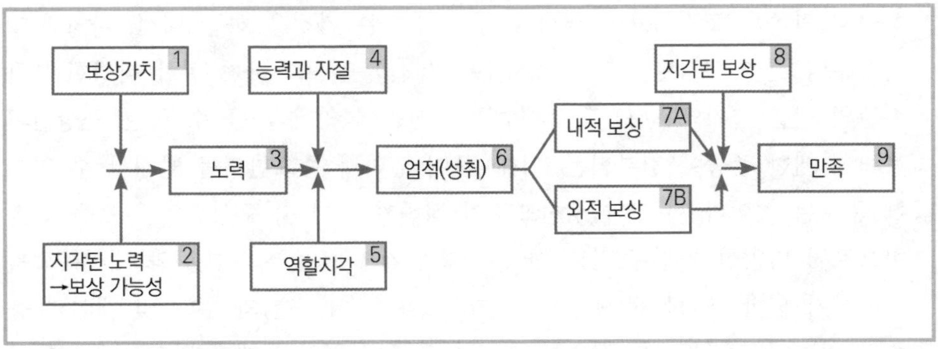

자료: F. Luthans, *op, cit.,* p.191.

29) *Ibid.*

낸 것이다. 이 모형에서 보여주는 바와 같이 1·2·3은 브룸의 구분과 기본적으로 동일하다. 그러나 노력(힘 또는 동기부여)이 직접 업적을 낳는 것이 아니라, 능력과 자질 및 역할의 지각에 의하여 매개된다. 포터-로울러 모형에서 더 중요한 것은 업적 후에 무엇이 일어나는가이다. 업적에 따른 보상과 이에 대한 지각은 만족을 결정할 것이다. 즉 포터-로울러 모형은 전통적 사고와는 달리 업적이 만족을 유인한다고 주장하였다.

1. 이론의 구성

포터(L. Porter)와 로울러(E. Lawler)의 모형은 노력·업적·보상·만족 등의 변수와 상호관계에 관하여 설명함으로써 이해할 수 있다.

1) 노력(effort)

노력이란 주어진 과업에 대하여 구성원이 쏟는 에너지의 총량을 의미한다. 그러나 노력은 업적과 동일한 것은 아니며, 오히려 업적보다 동기부여와 더욱 밀접히 관련되어 있다. 노력의 총량은 보상의 가치(the value of the reward)와 노력에 대한 보상확률 간의 상호작용에 달려 있다. 이것은 브룸이 사용한 힘과 비슷하다. 보상의 가치는 유인성(attractiveness)과 욕망(desirability)의 정도에 달려 있다. 우정·승진·임금·인정·칭찬 등은 사람에 따라 다르게 평가된다. 예를 들면 어떤 사람은 승진에 대해서 위협과 불안정의 기분을 느낄 수도 있다. 인지된 노력에 대한 보상가능성은 노력에 대한 또다른 주요한 투입이다. 이러한 변수는 상이한 노력은 상이한 보상을 가져오게 된다는 가능성을 구성원이 인지하게 되는 것을 말한다. 보상의 가치와 노력에 대한 보상가능성의 인지는 상호결합되어서 노력의 양을 결정하게 될 것이다. 만약 구성원들이 보상에 높은 가치를 두고 노력에 대한 보상이 높다는 것을 인지한다면, 그들은 굉장한 노력을 할 것이다.

2) 업적(performance)

업적은 조직이 객관적으로 측정할 수 있는 실질적인 결과를 나타낸다. 노력은 업적을 전제로 한다. 그러나 이들이 반드시 일치되는 것은 아니다. 노력과 업적 간의 불일치는 구성원의 능력과 자질 및 그들의 역할지각에서부터 출발한다. 업적은 노력, 개인의 능력(지식·기술 등), 담당한 역할을 지각하는 방식에도 의존한다. 직무가 정해지는 방식, 노력의 방향, 효과적 업적을 위해 필요하다고 생각된 노력의 수준 등은 모두 역할지각으로 통한다. 즉 구성원이 많은 노력을 기울일지라도 역할을 지각할 능력이 없거나 부정확하면 업적은 비효과적일 것이다. 예컨대 대단한 노력을 기울였지만, 능력의 부족 또는 부정확한 상황판단으로 나쁜 결과를 초래하는 경우를 볼 수 있는 것이다.

3) 보상(reward)

포터(L. Porter)와 로울러(E. Lawler)는 처음에는 단일한 보상변수만을 포함시켰다. 그러나 경험적 검증의 결과는 내적 보상(intrinsic reward)과 외적 보상(extrinsic reward)으로 정확하게 구분되어야 함을 보여 주었다. 포터와 로울러는 내적 보상이 업적과 관계된 만족을 낳기 쉽다고 생각하였다. 더욱이 지각된 보상은 업적과 만족의 관계에 중요한 영향을 미친다. 이는 주어진 수준의 업적에 당연히 느끼는 보상의 수준을 반영하는 것이다.

4) 만족(satisfaction)

지적한 바와 같이 만족은 동기부여와 일치되지 아니하며, 그것은 하나의 태도이고 내적인 인식상태이다. 동기부여는 하나의 과정이며, 이러한 점에서 과정이론의 모형이 내용이론보다 만족과 더욱 관련된다고 하겠다. 포터-로울러 이론에서의 만족은 단지 하나의 변수이며, 내용이론에서와 같은 다양한 내용의 통합을 의미하는 것은 아니다. 만족은 보상이 부족하다든지, 적당하다든지, 또는 초과한다든지 하는 보상의 정도에서 나타나는 것이다. 따라서 그 보상이 적당하거나 지각했던 보상을 초과했다면 만족할 것이고, 반대로 예상했던 것보다 보상이 부족하다면 불만족할 것이다. 포터-로울러 이론은 만족을 두 가지 점에서 전통적인 사고와 다르게 설명하고 있다. 첫째로, 만족은 지각된 보상에 의해서 결정된다는 것이고, 둘째로, 만족이 업적에 의하여 결정된다는 것이다. 즉 업적의 정도가 만족에 영향을 미치게 된다는 것이다. 이러한 관점은 만족과 업적의 관계에 대한 전통적 분석을 완전히 바꾸어 놓은 것이다.

2. 이론의 평가

포터-로울러 이론은 브룸의 VIE이론에 비해 적용가능성을 더 고려한 것이지만, 매우 복잡하고 어려운 방법이다. 물론 포터와 로울러는 그들의 이론과 연구결과를 실천에 옮기는 데 관심을 가졌었다. 그들은 관리자를 훈련시킬 때 보상의 가치, 노력에 대한 보상가능성의 지각, 역할지각 등과 같은 변수들도 측정할 것을 권했다.[30] 물론 이러한 변수들은 구성원의 노력과 업적을 관리자들이 이해하는 데 도움을 준다. 그리고, 업적의 결과에 주의를 기울이면서 그들의 보상정책을 재평가하도록 권했다. 또한 만족의 수준이 업적의 수준과 얼마나 밀접히 관련되어 있는가를 파악하는 데 노력을 기울여 줄 것을 강조하였다.[31] 이러한 권유를 하는 이유는 몇몇 연구에서 나타나고 있는데, 실제로 성과별 책임노동자를 대상으로 한 연구에 의하면, 노력에 대한 업적의 가능성을 지각한 구성원들은 그 가능성을 낮게 지각한 구성원보다 더 높은 생산성을 나타내고 있음이 확인되었다.[32] 이와 같은 발견은 관리에 직접적인 도움을 줄 수 있었다. 다만 포터-로울러 이론은 동기부여와 업적과 만족 간의 관계를 이해하는 데 도움을 주고 있으나, 실제적인 실천에 옮겨 적용시키는 데는 그리 큰 영향을 주지 못하고 있다.

---

30) F. Luthans, *op. cit.*, pp.190~195.

31) Lyman W. Porter and Edward E. Lawler Ⅲ, *Managerial Attitudes and Performance* (Irwin, Homewood, Ill.: 1968), p.183.

32) *Ibid.*, pp.183~184.

Ⅲ 로울러(E. Lawler)의 기대이론

최초의 포터-로울러 모형 이래로 로울러(E. Lawler)는 자신의 모형에 관하여 여러 번 그 효용을 재확인하였다. 특히 그는 두 개의 기대(two types of expectancy), 즉, 노력의 업적에 대한 기대 ① (E→P)와 업적의 산출에 대한 기대 ② (P→O)가 있다고 생각하였다. 이들은 둘 다 동기부여의 투입물이 된다.

동기부여에 관한 로울러(E. Lawler)의 공식은 다음과 같다. 즉 Effort=(E→P)×∑[(P→O)(V)]이다. 이를 해설하면 노력(E)에 대한 업적(P)의 기대 ①이 모든 업적(P)에 대한 산출(O)의 기대 ②와 유인성(V)의 곱의 합과 곱해진 것이 노력이라는 것이다. [그림 1-13-5]에서 알 수 있는 바와 같이, 첫번째의 기대, 즉 노력에 대한 업적(E→P)은 의도된 업적을 성취할 가능성(그 가능성은 0~1까지로 평가된다)에 대한 개인의 평가이다. 두 번째의 기대, 즉 업적에 대한 산출(P→O)은 업적이 특정한 산출을 유인할 것이라는 가능성(그 가능성은 0~1까지로 평가된다)에 대한 개인의 평가이다. E→P 기대의 한 예는 [그림 1-13-5]에서 볼 수 있는 바와 같이 100개의 전기부품을 팔 수 있을 것이라는 가능성을 평가하는 판매원의 경우이다. 이 업적수준의 산출(P→O)은 승진 가능성과 임금인상 가능성으로 나뉠 수 있다.[33]

로울러는 E→P기대에 있어서 유일하고도 가장 중요한 결정은 객관적 상황이라고 생각하였다. 더 나아가서 자기 자신의 평가, 유사한 상황에 대한 과거의 경험, 타인과의 의사소통 등이 개인의 상황판단에 주요한 투입물이 된다. 개인의 P→O기대의 지각은 E→P기대와 유사한 것에 의하여 많은 영향을 받는다. 더욱이 산출의 유인, 산출을 통제하는 사람의 신념, E→O의 기대 등은 모두 개인의 P→O기대에 영향을 미친다.

---

33) Donald P. Schwab and Lee D. Dyer, "The Motivational Impact of a Compensation System on Employee Performance," *Organization Behavior and Human Performance*(April 1973), pp.315~335.

▼그림 1 – 13 – 5 로울러(E. Lawler)의 동기부여의 기대모형

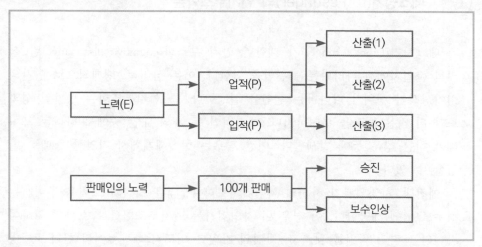

자료: Edward E. Lawler, *Motivation in Work Organizations*(Calif.: Brooks Code, 1973), p. 50.

동기부여에 관한 더욱 복잡한 기대모형은 이를 이해하는 데에 있어 한 단계 발전한 것이며, 무엇보다도 실천으로 한 걸음 진전시킨 것이다. 그러나 이와 같이 로울러의 모형은 행동의 동기를 이해하는 데 도움을 주었지만 실천에는 역시 그 한계가 있는 듯하다. 만약 우리가 개인의 행동을 예측하는 데 이 모형을 사용한다면, 또 행동에 관련된 자료를 수집하려고 한다면, 이 모형이 너무 복잡하여 타당한 예측을 할 수 없기 때문에 정확한 행동에 대한 예측이 부정확할지도 모를 것이다.[34] 그러나 로울러(E. Lawler)의 이러한 자기 비판에도 불구하고, 이 모형은 상당한 가치가 있는 것으로 평가되고 있다.[35]

---

34) F. Luthans, *op, cit.*, pp.195~196.

35) Edward E. Lawler, *Motivation in Work Organizations*(Calf.: Brooks Code, 1973), p.60.

Ⅳ 페스팅거(L. Festinger)의 인지부조화론

페스팅거(Leon Festinger)가 제안한 인지 부조화(cognitive dissonance)란 심리적 불일치에서 나타나는 불편함을 말한다. 이는 심리적·행태적으로 인간의 비이성적인 행위가 나타나는 원인을 설명한다. 즉 인지부조화는 평가된 성과보다 더 많은 노력을 투여하거나, 매력적인 두 개의 대안 중에서 하나는 포기해야 하는 경우 등에 발생한다. 이런 경우는 현실세계에서 다양한 형태로 발생할 수 있다.

예컨대, 자영업자가 자신의 사업가치보다 더 많은 시간과 노력을 투여하는 경우도 이에 해당한다. 이 경우 이 자영업자는 인지부조화를 축소하기 위하여 자신의 노력의 가치를 낮추고, 사업의 가치를 의도적으로 높이려 한다. 두 명의 우수한 지원자 중에서 한 명만을 채용해야 하는 인사담당자의 경우 상대적으로 채용가능성이 낮은 지원자의 결점을 매우 크게 확대하고, 채용하고자 하는 지원자의 장점을 매우 높이 평가하여 인지부조화를 줄이고자 한다. 또한 중요한 국책사업의 진행에 실패한 담당자가 이 사업의 가치를 절하하는 경우도 인지부조화를 축소하려는 경우라고 할 수 있다.

이러한 접근은 실제에서 나타나는 조직구성원이나 조직관리자의 다양한 인지부조화를 설명하고, 정상화할 수 있는 계기를 만들 수 있도록 도와줄 수 있다는 점에서 의의를 찾을 수 있다.[36]

Ⅴ 애덤스(J. Stacy Adams)의 공정성이론

애덤스(J. Stacy Adams)의 공정성이론(equity theory)은 개인의 성과에 대한 보상의 공정성이 동기부여에 긍정적인 역할을 한다는 주장이다. 공정성이론은 인지에 기초하기 때문에 페스팅거의 인지부조화 이론의 확장으로 볼 수도 있

---

36) Leon Festinger, *A Theory of Cognitive Dissonance*(Calf.: Stanford University Press, 1957).

다.37)

공정성은 절대적 공정성(absolute equity)과 상대적 공정성(relative equity)으로 대별할 수 있다.38) 절대적 공정성은 자신의 노력에 상응하는 절대적인 보상에 대한 것을, 상대적 공정성은 자신의 노력과 보상을 타인의 노력과 보상에 비교하여 추론하는 공정성을 말한다. 즉 한 개인이 자신의 노력에 비하여 보상이 적다고 생각한다면, 이는 절대적 공정성의 차원이고, 자신의 노력에 대한 보상을 타인과 비교하게 되면 상대적 공정성의 측면을 고려한 것이라 할 수 있다.

공정성이론에 의하면 한 개인이 불공정하다고 인지하면 개인은 자신의 노력을 감소시키거나, 보상을 더 받음으로써 이를 시정하려고 노력하게 된다. 따라서 공정성이 직무 만족과 행위의 동기 부여 요인이 되는 것이다. 이때의 공정성은 인지된 투입과 보상에 의하여 결정된다는 점을 유의하여야 한다. 즉 한 업무에 투여된 시간 같은 유형의 투입은 비교적 간단한 문제이지만, 경험, 교육수준, 인지능력과 같은 무형의 투입요소는 공정성의 인지에 있어서 간단한 요소가 아니다. 만일 무형의 투입과 보상 등을 유형의 투입이나 보상보다 더 중요하게 여기고, 이에 대하여 불공정하다고 인지한다면, 조직의 성과 제고와 동기부여에 문제가 발생할 수 있고, 실제로 이런 경향이 종종 발생한다.

물론 자신의 노력보다 과도한 보상을 받는다고 인지하면, 조직원들은 대개 이에 상응하는 노력을 더한다는 연구결과도 의미가 있다. 따라서 조직의 성과를 제고하기 위해서는 조직원의 성과에 대한 보상과 처벌은 매우 공정하여야 하며, 가능한 선순환이 될 수 있도록 노력하여야 한다.

---

37) J. Stacy Adams and W. B. Rosenbaum, "The Relationship of worker Productivity to Cognitive Dissonance about Wage Inequities," *Journal of Applied Psychology*, Vol. 46, No. 3(1962), pp.161~164.

38) J. Stacy Adams, "Toward an Understanding of Inequity," *Journal of Abnormal and Social Psychology*, Vol. 67, No. 5(1963), pp.422~436; J. Stacy Adams, "Effects of Wage Inequities on Work Quality," *Journal of Abnormal and Social Psychology*, Vol. 69, No. 1(1964), pp.19~25.

Ⅵ 프레이(B. Frey)와 예겐(R. Jegen)의 동기이론

프레이(B. Frey)와 예겐(R. Jegen)의 동기이론(crowding theory)은 외부의 보상이나 처벌은 개인의 인지에 따라 동기를 강화시키기도 하고, 약화시키기도 한다는 것이다. 즉 외부의 경제적인 보상이나 처벌은 개인의 동기를 구축하는 효과(crowding out)도 있고, 강화하는 효과(crowding in)도 있는데, 이는 개인이 인지여부에 따라 달라진다.[39]

인간의 동기는 외재적 동기와 내재적 동기로 대별되는데, 보상이 주어지기 때문에 생겨나는 동기를 외재적 동기로, 어떠한 외부의 보상없이 인간의 내부에서 발현하는 동기를 내재적 동기라고 한다. 일반적으로, 특히 경제학에 있어서 외부의 보상이 인간의 동기를 부여시킨다는 것은 매우 보편적이고 일반적으로 수용되는 논리이지만, 외부적인 보상이 동기를 저하시킨다는 것은 성립하기 어려운 현상이었다.

그러나 외재적(extrinsic) 보상이 개인의 내재적인(intrinsic) 동기를 약화시킨다는 기본적인 생각은 티트무스(R. M. Titmuss), 레퍼(M. R. Lepper)와 그린(D. Greene), 데시(E. L. Deci) 등의 논의로부터 출발한다.[40] 티트무스는 헌혈에 대한 사례금 지불은 오히려 개인의 자선에 대한 사회적 가치를 훼손시켜 결국 헌혈의 양을 감소시키거나, 헌혈의 동기를 감소시킨다고 주장한 바 있다. 이 당시이 주장은 충분한 객관적인 증명을 하지는 못했으나 당시에는 매우 주목받는 논의였다. 또 레퍼와 그린 등은 어떤 행위나 작업에 대하여 주어지지 않아도 되는 보상이 또는 과도하다고 판단되는 보상이 주어지는 경우 이후부터는 이에 상당한 보상이 없이는 동일한 행동이나 작업을 수행하지 않는다는 사실을 확인하였다.[41] 이는 결국 외재적 보상으로 인한 내재적 동기를 감소시키는 결과를

---

39) Bruno S. Frey and Reto Jegen, "Motivation Crowding Theory." *Journal of Economic Survey*, Vol. 15, No. 5(2001), pp.589~611.

40) R. M. Titmuss, *The Gift Relationship*(New York: Vintage Books, 1970).

41) Agnès Festré and Pierre Garrouste, "Theory and Evidence in Psychology and Economics about Motivation Crowding Out: A Possible Convergence?" *Journal of Economic Surveys*, Vol. 29, No, 2, pp.339~356.

초래하게 된 것이다. 이러한 현상을 레퍼 등은 '숨겨진 비용에 대한 보상'(the hidden cost of reward)과 '과도한 정당화 가설'(overjustification hypothesis)로, 그리고 데시는 '부패효과'(corruption effect)로 개념화하였고,[42] 데시는 '인지평가이론'(cognitive evaluation theory)을 통하여 이를 설명하였다.[43] 최근에 이 인지평가이론은 개인의 행동에 대한 사회적 영향으로 확대한 '자기결정이론'(self-determination theory)에 의하여 그 영역을 확장하고 있다.[44]

이와 같은 동기이론은 공공부문의 종사자들에게는 더욱 의미가 있는데, 공공분야의 종사자들은 순수한 의미에서 경제적 보상에만 영향을 받지 않기 때문이다. 따라서, 조직의 관리자들은, 특히 공공부문의 조직관리자들은 조직구성원의 동기부여를 고려할 때 다양한 심리적 요인을 고려해야 할 것이다.

---

42) Mark R. Lepper, D. Greene and R. E. Nisbett, "Undermining Children's Intrinsic Interest with Extrinsic Rewards on Intrinsic Motivation: A Test of the overjustification hypothesis," *Journal of Personality and Social Psychology*, Vol. 23(1973). pp.129~137; M. R. Lepper and D. Greene(eds.), *The Hiddrn Cost of Reward: New Perspectives on Psychology on Human Motivation*(New York: Erlbaum, 1978); E. L. Deci, *Intrinsic Motivation*(New York: Plenum Press, 1975).

43) Edward L. Deci, R. Koestner, and R. M. Ryan, "A Meta-analysis Review od Experiments Examining the Effects of Extrinsic Rewards on Intrinsic Motivation," *Psychological Bulletin*, Vol. 125, No. 3(1999), pp.627~668.

44) Edward L. Deci and R. M. Ryan, "A Motivational Approach to Self: Integration in Personality," in R. Dienstbier(ed.), *Nebraska Symposium on Motivation: Perspective on Motivation*, Vol. 38(NE: University of Nebraska Press, 1991), pp.237~288.

CHAPTER

14 조직문화

Ⅰ 조직문화의 정의와 특성

고전적 조직이론에서는 조직을 기계(machine)와 유사한 것으로 생각하면서 조직구성원 개개인을 그러한 기계의 부속물(cogs)로 간주하였다. 이때 조직이란 주어진 목표를 능률적으로 달성하기 위하여 구성된 합리적인 체계(system)라고 인식하였다.[1] 그리고 조직문화(organizational culture)에 대한 인식은 조직을 사회적·인간적인 측면에서 보면서 비공식적 요소의 중요성을 인정하였던 인간관계론(Human Relations)이 등장하면서부터 시작되었다.

조직문화에 관한 논의를 최초로 시도한 페티그루(A. M. Pettigrew)는 문화란 '상징·언어·이념·신념·의식·전통 등 조직의 총체적 근원(holistic root)'이라고 정의하였고,[2] 새티(V. Sathe)는 '구성원들이 보편적으로 공유하고 있는 중요한 가정(assumption)'이 조직문화라고 하였다.[3] 로빈스(S. Robbins)는 '한 조직을

---

1) Rayburn Barton and William. L. Chappell, J. R. *Public Administration*(IL: Scott Foresman and Company, 1985), p.272.

2) Andrew M. Pettigrew, "On Studying Organizational Cultures," *Administrative Science Quarterly*, Vol. 24, No. 4(Dec., 1979), p.574.

3) Vijai Sathe, *Culture and Related Corporate Realities*(Homewood, IL: Richard D. Irwin, Inc, 1985), pp.10~13.

다른 조직과 구별해 주는 구성원들이 공유하는 의미체계'로 정의하였다.[4] 또한 킬맨(R. H. Killman)은 '작업집단의 규범·관례·의식·일화 등에 의하여 명시되는 조직정보처리에 경쟁적 가치의 입장'에서 조직문화를 연구하였다.[5]

또한 조직문화는 '조직에 의해 지지되는 지배적 가치', '조직원과 고객에 대한 조직의 정책을 지배하는 철학', '조직 내의 업무가 수행되는 방향', '조직구성원에 의해 공유되는 기본가정과 신념' 등의 여러 가지 정의가 있으나, 포괄적으로 조직문화는 조직원들 사이에 "공유되는 의미의 체계(system of shared meaning)"로 정의할 수 있다. 모든 조직에는 오랫동안 발전시켜온 신념·상징체계·의식·신화·관례의 양식이 있다. 이들은 조직이 무엇이고, 그 조직구성원들이 어떻게 행동해야 하는가에 대한 구성원 사이의 공통된 이해를 창출해 낸다.[6]

문화는 밀접하게 연결되어 있거나 상호의존적인 어떠한 차원이나 특징을 의미한다. 그러나 연구자들은 이러한 특징을 자세히 설명하려고 하지 않고 막연히 환경(milieu)이라고 치부해 버린다. 만약 문화가 존재한다면 이에는 정의되고 측정되어지는 독특한 특징이 있고, 각각의 조직문화는 다음과 같은 특징의 조합에 따라 조금씩 다른 특성을 가지게 된다.[7]

1) **개인의 진취적 정신**(individual initiative) 개인이 갖고 있는 책임감, 자유 그리고 독립심의 정도

2) **위험에 대한 포용력**(risk tolerance) 조직원들의 진취성, 혁신성, 그리고 모험성을 지지하는 감수 정도

3) **지침**(direction) 조직이 선정한 명확한 목표와 업무에 대한 기대수준의 정도

4) **통합**(integration) 조직 내 각 단위들이 일정한 방법으로 임무를 수행하도

---

4) Stephen P. Robbins, *Organizational Behavior*(Englewood Cliffs, N. J.: Prentice−Hall, 1989), pp.467~468.

5) Ralph H. Killman, Mary J. Saxton and Roy Serpa, "Five key issues in understanding and changing culture," in Ralph H. Killman, Mary J. Saxton, Roy Serpa and Associates(eds.), *Gaining Control of the Corporate Culture*(San Francisco: Jossey−Bass, 1986), pp.1~16.

6) Stephen P. Robbins, *Organization Theory: Structure Design & Appliations, 3rd ed.*(Englewood Cliffs, N. J.: Prentice−Hall, 1990), p.438.

7) *Ibid.*, pp.438~439.

록 종합하는 정도

　5) 관리자의 지원(management support) 관리자의 부하직원에 대한 의사소통, 지원의 정도

　6) 통제(control) 조직원의 행동을 통제할 수 있는 규율, 규제와 직접적인 감독의 정도

　7) 정체성(identity) 조직원이 특별한 소집단보다 조직의 정통성을 인식하는 정도

　8) 보상체계(reward system) 연공서열, 정실 등의 기준보다는 직원의 업무수행에 근거한 보상체계의 수준

　9) 갈등에 대한 포용력(conflict tolerance) 조직원의 갈등이나 불만에 대해 열려진 대화창구의 정도

　10) 의사소통의 양식(communication patterns) 권위의 공식적 계층제에 의해 제한된 조직 내 의사소통의 정도

　이와 같은 특징들은 구조적·행태적 차원을 모두 포함하고 있으며, 조직의 설계와 밀접하게 얽혀 있다. 이는 조직문화가 단순히 조직구성원의 태도나 성격의 반영이 아니라, 조직문화의 많은 부분이 구조적으로 관련된 변수들에 의해 직접적으로 규명될 수 있음을 의미한다.

Ⅱ　조직문화의 기능

　스미어시치(L. Simircich)는 조직문화에 대한 연구가 증대되면서 문화가 공유된 중심가치와 신념으로 받아들여지고 있으며, 다음의 몇가지 중요한 기능을 수행한다고 주장하였다.[8]

---

8) Linda Simircich, "Concepts of Culture and Organizational Analysis," *Administrative Science Quarterly* Vol. 28, No. 3(Sep. 1983), p.346.; 신유근, 조직행위론(서울: 다산출판사, 1985), 478면에서 재인용; Stephen P. Robbins, *Organizational Behavior: Concepts, Controversies and Application*, 4th ed.(Englewood Cliffs, N. J.: Prentice-Hall, 1989), pp.470~472; Edgar H. Schein, *Organizational Culture and Leadership*(San Francisco: Jossey-Bass, 1988), pp.270~273.

첫째, 조직문화는 조직구성원들에게 조직에 대한 정체성을 마련해 준다.

둘째, 조직문화는 자기보다 큰 어떤 것에 대한 투입을 촉진시켜 준다.

셋째, 조직문화는 행위를 유도하고 형성시키는 감지도구로서의 역할을 수행한다.

넷째, 조직문화는 사회적 체계의 안정성을 제공하여 준다.

요컨대 조직문화는 구성원들의 행위기준을 제시함으로써 그들을 결합시키는 사회적 접착제 역할을 하며 또 구성원들의 행위나 태도에 강력한 영향을 미치는 기능을 수행한다.

제 2 절 　조직문화의 구성요소

조직문화를 구성하는 요소가 무엇인가에 대해서는 어느 수준까지를 문화의 범주에 포함시킬 것인가에 대한 개념의 불일치로 인해서 논란이 많다. 문화를 총체적인 생활양식으로 파악하는 입장에서는 조직과 관련된 모든 합리·비합리적인 요소가 조직문화로 파악되어야 할 것이며, 이보다 더 좁은 의미로 문화의 범위를 제한할 때는 조직의 형성과 성장에 의해서 만들어지고 공유되는 신념 및 가치체계로 이해될 것이다.

우선, 조직문화의 구성요소와 상호관계에 관한 연구는 다음과 같다. 딜(T. E. Deal)과 케네디(A. A. Kennedy)는 조직문화의 형성과정에 작용하는 중요한 결정요소로서 (ⅰ) 환경(environment) (ⅱ) 기본가치(value) (ⅲ) 중요인물(영웅: hero) (ⅳ) 의례와 의식(rites and rituals) (ⅴ) 문화망(culture networks)의 다섯 가지를 들고서 이에 따라 조직문화가 달라지며, 강한 문화가 조직의 성과에 긍정적인 영향을 미친다고 주장하였다.[9]

---

9) Terrence E. Deal and Allen A. Kennedy, *Corporate Cultures*(Reading, Mass.: Addison—Wesley 1982), pp.13~15.

▼ 그림 1 - 14 - 1 조직문화의 구성요소

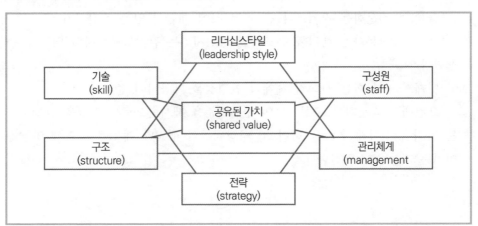

여기서 환경은 어떤 조직의 문화가 형성되는 데 있어서 큰 영향을 미치는 요소로써, 법규, 고객, 정책 등 다양한 환경요인에 따라 조직문화의 내용이 다양해진다고 하였으며, 기본가치는 조직구성원이 공유하는 신념이나 공통의 가치지향적 성격으로 조직문화에 영향을 준다고 보았다.

조직 내에서의 중요한 인물은 조직전반에 대한 기본가치의 형성, 확립에 절대적 역할을 수행할 수 있게 된다. 사기업체의 창업주나 전문경영인 등에 의해 강조되는 정신 등이 그 기업의 조직문화 형성에 끼치는 비중은 매우 크다고 할 수 있다.

또한 파스칼(R. T. Pascale)과 아토스(A. G. Athos), 그리고 피터스(T. J. Peters)와 워터맨(R. H. Waterman)은 조직문화의 구성요소를 이용하여 각기 일본기업과 미국의 우량기업에 대한 비교연구를 하면서 조직문화가 이 일곱 가지 기준에 의해 설명될 수 있다고 주장하였는데, 이 '7S'란 (i) 공유된 가치 (shared value) (ii) 전략(strategy) (iii) 구조(structure) (iv) 관리 시스템 (management system) (v) 구성원(staff) (vi) 기술(skill) (vii) 리더십 스타일 (leadership style)의 일곱 가지를 일컫는다.[10]

10) Richard T. Pascale and Anthony G. Athos, *The Art of Japanese Management*(New York: Simon & Schuster, 1981), pp.20~26; Thomas J. Peters and Robert H. Waterman, *In*

제 3 절   조직문화와 조직의 효과성

효과성(effectiveness)은 조직목표의 달성도를 의미하며 변화·발전·목표·
쇄신 등의 요소를 중시하는 1960년대 발전행정과 1970년대의 신행정론 등 이
후로 중시되고 있는 가치이다. 따라서 투입 대 산출의 비를 계량적·수치적으
로만 극대화하고자 하는 행정의 능률성 또는 생산성(productivity)과도 구별되
는 개념이다.

'조직문화가 어떻게 조직의 효과성에 영향을 주는가?'에 대한 해답을 얻기
위해서는 먼저 강한 문화(strong culture)와 약한 문화(weak culture)의 차이를
알아야 한다.

강한 문화는 조직의 핵심가치가 강하게 유지되고, 명확하게 체계가 잡혀
있으며, 넓게 공유되어 있는 문화를 의미한다. 즉, 핵심가치에 잘 순응하는
조직원이 많을수록 문화는 더욱 더 강해지는 것이다. 이와 반대로 조직의 연
원이 길지 않거나 변동이 심한 조직은 조직원들이 공통적인 의미창출의 경험
을 충분히 공유하지 않기 때문에 약한 문화를 갖게 된다. 그러나 안정된 조직
의식을 가지고 있는 모든 성숙된 조직이 반드시 강한 문화를 가지고 있다는
것을 의미하지는 않는다. 강한 문화는 핵심가치가 강하게 유지되어야 하는
것이다.[11]

어떤 유형의 조직문화가 조직의 효과성의 향상을 위하여 바람직한가에 대
한 해답은 아직 없다. 그러나 기존의 연구결과는 강한 문화가 조직성과와 대
부분 깊은 상관관계를 갖는다는 것이다.

킬맨(R. H. Killman), 색스턴(M. J. Saxton) 그리고 세르파(R. Serpa)의 연구에
의하면[12] 조직문화가 조직행위와 조직성과에 미치는 영향은 상호연계된 세
가지 요소, 즉 영향력의 방향, 영향력의 전파정도, 영향력의 강도 등을 구분하

Search of Excellence(New York: Harper & Row, 1982), pp.13~16.

11) Stephen P. Robbins, *op. cit.*, pp.441~443.

12) Ralph H. Killman, Mary J. Saxton and Roy Serpa, *op. cit.*, pp.3~6.

여 설명하여야 한다고 주장한다.

영향력의 방향(direction)이란 조직의 문화가 조직의 목표달성에 미치는 영향을, 영향력의 전파정도(pervasiveness)는 문화가 구성원들에게 공유되어 있는 정도를, 그리고 영향력의 강도(strength)는 문화가 조직성원들에게 영향을 미치는 수준을 가리키는 것이다. 조직의 효과성은 조직의 문화·전략·환경 그리고 기술이 잘 조화될 때 극대화되며, 조직문화는 이러한 변수들을 적절하게 수용하여야 한다. 즉 성공적인 조직에서는 문화가 전략과 환경에 적절한 외적 적합성(external fit)과 기술과 조화되는 내적 적합성(internal fit)을 갖추게 된다.13)

데니슨(D. Denison)은 이러한 조직환경과 조직전략의 조합을 통하여 적합한 조직문화의 유형을 도출한 바 있다(그림 1−14−2 참조).14)

1) 적응 문화(adaptability culture) 적응 문화는 고객을 포함한 외부 이해관계자의 요구에 순응하기 위하여 변화와 유연성을 강조하며, 외부중심의 전략을 구사하는 문화를 말한다.

2) 개입 문화(involvement culture) 개입 문화는 외부의 급변하는 환경에 적응하기 위하여 내부 구성원의 참여와 개입을 강조하는 문화이다.

3) 임무 문화(mission culture) 임무 문화는 조직구성원의 가치공유와 안정을 중요시 하며, 이와 같은 내부적 결속을 통한 외부 환경에의 대응을 지향하는 문화이다.

4) 일관 문화(consistency culture) 이는 안정된 환경을 전제로 하여 조직의 안정성에 중심을 두는 문화로 전통과 협동, 기존 정책과 관습의 존중을 강조하는 문화이다.

13) Stephen P. Robbins, *Ibid.*.

14) Daniel R. Denison, *Corporate Culture and Organizational Effectiveness*(New York: John Wiley and Sons, 1990); Richard L. Daft, *Organization Theory and Design*(MN: West Publishing Company, 1992), pp.323~327.

▼ 그림 1 - 14 - 2 조직환경과 전략에 따른 조직문화

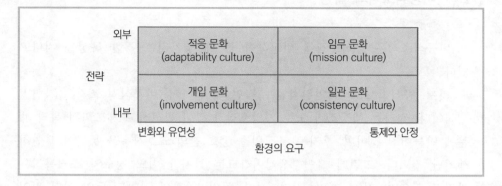

제 4 절 조직문화와 비공식조직

조직은 재화를 생산하고 용역을 제공하기 위해 설계된 복잡한 사회적 실체 (social entities)로서 필연적으로 인간이 일하는 장소이며, 다양한 관계로 인하여 서로 얽혀서 공존하는 장소이다. 이와 같은 관계에서 생기는 인간관계를 직무와의 관계, 비인격화된 몰인정적 관계, 공식적(formal)인 관계 또는 제도상의 인간관계라 할 수 있다. 그러나 조직 내의 인간관계는 '제도상의 조직'인 공식적 조직에 반대되는 현실적 인간관계로서 직접적 접촉, 인격적 관계, 그리고 자연발생적 관계에 의해 형성되는 비공식적(informal) 인간관계도 존재한다. 이와 같이 현실적 인간관계는 공장·관공서·학교·병원 등 모든 종류의 공식적 조직 속에서 비공식적인 조직을 형성하고 공식적인 조직에 영향을 미친다. 특히 조직문화의 형성과 유지에 있어 비공식조직의 존재와 기능은 간과해서는 안될 요소이다.

Ⅰ 비공식조직의 특성

비공식조직은 공식조직에 비교하여 볼 때 몇가지 독특한 특성을 지니고 있다.[15]

첫째, 공식적 조직이 인위적인 조직인 데 반하여, 비공식적 조직은 자연발생적이다. 전자는 행정조직 또는 기업조직과 같이 확고하고 제도화된 목적 때문에 만들어진 것이며, 후자는 조직원들 상호 간의 교호작용을 통하여 우연히 생겨난 것이다. 그런데 자연발생적이라고는 하지만 어느 정도의 조직목적은 가지고 있으며, 취미·혈연·지연·경력·동창, 상관의 신임도 등의 어떤 인연을 기초로 하여 생기는 것이다. 이와 같이 비공식조직은 대부분의 경우에 자연발생적이지만, 때로는 의식적인 노력에 의하여 생성되는 수도 있다. 예를 들어 어떤 부하가 상관이 바둑에 취미를 가진 것을 알고 자기도 바둑을 취미로 하는 경우와 같이 인연을 적극적으로 창조할 수도 있는 것이다.

둘째, 공식적 조직은 외면적 혹은 외재적인 조직인 데 반하여, 비공식조직은 내면적 혹은 내재적인 조직이다. 전자는 가시적인 조직인 데 반하여, 후자는 볼 수 없는 조직, 즉 그들의 행동과 태도를 그의 내면에서 규정하고 있는 것이다. 공식적 조직은 명시적인 계층제와 조직체계에서 확인할 수 있지만, 비공식조직의 조직형태나 구성원 등은 확인하기 어려운 경우가 대부분이다.

셋째, 공식적 조직은 통상 '능률의 논리'에 따라서 구성되는 데 반하여, 비공식조직은 '감정의 논리'에 따라서 구성된다. 전자는 기계적 또는 몰인정적 관계이며 능률(efficiency)을 중요시하지만, 후자는 공식적 조직의 능률을 그렇게 중요시하지 않는다. 대부분의 경우에 비공식조직의 구성원들은 상호간의 친근성, 감정의 소통 때문에 이루어지므로 감정적인 것이 더 큰 비중을 차지하는 인정적인 관계이다.

넷째, 공식적 조직이 '전체적인 질서'인 데 반하여, 비공식조직은 '파상적이고 부분적인 질서'라고 할 수 있다.[16] 전자는 피라미드의 정점으로부터 저변

---

15) 유종해, 현대조직관리(서울: 박영사, 2006), 115~116면.

16) H. A. Simon, D. Smithburg and V. Thompson, *Public Administration*(New York: Alfred

에 이르는 전체조직이 인식대상으로 되어 있는 데 반하여, 후자는 공식적 조직의 일부를 점유하면서 여기에 산재하고 있다.

다섯째, 공식적 조직은 방대한 규모로 확대되는 데 반하여, 비공식조직은 친밀한 인간관계를 필수요건으로 하기 때문에 항상 소집단상태를 유지한다.[17] 따라서 비공식조직에는 집단이론과 집단역학(group dynamics)이 적용된다.

Ⅱ) 비공식조직의 형성과 기능

인간은 본래 복잡한 존재로서 공식적 조직만으로는 효율적으로 다루어질 수 없다. 인간은 조직목표 외에 자신의 인간적 욕구를 충족시키고 개인적인 문제를 해결하고자 노력하기 때문이다.

또한 마르크스(F. M. Marx)가 지적한 바와 같이 공식적인 권위와 사실상의 영향력 사이나, 혹은 타인의 행동을 지시할 수 있는 법적인 명령권과 실제상의 권력 사이에는 상당한 괴리가 존재하는데, 이것이 비공식조직을 형성하는 요인으로 간주되고 있다.[18] 이와 같은 요인 이외에도 공식적 조직의 비인격성이 주는 모순과 불만을 극복하기 위한 필요에서, 또는 공식적 조직 내에서 구성원이 자기계발이나 자기완성의 계기를 마련하기 위한 방법의 일환으로 비공식조직이 발생하게 된다. 이러한 비공식조직이 조직 내에서 영향을 미치는 순기능 및 역기능은 다음과 같다.

1. 순기능

첫째, 비공식조직은 조직원들에게 부과한 업무를 능률적으로 수행하게 할

A. Knopf, 1961), pp.85~91.

17) Keith Davis, "Informal Organization," in Harold Koontz and Cyril O'Donnell(eds.), *Readings in Management*(New York: McGraw-Hill, 1959), pp.235~238.

18) Fritz Morstein Marx, *Elements of Public Administration*(Englewood Cliffs, New Jersey: Prentice-Hall, 1949), p.294.

수 있다. 즉 비공식조직은 능률적인 업무수행에 필요한 집단구성원 사이의 원활한 협동관계, 집단적 결정에의 참여, 유기적인 상호의존관계 등을 가능하게 한다.

둘째, 비공식조직은 조직구성원에게 만족감을 주고 직무집단에게 안정감을 준다. 즉 비공식조직을 통하여 조직구성원들이 귀속감(sense of belongingness)과 안정감(sense of security)을 느끼게 되어 조직에서 오는 소외감을 감소시켜 준다. 또한 비공식조직은 일정한 행동양식·규율·가치체계 등을 가지고 있어, 이것이 일정한 사회적 압력 또는 집단규범이 되어 조직구성원의 행동을 여러 가지 형태로 규제하게 된다. 여기서 내집단(in-group)의식이 생기게 된다.

셋째, 비공식조직은 구성원이 서로 정보를 교환할 수 있는 의사소통(communication) 체계와 그 통로를 확장시켜 주는 역할을 한다. 의사전달은 공식적인 통로에만 의존할 수는 없으며, 비공식적인 의사전달도 활용하여야 조직 전체의 의사소통이 활발하게 된다. 이것은 비공식조직이 자연발생적 조직이기 때문에 가능한 것이다.

넷째, 비공식조직은 조직구성원의 좌절감과 심리상의 불평, 욕구불만에 대한 안전판 또는 배출구의 역할을 한다. 관료주의조직이라는 것은 그의 감독방식에 근본적으로 독재적인 요소가 상존하기 때문에 피감독자 누구도 욕구불만이 야기될 가능성이 대단히 많다. 이런 상태를 비공식조직을 통하여 어느 정도 해소할 수 있다.

다섯째, 관리자는 비공식조직을 통하여 조직구성원의 업무태도와 내부의 사정 등 조직의 생리현상을 파악할 수 있다. 공식적 조직의 내용인 조직도표는 해부학의 기준만을 제시하여 주는 데 불과하지만, 비공식조직은 조직의 생리학·병리학적 내용을 동시에 제공해 준다.[19]

여섯째, 비공식조직은 그것을 구성하는 개인으로 하여금 자기실현과 자기혁신을 가능케 하고 개발할 수 있게 하는 중요한 역할을 한다.

---

19) Robert Dubin, *Human Relations in Administration, 2nd ed.*(Englewood Cliffs, New Jersey: Prentice-Hall, 1961), pp.86~87.

2. 역기능

비공식조직의 역기능을 살펴보면 다음의 세 가지로 설명된다.

첫째, 자생조직은 자칫하면 파벌을 조성할 위험성이 있고, 이에 따라 조직의 책임을 무효화할 가능성이 있다.

둘째, 공식조직의 목표에 배치되는 역기능이 있다. 구성원이 불안감을 가지고 있을 때에는 이것이 조직 전체에 확대됨으로써 공식조직을 해체시킬 수도 있다.

셋째, 비공식적 접촉을 통하여 개인적 이익을 도모하기 쉬우며, 따라서 정실이 조장될 우려가 있다. 또한 이것은 조직단위 사이의 이질감을 확대할 가능성이 있다.

Ⅲ 비공식조직 내의 집단역학

비공식조직은 공식적 조직을 보완하는 기능과 그것을 저해하는 기능을 동시에 가지고 있다. 그러나 이러한 역기능 때문에 비공식조직을 제거하거나 과소평가해서는 안 된다. 그보다는 비공식집단의 존재를 인정하고 충분히 이해함으로써 공식조직의 목적을 보다 능률적으로 달성하는 데 기여하도록 이를 관리·통제하여야 한다. 따라서 비공식조직의 관리는 그의 순기능을 최대한 촉진함과 동시에 역기능을 제거하는 방향에서 강구되어야 할 것이다.

여기서는 비공식조직의 관리에 대한 연구로서 집단역학(group dynamics)에 대해서 살펴보겠다.

1. 집단역학의 본질

집단역학(group dynamics)은 일정한 사회적 상황에서의 집단성원 상호 간에 존재하는 상호작용 또는 상호의존성을 뜻하며, 이론적으로는 이러한 집단의 심리적 과정에 대한 역학적 특성을 밝히려는 학문이다. 따라서 광의로는 집단심리학과 거의 같은 의미로 쓰여지고, 협의로는 장이론(field theory)의 관점에서 집단연구를 가리킨다.

레윈(K. Lewin)은 집단연구를 위한 기초개념으로서 집단의 본질은 성원의 유사성·상이성이 아닌, 성원 간의 상호의존성(interdependence) 또는 상호작용에 있다고 규정하고 있다.[20]

따라서 레윈은 개인들의 상호의존성을 본질로 집단이라는 장(field)이 형성되었을 때, 그 장에서의 심리학적 기본과정을 실험적으로 조작·재현시켜 그 역학적 특성을 밝힘으로써 직접적으로 조작할 수 없는 사회현상을 잘 이해할 수 있도록 하는 집단역학(group dynamics)을 창시하였다.[21]

레윈의 집단에 대한 학문적 관심은 주로 집단결정(group decision)과 사회변동에 머물고 있지만, 집단역학연구소(the Research Center for Group Dynamics)에 있는 그의 후학들에 의해서 집단역학론이 오늘날의 형태로 체계화되었다.

2. 레윈(K. Lewin)의 집단역학론[22]

레윈은 인간의 행동을 역동적인 특성을 지닌 장(field)이라는 개념틀 속에서 설명하고 예측하려고 하였으며, 장(field)이라는 개념을 '상호의존적인 것으로 생각되는 공존적 사실들의 총체'(the totality of coexisting facts which are conceived of as mutually interdependent)라고 정의하고 있다.

이러한 레윈의 장이론의 기본적 특징을 요약해 보면, 첫째로, 인간의 행동은 그 행동이 일어난 당시의 장의 함수로서 전체상황(total situation)과 현재적 상황을 강조한다. 둘째로, 구성적 방법(constructive method)을 택함으로써 보편과 특수 사이의 장벽을 극복한다. 셋째로, 동태적 접근(dynamic approach)을 취하여 사건의 내면적 동태를 세력(forces)이라는 분석적 개념을 통해서 과학적으로 파악한다. 넷째로, 구체적인 상황하에서 인간의 행동이 수량적으로 표

---

20) Morton Deutsch and Robert M. Krauss. *Theories in Social Psychology*(New York: Basic Books Inc., 1965), p.54.
21) 송대현, 사회심리학(서울: 박영사, 1983), 114면.
22) 전병재, 사회심리학(서울: 박영사, 1984), 139~150면.

현되어야 한다는 것이다.

레윈은 이상과 같이 장이론(field theory)의 특징을 밝히고, 체계적 심리학이론의 정립을 위해서 여러 가지 개념들을 정의하였다. 우선 그의 이론체계에서 중요한 구실을 하는 핵심개념을 검토해 보기로 한다.

레윈의 이론 중에서 가장 중요한 개념은 생활공간(life space)으로, 이는 특정한 시점에 일어난 어떤 행위를 결정짓는 사실들이 동시적으로 이루어지는 상황을 말하는 개념으로서 심리적 장, 전체상황(total situation)이라는 말로도 표현되고 있다. 따라서 레윈은 인간행위가 생활공간의 산물이라는 관계를 다음과 같이 수학적 공식으로 표시하고 있다.[23]

$$B \ = \ f(LS) \ = \ f(P \cdot E)$$

(인간의 행동(B)은 인간(P)과 환경(E)의 상호의존 내지 상호작용의 함수)

(B = Behavior, LS = Life Space, P = Personality, E = Environment)

위의 공식에서처럼 레윈의 생활공간 개념은 처음에는 개인의 행동을 설명하기 위한 이론적 틀로서 전개되어 왔지만, 구조적·동태적 개념들을 적용하여 개인행동으로부터 집단행동의 분석에 관심을 나타내게 되었다. 즉 그는 장이론과 인간행동의 역동성을 개인심리학의 틀 속에서 취급했지만, 그것을 사회심리학의 영역에 도입하려고 노력한 것이다.

따라서 레윈의 집단역학(group dynamics)에서는 역동적인 전체집단이라는 장이 상호의존관계에 있는 각 성원에게 어떠한 힘을 발휘하며, 그 힘은 어떤 조건으로 좌우되는가 하는 역동적 문제들이 이론적·실증적으로 연구되었다. 즉 집단역학은 개인단위를 넘어선 집단의 특유한 운동법칙을 규명하려는 데 초점을 두고 있다. 이와 같은 맥락에서 행해진 레윈의 연구는 오늘날 발전하고 있는 조직관리의 연구에 중요한 의의가 있으며, 또한 레윈의 집단역학은 모레노(J. L. Moreno)의 자발성에 관한 연구, 소시오메트릭 테스트(sociometric

---

23) Kurt Lewin, *A Dynamic Theory of Personality*(New York: McGraw—Hill Book Co., Inc., 1935), pp.83~84.

test) 등과 더불어 사회적 욕구, 집단활동에의 참여동기 및 대인관계에서의 영향력 등의 조직문화와 관련된 문제를 이해하기 위해서 효과적으로 활용될 여지가 많다.

15 조직발전

조직은 여러 가지 복잡한 대내·외적 환경과 접하고 있으며, 이러한 환경의 변화는 조직의 변화를 요구하게 된다. 그런데 현대조직의 환경변화의 정도와 빈도가 심해지자, 전통적인 변화관리가 불가능해졌다. 따라서 종합적이고도 체계적인 조직환경 변화에의 관리노력의 일환으로서 조직발전이론이 등장하게 되었다.

즉 조직발전(OD: organization development)이란 조직이 환경변화에 효율적으로 적응할 수 있도록 조직의 문제해결능력을 기르고 혁신시키려는 장기적인 노력의 일환으로서, 재구조화과정(restructuring process)을 포함하는 규범적이며 계획적인 변화전략과정이다.

제 1 절 조직발전의 이론적 배경

조직발전은 제2차 세계대전을 계기로 대두되기 시작하였으며, 1950년대 중반까지는 개인적인 기술의 개선에 역점과 비중을 두어 개인과 조직 모두에 대한 균형적인 통합을 크게 강조하지는 않았다. 그러나 1957~1958년 Esso–Standard 석유회사의 사례를 통해 조직발전은 크게 발전되었는데, 조직의 건강(health)과 효과성을 향상시키기 위한 통합적인 접근법을 택하였다는 점에서 오늘날의 조직발전이론과 실제의 직접적인 기원이 되었다.

1960년대에 들어 조직발전의 가치는 더욱더 높이 평가되어 기업은 물론 병원·학교·교회 및 행정기관 등에서 널리 적용되었으며, 미국뿐만 아니라 영국·일본·스웨덴 등의 선진국에도 널리 보급되었다. 한편 1959년 이래 많은 행태과학자들이 조직발전에 도움을 주기 시작하였으며, 1960년대 말부터 1970년대 초까지 많은 실무가들이 현장에 투입되었고, 많은 이론가들에 의한 이론정립과 저작활동이 있었으며, 많은 교육기관에서는 다양한 접근법과 모델 및 기법을 가르치기 시작하였다. 이 당시 조직발전은 '조직'에 중점을 두고 구체적으로는 팀 형성기법을 많이 사용하였으나 측정상의 문제가 제기되었다. 1970년대에 이르러 조직발전은 얼마간 정의되고 정설화 과정을 거치게 되었다. 이 당시 조직발전은 '개인'에 중점을 두고 실험실훈련기법을 많이 사용하면서 윤리도덕상의 문제가 제기되었다. 1980년대에 이르러 조직발전은 다시금 사회학적 관심을 받으면서 전체조직의 효과성을 제고시키기 위한 종합적인 사회문화적 접근법으로 각광받게 되었다.

제 2 절 　 조직발전의 의의

Ⅰ 조직발전의 정의

베카드(R. Beckhard)는 조직발전을 행태과학지식의 이용과 조직과정상의 계획된 개입활동을 통해서 조직의 효율성과 건전성을 높이기 위해 최고관리자로부터 시작된 조직전반에 걸친 계획된 노력이라고[1] 정의하였다. 에이브람손(R. Abramson)도 조직발전을 최고관리자의 주도하에 전개되는 계획적인 변화과정으로서 행태과학에 의거한 변화 담당자(change agent)의 계획적인 개입

---

1) Richard Beckhard, *Organization Development: Strategies and Models*(Reading, Massachusetts: Addison－Wesley, 1969), p.9.

활동을 통해 전체조직의 효율성 증대를 기도하는 현대적인 변화기법이라고[2] 하였다. 또한 알브레히트(K. Albrecht)는 조직발전을 전반적인 조직활성화를 위한 포괄적인 개선계획과정이며, 조직관리자들에 의해 수행될 수 있고 안정될 필요가 있는 조직의 모든 측면을 다루며 개선하려는 것이라고 하였다.

이상의 정의를 정리해 보면 조직발전이란 응용행태과학의 도움과 최고관리자의 적극적인 지원, 그리고 변화담당자의 계획적인 개입활동에 의해 조직의 환경변화에의 효율적인 적응과 문제해결능력의 향상을 도모하는 규범적이며 재교육적인 변화전략과정이다.

Ⅱ 조직발전의 목표

일반적으로 조직발전의 목표는 조직에서 일어나는 여러 가지 문제들의 형태와 처방에 따라 다르게 설정될 수 있지만, 광의의 조직발전의 목표는 조직의 유효성을 증대시키는 것이다. 이러한 의미에서 공통적으로 나타나는 조직발전활동의 목표에 대해서는 많은 학자들이 언급하였으나, 이 중에서 대표적이라고 생각되는 골렘비우스키(R. T. Golembiewski)와 다나까(田中敏夫) 교수의 견해를 살펴보기로 한다.

1. 골렘비우스키의 견해

골렘비우스키(R. T. Golembiewski)는 조직발전의 목표를 정리하였는데, 이는 다음과 같이 설명할 수 있다.[3]

1) 조직 내에 개방적이며 문제해결을 위한 분위기를 조성한다.

2) 조직 내의 구성원의 지위와 역할에 대한 지식과 능력을 구비케 함으로써 구성원과 관련된 권리를 신장시킨다.

---

2) Robert Abramson, *An Integrated Approach to Organization Development and Performance Improvement Planning*(West Hartford, Connecticut: Kumarian Press, 1978), p.9.

3) R. T. Golembiewski, "Organization Development in Public Agencies," *Public Administration Review*, Vol. 29, No. 4(1969), p.368.

3) 정책결정과 문제해결의 책임을 명확하게 한다.

4) 조직 내의 개인이나 집단 간의 신뢰감을 조성한다.

5) 조직의 목표를 달성하기 위해서 경쟁을 조장하고 협동적 노력을 극대화시킨다.

6) 조직의 과업과 조직의 발전을 성취하는 데 필요한 보상제도를 개발한다.

7) 조직구성원들이 조직목표를 잘 인식케 하고 그들이 스스로 조직의 관리자라는 의식을 갖게 한다.

8) 조직관리층이 관련있는 목적에 따라 지식을 관리하게 한다.

9) 조직의 구성원들이 자기통제(self−control)와 자기관리(self−direction)를 할 수 있게 한다.

2. 다나까 도시오의 견해

다나까 도시오(田中敏夫) 교수도 조직발전의 목적으로 다음과 같은 세 가지를 제시하고 있다.[4]

1) 조직의 계획성을 향상시킨다.

2) 조직구성원 모두를 계획수립에 참여시킨다.

3) 끊임없는 진보를 추구해 가는 자율행동을 정착시킨다.

이와 같이 두 학자가 설명한 조직발전의 구체적 목표 외에도 많은 학자들이 조직발전의 목표에 관하여 논의하고 있는데, 이를 종합해 보면 조직발전의 핵심적 목표는 다음의 세 가지를 들 수 있다. 즉 첫째로, 구성원들의 신념 및 가치관의 변화, 둘째로, 이에 따른 그들 행태의 수정이고, 셋째로, 조직구조 및 정책의 변화의 추구라고 할 수 있다. 결국 조직발전에 있어서 궁극적인 목표는 종래의 정적(static)이고 경직성을 띤 조직보다 효율성을 증대시키고 적응력을 갖는 유기적인 조직으로 혁신을 가져오게 하는 데 있다. 이것은 조직 내부의 갈등을 지양하고 원활한 의사소통과 구성원들의 팀워크(teamwork)를 조성하여 상호신뢰와 협동체제를 확립하고, 개인의 욕구와 조직의 목표를 일치시켜 전체조직의 능력과 조직문화를 향상시킴으로써 성취할 수 있는 것이다.

---

4) 田中敏夫, 조직개발사례집(동경: 산업능률단기대학 출판부, 1978), 119면.

Ⅲ 조직발전의 특징

앞에서 조직발전의 정의와 목표를 살펴보았는데, 조직발전은 다음과 같이 중요한 특징을 갖고 있다고 할 수 있다.

1. 행태과학의 활용

조직발전은 학문의 이론적인 지식기반을 행태과학(Behavioral Science)에 두고 있다. 따라서 조직발전의 문제에 있어서도 일반조직행태와 같이 행태과학의 이론과 지식이 많이 활용된다. 조직발전의 프로그램에는 행태과학자들이 '행동연구모형'이라고 부르는 전략(strategy)을 많이 사용하고, 방법(methodology)에 있어서는 변화담당자(change agent) 또는 전문상담자(consultant)를 적극적으로 개입시켜 활동케 한다.

2. 인간적 측면의 강조

변화과정에서 조직발전은 구성원들 사이의 개방성과 상호이해 및 자발적인 협동행위를 강조함으로써 구성원들과 조직 양측의 공동이익을 극대화시키려 한다. 따라서 조직발전에서 강조되고 있는 개인의 기본가치와 전제조건에 있어서 개인의 자율성과 독립성이 보장되어야 하며, 노동과 여가를 선택할 수 있는 자유를 개인에게 부여해야 하고, 생리적 욕구와 안전욕구는 물론이고 보다 고차원적인 욕구충족을 통하여 개인의 자기계발과 자기실현이 추구되도록 해야 한다.

3. 장기적 변화와 일상적 관리과정

조직발전은 특정한 집단의 문제를 해결함으로써 완료되는 임시적 변화과정이 아니라, 집단의 성과를 계속 향상시키고 전체조직의 효율성을 계속 높이기 위하여 장기적으로 지속되는 변화과정이다. 따라서 조직발전은 조직에서 일상화되고 생활화된 관리과정이어야 한다.

4. 전체조직의 효율성 향상

조직발전은 전체 체제의 관점에서 조직 내의 구성원들과 집단을 중심으로 이들 사이의 상호연결성은 물론 전체조직과의 상호연관성을 강조하고 있다. 따라서 조직구성원과 집단에서의 부분적인 변화는 전체적인 조직변화에 영향을 준다는 전제 하에 조직부분 간의 상호관계강화(mutual reinforcement)와, 더 나아가서는 전체조직의 문화적 변화와 효율성 증대를 강조하고 있다.

전체조직의 효율성을 향상시키는 데 있어서 조직발전은 조직구조의 개선을 기도하고, 직무를 설계하며, 활성적인 조직분위기를 조성하는 데에 노력하고, 의사결정체계와 문제해결행동을 개발하는 데 주안점을 두고 있다.

제 3 절　조직발전의 접근방법

로렌스(P. Lawrence)와 로쉬(J. Lorsch)는 조직발전의 체계적인 접근방법으로서 (i) 개인과 집단, (ii) 집단과 집단, (iii) 조직과 환경과의 상호관계의 세 가지 범주로 나누어 설명하고 있는데,[5] 이러한 조직발전의 접근방법에는 여러 가지 형태가 있을 수 있으나, 여기서는 구성되는 변수에 따라 (i) 구조적 접근법(structural approach), (ii) 기술적 접근법(technological approach), (iii) 인간적 접근법(human approach)의 세 가지로 구분한 리비트(H. Leavitt)의 조직변화이론을[6] 중심으로 살펴보기로 한다.

---

5) William A. Shrode and Dan Voich, Jr., *Organization and Management: Basic Systems Concepts*(Homewood, Ill.: Richard D. Irwin, Inc., 1974), p.380.

6) Harold J. Leavitt, "Applied Organization Change in Industry: Structural, Technical and Human Approaches," in James G. March(ed.), *Handbook of Organizations*(Chicago: Rand McNally, 1970).

Ⅰ 구조적 접근방법(structural approach)

구조적 접근방법은 조직변화에 있어서 이해가 용이하고 대상이 명확하여 널리 사용되는 방법이다. 페이욜(H. Fayol)이나 베버(M. Weber)의 전통적 조직이론이 널리 일반화되어 있고, 아직도 구조의 발전이 제도화되지 못한 후진국 조직에서 구조적 접근방법의 비중은 큰 편이다. 구조적 접근방법의 방향은 최적의 조직구조를 통하여 조직의 효율성을 높이고자 하는 것인데, 이상적인 조직구조는 각 조직의 개별적 특수성에 의하여 달라질 수 있다. 그러나 일반적으로 다음과 같은 방향으로 구조적인 조직변화가 이루어지고 있다.

▼ 그림 1-15-1 조직변화의 주요상관변수

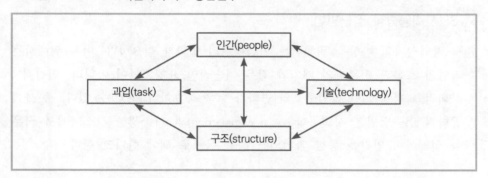

1. 전통적 접근법

전통적 접근법은 연역적·논리적인 측면에서 최적화된 구조를 통해 조직의 효율성을 높이고자 하는 것이다. 따라서 이 전통적인 접근방법은 전문화, 명령의 통일성, 권한과 책임, 감독의 폭, 권한위임 등의 조직원리를 강조한다. 초기의 조직이론에서는 공식적·합법적인 조직원리에 근거하여 인간행위의 완전무결성을 전제로 한다. 여기서 보는 인간은 책임을 부여하면 그 책임을 수락하며, 조직의 목표를 달성하기 위해 존재한다고 본다. 이러한 초기의 접근법에는 권위주의적이고 청교도적인 가치관이 개재되어 있다.

2. 분권적 접근법

분권화는 현대조직에 있어서의 하나의 특징이 되고 있는데, 현대의 조직환경은 구조의 세분화에 의한 분권화를 요청하고 있다. 사업부제도의 출현과 이익집중단위(profit center)에 의한 분권화제도의 확립은 이의 좋은 예라 할 수 있는 바, 분권화는 담당관리제도(local management)에 의한 자율성과 책임성을 다 함께 향상시켜 준다.[7]

분권적 접근법은 구조의 분화를 통한 조직변화에서 권한을 분산·위임함으로써 조직의 효율성을 증대시키려는 것인데, 결국 분권화는 다차원적 시스템에서 하위단위의 변화에 대한 자율성의 부여로 조직 전체의 효율성을 높이려 하는 것이다.

3. 사회공학적 접근방법

작업성과의 향상을 위해서는 인간행위의 변화가 필요하다. 이를 위해서는 작업의 흐름과 전문가의 배치와 같은 기술적인 요청뿐만이 아니라, 인간적·사회적 요청에 의한 작업구조의 변화가 더욱 중요하다고 할 수 있다. 즉 사회공학적 접근방법은 사회공학(social engineering)의 기술생산 시스템에서 직무를 설계하여 인간을 통한 과업의 달성을 목표로 해야 한다고 한다.[8]

4. 의사소통 접근방법

일상적 업무와 혁신적 업무 간에는 의사소통망(communication network)이 다르게 형성되어야 한다. 따라서 조직구조와 업무가 이루어지는 의사소통망의 형태에 조직변화가 의존하게 된다.[9]

---

7) Lyman W. Porter, Edward E. Lawler and Richard J. Hackman, *Behavior in Organization* (New York: McGraw-Hill, 1975), p.447.

8) *Ibid.*, p.451.

9) Harold J. Leavitt, *op. cit.*, p.202.

⑪ 기술적 접근방법(technological approach)

기술적 접근방법은 기술·과학지식을 사용함으로써 조직의 변화를 추구하고 발전시키려는 방법이다. 최초의 기술적 접근방법으로서는 테일러의 과학적 관리법을 들 수 있고, 경제적 인간관에 의한 새로운 관리기법인 기술적 기법으로서 산업공학(industrial engineering)이 개발되었다. 그러나 이 기법은 지나치게 인간을 기계시했다고 하여 이에 대한 반론으로 인간관계론이 대두되었다. 하지만 오늘날에 와서는 관리과학(management science), 즉 OR이나 컴퓨터 등의 발달로 다시금 새로운 기술적 조직변화에 대한 요구가 증대되고 있다. 의사결정의 어려움을 정보관리 시스템(MIS)을 활용하여 해결하며, OR, 재고관리기법, QC, 시뮬레이션(simulation) 등의 기술적 혁신은 현대조직에서 필연적인 변화를 요청하고 있다.

이러한 관리과학의 기술적 접근방법에 의해 과업·인간·구조는 이미 급진적으로 수정되고 있다. 이러한 측면에서 기술적 접근방법은 명확하고 논리적이고 보다 어려운 문제해결을 할 수 있고, 인간의 약점을 보완해 주는 것이라 할 수 있다.[10]

⑫ 인간적 접근방법(human approach)

인간적 접근방법은 조직구성원의 행위를 변화시킴으로써 조직을 변화시키려 하는 것이다. 즉 인간행위의 변화를 통하여 새로운 기술을 창의적으로 개발할 수 있고, 조직의 구조도 변화시킬 수 있다고 생각하는 것이다. 이렇게 함으로써 궁극적으로는 조직의 과업수준도 향상시킬 수 있고, 개인의 성장과 자아실현도 가능하다고 보는 것이다.

이러한 인간적 접근방법의 특징은 변화의 과정에 대한 초점이 인간지향적

---

10) *Ibid.*, pp.202~205.

이라는 데 있다.[11]

인간적 접근방법에서 조직의 가치규범 변화는 개인의 가치와 규범의 변화를 통해서 가능하다는 것이 가장 기본적인 전제라 할 수 있다. 인간동기화와 성장의 논리 및 사회의 민주적 규범은 가치관 변화의 방향과 거의 동일한 것이기 때문에, 개인의 가치와 규범의 변화를 통해서 조직의 과업을 성취할 수 있다고 전제하는 것이다.

쇼트(L. E. Short)는 인간적 접근법을 지식·기술·태도 등 세 가지 범주에서 시도하고 있는데, 그는 계획적 조직변화를 통해서 조직구성원의 지식·기술개선을 시도하고 있다. 그는 이러한 것은 비교적 단기간에 가능하나 결국 내부적 변화, 즉 태도와 행동 패턴, 가치관의 변화가 따르지 않으면 성공적인 변화는 있을 수 없다고 주장하는데, 역시 인간행동의 대전제라 할 수 있는 가치체계의 변화를 강조하고 있는 것이다.[12]

이와 같은 인간적 접근방법은 그 기법도 다양하게 개발되었고, 실제로 조직발전 프로그램(OD program)에서 많이 적용되고 있어 그 유용성을 인정받고 있다. 반면에 인간적 접근방법에 있어서의 단점은 인간의 가치체계의 변화가 강조되고 있으나, 그 자체가 단기간의 교육이나 작용으로 변화시키기가 어렵다는 점이다.

아무튼 인간적 접근방법은 조직관리에서 자율성을 향상시키고, 목표달성의 수준을 높이는 데 그 의의가 크다고 할 수 있다. 따라서 '목표에 의한 관리'(management by objective)가 인간적 접근법의 전형이라고 하는 이유가 여기에 있는 것이다.

---

11) *Ibid.*, pp.205~211.

12) Larry E. Short, "Planned Organizational Change," *MSU Business Topics*(Autumn 1973), p.57.

제 4 절   조직발전의 주도자와 발전전략

조직발전의 추진방법은 크게 교육훈련방식과 컨설팅(consulting) 방식의 두 가지로 나누어 생각할 수 있지만, 실제로는 상호복합적 방법을 취하는 경우가 많다. 조직발전을 위한 구체적 전략을 논하기 이전에 조직발전 프로그램의 실시에 있어서 중요한 역할과 공헌을 하게 되는 변화의 주도자에 관해 살펴 보기로 한다.

Ⅰ   조직발전의 주도자

조직발전의 과정은 우선 최고관리자나 부서의 장이 문제를 해결하고 문제해결을 위하여 조직발전을 추진할 것에 관한 의사결정(decision making)을 해야 하며, 그 다음 이를 담당해 나갈 수 있는 충분한 능력과 자질을 갖춘 변화주도자를 선택함으로써 구체적인 실시단계로 들어간다. 조직발전활동을 추진함에 있어 그 역할을 담당하는 사람은 변화관리자(change manager)와 변화담당자(change agent)의 두 가지로 나누어 볼 수 있다.[13]

1. 변화관리자(change manager)

변화관리자란 최고관리자나 부서의 장으로서 조직활동이나 그 효율성에 책임을 지는 사람이고, 또한 전체적 또는 부분적 조직변혁에 주된 책임을 부여받은 사람이라고 할 수 있다. 바꾸어 말하면 변화관리자는 조직혁신의 대상이 되는 전체조직 또는 부서의 장으로서 계선(line)에 대한 책임을 가지고 스스로가 선두에 서서 변화를 행하는 입장에 서 있는 사람이라고 할 수 있다.

변화관리자의 예로서는 최고관리자(chief executive)나 부서의 장(unit head)

---

13) R. Beckhard, *op. cit.*, p.100.

외에도 전도자(evangelist), 기능적 리더(functional leader), 전환집단(convert group) 등을 들 수 있다.14)

2. 변화담당자(change agent)

변화담당자는 조직의 내·외부를 불문하고 혁신을 추진함에 있어서 기술적인 조언이나 조력을 제공하는 사람이라 할 수 있는데, 전문가나 참모(staff)로서 조직관리자를 변화를 촉진해 가는 입장에 서있다.

이러한 변화담당자는 조직외부인사와 내부인사로 구분해 볼 수 있는데, 종래에는 대부분의 변화담당자란 대상조직(client)의 외부인사를 말하였으며, 특히 초기발전단계에서는 외부변화담당자를 필요로 하는 것이 일반적인 현상이었다. 여기에서 외부변화담당자를 유형별로 구분해 보면 의사소통전문가, 노사관계전문가, 생산분석가, 노동관계컨설턴트, 감독자와 관리자의 훈련 컨설턴트 등이 있으며, 또한 베니스(W. G. Bennis)에 의하면 이 외부변화담당자는 직업적 전문가로서 대부분 행태과학을 전공한 사람이라거나 대학에 직을 가진 전문 컨설턴트(consultant)라고 한다.15)

그리고 내부변화담당자의 유형으로서는 조직발전부(organizaton development department), 조직발전전문가(organization development specialist), 조직발전을 담당하는 인사부요원(the personnel man with OD at his primary job), 임시변화담당자(temporary change agent), 훈련 컨설턴트(training consultant), 매너지리얼 그리드 프로그램(managerial grid program)의 조직발전조정자(coordinator) 등을 들 수 있다.16) 조직발전에 있어서 내부변화담당자의 문제나 그 육성에 대해서는 조직발전활동이 각 조직에 확대되어감에 따라 그 중요성이 상당히 부각되고 있다.

조직발전은 다른 관리개선과는 달리 기술상의 문제가 아니라 인간의 가치

---

14) *Ibid.*, pp.101~105.

15) Warren G. Bennis, *Organization Development: Its Nature, Orgins, Prospects*(Readings, MA: Addison−Wesley, 1969), p.114.

16) R. Beckhard, *op. cit.*, pp.111~115.

관과 행동에 영향을 미치기 때문에 앞서 설명한 조직발전의 특징에서 다룬 바와 같이 행태과학의 전문적 지식을 필요로 한다. 따라서 조직발전의 실시 자체는 내부의 당사자 스스로가 행하는 것이지만, 성격상 전문가의 도움을 필요로 하며 대부분의 경우 해당 조직 내의 사정에 개의치 않고 객관적으로 혁신을 추진해 가는 외부전문가에게 의뢰하는 경우가 많다.

▼ 그림 1-15-2 변화담당자의 역할행동요소

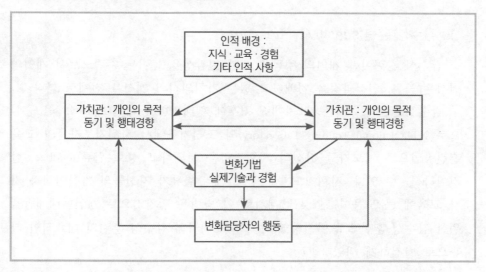

변화담당자는 연구조사자 · 훈련자 · 컨설턴트 · 카운슬러(counsellor), 그리고 어느 경우에는 계선(line)업무 관리자의 역할도 하며, 더욱이 이 가운데 어느 하나만을 하는 것이 아니라 실제적으로는 복합적으로 여러 역할을 수행하기도 한다. 따라서 조직체 변화의 상황적 여건을 막론하고 변화담당자는 [그림 1-15-2]와 같은 행동요소를 갖추고 있어야 한다.

그런데 조직발전에 있어 무엇보다 중요한 것은 변화담당자와 조직발전 대상조직(client)과의 협조적인 관계로 조직발전의 성패는 이 관계에 달려있다 해도 과언이 아니다.[17]

17) W. Bennis, *op. cit.*, pp.91~92.

Ⅱ 조직발전의 전략

조직발전과정에는 행태과학에 입각해 조직안정과 발전을 위해 도움되는 모든 방법이 다 적용된다. 따라서 조직발전전략은 조직진단의 결과 여하에 따라 여러 방법이 제시될 수 있다. 다음에서는 그 적용수준을 크게 개인·집단·조직수준으로 구분하여 각 수준에서의 대표적인 방법을 설명한다.

1. 감수성 훈련(sensitivity training)

감수성 훈련이란 개인의 행동에 대한 민감성을 높이는 훈련으로서 개인의 인식은 물론, 인식과정을 지배하고 있는 가치의식의 개선을 전제로 한다.

감수성훈련의 효시는 제2차대전 직후에 행태과학자 레윈(K. Lewin)을 중심으로 NTL(National Training Laboratory)의 조직기구에서 사회지도자들의 교육훈련방법으로 지도자들 자신의 사회경험을 토의하고 상호 환류(feedback)한 것이라 볼 수 있다. 사회지도자들 상호 간의 환류가 자신들의 자아인식과 기타 교육에 큰 도움이 된 것을 계기로 이 방법은 점차적으로 개인행태개발을 위한 감수성 훈련으로 발전하였고, NTL도 미국의 감수성 훈련의 대표적인 기관으로 발전하게 되었다.[18]

1) 감수성 훈련의 목표

감수성 훈련의 목표는 상당히 광범위하나 이들을 요약해 보면 자아·역할·조직을 대상으로 한 변화로 대별되며(표 1-15-1 참조), 특히 브래드포드(L. P. Bradford)는 모든 목표가 연관되고 있는 점을 [그림 1-15-3]과 같이 간결하게 보여 주고 있다.[19]

---

18) Edgar F. Huse, *Organization Development and Change*(St. Paul, Minnesota: West Publishing Company, 1975), p.25.

19) Leland P. Bradford, "Membership and the Learning Process," in L. P. Bradford, J. R. Gibb and K. D. Benne(eds.), *T-Group and Laboratory Method*(New York: Wiley & Sons, 1964), p.215.

▼ 그림 1-15-3 감수성 훈련목표의 상호관련성

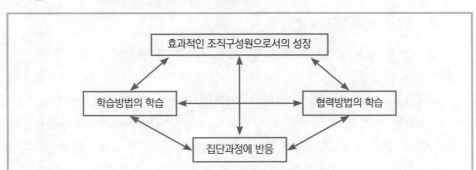

자료: Leland P. Bradford, "Membership and the Learning Process," in L. P. Bradford, J. R. Gibb and K. D. Benne(eds.). *T-group and Laboratory Method*(New York: Wiley & Sons, 1964), p.215.

표 1-15-1　감수성 훈련의 목표

대상	변화양상
자아	1. 자신의 감정·반응 및 타인에 미치는 자신의 영향력에 대한 인식의 증대 2. 타인의 감정·반응 및 그들이 자신에 미치는 영향력에 대한 인식의 증대 3. 집단행위의 역할에 대한 인식의 증대 4. 자아·타인·집단에 대한 태도의 변화(예: 자아·타인·집단에 대한 존경·관용·신념의 증대) 5. 개인 간 능력의 증대(예: 생산적이고 만족스러운 관계가 유지되게끔 개인 및 집단관계를 처리하는 수완)
역할	6. 자신의 조직역할, 조직의 역할, 보다 큰 사회체계의 역할, 그리고 자아·소집단·조직에서의 변화과정의 역할에 대한 인식의 증대 7. 자신의 역할, 타인의 역할, 그리고 조직관계 등에 대한 태도의 변화 8. 자신의 조직역할이 상급자·동료·하급자와 가지는 관계를 처리하는 데 있어서의 인간관계능력의 증대
조직	9. 상호의존적인 집단이나 부서에 존재하는 구체적 조직문제를 다룰 수 있는 인간관계능력의 증대 및 이러한 문제들에 대한 변화된 태도에 관한 인식의 증대 10. 관계에 대한 훈련이나 고립된 개인이 아닌 집단을 통한 조직 개선

자료: E. H. Schein and W. G. Bennis, *Personal and Organization Change Through Group Methods: The Laboratory Approach*(New York: John Wiley & Sons, 1965), p.37.

2) 행태발전의 과정

(1) 참가자의 소집단 구성

감수성 훈련에 참가하는 피교육자들은 10~20명 가량의 소집단을 단위로 참가자들 사이에 친밀한 상호관계가 형성될 수 있는 대인관계실험집단 (interpersonal laboratory)을 구성한다. 이러한 인원이 구성되는 방식에는 (ⅰ) 참가자들이 서로 알지 못하는 이방인형 실험실 훈련(strange-lab), (ⅱ) 같은 조직체에 존속되어 있지만 같이 일하지 않는 비동료형 실험실 훈련 (cousin-lab), (ⅲ) 같은 작업집단에 속하여 일하는 가족형 실험실 훈련 (family-lab)의 세 가지가 있다.

(2) 훈련과정

감수성 훈련은 기획된 목적에 따라서 몇 시간 내지는 1일 정도의 단기과정 과 몇 주일 정도의 장기과정으로 다양하게 계획되어 진행될 수 있다. 장기과 정일수록 직장에서 떨어져 훈련에 전념할 수 있는 좋은 환경을 갖춘 합숙장소 에서 실시한다. 교육내용도 훈련의 강도와 기간에 따라서 다를 수 있지만, 일 반적인 내용은 다음과 같다. 즉 (ⅰ) 참가자들 간의 소개와 상호간의 친밀한 관계유도, (ⅱ) 개인행동과 집단행동에 관한 행태과학이론 교육, (ⅲ) 문제해 결과제를 통하여 참가자들 간의 실제 상호작용 유도, (ⅳ) 상호작용에서 나타 난 행동에 대한 참가자들 간의 토의와 자신들 간의 의견교환, (ⅴ) 이론교육 ·상호작용경험·토의·의견교환의 반복 및 정리 등을 들 수 있다.

이상의 교육내용 중에서 가장 중요한 부분은 참가자들 사이의 실제 상호작 용과 참가자의 행동에 관한 상호 간의 개방적인 토의 및 의견교환이라 할 수 있는데, 이 과정에서 참가자들은 자신의 행동에 대한 이해는 물론 자신의 행 동이 타인에게 어떠한 영향을 주고 있는지를 직접 알게 됨으로써 자신의 자아 인식을 높이게 된다. 그리고 이 과정이 반복됨으로써 자신의 행동을 지배하고 있는 가치관과 의식구조를 알게 되고, 따라서 자신의 행동을 분석할 수 있는 능력을 갖게 된다.

(3) 변화담당자의 개입

감수성 훈련은 참가자를 중심으로 이들이 원하는 행동개선에 대한 선택의 자유를 부여해 주는 동시에 변화담당자의 간접적인 개입역할을 통하여 참가자의 행동개선을 유도하고 있다. 따라서 참여자들 사이에 개방적인 대인관계와 의견교환(feedback)을 자유스럽게 유도하고, 변화담당자 자신의 관찰을 중심으로 의견을 제공하는 효율적인 변화담당자의 간접적인 개입역할이 매우 중요하다. 또한 변화담당자는 참가자로 하여금 종래의 가치의식에서부터 새로운 관점과 새로운 가치의식을 찾게 하며, 이것을 기반으로 새로운 행동을 형성하도록 초점을 맞추게 된다(표 1-15-2 참조).

표 1-15-2 가치의식의 변환

낡은 가치의식(old value)	새로운 가치의식(new value)
인간에 관한 불신	인간에 대한 신뢰
문제를 외면하는 태도	문제를 직면하고 해결하는 태도
무사안일주의	모험적 태도
무관심적 태도	적극적인 태도
경쟁적 적대의식	협조적 의식
권위의식	평등의식
폐쇄적 태도	개방적 태도
직무 중심의 개인능력활용	개인의 전체능력활용
개인 차이에 대한 두려움	개인 차이의 활용
인간의 고정적 개념	인간의 개발성
X이론적 인간관	Y이론적 인간관

자료: Newton Margulies and Anthony P. Raia, *Organizational Development: Values, Process and Technology*(New York: McGraw-Hill Book Company, 1972), pp.12~25.

3) 감수성 훈련의 효과

감수성 훈련의 효과에 관해서는 많은 논란이 있다. 이 훈련을 지지하는 사람들은 앞에서 말한 목표를 달성하는 데 공헌한다고 생각하지만, 비판적인 입장을 취하고 있는 사람들은 훈련의 성과가 특정조직이 요구하는 것과 별로 관련성이 없다고 한다. 캠벨(J. P. Campbell) 등의 학자에 의하면 이 훈련이 행동의 변화를 가져온다는 연구결과를 인정은 하지만, 직무성과라는 측면에서 그러한 훈련의 유용성은 더 검토해 보아야 할 것이라고 한다.[20]

따라서 감수성 훈련이 좋은 효과를 거두려면 변화담당자의 역할개입이 중요한 것은 물론이고, 그 외에 참가자들의 훈련과정에 있어서 개방적 태도를 견지하고, 장기적인 관점에서 훈련을 하며, 구성원에 대한 보상·승진·인사고과·인력개발 등의 실제 행정관리에 연결시키는 내부적 환경여건이 조성되어야 할 것이다.

2. 팀 빌딩(team building)

조직 속에 존재하는 다양한 작업집단을 개선하고 그 효율성을 높이려는 개입기법이 팀 빌딩(team building)인데, 이의 목적은 조직의 공식적인 임무를 수행하는 팀의 구성원들이 협조적인 관계를 형성하여 임무수행의 효율화를 도모할 수 있게 하려는 데에 있다.[21] 팀 빌딩 기법은 작업집단이 기술적인 구성체이며 동시에 사회적인 체제라는 것과 집단구성원들이 공동목적의 달성을 위해 서로 협조하고 힘을 합칠 때 작업집단의 효율성이 비로소 제고될 수 있다는 것, 그리고 집단구성원의 복지가 향상되고 정서적인 욕구가 충족되어야만 작업집단의 유지와 효율성 제고가 가능하다는 것을 가정하는 개입방법이다.

팀 빌딩(team building)은 조직발전의 개입관점에서 볼 때 집단행태발전을 위한 가장 중요한 방법이라 할 수 있는데, 흔히 강조되고 있는 팀 빌딩의 방법은 집단의 문제진단, 가족 팀 형성, 역할분석 등이라 할 수 있다.

---

20) John P. Campbell and M. D. Dunnette, "Effectiveness of T−Group Experiences in Managerial Training and Development," *Psychological Bulletin*(August 1968), p.104.

21) Wendell L. French and C. Bell, *Organization Development*(Englewood Cliffs, New Jersey: Prentice−Hall, Inc., 1973), p.29.

1) 집단문제의 진단회의

집단문제를 진단하는 것이 팀 빌딩의 첫번째 형태인데, 이 방법은 문제집단의 관리자와 변화담당자가 사전에 당면한 문제를 서로 협의한 다음, 집단구성원들에게 문제를 공동으로 토의할 것을 제의함으로써 시작된다. 집단구성원들이 이 제의에 동의하게 되면 문제진단을 위한 집단회의가 소집되어 변화담당자의 개입하에 관리자와 구성원들이 모두 개방적인 커뮤니케이션을 통해 자기집단의 문제를 토의하여 문제의 원인을 밝히고, 문제 해결을 위한 구체적인 계획을 작성하게 된다. 진단에서 자주 노출되는 문제들이라 하면 집단의 계획능력 결여, 자원의 부족, 구성원 간의 협조심 부족, 관리제도의 미비, 기술이나 능력의 미흡 등을 들 수 있다.

2) 가족집단형성회의

이 회의에서는 동일작업집단 속의 구성원들 사이의 직무배정과 상호 간의 갈등(conflict)이 대상문제가 된다. 변화담당자는 작업집단의 구성원들을 개인적으로 면담하고, 간단히 설문서도 작성하여 집단행태와 구성원들 상호관계에 대한 실제자료를 수집한다. 변화담당자는 작업집단구성원들의 면담결과와 설문자료분석을 중심으로 구성원들 간의 개방적인 토의와 의견교환을 유도하고, 설문자료의 분석결과도 환류(feedback)시켜 주면서 구성원으로 하여금 자신들 간의 근본문제를 인식하고, 구체적인 해결방법을 모색하도록 한다. 또한 동시에 구성원들 간의 상호이해를 높여 주도록 한다.

3) 역할분석회의

집단구성원의 역할을 둘러싸고 각자의 역할기대(role expectation)와 실제역할행동(role behavior) 간의 차이로 말미암아 구성원들 간에 갈등과 스트레스가 적지 않게 발생할 수 있다. 따라서 역할분석 팀 빌딩의 근본목적은 구성원 각자의 역할을 명확히 하고, 역할에 대한 구성원들 상호 간의 공통된 이해를 조성하려는 것이다. 변화담당자와 집단관리자의 개입하에 집단구성원들은 각자가 지각하고 있는 자신의 직무와 책임, 그리고 권한의 한계를 요약하여 그 내용을 다른 구성원들에게 제시하고, 이들의 기대역할과 비교하면서 이를 공동으로 토의한다. 그리하여 구성원 자신이 제시한 역할을 수정하고 보완하여 구성원 자신이 만족할 때까지 공동토의를 계속한다. 이와 같이 집단구성원들이 각자의 역할에 대한 토의과정을 거침으로써 구성원들 간의 통일된 역할지각(role perception)과 역할기대를 유도하고, 상호 간의 역할갈등(role conflict)을 제거함으로써 구성원의 직무만족과 집단의 성과를 높일 수 있다.

3. 그리드 조직발전(grid organization development)

그리드 훈련(grid training)은 리더십의 관리 그리드 이론에서 나온 것으로 도구를 이용한 실험실 훈련기법 중의 하나이다. 이 기법의 목적은 생산에 대한 관심과 인간에 대한 관심을 모두 극대화할 수 있는 리더가 가장 이상적인 리더라는 가정하에 조직구성원을 대상으로 한 이상형의 리더십을 개발하고, 이러한 리더의 행동을 실제 성과에 연결시킴으로써 성과지향적인 리더십 행동을 단계적으로 조직전체에서 발전시켜 나가려 하는 것이다.

조직발전기법으로서의 그리드 훈련은 다음의 여섯 단계를 순차적으로 거쳐 가면서 전체 조직행동을 발전시키는 것이다.[22]

1) 실험실-세미나 훈련

참가자들에게 그리드 훈련에 사용되는 전반적인 개념과 자료를 제공해 준다. 감수성 훈련과는 달리 이 세미나에는 훈련도구(tool)가 있으며 리더십 스타일에 중점을 둔다.

---

22) Robert R. Blake, Jane S. Mouton, Louis B. Barnes and Larry E. Greiner, "Breakthrough in Organization Development," *Harvard Business Review*(November~December 1964), p.134.

▼ 그림 1-15-4 관리 그리드의 리더십 모형

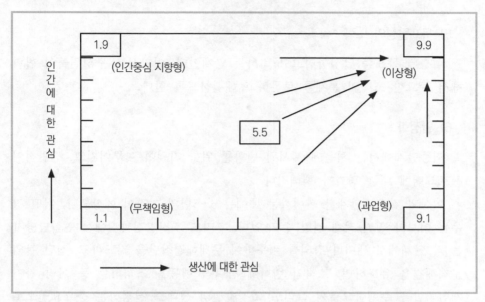

자료: R. R. Blake and J. S. Mouton, *The Managerial Grid*(Houston: Gulp Publishing Co., 1964), p.10.

2) 팀 발전(team development)

이 단계는 1단계의 확장으로, 같은 부문의 구성원들이 어떻게 그리드상에서 9.9의 위치를 달성할 것인가를 함께 논의하는 단계이다(그림 1-15-4 참조). 그리고 오리엔테이션에서 배운 것을 실제로 조직이 처한 상황에 적용시킨다.

3) 집단 간 발전(intergroup development)

앞의 두 단계가 주로 관리발전을 목표로 하는 반면에, 이 단계는 전반적인 조직발전의 시초로서 집단 간의 갈등상황을 확인·분석한다.

4) 조직목표의 설정

조직의 목표설정에 구성원들을 참여시켜 그들의 참여의식을 제고시키고 목표의 설정에 공헌하도록 한다.

5) 목표달성의 노력

설정된 목표를 달성하려고 노력하는 단계인데, 여기서는 구성원들이 협력해서 주요한 조직의 문제를 토론하고 해결하도록 한다.

6) 안정화

최종단계에서는 처음에 제시된 변화를 위한 지원이 이루어지고, 전반적인 프로그램에 대한 평가가 행해진다.

이상과 같은 6단계를 실행하는 데에는 3~5년의 기간이 예상되나, 어떤 경우는 이보다 훨씬 적게 걸릴 수도 있다. 그리드 조직발전과정에서 변화담당자는 각 단계에서 세미나 강의를 비롯하여 문제해결집단을 지도하고, 집단 간의 문제해결을 유도하며, 조직의 변화에 참여적 행동을 조성하는 등 여러 가지 개입역할을 수행함으로써 그리드 조직발전의 성패를 결정하는 중요요인으로 작용하게 된다.

이러한 그리드 훈련기법은 일반적으로 좋은 결과를 나타내기는 하지만, 방법론이 명확하지 못한 점에 대해서는 적지 않은 비판이 있다.

제 5 절 　 조직발전의 문제점

지금까지 다양한 조직에서 흔히 사용되고 있는 조직발전의 전략에 대해 살펴보았다. 이들 기법들은 1960년 이래 지금까지 오랜기간에 걸쳐서 선진국의 민간기업에서 주로 많이 활용되어 왔으며, 1980년대 이후에는 몇몇 선진국의 공공기관과[23] 우리 나라의 민간기업에서도 시도되고 있다. 그러나 이러한 조

---

23) David H. Kiel, "An Organization Development Strategy for Policy Implementation: The Case of North Carolina State Government," *Public Administration Review*, Vol. 42, No.

직발전을 행정조직에 적용할 때에는 여러 가지의 문제점이 나타난다. 골렘비우스키(R. Golembiewski)는 다음과 같이 미연방정부가 조직개선에 OD를 적용할 때에 일어나는 문제점을 지적하고 있다.[24]

그러나 이러한 문제점 때문에 OD가 행정부에 전혀 적용될 수 없다고 하는 것은 아니고, 이를 극복하기 위해서는 행정학자를 OD의 훈련관으로 임명해야 한다고 주장하고 있다.

Ⅰ 제도적 측면

사기업조직에 비하여 정부조직은 대체로 다음과 같은 세 가지의 난점이 있다.

1. 복수적 접근(multiple access)

행정조직에는 정책결정처에 접근할 길이 너무나 많기 때문에 조직발전의 훈련효과를 민간기업과 같이 얻을 수 없다는 것이다. 예컨대 입법부의 각 분과위원회, 매스 미디어, 이익단체, 행정관서들은 상호연관적인 영향력을 행사할 수 있다.

2. 이질적 다양성

행정기관에서 OD계획은 제각기 상반되는 이익·보수제도·가치체계를 가진 다양한 사람들 혹은 집단을 대상으로 해야 한다. 이것이 OD계획의 효과를 감소시키는 원인이 된다.

4(July~August 1982), pp.375~383; 田中敏夫, 전게서 참조.

24) Robert T. Golembiewski, *op. cit.*, pp.368~376.

3. 명령계통(command linkage)의 다양성

행정기관의 명령계통의 다양성으로 인하여 OD의 집행에 적지 않은 장애가 생긴다. 특히 행정부에서는 정무직과 직업관료의 연계가 약하여 OD가 크게 실효를 거두지 못하게 된다는 것이다.

Ⅱ 행정관례적 측면

1. 부실한 권한의 위임

중앙집권적인 정책결정과 일선업무의 소극적 위임, 그리고 짧은 명령계통의 유지는 OD의 목적을 달성하는 데 장애요인이 될 수 있다.

2. 법률적 관례의 강조

행정업무는 다분히 법의 규정에 의거하여 집행된다. 또 공무원의 신분·보수 등은 법에 의하여 규정되므로 OD의 목적을 성취하는 데 부적당하게 된다.

3. 공적 비밀의 유지

이는 개방성을 요구하는 OD의 목적과 상충될 수 있다.

4. 공무절차상 규칙성의 강조와 조심성

행정절차는 지나친 규제와 규칙에 따라야 한다. 이는 당연히 OD의 목적의 달성을 어렵게 한다.

5. 전문적 관리인(professional manager)

이 개념이 행정조직에는 아직 덜 발달되어 있고 인사정책에서도 그렇게 되어 있으므로 OD의 목적달성이 힘들게 된다.

제 6 절 조직발전의 성공조건

조직발전이 성공하기 위해서는 다음과 같은 조건과 기술 및 절차의 지원이 뒤따라야 한다.

첫째, 조직의 내부와 외부에서 원만한 조직 내의 인간관계에 대한 강한 요구가 있어야 한다.

둘째, 조직의 수장은 외부에서 자문관을 초빙하여 조직진단을 받는 것이 좋다.

셋째, 조직발전의 방향은 조직의 수장이 원하는 문제가 충족되도록 시도되어야 한다.

넷째, 조직발전은 주요 고객집단과 자문관의 협력으로 이루어지나 역시 조직의 상부부터 착수를 해야 한다. 그리고 조직문화의 개선에 주력하여 조직의 하부구성원들이 적극 협조하도록 하여야 한다.

다섯째, 조직의 수장을 포함하여 2~3명의 관리층 인사가 먼저 실험실 훈련(T–group)을 받는 것이 효과적이다.

여섯째, 실험실 훈련(T–group)의 참여는 제한 없는 자원방식으로 한다. 그리고 관리층 인사에 대해서는 강제하기가 어려운 측면이 있다. 따라서 새로 승진하여 관리층 인사가 된 사람들을 실험실 훈련(T–group)에 참여시키면 효과적이다.

일곱째, 조직에 인사담당자가 있는 경우에는 이 인사담당자 혹은 인사담당 부서장이 먼저 이 훈련에 참여토록 한다. 이렇게 하면 이들에게 설득력이 생긴다.

여덟째, 보수제도를 관장하는 인사담당자가 OD사업을 맡는 것이 중요하다. OD담당관은 급격한 조직의 변화를 촉진하는 중재자의 역할을 한다. 만일 OD집단과 인사 혹은 노동담당자와의 갈등이 있을 때에는 이를 해소하여야 한다.

아홉째, 조직 수장의 요청에 의한 팀 빌딩훈련은 점차 하부조직으로 내려가며 전개되어야 한다.

열째, 이상적으로는 OD사업이 성숙함에 따라 인사담당자와 계선조직의 수장이 스스로 내부 및 외부인사의 도움으로 사업을 추진해야 한다.

열한째, 외부전문가와 내부사업조정관은 수시로 OD사업과 연관되는 우려·불안·불신 등을 해소해야 한다.

열두째, OD자문관도 수시로 자신의 효율성 등을 검토해야 한다. 그렇게 해야 그들의 설득력이 강화된다.

열셋째, 항상 OD의 결과에 대한 분석·평가를 해야 한다. 특히 당초 발견한 조직의 문제가 해결되었는지의 여부를 검토해야 한다. 또 조직구성원의 태도상에 얼마만큼 변화가 이루어졌는지도 평가해야 한다.

열넷째, 보수제도 및 기타 인사절차가 조직발전의 결과에 따라 조정되어야 한다. 이 같은 보수제도에 상여제도가 부가된다면 OD의 목적달성에 도움이 된다.

제2부 행정관리

제 **1** 편

행정관리의 전제

1 현대행정관리의 토대

제 1 절　행정관리의 의의

　　현대행정에 있어서 관리의 문제는 날로 증가하는 행정에 대한 수요와 공공문제의 복잡성·자원배분 및 전달체계의 효율화 등과 같은 다양한 이유로 그 중요성이 더욱 부각되고 있다.

　　넓게 보아서 행정관리는 공적으로 부여된 목적을 효과적으로 달성하려는 과정에서 일어나는 모든 문제를 해결하는 것으로 규정할 수 있으며, 일반적으로 다수로 구성된 조직에서 사람들의 협동에 의하여 소정의 업무를 효율적으로 수행하는 기능에 초점을 두고 있다. 한편 관리의 영역에서 중요한 또 다른 초점은 그것이 단순히 현상을 그대로 유지하기 위한 행동에 그치는 것이 아니라, 현상의 개선과 향상을 기도한다는 점이다.

　　이상을 토대로 행정관리의 개념을 명확히 정리해 보면, 행정관리란 행정조직에 있어서 행정력을 합목적적으로 발휘하기 위한 합리적이며 효율적인 여러 방안을 도출하고 집행하는 행위를 말하며, 일반적으로 계획적이며 또한 지속적으로 행하여진다. 따라서 행정관리는 현상의 유지에 그치는 것이 아니고, 언제나 사회적 환경의 추이에 대응하여 변화하는 것은 물론, 한 걸음 더 나아가서 장래의 필요를 예측하여 이에 따른 여러 조건을 앞서서 조성하지 않으면 안 된다. 이 점에서 키일링(D. Keeling)이 행정관리를 "변화에 대응하여 목적을 달성하기 위한 최선의 자원활동방안의 추구"라고 정의한 것은 매우 정확한 표현이라고 하겠다.[1]

---

1) Desmond Keeling, *Management in Government*(London: George Allen and Urwin, Ltd.,

제 2 절 행정관리의 요청

행정관리가 요청되는 원인으로는 다음과 같은 것이 있다.

1. 행정의 보수적 성향

행정에는 사행정과 달리 다른 경합적 존재를 허용하지 않는 독점성이 있다. 따라서 자연적으로 다른 경쟁자 또는 공유자로부터 자극도 받지 않으므로 무사안일주의로 흐르기 쉽다. 이와 같은 성향은 다른 제도적인 보장, 즉 종신고용제에 따른 신분보장이나 연공서열(seniority rule)에 의하여 더욱 확고해져서 행정은 침체하게 되고, 변화에 대하여 무감각 내지는 저항함으로써 고도의 보수성을 띠게 된다. 이와 같은 이유로 쇄신과 창조를 이념으로 하는 행정관리가 긴요해진다.

2. 행정조직의 비대화

현대국가는 불가피하게 거대한 행정조직을 유지하고 있다. 이는 중앙정부는 물론 지방자치단체에서도 볼 수 있는 현상이다. 행정의 활동범위와 조직규모의 확대는 업무의 다양화를 낳고 또 행정조직 내부의 분화가 초래되어 공무의 운영에 있어 비능률 혹은 불경제를 야기하기도 한다. 이처럼 행정조직의 비대화로 초래된 여러 가지 문제점은 효율적인 관리를 통해서 상당한 정도로 치유될 수 있다고 보겠다.

3. 급격한 사회변동

행정을 둘러싸고 있는 사회환경의 추이는 매우 급격히 변하고 있다. 행정은 마땅히 급변하는 사회변동에 대응하여 현상유지에 급급하지 말고 부단히 변화하고, 한 걸음 더 나아가 사회의 변화에 적극적 역할을 다하여야 한다.

1972), p.32.

4. 관리기법의 발달

오늘날 조직에 관한 이론과 관리방법은 비약적으로 개발·발전되고 있다. 더욱이 사행정에서 발달된 관리기법이 행정관리에 널리 활용되기에 이르렀다. 예를 들어 체계이론·정보기술·OR 등이 관리과학(management science)이라는 이름으로 발달되어 행정관리에도 활발히 적용되고 있는 것이다.

제 3 절   행정관리의 목표

행정이 최대의 성과를 올리기 위해서는 효과적인 관리가 필요하다. 이를 위해 다음과 같은 조건의 충족이 요구된다. 즉 (i) 행정목적에 대응하는 관리목표가 명백히 설정될 것, (ii) 그 목표가 조직의 구성원에 통일적으로 인식될 것, (iii) 조직이 공동목표의 달성을 위하여 협동할 것 등이다. 목표에 의한 관리(MBO: management by objectives) 등은 이와 같은 조건을 충족시키기 위한 관리기법이라고 볼 수 있다.

행정관리의 목표는 행정 자체의 목적 또는 지침에 따라 구체화되지만, 일반적으로 중요한 관리목표는 다음과 같이 요약될 수 있다.

1. 실물적 합리화

행정관리의 목표로서 가장 보편적인 것은 실물성에 입각한 각종 합리화이다. 이것은 행정이 대상으로 하는 각종 현상에 즉응하는 현실적 합리성을 구하는 것을 말하며, 다음과 같은 항목의 충족을 필요로 한다. 즉 (i) 목적과 수단의 적합성, (ii) 권한과 책임의 합치, (iii) 조직과 방법의 결합, (iv) 능률과 절약의 확보 등이다.

여기에 능률이란 업무 수행에 투입되는 수단(input)과 산출(output)의 대비를 말하며, 절약은 주로 경비의 극소화를 가리킨다. 일반적으로 능률과 절약은 화폐가치로 표현되지만, 금전적 평가가 잘 안 되는 인력 또는 시간 등에도 능률과 절약의 논리가 적용될 수 있음을 간과해서는 안 된다.

행정관리에 있어서 실물적 합리화의 목표는 사기업의 경우와는 달리 단지 행정의 내재논리로만 주장되어서는 안 된다. 본래 공공성을 지니고 있는 행정관리에 있어서 합리화의 여러 표준, 특히 능률과 절약의 기준은 언제나 국민 또는 시민의 입장에서 공공적인 표준으로 평가되어야 하기 때문이다.

2. 사회환경에의 적응

행정은 부단히 현재 및 장래의 사회환경에 적응해야 한다. 행정이 사회환경에 적응한다는 것은 행정이 부단히 행정수요에 즉응함을 뜻한다. 이 점과 관련하여 행정에의 생태론(ecological approach) 도입이 가우스(John M. Gaus)와 리그스(Fred W. Riggs) 등에 의하여 강조되었다.[2] 이들의 주장에 의하면, 행정이 존재하기 위해서는 그가 처해 있는 환경적 요소와 부단한 상호작용을 하고, 환경적 요소에 적절히 적응해야 된다

행정 또는 행정관리는 행정수요를 유효·적절하게 충족시키기 위한 수단방법의 검토라고 볼 수 있고, 이와 같은 견지에서 볼 때 행정은 언제나 국민 또는 시민의 의향 혹은 사회의 행정수요에 대응하는 것은 물론 행정의 의사를 시민에게 주지시켜 그 반응을 구하고 다시금 행정시책의 쇄신과 창조를 기하여야 한다. 또한 이와 같은 순환과정을 통하여 행정은 국민의 신뢰와 지지력을 획득·강화하고, 행정 자체의 안정과 발전을 기하게 된다. 이와 관련하여 공공관계(PR: public relation)의 강화는 물론 행정 자체가 광범위한 공개성을 지향하여야 한다.

3. 사기의 앙양

행정관리는 행정의 환경적응을 주요 목표로 하지만, 단순히 행정의 업적을 홍보하여 대외적인 효과만을 노리는 것은 바람직하지 못하다. 행정관리는 반

---

2) Fredrick W. Riggs의 생태론적 접근법은 Sala 모형이라고 한다. 유종해 편역, 비교행정론(서울: 연세대학교 출판부, 1972), 40~69면.

드시 행정에 종사하는 공무원의 사기(morale)를 앙양하는 것도 중요한 목표로 삼아야 한다.

사기란 행정집단에 있어서의 조직적 행동의욕을 말하는데, 이 문제의 중요성은 이미 인간관계론의 실증적 연구에서 입증된 바 있다. 즉 매슬로우(A. H. Maslow)의 인간욕구의 계층제에서 논증되듯이3) 조직적 집단에 있어서의 인간은 적극적으로 조직에 융화되고자 하며, 자기의 존재와 가치가 인식되거나 평가되기를 원하고, 최종적으로는 그의 개성과 능력을 충분히 발휘하여 조직의 목적달성에 기여할 것을 희망한다.

최근 많은 학자들은4) 집단 내의 인간행동을 연구하고, 조직 내의 적극적인 인간성을 중시하여 그에 대응하는 관리기법을 개발하였다. 이것이 처음에 민간의 경영관리에 도입되었고, 이제는 행정관리에도 도입되고 있다.

제 4 절　행정관리의 방향

앞으로의 행정관리의 방향이 어떻게 되어야 하는가 하는 것은 무엇보다도 현재 우리가 지니고 있는 약점이 무엇인가를 검토함으로써 가장 적절하게 정립될 수 있다.

Ⅰ　전통적 행정관리에 대한 반성

우리 나라의 행정은 1960년 이후 급격한 사회경제적 변화에 부응하여 외형적인 면에서 많은 발전이 있었다. 특히 행정관리도 전반적인 관리 맥락이

---

3) 유종해 · 송영달 공역, 조직이론(서울: 연세대학교 출판부, 1974), 112~113면.
4) 가장 대표적 학자로는 맥그리거(Douglas McGregor) · 아지리스(Chris Argyris) · 허즈버그 (Frederick Herzberg) · 리커트(Rensis Likert) 등을 들 수 있다.

확립되지 못한 채 비대해졌다. 다시 말해, 관리의 전체체계(total system)가 제대로 확립되지 못하고, 각종 수요에 응한 하위체계(sub-system)가 단편적으로 채택·증가되었다. 그러므로 관리의 과잉과 고정화현상이 나타나게 되었다.

　현대행정관리의 방향설정이라는 면에서 볼 때, 우리 나라의 행정은 다음과 같은 문제점을 지니고 있다.

1. 권위주의적 경향

　우리 나라의 행정관리는 관리자에 의한 권위주의적인 일방적 규제의 경향을 띠고 있다. 즉 많은 경우 행정관리는 상의하달의 단선적 성격을 지니고 있다. 따라서 정책결정의 하부구조에 있는 사람들의 뜻이 제대로 행정관리에 반영되지 못하는 경우가 많다. 이 경향이 계속되면 언젠가는 조직의 일체감이 결여될 위험성이 있다. 따라서 향후의 행정관리는 조직의 모든 구성원이 자진해서 의욕적으로 협동할 수 있는 일체적 방식을 더욱 발전시켜야 한다.

2. 과도한 업무중시로 인한 인간소외

　관리목표의 지나친 강조는 과도한 과업중심의 조직상황을 만들고, 공무원의 인간성을 무시하는 폐단을 낳게 된다. 이 같은 극도의 업적편중에 의한 인간소외를 낳게 되어 이른바 행정관리의 비인간화 내지 비인격화를 초래하였다. 행정관리 부문에서 일하는 공무원도 다시 말할 필요 없이 인간이므로 그들의 인간성이 충분히 고려되어야 한다. 인간성을 존중함으로써 소기의 업적도 향상되는 것이다. 이를 위해서는 조직구성원의 개성과 능력을 중시하여 각자의 존재감과 만족감을 극대화하는 인본주의적 관리방식을 발전시켜야 한다.

3. 중앙집권화 경향에 의한 비인격성

　우리 나라의 행정관리는 극도의 집권형 관리방식을 사용하여 모든 것이 중앙에서 결정되는 실정이다. 물론 행정관리에 있어서 분권화보다 집권화가 효율적이고 실용적이라는 논거도 있지만, 지나친 권력의 집중은 행정조직의 내부에 과도한 소수지배체제를 형성하기 마련이다. 행정조직과 같은 계층제에 있어서는 소수자에 의한 지배형태가 불가피하지만, 이것이 과도한 경우에는 조직 내부의 비민주화현상을 초래하게 된다. 또한 이는 구성원의 행동의욕을 저해하고 집단정신(esprit de corps)을 억압하며, 행정의 효율을 저하시켜, 행정에 있어서의 적극성과 창의성을 상실하는 결과를 초래할 수 있다.

Ⅱ 행정관리의 새로운 초점

행정조직에 있어서 인간의 중요성은 아무리 강조해도 지나치지 않다. 아무리 기계화가 이루어진다고 해도 행정관리에 있어서 중요한 것은 인간의 활동 내지 판단인 것이다. 따라서 행정관리에 있어서는 모름지기 현대문명의 폐해에서 탈출하여 새로운 인격주의적 이념에 입각한 인간존중의 관리방안을 창출하여 실행할 필요가 있다.

행정관리의 새로운 초점은 마땅히 공무원의 인간성 회복을 시도하면서 그들의 지식과 능력을 충분히 개발하도록 하는 것이어야 한다. 즉 종래의 행정관리는 조직의 목표에 개인을 적응하도록 시도하였으나, 앞으로는 개인의 욕구 및 목표에 조직의 목표를 부합시키도록 하여야 한다.

Ⅲ 인간성 존중의 관리

행정관리의 적정성을 확보하기 위해서는 다음과 같은 공무원의 인간성을 중시하는 관점에서 행정관리를 수행하여야 한다.

1. 인간욕구에의 대응

인간성 존중의 행정관리에 있어서는 먼저 공무원의 인간적 욕구를 인식하고 그에 대한 대응책을 도출하여야 한다. 공무원의 인간적 욕구는 개인의 인격적 성장도와 직업적 경험의 누적차에 따라서 다르다. 그러나 어떠한 정도에 있든간에 공무원이 자기의 직무에 대하여 언제나 충실감과 만족감을 가지고 임하도록 하는 것은 중요한 일이다.

2. 근무의욕과 책임감의 고양

공무원의 행동의욕은 일방적인 명령과 지시에 의하여 유발되지 않는다. 그보다 각자가 주체성을 가지고 자발적으로 근무의욕과 책임감을 고양하여야 한다. 그리고 이 방법이 가장 효율적이다. 이 같은 근무의욕과 책임감을 고양시키려면 공무원으로 하여금 적극적으로 직무에의 관여 및 참여를 하게 해야 한다.

3. 능력의 발휘와 업적의 향상

새로운 행정관리를 통하여 공무원의 능력이 최대한으로 발휘되고, 그 결과 공무운영의 업적도 향상되어야 한다. 공무원 자신도 전력을 경주하여 임무를 수행함으로써 행정목적을 달성하고, 그 결과로 말미암아 최대의 충실감과 만족감을 향유할 수 있는 것이다. 이를 통하여 자신의 임무에 대한 의욕을 주체적으로 환기하게 된다. 이와 같은 과정이 연속되게 되면, 행정은 자연히 높은 생산성을 유지하게 될 것이다.

제 5 절 | 행정관리 효율화의 전제조건

인간성 존중의 이념을 구현하는 고도의 행정관리를 실행하려면, 다음과 같은 전제조건이 충족되어야 한다.

1. 공무원의 자각

효율적인 행정관리가 실현되려면 무엇보다도 일선에서 일하는 공무원의 자의식을 높이는 것이 가장 중요한 일이다. 공무원은 국민 전체의 봉사자로서의 자각과 이에 바탕을 둔 고도의 윤리관 및 집단정신을 가져야 한다. 구체적 내용으로는 (i) 공공의 행정수요에 부응하겠다는 사명감, (ii) 전문적인 지적 직업인으로서의 자의식, (iii) 권력적 관념을 불식한 겸허한 민주적 태도, (iv) 행정환경의 변화에 대응하는 예민한 감각과 타성에 도전하는 용기, (v) 주체성 있는 자기계발 등을 들 수 있다.

2. 관리자의 의식혁신

관리자는 일선공무원에 못지 않게 의식구조의 혁신을 필요로 한다. 그 내용은 (i) 구습에 젖은 권위주의적 의식이 민주적 방향으로 개조되어야 하며, (ii) 업무일변도의 사고는 인간성을 존중하는 가치관에 의해서 보완될 필요가 있고, (iii) 인적 자원의 효과적 활용에 깊은 배려를 할 것 등이다.

효율적인 행정관리가 이룩되려면, 무엇보다도 관리자가 위의 조건을 충족할 것은 물론 새로운 민주적 가치관을 정립해야 한다.

3. 국민의 관심과 지지

아무리 행정관리가 효율적으로 수행되기를 원해도 행정의 직접적인 이익과 영향을 받는 국민의 호응과 관심 없이는 이룩될 수 없는 것이다.

행정관리의 지상목표는, 요컨대 행정수요에의 대응과 사회환경에의 적응이다. 따라서 일견 내부적인 과제로 생각되는 관리방안도 성공적인 방향으로 나아가려면, 국회는 물론 일반국민의 관심을 환기시켜 그 반응을 흡수한 후에 실시하는 것이 바람직하다. 이와 같은 환류(feedback) 작용에 의해 국민의 평가와 지지를 확보하는 것이 관리체제의 안정성을 제고하는 길이기도 하다.

제 6 절 효과적인 행정관리방안

공무원의 인간성을 존중하는 기반 위에서 행정관리의 고도화를 기하려면 다음과 같은 방안의 적극적인 활용이 요구된다.[5]

1. 원활한 의사소통구조의 구축

조직 내에 있어서 의사 및 정보의 소통은 마치 인체의 원활한 혈액순환에 해당할 정도로 중요한 것이다. 만일 의사소통이 불완전할 경우에 조직에 커다란 혼란이 일어나게 된다. 의사소통은 단지 조직적 행정활동의 적정화와 원활화를 기할 뿐만 아니라, 공무원의 근무의욕에 유효·적절한 자극을 주어 자발적으로 사기를 진작하는 기본적 관리방안으로도 활용되는 것이다.

이를 기하기 위하여 의사소통은 상의하달식의 일방적인 것에서 하의상달도 동시에 이루어지는 쌍방향적(two way)인 것이어야 한다.[6] 또한 수직적인 의사소통뿐만 아니라 직무조정과 협조를 위한 수평적 의사소통 및 더 나아가서는 대각선 의사소통도 원활히 이루어지도록 함으로써 정보의 흐름을 원활히 하여 효율적인 관리가 가능하도록 해야 한다.

2. 참여에 의한 기획의 활용

참획이란 참여와 기획이 함축된 자주적인 참여를 말한다. 이와 같은 참여의 중요성은 이미 인간관계론자들이 주장한 바이지만, 그 중요성을 계속 인정하면서 그것에 기획 또는 제안제도가 가미된 참획이란 방식의 참여가 요구된다.

참획의 방식으로는 현재 제안제도 등이 있으나 직장업무검토모임과 같은 다양한 소규모 모임에 직원을 참여하게 하는 방안도 고려해 볼 만하다. 그렇

---

5) 이 같은 인간성 존중의 강조는, 田中守, "管理の動向,"「行政學講座(3) 行政の過程」(동경대학교 출판부, 1976), 239~257면 참조.

6) Herbert A. Simon, *Administrative Behavior, 2nd ed.*(New York: The Macmillan Co., 1958), pp.154~155.

게 함으로써 조직의 구성원은 근무의욕은 물론 사기도 고양되어 결과적으로 생산성이 향상되는 것이다.

참획에서 중요한 점은 (ⅰ) 관리자의 지도성을 상실하지 말아야 하고, 주체성 있는 지도력의 발휘가 요구되며, (ⅱ) 참획에 기회균등이 기해져야 하고, (ⅲ) 직원이 의욕적으로 참여하며, 직무집단으로서 참획의 실효성을 제고시켜야 한다.

3. 유인의 장려

유인(motivation)이란 원래 심리학적 용어로서 관리론에 있어서는 다수인의 여러 활동을 강제성 없이 심리면에 호소하여 행동을 유발하는 기능을 말한다. 행정관리에 있어서 유인은 관리자가 자기에게 속해 있는 직원 각자 또는 직무집단에 대하여 그들이 자진해서 직무에 정진하도록 구체적인 유인 내지 계기를 제공하는 심리적 방안이다. 종래의 행정관리에서의 유인은 일방적인 명령 내지 지시에 의했으나, 공무원의 적극적인 의욕과 행동을 환기시키기 위해서는 단지 권위적인 명령만으로는 불충분하므로 직원의 인간적 욕구에 착안하여 근무의욕의 자주적 발현을 촉진하는 방안에 의하지 않으면 안 된다.

유인의 방법으로는 (ⅰ) 소정의 직무에 관한 유인과, (ⅱ) 당해 직원의 인간적 욕구에 대한 것이 있다. 전자는 직원이 담당하는 직무의 공공적 의의를 명확하게 나타내 주는 방식으로, 이를 통해서 직원은 자기의 공헌도를 인식하고 또한 책임감을 자각하게 된다. 또한 후자는 직무의 완수가 담당자 자신의 인간성 성숙이나 직업인으로서의 자아실현에 크게 이바지한다는 것을 인식하게 하여 자주적으로 근무의욕을 고취시킴으로써 직무의 충족감과 만족감을 주는 것이다.

유인의 제공자는 물론 관리자가 된다. 직원의 능력발휘정도의 경우 방임상태에서는 20~30%에 불과하나, 고도의 유인이 제공될 경우에는 80~90%에 달한다고 한다. 이는 유인의 중요성을 일깨워 주는 증거라 할 수 있다.[7]

---

7) Paul Hersey and K. H. Blanchard, *Management of Organizational Behavior*(New Jersey: Prentice-Hall, 1969), pp.4~5.

4. 직무의 확충

직무의 확충이란 공무원 각자가 분담하는 직무를 주로 각 개인의 역량과 의사에 입각하여 더욱 확대 내지 충실화함으로써 그들이 보다 큰 직무만족감과 책임감을 터득하게 하는 방안이다. 이런 점에서 직무의 확충도 유인의 한 방식으로 볼 수 있다.

직무의 확충에는 직무의 확대와 충실이 포함된다. 직무확대(job enlargement)는 직무분담에서 일어나는 과도한 전문적 분할을 재편성하여 보다 광범하고도 고도의 완결성을 갖는 직무분담방식으로 직무를 확장·설정하는 것을 말한다. 이는 일명 수평적 변혁을 의미한다. 이 방식으로 공무원은 일상적 업무에서 일어나는 단조로움에서 해방되어 담당업무에 대하여 보다 충실감과 만족감을 가지게 된다.

직무의 충실(job enrichment)은 허즈버그(F. Herzberg)가 제창한 바로서[8] 직무의 수직적 강화를 말하며, 계층제적 조직에 있어서 계층분화가 고정되어 행정의 관리과정이 수직적으로 분할되는 것을 방지하기 위해서 직능 내지 권한을 말단조직에 분산적으로 이양하는 것을 의미한다. 특히 이를 계획·조직·통제·조정 등과 같은 중추적 관리직능에서 활용하는 것도 바람직하다. 직무의 충실은 관리자를 포함하는 직무집단에 자율적 설계와 재량을 존중해 줌으로써 직원의 능력도 개발하고 최대의 업무성과를 기할 수 있다.

직무확충은 직무분석·직무기술서(job description)·직무명세서(job specification) 등의 검토로 시작되며, 직원의 주관적 태도조사 등도 많은 참고가 된다.

5. 분권화의 촉진

분권화란 행정집단이 조직 내부에서 권한과 책임을 행정하부기관에 분배하는 관리방안을 말한다. 우리 나라의 행정관리는 과도한 중앙집권적 성향을 띠고 있어 하부기관의 불신이 매우 높을 가능성이 있다. 분권화의 방식으로는 의사결정의 권한을 위임 또는 전결의 방식으로 분산하는 것이 가장 효율적이

---

8) *Ibid.*, p.50.

다. 이 분권화는 계획·조직·통제·조정과 같은 중추적 관리기능에 있어서도 지장이 없는 한 최대한으로 각 집행부문에 배분하는 것이 바람직하다.

분권화가 주는 효과는 매우 크다. 즉 분권화는 집중화방식으로 인하여 받는 구성원들의 심리적 결함을 해소하고, 사기와 책임감을 높이며, 조직 내부의 민주화 또는 관리체제의 민주성을 강화하여 전반적인 행정능률을 향상시키게 된다. 분권화는 특히 조직의 활성화에 크게 도움을 준다.

그러나 모든 직무에 분권화가 만병통치는 결코 아니며, 업무의 성질에 따라 분권화가 부적당할 때도 있으므로 그 성격을 식별하여 분권화가 이루어져야 될 것이다.

6. 업무평가의 공정성 확보

행정관리에서 가장 중요한 것은 행정상의 시책이나 업무의 성과가 가장 정확하게 평가되는 일이다. 이것이 잘 안 되는 경우에는 행정의 능률이나 공헌도도 정확하게 검증될 수 없다.

업무평가의 대상으로는 공무원의 근무성적도 포함되어야 하겠지만, 여기서는 관리자를 중심으로 한 직무집단의 업무평가에 중점을 둔다. 이를 통해서 직무집단의 연대적 책임의식이나 협동적 만족감을 환기시킬 수 있는 것이다.

업무평가의 방법으로는 조직 자체가 자주적으로 하는 평가와 정부업무평가위원회의 평가와 같이 제3자가 하는 경우가 있다. 인간성 존중의 관리방안으로의 업무평가는 물론 전자인 자주적인 평가가 바람직하며, 이는 직무집단이 관리과정의 일부로서 일상적으로 행할 수 있다. 또 이는 모든 행정행위의 완결단계인 동시에 다음의 업무에 대한 준비단계도 될 수 있으므로 공무원의 주체성을 존중하는 의미에서 매우 바람직하기 때문에 목표에 의한 관리(MBO)에서도 이 과정을 존중하고 있다.

그런데 자주적 평가는 때때로 주관적 판단으로 흘러 적정성을 결할 수도 있고, 자기만족에 빠질 가능성도 있다. 따라서 자주적인 자기평가는 반드시 제3자에 의한 평가 등이 병행됨으로써 업적평가의 적정성을 기할 수 있다.

업무를 정확히 평가하려면, (i) 업무의 달성목표가 당초부터 명시될 것, (ii) 업무완료시의 성과가 확인될 수 있을 것, (iii) 평가기준이 합목적적일

것, (ⅳ) 집행과정에서 외부의 조건을 도외시하지 않을 것, (ⅴ) 담당직원의
인간성을 중시할 것 등의 조건이 구비되지 않으면 안 된다.

직무평가가 주는 효과를 간단히 열거하면, (ⅰ) 행정효과의 측정과 향상에
도움이 되며, (ⅱ) 관계 구성원의 책임감과 충실감의 향상에 기여하고, (ⅲ)
후속되는 업무에 대한 유효한 동기를 부여하며, (ⅳ) 조직편성·정원산정·예
산사정 등의 중추관리기능에 중요한 자료를 제공하게 된다.

2 의사결정

의사결정의 의의

　　인간관계론자는 개인에 대한 문제에 지나치게 집착한 나머지 조직과 개인이 협력할 수 있다는 가능성만 제시했지 경험적으로 납득할 만한 혹은 개념적으로 분명한 여러 사실들을 포착하지 못했다. 그들에게 있어서 권위적인 통제는 받아들여질 수 없는 사실로서 인식되었고, 조직구성원들의 진정한 지위가 무엇인지에 대해서는 관심의 대상이 될 수 없었던 것이다. 우리는 이 점에 있어서 인간관계론자가 지녔던 지극히 개인적이었고 민주적이었던 방식에 대해 회의를 품고자 한다. 실제에 있어 조직과 개인은 서로 협력하여 복잡하고 변동이 심한 상황을 극복해 나가기 때문이다. 이는 조직의 문제를 개인의 행동이나 이론으로 환원시키지 않고, 보다 많은 복합성이나 실체성·신뢰성을 확보해 가는 방식인 것이다.[1] 의사결정이란 기본적으로 복잡한 상황하에서 목표를 달성하기 위해 조직과 개인이 협력하여 문제를 해결해 나가는 것이라고 하겠다.

　　의사결정이 무엇인지 대해서는 학자들마다 조금씩 다른 견해를 갖고 있지만 많은 학자들은 의사결정의 최종 목적을 선택이라고 본다. 스티어스(R. M. Steers)는 의사결정이란 개인이나 조직이 특정한 상황 속에서 문제가 무엇인지 발견하고 그 문제의 해결을 위한 방법들을 모색한 후 가장 적절한 방법을 해

---

[1] Herbert A. Simon, *Administrative Behavior, 2nd ed.*(New York: The Macmillan Co., 1957); James G. March and Herbert A. Simon, *Organizations*(New York: John Wiley & Sons, Inc., 1958).

결책으로서 선택하는 것이라고 정의했으며2) 존스(G. Johns)는 시간, 돈, 인력과 같은 한정된 자원의 투입과 관련된 복수의 대안들 중 하나를 선택하는 것이라고 했다. 도슨(Dawson)은 의사결정은 선택 그 자체이거나 일련의 선택들과 관련된 생각과 행위들이라고 간결히 정리했다.3) 결과적으로 의사결정이란 주어진 상황에서 가장 이상적인 선택을 하기 위한 행위이고 그렇기 때문에 의사결정과 관련하여 가장 많이 논의되고 있는 것이 합리성(rationality)이라는 개념이다.

합리성이라는 개념과 관련하여 의사결정이 시작된다. 일반적으로 합리성이라 하면 참다운 가치달성을 극대화시킨다는 의미로 그 개념을 정의할 수 있다. 이러한 개념정의는 두 가지로 해석할 수 있는데, 주어진 자원으로 목표를 극대화시킨다는 것과 희생된 가치는 다른 가치를 달성함으로써 보전될 수 있다는 것이 그것이다.4) 이러한 의미에서 합리성은 능률성이라는 개념과 서로 교환가능하다 하겠다.5) 물론 여기에서 능률성이라는 개념은 양적인 것만을 의미하지는 않는다. 왜냐하면 능률성이라는 개념이 합리성이라는 개념과 교환가능하기 위해서는 조직 내외의 복잡한 상황 속에서 개인과 조직의 협력관계가 마련되어야 하기 때문이다. 따라서 우리가 적어도 합리성이라 말할 수 있기 위해서는 (ⅰ) 적극적인 행동을 통하여 도달할 수 있는 목표가 설정되어야 하고, (ⅱ) 기존의 환경이나 어떤 제약하에서 목표가 달성될 수 있는 대안을 명백히 이해해야 하며, (ⅲ) 목표추구라는 견지에서 이 대안을 분석하고 평가할 수 있는 정보가 마련되어야 하며, (ⅳ) 목표달성을 가장 잘 충족시켜 주는

---

2) Richard M. Steers, *Introduction to Organizational Behavior*(Illinois: Scott, Foresman and Company, 1984), pp.278~279.

3) Gary Johns, *Organizational Behaviour. 4th ed.*(New York: Harper Collins College Publishers, 1996), pp.378~380.

4) Robert H. Haveman, *The Economics of Public Sector*(New York: John Wiley & Sons, 1970).

5) 이 이유는 이렇게 생각할 수 있다. 즉 가치화된 투입(inputs)과 가치화된 산출(outputs) 사이의 비율을 능률성이라고 볼 수 있다는 것이다. 따라서 이들 사이의 비율이 높을수록 합리성도 높고 능률성도 높다는 것이다. 이에 관한 논의는, 안희남, "정책의 합리성을 위한 이론적 모형에 관한 연구"(연세대학교 대학원 석사학위논문, 1981), 25~29면 참조.

대안을 선택함으로써 최선의 해결책을 강구해야 하는 것이다. 그러나 이러한 의미의 합리성이란 그것을 달성하기가 거의 불가능에 가깝다고 해도 과언이 아니다. 따라서 이러한 점에서 현대의 의사결정론은 보다 현실적 차원에서 그 것을 논하고 있는 경향이 강하다고 하겠다.

제 2 절   의사결정의 요소

의사결정에 있어서 결정 과정과 결과에 영향을 미치는 요인들은 수없이 많 다. 그 중 여기서는 의사결정의 다양한 유형들에 보편적으로 영향을 미치는 핵심 요인들을 중심으로 살펴보겠다.

1. 정보[6]

우선 의사결정과정에서의 확실성은 의사결정자들이 취득할 있는 정보의 질적 양적 수준에 따라 결정된다. 확실한 정보가 많을 수록 의사결정에 따른 인과관계에 대한 믿음이 강해지고 결과를 보다 정확하게 예측할 수 있기 때문 이다. 즉, 정보가 확실하면 할수록 갈등이 발생할 가능성이 줄어들고 의사결 정은 쉬워진다. 의사결정의 결과 역시 확실한 정보를 바탕으로 결정이 내려졌 을 때가 그렇지 않을 때보다 많은 사람들에게 이로울 확률이 더 높다. 그렇지 만 정보가 이를 필요로 하는 조직으로 자동으로 유입되고 의사결정의 지위에 있는 사람들에게 자연스럽게 선택되는 것은 아니다. 특정 정보가 선택되는 것 은 조직 내 의사결정 과정의 핵심적 요소로 그 과정을 통해 정보는 억제, 확 대, 왜곡될 가능성이 있다.

---

6) Richard H. Hall, *Organizations: Structures, Processes and Outcomes*(NJ: Prentice Hall, 1999), pp.158~161.

2. 권력[7)

의사결정이 조직의 높은 지위에 있는 사람들에 의해 또는 조직 내의 특정 세력의 연합 등에 의해 내려질 때 조직 내의 권력 역시 의사결정에 미치는 영향력이 상당히 큰 요인이다. 권력이 있는 의사결정자들의 이념과 가치는 의사결정 과정에 반영될 가능성이 높다. 또한 이익 단체의 관심사는 조직 전체의 관심사와 일치할 수도 있고 그렇지 않을 수도 있다. 만약 권력을 가진 단체들의 관심사와 조직 전체의 이익이 일치하지 않을 때, 이들 단체는 자신들의 권력을 이용해서 정보를 조작할 경제적 사회적 유인이 있고 결국 자신들에게 이로운 방향으로 의사결정이 내려지게끔 할 수도 있다. 따라서 조직 내의 권력은 의사결정에서 중요한 요인이며, 특히 조직이 어려움을 겪는 시기에는 의사결정에서 업무량이나 업무 절차에 대한 관료제적 고려보다 권력에 대한 고려가 더 큰 영향을 끼친다. 반면에 풍요로운 시기에는 관료제적 접근이 의사결정에 더 큰 영향력을 발휘하는 특징이 있다.

3. 합리성

현실적 차원에서의 의사결정에 대한 논의는 인간의 합리성은 문제해결을 위해 항상 발휘될 수 있다는 전제에 대한 의심에서부터 시작된다. 의사결정은 미래를 위한 것이고 미래는 불확실성과는 불가분의 관계에 있기 때문에 개인과 조직은 불확실성을 최대한으로 줄여 위험을 피해보고자 한다.[8) 그 위험을 야기할 수 있는 문제란 그 속성에 따라 크게 두 가지로 나뉠 수 있다.[9) 하나는 직관적이고 간단하고 반복적이며 익숙한 문제들이다. 이런 문제들은 해결책이 논쟁적이지 않고 해결과정이 반복적이기 때문에 해결방식이 표준화될 수도 있다. 반면에, 문제 자체가 복잡하고 불명확하여 어떤 상태가 개선된 상

---

7) *Ibid.*, pp.163 – 164.

8) Harold Koontz, Cyril O'donnell, and John F. Halff. *Management: A systems and contingency analysis of managerial functions*(New York: Mcgraw – Hill Book Company, 1976), pp.196~197.

9) Gary Johns, *op. cit.*

태인지도 불분명한 문제들은 문제해결의 방법 역시 논쟁적일 수밖에 없다. 의사결정에 따른 이해관계자 간의 논쟁과 갈등이 발생가능하고 정형적이지 않은 문제해결과정 때문에 정치적 고려가 필요하기도 하다. 그렇기 때문에 이런 경우에는 인간의 합리성에 기반한 의사결정이 불가능하게 된다.

또한 의사결정의 결과가 어떠한 가치를 지니는지는 현재가 아닌 미래에 드러나게 된다.[10] 그렇기 때문에 의사결정자들은 현재 자신들의 결정이 자신들의 비합리성에 기반한 것이라는 사실을 나중에 알게 될 수도 있다. 비합리적 결정은 의사결정에 참여한 사람들이 자원, 기술, 환경에 대한 정보가 부족하여 혼란을 겪는 경우에 발생 가능하고 필요한 정보에 접근하는 것이 권력에 의해 억제되는 경우에도 발생할 수 있다.[11] 관습이나, 직감, 영감 등에 의지하여 의사결정을 내릴 수도 있으며, 정보처리과정의 미흡, 단순한 판단 실수, 조직 구성원 간의 대인관계와 관련된 문제, 충동적 결정이 비합리적인 선택의 원인이 될 수도 있다. 존스(Johns)는 의사결정자의 합리성을 제한하는 요소로 불편 혹은 불쾌한 상황을 회피하고자 하는 인지적 편향, 의사결정이 필요한 문제에 대한 정보가 드러나는 특정한 양상인 프레이밍, 의사결정자의 편견을 바탕으로 한 정보검색, 매몰비용에 대한 집착으로 일어나는 정당화, 이미 내린 결정에 대해 스스로를 방어하는데 악용되는 사후적 고찰 등으로 구체화하였다.[12] 브런슨(Brunsson)은 사람들은 판단에 필요한 지식이 부족할 때 더 많은 정보를 찾아봐야 하지만 역설적이게도 지식이 부족할수록 자신들에게 더 많은 정보가 필요하다는 것을 인식하지 못하기 때문에 비합리적 결정을 할 수 있다고 했다. 즉, 충분한 정보를 제공할 수 없는 상황과 함께 불충분한 정보조차도 제대로 이용할 수 없는 것이 인간이 가진 인지적 한계로 인한 의사결정의 현실이다.[13]

사실, 위와 같은 이유로 의사결정이 합리적으로 이루어지지 못했을 경우

---

10) Richard H. Hall, *op. cit.*, pp.158~163.
11) Sandra Dawson, *Analysing organisations*(London: Macmillan Press LTD, 1996), pp.201~207.
12) Gary Johns, *op. cit.*, pp.380~393.
13) Richard H. Hall, *op. cit.*, pp.161~163.

보다 더 큰 문제는 한번 잘못 내려진 의사결정이 개인이나 조직의 특정한 사고 패턴으로 번복되지 않을 수 있다는 것이다. 즉, 이미 많은 자원을 낭비했음에도 불구하고 그 사안에 더 많은 자원을 계속 투입하는 상황(throw good money after bad)이 발생할 가능성을 많은 학자들이 지적하고 있다. 스티어스 (R. M. Steers)와 데프트(R. L. Daft)는 한번 자원을 투입하기로 결정된 사안을 쉽게 변경하지 않으려는 개인의 조직의 심리적 경향성을 지적했다. 비록 그 결정이 합리적이지 않은 자신들의 직감이나 짐작에 의한 것임을 알게 되더라도 그 실수를 애써 인정하지 않고 의사결정의 지속성을 유지하려 한다. 이러한 경향은 의사결정자들이 자신들의 결정에 의한 부정적인 결과에 책임을 느낄 때, 그 결과를 되돌리기 힘들 때 더 많이 발생한다. 뿐만 아니라 현대사회에서 지도자나 조직의 효과성은 애초의 행동방침을 번복하지 않을 때 더 크게 인정받을 수 있으므로, 즉 실수를 인정하는 것은 실패했음을 공표하는 것이라고 여기기 때문에 애초의 의사결정을 번복하지 않고 이와 관련된 부정적인 정보는 일부러 외면하고 왜곡하기도 한다. 이러한 경향성을 회고적 합리성(retrospective rationality), 전망적 합리성(prosepctive rationality), 그리고 가장 많이 알려진 개념으로는 사이먼의 제한된 합리성(bounded rationality)이라고 한다.

제 3 절 의사결정론의 두 가지 흐름

앞서 진정한 의미의 합리성이란 그것이 지니는 이념형적인 성격으로 인하여 거의 달성이 불가능하다는 사실을 인정한 바 있다. 그런데 현재의 의사결정론도 이러한 합리성의 달성가능 혹은 불가능을 놓고 크게 두 가지로 나누어지고 있다. 이 중 하나는 규범적 의사결정론(normative decision-making theory)이고, 다른 하나는 행태적 의사결정론(behavioral decision theory)이다.

Ⅰ 규범적 의사결정론

　규범적 의사결정론은 조직이 장기적으로 이익을 극대화할 수 있는 절차를 마련하는 것을 목적으로 한다.[14] 이러한 이유로 해서 규범적 이론을 처방적 이론이라고도 한다.

　개념적으로 규범적 의사결정론은 다음과 같은 세 가지 기본가정을 근거로 한다. 첫째로, 인간이란 이익이나 수입 혹은 만족 등의 질이나 양을 극대화하고자 하는 경제적 존재이다. 둘째로, 의사결정자는 주어진 상황을 이용할 수 있는 선택이나 그것에 대한 결과를 알 수 있는 완전한 지식을 가진 것으로 본다. 셋째로, 의사결정자는 청산가치(pay-offs)의[15] 상대적인 우선순위를 정할 수 있다.[16] 사이몬(H. A. Simon)은 이러한 의미의 합리성을 [그림 2-2-1]로

▼그림 2-2-1 규범적 의사결정론

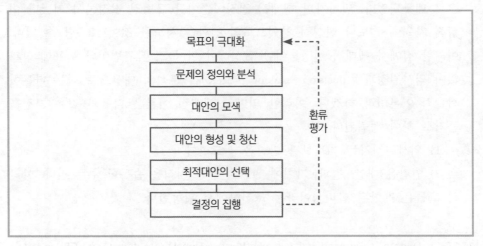

---

14) Donald Taylor, "Decision Making and Problem Solving," in James G. March(ed.) *Handbook of Organizations*(Chicago: Rand McNally, 1965), pp.48~50.

15) 청산가치란 각각의 선택결과에 대해서 조직이 부여하는 가치 및 효용도를 말한다.

16) J. March and H. Simon, *op. cit.*, pp.137~138.

표현하고 있다.[17]

그러나 이러한 의미의 합리성이란 인간의 능력이나 조직행태의 완전성을 가정한 것이기 때문에 다음과 같은 점에서 비판을 받지 않을 수 없다.[18] 즉 (ⅰ) 의사결정자는 기존의 모든 대안을 탐구할 시간이나 정보 및 자원이 부족하다는 사실과, (ⅱ) 완전히 새로운 결정의 결과를 안다는 것은 현실적으로 불가능하며, (ⅲ) 규범적 합리성이 성립되기 위한 가장 기본적인 것은 문제인식을 명확히 한다는 것인데, 이것이 현실적으로 어렵다는 점 등이다.[19] 우리가 보다 현실적인 차원으로 의사결정이론을 전환하지 않으면 안 되는 이유도 여기에 있는 것이다.

Ⅱ 행태적 의사결정론

행태적 의사결정론이란 전술한 규범적 의사결정론을 보완하기 위한 방안으로 대두되었다. 말하자면 행태적 결정이론이란 규범적 결정론이 지녔던 이상적 차원에서 보다 현실적 차원으로의 전환을 시도한 것이라고 할 수 있다. 이러한 점에서 행태적 결정론이란 달성해야 할 특정한 규범이나 목표에 상관없이 의사결정과정(decision-making process)을 분석의 대상으로 삼는 다분히 서술적 이론이라 하겠다. 이러한 의미의 행태적 이론은 다음과 같은 가정을 근거로 하여 성립된다.[20]

1) 의사결정자는 최적보다 만족을 시도한다.

2) 인간은 대안·결과·가치에 관한 완전한 지식을 습득할 수는 없다. 따라서 그들은 제한된 합리성이라는 조건하에서 활동한다.

---

17) W. J. Duncan, *Organizational Behavior*(Boston: Houghton Mifflin Co., 1978), p.130.

18) Yehezkel Dror, *Ventures in Policy Science*(New York: American Elsevier Pub. Co., 1971), p.132.

19) 안희남, 전게논문, 27~28면.

20) Richard M. Cyert and James G. March, *A Behvioral Theory of the Firm*(Englewood Cliffs, New Jersey: Prentice-Hall, 1963), p.10.

3) 의사결정과정은 연속적으로 일어난다. 따라서 대안이 평가되는 순서는 선택의 과정에 영향을 미치게 된다.

이러한 행태적 의사결정론에 관한 구상은 [그림 2-2-2]에 도식화되어 있다. [그림 2-2-2]에 표시된 바와 같이 행태적 결정이론은 문제해결과정을 파악하고자 한다. 이 점에서 효용을 극대화하는 절차를 마련하는 데 주안점을 두고 있는 규범적 이론과는 명백히 구별된다고 하겠다.

▼ 그림 2-2-2 행태적 의사결정론

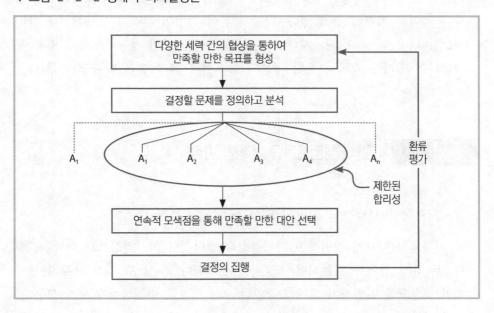

Ⅲ 규범이론과 행태이론의 조화

의사결정론의 첫 출발점으로서 규범적 이론은 의사결정을 두 개 혹은 그 이상의 대안을 선택하는 것으로 정의할 때, 한계에 봉착한다. 의사결정이란 일종의 과정이며, 실제의 선택행동은 정보를 수집하거나 대안을 선정함으로써 가능할 수 있기 때문이다. 그럼에도 불구하고 우리는 규범적 이론이 지니는 전략적인 장점을 결코 간과해서는 안 되는 것이다. 따라서 우리는 다음과 같은 결론을 내릴 수 있다. 즉 규범적 이론이나 행태적 결정이론은 다같이 조직의 행동을 이해하는 데 없어서는 안 될 것이다. 전자는 비록 인간의 문제해결을 정확하게 기술해 주지는 못하지만, 행동의 극대화를 낳을 수 있는 장점을 지니고 있다. 반면 후자는 절차를 규정해 주지 못하지만, 인간결정행동의 실제적 과정에 관한 통찰력을 최대한 마련해 주게 된다는 장점을 지니고 있다.

또한 규범적 결정이론에서 집단결정이론에 이르기까지 각각의 결정이론에 내재된 기본적인 과정은 결정의 모든 면에 걸쳐 관련된 정보가 모색되어야 한다는 사실을 지적해 주고 있다. 나아가서 이 결정의 본질이 복잡해짐에 따라 정보는 더욱 더 중요성을 지니게 된다. 따라서 결정이 성공하느냐 그렇지 못하느냐의 평가는 결국 사용한 정보의 중요성과 질에 달려 있다고 하겠다.

제 4 절　의사결정의 유형 및 과정

1. 개인적 의사결정과 집단적 의사결정

의사결정은 크게 개인적인 의사결정과 집단적인 의사결정으로 나눌 수 있다. 두 유형 간에는 기본적인 공통점이 존재한다. 우선 두 유형 모두 문제에 대한 대응책을 결정하기 전에 가능한한 모든 정보를 수집하여 가능한 모든 결과를 예측해 본 뒤 가장 합리적이고 경제적인 결정을 하고자 한다. 또한 두 유형은 모두 한번 선택을 결정한 사안이 이후에 잘못된 결정이었음이 밝혀진다 해도 그 결정을 쉽게 변경하지 않으려 하는 특성이 존재한다.

이러한 일반적인 특성은 개인적 의사결정과 집단적 의사결정이 공유하는 특성이지만, 여기서는 집단적 의사결정 만의 특성을 좀 더 중점적으로 살펴보고자 한다.

의사결정에 있어서의 집단성은 집단적 의사결정의 자산이 될 수 있다. 우선 집단적 의사결정은 다수의 의사결정자들의 지식, 구체적으로 조직 구성원들의 다양한 능력과 기술, 전문성은 집단의사결정의 질을 높일 수 있을 뿐만 아니라 조직의 자산으로 축적될 수 있다. 이 자산은 다음 의사결정을 위한 토대로 활용될 수 있고 이런 과정을 통해 의사결정에서의 실수를 줄일 수 있다. 뿐만 아니라 조직 내의 의사결정은 구성원들 간의 소통을 원활하게 하여 이후 결정된 사안에 대한 수용력을 높이고 효율적인 집행을 가능하게 하며 만족도 역시 높일 수 있다. 또한 만약 의사결정이 부정적인 결과를 도출한다 하여도 함께 의사결정을 진행한 집단의 구성원들끼리 그 책임과 부담을 나누어 질 수 있다.

그러나 집단적 의사결정이 장점만을 갖는 것은 아니다. 우선 개인적 의사결정보다 결정을 내리기까지 더 많은 시간이 소요된다. 집단적 의사결정은 문제 해결을 위한 최상의 선택지를 추려내는 과정이라기보다는 조직 구성원들 간의 타협을 통해 결정되는 경우가 많기 때문이다. 따라서 빠르고 단호한 행동이 필요한 위기 상황에서는 집단적 결정에 지나치게 의존하게 되면 조직의 관리능력이 저해될 수 있다.

또한 인간의 집단성에 의해 극단화된 선택을 하게 할 수도 있다. 예를 들어 위험이 발생했을 때, 의사결정 과정에서의 상호작용을 통해 의사결정자들의 현실 인식이 극단화되어 위험 수준에 대한 인식이 비합리적으로 양극화 될 수 있다. 실제 위험보다 더 위험하게 인식하거나 아니면 위험의 정도를 경시하는 방향으로 양극화되어 합리적인 정보교환이 불가능하게 될 수 있다. 뿐만 아니라 현실적으로 조직은 1인의 권력자나 권력이 집중된 소수의 그룹에 의해 지배되는 경우가 많기 때문에 이 경우에는 앞서 언급한 집단적 의사결정의 장점들이 퇴색될 수 있다. 이렇게 의사결정에 권력이 작용하는 경우에는 정치적인 이유가 도덕적인 판단이나 조직 전체에 이익을 가져다 주는 판단에 기초한 결정을 저해할 수 있다.

집단적 의사결정은 이처럼 장점과 단점을 동시에 갖고 있으므로 조직의 관리자는 상황에 따라 혹은 조직의 특성에 따라 의사결정에 조직구성원들을 어느 정도 참여시킬 것인지를 판단해야 한다. 예를 들어 관리자가 조직 구성원들이 그들의 개인적 목표보다 조직의 목표를 중시 여긴다는 것을 신뢰할 때

관리자는 더 많은 인원을 의사결정에 참여시키고자 할 것이다. 반대로 관리자가 문제 해결에 필요한 모든 정보를 갖고 있는 경우, 문제에 대한 즉각적인 조치가 필요한 경우, 또는 문제 자체가 이미 구조화되어 반복되는 문제인 경우에는 조직원들의 참여가 의사결정에 있어서 큰 의미를 갖지 못할 것이다.

2. 합리적 의사결정과 제한된 합리성에 기초한 의사결정

의사결정의 유형은 완전한 합리성을 전제로 한 의사결정과 인간의 합리성이 제한될 수밖에 없는 현실적인 조건들을 고려한 의사결정으로 분류된다.

우선 합리적 의사결정은 의사결정자가 필요한 정보를 모두 습득할 수 있고 그 정보를 토대로 완벽하게 논리적인 분석이 가능하다는 것을 전제한다. 확실한 정보가 부족한 경우에도 의사결정의 과정을 따른다면 그렇지 않을 때보다 더 나은 결정을 선택할 수 있다고 생각한다. 데프트(R. L. Daft)는 합리적 의사결정 과정을 여덟 가지 단계로 나누었다.[21] 가장 먼저, 조직의 내·외부 정보를 이해하기 위해 환경에 대한 조사가 수행된다. 둘째, 문제를 정의내리고 그 다음으로 문제를 구체화한다. 문제의 구체화는 의사결정의 결과로 달성될 성과가 무엇인지를 정하는 과정이다. 네번째 단계는 추가적인 자료 수집을 통해 문제를 진단하는 단계이고 다섯번째는 대안을 설정하는 단계이다. 여섯번째는 통계적인 방법이나 개인적인 경험을 활용하여 대안을 평가하고 최적의 대안을 선택한다. 마지막으로는 조직의 가용자원을 활용하여 그 대안을 집행한다. 페팅거(Pettinger) 역시 의사결정을 기본적으로 순서가 있는 일련의 과정으로 설명하며 문제정의, 결정방식 결정, 기간 설정, 정보 수집, 대안 모색, 그리고 결정사항 집행의 과정으로 구성된다고 보았다. 전체 의사결정과정의 핵심은 의사결정사항의 집행이고 그 이후 앞선 전체 과정에 대한 적합성 및 타당성에 대한 검토가 이어지게 된다.[22]

---

21) Richard L. Daft, *Organization Theory and Design*(Ohio: Thomson South—Western, 2004), pp.448~451.

22) Richard Pettinger, *Organizational Behaviour: Performance management in practice*(London: Macmillan Press LTD, 1996), pp.25~28.

그러나 현실에서 의사결정은 이와 같은 단계를 철저히 따르며 집행되지는 않는다. 경험이 많은 관리자가 상황 분석을 통해 몇몇 단계를 건너뛸 수 있다. 뿐만 아니라 문제의 정의가 정확하지 않은 경우와 같이 의사결정이 프로그램화되지 않은 경우에는 직관과 경험에 의존하여 몇 단계들이 생략될 수 있다. 수집한 정보가 사실이 아닌 경우에는 아무리 논리적인 과정을 따른다 하여도 좋은 결정을 내릴 수 없다. 즉, 이상적이고 전형적인 합리적 의사결정의 경로에서 벗어나거나 합리적 의사결정 절차가 유용하지 않은 경우들이 현실에서 얼마든지 존재할 수 있다는 것이다.

제한된 합리성에 기초한 의사결정은 종종 직관적인 의사결정(intuitive decision making)과 관련이 깊다. 경험과 직관을 이용한 판단은 시간의 압박을 받는 경우 효과적이다. 직관은 독단적이거나 불합리한 것이 아니라 오랜 시간 동안의 경험을 통해 잠재의식 속에 축적되어 온 경험의 소산이기 때문에 의사결정에 있어 가치가 있다는 것은 최근 심리학이나 조직과학 등의 영역에서 점점 더 인정받고 있다. 심리학자로서 2002년 노벨 경제학생을 수상한 대니얼 카너먼은 인간은 자신이 합리적이라고 믿고 있지만 사실 많은 선택과 결정이 직관에 의해 이루어지고 있다는 것을 밝혀내어 주목을 받았다. 따라서 보다 나은 결정을 할 수 있도록 직관을 통해 합리적인 의사결정을 보완하려는 경향을 반합리성(quasirationality)이라고 하며 분석적 사고와 직관을 결합하고자 하는 움직임이 있다.

덧붙여서, 조직의 다양한 정치적 요소도 의사결정에 있어 합리성을 제한하는 중요한 요소이다. 특정한 결정에 대한 지지 및 지원이 커져가는 과정에는 정치적 요소가 작용할 수 있다. 따라서 정치적 요인으로 인해 정보의 조작과 같은 문제가 발생한다면 그것은 의사결정의 비효율을 초래하지만, 만약 실질적이거나 절차적 합리성과 함께 적절한 정치적 조치가 조직에 위해 고려된다면 의사결정은 가장 효과적이 될 수 있다.

3. 그 외의 의사결정 유형

의사결정의 유형을 분류하는 또 다른 방법으로는 도슨(Dawson)의 의사결정 전략의 유형화 시도를 주목할 만한다.[23] 도슨(Dawson)은 의사결정 참여자의 의사결정 목표에 대한 동의 정도와 목표를 달성하기 위한 수단에 대한 이해 정도에 따라 유형을 분류하였다. 그는 목표에 대한 동의 여부와 수단에 대한 이해 여부를 조합하여 네 가지 경우를 분석하였다. 도슨(Dawson)은 동의여부와 이해여부 강도를 세분화하여 총 여덟 가지 경우를 분석하였으나 여기에서는 그 유형화 시도의 취지만을 이해하고자 크게 네 가지로 분류하고자 한다.

우선 의사결정 참여자가 결정의 목표에 동의하고 그것을 성취하게끔 하는 수단에 대해서도 동의한다면, 조직의 이상적인 의사결정 모델로서 합리적이고 논리적인 의사결정 유형이라고 할 수 있다. 두번째는 의사결정이 지향하는 목적은 모호하거나 조직 내에서 갈등의 상황에 놓여있지만, 그것을 성취하기 위한 수단에 대한 조직 구성원들의 이해도가 비교적 높고 합의에 이른 경우이다. 이런 상황에서의 의사결정은 흥정과 점증주의에 의해 설명 가능하다. 주로 다른 대안들에 대한 연속적인 비교를 통해 조직이 무엇을 선택할 것인지가 결정되고 이것은 린드블룸이 진흙 속을 통과하는 상황(muddling through)을 통해 정책결정 과정을 설명하고자 했던 점증주의와 유사하다. 세번째 경우는 의사결정 참여자들의 결정이 지향하는 목적에 대해 동의는 하지만 그것을 달성하기 위한 지식을 포함한 수단에 대한 동의는 부족한 경우이다. 이 경우에 의사결정 참여자들은 대안적인 수단을 찾기 위한 연구에 많은 투자를 하고 무엇이 나은 수단인가를 판단하기 위한 전략(judgmental strategy)을 활용한다. 현실적인 사례로는 R&D나 조직 목표를 위해 필요한 역량을 갖춘 인재 양성을 위한 훈련 프로그램의 개발 등을 떠올려 볼 수 있다. 이러한 두번째와 세번째의 경우는 조직에 대한 행태이론으로 분류될 수 있다. 왜냐하면 조직 전체를 위한 최선의 결과가 아닌 조직 구성원 중 권력을 가진 사람들을 만족시키는 결과를 도출할 수도 있기 때문이다. 마지막으로 의사결정 참여자들이 의사결정

23) Sandra Dawson, *op. cit.*

의 목적에 대한 확신이 없고 그것을 달성하기 위한 수단에 대한 이해도 불확실하고 관련 지식도 없는 경우가 있다. 이 경우는 의사결정 상황이 가장 불확실하고 유동적인 상태이며 코헨, 마치, 그리고 올슨이 주창한 정책결정의 쓰레기통 모델과 같다고 볼 수 있다. 이 때 조직의 상태는 조직화된 무질서(organized anarchy)로 묘사될 수 있으며 이러한 상태에서의 의사결정은 영감(inspiration)과 비합리(irrationality)로 점철된다.

앞서 살펴본 의사결정의 유형들의 공통점은 주어진 조건 안에서 개인이나 조직에게 가장 이로운 선택을 하기 위한 적극적인 행위라는 것이다. 그렇지만 의사결정 유형의 분류에서 놓치지 않아야 할 요소는 상황에 따라서는 아무런 의사결정을 내리지 않는 것 역시 하나의 중요한 선택지라는 것이다. 현실에서 이미 결정은 내려졌으나 의사결정 절차를 따라야 할 경우, 의사결정의 대상이 수면 위로 올라오기 힘든 문제인 경우, 또는 문제는 존재하지만 조직 내의 권력 집단의 가치 체계 안에서 상상할 수도 없는 문제라고 여겨질 때 의사결정이 내려지지 않게 된다. 뿐만 아니라 특정 사안에 대한 의사결정의 결과가 적극적인 조치가 아닌, 아무런 조치를 취하지 않는 것으로 결론이 내려질 수도 있다. 즉, 비조치(non-action) 역시 의사결정에서의 하나의 선택지임을 고려해야 한다.

제 5 절 의사결정모형

오늘날 조직 내에서의 의사결정은 이미 논의한 바와 같이 규범적 의사결정과 행태적 의사결정의 조화가 중요하다. 이와 같은 의사결정에 있어서의 일반론을 바탕으로 구체적인 의사결정에 접근하는 다양한 모형을 검토하고자 한다.

1. 합리모형(rational model)

합리모형은 인간의 합리성에 기초한 의사결정에 초점을 둔다. 이에 의하면 인간은 의사결정이 요구되는 주제와 대상에 관한 완전한 정보와 대안을 바탕으로 최선의 결정을 하게 된다.[24] 이 때의 합리성은 경제적인 인간을 전제로 하는데, 자신의 이익을 극대화하는 경제적인 측면을 고려한 것이다. 따라서 스티어스(Steers)의 경제학적 모형(econologic model)과 유사하다.[25] 경제학적 모형 역시 인간은 경제적으로 합리적이고 산출물을 최대화하기 위해 노력한다.

그러나, 이러한 가정의 간결성은 바람직한 의사결정의 당위성을 보여줄 수는 있지만 실제로 의사결정이 어떻게 이루어지는지에 대해 설명하기에는 부족함이 많다. 우선 현실에서인간의 의사결정을 위한 정보는 제한될 수밖에 없고, 제한된 정보를 바탕으로 수립된 대안들도 상정가능한 모든 대안들이 구비될 수 없다. 이는 한정된 자원은 물론이고, 인간 이성의 한계, 합리성의 한계, 조직 내외의 환경변화 등 의사결정을 둘러싼 조건과 전제의 제약에 기인한다.[26] 그러나 여전히 의사결정에 있어서의 합리모형은 개인과 조직의 의사결정에 있어 가장 기본적인 출발점이 된다.

2. 만족모형(satisficing model)

사이몬(Herbert A. Simon)과 마치(James G. March)가 제시한 이 모형은 인간의 합리성이 제한적이기 때문에 의사결정과정에서 얻을 수 있는 가장 훌륭한 결정은 '만족스러운 정도의 것'이라고 주장한다. 이들이 제시하는 인간 합리성의 전제는 '제한적 합리성'(bounded rationality)인 것이다. 이 모형은 제한된 합리성 모형 혹은 행정모형(administrative model)이라고 불리기도 한다. 따라서 의사결정을 통하여 실제로 선택되는 대안은 특정한 조건하에서 객관적으로 가장 이상적인 완전한 대안이라기보다는 일정 정도의 필요성을 만족시키는 정도의 것이 된다.[27]

---

24) Yehezkkel Dror, *op. cit.*

25) Richard M. Steers, *op. cit.*, pp.279~284.

26) David Braybrook and Charles Lindblom, *A Strategy of Decision*(New York: Free Press, 1963), pp.48~57.

27) Herbert A. Simon, *Administrative Behavior: A Study of Decision—Making Processes in Administrative Organizations*(New York: Macmillan, 1948); James G. March and Herbert

이런 선택을 가능하게 하는 메커니즘은 세가지이다. 첫번째는 의사결정자는 특정한 결정을 위한 모든 대안들을 검토할 수 없고 대안에 대해 순차적(sequential)으로 관심을 기울인다는 것이다. 두번째는 휴리스틱(heuristic)에 의존하는 것이다. 휴리스틱은 체계적이고 합리적인 판단이 아니라 경험에 의해 형성된 직관에 의존하여 문제를 해결하고자 하는 것이다. 세번째는 만족화 혹은 만족하기(satisficing)이다. 의사결정자에 대하여 경제 모델(economic model)은 최적의 상태를 추구하는 인간(optimizer)을 가정한다면 만족모형에서는 만족을 추구하는 존재(satisfier)로서 가정된다.28)

이 모형은 실제로 적용하기 용이하여 실질적이라는 점과 조직이론상의 사회심리학적 요소를 기초로 하고 있다는 점에 의미가 있다. 그러나 이 모형을 전적으로 인정한다면 실제의 의사결정자들은 만족할 만한 수준의 대안의 도출에만 그치고, 이에 따라 조직에는 혁신과 상상력이 결여되기 쉽다는 비판이 제기된다.

3. 점증모형(incremental model)

점증모형은 린드블롬(C. E. Lindblom)·윌다브스키(A. Wildavsky)·스나이더(R. Snyder) 등에 의해 제안된 것으로서, 실제적인 결정과정에 착안하여 민주주의적이고도 다원적으로 실생활에 잘 적용될 수 있도록 고안된 모형이다. 이 모형의 기본개념은 현재 상황에서의 점증적 변화가 가장 바람직하며, 위험부담이 없는 방법은 현재의 상황에서 조금 다른 수준의 대안이라는 것이다.

실제 의사결정자들은 모든 가능한 정책대안을 검토할 수도 없고, 또 그렇지도 않다. 다만 현재에 비하여 다소 변화된, 즉 현상에 비해 점증적인 차이만이 있는 비교적 소수의 대안만을 검토할 수 있다는 것이다.29) 이 모형의 의사결정 단계는 크게 세 단계로 구분된다. 첫번째 단계는 확인단계이다. 이 단계

A. Simon, *Organizations*(New York: Wiley, 1966).

28) Richard M. Steers, *op. cit.*, pp.279~284.

29) Charles E. Lindblom, *The Intelligence of Democracy*(New York: Free Press, 1965), pp.293~310.

에서는 한 사람 혹은 여러 사람이 문제가 존재하고 이를 해결하기 위한 의사결정의 필요성을 인식하기 시작한다. 또한 상황에 필요한 정보를 얻고 문제의 심각성을 진단하는 단계이기도 하다. 두번째 단계는 개발단계이다. 확인 단계에서 정의된 문제를 해결하기 위해 기존의 해결책들 중 적절한 것이 있는지를 탐색하는 단계이다. 만약 문제가 새로운 것이어서 기존의 경험에서 답을 찾을 수 없을 때는 해결안을 설계하는 것 역시 개발단계에 포함된다. 세번째 단계는 개발된 해결책 중 하나를 선택하는 선택단계이다. 이때 선택은 가장 확실한 해결책을 선택하는 것이 아니라 실행 가능한 한 가지를 두고 여러 측면에서 평가를 거쳐 선택된다. 이때 평가는 한 사람의 의사결정자에 의해 이루어지기도 하고 여러 세력집단들 간의 교섭을 통해 이루어지기도 한다. 이러한 과정은 오랜 시간이 걸리기 때문에 그 사이 상황이 변할 수도 있다. 따라서 점증모형은 문제해결 전까지 반복과 순환을 거쳐야 하는 동태적인 과정이다.

이러한 점증모형에서는 의사결정을 '진흙탕을 통과하는'(muddling through) 과정이라고 표현하고 있으며, 따라서 서술적(descriptive)이며, 혁신적이기보다는 보수적이다. 이와 같은 점증모형과 흡사한 이론으로서 주의해 볼 필요가 있는 것이 윌다브스키(Aaron Wildavsky)의 주장이다. 그에 의하면 정부의 예산 수립과정은 그 환경의 이중적 성격 때문에, 즉 '점증적'·'단편적'·'비계획적' 및 '연속적'인 것이며, 행정기관 내의 개인 사이의 관계로부터 출발하기 때문에 경제적이라기보다 정치적인 과정이라는 것이다. 그리고 이 때 검토되는 대안의 수는 극히 제한되어 있으며, 그 대안은 과거의 예산과 약간의 차이밖에 없는 것이라고 한다.[30]

4. 혼합주사모형(mixed-scanning model)

에치오니(Amitai Etzioni)는 합리모형은 지나치게 이상적이고, 점증모형은 지나치게 보수적이어서 혁신성을 결여하였다고 비판하며, 양자를 조합한 혼합주사모형(mixed-scanning model)을 제안하였다.[31]

---

30) Aaron Wildavsky, *The Politics of the Budgetary Process*(Little, Brown & Co., 1964), p.130.

이는 의사결정을 기본적인 결정과 절차적인 결정으로 구분하여 기본적인 결정과정에서는 광범위한 방향제시를 포함한 합리성을 추구하며, 절차적 결정과정에서는 세부적인 사항을 점증적으로 결정함으로써 양자를 상호보완시켜 보다 적절한 결정을 내릴 수 있다는 주장이다.

5. 최적모형(optimal model)

최적모형은 드로어(Yehezkel Dror)에 의하여 제안되었는데, 이는 합리모형에 초합리적 의사결정을 결합하는 규범적 모형이라 할 수 있다. 즉 드로어는 과거의 결정이 반드시 정당하다는 근거는 없으니, 이를 근거로 어떤 결정을 내리기보다는 모든 새로운 결정은 그 때마다 각각 새롭게 검토하고, 합리모형에 근거한 양적 접근은 경험적으로 입증할 만한 요소만을 검토하므로, 질적인 요소를 포함할 수 있는 비합리적 또는 초합리적인(extra-rational) 결정도 포함하여야 최적의 결정이 될 수 있다는 것이다.[32]

드로어는 이러한 최적모형의 성격을 요약하여 ① 계량적인 것을 포함한 질 위주의 모형이라는 것, ② 합리적 및 초합리적(extra-rational)인 요소를 모두 포함하고 있다는 것, ③ 기초개념으로서 합리성이란 경제적인 합리성을 뜻한다는 것, ④ 정책지침(metapolicy)을 포함한다는 것, ⑤ 환류(feedback)를 중시한다는 것 등이라고 하였다.[33]

6. 쓰레기통모형(garbage can model)

마치(J. March), 올슨(J. Olsen), 그리고 코헨(M. Cohen)에 의하여 고안된 쓰레기통 모형은 매우 불확실성이 높은 현실에 적합한 의사결정모형으로 평가되고 있다. 이는 의사결정상황 자체가 조직화된 무정부상태(organized anarchy)라 일컬을 정도로 매우 불확실하며, 이와 같은 상황에서의 의사결정은 마치

---

31) Amitai Etzioni, *The Active Society*(New York: Free Press Paperback, 1968), pp.282~295.

32) Yehezkel Dror, *Public Policy-making Reexamined*(San Francisco: Chandler, 1968), pp.11~13.

33) *Ibid.*, p.154.

쓰레기통에서 문제의 해결방안을 꺼내는 것과 마찬가지로 무정형일 수밖에 없다는 것이다.[34] 따라서 유기적인 조직이 필요하고 수직적 또는 관료주의적 의사결정의 일반적 질서를 따르지 않는다. 이와 같은 상황에서는 조직의 문제와 이에 대한 해결대안, 의사결정자 등 의사결정과 관련된 모든 요소들이 구조화되지 못한 혼돈의 상태로 존재하다가 매우 우연한 기회에 의사결정이 이루어진다고 한다.

또한 쓰레기통 모형에서는 의사결정과정을 연속적인 과정으로 보지 않고 조직 내의 여러 가지 사건들의 불연속적인, 독립적인 흐름들의 결과물로 본다. 즉, 어떤 문제가 지속적으로 제기되고 있지만 해결안을 제시하지 못하는 경우도 있고 반대로 문제가 제기되지도 않았는데 특정 아이디어가 해결방안으로서 제시될 수도 있다.

이러한 쓰레기통 모형에서는 조직은 네 가지 흐름이 뒤섞여 있는 쓰레기통으로 상정된다. 네 가지 흐름이란 문제들, 잠재적 해결책들, 참여자들, 그리고 선택 기회들이다. 이런 흐름들이 무작위적으로 조직 안에서 흐르고 있다가 우연히 문제 해결책과 참여자가 만나게 되면 특정한 결정이 이루어지고 문제가 해결되게 된다.

쓰레기통 모형은 다수의 문제들에 대한 조직 내의 의사결정 과정을 다루기 때문에 하나의 의사결정이 내려지는 과정을 다루는 다른 의사결정 모형과는 차별화된다. 따라서 현실에서의 관리자들의 결정을 이해하는 데 도움이 된다. 그러나 이런 상황에서는 문제에 대한 인식, 해결대안에 대한 선호도 불분명하고, 심지어 의사결정자들의 유동성도 매우 높아서 어떤 문제에 대한 해결대안에 대한 예측도 거의 불가능하다. 이는 현실적인 의사결정에 대한 일정정도의 설명력도 있으나, 인간의 합리성에 대한 지나친 비관적 자세가 비판의 대상이 된다.

---

34) Michael D. Cohen, James G. March, and John P. Olsen, "A Garbage Can Model of Organizational Choice," *Administrative Science Quarterly*, Vol. 17, No. 1(1972), pp.1~25.

7. 카네기 모형(Carnegie model)[35]

카네기 멜론 대학의 리차드 사이어트, 제임스 마치, 허버트 사이먼은 의사결정에 대한 기존의 연구 경향과는 달리 정치적이고 사회적 요인의 중요성을 강조하는 모형을 제시했다. 이전의 경제학 연구에서는 의사결정에 필요한 모든 정보는 조직의 최고의사결정자에게 집중된다고 가정했지만 그들은 의사결정에 실제로 많은 의사결정자들이 참여하며 최종적으로는 이 의사결정자들 간에 형성된 동맹에 의해 결정되는 것이라고 설명하였다. 따라서 형성된 세력집단들 간의 합의에 도달하는 것이 의사결정에서 매우 중요하다. 이 세력집단, 즉 동맹은 조직의 목표와 문제의 우선순위에 동의하는 사람들로 구성되며 부서 관리자, 지원부서 전문가, 영향력 있는 고객, 또는 노조 대표 등도 포함될 수 있다.

의사결정에서 세력집단이 필요한 이유는 첫째, 의사결정을 내려야 하는 조직은 이상적인 모습과는 달리 애매하거나 불확실한 목표와 활동들로 점철되어 있다. 따라서 문제 해결을 위해서는 문제를 중심으로 하는 세력집단을 형성하는 것이 유리하다. 둘째는 세력을 형성함으로서 개인이 의사결정을 내릴 때의 그 인식의 한계와 모든 변수와 정보를 다 이해하지 못하게 하는 다른 제약조건들을 극복할 수 있다. 즉 조직 내에서 의사결정자들은 정보를 교환하고 지혜를 모을 수 있다. 이를 위해서는 우선 토의와 교섭을 통해 당면한 문제를 인식하는 것이 중요하고 이때 토의와 교섭에는 시간이 많이 필요하기 때문에 세력집단은 조직의 성과 수준의 최대치를 추구하기보다는 여러 가지의 목표를 동시에 성취시킬 수 있는 만족화를 추구한다.

---

35) Richard L. Daft, *op. cit.,* pp.458~460.

8. 상황적응 모형(Contingency framework)[36]

의사결정을 내려야 하는 조직의 유형도 다양하고 조직들이 해결해야 하는 문제와 그 상황도 무수하기 때문에 여러 가지 접근법이 필요한 것은 당연하다. 따라서 근본적으로 조직이 처한 상황에 적합한 의사결정 방법을 선택하는 것이 이상적일 것이다. 상황적응모형은 이러한 이상을 추구하고자 의사결정 방법을 선택하는 두 가지 기준을 제시했다. 문제에 대한 합의여부와 문제 해결을 위한 기술적인 지식에 대한 이해와 동의 여부이다.

문제에 대한 합의(problem consensus)는 문제, 문제 해결의 결과, 혹은 조직이 추구해야 할 목표 등에 대한 관리자들 간의 의견일치 정도를 의미한다. 의견이 일치되는 경우에는 문제와 문제 해결 방안의 선택에 대한 기준, 그리고 조직의 목표도 명확해지기 때문에 당연히 불확실성이 줄어든다. 의견이 불일치한 경우에는 불확실성이 커져 논쟁이 발생하고 관리자는 일치된 목표 설정을 최우선 과제로 삼아야 한다.

문제해결 수단으로서의 기술적인 지식(technological knowledge)에 대해서는 조직 내에서 그 수단이 잘 이해되고 구성원들이 순조롭게 동의를 한다면 적절한 대안 도출이 수월할 것이고 그렇지 못하다면 직관을 활용한 판단, 그리고 시행착오를 통한 의사결정이 내려지게 될 것이다.

상황적응모형은 이 두 가지 변수를 활용하여 총 네 가지 경우를 도출할 수 있다. 우선, 조직 내에 문제에 대한 합의가 확실하고 그 문제를 해결하기 위한 수단으로서의 지식에 대한 이해도 높을 경우, 개인은 합리적인 접근을 하고 조직은 관리과학을 활용하여 문제를 해결할 수 있다. 두번째, 문제에 대한 합의는 확실하지만 관련 지식에 대한 이해나 동의가 수준이 낮을 때에는 개인 차원에서는 시행착오를 겪고 조직은 점진적 의사결정과정 모형을 활용한다. 세번째, 문제에 대한 합의 수준은 낮지만 해결방안으로서의 지식에 대한 이해와 동의 수준은 높을 때, 개인은 교섭을 시도하고 연합집단을 형성하려 하고, 조직은 카네기모형을 활용한다. 마지막으로 두 변수의 수준이 모두 낮을 때,

---

36) *Ibid*, pp.471~473.

개인은 교섭과 영감과 모방을 통한 판단을 활용하고 조직은 카네기 모형 및 점진적 의사결정모형, 쓰레기통 모형으로 진화한다.

9. 암묵적 선호모형(Implicit favorite model)[37]

이 모형은 인지부조화(cognitive dissonance) 이론에 기초한 모형으로서 새롭거나 구조화되지 않은 비정형적(non-programmed) 의사결정을 다루는 모형이다. 예를 들어 취업준비생들이 직업을 선택하는 과정에서 그들은 기회가 주어졌을 때 자신의 암묵적인 선호에 따라 빠르게 의사결정을 한다. 그러나 그 이후에도 그들은 계속해서 대안을 찾는 행위를 멈추지 않고 최고의 대안을 찾기 위해 노력한다. 하지만 이러한 노력은 결국 그들은 자신들의 암묵적인 선호가 다른 대안들보다 우수하다는 것을 증명하기 위한 것으로서 이 모형은 의사결정자들이 자신들의 선호의 긍정적인 요소를 강조하고자 노력하는 현상을 설명할 수 있다.

제 6 절 의사결정 개선 전략

지금까지 의사결정을 개선하기 위해서는 조직 구성원들 간의 상호작용을 향상시키는 방법이나 정보에 대한 접근 및 분석을 용이하게 하는 방법들이 고안되어 왔다. 하지만 그 외에도 구성원들 간의 상호작용에서 발생하는 어려움을 줄이거나 극복하려는 노력, 그리고 조직이 처한 의사결정 환경의 인위적 구조화를 통해 의사결정의 질을 높이는 전략도 있다. 구체적으로 집단결정에 내재된 '집단사고'의 문제점을 극복하기 위한 의사결정 개선 전략으로는 명목적 집단기법(nominal group technique),[38] 델파이 기법(delphi technique)[39] 등

---

37) Richard M. Steers, *op. cit.*, pp.279~280.

38) Andrew Van de Van and Andre L. Delbecq, "The Effectiveness of Nominal, Delphi and Interacting Group Decistion Making Process," *Academy of Management Journal*, Vol.

이 있고 집단의 리더와 구성원 사이에 발생하는 상호작용을 강조한 브룸 (Vroom) − 예튼(Yetton) − 쟈고(Jago)의 모델 등도 있다.

1. 명목적 집단 기법(Nominal Group Technic)

명목적 집단기법이란 구조화된 집단 의사결정으로서 구성원의 상호작용 없이 의사결정에 도달하는 기술이다. 다음과 같은 과정을 밟은 개개 구성원들의 공식적 결정과정을 말한다.

1) 각 구성원은 다른 구성원의 자문을 구하지 않고 글로써 문제에 관한 생각이나 대안을 개진한다. 구성원의 독립적인 생각들을 끌어내기 위함이다.

2) 일정한 시간이 지나면 각 구성원은 아주 구조화된 라운드−로빈(round robin: 사발통문) 방식으로 다른 사람에게 자기의 의견을 말한다. 이 경우 의견의 피력이 한 라운드에 한 번 이상은 없게 한다. 이 과정에서 타인의 생각에 대한 토론은 허락되지 않는다.

3) 각 구성원이 자기의견을 피력하면 서기는 이것을 차트나 칠판 등에 적는다. 이러한 과정은 모든 의견이 개진될 때까지 계속된다.

4) 칠판 등에 적혀 있는 각각의 의견은 그들이 지니고 있는 장점 및 실현가능성, 다른 기타 특징에 따라 논의된다.

5) 그리고 나서 집단은 각각의 의견에 대해서 투표를 하게 된다. 이 때 나온 결과가 그 집단의 선택이 되는 것이다.

명목적 집단기법은 조직 구성원들이 직접적으로 만나기는 하지만 그들 간의 토론이나 기타 의사소통은 허락되지 않는다. 이러한 통제를 통해서 모든 구성원들은 다른 사람에게 영향을 받지 않고 독립적으로 조직이 처한 문제에 대해 생각하고 판단할 수 있다.40)

16(1974), pp.605~621; A. Delbecq, A. Van de Ven and D. Gustafson, *Group Techniques: A Guide to Nominal and Delphi Processes*(Glenview, Ill.: Scott, Foresman, 1975).

39) Norman C. Darkey, *The Delphi Method: An Experimental Study of Group Opinions*(Santa Monica, Calif.: Rand Corp., 1969).

40) Richard M. Steers, *op. cit.*, pp.292~293.

2. 델파이 기법(Delphi Technique)

델파이 기법은 의사결정에 참여하는 집단의 구성원들이 흩어져 있고, 집단 결정을 내리기 위해서 서로 대면하지 않는다는 점을 제외하고는 명목적 집단 기법과 아주 유사하다. 델파이 기법의 차별점은 참여자들이 물리적으로 모이지 않고 신중하게 설계된 설문 문항들을 통해 자신들의 의견을 피력한다는 것이다. 제공되는 문항들은 문제에 대한 잠재적인 해결책을 내포하고 있고 참여자들은 각자 독립적으로 각 문항에 대한 자신들의 의견을 제시한다. 일차적으로 모아진 참여자들의 의견들을 두번째 설문지 구성에 반영되어 다시 동일한 참여자들에게 제공된다. 이렇게 설문지가 계속 돌려지면서 앞의 설문지에 대한 환류가 각 구성원에게 계속 전달되게 되고, 설문지에 대한 최종회답이 끝나게 되면 각 구성원은 주어진 논제에 대해서 투표를 하게 된다. 이 때 개개인의 투표의 총합이 그 집단의 선택이 되는 것이다. 즉, 델파이 기법은 점점 더 정교해지는 설문지를 활용하여 많은 수의 전무가들의 판단을 수렴해 나가는 방법이다.

이러한 기법은, 명목적 집단기법과 마찬가지로, 개인이나 집단이 의사결정 과정에서 사로잡힐 수 있는 편견을 최소화하고자 하는 노력이다. 개인이 조직의 목표보다 자신의 목표를 앞세우지 않도록 하고 다른 사람으로부터의 영향력을 최소화하여 개인들의 표현의 자유를 최대화하고 집단은 편파적이지 않은 정보에 노출될 수 있다.[41]

3. 브룸(Vroom)-예튼(Yetton)-쟈고(Jago)의 모델

명목적 집단기법과 델파이 기법은 한 집단이 당면한 결정의 본질이야말로 진짜 집단의 문제라는 사실을 보여주고 있다. 브룸과 그의 동료들은 집단의사 결정을 직접 다룰 수 있는 모델을 제시한 바 있다. 특히 이 모델은 하나의 결정에 직면한 집단의 리더와 구성원 사이에 일어나는 사회적 상호작용에 관심을 집중시키고 있다. 이 모형은 결정에 있어서 두 가지 중요한 유형인 개인과

---

41) *Ibid.*

집단을 양분한다. 이 중 개인의 문제란 그 해결이 리더의 부하 중 한 사람에게만 영향을 미치는 경우이고, 집단의 문제란 여러 명의 부하에게 영향을 미치는 문제를 말한다. 이 모형에 관한 개략적 설명은 [표 2-2-1]에 정리되어 있다.[42]

표 2-2-1 브롬의 의사결정 과정[43]

개인의 문제	집단의 문제
AⅠ. 정해진 시간 내에 이용할 수 있는 정보를 사용하여 문제해결이나 의사결정을 스스로 한다.	AⅠ. 정해진 시간 내에 이용할 수 있는 정보를 사용하여 문제해결이나 결정을 스스로 한다.
AⅡ. 부하로부터 필요한 정보만 얻고 문제해결에 대한 결정은 스스로 한다. 필요한 정보를 얻으려고 하는 이 문제가 과연 어떤 것인지에 대해서는 부하에게 이야기해도 좋고 하지 않아도 좋다. 결정을 내리는 데 있어서 부하의 역할이란 단순히 필요한 정보를 제공해 주는 것에 그쳐야 한다.	AⅡ. 부하로부터 필요한 정보만 얻지만 결정은 스스로 한다. 이 때 이 정보를 필요로 하는 문제가 어떤 것인지에 대해서는 반드시 부하에게 이야기할 필요는 없다. 의사결정을 하는데 있어서 부하의 역할이란 필요한 정보를 주는 것 이상이 되어서는 안된다.
CⅠ. 결정문제에 대해서 관계된 부하와 의견을 함께 나누고 생각이나 정보도 교환한다. 그러나 결정은 자기가 한다. 이 때 이 결정은 부하의 영향을 반영해도 좋고, 그렇지 않아도 무방하다.	CⅠ. 결정문제에 대해서 관련된 부하와 개인적으로 의견을 나눌 수 있다. 그러나 이 경우에 있어서도 그들을 집단의 동반자로서 간주하지 않고 필요한 정보나 의견을 얻어 낼 수 있다. 이 때 결정은 물론 자기가 한다. 이 결정이 반드시 부하의 영향력을 반영할 필요는 없다.

---

42) Victor H. Vroom and Arthur Jago, "Decision Making as a Social Process: Normative and Descriptive Models of Leader Behavior," *Decision Science*, Vol. 5(1974), pp.743~769.

43) *Ibid.*

CⅡ. 부하 중의 한 사람과 의견을 같이 나누고 그와 함께 그것을 분석하며, 정보나 생각이 자유롭고도 개방적인 분위기 속에서 상호 만족할 만한 해결책을 찾는다. 공식적인 권위보다는 각각의 지식의 공헌도에 따라 문제를 해결한다.	CⅡ. 집단모임에서 결정문제에 대해 부하와 의견을 같이할 수 있다. 이 모임에서 생각이나 의견을 얻을 수 있지만 결정은 혼자서 한다. 그러나 이 경우에 있어서도 부하의 의견을 반드시 반영할 필요는 없다.
D. 문제를 부하 중 한 사람에게 위임한다. 그리고 관리자가 지니고 있는 관련된 정보를 그에게 준다. 그러나 이 때 이 문제해결을 위한 책임성도 아울러 부여해 준다. 그리고 그 부하가 내린 해결책에 대해서는 지지를 표명한다.	G. 결정문제에 대해서 집단으로서의 부하와 의견을 함께 한다. 그들과 함께 대안도 만들고 평가하며, 문제에 대한 해결책에 도달하기 위해서 노력한다. 이 때 관리자의 역할은 일종의 의장과 같은 것이어서 토론을 조정하고 문제의 핵심을 밝히며 중요한 문제가 논의되고 있다는 것을 확신시킨다. 반드시 관리자의 의견만을 선택하라고 고집하지 않는다. 집단전체의 지지를 받고 있는 해결책은 기꺼이 받아들이며 집행한다.

이 때 의사결정의 기본 유형은 A(autocratic, 전제형)·C(consultative, 자문형)·G(group, 집단형), 그리고 D(delegating, 위임형)로 구분된다. 과정 A는 아주 전제적으로서 부하의 참여를 전혀 인정하지 않는 과정을 나타낸다. 로마숫자로 표시된 것은 똑같은 과정의 강도를 나타낸다. 과정 C는 자문적 과정으로서 실제결정과정에 집단을 포함시키는 것을 의미한다. 과정 G는 구성원이 결정의 실제 참여자로서 포함되는 집단과정을 의미한다. 과정 D는 전체결정이 개개의 종업원이나 이들의 집단에게 위임되어 있는 것을 말한다. 따라서 [표 2-2-1]은 실제상황에서 관리자가 공통적으로 사용하는 개인이나 집단의 문제에 대한 다섯 가지 결정전략을 나타내 보여 주고 있다. 이러한 점에서 이 모델은 실제의사결정을 기술해 놓은 것이라 하겠다.

4. 사회자 훈련(Training discussion leaders)[44]

토론을 주도하는 사회자의 역량에 따라 원활한 의사결정이 가능할 수도 있고 반대로 이미 합의된 내용이 무산될 수도 있다. 뿐만 아니라 사회자가 독단적으로 행동한다면 개인적 의사결정과의 비교를 통해 집단적 의사결정의 우수성으로 제시되었던 많은 장점들이 무력해질 수 있으며 그 여파는 모두 조직 구성원들이 감당해야 한다. 그만큼 사회자의 역할은 중요하다. 따라서 의사결정을 위한 토론을 주관하는 사회자는 토론의 질을 높일 수 있는 기술을 익히는 것이 필요하다. 구체적으로, 사회자는 조직이 직면한 문제를 의사결정에 참여하는 사람들에게 설명할 때 방어적인 자세를 배제한 채 최대한 객관적으로 전달해야 한다. 문제 해결을 저해하는 각종 제약들에 대한 정보도 빠짐 없이 전달하여 문제를 둘러싼 환경과 문제에 대한 정보를 구성원들이 공유할 수 있어야 한다. 또한 사회자가 앞장서서 문제의 해답을 제시하기보다는 구성원들의 통찰력과 영감을 자극할 수 있는 질문을 던져 모든 구성원들이 의견을 개진할 수 있도록 도와야 하고, 특히 사회자는 소수에 의해 토론이 지배되는 것을 경계해야 한다. 토론의 전체 흐름을 파악하여 토론이 의사결정을 내리기 위한 단계 중 어디까지 진척되었는지 인지할 수 있어야 한다.

5. 논쟁 자극 및 관리(Stimulating and managing controversy)[45]

갈등이 전면화되어 의사결정자들이 예민해진 상태에서는 좋은 결정을 내리기가 힘들지만, 반대로 갈등이 완전히 부재한 상황 역시 의사결정에 우호적인 상황은 아니다. 왜냐하면 이 상태에서는 문제에 대한 대안적 관점들이 수면 위로 등장하지 않기 때문이다. 조직 내에서 공통된 의견에 반대되는 의견이 묵살되는 경향을 뜻하는 집단사고(groupthink) 효과와 잘못된 의사결정임을 알게된 이후에도 그 의사결정에 집착하는 경향을 의미하는 몰입상승(escalation of commitment) 효과에 의해 필요한 갈등의 부족이나 부재가 초래된다. 이러한

---

44) Gary Johns, *op. cit.*, pp.399~400.

45) *Ibid.*

한계를 극복하기 위해서는 악마의 변호인(devil's advocate)이 필요하다. 악마의 변호인이란 의도적으로 조직의 계획이나 전략의 약점만을 지속적으로 제시하고 구성원들에게 환기시키는 역할을 맡은 사람이다. 이 역할을 통해 계획이나 전략의 장점뿐만 아니라 간과하기 쉬운 단점에 대해서도 전반적으로 파악할 수 있게 된다.

위의 다섯 가지 전략 외에도 브레인스토밍(Brainstorming)과 같이 창의적인 문제해결 방안 및 대안 제시를 가능한 한 많이 끌어내기 위해 다듬어지지 않은 아이디어를 환영하며 타인의 의견에 평가 또는 비판을 삼가하는 방법 등도 효과적인 방법일 것이다.

3 기획

기획(plan)은 이미 우리에게 있어 하나의 일상적인 용어가 되었다. 경제기획, 자원배분기획, 전략기획실 등과 같이 기획이라는 단어는 우리의 주변에서 흔히 접할 수 있다. 그러나 이러한 기획이라는 용어의 개념이 관점에 따라 다양함을 주지하여야 한다.

기획과 계획이라는 용어만 보더라도 그 용어의 사용이 제각각인 경우가 많다. 흔히 기획은 포괄적이고 폭넓은 의미로 사용되고 계획은 보다 구체적인 사업의 행동방식을 결정하는 것을 의미하기도 한다. 기획과 계획을 구분함에 있어서 괴츠(Billy E. Goetz)는 기획이란 선택할 수 있는 복수의 행동노선이 존재하는 것이며, 계획은 이미 설정된 행동노선을 뜻한다고 하였다.[1]

일반적으로 기획(plan)은 계획(program)을 수립·집행하는 폭넓은 과정이며, 계획은 기획을 바탕으로 한 목표와 수단을 구체화시킨 형태로 보고 있다. 즉, 기획이 정책적·장기적·포괄적·동적이라고 한다면 계획은 구체적·단기적·부분적으로 이해할 수 있다. 또한 계획(program)은 기획(plan)보다는 하위적인 사업계획으로 세부계획(project)은 계획(program)보다 더 하위적인 사업계획으로 이해되나 많은 경우 기획과 계획은 혼용되고 있는 실정이다.[2]

이렇듯 개념상의 정의가 아직 혼재되어 있음에도 모든 영역에서 기획의 중요성이 부각되고 있는 것은 자타가 인정하는 오늘날의 현실이다. 왜냐하면 기획은 관리의 핵심이며 종종 정부의 성공 여부는 기획의 성공과 동일시되기도 하기 때문이다. 기획의 핵심은 미래의 기회와 위험을 예견하고 이에 대처하기

---

1) Billy E. Goetz, *Management Planning and Control*(N.Y: McGraw−Hill Co., 1949), p.2.
2) 강태룡·정규서, 기획론(서울: 대왕사, 1984), 17면.

위해 현 시점에서 내리는 결심이다. 계획은 정부의 책임범위를 정하고 자원할당과 비용배분을 결정하며 노동력을 배분하고 통제의 범위를 결정한다. 따라서 기획은 공공행정의 전체를 구성한다고 해도 과언이 아니다. 이 장의 목적은 기획이 무엇을 의미하는지를 알아보고 기획과정, 기획의 접근방법과 전략, 기획의 한계 등 기획에 대한 우리의 사고틀을 정립하는 데 있다.

제 1 절   기획의 의의

현재까지 기획과 관련이 있는 각 분야에서 수많은 정의를 내렸지만 그 시대적 환경과 여건, 또는 생각하는 관점에 따라 내용 자체가 상이하기 때문에 기획이란 바로 이런 것이다라고 결정적인 말을 하기가 힘들다. 이는 기획이 가지는 정의의 다양함에서 기인한 것으로, 뉴만(William H. Newman)은 "기획이란 무엇을 할 것인가를 사전에 결정하는 것이며, 계획은 설계된 행동노선이다"[3]라고 하였고, 귤릭(Luther Gulick)은 "기획이란 사업을 위해 설정된 목적을 달성하기 위하여 수행되어야 할 방법을 짜내는 것이다"[4]라고 하였다. 밀렛 (John D. Millet)이 정의하는 바에 의하면 "기획이란 인간이 가지고 있는 최선의 가능한 지식을 공공분야 안에서 공신력있는 사업의 추진을 위하여 체계적이고 계속적이며 예견적으로 작용하는 것"이라고 한다.[5] 따라서 기획은 연속적인 과정으로 최소의 마찰과 손실로 정부정책을 채택·조절하기 위하여 일반적인 추세나 동향 및 정책 등에 관한 상시적인 재검토를 요한다.

---

3) William H. Newman, *Administrative Action: The Techniques of Organization and Management*(N. J: Prentice–Hall, 1963), p.15.

4) Luther Gulick, "Notes on the Theory of Organization," in L. Gulick and L. Urwick(eds.) *Papers on the Science of Administration*(New York: Institute of Public Administration, 1973), p.13.

5) John D. Millett, *The Process and Organization of Government Planning*(New York: Columbia University Press, 1947), p.10.

Ⅰ 기획의 필요성

1. 현대사회의 복잡성

현대사회가 고도로 분화되고 이에 따라 사회현상 자체가 매우 복잡해짐에 따라 그 사회의 유지나 지속적 발전이 사전의 치밀한 기획이 없이는 어렵게 되었다. 실제로 경제적인 위기와 사회적인 갈등, 국제적 긴장의 고조 등 정치·경제·사회·군사·외교의 모든 면에서 그 상황변화가 다양해졌고,[6] 그 추이의 예측조차도 매우 어려워졌다. 그러므로 오늘날과 같이 복잡하고도 유동적인 사회체제에 있어서는 이러한 문제상황들에 대한 전문적인 고려와 조직적인 대책이 절실히 요구된다.

2. 미래에의 대비 및 행정목표의 구체화

불확실한 미래를 내다보면서 급속히 발전하는 현대사회는 기획을 통해 미래상황에 대비할 전략을 개발하고 있다. 또한 기획은 행정목표를 달성하는 데 있어서 필요한 여러 가지 전략적 요인에 대하여도 관심을 집중시킴으로써 목표를 보다 명확하게 구체화시켜 주는 역할을 하게 된다.[7]

3. 자원의 최적 활용

현대사회의 다층적 구조는 자칫하면 무계획으로 인한 희소한 자원의 낭비와 손실을 초래할 우려가 있다. 주거·환경·교육·여가·환경대책 등 무한정하게 확대되는 국민의 행정수요에 대하여 이를 충족시키는 데 필요한 물적·인적 자원은 시간이 경과함에 따라 더욱 더 확보하기 어려워지고 있다. 그러므로 국가 또는 지방자치단체는 그 능력범위 내에서 수요의 합리적 선택과 자

---

6) Gerald Caiden, *The Dynamics of Public Administration*(New York: Holt, Rinehart and Winston, 1971), pp.55~60.

7) Harold Koontz and Cyril O'Donnell, *Principles of Management: An Analysis of Managerial Functions, 2nd ed.*(New York: McGraw-Hill Book Co., 1959), pp.463~467.

원의 최적 사용을 생각하지 않을 수 없다. 이에 기획을 통하여 낭비를 줄이며 자원을 최대한 효과적으로 활용하려고 한다.

4. 지휘 및 통제수단

기획목표는 행정관리자에게 지휘와 통제의 수단을 제공한다. 즉, 기획은 전체적인 운영상황을 명확하게 파악할 수 있게 해 줌으로써, 조직 목표의 효과적 달성에 필요한 지휘의 수단임은 물론 전체 조직에서의 효과적인 조정이나 통제를 할 수 있게 한다.[8]

Ⅱ 기획의 연계요소

기획과정의 역동성을 이해하고 파악하기 위해서는 기획의 연계요소를 이해하는 것이 필요하다는 것이다.

일반적으로 기획은 정책, 계획, 사업 등과 연결되어 있다고 할 수 있다. 이때 정책은 조직이 달성해야 하는 다양한 목적사업의 상대적 중요성을 확인하는 작업이다. 정책은 달성되어야 할 목표를 명시함으로써 계획으로 전환된다. 계획은 달성되어야 할 목표를 세분화한 것이다. 계획을 수행하기 위해 의도된 일단의 특정 행동을 사업이라고 한다.

예를 들면, 특정도시의 시장이 시민들의 신체적 안전을 제고시키고 주거환경을 개선하고자 하는 목표를 가지고 있을 때, 시장은 이 목적들을 정책으로 발표하게 되고, 이들은 다른 목적들에 비교하여 우선순위가 부여된다. 이 정책들을 집행할 계획이 폭력범죄를 25% 감소시킨다거나, 추가적으로 10,000세대의 주택을 공급한다는 것과 같은 목표로 명시된다. 사업은 경찰인원을 1,000명 늘린다거나 건설회사에 장기대출을 해 주는 등과 같이 이러한 목표들

---

8) Preston P. Lebreton and Dale A. Henning, *Planning Theory*(Englewood Cliffs, New Jersey: Prentice Hall, Inc., 1964), pp.3~13.

을 달성하기 위해 취해지는 세부적인 행동을 기술하는 것을 말한다. 즉 정책과 기획, 계획, 사업 등의 가장 근본적인 차이는 구체화의 정도에 있다고 볼 수 있다.

Ⅲ 기획의 다양성

기획에 대한 이해를 위하여 이를 바라보는 몇 가지 대안적 방법을 고려하는 것이 유용할 것이다.[9]

1. 국가기획

정부가 국민을 위한 어떠한 종류의 재화와 용역의 상품과 서비스를 어느 정도로 생산량과 종류의 결정에 영향을 미치는 행위를 할 것인가에 대한 것이 국가기획이라고 할 수 있다. 이와 같은 국가기획의 경우 사회주의 국가에서는 국가가 직접적으로 결정하게 되지만, 시장경제를 지향하는 자유주의 국가에서는 통제하는 것은 사회주의 경제체제와 같으므로 이를 간접적으로 유도하게 된다. 예컨대 정부가 민간의 사양산업에서 전망이 좋은 부흥하는 사업으로 기업투자를 전환하도록 유도하는 것 등을 국가기획이라 할 수 있다. 이것은 재정기획(fiscal planning)과 구분되어야 하는데 국가기획은 주로 산업에 영향을 미치고자 하는 것이고 재정기획은 경제상태(economic conditions)에 영향을 미치고자 하는 것이다.

2. 개발기획

일반적으로 발전은 어느 국면에서나 권장된다. 개발기획이란 대개 개발도상국에서 국민의 소득을 증가시키기 위해 채택하는 것으로, 전형적인 개발기

---

9) Grover Starling, *Managing the Public Sector, 3rd ed.*(Chicago, Ill.: The Dorsey Press, 1986), pp.166~168.

획은 현재 경제상황 및 사회적 상황에 대한 조사, 진행 중인 기획에 대한 설계평가, 목표의 기술, 성장의 예측, 성장률을 향상하기 위한 수단의 제시, 정부지출계획 등을 포함한다.

3. 토지기획

일반적으로 이것은 도시계획과 같은 개념으로 이해되고 있으나, 어느 정도 같은 말로서 토지기획은 주로 하부구조, 건축계획, 사유재의 통제에 준하는 지구계획과 같은 물리적 위치 및 설계와 관련된 것으로 토지에 관한 규제책이나, 법규 등을 포함한다. 다만 좀 더 포괄적인 통합계획(comprehensive plan)의 경우는 도시의 지리적 위치는 물론 토지의 사적 이용문제, 도시기반시설, 교통 등 다양한 요소들을 포함하게 된다. 따라서 토지기획은 협의의 토지사용은 물론 도시계획, 국토개발계획 등을 포괄한다.

4. 관리기획

관리기획은 보다 광범위하며 포괄적인 개념으로 이는 조직의 목적을 달성하기 위한 방법론적 합리성을 확보하는 과정을 말한다.

결국 기획은 조직이 어떻게 목적하는 곳에 도달할 것인가에 대한 추론이다. 따라서 기획은 조직이 직면할 미래의 기회와 위협을 예측하고, 이에 대한 활용과 대처를 위한 현재의 의사결정이라고 할 수 있다.

제 2 절 　기획의 과정

기획을 작성하는 과정의 단계구분에 대해서는 뚜렷한 이론이 없으며 학자들마다 접근방법이 다르다. 기획의 과정도 기본적으로는 정책결정의 과정과 같은 것이나 기획이란 정책보다는 구체적인 단계의 것이므로 미래의 예측과 목표 및 전제의 설정, 정보의 수집과 분석, 대안의 탐색과 평가, 대안의 선택 등으로 나누어 볼 수 있다.

1. 목표의 설정

기획목표의 설정은 기획과정의 첫 단계로 매우 중요한 과정이다. 이것은 기획이 달성하고자 하는 궁극적인 목표가 무엇인지를 규정하고, 그것을 구체화하는 단계로 정책결정의 인지와 같은 기본적인 과정이라고 볼 수 있다. 이러한 목표설정과 관련하여 총체적 접근(synoptic approach) 전략과 점증적(incremental approach) 접근 전략이 있는데, 이것은 정책 또는 의사결정에 있어서 사용되는 합리모형·점증모형과 유사하다.

2. 기획전제의 설정

이것은 계획을 수립하는 과정에서 토대로 삼아야 할 주요 가정(assumption) 또는 전망(forecasting)을 말한다. 정보는 완전한 수집이 불가능하며 미래의 상황은 유동적이고 가변적이므로 기획전제(planning premises)의 설정이 필요하다. 이러한 기획전제는 어떤 경우에서나 기획이 행해지는 구조틀을 제공하는 데 사용되므로 여기에는 미래에 예상되는 중요한 제반 요소들이 최대한 많이 고려되어야 한다.

3. 정보의 수집

기획대상에 대한 정보(information)를 수집하는 단계이다. 효율적인 계획 작성은 정확한 정보와 지식에 근거하여야 한다. 여러 문제에 대한 과거의 해결안, 다른 조직체의 관례 또는 조사·연구관찰·면접·실험 등을 통하여 입수한 기록이나 자료의 면밀한 검토 등은 가치 있는 정보를 얻기 위한 효과적인 방법이 될 수 있다. 이러한 정보는 개인적 의견이나 편견을 제거한 객관성을 담보한 정확한 것이어야 한다.

4. 정보의 분석

수집된 자료가 관련된 조직문제와 어떠한 상호관련성이 있는가는 면밀한 분석을 통하여 판단되어야 한다. 정보의 각 부분은 개별적으로 또한 전체의 정보와 관련시켜서 검토되어야 하며 상호 간의 인과관계가 밝혀져야 한다. 당면한 계획작성에 적절한 자료가 수집되고 평가가 되어야 하며 유사한 문제와 관련된 정보는 같은 자료로 함께 묶어서 분류되어야 한다.

5. 대안의 비교·분석

목표를 설정하는 데는 일반적으로 몇 가지 대안(alternatives)이 있을 수 있으며 여러 가지 가능성이 관련되어 있다. 따라서 될 수 있는 대로 많은 대안을 마련하여 각각의 장·단점을 비교·검토하여야 한다.

6. 계획안의 선택

여러 대안들 중에서 실시할 계획안을 선택하는 의사결정의 단계이다. 이 과정에서는 직관이나 감정에 의하지 않고, 객관성·적응성·신속성 등의 기준에 근거하여 여러 대안을 면밀하게 분석·평가하여 채택하여야 한다.

제 3 절 | 기획의 전제

효과적인 기획에 있어서 필수적인 요소임에도 불구하고, 종종 간과되는 것이 기획의 전제이다. 기획의 전제는 기획의 운영과정에 영향을 주는 환경적 요소라 할 수 있다. 이와 같은 전제에는 이미 운용되는 정책, 기획 등과 같이 기획에 영향을 줄 수 있는 조건, 미래의 예견되는 상황이나 가정사항 등이 포함된다.[10]

Ⅰ 전제의 유형

1. 외적·내적 전제

많은 경우 외부에서 발생하는 기획의 전제조건은 조직에 큰 장애요소가 되는 것으로 알려지고 있다. 이러한 외부전제로는 경제, 기술, 정치, 사회, 정치, 그리고 윤리적 조건과 같은 일반환경, 조직이 제공하는 공공재화와 용역의 양과 질에 영향을 주는 수요와 공급요소환경으로 대별할 수 있다.

한편 내부전제는 조직이 생산하는 공공재화와 용역에 영향을 주는 정책, 전략, 계획, 조직구조 등과 같이 기획에 영향을 주는 다양한 요소들로 구성된다. 조직구성원의 신념, 관리층이나 다양한 이해관계자에 영향을 주는 요소들도 중요한 내부전제라 할 수 있다.

2. 양적·질적 전제

기획의 전제는 양적인 조건과 질적인 조건으로 대별될 수 있다. 양적 전제는 금액, 근무시간, 근무공간 등과 같이 양적으로 표현될 수 있다. 반면 질

---

10) Harold Koontz and Cyril O'Donnell, *Principles of Management: An Analysis of Managerial Functions, 6th ed.*(New York: McGraw—Hill Book Co., 1976), pp.177~186.

적 전제는 구성원의 자긍심, 정치적 안정성, 관련 정책에 대한 감정적 영향 등
과 같이 양적으로 치환될 수 없는 많은 요소들을 포함한다.

3. 통제의 정도

기획전제는 조직에 의하여 통제될 수 있는 정도에 따라 구분될 수 있다.
예컨대 인구성장률, 정치적 환경과 같이 조직에 의하여 통제가 불가능한 요소
들이 있는가 하면, 근무의 효율성, 이직률 등과 같이 부분적으로 통제가 가능
한 요소들, 그리고 연구개발 프로그램의 운용, 새로운 재화의 개발, 부서의 이
전 등과 같이 완전히 통제가 가능한 요소들로 대별될 수 있다.

Ⅱ 환경예측

조직 외부 환경으로부터의 기획에 대한 영향이 커짐에 따라 환경에 대한
예측의 중요성도 커져가고 있다. 실제로 미래에 대한 정확한 예측은 기획은
물론 조직의 통합과 조정에도 중요한 역할을 하게 된다. 물론 모든 예측은 일
정정도의 오류를 수반할 수밖에 없다는 측면도 이해할 필요가 있다.

이와 같은 예측은 몇가지 유형으로 구분할 수 있는데, 우선 경제예측을
들 수 있다. 경제예측이란 고용, 생산성, 국내총생산 등과 같이 오랫동안 안정
적으로 가용하게 된 요소들을 말한다. 이와 같은 경제적 예측은 대학이나 연
구소, 은행 등의 경제전문가들에 의하여 획득하게 된다. 이와 같은 경제예측
은 많은 경우 매우 일관되게 정확하지만, 통화량, 환율, 인플레이션 등과 같이
세부적인 요건들이 고려될수록 오류가 발생할 수 있다는 측면을 유념할 필요
가 있다.

둘째, 과학기술예측을 들 수 있는데, 과학기술의 발전양상이 조직의 기획
을 포함한 다양한 국면에 지대한 영향을 미치기 때문이다. 게다가 과학기술의
변화는 정치, 경제, 사회적인 요소와 같은 일반적인 조직환경은 물론 조직 자
체의 생존전략에도 영향을 주게 된다.

셋째로는 사회·정치예측분야를 들 수 있다. 인구통계와 같은 분야의 예측과 달리 사회, 정치, 윤리적 요인의 중요성에도 불구하고 이들에 대한 예측에는 상대적으로 많은 관심을 두어 오지 못했다. 이는 물론 그 예측 자체가 어렵기 때문이기도 하다. 그러나 세계적인 정치 동향의 관심과 정확한 예측은 조직의 기획에 필수적인 영향을 줄 것임은 분명하다.

Ⅲ 전제의 효과적 활용

부정확한 기획의 전제로 인하여 기획의 실패가 빈번하게 되면서 이에 대한 관심이 대두되었다. 물론 기획에 영향을 주는 미래환경의 요인들을 식별하는 것은 쉬운 일이 아니다. 게다가 미래 환경에 대한 전제요소가 정확하게 예측되었다고 해도 이를 실제에 적용하는 작업도 용이하지 않다. 따라서 효과적인 전제를 위한 몇가지 사항이 고려되어야 한다.

우선 전제의 선정을 중요한 고려사항으로 논의할 수 있다. 실제로 기획에 영향을 줄 수 있는 모든 미래의 환경요소들을 예측해내거나 식별할 수 없기 때문에 조직은 상대적으로 중요한 몇가지 전제를 추출하여야 한다. 일반적으로 경제성장률, 인구증가율, 교육예산이나 복지예산의 추세 등은 공공조직의 기획에 중요한 역할을 하게 되고, 빈번히 활용되는 전제가 아닐 수 없다. 이와 같은 일반적으로 중요하게 고려되는 요소 외에도, 조직의 상황에 따라 그 중요도가 달라지는 전제들이 있는데, 예컨대 국방부문의 경우 주변 국가의 국방예산의 추세가 중요한 영향요소가 될 수 있으나, 이는 복지부문에는 상대적으로 중요한 요소가 되지 못한다.

둘째, 상황적응적 기획을 위한 대안적 전제의 활용이 필요하다. 미래의 예측은 완전한 정확성을 담보할 수 없기 때문에 상황에 따라 활용될 수 있는 다양한 대안적 전제가 요구된다. 이러한 다양한 상황에 활용될 수 있는 전제는 전쟁, 기아, 경기침체, 물가의 변화 등과 같은 광범위한 환경에 활용될 수 있는 요소들을 상정할 수 있다.

셋째는 일관성 있는 전제의 확보를 들 수 있다. 물론 용이한 일은 아니지만 한 조직의 기획에 일관되게 영향을 주는 전제의 확보는 매우 소망스럽다. 이를 위하여 조직에 적정한 수준의 기획참모를 보임하고 활용하는 것은 바람직한 일이라고 할 수 있다.

마지막으로 이와 같은 상황과 과정을 통하여 획득된 기획의 전제를 다양한 분야와 수준의 조직구성원들과 공유할 수 있는 원활한 소통 통로와 방법의 확보가 요구된다. 이와 같은 소통의 통로는 수평적, 수직적인 통로는 물론 특정기능의 상층부에서 다른 기능의 하층부로 연결되는 대각선의 통로가 포함된다.

제 4 절 기획의 접근방법과 전략

Ⅰ 기획의 접근방법

기획의 접근방법은 "기획에 대한 기본적인 시각이나 근본적인 입장을 의미하는 것"이다. 기획의 접근방법에는 다양한 이론이 있는데 이하에서는 대표적인 학자들이 주장하는 내용을 중심으로 간략하게 살펴보도록 한다.

1. 번스타인(M. Bornstein)의 접근방법

번스타인은 기획의 집행과 연관하여 관리적 접근방법, 조정적 접근방법, 정보기반 접근방법으로 나누었다.[11] 관리적 접근방법(administrative approach)은 목표, 수단, 그리고 시간을 매우 구체적으로 제시하여 집행과 평가의 기준으로 삼는 접근방법을 의미하며, 조정적 접근방법(steering approach)은 규제적

---

11) Morris Bornstein, *Economic Planning: East and West*(Cambridge, Mass: Ballinger Publishing Co., 1975), p.9.

방법에 의하는 것이 아니라 조정을 통한 간접 유도적 성격을 갖는 방법을 의미한다. 마지막으로 정보기반 접근방법(informational approach)은 개인이나 조직이 미래에 대한 예측이나 전망에 따라 스스로 계획을 집행하도록 하게 하는 방법을 말한다.

2. 테리(G. R. Terry)의 접근방법

테리가 구분하는 기획의 접근방법은 목적으로서의 기획(end result planning)과 수단으로서의 기획(means to an end planning)으로 대별된다.[12] 목적으로서의 기획은 목표, 예산, 시간 등을 결정하는 것이고, 수단으로서의 기획은 절차나 방법, 세부적인 사업계획을 결정하는 것이라고 한다. 양자는 상호의존적이고 보완적인 작용을 한다.

3. 허드슨(B. Hudson)의 접근방법

허드슨이 분류하는 내용에는 총체적 기획(synoptic planning), 점증적 기획(incremental planning), 거래적 기획(transactive planning), 지원적 기획(advocacy planning), 그리고 급진적 기획(radical planning)등이 포함된다.[13] 총체적 기획은 발전도상국들이 국가발전계획과 같은 국가기획에서 많이 활용하고 있으며, 점증적 기획은 현재 상황에서에 대한 단편적 기획을 일컫는 것이며, 거래적 기획은 설계결정에 있어서 직접적인 영향력이 있는 집단이나 개개인들과 직접적인 대화를 통하여 이해를 나누며 기획이 국민의 사회심리적인 측면에서 어떠한 결과를 초래하게 되는지를 중요하게 여긴다. 지원적 기획은 특정의 개인이나 주민 및 지역사회의 이익을 옹호하며 대변하는 기획이며, 급진적 기획은 단기간 내에 구체적인 성과를 높이기 위한 방식을 의미한다.

---

12) George R. Terry, *Principles of Management, 3rd ed.*(Homewood, Illinois: Richard D. Irwin, 1960), p.132.

13) Barclay Hudson, "Comparison of Current Planning Theory: Counterparts and Contradiction," *Journal of American Planning Association*, Vol. 45 No. 4(1979), pp.387~397.

Ⅱ 기획의 전략

전략(strategy)이란 원래 그리스어의 'strategus'에서 유래하여 장군의 용병술로 이해해 왔으며, 그 후 무력전을 위한 종합적인 준비 혹은 계획, 운영방식이라는 전문적인 군사용어로 발전되었다. 즉, 전략이란 기본적인 하나의 사고방식이며 각 현상을 유형별로 구분해서 그 우선순위를 확정하고 가장 효과적인 행동방안을 선택하는 기술이라고 할 수 있다.

한편, 기획의 전략은 수립된 기획의 시행으로 인하여 영향을 받게 될 사람들의 반응에 따라 기획을 조절하는 기술이라고 할 수 있다. 다음에서는 기획의 전략과 관련하여 팔루디(Andreas Faludi)의 이론을 중심으로 간략하게 서술하고자 한다.[14]

팔루디는 합리적 기획(rational planning)의 가장 큰 문제는 모든 주제에 관한 정보처리능력의 한계라고 한다. 그에 의하면 기획 전략의 첫째는 관례화(routinization) 전략이다. 이는 기획관계자들이 일상적으로 반복되는 상황이나 업무에 관한 기획은 관례에 따라 처리하는 것을 말한다. 둘째, 연속적 결정(sequential decisiom making) 전략이다. 이것은 정보수집의 한계나 정보분석의 문제점을 해결하고자 부분적인 정보만으로 결정을 하는 것을 의미한다. 셋째, 혼합주사(mixed scanning) 전략이다. 이는 합리적 전략과 점증적 전략의 장점만 고려하여 결정하는 전략을 말한다. 넷째, 만족화(satisfying) 전략이다. 어느 정도로 만족이 되는 범위에서 그 수준의 대안을 선택한다는 것이다. 다섯째, 최적화(optimal) 전략이다. 새로운 결정에서는 그 선례가 어떠하던간에 그 때마다 정책의 방향부터 다시 검토해야 한다는 것이다. 여섯째, 선험적 의사결정(a priori decision making) 전략이다. 이것은 의사결정자가 수많은 대안들 중에서 완벽하게 합리적인 대안을 선택한다는 것은 자기의 능력한계를 벗어난다고 느낄 때 그런 대안들 중에서 선호하는 안을 선택하는 것이 그래도 합리적이라는 것이다. 일곱째, 무작위적 의사결정(random decision making) 전략이

---

14) Andreas Faludi, *Planning Theory*(Oxford: Pergamon Press, 1973). pp.105~126.

다. 이것은 선험적으로도 결정할 만한 안이 없을 경우에 위험성을 내포하고 있더라도 무작위적으로 최적안을 선택한다는 것이다.

제 5 절   기획의 한계

기획에 있어서는 이를 제약하고 있는 여러 가지 요인이 있다. 기획의 한계는 다음과 같다.

1. 전제의 불확실성

기획의 실효성은 계획 작성에 사용될 장래에 관한 전제의 정확성 여부에 좌우된다. 이것은 기획이 미래를 예측하여 설정되는 과정이고 장래의 사태를 완전하게 예측하고 전제를 한다는 것은 매우 어렵기 때문이다.

2. 예측능력의 한계

기획은 수행하여야 할 과업을 결정하는 것이므로 장래의 상황을 예측하고 이에 입각하여 구체적인 행동을 구상하게 된다. 따라서 예측 자체가 믿을 수 없고 확실성이 없다면 효과적이며 건전한 계획을 세울 수 없게 된다.

이를 극복하기 위하여 정보의 양성화, 효과적인 정보관리체제(MIS)의 확립, 정상적인 정보활동의 강화, 행정기관 간의 유기적인 자료 교환과 협조, 정보관리제도의 체계화 등이 강력히 요망된다고 하겠다.

3. 목표의 갈등과 대립

기획에 있어서 목표의 설정에는 정치적·경제적·사회적 요인과 행정조직의 기능적 요인이 작용하므로 명확한 목표의 설정이 어렵다. 일반적으로 행정조직에 있어서 계층의 단계가 낮을수록 목표는 기술적 성격을 띠게 되어 보다 명확하게 되고, 계층의 단계가 높을수록 정치적 성격을 띠게 되어 목표는 명확성을 결여하여 추상적이 된다.

4. 계획의 경직화 경향과 수정의 불가피성

계획의 수립은 행정의 경직화를 초래하는 경향이 있으며, 계획이 세밀하고 광범위한 것일수록 경직성을 높이게 된다. 정부기획에 있어서 정책의 중대한 전환, 최고관리층의 변경, 예산이나 가용자원의 대폭적인 변동, 천재지변이나 기타 국가긴급사태의 발생 등이 계획이 수정될 수 있는 중요한 계기가 될 수 있다.

5. 비용과 시간상의 제약

기획에는 막대한 비용이 소요되며 또한 시간상의 제약이 따르게 마련이다. 기획이 추후 수정이 불가피하거나 어떤 기획활동이 중요하지 않은 경우에는 비용이나 시간상의 제약을 벗어나기 위해서라도 기획에 대한 노력을 다른 방향으로 전환하는 것이 더 현명할 수도 있다.

CHAPTER

4 조정

행정조직의 운영을 능률적으로 수행하기 위해서는 분업을 활용하는 것이 바람직하다. 물론 분업만으로는 완전한 능률의 보장을 기대하기는 어렵다. 조직구성원 각자의 분업에 의하여 얻어지는 성과가 조직 전체 차원에서 조화롭게 종합될 때 비로소 완전한 의미의 능률을 획득할 수 있는 것이다. 이것이 여기에서 다루고자 하는 조정의 문제이며, 이러한 조정은 조직구성원의 사기에 미치는 영향이 크다. 제대로 구조화되지 않은 조직에서 이 조정의 문제가 많이 야기되는 것은 물론이나, 비록 잘 되어 있는 경우에서도 항상 조정의 문제에 주의를 기울이지 않으면 안된다. 왜냐하면 한 조직의 최종목표달성은 효과적인 조정에 달려있다고 해도 지나치지 않기 때문이다.

여기서는 먼저 이렇듯 중요한 문제인 조정의 의의에 대해서 알아보고, 아울러 조정의 수단과 방법, 조정의 저해요인, 효율적 조정의 지침에 대해서 알아보기로 한다. 이 때 조정이란 행정조직에서 이루어지는 조정이므로 행정조정과 같은 의미로 사용하고자 한다.

제 1 절   조정의 의의

조정은 동일목적을 향하여 행해지는 조직의 모든 부분활동을 종합·조화시키는 작용이므로, 그것은 시간상으로 관리과정의 어느 한 단계를 차지하는 것이 아니라 행정관리의 모든 부분에 침투되어 있는 작용이다. 이같이 조정이란 '공동목적을 달성하기 위하여 행동의 통일을 이루도록 집단적 노력을 질서정연하게 배열해 가는 과정'을 의미한다. 즉 조정이란 일정한 목적을 향하여 조직체의 여러 구성원의 행동이나 기능을 조화롭게 결합하는 작용인 것이다. 또한 조정은 상반되는 이해관계와 기능을 결합하여 공동목적으로 유도하는 기술이며, 행정에 있어서의 '구심적인 힘'이다.

테리(George R. Terry)는 조정이란 "설정된 목적에 대한 조화되고 통일된 적정량, 적정시간, 집행결과의 지시를 제공해 주기 위한 질서정연한 노력의 동시화"(synchronization of effort)라고 말하고 있다.[1]

행정에 있어서 목표를 설정하고 정책을 형성하며, 기획을 수립하고 조직을 편성·활성화할 뿐 아니라, 집행을 통제하는 일련의 기술적·합리적인 관리활동과 이러한 과정에 스며들어 있는 의사결정·권위·리더십·동기부여 및 일련의 동태적인 관리활동도 그 자체가 조정적 기능을 내포하고 있는 것이고, 통제 역시 기획과 실시의 대조검증을 통해서 노력을 기한다는 관점에서 볼 때 조정적 기능을 내포하고 있는 것이라고 할 수 있다. 이와 같이 조정은 어느 독립된 활동 내지 작용이 아니라 모든 관리작용 속에 내포되고 있는 중요한 요소로서, 이것 없이는 효율적 목적달성이 불가능하다. 뉴만(William H. Newman)에 의하면 "조정은 그것을 기하기 위한 한두 개의 방안(device)이 아니라 모든 행정과정에 침투되어야 할 조건"[2]이라고 한다.

또한 행정체제는 전체사회체제의 한 하위체제로서 존재하는 동시에 많은 하위체제를 포함하고 있다. 따라서 행정체제가 그 생존을 유지하고 발전을 도모하기 위해서는 하위체제를 조정하고 외부환경에 적응하지 않으면 안 된다.

이러한 의미에서 행정에 있어서의 조정이란 공통목적을 달성하기 위한 여러 기능 및 업무의 수행을 조화롭게 결집·배열하는 집단적 노력이며, 아울러 행정조직과 환경의 상호작용관계를 유지하려는 노력이라고 할 수 있다.

---

1) George R. Terry, *Principles of Management*(Richard D. Irwin, 1956), p.162.
2) William H. Newman, *Administrative Action*(Englewood Cliffs, New Jersey: Prentice-Hall, Inc., 1958), p.390.

제 2 절   조정의 수단

앞서 살펴본 바와 같이 조정은 조직운영의 능률성 제고에 공헌하는 중요한 요소이며, 전 관리활동에 걸쳐 작용한다. 오늘날 업무의 복잡성의 증대와 전문화 및 조직규모의 거대화는 더욱더 조정의 필요성을 증가시키며 또 이에 대처할 수 있는 여러 조정수단이 제시되고 있으나, 뉴만(William H. Newman)은 조정의 필요성에 당면하였을 때에 주로 다음과 같은 사항이 고려되어야 한다고 말하고 있다.3)

Ⅰ   조직의 간소화

1. 조정을 촉진할 수 있는 부서 편성

상호관련성 있는 업무를 한 부서 속에 모은다면 조정이 쉽게 이루어질 수 있다. 귤릭(Luther Gulick)은 "한 조직이 그의 정규업무를 수행함에 있어서 특별한 조정기구들의 계속적인 도움을 필요로 한다면, 그것은 바로 그 조직이 나쁘다는 증거이다"라고 말하고 있다. 따라서 일상적인 업무의 수행에 있어 많은 협조가 요구되는 부서를 한 조직으로 묶어내는 것은 바람직한 조직운영의 원칙이라 할 수 있다.

2. 명확한 조직과 절차의 확립

누가 무엇을 해야 될 것인가를 명백하게 모를 때에는 결과적으로 지속적인 조정상태를 야기시킨다. 또한 두 관리자가 서로 똑같은 활동업무에 책임이 있다고 느끼게 될 때에는 혼란이 일어날 수 있다. 그러므로 각 부서 및 직원의 담당업무나 책임소관이 명확하면 조정이 쉽게 이루어질 수 있다.

---

3) *Ibid.*, pp.391~404.

Ⅱ 운영계획의 사전조정

1. 계획 간의 조화

다양한 조직의 계획이 사전에 어느 정도 상세하게 수립되는 주된 이유는 모든 계획이 서로 적합하고, 또 조화된 전체로 통합되고 있는가를 검토할 수 있는 기회를 가질 수 있기 때문이다. 그러므로 조정을 위한 가장 이상적인 시점은 계획 자체를 수립할 시점인 것이다. 이러한 시점에 개별적 계획이 서로 상치되지 않고 적절한 조화 및 일관성을 유지하고 있는가를 철저하게 검토하여야 한다.

2. 적절한 시간안배

전체적으로 조정된 여러 활동은 서로 일관성을 유지하고 있을 뿐만 아니라 적절한 시간에 수행되지 않으면 안 된다. 통합적으로 추진되어야 할 업무 간에는 적정하고 공정한 시간의 배분이 요구되며, 특정업무에 상대적으로 많은 시간이 배정되지 않아야 한다.

Ⅲ 의사전달방법의 적정화

1. 업무 문서의 원활한 유통

조정상 필요한 자세한 정보는 일상적인 업무서류(working papers)를 통하여 제공된다. 그러므로 확립된 전달통로를 따라 오가는 일상 업무서류의 원활한 유통이 도모되어야 한다. 특히 정보화의 급성장에 따른 업무처리의 전자화는 업무문서의 원활한 유통에 큰 기여를 하고 있으나, 문서의 원활한 유통은 전산화된 문서처리와 별개의 차원에서 고려되어야 한다.

2. 적정한 보고문서의 전달

각종 보고서는 원활한 조정을 기하기 위한 한 가지 방편이다. 그러므로 그러한 각종 보고문서는 업무계층과 통로에 따라 적절히 전달되어야 한다. 특히 추가적인 설명이 필요할 때에는 메모 또는 특별한 보고서류를 첨부하는 것도 좋은 방법이 된다.

Ⅳ 조직구성원의 자발적 조정의식의 조성

1. 조직체의 목표에 대한 일체화

조직구성원들이 조직의 기본적이며 핵심적인 목표를 마음 속으로 받아들이는 경우에는 자발적인 협조의식이 움트게 되며, 조직구성원들 사이에 일체감을 조성하여 상호 조정을 용이하게 한다.

2. 원활한 인간관계의 조성

업무수행상 원활한 인간관계가 조성된 경우에는 자발적 조정이 수월하게 이루어진다. 특히 조직구성원들의 자발적·비공식적 접촉은 구성원 상호 간의 동료애를 싹트게 하며, 업무상 필요한 조정을 수월하게 만든다. 관리자는 이를 위한 구성원 간의 다양한 접촉 기회를 제공할 필요가 있다.

3. 의사소통의 활성화

조정과 의사소통은 조직에 있어서 상호 불가분의 요소들로서, 단적으로 조정은 효율적인 의사소통의 산물이라고 할 수 있다. 원활한 조정을 위해서는 의사전달의 계속성·명료성·신속성·정확성이 요구되며, 이를 위하여 공식적 의사소통의 통로와 더불어 특히 비공식적 의사소통의 통로를 개발·촉진할 필요가 있다.

4. 민주적 리더십의 발휘

조정을 하는 방법으로서 제재의 방법도 사용되기는 하나, 그것은 어디까지나 소극적인 효과에 그칠 수밖에 없다. 이러한 방법보다는 민주적인 리더십을 발휘함으로써 조직구성원을 계발하고 교육하여 훈련하는 동시에 성원의 창의력을 진작하기 위하여 동기부여를 하여야 한다.

5. 필요한 연락담당자의 활용

정보나 의견의 교환을 요하는 부서 또는 기관의 책임자들이 자주 같이 모여 개인적 접촉을 할 수 없는 경우, 그러한 애로를 타개하기 위하여 이른바 군대의 연락장교와 같은 역할을 수행하는 연락담당자(liaision man)를 임명하는 방안도 조정을 기하기 위한 하나의 수단으로써 고려할 만한 가치가 있다. 이 연락담당자가 관계부서 또는 기관 사이의 정보유통을 원활하게 해 줌으로써 조정을 용이하게 할 수 있다.

6. 각종 위원회의 활용

위원회는 직접적인 개인접촉과 또한 상호 비공식적인 의견교환을 할 수 있는 기회를 준다. 이러한 위원회는 조정을 필요로 하는 관계부서의 책임자들을 회동시킴으로써 자발적 조정이 이루어질 수 있는 환경을 조성하기 위한 목적으로 설치되는 경우가 많다.

Ⅴ 감독을 통한 조정

위에서 본 바와 같이 여러 가지 조정수단이 원활하게 활용되는 경우에도 각급 관리계층에는 어느 정도 조정상의 문제가 항상 남게 된다. 관리감독자는 전체적인 통일과 균형을 유지하기 위하여 어느 곳은 독려하고, 어느 곳에 대해서는 억제조치를 취하고, 또 어느 곳은 보충적 조력을 하며, 또한 때로는 부하직원의 진지한 견해의 차이를 중재하는 역할을 수행하지 않으면 안 된다. 그러므로 조정에 있어서 최종적 결론은 각급 관리감독자들에 의하여 상호조정되어야 한다.

제3절 조정의 저해요인

위에서는 목적달성이라는 면에서 볼 때에 가장 중요한 부분 중의 하나인 조정수단에 대해 살펴보았다. 여기서는 효율적인 조정을 저해하는 요인이 무엇인가를 분석해 보고자 한다.

1. 조직의 확대현상

건국 초기의 정부조직과 현재의 정부조직을 비교해 보면 분명히 구분할 수 있을 정도로 현대국가의 기능 확대와 더불어 이를 담당하는 조직은 확대되고 있다. 이러한 국가기능의 확대·변화에 대응하여 행정조직의 다원적인 분화와 계층의 증대가 초래되었으며, 이러한 조직의 거대화는 조정을 매우 어렵게 만들고 있다.

2. 행정기능의 전문화 경향

르네상스인처럼 현대사회에서 모든 분야에 만능에 가까운 지적·예술적 행위를 할 수 있는 인간형은 찾아보기 어렵다. 이와 같이 현대행정에서도 고도의 전문화·기술화의 경향이 나타나고 있다. 행정기능의 전문화는 행정목적의 다원화·세분화와 아울러 인간능력의 한계에도 기인하는 것이지만, 과학기술의 발전·혁신은 행정의 전문화를 더욱 촉진시키고 있으며, 이로 말미암아 조정은 더욱 어려워지고 있다.

3. 사회적 이해대립과 행정에 대한 압력강화

현대사회에 있어서 가치의 다원화가 이루어지고 있는 것은 주지의 사실이다. 이와 같은 사회의 다원적 가치를 반영하기 위해서 각종 사회단체는 행정의 각 부문에 대하여 압력을 가하고 있다. 사회 각층의 이해대립의 격화는 행정에 직접 반영되어 그 조정기관의 최고관리층은 이러한 압력을 조정·조화시키면서 행정의 통합을 이루어나가지 않으면 안 된다.

4. 조직의 내재적 요인

복잡한 대규모조직에 있어서는 조정을 저해하는 여러 내재적 요인이 존재하고 있다. 특히 최고관리층의 능력이나 인성(personality)이 충분한 리더십(leadership)을 발휘하지 못하는 경우가 많으며, 또한 이들의 사회적·교육적 배경이 상이하여 동질성을 확보하기 어려운 때도 있다. 또한 각 부문 사이의 의사소통이 불충분하여 효과적인 조정이 이루어지지 못하며, 조직구성원의 관리지식이나 기술 혹은 정보처리능력이 부족하고, 일반행정직과 전문행정직 사이의 인간관계가 원활하지 못한 경우도 있다. 아울러 합리적인 의사결정체제를 확립하지 못한 경우나 혹은 고도의 전문성과 기술성으로 인하여 조직구성원 사이에 일체감이 결여되어 있을 때 조정은 더욱 곤경에 빠지게 된다.

제 4 절 효율적 조정의 지침

조직의 운영과 관리를 좀 더 발전적이고 효율성 있게 할 수 있는 성공적인 조정은 기술의 문제인 동시에 여러 행정적 변수(administrative variable)와 가치에 대한 깊은 고찰에서 우러나오는 행정철학적 문제라고 볼 수 있다.

효율적 조정을 위한 지침은 다음과 같이 정리될 수 있다.

1) 구성원의 역할과 책임의 명확한 배분은 조정을 촉진시킨다.

2) 효과적 조정의 실현은 힘들고 시간이 소요되는 일상적 업무라는 인식이 요구된다.

3) 권한이 위임되는 경우, 이러한 위임과 균형을 맞추어 위임된 기능이 전체와 동태적인 관계를 갖도록 하기 위하여 조정이 강화되어야 한다.

4) 사업계획의 기능적 책임자가 대면적 접촉을 빈번히 가질수록 동태적인 조정이 이루어진다.

5) 사업계획의 작성에 참여하는 자는 이를 수행하는 데 있어서 조정에 적극적으로 따르게 되므로 구성원의 적극적인 참여기회를 제공한다.

6) 동료와 하급자에게 조정을 납득시키는 일은 관리자가 위임할 수 없는 책임이다.

7) 조정은 조직에 있어서 수직적·수평적으로 행하여져야 하며, 또한 이와 유사한 사업계획에도 적용되어야 한다.

8) 각급 관리감독자의 통솔범위에는 실제적인 한계가 있으므로 조정은 전체 계획과 아울러 세부적 계획에 있어서도 필요하다.

9) 권한은 동태적 조정을 확보하기 위하여 책임과 상응하여야 하며, 중요한 권한위임은 정기적으로 재평가되어야 한다.

이상과 같이 우리는 복잡해지고 날로 발전해 가며 전문성이 그 어느 때보다도 필요한 현대에 있어 조직의 최종목적달성이라는 대전제를 두고 생각해 볼 때, 조정의 문제는 실로 중요한 것이며, 이 조정의 성패 여하에 따라서 달성하고자 하는 목적이 많이 달라질 수 있음을 살펴보았다.

행정조직의 수가 증가함에 따라 행정결집의 어려움은 더욱 커지며, 요구되는 목적과 그 목적을 어떻게 달성할 것인가의 관점에서 볼 때 기능의 분화는 필연적으로 증가하여 더욱 세분화되어진다.[4]

사실상 조정은 최고관리층·중간관리층·하급관리층 등의 수직적 단계에서뿐만 아니라, 수평적인 조직단위 및 직위 사이에서도 그들이 서로 부분활

---

4) Ordway Tead, *The Art of Administration*(New York: McGraw—Hill Book Company, Inc. 1951), p.179.

동을 구성하고 있는 한 필수적으로 수행해야 할 기능으로 보아야 한다. 또한 인간의 노력은 조정을 통하여 조화된 통합을 이룩할 수 있으며, 그것은 집단의 각 구성원 사이나 조직체의 각 집단 사이에서 또는 조직체 상호 간뿐만 아니라 개인의 노력 가운데서도 긴요한 역할을 담당하는 기능인 것이다. 따라서 이러한 기능은 조직체의 존속과 발전을 위하여 대내적으로 작용하지 않으면 안된다.

그리고 행정책임자가 항상 유의해야 할 것은 최종 행정과정의 판단에 있어서 스스로 이 조정문제를 직접 해결하지 않으면 안 된다는 점이다. 왜냐하면 여기에서 책임자의 존재의의를 찾을 수 있기 때문이다. 물론 이와 동시에 항상 최고관리자만이 조정의 기능을 수행한다고 생각해서는 안 된다. 즉 그의 부하직원 상호 간에 있어서 스스로 조정함으로써, 최고관리자의 주의를 요하지 않고도 분쟁을 해결할 수 있는 경우도 있고 이는 조직을 위하여 바람직하기 때문이다.

요컨대 조정의 문제는 조직의 효과적인 목적달성에 초점을 두고 있으며, 다원화되어가는 현대사회에서 조정의 본질을 더욱 잘 파악하여 목적하는 바를 달성하는 데 최선을 다하여야 한다.

CHAPTER

5 통제

1. 통제의 정의

행정관리상의 통제를 광의로 해석하면 관리사항의 실행 또는 그 결과를 평가하여 목적한 대로 성과를 얻기 위하여 또는 얻게 하기 위하여 가하는 모든 수단과 방법이라고 할 수 있다.[1] 이러한 광의의 해석을 전제로 할 때 관리는 계획·실행·통제의 세 부분으로 요약될 수 있다.

셔윈(D. S. Sherwin)은 "통제란 간단히 말해서 미리 정해진 기준에 모든 작업활동을 조절시키는 행위로서 계획이 잘 집행되고 있는지 또는 목표를 성취하기 위한 적절한 절차가 마련되었는지의 여부를 검증하고, 필요에 따라 그 일탈(deviation)을 교정하는 기능"이라고 정의하고 있다.[2] 뉴만(W. H. Newman)은 "행정이란 계획·조직·자원·지휘·통제의 계속적인 순환과정으로서, 이 중에서 통제란 계획에 실적을 일치시키는 과정"이라고 한다.[3] 요컨대 "통제란 조직의 목표성취를 위하여 미리 세워 놓은 계획과 기준에 업무실적이 일치하도록 보장하고, 그 계획 및 기준과 실적 사이에 차이가 났을 때에 그 원인을

---

1) 김태극, 행정관리(서울: 남영문화사, 1961), 135면.

2) Douglas S. Sherwin, "The Meaning of Control," in Harold Koontz and Cyril O'Donnell (eds.), *Readings in Management*(New York: McGraw–Hill Book Co., 1959), pp.425~426.

3) William H. Newman, *Administrative Action*(New Jersey: Prentice–Hall, Inc., 1958), p.407.

규명하며 아울러 시정조치를 취하는 기능"이라고 할 수 있겠다.[4) 따라서 조직에서의 성공적인 통제는 이미 정립된 제도가 예외없이 실행되는 경우를 의미하며, 이 제도의 실행이 불가능하게 되는 경우 통제는 불완전한 것이 된다.[5)

2. 통제의 전제조건

통제의 전제조건 중에서 가장 중요한 것은 책임에 대한 기준설정이며, 이러한 기준은 일반적인 기준으로서 목적·계획·정책 또는 방침·실시계획·절차·예산·규범·직무명세서 등으로부터 비공식적인 집단규범에 이르기까지 많은 사항들을 들 수 있다. 이러한 기준들은 조직의 목표나 계획에 입각하여 정확하고, 조직구성원들에 의한 이해는 물론 수용과 활용도 용이하여야 한다. 또한 이러한 실천기준은 조직의 궁극적인 목표를 달성하기 위한 수단이므로 상황의 변동에 따라 적절히 수정되고 보강될 수 있는 동태적(dynamic)인 관리 통제적 성격을 가져야 한다.

3. 통제의 과정

통제과정에 적용되는 몇 가지 원리를 알렌(Louis Allen)은 다음과 같이 설명하고 있다.[6)

1) 중요한 소수의 원리 어떤 주어진 사건발생의 경우 몇몇의 중요한 소수 원인이 커다란 결과를 초래하는 경향이 있다.

2) 통제점의 원리 가장 핵심적인 통제위치는 문제가 발생한 지점에 있다.

3) 자기통제의 원리 행위자 자신에 대한 자기통제는 가장 효과적인 통제수단이다.

한편 통제과정에서 사용가능한 방법에는 여러 가지가 있을 수 있는데, 여

---

4) 김운태, 조직관리론(서울: 박영사, 1971), 240~246면.

5) 개방체계로서의 현대 조직에서는 환경의 급격하고도 예상 밖의 변화가 빈번하여 완전한 통제가 불가능한 경우가 많고 이로 인하여 기존의 규정과 같은 제도의 유연한 적용과 새로운 방법을 찾아서 활용하는 관리영역의 확대가 요구되고 있으며, 이로 인하여 관리통제(management control)의 의미가 더욱 중요하게 인식되고 있다

6) Louis A. Allen, *Professional Management*(New York: McGraw–Hill Publishing Co., 1973), pp.222~223.

기서는 네 가지 단계로 구분하여 설명하고자 한다.

1) 제1단계 통제기준의 설정

이 단계는 엄밀하게 말하자면 계획단계로 그 내용은 권력적 기준·지적 기준·사회적 기준·주관적 기준 등으로 구분된다.

(1) **권력적 기준** 권력적 기준은 법률이나 조례·규정·훈령 등 공식적이고 성문적인 기준 이외에도 권한에 기초를 둔 구체적인 지시나 명령이 포함된다.

(2) **지적 기준** 지적 기준은 일단 수립된 기획이나 사실, 또는 원칙을 토대로 한 조언·권고·지시 등의 지적 기초를 갖는 기준을 의미한다.

(3) **사회적 기준** 특정 조직이나 집단이 공유하고 있는 독특한 관습이나 비공식 규범 등을 말한다.

(4) **주관적 기준** 주관적 기준은 개인적 성격이 강하게 작용하는 것인데, 대체로 관리자가 갖고 있는 개성·습관·태도·사고방식 등을 의미한다.

여기에서 권력적 기준과 지적기준은 통제의 공식적인 기초가 되며, 사회적 기준과 주관적 기준은 비공식적인 기초가 된다.

2) 제2단계 현상의 파악

통제에 있어서 두 번째 단계는 현상을 정확하게 인지하고 장악하는 것이다. 이를 위해서는 현상에 대한 직접적인 관찰, 보고서의 제출, 보고의 청취와 같은 방법이 활용된다.

3) 제3단계 비교 · 검토와 평가

통제에 있어서 세 번째의 단계는 파악된 현상과 기준을 비교·검토하고 그 결과를 평가하는 것이다. 다시 말하자면 기준과 실행 사이의 차이를 분석하는 것이다. 따라서 적절한 비교·검토는 어윅(L. F. Urwick)이 말한 바와 같이[7] 목표와 실적과의 차이를 명확하게 이해하고 이유를 설명하는 것이고, 이는 관련 업무의 부조화를 찾아냄으로써 가능하게 된다. 이와 같은 기준과 실적의 비교·

---

7) Lyndall F. Urwick, *The Elements of Administration*(London: Sir Issac Pitman & Sons, 1947), p.105.

분석은 기술적인 면에서도 상당히 높은 수준의 전문성을 요구하게 되므로 통제를 위한 전문가를 두는 것이 상례이다.

4) 제4단계　시정조치

통제의 마지막 절차는 시정조치이다. 즉 앞에서 설명한 여러 가지 단계가 아무리 훌륭하게 이루어졌다 하더라도 요망되는 시정조치가 이루어지지 않는다면 통제의 기능은 발휘되지 않는다. 알렌(Louis Allen)은 관리상 통제의 요령이란 기준에 비하여 부족한 점을 가능한 한 완전하고 또한 신속하게 시정하는 능력이라고 말한 바 있다.[8] 시정조치를 하는 데 있어서는 업무수단의 개선, 적정한 자원의 투여, 그리고 계획 자체를 수정하는 등의 방법이 고려될 수 있다.

특히 통제의 대상으로서 특히 중요한 요소는 (i) 업무의 양과 질, (ii) 목적과 시간, (iii) 인원, (iv) 장소·환경, (v) 물자의 사용, (vi) 시설의 이용, (vii) 조직구성원, (viii) 처리과정의 방법, (iv) 조직구조, (x) 방침과 지휘, (xi) 조정 등이 포함된다.[9]

제 2 절 　　통제의 요건

Ⅰ　효율적 통제의 요건

통제의 실효를 거두기 위해서는 주로 다음과 같은 점을 유의하여야 한다.[10]

---

8) Louis Allen, *op. cit.*, p.220.
9) 김태극, 전게서, 139~222면.
10) 박연호, 신행정관리론(서울: 진수당, 1970), 209~212면.

1. 즉시성

통제의 목적은 본래 계획과 집행 사이의 편차를 발견하여 그것을 시정하는데 있다. 따라서 계획과 집행 사이에 차질이 야기되었다면, 이에 대하여 즉각적인 조치를 강구하지 않으면 안 된다. 시기를 놓친 통제는 소기의 실효를 거두기 힘들며, 때로는 그런 것이 없느니만 못한 경우도 있다.

2. 적정성

과도한 통제는 오히려 행정활동을 위축시킬 가능성이 농후하다. 중요한 문제에 대해서만 중점적으로 행하는 것이 바람직하다.

3. 비교성

통제상 활용되는 모든 계량적 결과나 보고는 요망되는 수행기준과 비교할수 있는 것이어야 한다.

4. 적용성

일반적으로 조직활동을 통제해 나가는 데 있어서는 어느 시기에 어느 일정한 통제목적을 위하여 채택되었던 통제수단이 습관적으로 반복되는 경우가 많다. 그러므로 객관적 상황의 변화에 따라서 불필요하게 된 통제수단은 과감하게 배제하여야 한다. 특히 수단 및 방법을 강구함에 있어서는 통제대상이되는 업무의 성질과 상황을 고려하여 거기에 알맞은 것을 만들어내야 한다.

5. 예외적 관리

예외적 관리는 관리자가 일반적이고 일상적인 업무가 아닌 예외적인 상태또는 중요한 의미를 갖는 차질 또는 편차, 그리고 새로운 행동을 요하는 영역에 관심을 집중시키는 관리방식이다. 관리자는 집행하는 사업의 문제를 파악하기 위하여 과거의 평균 또는 설정된 기준에 의거하여 예외적인 것에 관심을 기울이는 관리방식을 채택함으로써 짧은 시간 안에 업무의 진행상태를 파악하고, 문제발생시 적절히 대응하여야 한다.

6. 인간적 접근

통제기능을 행사함에 있어서 행정관리자는 계획과 실시상의 차질에 관하여 그 요인이나 시정수단을 강구할 때에 감정적인 노출을 삼가야 한다. 즉 나타난 사실과 인간적 상황을 존중하여 부하직원이 당면하고 있는 고충을 해결하기 위해 물심양면으로 원조해 주어야 한다.

Ⅱ 통제의 유의사항[11]

첫째로, 통제담당을 위한 적격자를 물색해야 하고, 둘째로, 구성원의 이해와 협력을 얻을 수 있도록 하며, 셋째로, 업무 전 과정의 균형을 고려해야 하고, 넷째로, 적시에 행하여지도록 해야 하며, 다섯째로, 활용하기 쉬운 통제의 방법을 사용해야 하고, 여섯째로, 가능한 한 자율적 통제를 유도하여야 한다.

제 3 절 통제의 구성

Ⅰ 통제의 주요 개념

1. 항상성과 동태적 균형

통제의 핵심은 항상성(homeostasis)의 유지이다. 특정 유기체가 정상상태에

---

11) 박연호, 전게서, 222~223면.

서 벗어났을 경우, 그 유기체는 다시 원상태로 되돌아가려는 경향이 있다. 인간과 마찬가지로 많은 자동조절이 되는 유기체는 매우 잘 조직되어서 다른 개체의 의식적 간섭 없이도 잘 조절된다. 즉 유기체로서의 조직은 정태적(static)이 아니고, 시간에 따라 변화하며 조절된다. 또한 목표지향적 행위를 추구하며, 그 과정은 동태적 균형(dynamic equilibrium)이라는 용어로 잘 묘사되고 있다.

2. 사이버네틱스

사이버네틱스(cybernetics)는 통제기능을 위한 또 다른 중요한 개념이다. 이 말이 어원은 그리스의 Kybernetes 혹은 조타수(키잡이; helmsman)라는 뜻이다. 사이버네틱스는 의사소통과 통제의 기능을 내포한다. 그것은 복잡한 정보체제의 흐름과도 관계된다. 사이버네틱스는 주로 기계적·공학적 문제에 응용이 되어 왔으나, 환류(feedback), 조정 등은 생물학적·사회학적 체계에서도 상당히 중요한 주제이다. 조타수(helmsman)와 같이 사이버네틱스는 조직이 자신의 목표를 향하여 패도를 유지할 수 있도록 통제하는 유용한 기능을 수행한다.

3. 환류[12]

환류(feedback)는 원래 전기통신의 원리에서 유래하는데, 사이버네틱스에서는 이를 의사소통 제도를 만드는 데 이용하고 있다. 그 일반원리는 다음과 같다. 예컨대 의사전달자가 영상 Ⓐ를 어떠한 채널을 통하여 피전달자에게 전달하였을 때, 피전달자가 전달 받은 영상은 의사소통채널의 상태 또는 피전달자의 선입감 등 여러 가지 왜곡요소로 인하여 Ⓐ와 동일할 수도 있고 동일하지 않을 수도 있다. 따라서 이를 확인하기 위하여 전달받은 정보의 일부 또는 전부를 환류시켜 이것이 최초의 전달내용인 Ⓐ의 일부 또는 전부의 정보와 비교하여 차이가 있을 때 의사소통채널에 필요한 자극을 주어 피전달자의 정보를 당초의 정보인 Ⓐ와 동일하도록 조정하는 것이다. 이 원리를 관리조직의 운영에 적용하면 최고관리자가 의사전달을 하여 중간관리층 − 하위 구성원 등

---

12) 소덕진 외, 최신경영학대사전(서울: 보문각, 1972), 804면.

에 이들의 활동 내지 의사가 환류되어 감독·분석을 통해 최초의 정보와 동일하도록 수정·조정이 되도록 하는 것이다.

Ⅱ 통제체계의 구성요소13)

모든 통제체계에는 일반적으로 네 가지 구성요소가 있다. 이는 (ⅰ) 기준이 알려진 측정가능하고 통제가능한 조직특성, (ⅱ) 특성을 측정하는 수단인 감지장치 또는 감지자, (ⅲ) 기준과 실제결과를 비교하며 차이를 평가하는 수단인 비교자, (ⅳ) 관련특성의 조정을 위해 체계 내에서 변화를 일으키는 수단인 영향자(effector)들이다. 이 요소들은 모든 유기체나 조직통제체계와 관련되어 있다.

통제과정에서의 이 요소들의 역할은 [그림 2-5-1]에 잘 나타나 있다. 이 내부체계는 현재의 작동을 통제하는 수단으로서 환류를 내포하고 있다. 발생

▼그림 2-5-1 통제체계의 기본요소

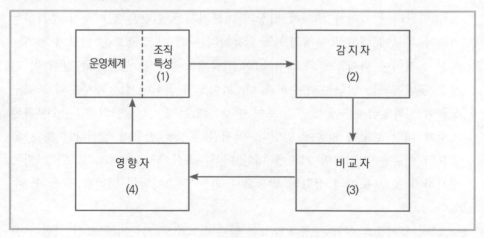

---

13) Fremont E. Kast and James E. Rosenzweig, *Organization and Management: A Systems and Contingency Approach, 3rd ed.*(New York: McGraw-Hill, 1979), p.468.

한 오차와 기대치와의 차이는 곧 새로운 관리기획을 위한 통제정보로서 전달된다. 내적으로 발생된 정보는 환경으로부터 온 정보와 결합된 채로 적절하고 혁신적인 의사결정(decision-making)의 자료가 된다.

Ⅲ 통제와 조직행태

자유와 통제라는 용어는 의미상으로는 서로 대립되는 것 같으나, 조직행태 면에서 보면 오히려 자유와 통제가 적절히 조합될 때 조직구성원의 자유가 보장되고 조직의 효과성이 극대화될 수 있다. 이것은 자유·통제 중 어느 한 쪽이 지나치게 많아 다른 한 쪽을 완전히 지배하게 되면 조직행태에 나쁜 영향을 미칠 수 있다는 것을 뜻한다. 어느 정도의 조합이 적당한가는 물론 조직이 처해 있는 상황에 달려 있다. 이하에서는 통제가 조직행태에 어떤 영향을 주는가를 통제의 과정을 중심으로 고찰하기로 한다.

1. 기준과 목표가 조직행태에 미치는 영향

조직관리에 있어서 행태적 입장의 기본전제는 인간은 관리층이 부과하는 기준과 목표에 대해서 부정적으로 반응한다는 것이다. 호오손 연구의 전기배선실 실험이나 화이트(W. F. Whyte)의 임금제도에 관한 실험[14]과 같이 이 전제를 뒷받침하는 연구는 무수히 많다. 화이트의 실험에서는 대부분의 조직구성원이 성과임금제도에 반응을 보여 주지 않았는데, 그 원인의 하나는 부과된 기준에 대한 부정적 반응에 있었다. 이처럼 부정적 반응이 일어나는 또 다른 중요한 이유를 지적하면 기준에 대한 이해부족을 들 수 있고, 또 한 가지는 생각하지 못한 뜻밖의 상황의 발생으로 인한 기준이행의 어려움 등을 들 수 있다.

그러나 기준과 목표는 통제과정의 필수적 요소로 기준과 목표의 적절한 운

---

14) William F. Whyte, *Money and Motivation*(New York: Harper and Row, 1955), p.49.

영은 조직의 생존문제와도 직결된다. 이런 관점에서 밀즈(R. Mills)와 버진(R. Vergin)이 제시한 다음의 세 가지 방법은 어떻게 하면 통제기준이 인간행태와 좀 더 잘 조화되고 모순이 덜 되도록 하는가에 관하여 시사하는 바가 크다.[15]

1) 기준의 정당성이 인정되도록 하는 방법으로 기준을 정해야 한다. 이를 위해서는 기준설정의 방법이 그 기준에 영향받는 사람들에 의해 반드시 이해되어야 하며, 그 기준이 조직과정에서의 실질적인 능력을 반영하는 것이어야 한다.

2) 업무수행목표의 설정에 개개 조직구성원의 의견이 참작 또는 반영되어야 한다.

3) 설정된 기준을 불가피하게 이행하지 못하는 경우, 그 실패에 대한 부당한 처벌이 있지는 않을 것이라는 확신을 조직구성원이 갖도록 한다.

2. 측정과 평가가 조직행태에 미치는 영향

전통적인 통제수단과 평가에서 조직구성원이 느끼는 일반적인 불만은 관리자가 일방적으로 목표를 설정하여 조직구성원의 동의를 얻지 못하는 데 있고, 또 근로자가 자신의 업적에 관해 정당한 평가를 받지 못하는 데 있다. 측정과 평가에서 적극적 반응을 얻는 방법은 앞에서 설명한 기준설정의 방법과 유사하다. 즉 평가기준으로 영향을 받게 되는 자가 기준설정에 참여하고, 성과가 그 기준에 준하여 정확하고 정당하게 측정·평가되며, 외면상 나타나지 않은 근로자의 숨은 노력까지 고려한다면 반응은 적극적일 것이다.

3. 통제의 교정적 조치가 조직행태에 미치는 영향

인간은 누구나 타인에 의해 교정받는 것에 대하여 부정적이다. 이는 공식적 조직의 경우에 특히 현저하다. 즉 교정을 받는 자는 그가 개인적으로 잘못했다는 자존심의 손상으로 심한 자아위축감을 갖게 되고, 나아가서는 그로 인해 조직 내의 지지를 얻기도 어렵게 된다.

---

15) Raymond E. Mills and Roger C. Vergin, "Behavioral Properties of Variance Controls," *California Management Review*, Vol. 5(Spring 1966), p.59.

　　그러나 이러한 나쁜 영향이 있다고 해서 교정적 조치를 강구하지 않을 수는 없다. 이 점에서 교정적 조치에 대해 조직구성원의 적극적 반응을 얻어낼 수 있는 방법의 문제가 노정된다. 이에 관한 실질적 조사연구는 아직까지 별로 없지만, 행태적 관점에서 볼 때 인간행태의 변화를 가져오는 방법으로 처벌보다는 보상이 더 효과적이라는 것은 부인하기 어렵다. 이 원칙에 근거하여 본다면, 교정적 조치에서 부족한 결과에만 중점을 둘 것이 아니라, 이러한 결과가 초래된 원인과 해결책을 제공하는 것이 효과적이다.

CHAPTER

6 의사소통

제 1 절 / 의사소통의 의의

우리 인간은 상징을 창조할 수 있기 때문에 다른 동물들이 지니지 못한 능력을 지니고 있다고 볼 수 있다. 즉 복잡한 사고·의미·욕망 등을 타인에게 전달하는 능력을 지니고 있으며, 그렇기에 사회생활의 양식을 바꿀 수 있다. 만약 의사소통(communication) 능력이 없다면 인간은 극히 원시적인 지식 밖에 가질 수 없을 것이며, 사회조직도 갖지 못할 것이고, 결국 다른 동물사회와 크게 다를 바가 없을 것이다. 이러한 의사소통의 중요성을 전통적 조직론에서는 간과하였다.

이에 관하여 깊은 관심을 표명하기 시작한 사람은 바나드(Chester I. Barnard)였는데, 그는 조직의 3대요소로서 공통의 목적, 협동에의 의사, 의사전달 등을 들고 있다. 그에 의하면 조직의 양극에 공통의 목적을 달성할 가능성과 조직에의 협동적 의사를 지니는 개인이 있는데, 이 양극을 연결하여 동태적인 것으로 만드는 과정이 바로 의사소통이라고 하였다.[1] 비록 그가 의사소통의 개념을 명확히 정의하고 있지는 않으나, 그럼에도 불구하고 그의 조직론에 있어서 의사소통의 개념은 일관된 중요성을 지니고 있다는 점에 유의할 필요가 있다. 이후 인간관계론자들은 의사소통의 유형·방법과 저해요인에 대해서 많은 관심을 표명하였고, 최근에 와서는 의사소통망이 특정한 결정의 내

---

[1] Chester I. Barnard, *The Functions of the Executive*(Cambridge: Harvard University Press, 1938), pp.82~91.

용을 규정짓는 요인이라는 사실에 보다 많은 관심이 표명되고 있다.[2]

① 의사소통의 정의

사이몬(H. Simon)은 조직과 의사전달의 상호관계에 관해서 깊은 통찰을 제시하고 있는 바, 그는 의사소통이란 보통 형식적으로는 조직 내의 한 구성원(member)이 다른 구성원에게 의사결정의 여러 전제를 전달하는 모든 과정이라고 정의하였다. 그 후 마치(James G. March)와의 공저인 「조직론」(Organizations)에서는 의사소통 문제에 더욱 깊이 들어가 조직과 의사소통 사이의 복잡한 상호관계에 관해서 깊은 통찰을 시도했다.[3] 의사소통이 행해지지 않으면 조직이 존재할 수 없음은 명백하다. 왜냐하면 이 경우 각 개인의 행동에 영향을 주는 상호작용에 관한 설명이 불가능하게 되기 때문이다. 따라서 의사소통은 조직에 있어서 절대로 필요할 뿐만 아니라 정책결정을 포함한 모든 의사결정에 있어서 그 결정의 내용과 방법에 중요한 영향을 미치는 요인으로 파악되고 있다.[4]

의사소통(communication)이란 광의로는 상징에 의한 정보·생각·감정 등을 전달하는 것을 의미하나,[5] 여기서는 인간의 결정에 전제가 되는 정보가 사람 사이에 전달되는 과정으로 파악한다. 즉 인간과 인간 사이에 있어서 사실과 의견을 전달하고 교환하는 것을 말한다.[6]

의사소통의 일련의 과정에 대한 학자들의 정리는 정보를 생산하고 전달하

2) Edmund P. Leaned and Audrey T. Sproat, *Organization Theory and Policy; Notes for Analysis*(Homewood, Ill.: Richard D. Irwin, Inc., 1966), p.81.

3) James G. March and Hebert A. Simon, *Organizations*(New York: Wiley, 1958), pp.161~169.

4) Herbert A. Simon, *Administrative Behavior, 2nd ed.*(New York: Macmillan, 1957), pp.157~171.

5) Bernard Berelson and Gary A. Steiner, *Human Behavior*(New York: Harcourt, Brace and World, 1964), p.527.

6) Charles E. Redfield, *Communication in Management, revised ed.*(Chicago, IL: University of Chicago Press, 1958), p.3.

는 사람 뿐만 아니라 정보를 수신하는 사람의 역할도 중요하다는 것을 보여준다. 존스(Johns)는 정보교환을 위한 절차로 정보를 전달하고자 하는 사람의 생각이 부호화(encoding)되어 전달되고, 정보를 받는 사람은 그 전달을 인식한 후 부호를 풀고(decoding), 의미를 이해하는 단계로 구분될 수 있다고 설명했다.[7] 스티어스(R. M. Steers)는 좀 더 구체적으로 부호화는 전달하는 메시지의 중요성뿐만 아니라 정보 전달자의 감정적 상태나 이전의 경험에 의해 영향을 받고 정보 수신자가 부호를 해석하는 과정 역시 그의 판단과 이해를 지배하는 준거틀의 영향을 받는다고 보았다.[8] 던컨(W.J. Duncan)도 마찬가지로 의사소통에 참여하는 사람 모두의 기존의 경험, 성격, 문화적 배경 등이 이 과정에 영향을 끼친다고 보았다.[9] 그렇기 때문에 정보 전달와 수신자 간의 지속적인 환류와 상호작용으로 의사소통은 완성될 수 있다.[10] 라스웰(Harold D. Lasswell)은 이러한 의사소통의 요소로서 다음과 같은 다섯 가지를 들고 있다. 즉 첫째, 누가, 둘째, 무엇에 관해서, 셋째, 어떠한 통로에 의하여, 넷째, 누구에 대해서, 마지막으로, 어떠한 효과를 지향하는가 하는 것을 든다.[11]

누구나 어떤 의미의 의사전달을 받게 되면 일반적으로 받기 전과는 다른 결정과 행동을 하게 된다. 따라서 의사전달이란 동력과 같은 기능을 한다고 볼 수 있으며, 인간조직과 사회를 하나의 체제로 보는 경우 마치 유사한 성격을 가진 인체를 순환하는 혈액과 같은 것으로 간주할 수 있는 것이다. 결국 의사소통이란 조직 내에 있어서 개인 사이 혹은 집단 사이에 사실과 의견을 전달하고 교류시키는 것을 의미한다고 볼 수 있겠다. 이러한 전체 과정이 조직의 공식적인 의사소통 채널을 통해 이루어진다면 조직의 공식적 구조가 강화될 것이고[12] 이 과정을 통해 궁극적으로 조직은 구성원들의 삶을 개선시키

---

7) Gary Johns, *Organizational Behaviour. 4th ed.*(New York: Harper Collins College Publishers, 1996), pp.342~343.

8) Richard M. Steers, *Introduction to Organizational Behavior*(Illinois: Scott, Foresman and Company, 1984), pp.253~258.

9) Jack W, Duncan, *Organizational behavior*(Boston: Houghton Mifflin, 1981), pp.172~173.

10) Sandra Dawson, *Analysing organisations*(London: Macmillan Press LTD, 1996), pp.191~193.

11) Harold D. Lasswell, *Law, Science and Policy, part* Ⅱ(New Haven, CT: Yale University Press, 1956), p.84.

는 방향으로 발전할 수 있을 것이다.

Ⅱ 의사소통의 의제13)

조직 내에서 의사소통이 필요한 의제는 핵심 의제, 부차적 의제, 그리고 숨겨진 의제로 구분할 수 있다. 의사소통에 활용되는 정보의 특징과 명확성, 언어의 사용 방식 등을 통해 조직 내에서 논의되고 있는 의제가 핵심적인 것인지 그렇지 않은 의제인지 구분할 수 있다. 핵심 의제는 조직에 생존과 직결되는 것으로서 조직에게 본질적 가치를 부여하는 것들이다. 이때 사용된 언어는 목적이 명확하며 생산적이며 핵심 의제를 충분히 지원하는 특징이 있다. 반면, 사용되는 언어가 공허하고 의제를 충분히 지지하지 못할 때 이 의제는 핵심적인 것이 아니라 부차적인 혹은 숨겨진 의제일 가능성이 크다.

핵심 의제가 없을 때 부차적 그리고 복수의 의제가 다양한 형식으로 의사소통의 장에 등장할 여지가 생긴다. 의사소통에 참여하는 개인들은 다양한 목적을 달성하기 위해 자신들의 의제를 수면 위로 올리고자 한다. 예를 들어, 개인들은 자신의 지위 확대를 목적으로 하여 자신들이 무엇을 하고 있고 그와 관련한 성취를 이룬 것처럼 보이기 위해 관련 의제를 드러내고자 노력한다. 조직 차원에서도 특정 메시지를 담고 있는 의제를 제시하기도 하는데 사용목적이 명확한 개념이나 소재가 포함된다. 많은 경우 이런 제안들은 무시될 수도 있지만 그 중 한 가지 정도는 조직 구성원들이 익숙함을 느끼고 지지를 보내게 된다.

숨겨진 의제는 주로 겉으로 드러나는 의제의 원인이나 효과, 그 의제의 유형에 대한 음모론적 접근으로 여겨지는 경우가 많다. 예를 들어서 노동조합의 회의에서 낮은 임금 상승 폭이 의제가 되었다는 것은 곧 직원들이 파업을 할

---

12) Richard M. Steers, *op. cit.*, pp.253~255.

13) Richard Pettinger, *Organizational Behaviour: Performance Management in Practice*(London: Macmillan Press LTD, 1996), pp.197~198.

것이라는 것을 암시한다. 기업은 이를 예방하기 위해 해당 직원들을 미리 해고하는 조치를 취할 수 있다. 또한 시장에 소개된 새로운 기술에 대한 토론은 오래된 기술이 곧 사라질 수 있다는 것과 그 기술의 숙련자들과 관련 상품의 판매직 종사자들이 시장에서 곧 불필요해 질 것이라는 것을 암시한다. 뿐만 아니라 특정 부처에 특별한 업무 지식이나 기술이 없다면 성공할 수 없는 과업이 주어졌다는 것은 결국 그 부처를 실패하게 함으로써 그들을 해고할 명분을 얻겠다는 의미로 해석된다. 이렇듯 숨겨진 의제들은 조직 운영에 있어서 발생 가능한 갈등 또는 다툼을 드러내는 지표 역할을 한다. 이는 조직 내에서 정치적 역학관계를 파악할 수 있는 사람들이나 조직 분석가들에 의해 초기에 인식될 수 있다.

Ⅲ 의사소통의 기능

피셔(Frank E. Fisher)는 의사소통의 기본과정을 다음과 같이 정리한 바 있다.[14]

첫째 단계는 아이디어나 문제점을 명료화하는 것이고, 둘째 단계는 참여이며, 셋째는 전달로서 해결방안이나 결정에 도달하면 이를 집행할 사람이나 이로부터 영향을 받을 사람들에게 전달하여야 한다는 것이고, 넷째로, 동기부여(motivation)의 과정이며, 끝으로 평가를 들고 있다. 많은 경우 의사소통이 제대로 안 되는 이유는 첫째 단계와 둘째 단계는 생략하고, 셋째 단계부터 시작하는 까닭이라고 할 수 있다.

이에 기초한 의사소통의 주요 기능은 다음과 같이 정리될 수 있다.

---

14) Frank E. Fisher, "A New Look at Management Communications," in Max D. Richards and William A. Nielander(eds.) *Reading in Management*(Cincinnati: South Western Publishing Co., 1958), pp.104~106.

1. 조정을 위한 수단

조직구성원의 노력이 조직의 전체목적 달성에 기여될 수 있도록 행동의 통일과 질서를 확보하기 위해서는 조직 내의 의사전달이 원활히 이루어져야 한다.

2. 합리적 의사결정을 위한 수단

조직의 활동은 의사결정의 연속적 과정이다. 이러한 결정을 합리화하고 그 결정을 효율적으로 집행하기 위해서는 의사소통의 내용이 정확하고 신속·적절하며, 그 전달의 질이 우수해야 한다.

3. 조직통솔과 사기앙양을 위한 수단

조직구성원을 통솔하고 사기를 앙양하며, 그들의 자발적인 근무에 대한 동기부여(motivation)가 조직목적에의 공헌과 추종을 가능하게 하기 위해서는 조직 내에 원활한 의사전달을 촉진시켜야 한다.

이 밖에 정보의 수집기능·심사분석 및 보관기능 등도 중요한 의사소통의 기능으로 포함할 수 있다.

이러한 의사소통의 기능은 고용주와 피고용인, 혹은 관리자와 부하직원들 간에 진행되는 의사소통을 통해 구체적으로 드러난다. 또한 이러한 의사소통이 조직의 운영에서 얼마나 중요한지는 관리자들이 의사소통을 위해 할애하는 시간이 어느 정도인지를 통해 확인할 수 있다.

제 2 절 의사소통의 유형

의사소통의 유형은 우선 공식적 계층제를 통한 것이냐 아니냐에 따라 공식적 의사소통과 비공식적 의사소통으로 분류할 수 있으며, 흐름의 방향에 따라 상의하달적·하의상달적 및 횡적 의사소통으로 나눌 수 있고, 그 밖에도 개인적 의사소통과 대중적 의사소통 등이 있으나, 여기서는 크게 세 가지로 구분하여 설명하고자 한다.

1. 공식적 및 비공식적 의사소통

일반적으로 공식적 의사소통은 공식적 조직 내에서 공식적 통로와 수단에 의하여 의사가 전달되는 것으로서, 이것은 특정한 요건을 갖추어 '누가', '누구에게', '무엇을', '어떻게' 전달할 것인가를 공식적으로 법제화하고 이에 근거하여 의사를 전달하는 것이다.

그러나 이러한 공식적 의사소통의 체계에는 조직의 엄격한 명령계통에 의한 것이기에 오히려 의사소통의 효과성을 떨어뜨리는 등[15] 한계가 있으며, 이 체계는 조직의 의사소통의 목적을 완전히 충족시키지는 못하므로 이러한 결함을 보완하기 위하여 비공식적 의사소통이 필요하게 된다.

비공식적 의사소통이란 비공식적 조직을 통하여 이루어지는 것으로, 이것은 공식적 의사소통에 의해서는 때때로 기대하기 어려운 일들을 수행하고, 조직을 주위 환경에 잘 적응시키는 경우도 있지만, 다른 한편 그것은 공식적인 권위관계를 파괴하고 조정을 한층 더 곤란케 하는 경향도 있다.

즉 비공식적 의사소통은 공식적인 명령계통을 이용하는 것보다 정보의 전달 속도가 빠르고 사안에 따라 훨씬 효과적일 수 있지만, 모든 사안에 이러한 장점들이 다 적용되는 것은 아니며 다른 위험이 발생할 수 있기에 양날의 칼과 같다.[16]

---

15) Gary Johns, *op. cit.*, pp.344~346.
16) *Ibid.*

2. 상의하달적 및 하의상달적 의사소통

수직적 의사소통은 조직 내의 계서적 상하관계를 반영하고 있으며 상의하달과 하의상달적 의사소통을 모두 포함한다.

상의하달적 의사소통은 상급자가 그의 의사를 하급자에게 전달하는 것을 말하며, 이에는 명령과 일반정보제공이 있다. 명령에는 지시·훈령·지령·규칙 등이 포함되며, 이것은 구두명령과 문서명령으로 나누어진다. 일반정보로는 조직 또는 조직의 업무에 관한 지식을 직원들에게 알려 주기 위한 편람과 지침서(handbook) 등을 들 수 있다.

일반적으로 지위가 높고 권력이 많을수록 더 많은 정보를 갖고 있고 많은 부하직원과 함께 업무를 수행해야 하므로 상의하달적 의사소통을 더 보편적인 방식이라고 볼 수 있다.[17] 이것을 좀 더 구체화하면, 하급자에게 지시하는 업무가 복잡하고 불확실할수록, 또한 비교적 조직 내의 주요 관심사에서 멀수록 상의하달적 방식이 선호된다. 둘째, 업무 성과에 관한 환류나 하급자들에게 이미 합의된 조직의 목표를 받아들이도록 할 때 상의하달적 방식이 활용된다. 그리고 조직 내의 절차와 관련된 정보를 전달할 때도 마찬가지이다.

반면 하의상달적 의사소통이란 하급자가 상급자에게 행하는 의사소통으로서, 자신의 업무 성과 및 업무와 관련된 문제점, 조직의 정책 및 기타 문제에 관한 것, 특정 업무에 대한 필요성과 그 집행 방법에 대한 것 등이 주된 주제가 된다. 구체적으로는 이에는 보고·면접·직원들의 의견조사·제안제도 등이 포함된다.

이중 보고는 가장 중요한 요소의 하나로, 조직책임자는 아래로부터의 보고에 의해서 필요한 의사결정이나 명령을 내릴 수 있으며, 여러 행동을 취할 수 있게 되는 것이다.

면접은 관리층이 심리학에 관한 지식을 가진 면접기술에 능한 자를 상담역으로 채용하고 직원들이 관리층에 대하여 품고 있는 감정을 파악하여 행정에 반영하려는 방법이나, 비용과 시간이 많이 들고 익명성의 보장이 어렵다는 등

17) Richard M. Steers, *op. cit.*, pp.258~265.

의 이유로 많이 채택되지는 않고 있다.

의견조사의 방법은 오래 전부터 이용되어 온 것으로 잘 이용한다면 행정기관 내의 사기의 평가, 직원간의 만족·불만족 측정 등의 여러 가지 효용을 얻을 수 있다.

제안제도는 하부직원의 관리참여제도라고 할 수 있는데, 이것을 실시하는 경우에는 하부직원의 사기를 향상시킬 수 있을 것이며, 행정의 민주적 운영과 능률향상에도 도움이 될 것이다.

정보의 흐름이 반대되는 상의하달과 하의상달적 의사소통 방식들은 조직의 당면한 하나의 과제를 해결하기 위해 동시적으로 발생할 수도 있다. 예를 들어 공장을 운영하는 사장이 새로운 상품 생산을 준비하기 위해 공장 노동자들에게 관련 지시를 내리는 경우, 공장 노동자들 역시 사장을 비롯한 공장 관리자들에게 생산과 관련된 구체적인 정보들을 제공할 수 있을 것이다. 만약 새로운 상품과 관련된 연구를 담당하는 기술자가 새로운 생산공정 방식을 찾았다면 그는 사장과 직접 의사소통을 할 수 있는 공장의 관리자에게 자신이 발견한 내용을 알릴 것이다. 상의하달적 의사소통은 보다 더 구체적인 특징이 있고 하의상달적 의사소통은 압축되고 요약된 특징이 있다. 그리고 중간관리 계층은 정보의 여과와 편집 기능을 담당하게 된다. 이러한 차이는 존재하지만 기본적으로 효과적인 조직 운영을 위해서는 상의하달적, 하의상달적 의사소통은 모두 필요하다.[18]

3. 횡적 의사소통

횡적 의사소통은 계층제에 있어서 동일한 수준에 있는 혹은 동일한 기능을 수행하는 개인 또는 집단 사이에 행하여지는 의사전달을 의미하며 수직적 의사전달보다 더 많은 비중을 차지하고 있다. 그리고 낮은 계층으로 갈수록 횡적 의사소통이 더욱 활발해지는 경향이 있다.

조직의 하부단위 내의 의사전달은 조직의 효과적인 운영에 매우 중요하다.

---

18) Gary Johns, *op. cit.*

왜냐하면 조직 전체의 모든 업무가 사전에 계획된다는 것은 사실상 불가능하기 때문이다. 따라서 일이 진행되면서 동료들 간의 조정과 토의가 필요하다. 즉, 관리자와 조직은 발생 가능한 모든 상황을 전부 예측할 수 없으므로 조정과정에서 개인 간의 상호작용이 조직목적의 조정을 원활히 하는데 매우 중요하다.

또한 횡적 의사소통은 조직 구성원들 간의 개방성이나 인간적 신뢰수준을 높여 업무의 협조를 원활하게 하는 수단이다.[19] 의사소통에 참여하는 사람들은 계층제에서 동일한 수준에 위치해 있기 때문에 사고나 판단에 있어 유사한 준거틀을 공유한다. 따라서 횡적 의사소통은 상의하달이나 하의상달적 의사소통보다 자유로운 의사소통이 가능하고 소통의 속도가 빠르며 메시지의 왜곡이 적다. 따라서 잠재적인 비생산적 의사전달을 미연에 방지할 수 있어 유익하다.[20] 그러므로 많은 조직들은 횡적 의사소통이 조직의 명령체계를 다소 약화시킬 위험이 있음을 인지하면서도 적정한 수준에서 최대한 그 효율성을 활용하고자 한다.[21] 구체적인 방법으로는 사전심사제도 및 사전·사후에 관계없이 이용되는 각서와 사후에 주지시키는 것을 목적으로 하는 회람 또는 통지가 있으며 회의 또는 위원회제도 등도 이에 포함된다.

그렇지만 횡적 의사소통이 불가능한 경우들이 있다, 예를 들어 업무공간이 시끄럽거나 조직 구성원들이 각기 멀리 떨어져 일할 경우 상호작용이 쉽지 않을 수 있다. 그리고 어떤 문제에 관해 합리적인 공동 결정을 내리기에는 구성원들의 교육이나 능력이 부족할 수도 있다. 또한 하부 단위 구성원들 간의 의사소통이 빠르게 일어나고 있을 때 상위계층에서는 조직 하부에서 무슨 일이 일어나고 있는지 알 수 없기 때문에 장기적으로 조직에 해가 될 수 있다.

4. 외부로부터의 의사소통

앞서 살펴본 조직 내부의 의사소통에서 확인된 의사소통의 복잡성과 어려

---

19) Richard M. Steers, *op. cit.*

20) Gary Johns, *op. cit.*

21) Richard M. Steers, *op. cit.*

움들은 조직 환경을 중요한 변수로 상정했을 때 더욱 심각해진다. 홀(Hall)에 따르면, 조직 환경은 경쟁자, 채권자, 고객, 규제자, 납세자, 주민 등을 포함하며 이들이 생산해 내는 메시지는, 예를 들어, 주요 금리의 변화, 인구 통계학적 변화, 또는 석유가격 인상 등이다.22)

이런 환경과의 관계는 반드시 수직적이지 않으며 위·아래·옆으로 모든 방면에서 존재한다. 구체적인 예로, 복지수혜자, 환자, 학생과 같은 경우에는, 상의 하달적으로 의사가 전달된다. 그러나 이들이 반발할 수 있으므로 의사소통 방식이 고정된 관계는 아니다. 또한 외부 환경과의 의사소통에서의 예측 가능한 위험은, 비전문가가 어떤 이유로든 의사전달 과정과 결정 체계를 지배하기 시작한다면 전문가의 존재 이유 자체가 의미를 상실하게 된다는 것이다. 즉, 환경과의 의사소통은 이미 확인된 의사소통의 문제를 크게 복잡하게 만든다.

제 3 절 의사소통에 영향을 미치는 요소

Ⅰ 개인적 요소

1. 의사소통 참여자의 특성

정보 수신자의 인지과정은 동일한 메시지라도 큰 차이를 가져오게 할 수 있으므로 의사전달을 이해하는 중요한 요소이다. 의사소통은 진공상태에서 발생하는 것이 아니기 때문에 참여자들은 모두 이미 형성된 고정관념이나 감정적 요인, 개인의 욕구, 가치관 등으로 인한 인지적 편향을 갖고 있다. 따라서 같은 정보를 전달받고도 선택적으로 관심을 보일 수도 있고 같은 말을 듣고서

---

22) Richard H. Hall, *Organizations: Structures, Processes and Outcomes*(New Jersey: Prentice Hall, 1999), p.171.

도 서로 다른 방식으로 이해할 수도 있다. 그리고 발화자와 청자 두 사람 간의 사전에 형성된 관계가 있다면 오직 두 사람만 이해할 수 있는 내용도 있을 것이다. 즉, 당사자 간의 관계나 소통이 발생하는 상황의 특징 등에 따라 정보의 해석이 다를 수 있다. 따라서 표면적으로 드러나는 정보뿐만 아니라 의사소통 당사자들의 정서, 단어의 함의까지 파악해야 한다.

대부분의 의사소통은 다른 사람과의 상호작용 과정에서 이뤄지기에 상대방을 어떻게 인식하는지가 중요하다. 사람은 물리적 대상보다 훨씬 더 감정적이기 때문에 정보의 왜곡이 발생할 수 있다. 일반적으로 정보원이 감정으로 따뜻하고 이해심이 깊고 인내심이 많고 자신감 있는 사람이면 그렇지 않은 사람보다 그의 정보가 더욱 신뢰 받는다. 반면에 정보원이 평소에 정보 수용자에 의해 무능하다고 인식되어 왔다면 정보의 중요도가 낮게 취급될 것이다. 덧붙여서 정보 전달자와 수용자 간의 지위 차이나 의사소통 방식 차이도 메시지 전달의 정확도에 영향을 끼칠 수 있다.

상대방에 대한 인식은 의사소통을 위한 상호작용이 발생하기 전에도 상대방이 속한 집단에 대한 인상 등과 같은 고정관념으로 더욱 복잡해 진다. 예를 들어 개인의 특성을 집단의 특성과 동일시하여 집단에 대한 기존 인식이 한 개인과의 의사소통에서 영향을 끼칠 수 있다.

그 밖에 부분적 특징을 전체적으로 확장하는 후광효과나 상대방이 자신과 같은 특징을 갖고 있을 것이라고 생각하는 투사, 그리고 한두개의 지표를 전체 상황을 일반화시키는 경향 등, 의사소통 참여자의 개인적 특성에 대한 오해가 있을 수 있다.

2. 비언어적 수단[23]

때로는 신체를 활용한 언어는 의사소통에 잠재된 내용을 파악하기에 필수적이다. 화자의 목소리가 흔들리는 것, 강조하는 단어, 눈썹의 움직임, 손짓, 몸이 앞으로 혹은 뒤로 기울어져 있는 자세 등이 때로는 말의 내용보다 더 많

---

23) E. F. Huse and J. L. Bowditch, *Behavior in Organizations: A systems approach to managing*(Mass: Addison–Wesley Publishing Company, 1977), p. 132.

은 본질을 담고 있기도 하다. 구체적인 예로, 다른 사람과의 대화에서 시계를 반복해서 확인한다던가, 제3자에게 말을 건다던가 하는 것은 무관심을 드러낸다. 침묵도 상황에 따라 기쁨 혹은 기대감을 나타내기도 하고 불확실성이나 실망감을 나타내는 등 의사전달에 중요한 요소이다.

뿐만 아니라 사람들 간의 물리적 거리나 앉는 위치, 대화의 장소도 의사소통에 영향을 끼친다. 그리고 비언어적 의사전달 수단으로서 옷차림 역시 많은 정보를 전달하기도 한다. 예를 들어 보수적 옷차림은 그 사람이 고위층에 속한다는 것을 의미하고 캐쥬얼한 복장은 그 반대의 경우를 암시한다.

3. 개인의 역할24)

의사소통에 참여하는 개인들은 모두 같은 역할을 수행하지도, 모두 평등한 중요도를 갖지도 않는다. 개인들은 역할에 따라 의사소통에서 각각 다른 기여를 한다.

우선, 정보를 적절하게 투입하거나 제거하는 등 의사소통에서 정보의 흐름을 통제하는 문지기(gate keeper) 역할을 하는 개인이 있다. 중요한 의사결정자의 비서와 같은 역할로서 외부 세계로부터의 중요한 정보를 누구에게 전달할지를 결정한다.

두번째로, 의사소통에 참여하는 개인들이 필요한 정보를 교환할 수 있도록 연결해 주는 연결고리(liaison)로서의 개인이 있다. 의사소통의 진행에서 전략적 위치를 차지한 그들은 정보가 빠르게 전달되도록 조절할 수 있고 의도적으로 장애물을 마련하여 그 속도를 늦출 수도 있다.

여론 주도자(opinion leader)는 비공식적으로 조직 구성원들의 태도나 행동에 자신이 원하는 방향으로 영향을 끼치는 능력이 있는 개인이다. 일반적으로 조직 안에서 존경받는 위치에 있고 다양하고 중요한 정보에 접근할 수 있는 권한이 있기 때문에 그들의 의견은 가치있게 여겨진다. 조직 외부의 사람들과도 넓은 접촉면을 가지며 의사소통이 가능하다.

---

24) Richard M. Steers, *op. cit.*, pp.263~265.

마지막으로 세계시민(cosmopolite)이라고 불리며 특별한 의미의 문지기로서 역할하는 개인이 있다. 이들은 주로 국제적 그룹과 관계를 맺고 조직 외부의 새로운 생각이나 정보가 조직 안으로 흘러 들어갈 수 있도록 한다. 전문적인 직업을 갖고 있고 다양한 외부 조직의 구성원인 경우가 많아 조직과 외부 세계를 연결하는 역할을 주도한다.

Ⅱ 조직적 요소

1. 조직구조[25]

조직구조에 따라 조직 내에서 정보가 전달되는 방향이 결정될 수 있고 이역시 의사소통에 영향을 끼치게 된다. 이해를 돕기 위한 조직구조의 도식화를 통해 현실을 단순화 시켜보면 크게 세 가지로 구분할 수 있다(표 2-6-1 참조).
첫번째 조직구조는 1인의 리더와 다수의 조직 구성원들 사이에서만 정보의 흐름이 발생하는 일차원적인 구조이다. 정보의 흐름은 매우 빠르고 정보

표 2-6-1 조직구조와 정보[26]

속도	느림	빠름	빠름
정확도	나쁨	좋음	좋음
조직	안정된 형태의 조직이 없음	서서히 나타나고 있지만 안정적임	거의 즉각적이고 안정적인 조직
리더의 등장	없음	뚜렷함	매우 뚜렷함
사기	매우 나쁨	나쁨	매우 좋음

---

25) E. F. Huse and J. L. Bowditch, *op. cit.*, pp.136~138.
26) *Ibid.*, p.137.

전달의 정확도도 높지만 리더가 아닌 구성원들의 사기는 낮을 수밖에 없다. 두번째 구조는 정보를 생산하고 전달하는 리더의 역할이 첫번째 조직구조보다는 명확하지 않더라도 존재할 수 있다. 그렇지만 첫번째 구조와는 달리 구성원들은 자신의 옆 사람들하고는 의사소통이 가능하여 조직 안에서 정보는 순환한다. 정보 전달의 속도는 빠르고 정확도는 높지만 구성원들의 사기가 높다고는 볼 수 없다. 세번째로 조직구조가 별 모양으로 형성되어 있는 조직은 모든 통로를 통해 의사소통이 가능하다. 이런 형태를 조직 내에서 소문이 잘 퍼지고 결국 소문의 당사자에게도 그 내용이 도달하게 되는 구조라고 하여 가십 패턴(Gossip pattern)이라고 하기도 한다. 정보의 정확성은 떨어지지만 의사소통을 주관하는 리더는 등장하지 않고 대신 구성원들의 사기가 높다.

이러한 조직의 의사소통 구조의 도식화는 현실의 패턴을 단순화시켜 이해를 높이고자 하는 시도로서 다수의 학자들에 의해 다양한 구조들이 제시되었다. 던컨(W. J. Duncan)은 의사소통이 이루어지는 형식을 크게 중앙집권적 및 분권적 네트워크로 구분하였다. 중앙집권적 네트워크로는 체인모형, Y모형, 바퀴모형 구조, 분권적 네트워크로는 원모형 의사소통 구조가 있다. 분권적 네트워크는 더 많은 정보가 이동 가능하고 조직 구성원의 만족도는 증가하는 장점이 있지만 순환되는 정보의 품질에 대해서는 책임 소재가 불명확하다. 반면 중앙집권적 네트워크는 전제적 리더십으로 의사소통이 효과적이고 정확성이 높다.[27] 스티어스(R. M. Steers) 역시 체인모형, 별모형, 원모형, 그리고 모든 통로가 연결된 모형, 이렇게 크게 네 가지 의사소통 네트워크 모형으로 현실의 의사소통 구조를 도식화하고자 시도하였다.[28] 이를 통해 의사전달의 속도 및 정확도, 정보와 권력의 중앙집권 수준, 그리고 조직 구성원의 만족도 등의 차이를 분석하였다. 눈여겨 볼 점은, 비밀정보망과 같이 모든 통로가 연결된 네트워크는 공식적인 조직 구조 밖에 위치함에도 불구하고 설명을 시도하여 비공식적 조직의 장단점을 분석했다는 점이다.

27) Jack W. Duncan, *Organizational Behavior*(Boston: Houghton Mifflin, 1981), pp.177~178.
28) Richard M. Steers, *op. cit.*, pp.258~265.

2. 지위에 따른 선호와 역할[29)]

지위는 사회적 관계 속에서의 높낮이를 의미하고 조직 안에서는 개인이 보유한 상대적 위치와 관련이 있기에 높은 지위를 추구하는 행동은 보편적이다. 이러한 지위는 직접적인 영향보다는 보다 간접적인 방식으로 의사소통에 영향을 끼친다.

우선 지위에 따라 특정 문제에 대한 해결책을 선택 또는 제안함에 있어서 선호하는 경향성이 다를 수 있다. 일반적으로 지위가 높을 수록 조직에 대해 높은 소속감을 갖기 때문에 조직의 규칙 및 결정사안에 높은 순응도를 보일 것이 예상된다. 그러나 현실에서는 지위가 높은 사람들은 이렇게 조직이 본인에게 기대하는 바를 충족시키기보다는 불응하는 경향성을 갖는다. 이들은 지위가 낮을 때에는 조직이 나아가고자 하는 방향이나 결정사안에 순응함으로써 남들보다 빠르게 승진할 수 있었지만, 한번 높은 지위에 도달한 이후에는 그들에게 창조력과 변화지향성이 요구된다. 또한 조직적으로 결정된 사안에 대해 동의하지 않거나 순응하지 않음으로서, 이후 그 결정의 오류가 드러났을 때, 더 많은 것을 얻을 수 있다. 즉, 높은 지위를 계속 유지하기 위해서는 조직의 결정방향에 불응하는 것이 논리적으로 그에게 이로운 선택이다.

반면, 평균적 지위의 구성원들은 현재의 상태에 순응적으로 반응할 가능성이 높다. 그들은 조직적 의사소통을 통해 결정된 사안에 순응한다면 얻을 수 있는 것이 미미하거나 거의 없을 것이다. 하지만 동의하지 않는다면, 그들의 지위는 심각하게 위협을 받을 수 있다.

마지막으로 낮은 지위의 구성원들은 잃을 것도 거의 없고 현재의 지위를 유지할 이유 역시 크지 않다. 조직적으로 결정된 사안이 사실 잘못된 판단에 의한 것으로 판명날 때, 그들이 그 사안에 동의를 했었다고 해도 그들에게 돌아갈 피해는 크지 않다. 그러나 만약 그들이 그 사안에 대해 반대를 하고 불응을 했었다는 것이 알려지면 그들은 주목받게 될 것이고 승진에 유리해질 것이다. 따라서 낮은 지위의 구성원들의 입장에서는 조직적으로 결정된 사안에

---

29) Jack W. Duncan, *op. cit.*, pp.179-184.

대해 동의하지 않는 것이 논리적으로 유리한 전략이다.

조직 내의 지위 차이도 의사소통에 영향을 끼치는 요소이다. 예를 들어 조직의 관리자와 구성원은 조직이 직면한 많은 문제들을 서로 다르게 인식한다. 그 이유는 크게 요구되는 역할에 대한 갈등, 침묵효과, 지위 효과, 그리고 시간 효과, 이렇게 네 가지로 분석된다.[30]

첫째, 요구되는 역할에 대한 갈등은 조직 내의 의사소통에서 관리자가 구성원이 처한 사회적, 감정적 영역에도 관심을 가져야 한다는 것을 의미한다. 예를 들어, 관리자가 훌륭한 성과를 낸 구성원에게 축하와 격려의 의미로 "앞으로 더 열심히 하세요"라고 했을 때, 안타깝게도 구성원은 자신의 관리자가 자신에게 최선을 다 하지 않았음을 주지시키는 말로 받아들일 수도 있다.

둘째, 침묵효과는 말하고 싶지 않은 정보에 대해 정보 전달자가 침묵을 선택하는 효과이다. 예를 들어 의사가 불치병이 걸린 환자와 그의 가족에게 그 병에 대해 설명하기를 주저하는 것과 같다. 이 사례에서는 발화자는 아무런 책임이 없지만, 만약 발화자에게 책임이 있을 경우 침묵효과는 더 커진다. 의사가 환자에게 약 처방을 잘못했을 때 의사는 환자에게 사실을 말하기보다는 침묵하고자 하는 욕구가 있을 것이고 승진하고 싶은 욕망이 강한 직원이 업무에서 실수를 했을 때 역시 상사에게 실수에 대해 침묵하고 싶을 것이다. 뿐만 아니라 업무 실적이 좋지 않은 부하 직원에게 직장 상사 역시 부진한 실적에 대해 지적하기가 쉽지 않다. 왜냐하면 상사인 자신도 일정정도 책임이 있기 때문이다.

셋째, 지위효과는 지위가 높은 사람이 자신보다 지위가 낮은 사람과의 의사소통에 대한 가치를 평가절하하는 것이다. 대신 그들은 자신과 유사하거나 더 높은 지위에 있는 사람과 소통하고 싶어 한다. 회사에서 이러한 상사의 태도는 금방 드러나게 되고 부하 직원들은 그와 의사소통하기를 꺼리게 된다.

마지막으로 시간 효과이다. 일선 관리자는 중간 관리자나 최고 관리자들에 비해 많은 구성원을 직접 관리한다. 그렇기 때문에 일선 관리자 입장에서는 업무 시간 중 최대한의 시간을 구성원들에게 할애한다고 해도 구성원의 입장

---

30) Gary Johns, *op. cit.*, pp.347~349.

에서는 항상 부족할 수밖에 없다.

(Ⅲ) 상황과 환경

1. 타이밍과 정보의 양

정보를 전달받는 상황도 의사소통에서 고려되어야 하는 요소이다. 정보가 필요한 시점보다 너무 일찍 주어졌을 때 혹은 너무 늦게 주어졌을 때에도 문제가 된다. 필요한 정보보다 너무 많은 양의 정보가 주어질 때에는 오히려 상황판단이 어려워지기도 한다. 그리고 바쁜 시간대에 습득하게 된 정보는 그 중요도가 평가절하되거나 아예 간과될 수도 있다.

2. 분위기[31)

정보 전달이 발생하는 조직의 분위기와 환경도 의사소통의 질을 결정하는 중요한 요소이다. 만약에 조직이 구성원들에게 우호적이지 못하고 억압적인 분위기라면 원활한 의사소통은 불가능할 것이다. 구체적으로, 타인의 의견이나 행동에 대해 평가하거나 판단하려는 분위기, 정보를 전달할 때 이미 답이 정해져 있듯이 혹은 정보전달자 자신의 지위를 내세워 피전달자를 통제하려는 분위기 등이 의사소통을 저해하는 분위기이다. 반대로, 조직 구성원들이 서로 평등한 관계 속에서 상대방의 의견에 공감하려고 노력하고 의사소통을 통해 해결책을 함께 도출하고자 하는 문제지향적 분위기에서는 원활한 소통이 가능하다.

---

31) E. F. Huse and J. L. Bowditch, *op. cit.*, pp.138~139.

3. 문화적 맥락32)

세계화의 빠른 진행으로 오늘날의 조직은 한 지역 또는 한 국가 안에서만 머물지 않는다. 다양한 국가, 다양한 문화권의 사람들이 하나의 조직의 구성원으로서 역할하고 있으며 이들 간의 의사소통도 빈번하게 이루어지고 있다.

국적이나 민족이 다르다 해도 오늘날 국제적인 의사소통은 영어로 대부분 이루어져 있기 때문에 의사소통의 장벽이 없을 것으로 생각할 수도 있다. 그러나 조직 구성원이 영어를 공통적으로 사용한다고 해도 문화적 차이에서 기인한 의사소통의 어려움이 발생하고 있기에 문화적 특징 및 맥락도 의사소통의 요소로 역할한다.

예를 들어 동양 문화권에서 사업가가 'very difficult'라고 고객에게 응답한다면 그것은 고객의 요구를 들어줄 수 없다는 의미이지만 이런 우회적인 거절 방식에 익숙하지 않은 다른 문화권의 고객은 사업가로부터 어려운 문제를 해결한 후 긍정적인 답변이 올 것이라는 기대를 가질 수 있다. 즉, 영어라는 의사소통 수단을 함께 사용한다고 해도 문화적 맥락에 대한 이해가 부족하면 오해를 낳고 소통은 실패하게 된다. 뿐만 아니라, 각 문화별로 다른 비언어적 의사소통 수단도 오해를 야기한다. 예를 들어 상대방의 눈을 바라보며 이야기하는 방식, 신체적 거리 및 접촉 방식, 목소리의 크기 등도 문화권에 따라 차이가 있는 의사소통 방식이다.

회의의 진행에 있어서도 어떤 문화권에서는 회의 내용 그 자체보다 회의에서 발표를 하는 사람의 나이나 지위, 그 사람이 속한 조직에 대한 정보에 더 많은 관심을 기울인다. 그리고 회의나 프리젠테이션 시간이 긴 것을 선호한다. 한편, 문화권에 따라 짧고 간결한 회의를 선호하며 회의에서 전달된 정보는 그 자체 이외의 다른 의미로는 해석되지 않는 대조적인 모습을 보이는 경우도 있다.

---

32) Gary Johns, *op. cit.*, pp.357~365.

제 4 절　의사소통의 장애요인

　　도슨(S. Dawson)에 의하면 이상적인 의사소통의 과정은 크게 다섯 가지 특
징이 있다.[33] 명확성, 신뢰성, 적절성, 충분한 양, 그리고 적절한 타이밍이다.
그러나 이러한 과정을 방해하는 요소들로 인해 의사소통에 장벽이 생기고 정
보의 흐름이 저해된다.[34] 여기에서는 전달자와 피전달자로부터 기인하는 장
애 요인, 의사전달 과정 및 수단에서 기인하는 장애 요인, 그리고 조직의 구조
나 조직이 처한 환경에서 기인하는 요인들로 나누어 설명한다.

Ⅰ　장애요인

1. 전달자와 피전달자로부터 기인하는 요인

1) 사고기준의 차이

　　전달자와 피전달자의 사고기준이 다른 경우에는 의사전달이 원활하지 못
하다. 사람들은 서로 다른 목표나 가치체계를 갖고 있고 이것은 조직 차원에
서 공동의 목표나 그 목표를 성취하기 위한 수단에 대한 판단에도 영향을 미
친다. 교육수준이나 관심 분야와 같이 개인의 특성이 그들의 세계관 형성에
상당히 기여하고[35] 서로 다른 세계관을 갖고 있는 경우 특정 정보가 보유한
가치에 대해서도 서로 다르게 판단할 수 있다.[36]

　　뿐만 아니라 사회적 관계 속에서 서로 다른 경험을 하며 살아왔기 때문에
이것을 미리 인식하거나 인정하지 않으면 전달자와 피전달자 간에 오해가 필
연적으로 발생하게 된다.[37] 따라서 공동의 목표나 그것을 성취하기 위한 수단

---

33) Sandra Dawson, *op. cit.*, pp.193~201.

34) Jack W, Duncan, *op. cit.*, pp.173~175.

35) Sandra Dawson, *op. cit.*

36) Richard Pettinger, *op. cit.*, pp.181~197.

에 대해 토론할 때는 상대방에 대한 사전적 이해가 필요하고 그들이 의사소통에 참여한 동기에 대해 이해하는 것이 중요하다.[38]

2) 지위상의 차이

전달자와 피전달자의 계층적 지위에 심한 차이가 있는 경우에는 충분한 의사전달이 어렵다. 지위의 차이가 있는 사람들이 단순하게 서로를 직함으로 부르는 방식만으로도 전달자와 피전달자 간의 의사소통이 저해될 수도 있다.[39] 하물며 높은 지위에 있는 사람이 자신이 보유한 물질적·비물질적 자원을 통해 자신의 지위를 과시하려 하면 의사소통은 방해를 받는다. 예를 들어 하나밖에 없는 주차공간이나 팩스, 화장실과 같은 사소한 자원들에 대한 활용이 직장 상사에 의해 통제된다면 직원들은 사기가 떨어지고 의사소통의 질은 나빠진다.

이렇게 높은 지위에 있는 사람에 대한 호감도가 낮아지게 되면 조직의 관리에 꼭 필요한 정보가 소통되지 않게 된다. 조직 관리의 책임을 맡고 있는 관리자들은 조직 구성원들에게 많은 정보를 얻어야 한다는 것을 알고 있다. 그러나 정작 조직 구성원들이 어떤 정보를 어떻게 분류하여 어떤 시점에 자신의 상사에게 보고해야 하는지에 대한 지침은 명확하지 않다. 따라서 조직 구성원들은 자신들이 보유한 정보의 중요성을 모를 수도 있고, 자세한 정보를 관리 책임자에게 제공하고 싶지 않은 경우, 고의적으로 정보를 전달하지 않을 수 있다.[40]

3) 전달자의 자기방어

전달자가 자기에게 불리한 사실은 감추고 자신에게 유리하고 상대방이 듣기 좋은 것만을 선택하여 전달하는 경우에도 의사전달은 제약을 받는다. 특히

---

37) Jack Duncan, *op. cit.*

38) Richard M. Steers, *op. cit.*, pp.265~268.

39) Richard Pettinger, *op. cit.*, pp.181~197.

40) Harold Koontz and Cyril O'donnell, *Principles of Management: An Analysis of Managerial Functions, 2nd ed.*(New York: McGraw-Hill Book Co., 1959), pp.619~622.

사고가 발생했을 때, 즉시 사고를 공유하고 해결책을 찾는 것이 필요하지만 정보를 제공하면 결국 자신들에게 피해가 올 것이라는 공포심을 갖는 경우, 자신을 방어하기 위해 의도적으로 정보를 누락하거나 편집하여 제공할 수 있다. 이 경우 불완전한 정보로 인해 단순한 사고나 간단한 오해가 큰 분쟁으로 발전할 수 있다.[41]

정보의 흐름에 대한 이러한 의식적인 제한은 개인 간의 의사소통뿐만 아니라 조직 간 의사소통에도 적용된다. 현실에서 행정기관이 필요하다고 인정하는 사항에 관하여 의식적으로 비밀을 유지하는 경우가 종종 있고 이때에도 의사전달이 원활하게 이루어지지 않는다.

4) 피전달자의 선입견

정보의 피전달자가 전달자를 불신하거나 그가 선택한 정보의 출처가 부적절하다고 생각하면 소통에 장애가 발생한다.[42] 이 경우에 피전달자는 명확하지 않은 추측으로 구체적인 문제들을 무시하고 상황을 안일하게 받아들일 수 있다.[43]

5) 직무에 대한 애정

특정 직무에 대한 본질적인 관심이 클 때 그것과 관련된 의사소통의 효과성은 더 높아진다. 반대로 그 직무가 지루하고 소외감을 느끼게 할 때 의사소통은 자연스럽게 어려워진다.[44]

2. 의사전달과정 및 수단에서 기인하는 요인

1) 언어

언어의 부정확한 사용 및 지나친 전문용어, 경어 등은 의사전달의 장애가

---

41) Richard Pettinger, *op. cit.*, pp.181~197; Richard M. Steers, *op. cit.*
42) Richard M. Steers, *Ibid.*
43) Richard Pettinger, *op. cit.*
44) *Ibid.*

된다. 언어의 부정확한 사용이란 여러 다른 개념을 떠올릴 수 있는 추상적인 단어의 사용이나 외국어를 사용할 경우 잘못된 통역이 그 사례가 될 수 있다. 특히 외국어의 경우 단어 그 자체를 번역하여 전달하는 것으로는 충분하지 않은 경우가 많다. 그 단어가 발화된 상황에 따라 적합한 해석이 필요하다.[45]

전문용어를 사용한 의사소통은 같은 분야에 종사하는 사람 간이나 조직 내의 소통의 효과성을 높일 수 있으나 그렇지 않은 경우에는 소통에 장애가 된다.[46] 뿐만 아니라 정보의 피전달자가 정보 전달자의 전문용어의 사용을 자만심에서 비롯된 과시적 행위로 인식하면 반감이나 선입견이 작용하여 의사소통을 더욱 저해할 수 있다.[47]

발화자가 지나치게 비관적이거나 소극적인 용어를 선택하면 메시지와 무관하게 발화자에 대해 존중하지 않게 되어 신뢰성이 떨어지는 부작용이 발생한다.[48]

2) 지리적 거리

전달자와 피전달자가 한 지역에 있지 않고 거리상의 간격을 가지고 있는 경우에는 원만한 의사전달이 되지 않는 경우가 많다.

3) 타 업무의 압박

일반적으로 행정관은 의사전달을 통한 목표의 달성을 이외의 직무를 본래의 책임으로 맡고 있다. 그러한 책임에 주력하다 보면 수단으로서의 의사전달은 등한시되기 쉽다.

4) 정보의 과다

지나치게 많은 정보가 한꺼번에 전달될 때 의사전달의 장애가 된다. 특정

---

45) Jack W. Duncan, *op. cit.*, pp.173~175.; Harold Koontz and Cyril O'donnell, *op. cit.*
46) Gary Johns, *op. cit.*, pp.349~357.
47) Richard Pettinger, *op. cit.*, pp.181~197.
48) *Ibid.*

정보는 상업적으로 혹은 조직 관리의 차원에서 민감한 사실이기에 비밀로 유지되어야 한다. 그러나 오늘날 정보기술의 발달 등으로 자유롭게 접근 가능한 정보가 과다하여 오히려 상황이나 문제의 판단에 어려움을 초래하는 경우가 발생한다. 뿐만 아니라 중요한 정보라도 너무 과하게 주어지면 그 가치가 부족하게 느껴져 그 중요성이 간과될 수도 있다.[49]

또한 많은 정보가 주어질 때, 피전달자가 자신에게 전달되는 정보 중 필요한 정보를 취사선택하는 능력이 부족하면 합리적인 의사결정이 힘들어진다. 이때 관리자는 너무 많은 시간을 정보의 선택 및 정제에 활용해야 하기에 정작 중요한 문제를 놓칠 수가 있다.[50]

5) 정보전달 시점

같은 정보라도 어느 시점에 전달되었느냐에 따라 그 효과가 차이가 날 수 있다. 만약 오늘 진행해야 하는 업무에 대한 지시가 한달 전에 내려졌다면, 혹은 하루 전에 내려졌다면 그 지시는 정확히 수행되기 힘들 것이다.[51] 특히 업무의 종류, 장소, 순서에 대한 변경, 혹은 조직의 재정비와 같은 정보를 직원에게 알리는 경우, 관리자는 그 직원이 충분히 적응할 수 있는 시간을 고려하여 정보를 제공해야 한다. 특히 숙달이 필요한 업무에 종사하는 직원의 경우 새로운 상황에 적응할 수 있는 시간을 충분히 보장해 주는 것이 더 중요하다.[52]

3. 조직이나 환경에서 기인하는 요인

1) 오래된 제도

하나의 조직에서 오랫동안 지속되는 제도의 경우 그 과정과 절차들이 현재의 상황과 맞지 않고 복잡하거나 모순적인 경우가 많다. 기존의 기능이 제대로 작동하지 않는 정책, 절차, 그리고 위원회 등이 변화하지 않고 존재하는 조

---

49) *Ibid.*
50) Richard M. Steers, *op. cit.*
51) *Ibid.*
52) Harold Koontz and Cyril O'donnell, *op. cit.*

직 안에서는 의사소통이 단절되기 쉽다.[53]

2) 환경적 장애물

의사 전달 과정에서 소음이 발생하거나 시간적 압박이 있으면 메시지가 제대로 전달되기 힘들다. 예를 들어 병원 응급실과 같이 혼란스럽고 소음이 큰 공간에서 의사소통은 힘들 수밖에 없고, 위급한 상황들의 연이은 발생으로 정보 전달자와 피전달자가 모두 시간의 압박을 느끼면 의사 전달이 더욱 어려울 수밖에 없다.[54]

3) 현실 상황

현실에서 조직의 정보는 기본적으로 보호되고 철저한 관리를 통해 선택적으로 공개되도록 한다. 이처럼 조직이 작동하는 방식은 조직의 이익을 최우선으로 지키기 위해 방어적이다. 조직의 관리자는 비공식적인 연락망을 통해 조직에 도움이 될 만한 정보를 모으는 경향이 있다. 따라서 현실에서 조직 간의 의사소통은 공식적으로 공개된 정보만을 활용할 경우 한계가 있을 수밖에 없다.[55]

4) 비밀 경로(Grapevine)[56]

하나의 조직에는 비공식적 의사소통 네트워크가 하나 이상 존재할 수 있으며 이것들은 서로 느슨하게 연결되어 있다. 과거에는 주로 구술을 통해 정보가 이동했지만 오늘날에는 이메일이나 팩스도 활용된다.

조직 내의 정보의 비밀 경로의 장점은 공식적 의사소통을 대체하여 새로 고용된 사람으로 하여금 직무와 관련된 중요한 정보뿐만 아니라 조직의 경영과 관련된 정보를 빠르게 습득할 수 있게 해 준다.

---

53) Richard Pettinger, *op. cit.*, pp.181~197.

54) Jack W. Duncan, *op. cit.*

55) Richard Pettinger, *op. cit.*

56) Gary Johns, *op. cit.*

반면, 비밀 경로는 조직 내에 지속적으로 신뢰성이 낮은 소문을 만들어 내는 근원지가 될 수 있다. 비공식적 비밀 네트워크를 통한 정보는 그 정확도가 떨어질 수밖에 없으며 특히 개인적인 정보나 감정적인 정보는 왜곡될 가능성이 높다. 증명되지 않은 소문들은 설사 그 시작이 사실에 근거했었다고 해도 조직 내의 여러 사람을 거치는 동안 왜곡될 가능성이 매우 높기 때문이다.

Ⅱ 의사소통의 변질

앞서 말한 각종의 장애요인으로 말미암아 의사소통이 여러 가지로 장애를 받는데, 그 중에서도 가장 중요한 것이 의사소통의 변질이다.

이에는 두 가지 형태가 있는데, 그 첫째는, 생략(omition 또는 deletion)으로 의사소통의 수령자가 내용의 일부를 파악하지 못하는 경우가 있는가 하면 수령자의 부담과중으로 메시지 자체가 등한시되는 경우가 있다는 것이며, 둘째로, 왜곡(distortion)으로서 전술한 바 있는 의사소통의 장애요인 중 언어상의 장애, 지위의 차이, 전달자의 자기방어 등의 요인으로서 의사소통의 왜곡이 일어나게 된다.

Ⅲ 내용의 정확성 회복과 유지

정보와 전달하려는 의사(message)의 생략을 줄이고 내용의 정확성을 높이기 위한 방안이 여러 가지 있으나, 특히 중요한 것은 반복(repeat)과 확인(confirm)이다.

첫째, 반복이란 형태를 다소 달리하고 시차를 둘 뿐만 아니라 경우에 따라서는 통로를 달리하여 동일한 메시지를 반복하거나 동시에 여러 통로를 이용하여 동일한 메시지를 전달하는 것으로서 생략과 왜곡을 줄일 수 있지만, 동일한 메시지를 반복하는 경우 수령자의 부담과중을 일으켜 소기의 목적을 달

성하지 못하는 경우도 생긴다.[57)

둘째, 확인으로 경우에 따라서는 전의 메시지의 정확성을 확보하기 위하여 확인의 메시지를 전달할 수 있다는 것이다.[58) 미국 경영학회가 훌륭한 의사소통의 10계의 하나로서 의사소통의 평가를 들고 있는 것도 확인을 중요시하는 단적인 예라 할 수 있다.

제 4 절 │ 의사소통의 일반원칙과 개선방안

Ⅰ 일반원칙

레드피일드(C. Redfield)는 의사소통을 효율적으로 수행키 위한 원칙으로 다음과 같은 일곱 가지를 들고 있다.[59)

1) **명료성** 간결한 문장과 평이한 용어를 사용해야 한다는 것이다.

2) **일관성** 전후가 일관되어야 한다. 같은 사안에 대하여 일관성 있는 의사전달이 이루어져야 한다.

3) **적당성** 과다하지 않고 과소하지도 않은 적정량이 의사전달되어야 한다는 것이다.

4) **적기·적시성** 적절한 시기에 의사전달되어야 한다는 말이다.

5) **분포성** 의사소통은 피전달자가 누구인가를 확인한 연후에 정확하게 전달해야 한다.

6) **적응성과 통일성** 적응성이란 의사소통의 융통성·개별성·현실합치성 등을 말하며, 통일성이란 각 의사소통이 전체로서 통일된 의사의 표현이 되게 하는 것이다.

---

57) Harold Guetzkow, Communications in Organizations, in James G. March(ed.), *Handbook of Organizations*(Chicago: Rand McNally, 1965), pp.553~559.

58) *Ibid.*, pp.559~560.

59) C. Redfield, *op. cit.*, pp.29~45.

7) 관심의 수용 효과적인 의사소통은 마지막으로 피전달자의 이해력을 확인한 연후에 이루어져야 한다.

도슨(S. Dawson)과 쿤츠(H. Koontz)는 이상적인 의사소통을 수행하기 위한 원칙으로 위와 같은 원칙에 더하여 진실성, 전달자의 책임성, 그리고 피전달자의 집중력 등을 강조하고 있다.[60]

(Ⅱ) 개선방안

의사소통의 장애요인 및 왜곡현상을 제거하고 원활한 소통을 촉진시키기 위해서는 다음과 같은 점이 고려되어야 할 것이다.

1. 전달자 및 피전달자 사이에서의 고려 사항

첫째, 의사소통의 중요성에 대한 인식을 갖고 자신의 인지적 한계로 발생 가능한 장애요인들을 인지하도록 노력해야 한다. 전달자와 피전달자 모두 자신들의 기존 관심사, 경험, 그리고 자원에 따라 의식적 혹은 무의식적으로 부분적인 정보만을 유통시킬 가능성이 있다.[61] 따라서 전달자와 피전달자 모두 충분한 시간을 투자하여 라포(rapport)를 형성하여 지위의 차이, 문화의 차이, 침묵효과와 같은 소통을 방해하는 장벽들을 낮추도록 노력해야 한다.[62]

구체적인 방법으로는 타인과의 차이를 인정하고 타인의 위치에서 상황을 재구조화하여 이해하려는 노력이 필요하다. 피전달자에게 익숙한 용어를 선택하는 것도 효과적인 방법이다. 또한 사람과 의사소통의 주제를 혼동하지 말고 문제지향적 의사소통이 이루어지도록 노력해야 한다. 피전달자는 열린 마음으로 전달자에게 집중하고 그의 신체언어에도 집중해야 한다. 그리고 적절하고

---

60) Harold Koontz and Cyril O'donnell, *op. cit.*, pp.622~631.
61) Sandra Dawson, *op. cit.*
62) Gary Johns, *op. cit.*, pp.363~365.

구체적인 피드백을 통해 자신이 이해한 바를 점검하도록 한다.[63]

둘째, 회의 및 토의 등을 통한 상호접촉을 장려가 필요하다. 조직의 구성원과 대면을 통한 관리, 감독, 그리고 지도가 가장 효과적이기 때문이다. 이때 무엇보다 중요한 것은 지위가 낮은 구성원들에게 위협적이지 않은, 우호적인 분위기를 형성하는 것이다.

셋째, 조직의 리더는 적절한 보상 체계 등의 유인을 통해 구성원들의 적극적인 참여를 유도해야 한다. 적절한 지시와 지도를 통해 구성원들이 의사소통에 적극적으로 참여할 동기를 자극하고, 나아가 구성원 개인들의 목표가 조직의 목표와 조화를 이루도록 해야 한다. 이것은 조직 구성원의 목표를 조작하고자 함이 아니라 그들의 지향과 목적을 충족시키는 수단으로서 조직이 운영될 수 있도록 유인 체계가 조직의 전체 관리 체계 안에서 작동하도록 관리자의 역할을 다하는 것을 의미한다.[64]

2. 전달방식에 있어서의 고려 사항

첫째로, 의사소통의 유형에 맞는 개선방안을 실천하도록 한다. 하의상달방식을 권장하며 그 효과성을 높이기 위해서는 중요한 정보를 취사선택하여 보고할 수 있는 능력을 키워야 한다. 너무 많은 정보를 전달하는 것을 지양해야 하고, 따라서 정례적이거나 일상적인 상황이 아닌, 일탈적 혹은 위급한 상황이 전달될 수 있도록 해야 한다.[65]

상의하달 방식이 필요한 경우에도 더 명확한 지시의 전달을 위해 지시의 이유를 설명하고 피전달자의 피드백을 더 많이 수용해야 한다. 피드백은 무엇이 이야기되었는지 확인하고 의사소통의 적절성을 보고하는 과정으로서 이 과정을 통해 의사소통에서, 정보 그 자체가 아닌 다른 요소들로 인해, 야기될 수 있는 혼란을 줄일 수 있다. 따라서 피드백이 의사소통의 속도를 다소 늦춰 효율성을 떨어뜨린다 하더라도 의사소통의 정교함을 높일 수 있고 효능감을

---

63) Jack W. Duncan, *op. cit.*, pp.184~185.

64) Harold Koontz and Cyril O'donnell, *op. cit.*, pp, 631~633.

65) Richard M. Steers, *op. cit.*, pp.268~271.

높임으로서 참여자들의 사기 증진에도 기여한다.

조직 간의 횡적 의사소통 시에는 경쟁을 부추기기 보다는 조직 간 협조에 대한 보상 체계를 마련하여 정보를 공유하고 함께 문제를 해결하는 것을 지속할 수 있도록 장려한다. 즉, 진정성 있게 조직 간 의사소통을 통해 목표를 성취한 경우 인정과 보상이 뒤따라야 한다.[66]

둘째로, 정보를 구성하는 언어는 될 수 있는 한 명료성 및 일관성을 지녀야 한다.

셋째로, 정보의 중요도에 따라 전달의 순서가 정해져야 하다. 그러나 수량화 할 수 있는 정보가 그렇지 않은 정보보다 더 중요하게 여겨지는 경향이 있으므로 정보의 질적인 측면도 고려해야 한다.[67]

넷째로, 시설은 될 수 있는 대로 한 조직단위의 구성원이 한 지역 및 한 건물에 집합되도록 개선하여야 한다. 또한 조직은 구성원들의 원활한 소통을 위해 회의실 및 기본적인 장비들이 구비될 수 있도록, 그리고 잘 작동할 수 있도록 점검해야 한다.

끝으로, 적절한 정보관리체제의 확립, 예를 들어 통신의 경로가 확실한지를 확인한 후에 의사소통이 이루어지도록 하는 것이 필요하다는 것이다. 비공식적 의사소통의 경우에는 전문적이거나 조직의 경영과 관련된 소그룹처럼 이미 제도화 되어 경로의 타당성이 인정될 때는 예외일 수 있다.[68]

이상에서 의사소통에 대한 전반적 내용을 살펴보았는데, 현대에 있어 이의 중요성은 더욱 강조되고 있다. 특히 앞에서 설명했듯이 정책결정을 포함한 모든 의사결정에 있어서 그 결정의 내용과 방법이 올바른 의사소통에 중요한 영향을 미치는 요인이 된다는 것을 강조하는 바이다.

---

66) *Ibid.*, pp.265~268.

67) Sandra Dawson, *op. cit.*

68) Richard Pettinger, *op. cit.*, p.169.

CHAPTER

7 리더십

제 1 절 리더십의 의의

현대사회에 있어서 리더십(leadership)은 어디서나 그 필요성이 인정되고 있으며, 이에 관한 현상은 지도·통솔·영도·관리 및 감독 등의 여러 개념 속에서 확인되고 있다. 일반적으로 리더십에 대한 관심이 높아진 것은 19세기에 들어서라고 할 수 있다. 산업의 발달과 각국의 근대화 및 제1차 세계대전 후의 정치적 불안정과 경제공황, 정치제도의 발달, 사회의 대규모 및 복잡화 등으로 말미암아 보다 유능한 리더가 요구되었으며, 리더는 조직의 성공을 위한 하나의 필수적 자원으로서 인식되기에 이르렀고, 이에 따라 리더십에 대한 관심이 증대되었다. 이러한 리더십에 대한 관심으로 인하여 리더십은 실천적인 면뿐만 이론적인 면에서도 많은 발전이 있었다. 특히 사회학을 포함한 사회과학에서 인간관계의 개선이나 조정방법이 이론화되었고, 이를 통하여 사회집단이 갖는 잠재능력을 극대화할 수 있도록 함으로써 리더십연구는 그 가치를 인정받고 있다.

Ⅰ 리더십에의 접근

리더십(leadership)은 행정조직이나 공사조직을 막론하고, 조직의 운영에 있어서 필수적인 요소이다. 리더십은 그 중요성과 관심만큼이나 다양한 접근을 볼 수 있는데, 이를 구분하면 다음과 같이 정리될 수 있다.

첫째, 리더십을 리더가 갖는 개성(personality)이나 특성에 근거를 두고 설명하려는 것으로, 피고스(P. Pigors)는 리더십이란 특정한 개성의 소유자가 조직공통의 문제를 다루는 데 있어서 그의 의지·감정 및 통찰력 등으로 타인을 이끌어 나가는 특성이라고 말한 것이 그 대표적인 예이다.[1]

둘째, 조직목표의 달성이나 조직의 운양을 위하여 조직구성원의 자발적인 행동을 유도하는 데 리더가 발휘하는 영향력에 중점을 두고 개념지으려는 학자가 있는데, 그들 중 알포드(L. P. Alford)와 비틀리(H. R. Beatley)는 리더십을 조직구성원으로 하여금 자발적이고도 바람직한 행동을 유도함으로써 조직의 목표를 달성할 수 있게 하는 것이라고 하였다.[2]

셋째, 리더십을 리더와 조직구성원의 이해가 일치한다는 것을 전제로 하는 인간관계와 상호작용의 문제로 보는 것으로, 사전트(S. Sargent)는 리더십이란 집단의 어떤 특정 개인 및 성원들과의 사회적 상호작용의 형태이고, 리더와 조직구성원과의 역할행동이라고 하였다.[3]

넷째, 조직에 어떤 변화를 가져오는 조직의 상황을 강조하는 입장으로 알포트(F. H. Allport)는 리더의 영향력과 구성원 사이의 인간관계를 중심으로 하여 조직의 상황에 큰 변화를 가져오는 활동이라고 하였다.[4]

이상과 같이 리더십은 어느 한 가지 입장만으로 규정짓기가 곤란하다는 것을 알 수 있다.

Ⅱ 리더십의 정의

일반적으로 리더십이란 희구되는 목표를 달성하기 위하여 개인 및 집단을

1) Paul Pigors, *Leadership or Domination*(Boston: Houghton Mifflin Co., 1953), p.12.
2) Leon P. Alford and H. Russell Beatty, *Principles of Industrial Management*(New York: Ronald Press Co., 1965), pp.109~111.
3) S. Stansfeld Sargent, *Social Psychology*(New York: the Donald Press Co., 1950), p.305.
4) Floyd H. Allport, *Social Psychology*(Boston: Houghton Mifflin Co., 1924), p.419.

조정하며 동작케 하는 기술을 뜻한다고[5] 볼 수 있겠으며, 또한 조직구성원으로 하여금 규정된 목적을 열성적으로 수행할 수 있도록 설득하는 능력 내지 영향력을 말하기도 한다.[6] 이는 물론 주어진 상황에서 목표달성을 위해 노력하는 개인 및 집단의 활동에 영향을 주는 과정이라고[7] 규정할 수도 있다.

　이처럼 리더십에 관한 정의는 학자의 입장이나 관점에 따라 여러 가지로 내려지고 있으나 크게 두 가지 범주로 분류할 수 있는데, 그 하나는 리더를 위주로 하는 입장이고, 다른 하나는 리더와 조직구성원과의 관계에서 보려는 입장이다. 첫번째 것은 지휘기술성을 강조하는 것과 지배성을 강조하는 것으로 나누어지며, 두 번째 것도 조직구성원에게 주는 영향력이라고 보는 것과 리더와 조직구성원과의 상호관계라고 보는 입장으로 세분된다. 이러한 의미의 리더십은 다음과 같은 공식으로 요약할 수 있다.

$$L = f(l, \ f, \ s)$$

　[여기에서 L은 리더십, l은 리더(leader), f는 부하(follower), s는 상황 (situation)의 변수를 가리킨다]

　이상을 종합하면 리더십이란 조직구성원으로 하여금 바람직한 조직목적에 자발적으로 협조하도록 하는 일종의 기술 및 영향력이며, 리더(leader)가 추종자로 하여금 소망스러운 상태로 행동시키는 과정이고, 목표설정에서 목표달성에 이르기까지 이를 위하여 노력하는 조직적 집단활동에 영향을 미치는 행위라고 본다.

　리더십과 관련하여 헤드십(headship)과의 구별이 필요한데, 리더십과 헤드십은 모두 권위(authority)를 근거로 하나, 그 권위가 어디서 나오느냐에 차이가 있다. 한 마디로 말하면 헤드십은 과장 또는 국장이라는 공식적인 계층제

---

5) John M. Pfiffner and Robert V. Prethus, *Public Administration*(New York: Ronald, 1960), p.92.

6) Keith Davis, *Human Relations at Work, 3rd ed.*(New York: McGraw-Hill, 1967), p.6.

7) Paul Hersey and Kenneth Blanchard, *Management of Organizational Behavior*(New Jersey: Prentice-Hall, Inc., 1982), p.83.

적 직위의 권위를 근거로 하는 데 비하여, 리더십은 그러한 직위와는 관계없이 일정한 사람 자체의 권위를 중심으로 한다는 데에 차이가 있다.

따라서 헤드십은 일방적 강제성을 그 본질로 하는 데 비하여, 리더십은 상호적 자발성을 그 본질로 한다. 또한 헤드십은 조직구성원과의 심리적 유대가 적어 공통감정이 희박한 데 비하여, 리더십은 지도자와 조직구성원 사이에 심리적 공감(empathy)이 있어 이들간의 사이의 일체감이 강하다.

제 2 절 리더십 이론

리더십에 관한 연구는 그 개념의 복합성·다차원성·중요성 때문에 여러 가지 측면에서 다양한 접근이 이루어져 왔다. 이는 어느 측면을 중요시하느냐에 따라서 다음과 같이 크게 세 가지로 대별된다(표 2-7-1 참조).

즉 (ⅰ) 자질이론(trait theory), (ⅱ) 행태이론(behavioral theory), (ⅲ) 상황이론(situational theory)이 바로 그것인데, 이들 이론에 관하여 요약하면 다음과 같이 설명할 수 있다.

리더십에 관한 초기의 연구들은 대부분 리더가 지니고 있는 특성을 설명하는 데 관심을 집중시켜 왔다. 이것을 리더십의 자질이론(trait theory)이라 하는데, 사회나 조직에서 인정되고 있는 성공적인 리더들은 어떤 공통된 특성을 갖고 있다는 전제 하에 이들의 특성들을 집중적으로 연구하여 개념화시킨 이론이라 할 수 있다. 리더가 지니는 특성이 과연 무엇인가 하는 점에 대해서는 학자마다 논의하는 바가 다르다. 가령 바나드(C. I. Barnard)는 (ⅰ) 박력과 인내력, (ⅱ) 결단력, (ⅲ) 설득력, (ⅳ) 책임감, (ⅴ) 지능 등을 들고 있으며,[8] 데이비스(K. Davis)는 (ⅰ) 지능(intelligence), (ⅱ) 사회적 성숙도와 폭(social maturity and breadth), (ⅲ) 내적 동기와 성취의욕(inner motivation andachievement

---

8) Chester I. Banard, *The Functions of the Executive*(Cambridge, Mass.: Havard University Press, 1938), p.260.

표 2-7-1 리더십 이론의 접근방법

접근방법 \ 내용	연구모형	강조점
자질이론 (1940~1950년대)	개인적 자질 → 리더·비리더구별	성공적인 리더의 지능적, 성격적, 그리고 육체적 특성이 존재한다.
행태이론 (1950~1960년대)	리더의 행태 → · 성과 · 조직구성원 · 유지	리더와 부하와의 관계를 중심으로 리더의 행태 스타일을 집중연구한다.
상황이론 (1970년대 이후)	리더의 행태 → · 성과 · 만족 · 기타 이 기준에 관련된 변수 상황요인 : 과업성격 · 집단구조 등	효율적 리더십에 작용하는 환경적 상황요소를 강조. 상황에는 리더와 부하의 특성, 과업성격, 집단구조, 조직체의 강화작용 등이 있다.

drive), (ⅳ) 인간관계에 대한 태도(human relations attitude) 등을 들고 있다.[9]

그러나 이러한 자질이론도 행태주의적인 심리학의 등장과 함께 근본적인 비판을 받게 된다. 이러한 비판은 주로 인간의 자질이란 본래 나면서부터 가지고 태어난 것이 아니라는 것이며, 이와 아울러 실제로 인간의 어떠한 자질이 바람직한 리더상에 해당되는지를 설명하고 측정하기 어렵다는 것이다.

리더의 특성을 연구했던 1940년대에서 1950년대까지의 리더십 연구경향은 점차 사라지고, 1950년대 이후에서 1960년대까지는 리더의 행태를 관찰하는 방향으로 진행되었다. 따라서 성과와 이러한 성과를 달성하는 리더의 지속적인 행태양식에 대한 연구가 이루어지게 되었다. 이러한 접근방식을 행태적 이론이라고 부른다. 리더의 행태적 스타일에 관해서도 연구의 성격에 따라서 학자들의 견해가 다르다. 즉 의사결정행태를 중심으로 (ⅰ) 독재적, (ⅱ) 민주적, (ⅲ) 자유방임적 스타일로 구분할 수도 있고, 또한 리더의 목표지향성에 따라서 조직의 목표달성을 중요시하는 과업중심적 스타일과 구성원의 욕구충족을 중시

---

9) Keith Davis, *Human Behavior at Work*, *4th ed.*(New York: McGraw-Hill, 1972), p.103.

하는 종업원 중심적 스타일로 구분할 수도 있는 것이다. 그렇지만 이러한 연구추세도 어떤 스타일의 리더가 가장 성과가 높은가에 대한 규명을 제대로 하지 못하였기 때문에 완전하게 리더십의 이론으로 정립될 수 없었다.

따라서 리더십에 관한 연구경향은 리더십 행태연구의 한계가 인식됨에 따라, 리더십 과정에서 적용되는 여러 조직의 상황을 연구하는 상황이론(situational theory)을 전개하게 되었다.

리더십 이론에 관한 상황론적 접근법이란 리더나 그를 따르고 있는 추종자들의 행동, 혹은 이들이 처하고 있는 상황에 따라 리더십을 규정하는 방법을 말한다. 이 접근법은 집단과 리더 사이에 상호작용이 존재한다는 사실에 착안하여 사람들이란 자기의 개인적 욕망을 충족시켜 주는 사람을 따르려는 경향이 있다는 이론을 제시하고 있다. 리더란 이러한 욕망을 인식하여 이것을 달성하려는 최대한의 노력을 경주하는 사람이라고 하겠다. 행동과 환경을 강조하는 이 접근법은 여러 가지 상황에 따라 리더의 행동양식을 적응시키도록 하는 가능성을 제시해 주고 있다. 따라서 이 접근법에서는 누구든지 교육이나 훈련 혹은 발전을 통하면 리더십 역할에서 효과성을 증대시킬 수 있다고 믿고 있다. 이러한 점에서 이 접근법은 관리의 이론과 실제에 커다란 의미를 부여해 주었다고 볼 수 있다.

제 3 절 리더십의 유형

앞서 설명한 리더십 이론에서 살펴본 바와 같이 리더란 그 개념규정에 따라 정의하기가 용이하지 않다. 그러나 보다 적실성있는 리더십의 이해를 위하여 여러 학자들의 연구 결과를 중심으로 리더십의 유형에 관한 접근을 해 보고자 한다.

Ⅰ 1차원 리더십

이와 같은 유형의 리더십은 주로 리더의 속성을 중심으로 판단한다고 할 수 있다.

1. 아지리스(C. Argyris)의 인간형과 리더십

아지리스(Chris Argyris)는 개인이나 조직의 욕구가 상호공존할 수 있다는 문제에 깊은 관심을 표명하였다. 그는 인간에게는 강한 자기실현욕구가 있다고 믿는 다른 행태과학자들의 견해에 동의를 표하면서, 결국 조직의 통제란 조직구성원을 소극화·수동화시킨다는 요지를 밝히고 있다. 아지리스는 대규모 조직에서는 조직구성원들의 사회적 및 이기적 욕구를 무시하는 경우가 많다는 사실을 지적한다. 개인의 욕구와 조직의 욕구 사이에 차이가 커지면 커질수록 구성원들의 불만은 더욱 커지게 되고, 갈등이나 긴장은 더 늘어나게 된다는 것이다. 결국 이러한 상황하에서 조직구성원들에게 동기를 부여할 수 있는 기법이란 훈련을 통해서 이들에게 보다 많은 직업에의 도전과 기회를 베풀어주는 것이라 하겠다.

이러한 입장에서 아지리스는 구성원들을 미성숙·종속의 상태에서 성숙의 상태로 끌어올리는 것이야말로 진정한 의미의 가장 효율적인 리더라고 한다. 만약 조직이 구성원들에게 성숙할 수 있는 기회 혹은 성숙한 인간으로서 인정받을 수 있는 기회를 베풀어 주지 못한다면, 그들은 좌절하게 되고 조직의 목표달성에도 역기능적인 역할을 수행하게 될 것이라고 한다.

2. 카리스마 리더십

카리스마(charismatic) 리더십은 베버(Max Weber)에 의하여 논의되기 시작하였는데, 그리스 어원의 카리스마는 신의 은총으로 병을 고치거나 예언의 능력을 갖는 사람을 의미한다. 따라서 이들의 권위는 카리스마가 부여된 지도자의 예외적인 개인적 특성으로부터 유래한다. 즉 추종자들은 이들의 영웅적 기질, 존엄 등과 같은 예외적이고 특별한 특성에 끌리게 된다는 것이다.

이와 같은 리더십의 출현과 인정은 몇가지 요건의 충족에 의하여 결정된다. 첫째, 추종자들이 충성과 카리스마 리더십을 인정하고 수용할 수밖에 없는 절박한 위기상황에 직면하여야 한다. 둘째, 추종자들의 행동을 유도할 수 있는 절묘한 해결책의 제시가 요구된다. 셋째, 추종자들이 지도자들을 따름으로써 그들의 힘과 연결될 수 있다고 확신하여야 한다. 넷째, 지속적으로 역경을 뚫고 승리하여 자신의 힘을 증명하여야 한다.[10]

물론 이런 유형의 리더는 추종자의 요구에 적극 대응하고, 미래의 비전을 제시하는 능력의 소유자이기도 하다. 그러나 이와 같은 리더십은 영속할 수 없다. 이런 유형의 리더는 언젠가 실패에 봉착하게 되고, 이는 결국 추종자와의 결속을 어렵게 하기 때문이다. 다만 이런 경우 이들의 리더로서의 지위는 공식적인 법규나 비공식적 관습으로 인정될 때 유지될 수 있다.

3. 변혁적 리더십

변혁적 리더십(transformational leadership)은 카리스마 리더십이 갖는 초인적인 특성을 이성적인 인간의 차원으로 환원하여 고려한 것으로 번즈(James M. Burns)와 배스(Bernard M. Bass)의 제안을 기반으로 한다.[11]

이들은 어려운 장애를 극복할 수 있는 능력의 소유자로서, 추종자들의 믿음을 바탕으로 변화에 대한 감동을 불러일으키고, 추종자들을 지원하는 사려 깊은 행동과 문제 해결의 대안을 제공함으로서 변화와 혁신을 주도한다.

변혁적 리더십과 관련하여 거래적 리더십(transactional leadership)이 논의되고 있는데, 이는 추종자의 노력에 대한 보상, 추종자들의 개인적 성공을 위한 방법을 제공함으로써 조직을 유지하는 유형으로, 추종자들의 성과가 기대에 미치지 못할 때는 이들의 행동에 개입하는 예외관리도 수행한다.

---

10) Harrison M. Trice and Janice M. Beyer, "Charisma and its Routinization in Two Social Movement Organizations," in B. M. Staw and L. L. Cummings(eds.), *Research in Organizational Behavior*, Vol. 8, (Greenwich, Conn.: JAI Press, 1986), pp.113~164; Jay A. Conger, *The Charismatic Leader*(San Francisco, Calif.: Jossey–Bass, 1989), p.108.

11) James McGregor Burns, *Leadership*(New York: Harper & Row, 1978); Bernard M. Bass, *Leadership and Performance beyond Expectation*(New York: Free Press, 1985).

Ⅱ 2차원 리더십

2차원 리더십은 주로 리더의 행태를 중심으로 리더십의 유형을 구분한다.

1. 권위에 근거한 리더의 유형

리더 유형에 관한 초기의 저작물들은 대부분 리더가 행사하는 권위에 따라 리더십을 분류하고 있다.

첫번째 유형의 리더는 전제형(autocratic) 리더로서 명령에 따른 복종을 강요하고, 독선적이며 보상과 처벌을 동시에 장악하고 있는 리더를 말한다. 두번째는 민주형(democratic) 혹은 참여형(participative) 리더로서 제안된 행동과 결정에 따라 구성원의 자문을 구하고 그들의 참여를 권장하는 유형의 리더이다. 세 번째 유형의 리더는 방임형(laissez-faire style) 리더로서 권력을 거의 행사하지 않고 구성원에게 상당한 정도의 자율성을 부여해 주는 리더를 말한다. 이러한 유형의 리더는 자신의 목표나 이것을 달성하는 수단에 있어서 구성원에게 크게 의존하고 있으며, 구성원들에게 정보를 제공해 주거나 집단외

▼그림 2-7-1 권위에 근거한 리더의 유형

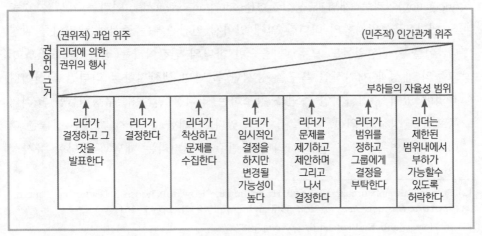

부의 환경과 접촉하는 것으로 자신의 역할을 인식하고 있다.

물론 권위에 의한 리더의 유형은 이와 같이 세 가지로 단순히 분류되는 것은 아니다. 가령 전제형 리더의 경우도 온정적 전제형(benevolent autocrats) 등으로 재분류될 수 있다. 우리는 이러한 사실을 탄넨바움(Robert Tannenbaum)과 슈미트(Warren H. Schumidt)가 제시한 민주형 리더의 행동과 권위형 리더와의 연속선상에서 찾아볼 수 있다.12)

이에 의하면 권위주의적인 리더일수록 연속선상의 끝에 위치하며 과업지향적임을 알 수 있고, 다른 쪽 끝에는 인간지향적인 민주주의 리더가 위치하고 있다. 그리고 이 연속선상의 중간에는 각각의 리더십 유형이 존재함을 알수 있다. 따라서 이와 같은 도식에서도 알 수 있는 바와 같이 리더의 유형이란 완전히 고정된 개념이라기보다는 상황에 따라 변화하는 개념이라고 해야할 것이다. 따라서 바람직한 것은 민주적인 리더도 위급한 상황하에서는 권위적 리더가 될 수 있는 상황적응적 안목이라 하겠다(그림 2-7-1 참조).

2. 미시간 대학의 리더십 연구

미시간 대학에서 실시한 초기의 연구는 리더십과 효과성과의 관련성에 관한 여러 가지 사실을 밝혀낸 바 있다.13)

이 연구에서는 특히 리더십과 효과성에 관한 구성원지향(employee orientation)이라는 개념과 생산지향(production orientation)이라는 개념을 창출해 냈다. 구성원지향의 리더란 일에 있어서 인간관계를 중시하는 리더를 말한다. 이들은 구성원들도 모두 다 중요한 하나의 인간이라는 점을 믿고 있으며, 그들의 개성과 개인적인 욕구를 중시한다. 반면 생산지향의 리더란 생산이나 작업에 있어서 기술적인 측면을 강조하는 리더를 말하며, 구성원들을 조직의 목표를 달성하기 위한 도구로서 보고 있다. 이러한 두 가지 개념은 전술한 리더의 행동연속선상의 권위적 리더와 민주적 리더라는 개념과 상당한 유사성

---

12) Robert Tannenbaum and Warren H. Schumidt, "How to Choose a Leadership Pattern," *Harvard Business Review*, Vol. 35(March~April 1957), pp.95~101.

13) P. Hersey and K. Blanchard, *op. cit.*, p.87.

을 가지고 있다.

3. 오하이오 대학의 리더십 연구

오하이오 대학의 경영연구소에서 실시한 리더십에 관한 연구는 리더의 행동에 관한 여러 가지 차원을 분석해 내게 되었다.[14] 이 연구에 의하면 리더의 행동이란 어떤 집단에게 목표달성을 지휘하게 될 때 크게 두 가지로 나누어진다는 것이다. 이 연구에서는 이것을 각각 '추진력'(initiating structure)과 '배려'(consideration)라고 부르고 있다. '추진력'이란 리더와 구성원 사이의 업무관계를 명확히 밝혀주고, 조직의 유형이나 의사전달의 통로 혹은 절차 등을 잘 정리할 수 있는 리더의 행동을 말한다. 반면 '배려'란 우호적인 분위기, 상호 신뢰, 존경, 따뜻한 정 등을 리더와 구성원 사이에 마련해 주는 리더의 행동을 의미한다.

▼ 그림 2-7-2 추진력과 배려를 근거로 한 리더의 유형

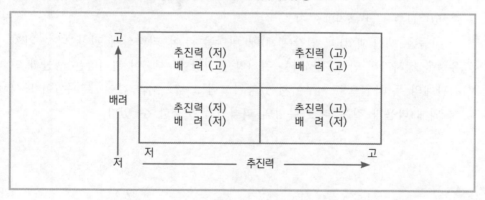

오하이오 대학의 연구팀은 리더의 행동에 관한 자료를 수집하기 위해서 리더의 행동을 알 수 있는 리더의 행동기술설문서(LBDQ: leader behavior

---

14) Roger M. Stogdill and Alvin E. Coons(eds.), *Leader Behavior: Its Description and Measurement, No. 88*(Columbus, Ohio: Bureau of Business Reserch, The Ohio State University, 1957).

description questionnaire)를 만들어 내었다. 이 LBDQ에는 '배려'와 '추진력'에 관한 항목이 각각 15개씩 있고, 연구자들은 이 항목을 바탕으로 하여 리더가 행사하는 행동의 유형에 관한 빈도수를 검토하였다. 이 연구에서는 리더의 행동은 이들 '추진력'과 '배려'의 혼합에 의해서 이루어진다는 것을 밝혀 내게 되었다. 따라서 이 연구에 의하면 리더의 행동이란 하나의 단일연속선상에서 이루어지는 것이 아니라, 양축을 바탕으로 한 2차원상의 어딘가에서 이루어진다는 것이다. [그림 2-7-2]는 이러한 리더의 행동유형이 2차원상의 어딘가에서 행해진다는 것을 보여 주는 평면도식의 기본형이다.

4. 관리망(managerial grid)이론

이상에서 언급한 논의는 크게 두 가지, 말하자면 과업을 강조하는 리더십이냐 아니면 인간관계를 중시하는 리더십이냐 하는 이론적 개념으로 집약할 수 있다. 일반적으로 리더십의 유형을 극적으로 종합한 가장 알려진 접근으로는 블레이크(Robert Blake)와 머튼(Jane Mouton)의 관리망(managerial grid)을 들 수 있다(1부 15장 조직발전 참조).15)

이들은 생산(과업)과 인간(관계)에 바탕을 두어 리더십에 관한 다섯 가지 유형을 정사각형 안에 제시하는 관리망을 고안했는데, 이 관리망은 생산과 인간관계의 두 차원으로 이루어져 있다. [그림 2-7-3]과 같이 우리는 이 도식에 의해 다음과 같은 다섯 유형의 리더십을 도출할 수 있다.

---

15) Robert Blake and Jane Mouton, *The Managerial Grid*(Houston: Gulf Publishing Co., 1964).

▼그림 2-7-3 관리망 이론

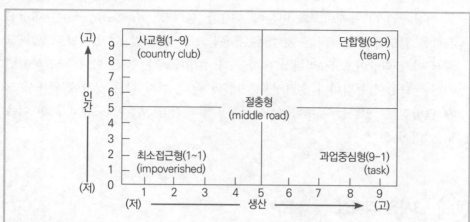

1) 최소접근형(impoverished)

작업에 필요한 노력이 최소한의 수준에 머무르는 리더십을 말한다.

2) 사교형(country club)

종업원들과의 관계를 원만히 하기 위해서 안락한 분위기와 포근한 작업 분위기를 조성하고 업무를 추진하는 리더십을 말한다.

3) 과업중심형(task)

인간적 요소를 최대한으로 줄이고, 오로지 업무의 능률만을 위해서 조직의 모든 조건을 정비하는 리더십을 말한다.

4) 절충형(middle of the road)

작업과 인간관계를 만족수준에서 조절하여 적절한 조직의 성과를 달성하려는 리더십을 말한다.

5) 단합형(team)

상호신뢰와 존경을 바탕으로 하여 독립심을 최대한 보장하여 업무의 성과를 극대화하려는 유형의 리더십을 말한다.

이상과 같이 블레이크와 머튼이 제시한 '관리망'(managerial grid)은 리더십 유형을 설명하고 분류하는 데 매우 유용한 도구라고 할 수 있지만, 그렇다고 해서 이 관리망이 모든 리더십 유형을 다 설명해 주는 것은 아니다. 말하자면 리더는 그들의 능력이나 훈련정도, 기업의 환경, 여타 다른 상황에 의해서 크게 달라질 수 있다는 것이다.[16] 상황적응적 리더십 모형이 등장하게 된 이유도 여기에 있다.

Ⅲ 3차원 리더십

3차원 리더십은 리더가 처한 다양한 환경적 요소를 고려하여 결정된 리더의 유형이라고 할 수 있다.

1. 피들러(F. Fiedler)의 모형

리더의 행동에 관한 다수의 연구들은 어떠한 상황에서나 통용될 수 있는 최선의 리더 유형이란 사실상 존재하지 않는다는 점에 의견의 일치를 보이고 있다. 말하자면 이것은 상황에 따라 여러 가지 리더의 행동유형이 효과적일 수도 있고 효과적이 아닐 수도 있다는 말이 된다. 따라서 효과적인 리더의 행동유형은 단일한 요소가 아니라 상황과 환경의 특성에 좌우되므로, 리더는 상황과 구성원의 욕구에 따라 그의 행태를 적응시킬 수 있는 능력을 가져야 된다는 것이다.[17]

피들러(F. Fiedler)에 의하여 발전된 상황적응적 리더십 모형에 따르면, 주어진 상황이 리더에게 우호적이 될 수 있는지의 여부를 결정해 주는 변수는 크게 다음과 같은 세 가지로 분류된다고 한다.[18]

---

16) Harold Koontz, Cyril O'Donnell and Heintz Weihrich, *Management*, *7th ed.*(New York: McGraw-Hill, 1980), pp.675~676.

17) P. Hersey and K. Blanchard, *op. cit.*, p.15.

첫째는 조직구성원들과의 인간관계를 나타내는 리더-구성원관계(leader-member relations)이고, 둘째는 리더가 배당받은 업무의 작업구조(task structure)를 말하며, 셋째는 리더의 지위에 따른 권력과 권위의 정도로서 지휘권력(position power)을 말한다. 이 때 리더-구성원관계는 관계(relations 혹은 인간)라는 개념과 매우 유사하다고 볼 수 있으며, 상황을 측정하는 것과 관련성이 깊은 작업구조와 지위권력이라는 개념은 과업이라는 개념과 매우 유사하다고 볼 수 있다. 피들러는 한 상황의 우호성이란 특정 상황에서 리더가 집단에 영향력을 행사하게 되는 정도라고 정의하고 있다.[19]

이 모형에서는 세 가지 상황변수를 활용한 여덟 가지의 조합이 가능하다. 이 중 리더에게 가장 좋은 상황은 구성원들에게 가장 사랑을 받고(good leader-member relations), 강력한 지위를 누리며(high position power), 정교하게 마련된 작업을 지휘하는(high task structure) 상황이다. 반면 리더에게 가장 불리한 상황은 구성원들이 리더를 싫어하고, 지위권력도 미미하며, 작업구조도 마련되어 있지 않은 상황이다(표 2-7-2, 3 참조).

이러한 각각의 상황을 위한 모형을 발전시키면서 피들러는 이러한 여덟 가지 상황에 맞는 가장 효율적인 리더십 유형을 확인하였다. 첫째, 과업지향 리더는 리더에게 아주 우호적이거나 혹은 아주 비우호적인 상황에서 가장 큰 기능을 발휘하는 경향이 있다. 둘째, 관계지향 리더는 우호성이 중간정도인 상황에서 가장 큰 기능을 발휘하는 경향이 있다.

표 2-7-2 상황의 조합

관계	양호한 리더-구성원관계				불량한 리더-구성원관계			
직업구조	명확한 작업구조		불명확한 작업구조		명확한 작업구조		불명확한 작업구조	
권력	강	약	강	약	강	약	강	약
상황	1	2	3	4	5	6	7	8

---

18) Fred E. Fiedler, *A Theory of Leadership Effectiveness*(New York: McGraw-Hill, 1967).
19) *Ibid.*, p.13.

▼ 그림 2-7-4 상황에 따른 적절한 리더십 유형

이상과 같은 피들러의 모형은 리더에게는 매우 유용할는지 몰라도, 리더십의 유형을 과업지향이니 인간관계지향이니 하여 단일선상으로 파악하였다는 점에 있어서는 문제가 있다 하겠다.

2. 브룸(V. Vroom)의 모형

브룸(V. Vroom)의 모형은 의사결정에서의 리더와 조직구성원의 참여정도를 중심으로 제안되었다. 이에 따르면 리더는 의사결정을 독단적으로 하는 전제형(autocratic), 조직구성원들의 건의를 참고하는 자문형(consultative), 그리고 조직구성원들에게 의사결정권을 위임하는 위임형(delegating)과 집단형(group)으로 구분된다.

또 이 세 가지 유형은 다시 각각 두 개의 유형으로 나뉘는데, 전제형의 경우 리더가 자신들의 정보에 기초하여 의사결정을 하는 경우(AI)와, 조직구성원의 정보를 활용하는 경우(AII)로 구분된다. 자문형의 경우도 조직구성원에게 개별적으로 의견을 구하는 경우(CI)와 집단적으로 의견을 구하는 경우(CII), 그리고 위임형의 경우 리더가 구성원에게 개별적으로 의사결정을 위임하는 경우(D)와 집단적으로 위임하는 경우(G)로 나뉘게 된다.

이 모형의 경우 일반적인 리더십 유형이 기술적(descriptive)인 데 반하여, 규범적(normative) 모형이라고 할 수 있는데, 이는 리더가 상황에 맞추어 자신의 유형을 결정할 수 있기 때문이다.

표 2 - 7 - 3 브룸의 리더십 유형

리더의 유형	참여구분	
	단독	집단
전제형(autocratic)	AI	AⅡ
자문형(consultative)	CI	CⅡ
위임형(delegating)/집단형(group)	D	G

3. 하우스(R. J. House)의 경로-목표이론

1) 경로-목표이론의 개요

경로－목표이론(path－goal theory)도 중요한 상황적응적 리더십이론이라 할 수 있다. 이 경로－목표이론은 하우스(R. J. House)가 개발하였는데, 동기부여이론의 하나인 기대이론(expectancy theory)에 기반을 두고 구성원의 노력－성과, 그리고 성과－보상에 대한 기대감과 유인의 관계를 중심으로 리더십 과정을 설명해 주고 있다(그림 2－7－5 참조).[20]

경로－목표이론에 따르면 리더의 행태에 따라 구성원의 동기부여가 실현되는데, 이 리더의 유형은 상황에 따라 달라진다. 구성원의 동기는 자신들의 노력에 따른 성과, 그리고 성과에 대한 보상에 따라 달라지게 된다. 이 과정에서 리더는 조직구성원들의 과업성과에 대한 유의성을 높이고 과업성과를 달성하는 데에 필요한 모든 상황적 조건을 조성함으로써 과업달성에 대한 기대감을 높이는 기능을 수행하여야 한다. 이러한 경로－목표이론은 어떤 리더가 특정상황에서 보다 효과적인가 하는 것을 설명하고 있다는 점에서 다른 리더십 이론에서 한 단계 진보한 이론이라 할 수 있다. 따라서 여기에서는 네 가지 다른 리더십 형태의 특성을 검토하고, 그러한 특정행태에서 효과적이라 할 수 있는 상황조건을 알아보기로 한다.

---

20) Robert J. House, "A Path－Goal Theory of Leader Effectiveness," *Administrative Science Quarterly*, Vol. 16(September 1971), pp.321~338.

2) 리더 행태의 유형

하우스(R. J. House)와 미첼(T. R. Mitchell)은 리더의 유형을 (ⅰ) 지시적 리더(directive leader), (ⅱ) 후원적 리더(supportive leader), (ⅲ) 참여적 리더(participative leader), (ⅳ) 성취지향적 리더(achievement-oriented leader)로 분류하고 있다.[21]

지시적 리더는 구조주의적 측면을 강조하는 리더로서 조직구성원들의 과업을 기획하고 조직하여 적극적으로 지시·조정해 나가는 리더십 유형을 말하며, 후원적 리더는 배려측면을 강조하는 리더로서 조직구성원들의 욕구와 이들의 복지문제, 그리고 우호적이고 친밀감 있는 집단분위기에 많은 관심을 나타내고, 참여적 리더는 조직구성원들의 의견을 의사결정에 많이 반영시키는 리더십 유형을 말한다. 또한 성취지향적 리더는 높은 수준의 목표설정과 의욕적인 목표달성을 강조하고 구성원들이 최대한으로 능력을 발휘할 것을 기대하며, 성과에 대한 책임을 질 수 있는 구성원의 능력을 상당히 신뢰하는 리더십 유형을 말한다.

▼ 그림 2-7-5 경로-목표이론의 개요

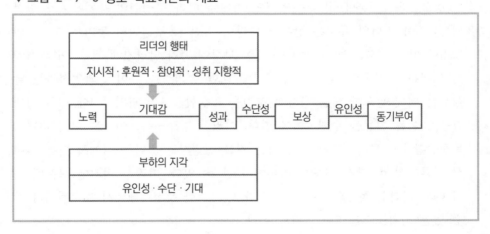

---

21) Robert J. House and T. R. Mitchell, "Path-Goal Theory of Leadership," *Journal of Contemporary Business*, Vol. 3(1974), pp.81~97.

이들 리더십 유형은 상호배타적이 아니라 리더 행동에 복합적으로 나타날 수 있다. 따라서 상황적응적(contingency) 이론의 단일연속선개념과는 달리 경로-목표이론은 다양한 리더의 행동을 유형화하고, 리더십 상황에 따라서 이에 요구되는 효과적 리더행동을 분석하고 있다.

4. 허시(P. Hersey)와 블랜챠드(K. H. Blanchard)의 3차원 모형

허시(P. Hersey)와 블랜챠드(K. H. Blanchard)는 오하이오 대학의 연구결과인 추진력과 배려의 개념을 이용하여 리더십의 분류기준을 인간관계지향적 리더와 과업지향적 리더의 2차원을 축으로 한 4분면으로 분류하고, 여기에 상황요인으로서 구성원의 성숙도(maturity)를 추가시켰다.[22] 여기에서 성숙도란 직무에 관한 것으로서 직무에 필요한 능력이나 지식, 기술, 직무경험의 기간과 숙련도, 업무의 태도 및 의욕 등을 말한다.

이에 따라 허시와 블랜챠드의 리더십 유형은 리더의 관계지향적 행동, 과업지향적 행동, 그리고 구성원의 성숙도 등 3차원으로 구성되어 이를 3차원 유형이라고 부른다. 효과성과 관련하여 이 유형을 설명하면 [그림 2-7-6]에서 보는 바와 같이 성숙도가 최저인 구성원들에 대해서는 인간관계에 대한 고려를 가장 낮게 하고(S1), 이들을 적극적으로 지도하고 개발하는 것이 효과적이다. 또한 구성원이 어느 정도 성숙할 때에는 그들에 대한 배려를 강하게 하는 지도(S2)를 하는 것이 효과적이고, 구성원의 성숙도가 높은 위치에 달하면 관계지향적 행동도, 과업지향적 행동도 줄여 나가는 것(S3)이 좋다. 그리고 구성원의 성숙도가 최고도가 되면 관계지향적 행동의 일부를 제외하고는 구성원에게 거의 영향력을 행사하지 않고 위임할 때(S4) 효과성이 높아지게 된다.

---

22) P. Hersey and K. Blanchard, *op. cit.*, pp.133~149.

▼그림 2-7-6 허시와 블랜챠드의 3차원 모형

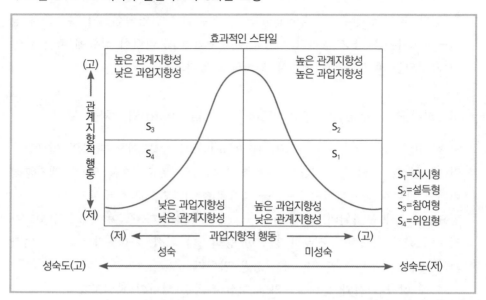

자료: P. Hersey and K. H. Blanchard, *Management of Organizational Behavior: Utilizing Human Resources, 3rd ed.*(Englewood Cliffs, New Jersey: Prentice-Hall, Inc., 1977), p.164.

이와 같이 허시(P. Hersey)와 블랜챠드(K. H. Blanchard)의 3차원 모형은 구성원들의 성숙수준에 맞추어서 이에 적합한 리더십 행동을 적용함으로써 구성원들이 성숙한 개인으로서의 자아실현욕구를 충족할 수 있고, 따라서 개인과 조직의 통합이 이루어지며, 조직구성원의 만족감은 물론 조직의 효율성도 극대화시킬 수 있다고 전제하고 있다. 그리고 위와 같은 성숙도를 측정하는 데 있어서 3차원이론은 리더의 행동경향을 전통적인 직선개념으로 보지 않고 곡선의 개념으로 파악함으로써 리더유형의 새로운 시각을 열었다.[23] 이처럼 사회문화가 발달되고 조직 내에서 개인의 욕구가 점차 고차원화 되어감에 따라 성숙된 인간으로서의 개인의 발전과 리더십 행동이 점점 중요해지리라 본다.

---

23) Claude L. Graeff, "The Situational Leadership Theory: A Critical Review," *Academy of Management Review*, Vol. 8, No. 2(April 1983), pp.285~291.

제 4 절 바람직한 리더십의 전형

다양한 조직의 상황에 비추어 볼 때, 이미 논의한 바와 같이 모든 상황에 적합한 리더의 전형을 구하기는 어렵다. 다만, 현대사회의 일반적인 특징에 기초한 바람직한 리더의 상을 구해본다면 다음과 같이 정리될 수 있을 것이다.

1. 민주적 리더십

전통적으로 행정에 있어서의 리더십은 권위적·강제적 리더십이 지배적이었다. 그러나 이제 전통적 사회구조에서 탈피하여 행정의 민주화와 능률화, 그리고 효율성을 높일 수 있는 행정발전을 위해서 행정조직 전체에 깔려 있는 권위적·강제적 리더십 일변도에 편중된 현실에서 벗어난 민주적인 리더십의 발전이 시급하다.

2. 쇄신적·기업가적 리더십

미래지향적인 조직과 국가의 관료제도 및 행정조직에서 요구되는 리더는 쇄신적이고도 기업가적인 창조적 방향으로 행정을 이끌어가야 한다는 점에 리더십의 존재이유가 있을 것이다.

3. 지속적 변화대응력을 가진 리더십

발전이란 변화대응력의 향상을 의미하는데, 사회변동과 요구에 적절히 응답하여 정책과 목표를 세우고 그것을 구체화할 때에 행정발전은 이룩된다. 사실 환경의 변화에 적절하고도 민감한 반응을 보이는 것은 지도자에게 요구되는 결정적 요건이며, 행정계층제의 경직성에 대한 자극인 것이다. 이러한 지속적인 변화대응력의 근원과 구심력은 그것을 발휘하는 자의 리더십에 달려 있는 것이다.

4. 발전목표를 창도하고 신념의 추진력을 가진 리더십

행정지도자는 발전목표를 창도하고 그가 현재 주창하고 있는 목표가 보다 큰 국가발전을 이룩할 수 있도록 강한 추진력을 발휘해야 한다. 그리고 미래를 투시하는 통찰력을 가져야 하며, 그에 대한 특별한 신념을 소유해야 한다.

5. 동원과 상징적 조작력을 가진 리더십

발전목표를 달성하는 데 필요한 자원과 인력을 동원하고 상징조작을 할 수 있는 리더십이 요구된다.

6. 정보분석기능을 가진 리더십

행정지도자는 정책결정 및 의사결정자로서 행정의 발전목표를 결정하고 그것을 구체화하는 방법을 선택하는 데 있어서 합리적인 정보관리체제를 활용할 수 있는 능력을 가져야 한다.

7. 청렴도가 높은 리더십

남을 지도하는 사람은 무엇보다 철저한 윤리관으로 무장하여 청렴·결백해야 한다. 미래의 지도자는 더욱 이 점이 강조되어야 한다.

지금까지 리더와 리더십의 정의·유형 및 기능 등의 고찰을 통하여 리더십에 관한 일반적인 문제를 규명하여 보았으나, 실제 리더십의 활용에 유용할 정도로 충분한 검토가 이루어졌다고는 생각되지 않는다. 이제 이 중에서 가장 중요한 세 가지 문제를 언급하며 이 장을 맺고자 한다.

첫째, 리더의 태도문제, 즉 리더는 과업 중심과 구성원 중심의 어떤 측면을 강조하고 지향하여야 할 것인지 하는 문제이며,

둘째, 바람직한 리더십의 유형과 이에 관련된 기술 및 방책의 문제이고,

끝으로, 리더십의 효과를 제고시키는 문제라고 할 수 있다. 이들에 관한 계속적인 연구가 요청됨은 말할 나위도 없다.

제**2**편

행정관리의 전략

8 사무관리

제 1 절   사무관리의 의의

Ⅰ 사무관리의 정의

오늘날 사무는 행정이나 경영을 막론하고 대부분의 목적활동에 보편적으로 존재한다. 마치 인체의 신경계통에 해당하는 역할을 담당하는 것으로서 사무 없이는 목적활동이 수행될 수 없는 것이다.

테리(G. R. Terry)는 사무는 모든 부문의 조직 활동을 활발히 움직이게 하는 상호 결합 기능을 갖게 하는 것이 사무의 동적인 결합이며 모체라고 하였다. 레핑웰(W. H. Leffingwell)은 사무를 위한 작업은 기록과 면담(writing and interviewing) 계산(computing), 분류와 정리(classifying and filing) 등으로 구성된다고 보았다. 힉스(C. B. Hicks)는 사무를 기록과 보고서의 준비, 기록의 보존, 계산, 의사소통으로 설명하였다. 리틀피일드(C. L. Littlefield)는 사무의 추구를 정보에 한정하여 정보의 처리가 사무의 역할이라고 하였다.

관리(management)라는 개념은 테일러(F. Taylor)가 제창하였고 페이욜(H. Fayol)에 의하여 구체화되었다. 관리는 업무 이행을 계획, 조직, 지휘, 조정, 통제하는 활동으로 업무의 본래 목적을 달성하기 위한 방법이다. 다시 말해 인간, 기계, 재료, 방법 등을 효율적으로 활용하고 조정하여 목표한 성과를 얻게 하는 수단으로서의 행위를 의미한다. 정리하자면, 사무는 조직의 운영에 필요한 정보를 생산·유통·활용·보존하기 위한 정보처리 활동이며, 관리는 어떤 목적을 효율적으로 달성하기 위하여 사용되는 하나의 유용한 수단이다. 여기서 운영이란, 정책의 품질관리 및 성과관리를 포함하는 총제적인 관리활동을 의미한다.[1)]

테리(G. R. Terry)는 "사무관리(office management)란 사무(office work)를 계획·조직하고, 인원과 물자·장비·방법·금전 및 조직구성원 사이의 관계를 조정하는 눈에 보이지 않는 힘(unseen force)으로서 조직의 목적을 달성하도록 지휘하고 통제하는 행위"라고[2)] 말하였으며, 리틀피일드(C. L. Littlefield)는 "사무관리란 사무상의 계획·조직·인사·조정·지휘 및 통제를 전반적으로 또는 부분적으로 수행하는 행위로서 무형의 역할에 의하여 업무의 목적을 달성하는 과정"이라고[3)] 말하였다.

1920년대 레핑웰(W. H. Leffingwell)에 의하여 체계화된 사무관리는 테일러(F. Taylor)에 의하여 전개되었던 공장의 과학적 관리의 사상과 기술을 그대로 사무실의 과학적 관리체계로 도입한 것이라고 볼 수 있다. 사무에 대한 레핑웰의 이러한 관점은 사실상 1932년에 로빈슨(E. M. Robinson)과 함께 「사무관리의 교본」(Textbook of Office Management)을 출간함으로써 더욱 구체적으로 체계화되었다. 이상과 같이 사무의 작업적 측면을 주안으로 해서 처음으로 체계화된 종래의 사무관리는 1950년대에 이르러 기술혁신에 수반하는 관리의 근대화 및 의사소통, 그리고 정보이론의 영향을 받아 이론적 체계를 수정하였다. 따라서 종래의 사무작업 및 사무가 행하여지는 장소에 중점을 둔 사고방식은 사무관리의 기능을 중심으로 하는 사고방식으로 전환되었다고 말할 수 있다.

---

1) 행정안전부, 행정업무운영편람(세종: 행정안전부, 2020), 3면.

2) George R. Terry, *Office Management & Control: The Actions of Administrative Management, 4th ed.*(Homewood, Ill.: R. D. Irwin Inc., 1962), p.12.

3) Cleatice L. Littlefield and Robert L. Peterson, *Modern Office Management*(Englewood Cliffs, New Jersey: Prentice—Hall, 1956), pp.1~2.

Ⅱ 사무관리의 목적과 방식

1. 사무관리의 목적

행정에서의 사무는 행정 활동을 각 부문 또는 기관 간에 서로 연결시켜 궁극적으로 행정의 성과를 높이고자 하는 수단이다. 따라서 사무관리의 목적은 행정 활동의 전 과정에 존재하는 사무를 과학적이고 합리적으로 관리하여 행정의 효율성을 높이는 것이다.[4] 즉, 사무관리는 그 자체가 목적이 아니라 효율적인 행정 업무 수행을 위한 의도적 행위이다. 사무관리를 효율적으로 운영하기 위해서는 불필요한 절차와 방법 등을 제거하고, 다양한 사무의 표준화와 규격화를 통하여 통일성을 확보가 요구된다.

2. 사무관리의 방식

모든 조직은 자신의 고유한 기능을 수행하기 위한 고유업무와 공통업무를 수행한다. 이에 따라 조직은 이러한 업무 처리를 위하여 사무관리를 수행하는데, 이러한 사무관리에는 문서관리, 관인관리, 보고사무, 협조사무, 서식관리, 업무편람, 기록물관리 등 다양한 방식을 통하여 업무를 처리하게 된다.

이러한 방식은 궁극적으로 의사소통이나 기록에 관하여 관리자가 계획하고 조직하고 통제하는 행위라고 말할 수 있다. 이러한 행위인 사무관리는 전체적 관리와 분리하여 생각할 수 없기 때문에 사무관리자(office manager)는 사무작업의 계획화·조직화, 그리고 통제를 효과적으로 할 수 있는 전문가라야 한다. 그리고 그가 지원할 각 부서와의 관계를 원만하게 관리하는 인간관계의 능력이 있어야 한다.

---

4) 「행정 효율과 협업 촉진에 관한 규정」제1조 목적에 따르면, 사무관리의 목적을 "행정업무의 간소화·표준화·과학화 및 정보화를 도모하고 행정기관 간 협업을 촉진하여 행정의 효율을 높이는 것"이다.

▼ 그림 2-8-1 사무관리의 방식

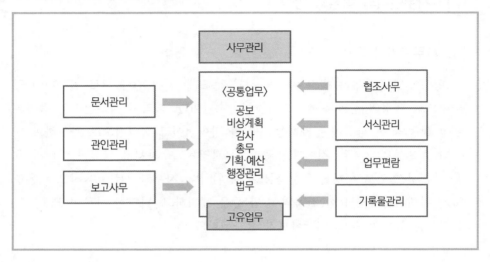

Ⅲ 사무의 유형

사무의 분류에는 여러 가지 기준을 생각할 수 있으나, 여기서는 간략하게 목적, 수단, 그리고 난이도에 따른 분류만을 검토해 보기로 하겠다.

1. 사무의 목적별 분류

1) **본래사무** 조직의 목적에 직접 기여할 수 있도록 고유한 기능별로 분화된 사무를 말하며 '업무'라고도 한다. 예컨대 농림행정·상공행정·보사행정 등은 분할된 목적영역을 가지고 있으며, 제각기 고유한 기능을 수행하고 있다.

2) **지원사무** 지원사무는 조직의 목적을 달성하기 위한 수단과 방법을 제공하는 사무를 말한다. 조직의 참모부문이 주로 담당하는 사무이므로 참모사무라고도 부르며, 또한 관리사무라고 불리는 경우도 있다. 이러한 지원사무 또는 관리사무는 지원의 성격 여하에 따라 인사사무·기획사무·경리사무·서무사무 등으로 재분류할 수 있는 것이다.

2. 사무의 수단별 분류

1) 사무수단의 요소에 의한 분류

（ⅰ） 서류·인쇄·타자·타인·문서작성, （ⅱ） 독해·사고(추리·판단·결정 등), （ⅲ） 대화(면담·설명·의사전달 등), （ⅳ） 계산·회계, （ⅴ） 조사·검사·감사·조회, （ⅵ） 정돈·분류 등이 포함된다. 사무를 개선하는 데 있어서 이러한 요소를 하나하나씩 조정·정리해 간다는 것만으로도 사무처리의 합리화를 달성할 수 있다.

2) 사무수단의 질적 수준에 의한 분류

이는 판단사무와 작업사무로 구분된다. 전자는 예컨대 사무안의 결정·심사·심의·조사 및 계획의 입안·통제사무 등과 같이 전문적 지식과 경험을 필요로 하는 사무로 구분될 수 있다. 후자는 전술한 사무수단의 몇 개의 요소가 복합되어 행하여지는 사무처리 행위를 말하며, 그것은 편의상 숙련·반숙련·미숙련 등의 세 가지로 재분류할 수도 있는데, 주로 기계적 내지 서기적 사무가 이러한 작업사무에 해당된다.

3. 사무의 난이도별 분류5)

1) **판단사무** 의사결정, 기획 및 조정, 심사와 같이 전문적인 지식과 경험을 요구하는 사무를 말하며 주로 조직의 관리층에서 담당한다.

2) **작업사무** 주로 육체활동을 필요로 하는 사무가 복합되어 행해지는 사무를 뜻하며 읽기, 쓰기, 계산, 운반, 정리 등을 지칭한다. 높은 숙련도를 요구하는 사무부터 단순한 사무까지 다양한 범위를 망라한다.

3) **기타 사무** 이외에도 고유사무와 위임사무, 일상사무와 예외적 사무, 국가사무와 지방사무 등으로 분류할 수도 있다.

---

5) 행정자치부, 사무관리실무(서울: 행정자치부, 2008), 3~4면.

제 2 절	과학적 사무관리

Ⅰ 과학적 사무관리와 원리

1. 과학적 관리방법의 적용

힉스(C. Hicks)는 과학적 방법의 과정을 문제분석에 관한 청사진이라고 말하며, 이의 기본적 단계를 다음과 같이 제시하고 있다.[6] (ⅰ) 문제의 인식, (ⅱ) 자료의 수집, (ⅲ) 가설의 공식화, (ⅳ) 가설의 검증, (ⅴ) 적용 등은 과학적 방법의 과정이다. 문제처리방법의 본질은 그 방법에 있는 것이 아니라, 이를 비판적 태도로써 음미하고 탐구하는 마음에 있는 것이다.

테리(G. Terry)는 사무관리를 10개 항목으로 구분하고, 과학적 관리법을 적용하여 다음과 같이 설명하고 있다.[7] 즉 (ⅰ) 문제점을 완전히 파악할 것, (ⅱ) 기본적 관찰과 업무분석, (ⅲ) 문제에 대한 예상 또는 효과적 해결책의 수립, (ⅳ) 철저하고 세밀한 분석을 할 것, (ⅴ) 필요한 자료와 적합·타당한 사례·문헌·참고서류 등의 자료를 수집할 것, (ⅵ) 수집된 자료의 분류, (ⅶ) 문제에 대한 효과적 해답의 작성, (ⅷ) 효과적 해결책 또는 해답의 실험, (ⅸ) 실험의 결과를 재검토하여 적합한 방법인지 아닌지를 판단할 것, (ⅹ) 문제에 대한 효과적 해답을 실제 사무에 적용하여 개선·개편·수정을 단행할 것 등이다. 과학적 사무관리를 위해서는 인사관리도 과학적으로 접근하여야 한다.

2. 과학적 사무관리의 지표

힉스(C. Hicks)는 사무작업에 적용가능한 과학적 방법을 극히 압축해서 다음과 같은 14개 항목을 제시하고 있다.[8] 즉 (ⅰ) 사무상의 과학적 방식을 채택·결정

---

6) Charles B. Hicks and Irene Place, *Office Management*(New York: Allyn & Bacon Inc., 1956), p.204.

7) G. Terry, *op. cit.*, pp.35~39.

8) C. Hicks and I. Place, *op. cit.*, p.207.

할 것, (ⅱ) 사무작업과 사무관리의 분리, (ⅲ) 사무활동에 관한 통제를 집중해서 행할 것, (ⅳ) 기계화, (ⅴ) 체계 및 절차의 연구, (ⅵ) 동작연구와 작업단순화의 응용, (ⅶ) 잘 검토된 직장 내 교육훈련계획의 발전, (ⅷ) 사무지침서의 작성 및 이용, (ⅸ) 사무실 배치의 개선, (ⅹ) 문서철 및 장부의 통제, (ⅺ) 보상제도의 이용, (ⅻ) 적시적 기록문서 폐기, (ⅹⅲ) 작업측정의 활용, (ⅹⅳ) 질적·양적 표준과 그 통제 등이 그것이다.

Ⅱ 문서관리

1. 문서관리의 의의와 목표

막스 베버가 관료제이론에서 근대적 관리의 특색의 하나로 문서주의를 들고 있듯이, 모든 관리활동은 계획과 통계를 포함하여 궁극적으로 문서화를 원칙으로 한다.9) 문서는 상대방에게 "정보를 전달"하는 것을 목적으로 하며, 후일의 증거 자료로서의 역할을 지닌다. 또한 문서는 그 내용을 공간적으로 멀리, 그리고 시간적으로는 미래를 대상을 작성하는 것이므로, 조직의 사무는 용이성·정확성·신속성 및 경제성이 확보될 수 있도록 관리하여야 한다.

문서 처리에서 지켜져야 하는 원칙은 다음과 같다.10)

1) 즉일처리의 원칙

문서는 내용이나 성질에 따라 다를 수는 있으나 효율적인 업무수행을 위해 문서를 수신한 당일 처리하는 것이 바람직하다.

2) 책임처리의 원칙

문서는 정해진 사무분장에 따라 각자가 책임지는 직무 범위 내에서 관계규

---

9) 이상조, 사무관리론(서울: 세종출판공사, 1962), 207~209면.
10) 행정자치부, 전게서, p.19.

정에 따라 신속·정확하게 처리되어야 한다.

3) 적법처리의 원칙

문서의 형식 및 요건은 법령의 규정에 따라야 하고 권한이 있는 자에 의해 작성·처리되어야 한다.

4) 전자처리의 원칙

문서의 모든 처리절차는 전자문서시스템에서 전자적으로 처리되어야 한다. 문서주의 원칙에 의하면 조직의 활동은 문서를 통해서 발생하고 진전되는 것이므로, 조직 내 개인은 자동적으로 문서의 흐름과정에서 자기에게 오는 것을 사무로 받아들여 처리하게 되고, 조직 내의 통일적인 활동에 기여하게 된다. 그리고 이러한 문서관리를 능률적으로 수행하기 위해서는 문서사무의 표준화가 필요하다.

2. 문서관리의 표준화

문서관리의 표준화를 위해서는 문서 작성 방법의 표준화, 문서처리의 표준화가 전제되어야 한다. 문서는 「국어기본법」 제3조 제3호에 따른 어문규범에 맞게 한글로 작성하되, 뜻을 정확하게 전달하기 위하여 필요한 경우에는 괄호 안에 한자나 그 밖의 외국어를 함께 적을 수 있으며, 특별한 사유가 없으면 가로로 쓴다. 문서의 내용은 간결하고 명확하게 표현하고 일반화되지 않은 약어와 전문용어 등의 사용을 피하여 이해하기 쉽게 작성하여야 한다. 여기서 숫자는 특별한 사유가 없으면 아라비아 숫자를 쓰며, 날짜는 숫자로 표기하되, 연·월·일의 글자는 생략하고 그 자리에 온점을 찍어 표시하며, 시·분은 24시각제에 따라 숫자로 표기하되, 시·분의 글자는 생략하고 그 사이에 쌍점을 찍어 구분한다. 우리 정부의 경우 문서 작성에 사용하는 용지는 특별한 사유가 없으면 가로 210mm, 세로 297mm의 직사각형 용지로 한다.

▼ 그림 2-8-2 행정안전부의 일반기안문

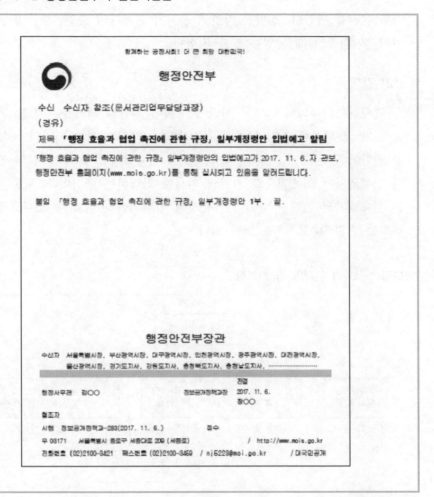

3. 문서관리통제의 방법

1) 기안과 성안

문서처리에서 제일 처음하는 작업으로, 기안은 공무를 처리하기 위하여 의안 또는 사안을 문서로 작성하는 것을 말한다. 다시 말해, 하급자가 결재권자에게 어떤 사항의 의사결정을 요청할 경우에 구두로 하지 않고 문서 형식에 의하여 하급자나 조직체의 공통적인 의사를 요약·정리하여 보고 형식으로 작성한 문서를 말한다. 성안은 기안된 문서가 관계자의 승인·찬성 또는 수정을 거친 후 최종 결재를 얻은 것을 말한다.

2) 결재

결재란 넓은 의미로 당해 사안에 대하여 기관의 의사를 결정할 권한이 있는 자가 그 의사를 결정하는 행위를 말한다. 다시 말하면 기관의 의사를 결정할 권한이 있는 자가 기관의 의사를 결정하는 표시로서 보조기관의 공람을 거쳐 결재권자가 최종적으로 기관의 의사를 확립하는 행위이다. 모든 기안문서는 결재권자의 결재를 받아야만 문서로 성립되어 시행할 수 있다. 결재의 종류로는 전결·대결·후결 등이 있다.

▼ 그림 2-8-3 문서의 결재 과정

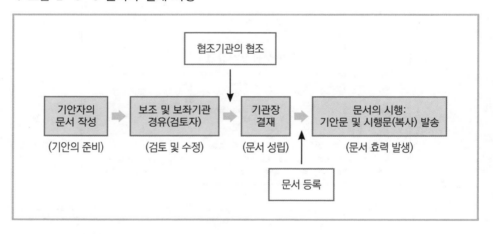

3) 합의

조직단위의 견해를 통일시키는 것으로 관련 조직 간의 협력을 이끌어 내는 수단이 된다.

4. 문서의 분류 · 보존11)

모든 문서를 분류 · 정리하는 문제와 분류 · 정리된 문서의 보존기간을 설정하는 기술적 제도를 문서정리체계(filing system)라고 한다.

문서정리체계에서는 문서분류표와 문서보존기준표를 작성하여 이용하고자하는 기록이 즉석에서 구득 · 참고될 수 있도록 조직적으로 정리 · 보관하여 둔다.

문서보관에는 집중관리와 분산관리가 있다. 집중관리는 문서의 보관을 특정한 부 · 과에 집중적으로 담당시키는 것이고, 분산관리는 부 · 과별로 보관하는 제도로서 다같이 '개인보관'을 부정한다. 문서정리체계에서는 이론적으로 집중보관쪽이 장점이 많다고 하는데, 문서 자체는 그것을 항상 필요로 하는 부 · 과에 두는 것이 편리하다고 볼 수 있다. 그러나 이 경우도 조직 전체가 통일된 관리방식을 쓰지 않으면 안 된다.

우리나라 행정기구의 경우 통일된 관리 방식이 가능하도록 2004년 1월 1일부터 시행되고 있는 기록물 등록 방식은 종전에 비하여 많은 변화를 가져왔다. 이러한 내용을 세부적으로 보면, 종전의 문서등록대장, 문서접수대장, 특수규격관리대장 등을 기록물등록대장으로 통합하여 관리하게 되었다. 그리고 생산문서와 접수문서를 통합하여 등록번호를 부여하였으며, 기록물 분류 · 편철 정보 기입의 의무화 및 기록물철등록부를 사용한다. 기록물철등록부는 종전의 보존문서기록대장을 대체한 것으로 기록물의 출처 및 업무 기능에 따라 기록물을 관리하기 위해서 도입하였다. 이 밖에 기록물등록대장과 미록물철등록부를 전자문서 시스템에 반영하여 전산 관리하고 있다.

우리의 행정기관은 문서를 생산하였을 때에는 지체 없이 「공공기록물 관리에 관한 법률 시행령」 제20조에 따라 생산등록번호를 부여하고 등록하여야한다. 일반적인 조직의 경우 공식적으로 결재 또는 접수한 기록물을 포함하여 결재과정에서 발생한 수정내용 및 이력 정보, 업무수행과정의 보고사항, 검토사항 등을 기록물로 남겨 관리하여야 한다. 공공기관은 대통령령으로 정하는 바에 따라 기록물의 보존기간, 공개 여부, 비밀 여부 및 접근권한 등을 분류하

---

11) 조석준, 현대사무관리론(서울: 박영사, 1982), 272~279면.

여 관리하여야 한다. 이를 위해 업무과정에 기반을 둔 기록관리기준표를 작성
·운영하여야 하며, 기록관리기준표의 관리항목은 업무설명, 보존기간 및 보
존기간 책정 사유, 비치기록물 해당 여부, 보존장소, 보존방법, 공개여부 및
접근권한 등의 관리기준을 포함하여야 한다.

　예컨대, 정부 기록물의 보존기간은 영구, 준영구, 30년, 10년, 5년, 3년, 1
년으로 구분한다. 보존기간이 10년 이하인 기록물은 보존기간 종료시까지 관
할 기록관 또는 특수기록관에서 보존한다. 보존기간이 30년 이상인 기록물은
관할 영구기록물관리기관으로 이관하여 보존하여야 한다.

　공공기관의 정보는 공개가 원칙이기 때문에 공공기관은 국민의 정보공개
청구 권리가 존중되도록 정보의 적절한 보존과 신속한 검색이 가능할 수 있도
록 정보 체계의 정비가 의무적으로 수행되어야 한다. 이러한 취지 하에 기록
물관리법의 기록물관리 규정을 이행하면 공공기관의 신속한 검색·열람 체계
를 자동으로 적립할 수 있다. 따라서 정부는 기록물의 신속한 검색·열람 체
계를 구축함으로써 종합적인 정보관리 및 센터로서 그 기능을 수행한다.

제 3 절　사무관리 개선과 사무자동화

　현대사회에 있어서의 행정수요의 증가는 필연적으로 행정기능의 다양화와
행정조직의 비대화를 야기하였다. 요컨대 사무개선과 사무자동화의 필요성은,
한편으로는 행정의 대상인 행정수요의 변화에 의한 외부적 요인과 다른 한편
으로는 관리기법의 발전에 의한 내부적 요인으로부터 발생되는 것이다.

Ⅰ 사무관리 개선의 일반원리

    사무관리의 개선안을 고찰할 경우 다음과 같은 네 단계로 구분하여 그 원칙을 적용한다.[12)]

1. 목적추구의 원칙

    사무의 목적과 용도를 명백히 하는 것이다.

2. 배제(폐지)의 원칙

    이는 현재의 사무가 최종목적수행에 도움이 되고 있느냐의 여부를 확인하여 필요없는 부분은 폐기하는 것이다.

3. 선택의 원칙

    이는 여러 대안 중에서 가장 합리적인 방법을 선택하는 것이다.

4. 최적화의 원칙

    앞의 원칙에 의하여 최종적으로 결정된 방법을 최적화하기 위하여 분업전문화의 원칙을 적용하여 보다 합리적으로 사무관리를 수행한다.

---

12) 김운태, 조직관리론(서울: 박영사, 1966), 267~268면.

Ⅱ 사무관리 개선의 요건[13]

1. 개선조직의 정립

사무개선 담당조직의 정립을 위하여 일반적으로 채택할 수 있는 몇 가지 방안으로는, 첫째로, 종래의 사무관리기능 담당부서에 개선의 임무를 부과하는 경우,[14] 둘째로, 새로운 전문부서를 설치해서 담당시키는 경우, 즉 사무개선을 추진시키기 위한 전문적 조직으로서 지도적 역할을 담당하는 능률계 내지 사무관리계 등을 설치하는 경우를 말한다. 또한 새로운 전문부서의 설치를 구상함에 있어서는 일찍이 영국에서 발전된 O & M제도를[15] 고려하는 것이 많은 참고가 된다. 셋째로, 개선위원회를 설치하는 경우, 넷째로, 외부전문가를 활용하는 경우가 있다. 마지막 방법은 민간의 사무개선전문가인 전문상담사(management consultant)를 활용하는 경우를 말한다.

2. 개선을 위한 협력상황의 확립

사무개선에 앞서 개선을 위한 분위기 조성과 최고관리자의 인식을 얻는 것이 대단히 중요하다.

1) **분위기 조성방법** 개선을 추진하는 경우에는 우선 개선에 대한 직원들의 이해를 깊게 하고 개선에 적극적으로 협력하도록 하여야 하는데, 몇 가지 방법을 살펴보면, (ⅰ) 출판물에 의한 방법, (ⅱ) 제안제도에 의한 방법, (ⅲ) 교육훈련에 의한 방법, (ⅳ) 능률화운동에 의한 방법 등이 있다.

2) **최고관리자의 지지확보** 사무개선을 행하는 경우 최고관리자를 포함한 모든 관리계층으로부터의 적극적 지지와 협력을 얻어야 한다는 것이다.

---

13) 박연호, 신행정관리론(서울: 진수당, 1970), 183~188면.

14) 우리의 경우 총무과·서무계 등을 들 수 있다.

15) O&M이란 용어는 organization(조직)과 method(사무의 방법)의 두 문자로 만든 용어이다.

Ⅲ 사무관리 개선의 단계

사무개선의 진행순서를 과학적인 문제인식의 방법에 따라 고찰해 보면 다음과 같다.[16]

1. 문제점의 파악

사무개선에 앞서 당면하고 있는 문제의 원인을 찾아내기 위하여 문제의 본질을 올바르게 이해하여야 한다. 이를 위하여 점검목록(check list)을 사용하는 것이 도움이 된다. 이러한 점검목록은 개선목표에 맞추어 작성할 수도 있는데, 일반적으로 사무개선 검토표를 참고할 수 있다.

2. 현황의 분석

여기서는 제1단계에서 예상된 문제를 명확히 하기 위하여 그 문제점이 포함하고 있는 사실을 빠짐없이 수집하여 내용을 분석·검토한다.

3. 개선안의 입안

1) 자료의 정리와 검토

우선 필요한 자료가 갖추어져 있는가를 조사해 본다. 여기서 필요한 자료란 제2단계에서 행한 사무분석도표에 의한 것뿐만이 아니라 다음과 같은 것도 포함한다. (ⅰ) 조직체의 목적·기능·정책·방침 등에 관한 문서·간행물 등, (ⅱ) 조직도표(기구도·기능도), (ⅲ) 관계법령·규정·예규, (ⅳ) 현상분석을 행한 조직분석표, (ⅴ) 장부, 문서철 및 기타 필요한 현물·견본, (ⅵ) 그러한 사무수행에 요하는 인원·예산·용구·자재 등이다.

---

16) 박연호, 전게서, 189~195면.

2) 문제점의 명확화

자료를 검토해 나가면서 문제점을 명확히 해 나가는 데는 예리한 문제의식과 지식 및 경험이 요구된다.

3) 개선목표의 설정

문제점이 명백히 확인되었으면, 그것을 어떻게 개선하는가 하는 방향을 설정하여야 한다. 일반적으로 사무개선의 체계적 목표는 합리화와 민주화의 두 가지로 대별할 수 있다(그림 2-8-4 참조).

▼ 그림 2-8-4 사무개선의 체계적 목표

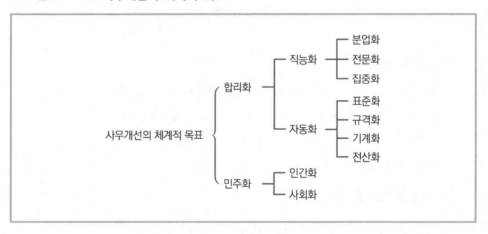

합리화의 방향은 또다시 직능화와 자동화의 두 가지 방향으로 분화되는데, 여기서 직능화란 직능의 전문적 분화를 중심으로 조직상으로는 계선과 참모의 구성으로 전개되고, 또 분화를 전제로 하여 행정의 통일적 성과를 높이고자 하는 방향을 말한다. 이에 대하여 자동화란 사무작업이 일정한 틀에 따라 자동적으로 행해지는 것을 말한다. 또한 사무개선은 단순히 사무에 있어서의 과학적 관리의 적용으로만 끝나는 것이 아니라 그 근저에 행정조직체 내부의 민주화를 수반함으로써 비로소 개선의 성과를 기대할 수 있다.

4) 개선안의 작성

작성에 있어 유의해야 할 것은 (i) 개선안은 즉시 실시될 수 있는 구체적이고 실효성 있는 것이어야 하며, (ii) 개선안은 직관적으로 이해될 수 있도록 도표 등을 사용하여 작성하면 좋고, (iii) 개선안은 그에 관련되는 다른 사항과 유기적으로 결합되어야 하며, (iv) 개선안은 어느 부문에 치중됨이 없이 공평해야 하며, (v) 개선안의 기초자료는 객관적이고 정확한 것이라야 하고, (vi) 개선안의 내용은 간명하고 이해하기 쉽고 또한 완전한 것이라야 한다는 것이다.

5) 개선안의 검토

검토상의 착안점을 적어 보면, (i) 개선의 목적은 충분히 충족될 수 있는가, (ii) 문제점은 빠짐없이 해결되는가, (iii) 해결방법 상호 간에 모순은 없는가, (iv) 실시상 관련있는 모든 조건이 고려되어 있는가, (v) 개선안의 모든 부분이 정확한 사실로부터 도출될 것인가 등이다.

4. 실시와 분석

개선안이 최고관리자의 결재를 받아서 확정되면, 그것을 실시하는 단계에 들어가게 된다. 개선안을 실제적으로 실행에 옮김에 있어서 개선담당부서에서는 개선안이 초래하는 효과, 실시의 난이도, 기계·기구의 준비 및 실시기술 등을 대상 부문의 직원들에게 충분히 인식시킴으로써 적극적인 개선의 수행 상황을 조성하여야 한다. 개선담당부서의 임무는 개선안을 작성해서 실시에 옮기게 하는 것만으로 끝나는 것은 아니다. 요컨대 개선의 성과가 과연 예상한 바와 같이 나타났는가의 여부를 분석하여 다음의 개선계획에 반영하는 것도 중요한 임무 중의 하나인 것이다. 요컨대 실시결과의 분석이야말로 개선의 효과를 올리는 관건이다.

Ⓘ Ⅳ **사무개선과 O&M의 활용**

행정의 실질적 내용을 다루는 정책분야는 합리화의 폭이 넓은 곳이며, 행정의 기본적 목적이라고 간주되는 능률과 절약의 원칙이 실현될 수 있는 분야이다. 바로 여기에 행정에 있어서 O&M제도의 기본적인 필요성이 제기된다.

본래 O&M은 organization(조직)과 method(사무의 방법)를 포함한다. 그러나 그것이 의미하는 바는 단순히 조직과 사무의 방법 그 자체를 말하는 것이 아니라, 현재의 조직과 사무의 방법에 관한 조사분석과 그것을 토대로 한 개선책을 일선행정관리자들에게 제공함으로써 행정능률을 증진시키고자 하는 전문적 조사분석 및 자문기능을 의미하는 것이다.17)

따라서 O&M활동을 위한 이상적 체제에는 정부전반에 걸친 관리문제를 조사·분석하고, 또한 각 부처로 하여금 관리개선활동을 적극적으로 추진하도록 의욕을 고취시켜 주는 중앙 O&M기관과 각 부처 O&M담당관들과의 효율적 협력체제의 확보가 필연적 요건이 된다.

우리나라에서는 행정학의 도입과 더불어 O&M활동의 필요성이 일찍이 인식되었으나 O&M의 기능을 담당할 전문직원의 양성을 소홀히 하였으며, 또한 행정학자나 실무자들도 행정능률의 향상과 밀접한 관련을 맺고 있는 내부적인 관리문제에 관한 연구에 그다지 커다란 중요성을 인식하지 않았다. 이 기능을 효율적으로 수행하기 위해서는 (ⅰ) 기능을 담당할 요원을 확보해야 하며, (ⅱ) 그 기능을 수행할 수 있는 합리적 체제가 마련되어야 할 것이다. 우리나라 행정에 있어서 O&M활동을 전개하는 데 있어 또 하나 유의해야 할 점은 현실적인 당면문제 중에서 능히 처리할 수 있는 영역이 확보되어야 한다. 예컨대 행정에 있어서 문서정리의 합리화문제, 사무의 자동화문제, 사무량의 측정과 정원의 합리화문제라든가, 운영계획의 심사·분석을 위한 기준설정의 방법 등은 좋은 연구대상이 된다고 본다.

---

17) 박연호, 전게서, 189~195면.

사무자동화

1. 조직의 변화18)

사무자동화(Office Automation: OA)는 사무개선 활동 및 이에 수반되는 기계화 등의 방법을 통해 사무의 기능을 확충·강화함으로써 사무 생산성을 향상시키고자 하는 것이다. 실제 경영관리활동이 행해지고 있는 최말단에서 발생하는 그대로의 자료를 직접 취해서 이것을 중앙의 데이터 처리기구에 입력하고, 여기에 집합된 경영 전체의 자료군(data pool)에서, 필요한 시기와 형태별로 관리자료나 법정장부 및 업무서류를 만들어 내어 일상의 관리사무를 수행함과 동시에 기획·예측·판단 등을 방대한 정보를 활용하는 것을 말한다.

사무 생산성을 향상시킬 목적으로 전자 장비를 사용하여 사무처리 과정을 자동화하는 사무자동화는 단순 반복 업무 처리의 개선뿐만 아니라 질 높은 전략 수립, 환경 변화에의 신속한 대응, 의사결정 지원과 같은 차원 높은 경영 지원을 포함하고 있다. 따라서 사무자동화를 하면 조직이 점차로 변모하게 되는데, 즉 사무자동화에 따른 조직의 변화양상은 말단담당자로부터 고위층에 이르는 거리가 단축되고, 저변에 매우 확대되는 것이라 할 수 있다(그림 2-8-5 참조). 그러나 이 경우 사무자동화에 의하여 종래의 말단담당자가 질적으로 향상되고, 또 중간관리층도 간소화되면 고용되어 있는 현재의 인원 가운데 남는 인력이 생기지 않는가 하는 문제도 제기될 수 있다.

좀 더 효율적이며 활동적인 성과와 생산성 향상추구라는 사무 기능의 효율성 추구 외에도 사무자동화가 요구되는 구체적인 이유는 첫째, 경제적 측면이다. 물리적으로 재화를 생산하는 공장에서의 생산성은 상당히 향상된 데 비해 사무실의 생산성 향상은 극히 저조한 실정이었다. 따라서 사무근로자의 생산성을 크게 향상시키지 않을 수 없게 되었다. 둘째, 환경적 측면이다. 현대는 정보화 사회라고 일컬을 만큼 정보량이 급증하고 있다. 시시각각으로 막대한 정보가 산출되고 있으며, 이러한 대량의 정보를 수집·분석·활용·보관하려면

---

18) 조석준, 전게서, 294~302면.

▼ 그림 2-8-5 사무자동화에 따르는 경영조직의 변모

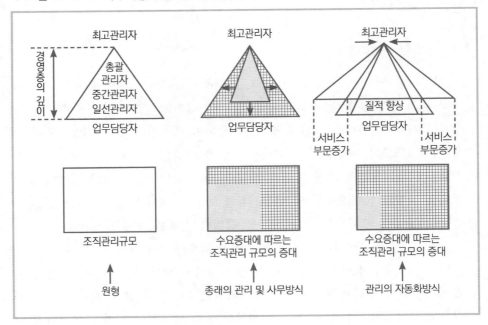

그 처리의 신속성·정확성·처리비용 절감·적절한 정보 표현 양식 때문에 사무자동화는 필수불가결하다. 셋째, 기술적 측면이다. 최근 사무자동화 기기와 통신 장비의 급속한 발전, 소프트웨어 기술의 개발, 자료의 데이터베이스화로 사무자동화의 종합 시스템화를 적극적으로 요구하고 있어 경영의 과학화가 더욱 촉진되고 있다.

2. 사무자동화의 한계 및 발전방향

관리의 합리화를 달성하려면 사무자동화가 요구되는 것은 자명하지만, 여기에도 한계가 있다. 즉 자동화를 만능의 장치로 생각하면 곤란하다는 것이다. 이의 한계를 열거하면 다음과 같다.

첫째, 조직의 관리에는 계수관리나 정보처리 이외에도 더 기본적인 정책결정·기획·재무관리·회계·감사 등의 다양한 활동이 있다. 만일 이런 활동이

저조하다면 사무의 자동화도 아무 의미가 없게 된다. 따라서 기본적인 조직활동과 병행하여 조화를 이룰 수 있도록 접근하여야 한다. 이런 기본적 활동들을 지원하고 이들 활동을 더 고차원의 것으로 만들기 위한 것이 사무의 자동화라는 인식이 요구된다.

둘째, 인간의 판단을 기계에 전가하는 것이 자동화라고 하지만, 자동화 장치를 만들고, 도입하고, 그 운영 시스템을 고안하고, 프로그램을 만들어 주는 것은 인간이다. 따라서 인간의 인지가 기계보다 언제나 선행한다는 점에서는 변함이 없으며, 또 인간의 경험이나 통찰력 등이 계속해서 필요하다는 점도 변함이 없다. 다만 종래 인간이 아니면 안 되는 것으로 흔히 생각했던 기획판단이라 할지라도 어떤 범위의 반복적인 것에 대해서는 인공두뇌에 의하는 것이 훨씬 더 정확하고 신속하게 할 수 있는 경우가 많다.

셋째, 경영과 행정사무의 자동화를 실현하려면 그 성질상 매우 오랜 시간에 걸쳐서 차근차근히 노력해 가야 한다. 도입하자마자 곧 획기적인 효과를 발휘할 것을 기대할 수는 없다. 따라서 5년·10년이라는 긴 안목으로 이를 육성하지 않으면 안 된다.

넷째, 최근에 컴퓨터의 생활화로 행정관리에도 새로운 차원이 도래하였다. 사무관리와 전산정보화의 문제는 우리가 선도하고 있는 전자정부라는 차원에서 지속적으로 검토하고 개선해야 할 중요한 과제인 것이다.

9 정보관리

제 1 절 정보관리의 의의

현대를 일컬어 '정보화시대'라고 한다.[1] 모든 조직은 변화하는 환경에 대응하기 위하여 올바른 정보를 확보하여야 하고 이를 기초로 적절한 정책결정을 하여야 한다. 따라서 오늘날의 조직은 이러한 정보의 효율적인 관리가 필요하게 되었다. 또한 정책결정이 어떤 특정인의 이익에 한정되는 것이 아니고 조직구성원의 전부에게 귀착된다는 점에서 그 정책결정에 있어서는 합리성이 추구되어야 하는데, 이 합리성의 추구에 있어서 결정적인 요소가 바로 정보관리라고 볼 수 있다.

이런 점에서 정보관리는 각종의 정보를 가장 능률적으로 정확하게 수집·분류·정리분석·전달하고 활용하는 일련의 과정이며, 정보를 그 목표달성의 수단으로 이용하는 관리방식이라고 할 수 있다. 여기서 조직의 정보관리가 현대조직에서 매우 중요한 항목으로 인정받게 된 이유를 확인할 수 있다.

---

[1] 볼딩(K. Boulding)은 인간의 역사를 문명전단계·문명단계·문명후단계로 구분하고, 오늘날의 정보화시대를 문명후단계라고 규정하고 있다.

Ⅰ 정보의 정의

정보(information)란 특정한 사실이나 상황에 관해서 유통되거나 또는 전달받은 지식을 말하며, 또한 의사소통·조사·지시를 통하여 얻은 지식도 포함한다.[2] 웹스터 사전에서는 "정보는 타인에 의해서 전달되거나 개인의 연구 혹은 발명에 의해서 얻어지는 지식"이라고[3] 정의되어 있고, 옥스포드 사전에 의하면 "정보는 어떤 특별한 사건이나 주제에 관해서 전달되는 지식"이라고[4] 설명되어 있다.

또한 데이비스(Gordon B. Davis)는 "정보는 수신자에게 의미를 제공하는 틀(frame)을 형성하는 과정상의 자료(data)이며, 그 자료는 진실되거나 현재적 가치가 있다고 인식되는 것 또는 의사결정에 영향을 미치는 것"이라고[5] 하고, 쿠아스터(Hanry Quastter)는 "정보는 확실성을 증진시키는 것"이라고[6] 정의하고 있다. 로비(Robey)는 자료(data)와 정보(information)를 비교하여 정보의 특성을 설명함으로써 개념을 좀 더 명료하게 하고자 했다.[7] 그에 따르면 자료는 정리되지 않은 내용이나 통계적 사실의 나열인 반면에 정보는 공식적인 정형화(patterning)의 과정을 거친 자원으로서의 의미를 갖는다. 데프트(Daft)는 정보뿐만 아니라 그것과 연결된, 그러나 조금 더 나아간 개념으로의 지식까지 설명하고자 했다.[8] 정보는 낱개의 자료들이 연결되어 상황적 맥락에 따라 구체적인 활용을 위해 전환된 것이고 지식은 정보에서 도출된 결론이다. 그는

---

2) Preston P. Lebreton, *Administrative Intelligence—Information Sytems*(New York: Houghton Mifflin Co., 1969), p.4.

3) *Webster's New International Dictionary, 2nd ed.*(Spring field: Meriam Webster, 1959).

4) *Oxford English Dictinary*(London: Oxford University Press, 1933).

5) Gordon B. Davis, *Management Information System*(New York: McGraw—Hill Book Company, 1974), p.32.

6) Henry Quastler, *Information Theory in Psychology: Problems and Methods*(Illinois: Free Press, 1955), p.17.

7) Daniel Robey, *Designing organizations*(Illinois: Irwin, 1986). pp.105~106.

8) Richard L. Daft, *Organization theory and design*(Ohio: Thomson South—Western, 2004.), pp.297~298.

정보를 지식으로 전환시키는 데에는 인간을 역할이 주요한 요소로 보았다. 사람이 정보를 흡수하고 활용했을 때 그 정보는 지식이 되기 때문이다. 지식으로 전환될 정보를 관리하는 것은 결국 지식경영으로 연결된다.

Ⅱ 정보의 기능

데이비스(Gordon B. Davis)는 정보체계의 관점에서 다음과 같이 그 기능을 설명하고 있다.[9]

1) 참신성(new)

정보는 대개 수신자에게 새롭고 완전히 참신한 것이다.

2) 부가성(incremental or additional)

정보는 이미 이용되고 있는 정보에 새로운 것을 부가하고 최신의 것을 보충하는 것이다.

3) 수정성(corrective)

정보는 과거의 허위정보를 수정하는 역할을 한다.

4) 확실성(confirmatory)

정보는 이미 존재하고 있는 정보에 대해서 확인을 시켜 준다. 이것은 수신자로 하여금 정보수정의 필요성을 인식하게 한다.

---

9) Gordon B. Davis, *op. cit.*, p.33.

Ⅲ 정보의 종류

아지리스(C. Argyirs)는 조직의 3대 기능으로 (ⅰ) 외부환경에의 적응, (ⅱ) 조직목표의 추구, (ⅲ) 내부체제의 유지 등을 들고 있다. 이를 다른 말로 표현하면, 경영정보·업무정보·관리정보의 활용이라고 할 수 있다. 즉 경영정보란 행정방침의 확립, 새로운 정책의 입안, 사업 간의 조정에 필요한 정보(외부환경에의 적응)이며, 업무정보는 개개 사무의 집행에 필요한 정보, 그의 집행을 감독하기 위해 필요한 정보(조직목표의 추구)이고, 관리정보란 예산집행·인사·정원·문서 등 조직의 내부관리에 필요한 정보(내부체제의 유지)가 될 것이다.

이 정보의 주된 흐름은 다음 그림과 같이 구분할 수 있다.

따라서 계선(line)과 감독자에게 들어오는 정보는 주로 업무정보이고, 내부관리부문에 유입되는 정보는 주로 관리정보, 그리고 수뇌부와 참모부문에 유입되는 정보는 주로 경영정보이다.

▼ 그림 2-9-1 조직의 정보흐름

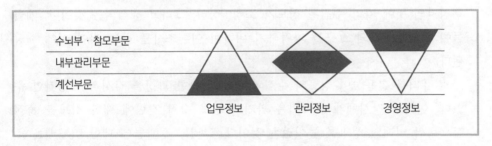

Ⅳ 정보체계의 구성요소

어떠한 행정조직에 있어서도 그 조직의 정보체계는 다섯 가지의 중요한 구성요소를 포함하여야 본래의 기능을 할 수 있는 것이다.[10]

---

10) P. P. Lebreton, *op. cit.*, pp.10~14.; Daniel Robey, *op. cit.*, pp.516~522.

1. 필요 정보의 결정

먼저 정보체계의 적절한 활용을 위한 출발은 필요 정보의 결정에서 시작된다. 이 결정은 물론 행정책임자가 하며, 행정의 모든 국면에 대한 이해를 통해서 수행된다. 정보의 필요성과 필요 정보의 결정이 제대로 실행될수록 그 다음부터 수집되는 정보의 처리 등이 원활하게 진행된다.

2. 정보의 동원

정보의 동원(generation of information)이란 위에서 결정된 정보의 필요에 따라서 그 정보와 관련된 모든 지식·첩보 등을 관계자들이 임시로 관찰·처리, 그리고 저장하는 것을 말한다. 오늘날에는 컴퓨터를 활용하여 모든 보고서와 문서들을 통합하여 자동적으로 처리하고 있다.

3. 정보의 수집과 처리

이 과정에서는 1차 및 2차정보원으로부터 정보를 수집한다. 그리하여 행정책임자의 뜻에 따라 수집된 정보가 조정·정리, 그리고 해석되는 것이다. 예를 들어 행정수요자의 요구를 파악하기 위하여 여론조사를 하는 것이 이에 해당된다.

컴퓨터를 활용하여 정보의 수집과 처리에 관한 과정을 감시하고 평가할 수 있다. 이러한 감시체계의 목적은 과거의 정보 수집 경험에 대한 정보를 축적함으로써 미래의 성과를 높이려는 것이다. 그리고 성과물에 대한 피드백은 조직 구성원이 더 높은 성과 추구하기 위한 동기부여에 도움이 된다.

4. 정보의 전달

정보의 전달(transmission of information)이란 정보를 요구한 행정담당자에게 필요한 정보가 전달됨을 말한다. 물론 자세히 본다면, 정보의 모든 과정에서 정보의 전달이 일어난다. 그러나 중요한 점은 모든 정보를 수요자에게 전달하지 않고 반드시 필요한 것만 전하고 나머지는 저장해야 한다는 것이다.

예를 들어 공무원의 근무평정이 매년 행해지고, 그것이 행정책임자에게 전달되는 것이 정보의 전달이다.

　오늘날 정보의 전달은 지리적 한계를 극복한 형태로 더욱 일상화되었다. 이메일 또는 영상통화 등을 활용하여 과거와 비교하여 정보의 형식, 정보 전달 속도 및 방향 등에 변화가 발생하였다. 또한 정보의 전달은 조직 상호간에도 발생한다. 주로 환경의 불확실성과 자원의 희소성 때문에 발생하는 문제를 해결하기 위해 조직 간에 필요한 정보를 공유한다.

5. 정보의 수령 · 사용 · 저장

　정보체계에서 마지막 단계는 전달된 정보를 받아들여 사용하고 불필요한 것은 저장하는 단계이다. 위에서 본 바와 같이 정보체계는 복잡한 구성요소로 이루어져 있으며, 또한 수많은 참여자들이 각 구성요소에 가담하고 있다. 이때 의사결정지원시스템(decision Support System)이 정보의 활용 계획과 의사결정을 지원할 수 있다.

제 2 절　정보관리와 조직

I　정보관리의 요구

1) 정보 자체의 요인

　과학기술의 급격한 발달과 매스컴 전달체제의 확산으로 인하여 정보의 범람이 초래되었으며, 수많은 정보의 홍수 속에서 필요한 정보의 입수가 곤란해져 풍요 속의 빈곤현상이 빚어졌다. 이에 정보의 양을 조절하기 위한 체제 및 제어장치의 설치가 필요하게 되었다.

2) 합리적 의사결정에의 필요성

조직활동에 있어서 적절한 판단과 의사결정에 도움이 될 수 있는 정보를 수집·분석·가공처리하여 필요한 경우에 제공하게 하는 체제가 필요하게 된 것이다.

3) 정보 서비스 요구의 증가

다양하고 새로운 행정요구에 적절히 대응하기 위하여 요구되는 필요한 모든 정보를 적절한 때에 입수하여 수요처에 제공해 주는 전문적인 정보 서비스가 요구되기에 이르렀다.

정형화되지 않은 자료는 정책결정을 포함한 의사결정을 위해 가공되어 활용 가능한 자원으로서의 정보로 재탄생된다. 이 처리과정은 조직적, 개인적 정보 관리, 그리고 컴퓨터와 의사소통 기술을 활용한 방식으로 나누어 설명될 수 있다.[11]

Ⅱ 정보관리의 유형

1. 개인의 정보관리[12]

1) 의의

로비(Robey)는 칼 융에 의해 발전된 심리적 유형화를 활용하여 정보처리에 관한 인간의 인지능력의 활용이 크게 인식과 판단으로 구성되어 있다고 설명했다. 인식과 판단은 질적으로 다른 방식으로 진행되며, 인식은 감지(sensing)와 직감(intuition)으로 얻어지고 판단은 사고(thinking)와 느낌(feeling)으로 얻어진다. 이러한 인식과 판단을 통해 사람들의 선호가 결정된다는 전제를 바탕으로 Robey는 이 네 가지 요소들의 조합으로 개인의 정보관리를 유형화하였

---

11) Daniel Robey, *op. cit.*, p.502.
12) *Ibid.*, pp.507~511.

다. 각 유형은 그 특성을 필요로 하는 영역의 정보처리 및 관리에 활용될 수 있다.

(1) 감지와 사고 모형(sensing-thinking style)

인간은 다섯 가지 감각을 활용하여 실제적이고 구체적인 정보를 수집한다. 이렇게 수집된 정보를 이성적 판단력을 이용하여 논리적·객관적으로 분석한다. 감지능력과 사고능력을 종합하여 구체적인 사실을 논리적으로 분석하는 것을 선호하는 사람들은 주로 회계나 데이터 처리와 관련된 업무에 종사한다.

(2) 감지와 느낌 모형(sensing-feeling style)

오감으로 인해 수집된 사실적이고 구체적인 정보를 다루면서 개인의 주관적인 판단에 따른 주관접 접근은 선호한다. 즉, 의사결정에서 논리적 사고보다는 개인적 가치들을 바탕으로 한 느낌을 더 중시한다. 인사, 판매 영역, 그리고 홍보영역에서 종사하는 사람들에게 주로 발견되는 정보관리 모형이다.

(3) 직감과 사고 모형(intuitive-thinking style)

정보를 수집할 때 겉으로 드러나는 명백한 사실을 넘어 그 사실로부터 추측될 수 있는 가능성을 통해 새로운 정보를 만들어 낸다. 그리고 이 새로운 정보들을 활용하여 미래를 판단하고 분석한다. 이렇게 직관과 논리적 판단을 종합한 유형의 정보관리 모형은 주로 이론적 과학자들에게 발견된다.

(4) 직감과 느낌 모형(intuitive-feeling style)

직감을 활용한 정보수집과 느낌에 기초한 분석이 합쳐질 때 정보처리는 주관적이고 추상적인 성격을 띤다. 강한 인문주의자들에게서 이런 정보처리 유형이 발견되며 이들은 기업에서 이해보다는 노동자들의 요구를 충족시키는 프로그램, 노동자단체 조직 등에 더 관심을 보인다.

　　개인에게 정보처리는 매 순간 발생하는 일이며 이러한 인지적 과정은 우리에게 조직적 정보관리나 정보기술에 의지하지 않고 일상적으로 삶을 영위할수 있도록 해 준다. 반면 조직적 정보관리는 인간의 정보관리에 의지하지 않고서는 이루어질 수 없다. 왜냐하면 인간이 정보의 공급과 의사결정의 행위자이고 또 정보의 수요자이기 때문이다. 따라서 조직의 구조를 설계함에 있어서조직적 그리고 개인적 정보관리의 상호작용은 중요하다.

2. 조직의 정보관리

1) 조직정보의 특질

　　고전적 조직이론에서는 조직의 정상에서부터 지시가 내려져서 계층을 거쳐 하향되며, 반면 명령에 복종하는 과정으로서의 보고는 밑에서부터 상향적으로 올라가게 된다. 조직의 관리자들은 의사결정기관은 물론 하위계층에서행한 사무평가를 필요로 하므로 그러한 보고에 크게 의존하고 있으며, 이 평가를 기초로 하여 중요한 의사결정을 하게 된다. 여기에서 조직이 행하는 정보의 관리문제가 대두하게 된다.[13]

　　이러한 관계에 내재되어 있는 문제점은 다음의 예에서 확인할 수 있다.

　　1968년에 소련군대가 체코슬로바키아에 진주한 일이 있다. 체코슬로바키아에 있는 소련의 정보원은 체코슬로바키아 국민이 그들의 정치지도자를 바꾸기를 갈망하고 있다고 크레믈린에 보고하였다. 그러나 이것은 후일 정확한정보가 아니라고 밝혀졌다. 이렇게 틀린 정보가 전달된 이유는 전통적으로 소련의 정보보고는 소련지도자들이 희망하는 내용으로 심하게 각색되는 경향이있기 때문이었다.[14]

　　1961년 미국은 수치스럽게 끝난 피그 만의 모험을 감행하였다. 쿠바침공에관한 계획은 아이젠하워(D. D. Eisenhower) 행정부 때부터 시작되어 수년 동안연구되었다. 이 계획은 케네디(J. F. Kennedy) 대통령의 마음에 들었으며, CIA

---

13) 유종해·송영달 공저, 조직이론(연세대학교 출판부, 1974), 202~209면.

14) *Newsweek*, September 23, 1968, p.41.

는 대통령이 바라는 '정보'를 제공하였다. 즉 CIA보고의 핵심은 쿠바의 침공이 시작되면 카스트로(F. R. Castro)에 대한 전국적인 반란이 일어날 가능성이 크다는 것이었다. 그러면 어떻게 CIA는 이 정보를 얻었을까? 대부분의 정보는 쿠바에서 도망온 망명자로부터 얻은 것이었다.[15] 쿠바에 관한 이들의 왜곡된 상황판단은 CIA지도자들이 바로 듣기 원하는 바였으며, 따라서 그렇게 보고되었다.

실무자들에 의한 정보보고는 항상 진행되고 있으며, 이는 상급자들에 의한 검토를 거쳐 결국 국가정책의 결정에 영향을 끼친다. 이러한 보고 속에 고의적인 왜곡이 있을 가능성은 상존한다. 특히 의사결정자들은 자신들이 받아들이기 유리한 정보만을 쉽게 받아들인다는 문제가 있다. 더욱이 전시에 부정확한 정보가 주는 결과는 엄청난 것이다.

와일렌스키(Harold Wilensky)는 조직이 활용해야 하는 정보의 질에 관한 깊이있는 연구에서 "잘못된 정보는 복잡한 조직에서 언제나 제기되는 문제"라고 지적한 바있다.[16] 계층제의 경로를 따라서 올라가는 왜곡된 정보를 감소시키는 방법에 관하여 깊이 연구한 다운스(Anthony Downs)는 왜곡을 감소시키는 주된 방법은 전달과정에서 의미가 바뀌지 않는 메시지(message)를 사용하는 데 있다고 단정하였다. 즉 정보는 판단이나 의견을 가하기보다는 요약되지 않은 형태로 전달하여 왜곡을 최소화해야 한다는 것이다. 그러나 계층제를 따라 상부로 전달되는 정보가 요약되지 않은 형태로 전달된다면 최상부의 의사결정자는 지나치게 많은 정보에 노출될 것이다. 그러므로 최상부에서 접수되는 가장 정확한 정보란 왜곡된 부분이 가장 적은 정보라고 말할 수 있다.[17]

의사결정에 기여하는 정보는 가장 질이 좋은 정보여야 한다. 그러나 상부에 대한 보고가 실무자의 판단과 의견을 요구하는 경우에는 왜곡을 배제하기가 여간 어렵지 않다. 와일렌스키(A. Wilensky)와 다운스(A. Downs)의 견해처럼 정보의 왜곡은 조직구조 속에 깃들어 있기에 정보의 왜곡을 초래할 수 있

---

15) Harold L. Wilensky, *Organizational Intelligence*(New York: Basic Books, Inc., 1967), p.49.

16) *Ibid*., pp.179~180.

17) Anthony Downs, *Inside Bureaucracy*(Boston: Little, Brown & Co., 1967), p.127.

는 정보유통과정에 대한 적절한 관리의 중요성이 더욱 부각된다.

오늘날의 조직정보는 고전적 조직이론에 기반한 관리의 문제에 더하여 세계화로 인하여 새로운 관점의 관리가 요구된다. 우선 정보는 국가 단위를 초월한 자료들과 여전히 특정 지역 단위에 적용되는 자료들로 대별된다.

세계적으로 활용되는 자료(global data)는 의사 결정에 참여하는 사람들의 접근성이 높다. 정보의 집권화도 높기 때문에 활용하기가 용이하지만, 지역으로 분권되어 있는 자료들의 긍정적인 요소들, 예를 들어 구체성, 지역 민감성 등을 놓칠 수 있다.

반면 지역적 자료(local data)는 분산되어 있어 접근성이 떨어지지만, 특정 지역의 위기 상황에 민감하게 반응하여 활용도가 높다. 그리고 잠재적으로 최상의 정보가 아닌 그 지역에 국한된 최적의 정보를 추구하는 경향이 있다.

이러한 정보의 처리에는 발전된 정보기술을 활용하여 더 빠르고 복잡한 분석과 정보의 확산에 기여할 수 있을 것이다. 그렇지만 기술은 다양한 방식으로 활용될 수 있기에 그 효과성을 하나의 방향으로 단정지을 수는 없다. 기술을 활용하는 조직 또는 사람의 목적과 의도, 견해에 따라 기술은 다르게 활용될 수 있다. 예를 들어 유사한 정보 및 자료를 활용하지만 경영정보시스템과 노동자정보시스템은 산업 민주주의의 발전에 미치는 영향이 상당히 다르다. 이러한 차이는 기술 자체에 내재되어 있는 것이 아니라 권력, 통제 및 이해관계 등의 사회적 문제와 관련이 있다. 즉, 정보기술의 폭발적 발전이 더 빠른 정보의 생산과 더 복잡한 정보 분석 능력에 기여하는 것은 사실이지만 그 자체보다는 사회 조직과 인간 행동의 특성에 대한 이해를 바탕으로 기술을 어떻게 활용할지에 대한 고찰이 더욱 요구된다.

2) 조직적 정보관리[18]

(1) 의의

불확실성을 줄이기 위한 조직적 정보관리는 자료를 해석할 수 있는 형식을

---

18) Daniel Robey, *op. cit.*, pp.502~507.

만들어 내고 결국 정보의 선호도를 결정할 수 있게 된다. 조직의 경계 안과 밖 사이의 불확실성을 줄여나감으로써 자료의 무작위성을 줄여나가는 것이 조직의 정보관리이다.

이러한 조직적 정보관리의 수준을 평가할 수 있는 두 가지 주요 기준은 효율성과 재량이다. 효율성은 메시지를 다른 사람이나 조직으로의 전송하는 능력을 의미하고 메시지를 요약하여 크기를 줄이는 것과도 관련이 있다. 정보관리 재량 수준은 메시지의 의미를 변형하거나 메시지의 전송을 지연하는 기능에 의해 결정된다. 조직은 재량으로 정보가 외부로 전송되는 시점에 영향을 미칠 수 있고 전송 시점의 의도적 지연을 통해 정보의 우선순위를 결정할 수 있다.

(2) 방식

조직 구조는 정보를 처리하는 방식에 영향을 미친다. 대표적인 이론 중 하나로 상황(적응)이론(contingency theory)이 있다. 조직과 관련된 상황적 요소, 즉 조직의 크기, 구조, 환경, 정보처리 기술과 같은 요소들이 어떻게 불확실성을 만들어 내는지, 결과적으로 정보처리가 필요한 상황에서 어떤 대응을 하게 하는지를 설명하는 이론이다. 예를 들어, 불확실성이 낮을 때, 조직이 관료제와 같은 구조로 구성되어 있다면 가장 적절할 것이다. 그러나 불확실성이 증가한다면 부가적인 정보의 처리를 위해 더 유기체적이거나 복잡한 대응이 요구된다. 이때는 의사결정이 프로그램화 된 기계적 조직보다 조직 구성원들이 재량을 잘 발휘할 수 있도록 설계된 유기체적 조직이 더욱 적합하다.

그 외의 이론들은 역시 정보 처리 방식으로서의 대안들을 제시한다. 카네기 이론에 따르면 어떤 의사결정은 규칙이나 정책을 통해서 프로그램화 될 수 있기 때문에 정보처리는 갈등, 목표 설정, 정치와 같은 흥미있는 행위를 이해하는 기초로 활용될 수 있다고 설명한다. 시장의 질서에 주목한 접근법은 정보에 대한 가격을 책정하여 정보의 전송을 통제할 수 있다고 설명하며, 관료제와 같은 위계질서에 기초한 접근법은 큰 불확실성하에서 가격책정이나 규칙적용이 용이하지 않은 질적인 정보를 처리하는 능력은 계서적 네트워크에서 정보처리 규칙을 결정할 수 있다고 한다.

또한 정보처리 능력을 증가시키기 위해서는 수직적 정보처리 시스템과 수평적 관계를 동시에 활용하는 것이 필요하다. 수직적 채널은 자원의 개발과 유지에 관련된 정보를 처리하고 수평적 의사소통 채널은 그 사이에 자원에 대한 부처 간 협조, 배분 계획 등을 담당하여 수직적 의사소통 채널의 역할을 보완한다.

제 3 절 　 정보관리의 장애

필요하고 확실한 정보의 효율적인 관리는 정보의 유통상에 발생하는 불필요한 경비와 인력소모를 방지하고 정보의 비용을 감소시킨다. 그러나 발생되는 정보를 유효하게 처리하지 못하는 정보관리의 장애현상이 나타나는데, 그 주요인은 다음과 같이 분석된다.

1. 정보의 중요성에 대한 인식부족

어떤 특정한 정보 서비스가 특정한 조직에 유효한 정보인가를 모르고, 변화를 싫어하는 전통주의적 보수지향의 성격이 크게 작용하기 때문이다.

2. 비밀정보의 증가

공공기관이나 일반기업체의 대외비·사외비 등은 정보처리의 다양성을 배제하고, 정보활동에 있어서 정보의 유통경로를 폐쇄시켜 수많은 관련기관 및 업체에 정보제공을 하지 못하는 결과를 초래한다.

3. 전문인력의 부족

선진국과는 달리 개발도상국은 정보혁명의 과도기적 과정에 있기 때문에 필요한 정보를 수집·분석·평가하여 필요한 곳에 이용하는 과정을 충분히 연구하고 활용할 수 있는 전문가의 부족현상에 처해 있다. 또한 정보유통 및 관리에 대한 전반적인 무지현상은 정보의 효율적인 관리에 큰 저해요인으로 등장한다.

4. 언어의 장벽

정보의 유통매체로서의 언어가 보통 활용되는 공용어가 아닌 난해한 외국어를 활용하는 경우가 많아 이에 대한 적절한 대응책이 수반되지 않을 경우 정보입수가 곤란해진다. 특히 외국어에 대한 무관심이 정보관리에 커다란 장애요인이 된다.

5. 분절화된 조직구조19)

오늘날까지 컴퓨터를 활용한 정보관리 시스템은 급속하게 발전하였으나 컴퓨터의 기능적 진보만큼 조직 내의 정보관리의 질적 성장이 있었는지에 대해서는 회의적이다. 그 이유는 조직 구조가 분절되어 있어 한 명의 관리자의 노력이나 한 조직의 개편만으로는 정보관리의 효과성을 극대화하는 것은 불가능하기 때문이다.

예를 들어 하나의 부처가 통합된 정보관리시스템을 구축하고자 할 때, 정부의 정보관리시스템이 전통적인 형식으로 수직적으로 구성되어 있다면, 다른 부처의 관리자가 타부처의 정보를 신뢰하지 않는다면, 그리고 중간관리자들이 새로운 관리 프로그램에 저항한다면 정보는 처음 관리시스템을 구축한 조직 밖으로 전달되지 못할 것이다. 따라서 조직구조의 전반적인 변화가 동반되지 않는다면 정보관리 프로그램의 발전은 무용지물일 것이다.

---

19) E. F. Huse and J. L. Bowditch, *Behavior in Organizations: A systems approach to managing*(Massachusetts: Addison-Wesley Publishing Company, 1977), p.365.

제 4 절   효과적인 정보관리

Ⅰ 정보기능의 관리방향

급변하는 환경의 변화에 맞추어 조직의 국내외 경쟁력을 확보하기 위해서는 우선 정보관리의 경쟁력 확보가 요구된다. 이는 기본정보관리의 확립은 물론 특성정보의 관리 강화로 진전되어야 한다(그림 2-9-2 참조). 정보기능의 향상이 시급한 과제라고 해서 기초적인 체계의 확립없이 서둘러 추진하게 되면 정보관리체계의 효율적인 운영이 불가능해지기 때문이다. 또한 각종 정보는 상호보완관계에 있으며, 모든 국면을 조명할 수 있는 전방향성을 유지하는 것이 중요한 과제이다.

정보력이란 우연의 결과가 아닌 반드시 원인과 동기에 따른 필연의 인과관계라는 인식을 가질 필요가 있다.

▼ 그림 2-9-2 정보기능의 관리방향

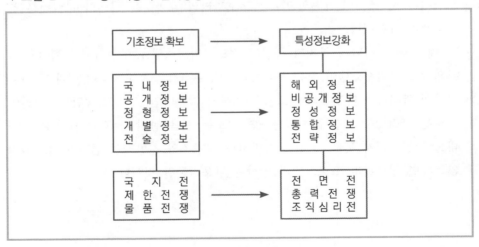

Ⅱ 정보관리의 효과적 추진방안

1. 기본방안

행정조직에 있어서 정보관리를 효과적으로 하기 위해서는 다음과 같은 방안이 추진되어야 할 것이다.

첫째, 하위직 구성원으로부터 최고관리자에 이르기까지 단계적으로 정보교육을 실시하여 정보의 중요성에 대한 인식을 제고시킨다.

둘째, 고도의 정보처리센터를 충분히 활용하여 정보처리기능을 현시대의 요청에 맞게 향상시켜야 할 것이다.

셋째, '속보' 및 정보 서비스를 확대하여, 수직적 보고를 지양한 수평적인 배포를 통하여 정보활용도를 높여서 조직 내 정보 활용을 강화시킨다.

넷째, 정보 센터의 업무를 전문화하고, 정기적으로 정보조사담당자에 대한 전문정보교육을 실시하며, 각종 정보자료를 전산화하고, 정보관리규정을 작성하여 시행하는 등의 정보관리기능을 강화해야 할 것이다.

2. 정보기술 활용 방안[20]

정보기술의 발전에 발맞추어, 구체적으로, 엑스트라넷과 전자문서교환 (EDI: Electronic data interchange)을 통해 조직 외부의 사람이나 조직과의 관계를 강화하는 것도 중요한 정보관리 방법이다. 엑스트라넷은 기본적으로 인터넷을 활용한 의사소통 체계로서 둘 이상의 외부 조직과 정보를 공유하는 의사소통 체계이다. 전자문서교환은 사업자와 공급자를 연결시켜 주는 것으로서 사람의 직접적인 역할 없이 필요로 하는 자료를 전송시키는 체계이다. 이 체계를 통해 자료 전송의 속도를 높이고 비용을 줄일 수 있다. 예전에는 전자문서교환 체계를 설치하는 비용 때문에 작은 조직들은 활용하기가 힘들었지만 인터넷의 발전으로 그런 한계는 극복되었다. 엑스트라넷과 정보문서교환 체계

---

20) Richard L. Daft, *op. cit.*, pp.301~308.

로 조직 상호 간 의사소통이 향상되었고 관계도 긴밀해졌다.

엑스트라넷과 전자문서교환은 정보의 교환 및 공유를 통해 오늘날 조직의 통합에도 많은 기여를 한다. 조직의 통합은 조직 간, 그리고 조직과 핵심적인 외부자들 간의 수평적 정보 연결로 가능하다. 통합된 조직은 조직 간의 긴밀한 관계를 바탕으로 매끄러운 정보공유가 기본이다. 수직적인 관계보다는 수평적인 관계가 조직의 통합에 더욱 용이할 것이다.

덧붙여서, 정보기술의 발전은 조직구조에 있어서 엄청난 영향을 끼쳐왔고 앞으로도 더욱 그러할 것이다. 앞으로의 조직 구조 변화에 있어서의 지속될 경향성은 다음과 같다.

1) 인터넷을 기반으로 한 작은 조직이 더욱 증가할 것이다. 건물이나 사무실, 책상과 같은 물리적 요소들 없이 사이버 공간에서 존재하고 활동하는 조직들의 활동이 활발해 질 것이다. 전통적인 형태의 조직들도 정보기술의 발달로 더 적은 인원으로 더욱 효율적으로 운영될 것이다.

2) 분권화된 조직 구조가 더욱 확산될 것이다. 과거에는 최고 경영자 등 소수만이 접근할 수 있었던 정보가 조직 전체로 공유되어 관리자들도 정확한 정보를 바탕으로 더 빠른 의사결정이 가능해질 것이다.

3) 수평적 권력이 향상되고 조직 상호간 관계가 개선될 것이다. 조직관리에 있어서 정보기술 발달의 가장 큰 의의는 조직 간의 협력을 향상시킬 수 있는 잠재성에 있다. 조직 간의 통합이 강화되고 반대로 조직 간의 경계는 흐려질 것이다. 이를 통해 위기 상황 등에 더욱 잘 대처할 수 있을 것이며 과거에는 정보 접근성의 문제로 영향력을 거의 미치지 못했던 조직 외부의 존재들, 예를 들어 고객의 경우에도 권력이 증가할 것이다.

4) 조직은 더욱 모듈화되어 운영의 비용이 낮아지되 활동은 더욱 활발해 질 것이다. 발전된 정보 기술을 토대로 네트워크조직(network structure)과 가상조직(virtual organization) 등이 발달하고 다양한 기능들을 수행하는 외부 조직들에게 업무의 일부를 외주하여 조직 운영의 효율성을 더욱 높일 것이다.

3. 정보관리의 전망과 과제

정보관리의 핵심은 조직의 사업성과를 향상시키는 데 있다. 즉, 제한된 자원을 활용하여 최대의 효과를 달성하고자 하는 경제성 원칙이 그대로 적용되는 것이다. 따라서 정부의 정보관리는 조직의 성과 향상을 위한 행정관리의 틀 속에서 이루어져야 한다. 이러한 관리의 변화는 정보자원에 대한 인식의 변화에 비롯된 것으로, 정보가 비용이 수반되는 가치있는 자원이며 인력, 예산 등 기존의 자원과 동일한 관리가 필요함을 인식하고 정보관리 또는 정보기술의 도입을 투자로 인식하여야 한다.

10 지식관리

제 1 절 지식관리의 의의

현대 조직에서 지식관리는 단순한 정보관리 이상의 중요성이 있다. 과거와 달리 정보에의 접근성이 획기적으로 개선된 현 상황에서는 단순히 불필요한 정보를 제거하는 것 이상으로, 중요한 정보를 조직의 목표달성과 성공의 맥락에 연계시킨다는 측면에서 지식을 획득하고 창출하며 조직 전반으로 이전하여 활용할 수 있도록 관리하는 지식관리 역량의 중요성이 점차 커지고 있는 것이다.

Ⅰ 지식의 정의

사전적으로 지식(knowledge)이란 어떤 대상에 대한 실제적이며 경험적 인식 혹은 이해로서 객관적 타당성이 담보될 수 있는 판단 체계를 의미한다. 따라서 지식은 단순한 사실 및 수치를 의미하는 자료(data)와는 구분되며, 이들 자료가 특정 맥락에 따라 결합되거나 변환된 형태인 정보(information)와도 구별된다. 즉, 지식은 자료로 구성된 정보들을 종합하여 만들어 낸 일종의 모듈화된 의식 체계라고 할 수 있다.

이러한 지식은 가시성과 공식성의 수준에 따라 외재적(explicit) 지식과 암묵적(tacit) 지식으로 구분할 수 있다.[1] 가시성과 공식성이 높은 외재적 지식은

---

1) Richard L. Daft, *Organization Theory and Design*(Ohio: Thomson South–Western, 2004),

체계적으로 서술된 또는 도식화된 정보로 구성되어 자료를 통해 복제와 재생산을 통한 이전이 가능한 지식을 의미한다. 반대로 암묵적 지식은 흔히 노하우(knowhow)나 경험칙(rule of thumb), 통찰력(insight)과 같이 가시적으로 파악하기 어려운 비공식적 정보로 구성되며, 자료를 통한 복제나 재생산이 어렵다는 특징이 있다.

Ⅱ 지식관리에의 접근

지식관리는 기존의 조직관리 대상이던 인적·물적 자원 등에 더해 지적이고 창의적인 자원으로서의 지식을 창출하고 조직공유·확산시키는 행위를 의미한다. 이러한 지식관리는 앞서 살펴 본 지식의 유형에 따라 접근법이 상이하다.

1. 외재적 지식관리

일반적으로 외재적 지식은 인적자원이나 재무적 자원과 같은 요소로부터 파생되기 때문에 지식의 수준은 이들 요소의 수준과 밀접하게 관련된다. 따라서 외재적 지식관리의 목표는 현재 조직의 재화와 용역 등의 산출체계를 최적화시킬 수 있는 지식을 확보하고 이를 조직 전체에 적용할 수 있도록 체계화시키는 것이다. 즉, 표준운영절차와 같은 외재적 지식이 기존의 조직관리 역량을 제고하는데 활용될 수 있도록 신뢰할 수 있는 정보시스템을 구축하는 것이 외재적 지식관리의 목표라 할 수 있다. 이를 위해 체계적으로 수집 및 저장된 지식이 재생산 및 확산을 통해 기존의 조직관리 전략과 효과적으로 결합될 수 있도록 전자자료시스템을 구축하는데 따른 대규모 정보기술에 대한 투자가 요구된다.

---

pp.297~298.

2. 암묵적 지식관리

제2차 세계대전 이후 일본 기업의 지식관리 전략에서 영감을 얻은 암묵적 지식관리는 체계화된 정보로 구성된 외재적 지식의 효용이 미치지 못하는 체화(體化)된 형태의 지식을 조직관리에 활용한다. 즉, 노하우나 경험과 같은 암묵적 지식은 재생산을 통한 지식이전이 어렵기 때문에 외재적 지식관리에서처럼 플랫폼으로서 정보시스템을 구축하기보다는 이들 암묵적 지식을 보유하고 있는 개인 간의 연계 및 교류를 확장하는데 지식관리의 목표를 두고 있다. 물론 적정한 수준의 정보기술 투자를 통한 암묵적 지식 간 교류 및 확장을 위한 기반을 마련하는 것도 중요하나 암묵적 지식관리의 핵심은 사람 간의 연계 및 교류를 촉진시켜 창의적 문제해결을 위한 지식 네트워크를 형성하는 것이다.

▼ 그림 2 – 10 – 1 지식관리 접근법[2]

외재적 지식 체계적이고 재생산이 가능한 지식에의 접근을 위한 고품질의 신뢰할 수 있는 정보시스템 구축	지식관리 목표	암묵적 지식 전략적 문제에 대한 창의적 조언을 위한 개별적 전문지식 간 연계
사람 대 자료 접근법 지식의 재생산을 체계화하고, 저장하며, 확산시키고 허용하기 위한 전자자료시스템의 구축	지식관리 전략	개인 대 개인 접근법 사람들을 연계시켜 암묵적 지식이 공유될 수 있는 네트워크 구축
사람들을 재생가능하고 체계화된 지식에 연계시키는 목표 달성을 위한 정보기술에 대한 대규모 투자	정보기술에 대한 접근법	사람 간 교류 및 암묵적 지식의 개인 간 교환을 촉진하는 목표 달성을 위한 정보기술에 대한 적정수준의 투자

자료: Richard L. Daft, *Organization Theory and Design*(Ohio: Thomson South-Western, 2004), p.299.

---

2) *Ibid.*, p.299.

제 2 절   지식전달체계

조직의 지식관리체계는 조직목표 달성 및 성공을 위한 지식을 조직이론 및 실제로부터 창출하고 이를 조직관리에 적용하는 광범위한 과정을 의미하며, 이를 지식전달체계(Knowledge-flow system)라 부르기도 한다.3)

1. 지식의 창출

던칸(W. Duncan)에 따르면, 지식전달체계에서 지식의 창출은 주로 조직현상과 행태를 관찰하고 설명하려는 이론 및 연구를 통해서 이루어진다. 사실, 조직이론의 범주는 하나의 학문범주로 묶기에는 매우 다양하며 이들 학문분야 간의 접점에서 새로운 지식이 창출되기도 한다. 나아가 이론적 지식을 통해 실제 조직문제를 설명하려 할 때 지식전달체계 내에서 이론적이면서 동시에 실천적인 지식이 창출된다고 할 수 있다. 예컨대, 행동연구(action research) 분야에서는 조직의 관리자와 연구자가 문제의 정의 및 연구설계, 연구결과의 실천적 적용과정 전반에 걸쳐 함께 참여하는 것을 볼 수 있다.

2. 지식의 적용

이론적 학문세계에서 창출된 지식이 실제 조직문제를 해결하는데 효과적이냐는 문제는 지식의 효용측면에서 매우 중요하다. 이 경우 과학적으로 설계된 지식체계가 실제 조직의 규범적이고 목표지향적인 운영에 얼마나 효과적으로 결합될 수 있느냐를 평가하는 것이 중요하다. 가령, 동기이론에 따른 외적 보상체계 또는 내적 보상체계의 효과는 실제 조직의 상황과 목표에 따라 상이하게 적용될 수도 있다.

---

3) Jack W. Duncan, *Organizational Behavior*(Boston: Houghton Mifflin, 1981).

제 3 절 지식관리의 실제

창출된 지식이 유용한 정보로써 활용가능한 형태로 전환되는 과정을 지식
효용화(knowledge utilization) 과정이라 한다.[4] 이러한 지식효용화 과정은 지
식관리를 설계함에 있어 핵심적인 요소로 다루어진다. 구체적으로는 이론에서
창출된 지식이 실천적 영역에서 적용되어 지식으로서 효용을 검증받으면 비
로소 지식전달체계에서 재생산과 확산이 가능한 지식자원으로 요소화된다.

1. 장애요인

이론과 실제 영역에서 창출된 모든 유용한 지식이 지식전달체계를 통해 재
생산되고 확산되는 것은 아니다. 던칸(Duncan)은 이를 저해하는 요인으로 가
치문제와 개인적 차이, 외재적 요인을 지적하고 있다.[5]

1) 가치문제

일반적으로 이론적 영역에서는 조직관리를 위한 지식을 그 자체로 목표로
여기는 반면, 실천적 영역에서는 이를 조직목표 달성이나 성공을 위한 수단적
요소로 취급하는 경향이 있다. 이처럼 창출된 지식에 대한 가치부여에 있어
나타나는 근본적인 해석적 차이는 지식전달체계 내의 영역 간 지식의 흐름을
저해하는 요소로 작용할 수 있다.

2) 개인적 차이

창출된 지식을 바라보는 시각에 있어서의 차이는 연구자와 관리자 집단 간
에도 나타나지만 동일한 연구자 혹은 관리자 집단 내에서도 성별이나 조직에
대한 관심분야, 또는 조직에 대한 경험정도에 따라 상이하게 나타날 수 있다.
이러한 개인적 차이는 동일한 지식에 대해 상이한 언어의 형태로 나타나기도

---

4) *Ibid.*

5) *Ibid.*

하며, 때로는 지식관리의 목적 또는 대상으로서 조직에 대한 상이한 태도로 나타나기도 한다.

3) 외재적 요인

외재적 요인으로서 사회경제적 요인으로 인해 지식전달체계상 이론과 실천적 영역 간 정보의 흐름이 저해될 수도 있다. 특히, 경제 침체기의 조직 성과 악화는 이론적 영역에서 창출된 지식의 흐름을 느리게 만들기도 한다. 또한 혁신적 지식의 막대한 초기비용으로 인해 일정 수준의 성공사례가 축적되기 전에는 이러한 지식을 실제 조직관리에 적용하기 어려운 점 역시 외재적 요인에 의한 지식전달체계의 저해요소라 할 수 있다.

2. 극복방안

지식전달체계의 저해요소를 극복하기 위한 방안으로 던칸(Duncan)은 이론과 실천적 영역 간 연계성 강화를 주장한다.[6] 특히, 양쪽 영역에 걸쳐 있는 연계조직 등의 활용을 통해 이론과 동떨어진 지식 또는 실제와 동떨어진 지식이 창출되는 것을 방지할 수 있다고 주장한다. 가장 대표적인 사례로는 응용학문을 연구하는 학문분야나 전문가 협회나 학회 등을 통해 양쪽 영역 간 연계를 강화하는 것을 들 수 있다. 가령, 조직관리에 있어 많은 지식창출이 기업관리나 실제 조직관리에의 적용을 염두에 둔 연구과제 등을 통해 이루어지고 있으니 학계의 학회 구성원에 현직 조직관리자를 초빙하여 이들이 서로 교류할 수 있는 계기를 만드는 것은 중요하다.

3. 행동 연구(Action Research)

조직관리에 있어 지식전달체계 활성화를 위한 노력으로 행동연구(action research)를 들 수 있다. 프렌치와 벨(French and Bell)에 따르면, 행동연구는 "일련의 조직목표나 목적, 또는 요구와 관련하여 현재 조직에 대한 연구 자료

---

6) *Ibid.*

를 체계적으로 수집하는 일련의 과정"으로 정의할 수 있다.[7]

보다 구체적으로 이는 지식창출과 전달을 위한 조직 연구의 설계와 연구결과의 적용과정 전반에 걸쳐 연구자와 조직 관리자의 참여를 가시적으로 도식화하는 과정을 의미한다. 즉, 사실관계 확인과 실천적 문제해결을 위한 실험과 같은 과학적 방법론의 적용과정에서 연구자뿐만 아니라 이를 실제 조직관리에 적용할 이해관계자를 참여시켜 이들 간의 협력과 조정을 통해 실천성이 높은 동시에 이론적 완성도가 높은 지식을 창출하는 과정이다.

이를 위해 연구의 설계과정에서 이론적 중요도를 지니는 연구자 중심의 정보에 대하여 이해관계자의 검토를 거치도록 하며, 연구의 진행과정에서 연구자는 과학적이고 체계적인 연구결과가 도출될 수 있도록 연구과정을 통제하고, 최종적으로 도출된 연구결과에 대해 이해관계자가 실제 적용과정에서 나타나는 효과를 환류하여 이론적으로 그리고 실천적으로 효용성이 높은 지식을 창출하고 전달하는 체계를 구성한다.

제 4 절   지식관리의 윤리적 문제

지식관리는 행태적 지식과 실험적 요소에 주로 기반하고 있으므로 이에 따르는 윤리적 문제에 대해 각별한 주의를 기울여야 한다. 특히, 켈만(Kelman)은 일찍이 인간의 행태를 통제하는데 영향을 미치는 지식이 점진적으로 증가하고 있고, 사회적으로 이러한 정보의 활용 역시 점차 증가하고 있음을 지적하였다.[8]

지식관리에 있어 윤리적 문제는 창출된 지식의 가치문제와 직결된다. 가령,

---

7) W. L. French and C. H. Bell Jr., *Organization Development, 2nd ed.*(New Jersey: Prentice—Hall, 1978).

8) H. C. Kelman, "Manipulation of Human Behavior: An Ethical Dilemma for the Social Scientist," *Journal of Social Issues*, Vol.21(1965), pp.31~33.

특정한 지방정부 형태가 다른 형태보다 혁신이나 정부성과에 있어 긍정적인 결과를 나타낸다는 연구는 자칫 이론적 적용을 넘어 실제 조직관리자나 이해관계자들에게 잘못된 가치 정향을 심어줄 우려가 있다. 마찬가지로 동기이론에 기반한 직무설계 역시 조직의 이해관계자의 가치 판단에 영향을 미칠 수 있다는 점에서 결과의 해석과 적용에 보다 신중을 기할 필요가 있다.

제 5 절　지식노동자와 지식관리[9]

1. 지식관리의 특징

노동이론에서 떨어질 수 없는 개념이 생산성이며 이것은 지식노동의 경우에도 예외는 아니다. 그러나 오늘날 우리가 생산성이라고 부르는 개념은 20세기 중반에 등장한 비교적 최근의 개념으로서 테일러(Taylor)식 과학적 관리론에 근거를 두고 있다. 육체노동자의 생산성을 가장 처음 연구한 테일러는 노동자들의 동작과 상품이 생산되는 시간과의 상관관계를 분석하여 가장 효율적인 방식을 제시함으로써 생산성을 높일 수 있게 기여하였다. 오늘날에도 개발도상국이나 낮은 수준의 반복되는 기술을 필요로 하는 직종에 종사하는 사람들에게는 과학적 관리론은 유용하다.

그러나 제조업에 대한 의존도가 낮은 선진국의 경우에 과학적 접근법을 적용하는 것은 무리가 있다. 왜냐하면 선진국이 자신들의 생존과 미래의 번영을 위해 해결해야 하는 문제는 지식노동자의 생산성을 높이는 문제이기 때문이다. 드러커(Drucker)는 과거 테일러(Taylor)식 과학적 관리론에 기반한 조직관리를 대체하는 조직관리 전략으로 지식관리를 주장하며, 이러한 지식관리의 주체로서 지식노동자(Knowledge－worker)를 새롭게 정의하고 있다. 기존의 과학적 관리론과 비교하여 지식관리의 특징은 다음과 같이 여섯 가지로 대별할

---

9) P. Drucker, *Organization Development*(New York: Harper and Row, 1993), pp.915~932.

수 있다. 참고로 여섯 가지 중 마지막 요소를 제외하고는 모두 육체 노동자의 생산성을 높이기 위한 것들과는 거의 반대되는 특성을 보인다.

1) 능동적인 과업의 정의

과학적 관리론에서 정의하는 생산성은 주어진 과업(task)을 어떻게 효율적으로 달성하느냐에 달려있다면, 지식관리의 생산성은 지식관리에서는 과업을 어떻게 정의하느냐에 달려있다고 본다. 이는 생산성을 결정하는 지식의 특성과 관련되며, 과학적 관리론에서 필요로 하는 지식은 명확하게 기획된 것임에 비해 지식관리에서 필요로 하는 지식은 복잡하고 불명확한 문제를 해결하기 위한 창의적인 지식이기 때문이다.

2) 지식노동자의 자율성

과학적 관리론에서 노동자는 전체 생산과정의 일부로서 교환가능하지만, 지식관리에서 지식노동자는 전체 생산성을 스스로 관리하는 주체이다. 즉, 지식노동자는 개개인에 대한 생산성에 대해 책임을 가지므로 지식노동자 스스로를 관리하며, 그렇기에 자율적이어야 한다.

3) 끊임없는 혁신

과학적 관리론에서 과업은 명확하게 설계되며 불필요하거나 비효율적인 과정은 전체 과업설계과정에서 제거된다. 그러나 지식관리에서 과업은 명확하게 정의되기보다는 끊임없이 변화하기 때문에 이러한 문제를 해결하기 위해서는 끊임없는 혁신이 지식노동자의 업무, 그리고 책임이 되어야 한다.

4) 지속적인 학습

과학적 관리론에서 외재적 환경은 주어진 것으로 간주된다. 반대로 지식관리에서 환경은 적응과 관리의 대상으로 과업의 설정과 생산성과 밀접한 관련을 맺고 있다. 따라서 지식관리는 끊임없는 학습이 요구되며, 학습의 결과로써 지식이 과업에 반영되어야 한다.

5) 질적 관리

과학적 관리론이 효율성에 기반한 양적 관리에 최적화되어 있다면, 지식관리는 산출물로써 단순한 양적 목표의 달성만이 아닌 질적 결과의 달성 역시 생산성의 요소로 포함한다. 만약 산출물에 대한 최고의 품질을 추구하는 것이 힘들다면 최소한 최적의 품질을 목표로 하여야 한다.

6) 자산으로서 지식노동자

과학적 관리론에서 노동자는 기계의 부품과 같이 대체가능한 요소로 생산성의 비용으로 간주된다. 이와는 반대로 지식관리에서 지식노동자는 조직의 성공과 발전에 대한 선호와 책임을 지니는 자산으로서 간주된다.

2. 생산성 향상 방안[10)]

위의 여섯 가지 특징을 중심으로 지식노동자의 생산성을 향상시키기 위한 방안을 고찰한다.

우선 지식노동자가 자신의 과업이 무엇인지 스스로 질문을 하고 답을 내릴 수 있어야 한다. 육체노동자가 자신의 노동을 '어떻게'할 것인지에 대한 질문에 답을 할 수 있어야 한다면 지식노동자는 '무엇을' 할 것인지에 대해 스스로의 답을 갖고 있어야 한다. 따라서 '업무는 무엇입니까?', '무엇이어야 합니까?', '무엇에 기여할 수 있어야 합니까?', '어떤 어려움이 업무에 방해가 됩니까?' 등에 대한 질문에 답을 찾는 과정이 반드시 필요하다.

이처럼 업무를 무엇으로 정의하느냐는 지식 노동의 결과물에 대한 평가 문제에도 중요한 역할을 한다. 지식노동자의 생산성을 논함에 있어 핵심적인 내용은 지식 노동의 질적인 산출물 어떻게 평가할 것인가의 문제이다. 그러나 지식 노동의 결과물의 품질에 대한 보편적인 정리는 존재하지 않는다. 그렇기 때문에 업무가 무엇이었는지, 무엇이어야 하는지에 대한 정의가 우선 내려져야 어떻게 품질을 측정하고 평가할 것인지 결정되는 경우가 많다.

---

10) *Ibid.*

일례로 미국의 학교에 대한 업무평가 방법은 왜 업무에 대한 질적 평가 이전에 업무의 정의와 목표를 정의해야 하는지를 보여준다. 미국의 공립학교는 주로 어려운 처지에 있는 학생들을 대상으로 교육 서비스를 제공하기 때문에 교직원들은 자신의 업무를 학생들의 학업 실패를 저지하는 것으로 설정한다. 반면에 사립학교의 교직원들은 배움의 욕구가 있는 학생들에게 지식을 가르침으로써 학생들의 학업성취도를 높이는 것을 자신들의 목표로 설정한다. 따라서 사립학교의 업무의 질은 학업적 성공에 대한 요소로 평가되고 공립학교의 경우는 학업적 실패 저지에 대한 요소로 평가된다. 이처럼 업무를 무엇으로 정의하느냐에 따라 그 평가의 적실성이 달라진다.

지식노동의 생산성 향상을 위한 가장 중요한 단계인 업무에 대한 정의가 결정된 이후에 지식노동자는 그에 따르는 스스로의 책임에 대해서도 결정을 해야 한다. 책임성에는 자신이 투자하는 시간과 비용에 대해 자율적으로 결정하는 것이 포함된다. 뿐만 아니라 자신의 업무에 대해 지속적으로 혁신을 추구하고, 지속적으로 학습하여야 한다.

마지막으로 전술한 바와 같이 지식노동자는 경제이론에 따라 비용으로 상정되는 육체노동자와는 달리 자본자산으로 여겨진다는 것을 인식해야 한다. 지식노동자는 자신만의 생산수단으로서의 지식과 경험이 있고 그것은 자본자산으로 이전이 가능하다. 그렇기 때문에 다른 지식노동자와 대체가 힘든 경우가 많아 최소한 자신이 몸 담고 있는 조직과 공생관계를 맺고 있다.

3. 생산성 향상 전략[11]

지식노동자의 생상성 향상을 위해서는 지식노동자를 개인으로서가 아니라 전체 조직의 일부분으로, 일 그 자체를 조직체계의 일부분으로 인식하여야 한다. 이때 조직 내의 저항 역시 예상 가능하기 때문에 지식노동자의 생산성 향상이 필요하다고 생각될 때 가장 먼저 해야 할 일은 성공적인 시범사례들을 만드는 것이다.

---

11) *Ibid.*

이를 위하여 우선 조직 내에서 변화에 수용적인 태도를 보이는 지식노동자 집단을 찾는다. 그리고 지속적으로 그 집단과 함께 변화에 대한 시도를 진행한다. 이때 이 집단이 처음에는 변화를 환영했다고 해도 점차 예상치 못한 문제들이 등장하면 처음의 마음가짐이 변할 수 있으므로 인내심을 갖고 천천히 진행해야 한다. 이 집단이 성공적으로 생산성의 향상을 이루었다면 이제 다른 집단, 다른 분야로도 변화를 확장한다. 확장하는 과정에서 어떤 저항들이 어느 집단 및 분야에서 발생하는지 확인할 수 있을 것이다. 혹은 성과의 측정방식에서 어떤 오류가 있는지 드러나게 될 것이다. 이러한 실험단계를 거치지 않고 조직 전체를 대상으로 변화를 시도한다면, 잦은 실수들로 변화에 대한 저항이 증폭될 뿐만 아니라 조직 전체의 신뢰도가 떨어지게 된다.

CHAPTER

11 전략적 관리

전략적 관리의 의의

전략적인 차원의 조직관리는 조직의 목표와 비전을 보다 장기적이고 체계적으로 접근하는 것을 말한다. 즉 일상적인 업무의 효율적인 처리를 넘어서 조직이 해야 할 일과 나아가야 할 방향을 제시한다는 것을 말한다. 실제로 수없이 많은 일상적인 업무의 성공적인 처리와 단기적인 차원의 세부활동은 조직의 장기적이고 일관성 있는 목표의 달성을 위한 체계적인 활동의 일부로 자리잡을 때 의미가 있는 것이다. 이와 같은 전체적인 과정은 전략적인 조직의 관리를[1] 통하여 성공적으로 완성될 수 있다.

1. 전략의 정의

전략(strategy)은 군사적 용어로 주로 활용되었는데, 이는 개별적인 전장에서의 전투(campaign)를 포괄하는 대규모의 전쟁(war)에 대한 기획을 의미한다. 이런 측면에서 전술(tactics)은 소규모의 전초전(skirmishes)과 교전행위(battles)에 활용되는 계획으로, 양자의 차이는 수준과 규모에서 확인할 수 있다. 현대의 조직들은 전쟁과 마찬가지로 생존을 건 치열한 경쟁에 돌입하고 있기 때문

---

1) 이 장에서 논의하는 전략(적) 관리(stragetic management)는 관리의 전략적 측면을 강조하는 것으로 전략의 관리에 초점을 맞추는 전략관리(strategy management)는 다른 개념으로 이해되어야 하며, 전략(적) 관리는 전략관리를 포괄한다.

에 전쟁용어의 조직용어로의 차용이 자연스럽게 받아들여지고 있다. 실제로 현대 조직사회에서의 경쟁은 마치도 전장에서 적과의 생사를 건 전쟁과 다름 없다. 민간부문은 물론 공공부문에서의 조직의 사멸은 이미 자연스러운 현상 이다. 따라서 급변하는 환경 속에서 치열한 경쟁을 뚫고 살아남기 위한 방편 으로서의 전략의 중요성을 확인할 수 있다. 이러한 측면에서 전략은 "세부적 인 계획이나 방침이 아닌 개인이나 조직의 일관되고 체계적인 활동 방향과 방 법을 제시하는 종합적 기획"이라고 정의할 수 있다.2)

2. 전략의 요소

전략이 갖는 복잡한 함의를 보다 구체적으로 이해하기 위하여 이를 구성하 는 요소들을 추출해 낼 수 있다.3)

1) 목적 또는 임무 조직의 존재이유를 확인할 수 있으며, 장기적이고 일관성 이 있다.

2) 환경에 대한 이해 조직이 처한 내·외부적 환경을 정확히 파악하고 이해 하고 있다.

3) 자원의 분석 조직이 보유하고 있는 다양한 인적·물적 자원에 대한 객관 적이고 엄정한 분석이 내재되어 있다.

4) 효과적인 집행 전략기획에 대한 효과적인 집행이 수반된다.

3. 전략적 관리의 의의

1980년대에 들어서 전략적 관리는 6·70년대를 풍미하던 전략기획의 영역 을 확장하며 이를 포괄하는 개념으로 등장한다. 전략기획이 주로 최적의 전략 적 의사결정에 초점을 둔다면, 전략적 관리는 새로운 조직의 영역 개척, 조직 의 새로운 기술개발 등과 같은 결과의 산출에 초점을 맞추고 있다.4) 그러므로

---

2) Robert M. Grant, *Contemporary Strategy Analysis*(Oxford: Blackwell, 2008), p.4.
3) Philip Sadler, *Strategic Management*(London: Kogan Page Limited, 1993). pp.9~13; Robert M. Grant, *Ibid.*, pp.7~9.
4) Igor H. Ansoff, *The New Corporate Strategy*(New York: John Wiley, 1988), p.125.

전략적 관리는 전략기획을 조직의 다른 부문들과 효과적으로 연계시키고 통합시키는 기능을 포함하고 있다. 즉 전략적 관리는 조직의 모든 계층과 영역에 조직의 전략적 의사결정을 효과적으로 연동시킴으로써 조직의 가치, 관리능력, 조직의 책임 등을 고양시키는 일체의 행동으로 이해할 수 있다. 따라서 전략적 관리는 조직의 역동적인 전략과 전술을 집행하여 급변하는 환경에 대응하는 조직의 새로운 변화의 과정을 주도하는 적극적인 행위라고 정의할 수 있다.[5]

전략적 관리는 두 가지 측면으로 분리해서 이해할 수 있는데, 그 첫째는 전략기획이다. 이는 조직에 필수적인 정보를 수집하고 분석함으로써 미래의 상황을 예측하고, 이에 기초한 조직의 최적의 행동을 구사한다. 두 번째는 관리과정에 보다 초점을 맞추는 것으로 예측하기 어려운 환경에 대응하기 위하여 조직의 능력을 최적화하는 관리체계에 전략적으로 접근한다. 이때 기획에 초점을 맞추는 경우는 안정되고 예측가능한 환경에 적합하고, 관리에 초점을 맞추는 경우는 급변하고, 예측하기 어려운 환경에 대한 유연한 대응에 적합하다고 할 것이다.[6] 따라서 성공적인 전략관리는 양자의 통합적이고 적절한 운영에서 얻어질 수 있다.

제 2 절 전략적 관리의 접근

전략과 전략적 관리에 대한 학문적 접근은 세 부문의 10개 학파로 분류할 수 있다.[7]

---

5) James L. Mercer, *Public Management in Lean Years: Operating in a Cutback Management Environment*(CT: Quorum Books, 1992). p.140.

6) Paul Dobson, Kenneth Starkey, and John Richards, *Strategic Management*(Oxford: Blackwell, 2004), p.2.

7) Henry Mintzberg, Bruce Ahlstrand and Joseph Lampel, *Strategy Sapari*(New Jersey: Prentice Hall, 1998).

① 처방적(prescriptive) 접근

이 접근은 주로 바람직한 전략의 구성에 초점을 두고 있다.

1) 디자인학파(design school)

이들은 전략구성을 주로 개념적인 과정으로 파악한다. 셀즈닉(P. Selznick)이 초창기 저작인 '행정에서의 리더십'(Leadership in Administration)에서 탁월한 능력(distintive competetencies), 즉 한 분야에서 선두의 자리를 차지할 수 있는 능력의 개념을 도입하였다. 주어진 환경에서의 기회와 위협, 경쟁자와의 상대적인 강점과 약점을 중심으로 전략관리과정을 분석하고 있는 SWOT(strengths, weakness, opportunities, threats) 모형도 이 학파의 업적으로 분류된다.

2) 기획학파(planning school)

안소프(I. Ansoff)와 스타이너(G. Steiner)가 주요 이론가이고,[8] 이들은 전략기획에 대한 기본적인 틀을 제공하였다. 즉 목적 수립, 내·외부감사, 전략평가, 전략운영, 일정관리 등으로 구성되는 전략기획의 기본을 체계화하여 이 분야의 확산을 주도하였다.

3) 위치학파(positioning school)

1980년 포터(M. Porter)를 기점으로 확산되는데, 가치사슬(value chain)과 동일 분야에서 가장 소망스러운 일반전략(generic strategies)으로 대표되는 이들의 이론은 손자병법, 클라우제비츠(Clausewitz)의 전쟁론에까지 그 연원을 찾을 수 있다. 이들은 정확한 분석에 기초하여 자신의 조직이 속한 분야에서 우월한 위치를 찾는 전략을 중요시한다.

---

8) Igor Ansoff, *Corporate Strategy*(New York: John Wiley, 1965); George Steiner, *Top Management Planning*(New York: Macmillan, 1969).

(Ⅱ) **기술적(descriptive) 접근**

이 접근은 주로 실제의 전략구성과정의 설명에 중점을 두고 있다.

1) 기업가학파(entrepreneurial school)

이들은 조직의 비전을 핵심적인 주제로 삼는다. 특히 기업가로 불리는 조직의 리더에 초점을 맞추고 있다. 리더는 조직의 미래를 위한 전략의 설정과 실행, 조직의 구조화를 주도한다.

2) 인지학파(cognitive school)

이들은 전략의 정보화과정, 전략설정과정에서의 전략적 인지의 중요성을 강조한다. 즉 전략은 전략가의 인지과정으로써 전략가의 사고(schemas)를 통하여 나타나는데, 외부로부터의 정보는 이 과정에서 전략가의 인지지도(cognitive map)를 거쳐서 해석된다.

3) 학습학파(learning school)

이들에 의하면 전략은 최고관리층의 구성원들이라기보다는 일반적인 조직구성원들의 의사결정과 활동을 통하여 형성된다고 한다. 주요이론가인 하멜(G. Hamel)과 프라하라드(C. Praharad)는 전략이란 핵심역량(core competences)을 찾아내려는 집단학습과정이라고 주장한다. 또한 이들은 조직의 성취를 위한 높은 열망을 말하는 확장(stretch)과 최대한 가용한 자원을 만들어 내는 영향력(leverage), 해당 분야에서의 경쟁기반 자체를 바꾸려는 욕구인 혁명(revolution)을 강조한다.9) 학습조직을 주장하는 생게(P. Senge)도 이에 포함된다.10)

---

9) Gary Hamel and C. K. Prahalad *Competing for the Future*(MA: Harvard Business Scool Press, 1994).

10) Peter Senge, *The Fifth Discipline*(London: Century Business, 1990).

4) 권력 또는 정치학파(power 또는 political school)

이들이 말하는 권력(power)은 조직내·외부에 미치는 영향력을 말하며, 이는 미시적 권력(micro power)과 거시적 권력(macro power)으로 대별된다. 미시적 권력이란 전략관리의 과정에서 사용되는 조직 내의 권력을 말하며, 거시적 권력은 외부에 발현되는 조직의 영향력을 말한다. 미시적 권력은 조직 내에서 승진, 자원의 확보 등을 위한 계선과 참모 간의 갈등을 포함한 다양한 투쟁과 이합집산의 양상을 설명해 주고 있다.[11] 거시적 권력은 외부사회로부터의 지지를 획득하기 위한 노동운동이나 다양한 비합법적 행동 등이 포함된다. 따라서 전략의 형성과 실행은 이와 같은 권력과 정치과정을 통해서 이루어진다는 것이다.

5) 문화학파(cultural school)

조직문화란 전통과 관습에 투영된 공유된 신념으로 상징, 이야기, 구조물과 같은 요소를 통해서도 확인된다. 이들에게 있어 전략은 조직구성원들의 공유된 가치와 신념에 기초한 사회적인 상호과정에서 형성된다. 이때 각 개인은 사회화 과정에서 이와 같은 가치와 신념을 습득하게 된다. 이와 같은 가치와 신념은 전략에 자연스럽게 흡수된다.[12]

6) 환경학파(environmental school)

이들은 전략의 형성과 조직의 관리과정을 환경에의 적응과정으로 설명한다. 따라서 환경이 의사결정과정의 주요 요소이고, 환경에 적응하지 못하는 조직은 사멸하고, 리더십의 역할은 환경을 파악하고, 이에 조직을 적응시키는 것이라고 한다. 조직이 생존할 수 있는 적절한 장소(niches)를 찾지 못하는 조

---

11) Richard M. Cyert and James G. March, *A Behavioral Theory of the Firm*(New Jersey: Prentice-Hall, 1963).

12) Andrew M. Pettigrew, *The Awakening Giant: Continuity and Change in Imperial Chemical Industries*(Oxford: Basil Blackwell, 1985); E. Rheman, *Organization Theory for Long Range Planning*(London: Wiley, 1973); R. Normann, *Management for Growth*(New York: Wiley, 1977), J. Kotter and J. Heskett, *Corporate Culture and Performance*(New york: Free Press, 1992).

직은 사멸하는데, 이 과정에서 전략과 전략관리가 중요한 역할을 하게 된다.[13] 이는 상황적응적 접근과 맥을 같이하며, 이들의 주장에는 조직의 환경에의 적극적인 대응도 포함될 수 있다.

Ⅲ 구성적(configurative) 접근

구성적 접근의 의의는 처방적, 기술적 논의를 모두 융합한다는 측면에서 찾을 수 있으며, 이들은 조직의 구조적 맥락(context)을 말하는 구성과 배열(configuration), 그리고 전략설정과 관리과정으로서의 변혁(transformation)을 강조한다.

이들에 따르면 조직은 특정한 환경과 맥락에 적합한 조직의 구성과 배열을 갖추고, 이에 따른 전략을 구사한다. 또한 조직의 생애(life cycle)에 있어서 주기적으로 나타나는 변혁의 과정에서 이러한 안정은 유보되기도 하며, 전략적 관리는 조직의 변혁시기와 변혁과정을 효과적으로 관리하는 수단이 된다.[14]

챈들러(A. Chandler)는 생애주기에 따른 조직의 변화, 마일즈(R. Miles)와 스노우(C. Snow)는 조직전략을 통하여 조직의 구성적 접근을 대표하고 있다.[15]

챈들러는 조직의 생애를 자원의 획득, 내부의 안정 및 외부와의 교류를 도모하는 첫 단계, 기능조직을 통하여 자원의 효율적 활용을 꾀하는 두 번째 단계, 조직의 확장와 다원화를 도모하는 세 번째 단계, 그리고 조직의 변화와 분화를 꾀하는 네 번째 단계로 설명한다. 마일즈와 스노우는 조직의 상황에 따라 좁은 환경에서 조직의 안정과 생존에 초점을 맞추는 방어자(defenders), 새로운 기회를 노리는 발전자(prospectors), 기회를 최대화하고, 위험을 최소화하여 균형을 도모하는 분석자(analyzers), 환경에 대응에 치중하는 반응자(reactors)로 조직의 전략과 구성을 구분하여 설명한다.

---

13) Philip Sadler, *op. cit.*, p.22.

14) *Ibid.*, pp.22~23.

15) Alfred Chandler, *Strategy and Structure*(MA: MIT Press, 1962); R. E. Miles and C. C. Snow, *Organizational Strategy, Structure and Process*(New York: McGraw‒Hill, 1978).

제 3 절 전략기획의 과정

전략적 관리의 첫 단계는 전략기획이라 할 수 있고, 실제로 공공부문의 전략적 사고의 도입 초기단계에서는 전략기획이 중요한 역할을 하였다. 행정에 있어서의 전략기획은 "헌법적 기반 위에서 정부의 활동 방향을 결정해 나가는 정제된 노력"이라고 정의할 수 있는데,[16] 이는 헌정의 기초위에 있다는 점과 정부의 관료제 안에서 결정된다는 점에서 민간의 전략기획과는 차별화된다.

정부를 포함한 공공부문에 있어서의 전략기획과정은 다음과 같이 요약될 수 있다.[17]

첫째, 전반적인 전략기획과정에 관한 합의와 설계가 시작된다.

둘째, 조직의 활동을 규정하는 법규에 대한 검토이다. 이는 거의 활동의 제한이 없는 민간과의 차별성이 주어지는 대목이다.

셋째, 조직의 임무와 가치를 명확히 하는 단계이다. 즉 조직의 존재이유와 달성해야 할 가치를 확정한다. 예컨대, 국방부의 임무와 가치, 기획재정부의 임무와 가치를 명확히 결정해야 한다.

넷째, 내·외부 환경에 대한 검토와 분석이 실행된다. SWOT의 활용도 좋은 예이다. 특히 환경의 변화와 개방체계로서의 정부는 과거의 독점적 지위를 더 이상 유지할 수 없고, 무한한 국제사회에서의 경쟁과 도전에 응전하여야 한다. 이러한 측면에서 외부 환경에서 오는 기회와 위협, 경쟁자에 비교한 강점과 약점에 대한 철저한 분석에 기초한 전략을 마련해야 한다.

다섯째, 조직이 당면하고 있는 전략문제들(strategic issues), 즉 조직의 미래와 능력을 좌우할 수 있는 문제들을 식별하는 것이다. 유능한 인재의 이직, 기

---

16) John B. Olsen and Douglas C. Eadie, *The Game Plan: Governance with Foresight*(D.C.: Council of State Planning Agencies, 1982), p.4; James L. Mercer, *Public Management in Lean Years: Operating in a Cutback Management Environment*(CT: Quorum Books, 1992), pp.139~151.

17) John M. Bryson, *Strategic planning for Public and Non−Profit Organizations*(San Francisco: Jossey−Bass, 2004), pp.32~51.

능의 민영화 등은 중요한 전략문제라 할 수 있다.

여섯째, 식별된 전략문제들을 해결하기 위한 구체적인 실행계획의 작성이 이루어져야 한다.

일곱째, 고안된 각종 전략기획의 공식화가 있어야 한다. 특히 규모가 큰 조직의 경우 이 과정은 매우 중요하다. 많은 구성원들이 이에 대하여 구체적으로 인식하여야 하기 때문이다.

여덟째, 전략기획의 성공적인 집행으로 달성될 구체적인 비전의 명세화이다. 이는 전략기획의 집행으로 조직이 달성할 수 있는 구체적 가치를 조직구성원들과 공유하기 위하여 필수적이다.

아홉째, 기획이 구체적인 집행계획으로 흡수되어야 한다. 전략기획은 구체적인 실행계획에 의하여 성취되기 때문이다.

열째, 기획된 전략의 평가와 환류가 요구된다. 이 과정을 통하여 새로운 기획이 진행되기 때문이다.

공공부문에서의 전략기획과정은 이와 같은 순차적인 단계에 한정된 것은 물론 아니며, 상황에 따른 변화가 가능하다. 특히 공공부문의 전략기획과정은 정치과정과 유리될 수 없으므로, 이에 관한 고려와 대응에도 항상 유의하여야 한다.

제 4 절 　전략적 관리의 실행

Ⅰ　전략적 관리의 중심가치

전략적 관리는 조직의 가치와 관리능력, 조직의 책무, 관리체제를 조직의 참모와 계선을 포함하는 모든 수직적 계층과 수평적 부문에 전략적이고 관리적인 모든 차원의 의사결정과 연계시키는 능동적인 관리행위로 정의될 수 있다.[18] 따라서 전략적 관리는 기획, 관리통제, 조직구조의 통합에 중점을 둔다.

즉 기획이 기획에 머물러서는 안된다는 것이다. 이는 전략기획이 모든 조직에 잘 전달되어 진행되어야 함을 의미하며, 이것이 관리의 본질이기도 한다. 또한 전략적 관리는 조직문화에 많은 관심을 기울여야 한다. 왜냐하면 조직구성원들 간에 공유된 신념과 가치체계로서의 조직문화는 조직의 모든 활동에 영향을 미치고, 이는 결국 조직의 목적과 가치를 달성하는 조직활동의 과정에서 가장 중요한 요소이기 때문이다.[19]

따라서 전략적 관리가 전략기획과 차별화 되는 국면은 집행과 환경과의 지속적인 교호작용이라 할 수 있다. 이런 측면에서 전략관리는 조직이 환경과 교류해온 역사적 맥락과 방향, 규범적 가치 등의 정확한 이해 속에서 진행되어야 한다. 또한 조직이 직면하고 있는 위협과 자신의 약점에 대한 정확한 분석 위에서 추진되어야 하며, 전략의 달성을 위한 세부계획을 우선순위에 따라 실행해야 한다.[20] 이와 같은 실행요소와 더불어 중요하게 고려되어야 하는 또 하나의 요소는 공공가치이다. 즉 공익을 포함한 민주적 가치를 실현하기 위한 조직의 관리가 결국 공공부문의 전략관리의 중심가치라 할 수 있다.[21]

Ⅱ 전략적 관리의 필수요소

전략적 관리의 과정에서 관련 요소들 간의 상호작용은 매우 활발하고 지속적이다. 즉 전략적 관리는 일정한 단계에서 정체되지 않고 무한히 반복되며, 전략적 관리의 요소들은 조직의 목표달성을 위하여 상호작용을 하는 과정에서 지속적으로 변화한다. 이 때 많은 경우 전략기획의 일부분이 되는 다음과

---

18) Arnold C. Hax and Nicholas S. Majluf, *The Strategy Concept and Process; A Pragmatic Approach*(New Jersey: Prentice-Hall, 1996). p. 419.

19) Owen E. Hughes, *Public Management and Administration*(Hampshire: Palgarve Macmillan, 2012), pp.212~213.

20) Paul C. Nutt and Robert W. Backoff, *Strategic Management of Public and Third Sector Organizations: Handbook for Leaders*(San Francisco: Jossey-Bass, 1992), p.152.

21) R. A. W. Rhodes and John Wanna, "Bring the Politics Back In: Public Value in Westminster Parliamentary Governement," *Public Administration*, Vol. 87, No. 2(2009), pp.161~183.

같은 필수요소들을 전략적 관리의 과정에서 집행하게 된다.[22]

1. 임무와 비전 설정

조직의 임무와 비전을 설정하는 것은 엄밀히 말해서 전략관리의 초기단계인 전략기획의 영역에 속한다. 조직이 해야 할 일인 임무와 조직의 임무가 달성되었을 때의 미래상황을 보여주는 비전은 조직의 존재이유를 설명한다. 이때 임무는 주로 조직에 초점을 맞추는 것이라면 비전은 사회에 초점을 맞춘다고 할 수 있다.

2. 환경 분석

전략기획의 과정에 포함되는 환경분석의 과정에서는 내부환경에서의 조직의 강점과 약점, 외부환경에 의하여 조직에 주어지는 위협과 기회를 확인하게 된다. 이는 후에 서술할 SWOT분석에서 상술한다. 이 때의 내부환경은 인력, 업무과정, 조직구조와 같은 조직의 내부적 특성으로 구성되며, 외부환경은 조직의 고객, 경쟁자, 자원의 제공처, 일반 사회 등으로 구성된다. 이와 같은 환경의 변화는 항상 주의를 기울여 파악하여야 한다.

3. 전략 개발

전략이란 조직이 자신의 업무과정, 인력, 조직구조, 자원, 산출 등을 고려할 때 임무와 비전을 달성하기 위하여 실행하여야 할 업무계획을 말한다. 전략은 조직의 현상과 한계를 전제로 하여 도출되어야 하고, 상황의 변화에 따라 지속적으로 조정되어야 한다.

4. 전술 또는 실행계획 개발

전술은 전략의 실행을 위하여 구사되는 구체적이고, 측정가능하며, 현실적으로 달성가능한 세부적인 조직활동계획을 의미한다. 전술에는 업무를 위한

---

22) James L. Mercer, *op. cit.*, pp.144~149.

시간의 안배, 업무요소의 배분, 집행에 예상되는 문제와 이에 대한 대책 등이
상세하게 담겨져 있어야 한다.

5. 자원배분

자원의 배분은 전략과 전술의 실행과정에서 요구되는 인적·물적자원의 적
절한 배분을 말하며, 이는 구체적인 전략관리단계에 해당한다. 환경의 변화에
따른 자원배분의 조정도 중요한 관리의 문제이며, 자원의 배분과정에는 전략
과 전술의 실체가 담겨있어야 한다.

6. 성과측정 및 환류

전략관리의 중요한 요소인 성과측정을 통하여 전략과 전술의 실행 여부가
파악되고, 변화의 요소를 감지할 수 있다. 조직과 개인 차원의 측정을 통하여
조직과 개인의 임무수행 정도가 확인될 수 있다. 성과의 측정에 따른 다양한
단계 또는 구성요소로의 환류는 다음 수순의 성공적인 전략관리에 큰 기여를
하게 된다.

Ⅲ 전략적 관리의 수단

1. 전략적 관리의 방법

전략적 관리를 위한 관리적 방법이나 수단은 다양하지만 몇 가지 대표적인
방법을 설명하고자 한다.

1) 시민과 환경의 수요분석

공공조직의 전략관리에 있어서 가장 중요한 능력이자 과정은 시민의 요구
와 이를 둘러싼 환경에 대한 분석이라 할 수 있다. 개방체계로서의 조직은 항
상 환경으로부터 조직활동에 요구되는 인적물적 자원을 공급받고, 환경이 요

구하는 산출물을 제공하게 된다. 따라서 환경과의 교호작용은 조직의 생존과 발전 그 자체라 할 수 있고, 이를 위한 환경 특히 주권자인 시민들의 수요와 반응을 정확하게 이해해야 하며, 이들에 대한 철저한 분석이 요청되는 것이다.

2) 수직적 통합(vertical integration)

이는 조직의 다양한 활동을 한곳에 모아 이들의 상승작용을 통하여 조직의 성과를 극대화하는 작업이다. 공공부문에서는 이를 집권화라는 차원에서 접근한다. 수직적 통합으로 기능의 분산과 지역적 분할에서 따라 수반되는 다양한 거래비용(transaction costs)을 최소화하여 보다 효율적으로 조직을 운영할 수 있고, 다양한 기능분야의 원활한 교류를 통하여 최적의 행정으로 시민에의 봉사할 수 있게 된다.

3) 다원화(diversification)

다원화는 하부 계층으로의 권한위임과 기능의 지역적 분산을 통한 행정의 신속성과 유연성을 담보하는 작업이다. 공공부문의 분권화에 상응하는 개념으로 파악할 수 있다. 이를 위하여 다양한 수준의 민영화를 활용할 수도 있다.

4) 전략적 제휴(strategic alliance)

복수의 조직이 공동의 이익을 위하여 자원이나 기술, 정보 등을 공유하는 방법인 전략적 제휴는 한 국가 내에 국한되지 않고, 대등한 국가 수준에서 활용될 수도 있고, 규모가 다른 조직 간에 또는 국가와 조직 간에 활용될 수도 있다. 현대와 같은 융합시대에는 다른 기능들 간에도 전략적 제휴가 이루어질 수 있다는 점을 상기할 필요가 있다.

전략적 관리는 이외에도 물자와 인력 등과 같은 개별 기능에 따라 접근할수도 있다.

2. SWOT분석

SWOT분석은 강점(strengths), 약점(weaknesses), 기회(opportunities), 위험(threats)의 합성어로 이를 TOWS분석이라고도 하며 대표적인 전략기획과 관리방법으로 다음과 같은 전략의 조합으로 구성된다.

1) WT전략

자신의 상대적 약점(weaknesses)과 환경에서 오는 위험(threats) 요소 모두를 최소화하려는 전략으로 mini-mini 전략으로 불리기도 한다.

2) WO전략

자신의 상대적 약점(weakness)을 최소화하고, 환경에서 얻을 수 있는 기회(opportunities)의 확보와 활용을 최대화하는 전략으로, mini-maxi 전략으로 불리기도 한다.

3) ST전략

조직의 강점(strengths)을 적절히 활용하여 환경으로부터 오는 위협(threats)에 대처하고, 조직의 강점을 최대화하고, 외부의 위험을 최소화하려는 전략으로, maxi-mini 전략이라고도 한다.

4) SO전략

조직의 강점(strengths)과 기회(opportunities)를 극대화하려는 전략으로, 자신의 강점을 이용하여 환경에서 주어지는 기회를 적극적으로 활용할 뿐 아니라, 기회를 만들어 나가는 적극적인 전략으로 maxi-maxi 전략이라고도 한다.

Ⅳ 전략적 관리의 평가

전략적 관리가 갖는 많은 강점에도 불구하고, 공공부문에의 도입과 적용은 경제적 논리가 아닌 권력의 변화, 국민의 반응과 같은 매우 가변적인 환경으로 인하여 어려운 점이 있다. 또한 대내적으로는 엄격한 법규의 준수와 문서주의를 표방하는 계층제적 관료제의 속성상 민간에 비하여 적용과 활용에 제한이 따르게 된다.

그리고 의사결정에 소요되는 기간이 상대적으로 길어 환경에의 신속하고 유연한 대응이 요구되는 전략적 관리의 속성을 적극 활용하기 어렵다. 게다가 정부를 비롯한 공공부문의 목표, 즉 공익의 추구는 매우 계량화하기 어려워 명확한 목표를 기본으로 하는 전략적 관리의 활용에는 제약이 따른다.

그럼에도 불구하고, 공공조직도 민간부문과 마찬가지로 변화하는 환경에 직면하고 있고, 이에 대한 적극적이고 적절한 대응을 위해서는 관리전략의 변화를 모색하여야 하므로, 전략적 관리는 이에 대한 훌륭한 대안이라 할 수 있다. 물론 일시에 이를 모든 과정에 완벽하게 적용할 수는 없다. 그러나 장기적인 관점에서 다양한 적용을 지향한다면 공공부문의 성과제고에 기여할 것으로 판단한다.

12 성과관리

제 1 절 성과관리의 의의

조직이란 공동의 목표를 달성하려고 모인 사람들의 결사체라고 할 수 있다. 따라서 목표의 달성이 조직의 존재이유이다. 이런 이유로 보다 효과적으로 그리고 효율적으로 목표를 달성하기 위한 다양한 방법, 즉 조직구조를 설계하고, 이에 적절한 인적·물적 자원을 배치·배분하고 이를 최적으로 활용하는 것이 관리의 본질이다.

1980년대로부터 시작된 결과중심의 성과주의는 정부를 포함한 모든 공공부문의 행정과 관리의 기본토대이다. 민간의 역동성과 시장경제의 원리를 중시하는 신자유주의가 이 성과주의의 이념적 기초이고, 조직의 성과와 효과성을 극대화하려는 신공공관리론이 이론적 토대이다. 사실 조직의 목표달성을 포괄하는 의미의 성과는 이미 100여 년 전부터 테일러(F. Taylor)를 필두로 한 관리학파의 조직관리의 최고 가치였고, 지금의 신공공관리는 결국 고전적 관리학파의 이념을 현대화한 것에 지나지 않는다고 해도 무리가 없다. 물론 성과를 보는 시각은 성과를 지향하는 조직이 처한 시간과 공간에 따라 다양하다. 또한 성과의 의미도 생산성, 효과성, 수월성, 효율성 등의 다양한 지표들로 표현되며, 이들 간의 의미도 다소 차이가 있다. 그러나, 결국 성과는 조직의 목표달성이라는 궁극적인 조직의 존재이유를 벗어나지 못한다. 그리고, 성과를 나타내는 다양한 개념들이 지향하는 바가 다소 상이하다 하더라도 이들은 일반적으로 성과를 제고하고, 조직의 현재 상황을 보다 나은 미래의 상황으로 발전시킨다는 차원에서 동일한 가치라 할 수 있다. 이때, 현재보다 나은 미래의 상황은 현재의 상황에 대한 상대적인 개념이고, 이는 결국 현재의 상황에 대한 평가를 기반으로 결정될 수 있다.

성과를 평가한다는 것은 조직 구성원들의 업무결과에 대한 평가를 통해 업무의 다양한 측면을 향상시키는 것에서부터 조직 구성원의 역량을 발전시키는 것까지 포함한다. 따라서 업무에 대한 피드백으로서 성과평가는 업무의 질적 양적 결과물을 향상시킬 뿐 아니라 관리자의 입장에서는 구성원의 성장과 발전을 확인할 수 있다. 조직구성원들도 조직 내에서 자기 자신을 객관적으로 바라볼 수 있게 되고 스스로의 강점과 약점을 알게 됨으로써 스스로를 발전시킬 수 있다. 또한 성과평가의 결과는 조직적 차원의 승진을 포함한 인사이동 그리고 직원 훈련 프로그램의 구성 등에도 활용할 수 있다.[1] 특히 성과평가는 신공공관리에서 성과관리의 요체로 판단하고, 실제로 조직의 현재 상황과 성과에 대한 냉정한 평가는 변화와 혁신으로 표현되는 조직의 성장과 발전의 기초가 될 것이다.

제 2 절 ▶ 성과관리의 구성과 전략

조직의 성과가 산출물의 양과 질을 포함하는 포괄적인 개념이고, 궁극적으로 이 성과는 다양한 산출을 통하여 시민의 만족을 이끌어 내야 한다. 이를 위하여 조직구성원의 능력을 제고하는 것은 물론 조직의 업무과정을 지속적으로 개선해야 하고, 이 과정에서 전략기획, 갈등관리, 정보관리 등과 같은 다양한 관리도구가 활용된다. 특히 전통적인 관리과정 이외에 성과관리라는 측면에서 몇가지 중요한 조직의 국면들이 세밀하게 다루어져야 한다.[2]

---

1) Richard M. Steers, *Introduction to Organizational Behavior*(Illinois: Scott, Foresman and Company, 1984), pp.389~393.

2) Jamil E. Jreisat, *Public Organization Management: The Development of Theory and Process*

1. 목표의 설정

목표의 설정이 중요하다는 점은 재론의 여지가 없다. 조직 자체의 존재이유가 바로 목적의 달성에 있기 때문이다. 더구나 성과관리의 측면에서 목표의 설정이 중요한 것은 성과가 조직의 유·무형산출물의 결과와 영향에 관한 것이고, 이 결과라는 것은 결국 조직의 목표에 의하여 측정되기 때문이다.

그러나 조직의 목표설정이 그리 간단한 작업이라고 말하기는 어렵다. 일반적으로 광범위하고, 추상적인 조직의 비전과 임무, 그리고 목표가 구체적이고, 집행가능한 세부과업으로 전환되어야 하기 때문이다.3) 더구나 지향하는 목표가 다른 다양한 대내·외 이해관계자의 합의가 전제되는 공공조직의 목표설정은 한층 더 어려운 작업이 될 수밖에 없는 태생적 한계에 봉착한다. 서로의 이해가 다른 외부집단의 합의와 조직구성원 개개인의 개인적 목표를 조직의 목적과 일체화시키는 작업도 요구되는 것이다. 물론 이러한 목적은 실제적으로 실현가능성이 있는 것이라야 한다는 점은 당연하다. 이렇게 볼 때, 목표의 설정은 그 중요성만큼이나 어려운 작업이다.

2. 성과의 측정

성과측정은 조직의 목표달성을 점검할 수 있는 가장 신뢰성 있는 도구이다. 성과의 측정에서 성과의 진전이 시작된다는 주장도 타당성이 있다. 성과측정이 조직의 의사결정에 필요한 최적의 정보를 제공하여 주기도 하고, 내부적인 성과제고의 기준이 되는 것은 물론 성과제고에 걸림돌이 되는 문제를 발굴하여 해결책을 모색할 수 있는 계기를 마련해 주기 때문이다.

(CT: Quorum Books, 1997), pp.211~224; Marc Holzer and Kathe Callahan, "Productivity Improvement and Public Management," in Kuotsai Tom Liou(ed.), *Handbook of Public Management Practice and Reform*(New York: Marcel Dekker, 2001), pp.307~311.

3) Stephen P. Robbins, *Organization Theory: Structure, Design, and Applications*(New Jersey: Prentice-Hall, 1996), pp.53~54.

1) 지표의 개발

성과측정에 있어 가장 중요한 요소는 지표의 개발이라 할 수 있다. 비용, 효용, 업무량, 효과성, 효율성, 생산성, 결과 등등의 지표를 활용하게 되는데, 예산과 관련이 있는 비용요소가 가장 대표적인 지표가 되고, 다른 지표들은 상황에 따라 달리 활용된다. 여러번 지적되지만 공공조직, 특히 정부의 산출은 주로 무형의 서비스일 경우가 많기 때문에 계량화가 용이하지 않기 때문이다. 더구나 산출이 정치적 문제로 비화될 가능성도 높아 산출지표의 활용에 대한 보수적 성향이 조직 내에 상존하는 것도 중요한 이유이다.

지표의 개발에는 가능한 많은 이해관계자의 의견이 반영되는 것이 좋다. 특히 정보의 수집과 비교가능한 지표의 개발은 중요한데, 이를 위해서도 다양하고, 많은 의견의 수렴은 바람직하다.

2) 성과평가방법[4]

(1) 도표식 평정척도법(graphic rating scales)

이는 업무의 양, 질, 관련 지식 등 다양한 측면의 평가를 가능하게 하고, 평가자의 편견을 최소화하는 방법이다. 개별 피평가자에 대한 점수와 강점 약점에 대한 점수를 비교함으로써 가장 높은 점수를 받은 사람과 가장 낮은 점수를 받은 사람 간의 점수, 강점과 약점을 비교할 수 있게 한다. 그러나 이 과정에서 평가자는 모든 피평가자를 평균에 가깝게 평가해 버리는 오류를 범할 위험이 있다. 이를 방지하기 위해 상대평가를 하도록 점수 구간에 적정 수를 유지하도록 강제할 수도 있으나 조직 구성원 모두가 탁월한 성과를 도출했을 때는 이런 상대평가가 벌칙이 될 수도 있다. 반대로 구성원 모두가 저조한 성과를 낸 조직의 경우에는 이 제도가 보상이 될 수도 있다.

(2) 순위법(ranking methods)

하나의 조직 안에서 혹은 업무의 단위에서 최고와 최악의 업무 수행자 사

---

4) Richard M. Steers, *op. cit.*

이에 순위를 매기는 방법이다. 가장 우수한 성과를 낸 피평가자를 선택하고 그 다음으로 우수한 피평가자를 선택해 나가는 방법으로 모든 조직원에게 순위가 주어질 때까지 반복된다. 이 방식의 문제점은 최상과 최악을 제외한 나머지 조직원들의 성과의 정도를 구분해 내는 것이 쉽지 않고, 피평가자의 수가 많아질수록 어려움이 커진다는 것이다.

(3) 결정적 사건 결정법(critical incidents)

조직의 관리자는 일상적이지 않은 성공이나 실패로 이어지는 조직원들의 행동과 이와 관련된 사건 사고들을 모두 기록한다. 이것들은 사전에 정해진 분류법에 따라 정기적으로 기록된다. 이를 통해 다양한 측면의 성과를 다양하게 기술되어 평가시 유용한 정보를 제공한다. 또한 관리자와 조직 구성원은 구체적인 사건에 대해 토론할 수 있어 조직 진단과 피평가자의 성과 판단에 수준 높은 정보가 생산될 수 있다. 그러나 양적인 정보가 아닌 관계로 구체적인 성과 측정에 바로 활용하기에는 어려운 점이 있다.

(4) 목표관리법(management by objects: MBO)

평가제도로서의 목표관리법은 개별 관리자와 피평가자가 피평가자의 업무와 관련하여 내년을 위한 목표를 함께 설정하고, 이와 비교하여 실제 목표가 얼마나 충족되었는지를 양적으로 평가하는 방법이다. 예를 들어 판매업에 종사하는 사람은 일년 동안 판매할 수 있는 목표치를 정하고 이후 목표에 달성했는지, 어느 정도 초과했는지 확인한다. 이런 방법은 피평가자의 동기부여에는 중요한 역할을 하지만 다양한 목표를 갖고 있는 관리자들의 업무 수준을 평가하기 위해서는 어려운 측면이 있다.

(5) 평가센터(assessment center)

평가센터 구축의 특징은 모의 상황에 대한 평가를 기반으로 한다는 것이다. 실제 과거에 성취했던 실적에 기반한 것이 아니라 관리자들이 일정 기간의 평가적 상황 안에서 피평가자들을 관찰하고 그 관찰을 토대로 직무성공에 대한 잠재성, 다양한 역량들을 판단하는 것이다. 평가 방법은 심리테스트, 개인 인터뷰, 역할극 등으로 구성되어 있다. 피평가자들이 주어진 과제를 어떻게 해결해 나가는지를 다수의 관리자들이 여러 가지 평가기법을 동원하여 함께 평가함으로써 신뢰도가 높다. 피평가자 역시 재능을 드러내는데 동등한 기회를 가질 수 있다. 그러나 모의적 평가센터에서 피평가자가 받는 높은 수준의 스트레스는 그의 실제 잠재력을 드러내는데 장애가 될 수 있고 그 비용 측면에서 경제성이 의심된다.

3) 성과평가 오류[5]

이처럼 조직 전체뿐만 아니라 구성원 개개인에게도 큰 영향을 미치는 성과평가제도는 기본적으로 높은 수준의 타당성과 신뢰성을 가져야 한다. 타당성이란 측정하고자 하는 요소를 정확히 측정할 수 있는 도구와 관련되어 있고 신뢰성이란 그 도구가 지속적으로 같은 결과를 산출해 낼 것이지에 대한 판단 정도이다. 그러나 조직구성원 모두를 만족시키고 완벽하게 납득시킬 수 있는 평가 방법이나 기준을 마련한다는 것은 쉬운 일이 아니다. 성과를 측정하고 평가하는 과정에서 발생하기 쉬운 오류들은 다음과 같다.

(1) 중심지향적 오류(central tendency error)

관리자는 부하 직원을 평가할 때 그들의 산출물 간의 질적 양적 차이를 구별하는데 어려움을 겪는다. 그 결과 조직 구성원들이 실제로 수행한 객관적인 결과와는 무관하게 그들은 평균이나 평균 이상의 범주로 일괄적으로 분류되는 경향이 있다. 그렇기 때문에 우수한 혹은 매우 저조한 성과를 인식하는데 실패한다.

(2) 엄격함 혹은 관대함의 오류(strictness or leniency error)

조직 구성원의 평가를 책임지고 있는 관리자의 성향에 따라 구성원들의 산출물을 일괄적으로 더 엄격하게 평가할 수도 있고 반대로 더 관대하게 평가할 수도 있다. 대학에서 학생들의 과제물을 채점하는 교수 중에는 깐깐한 잣대로

---

5) *Ibid.*

대부분의 학생들에게 낮은 점수를 주는 교수도 있고, 전반적으로 점수를 후하게 주는 교수도 있다. 조직에서도 피평가자의 성과를 지나치게 엄격하거나 관대하게 평가하는 평가자가 있다. 따라서 이 오류 역시 조직 내의 매우 우수하거나 저조한 성과를 구분해내는 데 실패할 수 있다.

(3) 후광효과(Halo effect)

후광효과는 관리자가 조직 구성원의 종합적인 성과를 구성하는 각각의 측면을 개별적으로 평가하지 않고 한 측면에 대한 평가가 다른 측면에 대한 평가에도 영향을 미치는 효과이다. 예를 들어 과거 뉴욕에 있는 제너럴 모터스의 공장에서 생산비용을 가장 많이 낮춘 관리자에게 성과금을 주었다. 그러나 이후 그 공장에서 생산되는 자동차는 모든 제너럴 모터스의 공장에서 생산된 자동차 중 가장 품질이 나쁘다고 판명이 났다. 즉, 결과물의 양적 측면이 평균 이상으로 평가를 받았다고 해서 질적 측면까지 그렇다고 볼 수는 없으나 결과적으로 상품 생산의 비용절감에 대한 평가가 그 외의 부분에 평가에도 영향을 미쳐 이런 역설적인 상황이 발생한 것이다.

(4) 시간적 오류(recency error)

1년 동안의 활동이나 결과에 대한 평가를 한다고 할 때 관리자들은 조직 구성원의 마지막 두달 혹은 석달 동안의 활동에 대해 주로 평가하는 경향이 있다. 이런 경향을 미리 알고 있는 조직 구성원들은 평가시기에서 먼 시점에는 열심히 일하지 않다가 평가시기가 가까워질수록 좋은 평가 받기 위해 일의 강도를 높이는 경향이 있다.

(5) 개인적 편견

관리자들이 갖고 있는 개인적인 편견도 피평가자의 성과평가에 자주 반영된다. 대표적으로 인종적(race), 성적(gender) 편견이 있고 피평가자의 외모나 성격에 대한 관리자의 주관적인 선호도도 포함될 수 있다.

성과평가에 공정성과 명확성을 저해하는 이러한 오류들을 줄이기 위하여 크게 여섯 가지 사안을 염두에 두어야 한다. 첫째, 하나의 활동 혹은 업무를 구성하고 있는 각 요소는 개별적으로 평가가 될 수 있지만 궁극적으로는 하나의 활동을 위한 부분이라는 것을 알아야 한다. 둘째, 평균이라는 개념이 평가자들마다 달리 받아들여질 수 있다는 것을 알아야 한다. 셋째, 피평가자들의 성과는 정기적으로 관찰되어야 하며 그때 마다 기록을 남겨두는 것이 도움이 된다. 넷째, 평가자 한 명이 지나치게 많은 피평가자들을 관리하지 않도록 조정한다. 다섯째, 평가요소는 업무의 성과와 관련이 있도록 명확하게 서술되어야 한다. 마지막으로 평가자들이 스스로의 오류들을 인식할 수 있도록 훈련받아야 한다.

4) 성과감사

성과감사는 성과측정의 중요한 또 하나의 도구이다. 감사를 통하여 계획의 달성에 관한 다양한 정보가 산출되기 때문이다. 즉 감사과정에서는 조직의 기능, 문제점, 대안, 계획 및 의사결정 등 내부적인 관리체계에 관한 다양한 정보를 확인할 수 있고 이는 효과적인 성과관리의 기반이 된다. 그리고, 일반적으로 성과감사에서는 재무와 적법성(financial and compliance), 경제와 효율성(economy and efficiency), 결과 또는 효과성(results or effectiveness) 등 세 가지 유형의 감사가 수행되는데, 이에 따라 성과평가의 핵심요소인 효율성과 효과성은 물론 업무결과의 영향평가도 가능하게 된다. 인적자원은 물론 시설 및 장비 등과 같은 물적자원의 획득과 처리 및 활용과정에서 나타나는 정보는 업무수행의 효율성과 효과성을 판단하는 중요한 근거가 된다.

3. 인적자원의 능력제고 및 활용

최근 행태적 연구에 따르면 조직 구성원의 성과 수준은 반대급부(incentives)가 얼마나 적절했느냐에 따라 달려 있다. 즉, 성과에 대한 적절한 반대급부의 제공은 과거의 행위에 대한 보상이기도 하지만 동시에 미래 행위를 격려하는 중요한 역할을 할 수 있다.[6]

---

6) *Ibid.*, pp.403~406.

성과관리의 성공을 위해서는 자신의 직무에 대한 자부심과 윤리의식으로 무장하고, 업무의 성과제고를 위하여 새로운 업무기법에 순조롭게 적응하며, 업무의 기술적인 문제가 발생할 경우 이에 대한 적극적인 해결책을 모색하는 태도가 필요하다. 또한 이러한 제반 과정에 능동적으로 참여하는 조직구성원에 대한 교육과 반대급부도 제공하여야 한다.

반대급부의 유형은 외적인 것과 내적인 반대급부로 나뉜다. 외적 반대급부는 임금상승이나 보너스가 대표적이고 부가적으로는 관리자의 인정이나 승진과 같은 것들이 있다. 내적 반대급부는 업무의 성과에 대해 스스로가 갖는 성취감, 자주성, 그리고 개인적인 성장의 느낌 등이다.

다양한 반대급부 중 일반적으로 금전적 혜택이 유효한 경우가 많고 그 종류도 다양하다.

1) 반대급부의 종류

금전적 혜택으로는 민간의 경우 성과급, 조건부 주식매수청구권과 같은 혜택을 제공하기도 한다. 공공부문의 경우에서는 개인과 조직 모두에게 이익이 되도록 하는 관리 노력의 한 측면으로서[7] 다음과 같은 급부를 고려할 수 있다.[8]

(1) **근속급여**(attendance incentive) 결근이나 지각과 같은 근무태만을 방지하고, 구성원의 근속을 제고시키기 위한 금전적 또는 비금전적 급부를 말한다.

(2) **경력발전**(career development) 승진이나 승진과 연계된 교육훈련 기회를 제공한다.

(3) **교육급부**(educational incentives) 학위과정과 같은 정규교육이나 직무교육을 위한 금전적 또는 비금전적 기회를 제공한다.

(4) **직무확대**(job enlargement) 직무순환(job rotation), 직무재설계(job redisign)를 통하여 충실하고 풍부한 직무범위를 제공한다.

---

7) *Ibid.*, pp.406~410.
8) Robert D. Pursley and Neil Snortland, *Managing Government Organizations*(CA: Wadsworth, Inc., 1980), pp.466~473; James L. Mercer, *Public Management in Lean Years: Operating in a Cutback Management Environment*(CT: Quorum Books, 1992), pp.49~100.

(5) 성과급(performance bonus) 탁월한 직무성과에 대하여 직접적인 금전 혜택을 제공한다.

2) 성과급의 종류

성과급의 경우는 지급 대상과 방식 등을 달리하며 성과를 높이기 위한 다양한 시도가 계속되어 왔다. 각 유형들은 특유의 장점들도 있지만 단점이나 위험한 요소들도 함께 갖고 있으므로 조직의 특성에 따라 신중하게 선택해야 할 것이다.

(1) 카페테리아 유형

카페테리아 유형이란 보상방식에 재량을 허용하는 것이다. 구성원들에게 받을 수 있는 부가적인 혜택을 복수로 제시하여 자신의 선호에 따라 선택할 수 있는 기회를 제공한다. 예를 들어 결혼하지 않은 사람들은 더 많은 휴가기간을 원하고 기혼자들은 휴가를 포기하고서라도 더 많은 임금을 원할 수 있다. 나이가 젊은 사람들은 현재의 더 높은 수준의 임금을 원하고 나이가 많은 사람들은 은퇴 이후의 삶을 고려하여 더 높은 퇴직금을 선호할 수도 있다.

(2) 일시불 임금(lump sum salary)

구성원들이 자신들의 임금을 언제, 어떤 방식으로 받을 것인지 결정할 수 있게 하는 것이다. 즉, 전통적인 방식으로는 임금은 매년 동일한 비율로 상승하지만, 구성원들에게 재량을 부여하여 그들이 내년 한 해 동안 같은 양의 임금을 정기적으로 받을 것인지, 아니면 전체를 한꺼번에 받을 것인지 결정할 수 있게 한다. 만약 여름 휴가에 많은 비용을 쓰기를 원하는 사람이 있다면 그의 일시불 임금은 6월에 제공될 수 있다.

(3) 기술기반 평가(skilled-based evaluation)

전형적인 보상제도는 기본적으로 개인이 수행하고 있는 직무의 어려움이나 희소성에 기반하여 혜택을 부여하지만, 이러한 방식은 개인이 새로운 기술을 익히는 것을 장려하지 못한다. 왜냐하면 새로운 기술이나 지식을 익히는 것에 대한 보상은 책정되지 않기 때문이다. 기술기반 평가는 개인이 자신이 수행하는 업무와는 무관하게 부가적인 기술을 익히게 되면 조직은 더 유능하고 유연한 인력을 얻을 수 있게 되므로 이러한 배움을 조직적 차원에서 격려하고 적절하게 보상해 주어야 한다.

(4) 임금정보 공개(open salary information)

개인의 임금은 사적 정보라는 주장이 있지만 임금 수준이 비밀로 유지하는 것은 여러 가지 부작용을 유발시킨다. 사람들은 동료나 자신의 상사가 그들의 능력보다 과대평가 받고 있다고 생각하는 경향이 있다. 따라서 차별화된 임금을 제공함으로써 직원들의 사기를 높이고자 하는 잠재성은 사라진다. 오히려 자신이 받는 임금은 스스로가 받아 마땅한 정도보다 적다고 생각하여 사기가 떨어질 수 있다. 임금에 대한 정보가 공개되면 직원들은 임금이 형평성있게 제공되고 있고 자신 역시 인정받고 있다는 신뢰감을 가질 수 있다. 이것은 더 나은 성과를 위한 동기가 될 것이다.

3) 참여적 임금결정

임금인상을 결정할 때 피고용인이 직접 보상제도를 구상해 보고 실제로 의사결정에 참여하는 것이다. 이를 통해 더 많은 정보에 기반한 더 높은 수준의 의사결정이 가능해진다. 그리고 임금 인상 결정의 공정성에 대해서도 신뢰도가 더 높아진다.

이와 같은 다양한 유형의 금전적 보상을 포함한 성과급부의 제공은 구성원들의 동기를 부여하는 한 가지 방법이 될 수 있다. 직접적인 반대급부의 제공이 아니라도, 체계적인 교육, 조직구성원의 교육수준, 성별과 같은 다양성 존중, 협동의식의 고취, 충분한 복지혜택의 제공 등을 통한 조직구성원의 적극적인 직무성과 제고를 장려할 수 있다.[9] 그러나, 이러한 반대급부의 제공에 따른 부작용도 따르게 된다. 예컨대, 반대급부의 제공의 효력이 단기간에 그

---

9) Marc Holzer and Kathe Callahan, *op. cit.*, pp.300~302.

▼ 그림 2-12-1 급여관리의 새로운 접근법을 선택하기 위한 가이드[10]

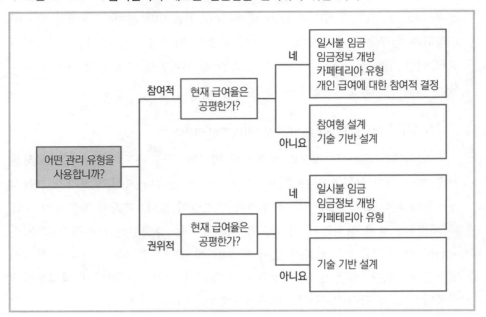

치고, 원상으로 복귀되기도 하고, 성과수혜자와 비수혜자 간의 내부적 갈등이 촉발되기도 하며, 새로운 직무훈련과 직무재설계 같은 경우에는 비용을 상승시키게 된다. 따라서 이러한 부작용을 최대한 억제하는 동시에 긍정적 효과를 제고시킬 수 있도록 유의하여야 한다.

어떤 유형의 반대급부이든 더욱 효과적이고 적절하게 제공하기 위해서는 참고해야 할 지침들이 있다. 우선 성과와 반대급부 간에는 밀접한 관련이 있어야 한다. 그 중 하나를 형평성이라고 할 수 있다. 예를 들어 기관장의 수입은 십억인데 그의 참모와 다른 구성원들의 수입은 천만원 미만이라면 회장의 업무가 그들보다 100배 더 많은 보상을 받을 만한 것인지 형평성에 기초하여 납득할 수 있어야 한다.[11] 두번째는 반대급부는 가능한한 개인차를 인정해야 한다는 것이고 세번째는 업무의 종류를 반영해야 한다는 것이다. 네번째는 신

---

10) Richard M. Steers, *op cit.*, p.410.

11) *Ibid.*, pp.409~403.

뢰도가 높은 조직 분위기와 목표의 성취가능성이 있어야 반대급부가 효과를 발휘할 수 있다는 것이다. 다섯째는 반대급부가 현재의 기술적·조직적 조건을 시의적절하게 반영하고 있는지 지속적으로 점검하여야 한다.

4. 업무과정의 효율성 제고

업무과정의 효율화는 직접적인 성과의 제고에 영향을 주는 요인인데, 이는 최신의 업무수행기법 등의 도입과 활용을 통하여 확보된다. 특히 정보화와 자동화는 물론 보안이 강화된 첨단의 기술들이 업무에 활용된다면 성과의 제고에 큰 도움이 될 수 있다.[12]

1) 정보에의 원활한 접근(open access to inforamtion) 시민과 민간의 공공정보에 대한 원활한 접근가능성을 제고하는 것은 업무의 효율성 제고는 물론 시민의 만족에 큰 기여할 수 있다.

2) 자동화(automation) 다양한 사무의 자동화는 업무의 효율성 제고에 기여한다. 물론 자동화로 인한 인력의 구조조정을 우려하는 경우도 있으나, 오히려 인력의 효율적 배치에 기여할 수도 있다.

3) 비용절약형 제도 도입(cost effective applications) 시간과 비용을 절약할 수 있는 기술적 장치와 제도의 광범위한 도입이 요구된다.

4) 보편적 기술 도입(cross cutting techniques) 조직의 계층, 지역, 업무의 영역과 무관하게 보편적으로 활용될 수 있는 기법의 도입과 활용이 요구된다. 낮은 수준의 기술도 유용한 경우가 있으므로 적절한 분야의 활용을 모색하여 적극적으로 대처한다.

---

12) *Ibid.*, pp.302~304.

제 3 절 　성과제고의 요건과 과정

1. 성과제고의 요건

성과를 제고하기 위한 공·사조직의 노력이 오랫동안 지속되어 왔다는 것은 이미 주지의 사실이다. 환경과의 교호작용 속에서 조직 내부의 관리 효율화를 도모하는 다양한 작업은 현대의 혁신과 맥을 같이 한다. 이와 같은 조직의 성과를 제고하기 위한 성과관리의 기본적인 조건들을 고찰해 보기로 한다.[13]

1) 최고관리층의 관심과 지원 성과에 관한 최고관리층의 관심과 지원은 조직의 성과 제고와 성과관리의 기반이다. 최고관리층의 이에 대한 신념과 변화의 노력을 기초로 조직문화의 변화가 수반되고,[14] 계층제의 저변에까지 이러한 변화와 성과제고에 관한 풍토가 조성될 수 있다.

2) 고객과 시민 중심 전통적으로 공공조직의 업무상대는 주어진 것으로 인식되어왔다. 그러나, 성과제고와 성과관리에 있어서의 상대는 존경받는 주권자로서의 고객으로 변화되어야 한다. 조직의 활동은 이들의 만족과 다양한 욕구를 충족시키기 위하여 최선의 노력을 경주하여야 한다.

3) 장기적인 전략기획 공공조직은 항상 예산감축, 정치권의 변화, 예산이 주어지지 않은 업무의 부과 등과 같은 환경에서 생존하여 왔다. 그러나 이와 같은 환경에서의 조직관리와 유지는 물론 이에 대응하기 위한 장기적인 전략기획을 모색하고, 변화를 주도적으로 유도하여야 한다.

4) 구성원의 능력발전 모든 성과는 사람으로부터 나온다. 훌륭한 인재의 충원과 이들에 대한 적극적인 교육훈련은 조직의 성과제고와 직결되어 있고, 결국 이는 성과관리의 핵심주제이다.

5) 성과의 측정·평가과 환류 적절한 측정과 평가가 수반되지 않는다면 성과의 수

---

13) *Ibid.*, pp.291~319.

14) David V. Hunt, *Quality Management for Government*(Milwaukee: ASQC Quality Press, 1993).

준과 향상을 확인할 수 없다. 따라서 성과의 평가는 성과관리의 요체라 할 수 있고, 평가된 성과의 환류를 통한 성과관리체제의 재구조화는 성과제고에 기틀이 된다.

2. 성과제고의 과정

조직의 성과를 제고하기 위한 과정을 확인하는 것은 중요한 일이다.[15] 다만 이 과정이 꼭 순차적일 필요는 없다는 점을 상기하여야 한다.

1) **목표설정과 지지 획득** 합리적이고 명확한 목표를 설정하고, 최고관리자는 물론 외부의 유력한 이해관계자들로부터의 지지를 얻는다.

2) **성공모형의 설정** 실패를 방지하고, 성공을 담보할 수 있는 모범사례를 확인하여 향후의 방법론을 설정한다.

3) **구성원의 일체화** 주어진 직무를 공동으로 수행하는 구성원들 간의 일체감을 조성하며, 습득된 경험을 최대한 활용하는 동시에 구성원들의 교육훈련을 통하여 능력의 제고를 도모한다.

4) **필요한 정보의 수집과 활용** 다양한 통로를 활용하여 성과제고와 관련된 충분한 정보를 입수하고, 적절한 분석을 통하여 습득된 정보를 최대한 활용한다.

5) **업무수행과 결과분석** 주어진 인적·물적자원을 활용한 업무수행 후 이 결과를 목표에 비추어 철저히 분석한다.

6) **결과의 환류** 분석결과가 추후의 성과제고에 활용될 수 있도록 환류절차를 활용한다.

---

15) Marc Holzer, "Building Capacity for Productivity Improvement," in Arie Halaclirni and Marc Holzer(eds.), *Competent Government: Theory and Practice*(VA: Chatelaine Press, 1995).

제 4 절	성과관리의 모형

조직성과의 제고를 포함한 여러 가지 국면에서 활용될 수 있는 조직관리의 모형은 다양하다. 최근에는 고전적으로 활용되던 조직관리에서 있어서의 유일한 최상의 방법(one best way)을 찾거나, 환경에의 적응을 중요시하는 상황적응이론(contingency theory)보다는 조직환경, 전략, 구조 및 업무과정과 같은 조직의 특성을 종합하여 일정한 유형을 설정하고 이를 활용하는 조합 또는 구성모형이 각광받고 있다. 이와 같은 모형에는 가치(values)모형,[16) 협치 또는 국정관리(governance)모형,[17) 공공관리(public management)모형[18) 등이 있고, 린(L. E. Lynn)과 같은 학자들의 모형도[19) 이에 포함되며, 여기에서는 성과에 초점을 맞춘 조합모형과 신성과모형을 소개하고자 한다.[20)

1. 조합(configuration)모형

조합 또는 구성(configuration)이란 일반적으로 동시에 발생하는 상이한 특성의 결합이라고 설명할 수 있는데,[21) 성과를 중심으로 한 조합모형(configuration

---

16) Robert E. Quinn and John Rohrbough, "A Competing Values Approach to Organizational Effectiveness," *Public Productivity Review*, Vol. 5, No. 2(1981), pp.122~144.

17) Guy B. Peters, *The Future of Governing*(Laerence: University of Kansas Press, 1993).

18) John M. Stevens, "Public Governance Ideals and Models," unpublished paper(Pennsylvania State University, 1997).

19) Laurence E. Lynn, *Public Management as Art, Science, and Profession*(New Jersey: Chatham House, 1996).

20) Laurence E. Lynn, "Organizational Configurations: Four Approaches to Public Sector Management," in Jeffrey L. Brudney, Laurence J. O'Toole, Jr, and Hal G. Rainey(eds.), *Advancing Public Management: New Developments in Theory, Methods, and Practice*(D.C.: Georgetown University Press, 2000), pp.217~234; Patricia W. Ingraham and Amy E. Kneedler, "Dissecting the Black Box: Toward a Model and Measures of GovernmentManagement Performance," in Jeffrey L. Brudney, Laurence J. O'Toole, Jr, and Hal G. Rainey(eds.), *Advancing Public Management: New Developments in Theory, Methods, and Practice*(D.C.: Georgetown University Press, 2000), pp.235~252.

21) Alan D. Meyer, Anne S. Tsui, C. R. Hinings, "Confgurational Approaches to organizational

▼ 그림 2-12-2 조직관리의 구성

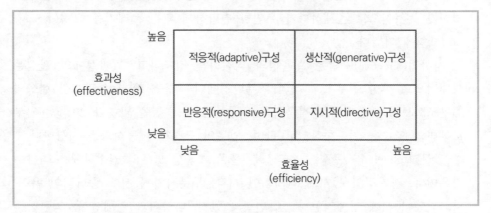

효과성
(effectiveness)

높음

적응적(adaptive)구성   생산적(generative)구성

반응적(responsive)구성   지시적(directive)구성

낮음

낮음   높음

효율성
(efficiency)

model)은 효과성과 효율성을 기본 토대로 한다. 이때 효율성은 주로 조직 내부의 혁신을 통한 최소투입과 최대산출을, 효과성은 외부에의 적응을 중시하는 투입요소의 획득이나 산출 등의 목표달성을 말한다.[22]

이 모형에 의하면 효율성과 효과성의 상대적인 비중에 따라 조직의 관리양태는 상이하게 나타난다. 이 각각의 유형은 적응적(adaptive)구성, 반응적(responsive)구성, 지시적(directive)구성, 생산적(generative)구성으로 대별된다 (그림 2-12-2 참조).

이때, 적응적(adaptive)구성은 효과성의 최적화를 강조하고, 효율성에의 관심은 상대적으로 약한 경우를 말하는데, 조직의 관리자는 이런 경우에 외부환경과 고객의 요구에 적응함으로써 조직의 효과성을 제고하고자 한다. 기업가적인, 그리고 혁신가적인 정신을 강조하고, 분권화를 통하여 권한을 최대한 고객과 가까운 계층의 구성원에게 책임과 권한을 분담케 한다.

반응적(responsive)구성은 조직의 효과성과 효율성에 대한 관심과 양자 간의 긴장을 최소화한다. 조직의 운영은 현상의 유지(muddling through)를 중심

Analysis," *Academy of Mangement Journal*, Vol. 36(1993), pp.1175~1195.

22) Paul S. Goodman and Johannes M. Pennings, "Toward a Workable Framework," in P. S. Pennings and J. M. Goodman(eds.), *New Perspectives on Organizational Effectiveness* (San Francisco: Jossey-Bass, 1977), pp.146~184.

으로 전개되고, 의사결정의 유형은 문제와 해결책과 의사결정자와 의사결정의 기회가 독자적으로 존재하다가 우연히 결합하게 되는 쓰레기통 모형(garbage can)모형에 가깝다.

지시적(directive)구성은 효율성의 최적화를 강조하고, 효과성에의 관심은 상대적으로 약한 경우로 조직의 외부환경에의 적응을 위하여 필요한 현상의 재구조화보다는 현재의 조직구조를 유지하는 데 초점을 맞춘다. 따라서 외부로부터의 영향을 최소화하려고 하며, 업무의 규격화와 공식화를 지향한다.

생산적(generative)구성은 효과성은 물론 효율성 모두의 최적화에 노력하는 경우이다. 장기적인 동시에 단기적인 시각, 부분적인 동시에 종합적인 욕구, 사회적인 동시에 경제적인 관심, 변화와 안정, 다양성과 일체성 등 경합하는 가치의 통합을 모색하는 것이다. 이 경우는 외부의 이해관계자는 물론 내부구성원들의 적극적인 협조가 요구되며, 이들의 공동 노력을 도출하여야 한다.

현실에 있어서 조직의 관리는 이 네 가지 조합의 극단에 항상 고정되어 있는 것이 아니며, 이들의 좌표상의 어떤 지점에 위치하게 된다. 따라서 보다 이상적인 성과관리조직은 이 네 가지 구성의 새로운 조합을 통한 관리방법을 찾으려는 노력을 경주하여야 한다.

2. 신성과(new performance) 모형

시라큐스대학의 정부성과사업(Government Performance Project)의 일환으로 고안된 신성과모형(new performance model)은 전반적인 정책성과(overall policy performance), 즉 정부가 궁극적으로 사회에 제공하는 성과와 조직의 관리를 말하는 정부관리성과(government management performance)의 관계를 규명하고, 정부의 관리성과 뿐 아니라, 정부의 전체적인 성과를 결정하는 독립변수로서의 세부관리체계, 즉 재정관리체계, 인적자원관리체계, 정보기술관리체계, 자본관리체계를 설명한다.[23]

이 모형의 기본적인 가정은 효과적인 조직관리가 성공적인 성과를 산출하

---

23) Patricia W. Ingraham and Amy E. Kneedler, *op. cit.*

고, 효과적인 조직은 다양한 조직기능을 효과적으로 통합하여야 하며, 효과적인 리더십이 성과의 조건이라는 것이다. 또한 정부의 정책성과를 결정하게 되는 관리체계는 세 가지 차원에서 연결되는데, 첫째는 조직의 실질적인 관리활동을 담당하는 세부관리체계, 둘째는 하위체계를 조화롭게 조정하는 통합요인들, 그리고 성과를 도출하려는 관리행위가 그것이다. 이 세 가지 차원이 조화롭게 통합될 때 조직의 관리성과는 극대화된다.

1) 세부관리체제(management subsystems)

정부관리체제를 구성하는 네 개의 세부관리체제는 다음과 같다.

(1) 재정관리체제(financial management)

예산의 배분과 집행으로 구성되는 재정관리체제가 제대로 작동하기 위해서는 수입과 지출에 대한 정확한 예측, 상황변화에 따른 유연한 대응, 비용과 성과의 관계에 관한 명확한 이해가 수반되어야 한다.[24]

(2) 인적자원관리체제(human resources management)

인재의 충원, 동기부여, 교육훈련, 승진과 퇴직 등을 담당하는 인적자원관리체제는 일관성 있는 규정과 절차, 적정한 교육과 상벌 등이 유지되어야 한다.

(3) 자본관리체제(capital management)

이는 장기적인 자원의 획득, 유지, 처분 등의 관리를 말한다. 자본재의 적정한 관리, 자본예산과 운영예산의 조화, 장기적인 기획과 우선순위에 입각한 사업의 진행 등이 자본관리체제의 성패를 가름한다.

(4) 정보기술관리체제(information technology management)

정책과 관리의 토대는 고품질의 정보 획득과 활용에 달려 있다고 해도 과

---

24) Roy T. Meyers, "Is There a Key to the Normative Budgeting Lock?" *Policy Sciences*, Vol. 29(1996), pp.171~188.

언이 아니다. 정보를 수집·분석, 활용하는 정보기술의 유지와 발전은 정보기술관리체제의 중요기능이며, 모든 조직구성원들에 의한 정확한 시기와 신뢰성 있는 정보의 활용이 이 관리체계의 성과를 보장한다.

2) 통합(integration)

정부와 공공조직의 운영과 성과의 제고는 이미 설명한 네 개의 세부관리체제의 원만한 통합 정도에 달려 있다. 이들의 통합은 다음과 같은 세 가지 요소들의 종속변수라 할 수 있다.

(1) 리더십의 발휘(exercise of leadership)

세부관리체제의 통합은 조직의 비전과 임무, 가치를 결정하고, 이를 조직의 구성원들에게 전파하여 조직을 움직이는 리더십의 역량에 따라 달라진다.

(2) 정보 활용(use of information)

적절하고 성공적인 정보기술관리체제의 작동과 이 체제의 원활한 정보의 활용은 세부관리체제의 전반적인 운영에 긍정적인 영향을 미치게 된다.

(3) 자원 배분(allocation of resources)

적정량의 자원을 획득하고 분배하는 과정에서 조직의 각종 활동과 세부체제 간의 상호작용은 원만히 진행된다.

3) 결과관리(managing for results)

공식적인 성과관리체제의 운영은 조직의 활동결과에 관심을 갖는 결과관리에 영향을 받는다. 조직의 결과관리는 조직의 목적에 따라 조직의 성과를 평가하는 기제를 의미한다. 결과관리는 지속적으로 성과를 제고시키는 다양한 방법을 강구하는 조직의 학습과정을 포함하기 때문에 더욱 중요한 성과제고의 도구가 된다.

제 5 절   성과관리의 장애

정부를 포함한 공공부문의 성과제고와 관리는 민간부문과는 다른 장애요 인을 극복해야 한다.[25] 이는 조직의 본질에 차이가 있기 때문에 발생하는 것 이기에 적극적인 대응이 필요하다.

첫째, 조직의 존재이유와 본질에서 공공부문의 성과관리는 민간과 다를 수 밖에 없다. 민간의 경우 지속적인 혁신을 통한 성과의 제고가 없다면 생존 자 체가 어렵다. 그러나 정부나 공공조직은 민간에 비하여 성과에 대한 압력이 적은 셈이다. 이는 이윤창출이 아닌 국민에 대한 봉사를 목적으로 하는 조직 의 사명에서 일차적으로 비롯되며, 이로 인하여 조직이 처한 환경, 내부적 경 험과 업무과정 등 모든 조건이 성과에 관한 한 민간에 비하여 상대적 관심과 열정이 낮을 수밖에 없다.

둘째, 정부와 공공조직의 성과평가를 담당하는 입법부의 한계를 들 수 있 다. 많은 경우 의원들의 전문성은 경력직 공직자에 비하여 떨어지는 것이 상 례이고, 이들의 임기가 제한적이기 때문에 공공부문의 성과를 제고시키고, 적 극적으로 관리할 수 있도록 지원하지 못할 가능성이 높다. 이에 따라 전통적 인 결과보다 투입에 치중하는 경향이 강하다. 또한 공공부문의 의사결정에의 참여자가 선출직, 임명직 공직자는 물론 다양한 위원회의 위원들로 이해와 책 임이 분산되는 경향이 있어 전반적인 성과에의 집중이 어렵게 된다.

셋째, 조직구조와 기능상의 제한도 한계요인으로 들 수 있다. 공공부문, 특 히 정부부문은 상대적으로 변화에 둔감하도록 설계되어 있다. 예산, 인사, 구 매 등 모든 행정절차의 유연성이 부족하다. 물론 이는 행정의 안정성을 보장 하기에 전적으로 비난의 대상이 될 수만은 없다. 그러나 급변하는 환경에의 대응을 위하여, 적절한 법규조정의 경직성이 개선되어야 할 필요성에 관해서

---

25) George Berkley, John Rouse, and Ray Begovich, *The Craft of Public Administration*(IA: Wm. C. Brown Publishers, 1991), pp.291~293; Robert D. Pursley and Neil Snortland, *op. cit.*, pp.447~454; Jamil E. Jreisat, *Public Organization Management: The Development of Theory and Process*(CT: Quorum Books, 1997), pp.224~228.

는 성과의 제고 및 관리와 관련하여 숙고되어야 한다.

넷째, 공익을 목적으로 하는 공공조직의 특성으로 인하여 산출물의 성과를 측정할 수 있는 기준의 설정은 물론 양적인 평가 자체가 어렵다는 점이다. 물론 공공조직의 모든 성과에 대한 측정이 불가한 것은 아니다. 또한 산출물의 조작화(operationalization)에 많은 노력을 기울여 많은 진전이 있었던 것도 사실이다. 그러나 여전히 많은 국면에서 공공조직의 성과를 측정하는 것은 매우 어려운 작업이다.

다섯째, 공공조직은 많은 경우 정치적 목적의 달성을 위하여 경제적인 성과를 포기하여야 한다. 행정관료나 공공조직의 구성원들이 효율성을 담보로 하는 업무를 수행하고자 하는 열망은 정치적 이해관계로 인한 의사결정과정에서 좌절되는 경향이 있다. 이런 경우는 중요한 정치적 목적을 달성하려는 국책사업에 동원된 공공조직의 내부적 수익구조가 매우 열악해지는 경우에서 확인할 수 있다.

이러한 다양한 어려움 속에서도 조직의 효율성과 효과성을 담보로 하는 성과의 제고 노력은 지속되어야 하며, 이를 위한 다양한 조직적 접근이 요구된다.

CHAPTER

13 갈등관리

제 1 절 　갈등의 의의

1. 갈등의 정의

　갈등(conflict)은 어떠한 조직에서나 생겨나는 현상이다. 둘 이상의 파벌이 서로 반대의 입장에 있고 한 쪽이 다른 쪽의 목표 성취를 방해하는 등의 상호 작용을 할 때 발생하는 행동의 종류이고 주로 상대와의 비교를 통해 박탈감을 느끼게 되었을 때 발생한다.[1] 조직은 갈등현상에 의식적으로 대처하는 활동을 하지 않으면 안 된다. 갈등관리(conflict management)는 조직의 존립을 위해 필요한 하나의 핵심적인 과정이기 때문이다. 갈등을 '관리'한다는 말은 갈등을 해소시키는 것만을 뜻하는 것이 아니다. 조직에 해로운 갈등을 해소시키거나 완화시키는 것뿐만 아니라 갈등을 용인하고 그에 적응하는 조치를 취하는 것, 그리고 나아가서는 조직에 유익하다고 판단되는 갈등을 조장하는 것까지를 포괄하는 활동을 갈등관리라고 한다. 따라서 갈등이 발생했을 때는 어떻게 갈등을 없앨 것인지에 몰두하기보다는 어떻게 잘 해소할 것인지에 집중하는 것이 더욱 중요하다.[2]

　조직 내의 갈등이란 행동주체 간의 대립적 내지 적대적 교호작용을 말한

---

1) E. F. Huse and J. L. Bowditch, *Behavior in Organizations: A systems approach to managing*(Massachusetts: Addison−Wesley Publishing Company, 1977), pp.202~207.

2) Richard M. Steers, *Introduction to Organizational Behavior*(Illinois: Scott, Foresman and Company, 1984), pp.485~488.

다. 여기서 행동주체는 개인이나 집단일 수도 있고 조직일 수도 있다. 갈등은 심리적 대립과 대립적 행동을 포괄하는 개념이다. 이러한 갈등은 조직을 구성하는 여러 가지 요인이 조건 여하에 따라 빚어지는 갈등상황이라는 매개변수에 의하여 야기된다. 실제로 갈등은 조직의 현상유지적 균형을 교란시키는 요인이다. 또한 의사결정과정에 문제를 야기하는 요인이라고 말할 수도 있다.

우리가 여기서 정의한 갈등은 이른바 조직상의 또는 조직 내의 갈등(organizational conflict)이다. 다시 말하면 조직 내의 행동주체 간에 일어나는 갈등을 대상으로 하여 정의를 내렸다. 개인이 내면적으로 경험하는 갈등(intraindividual conflict)이나 조직과 조직 사이의 갈등(inter-organizational conflict)은 우리가 정의한 갈등의 범위에서 원칙적으로 제외되었다. 조직 내의 갈등에 관한 이론에서는 조직 내의 행동주체 간에 일어나는 갈등을 원칙적인 대상으로 삼는다. 그러나 개인적 갈등과 조직 간의 갈등은 조직 내의 갈등에 무관한 현상이 아니다. 그러므로 조직 내의 갈등에 연관되는 범위 내에서 개인적 갈등이나 조직 간의 갈등도 고려의 대상이 되어야 할 것이다.

2. 갈등의 특징

갈등에 관한 정의에 내포된 특징을 구체적으로 살펴보면 다음과 같다.

첫째, 갈등은 둘 이상의 행동주체(당사자) 사이에 일어나는 현상이다.[3] 최소한 행동주체가 둘이 있어야 갈등이라는 교호작용의 한 양태가 생겨날 수도 있다. 행동주체는 개인이나 집단일 수도 있고 조직일 수도 있다. 개인과 개인, 개인과 집단, 집단과 집단, 집단과 조직, 개인과 조직은 서로 갈등을 야기시킬 수 있다.

둘째, 갈등은 심리적 대립감과 대립적 행동을 내포하는 동태적 과정(dynamic process)이다. 갈등관계는 서로 연관된 일련의 진행단계에 의하여 형성된다고 말할 수 있다. 일련의 진행단계란 (ⅰ) 갈등을 야기할 수 있는 상황

---

3) Kenneth E. Boulding, "A Pure Theory of Conflict Applied to Organizations," in R. L. Kahn and Elise Boulding(eds.), *Power and Conflict in Organizations*(New York: Basic Books, 1964), p.138.

이 형성되는 단계, (ⅱ) 갈등을 야기할 수 있는 상황을 인지하는 단계, (ⅲ) 당사자가 갈등상황을 지각하고 긴장·불안·적개심 등을 느끼는 단계, (ⅳ) 대립적 내지 적대적 행동을 표면화하는 단계 등이다. 이러한 여러 단계는 언제나 끝까지 진행되는 것은 물론 아니다. 어느 한 단계에서 갈등관계형성의 과정이 중단될 수 있는 가능성은 얼마든지 있다.[4]

셋째, 갈등은 표면화되는 대립적 행동만을 지칭하는 것이 아니다. 그러한 대립적 행동이 노출되지 않더라도 당사자들이 갈등상황을 지각하고, 긴장·불안·적개심 등을 느끼기 시작하면 벌써 갈등이 있다고 보아야 한다. 폰디 (Louis Pondy)는 갈등은 한 개인이나 조직의 목표 지향적 행동이 다른 상대측으로 인해 저지당하는 상황뿐만 아니라 곧 저지당할 것 같다는 예상만으로도 갈등이 발생 가능하다고 한다.[5] 갈등이 존재할 때 조직 내에서 발생하는 현상들은 원활하지 못한 의사소통, 불화, 규칙과 제약의 급증, 비생산적 회의, 옹호집단과 같은 비공식적 모임의 증가 및 좋지 않은 소문의 확산 등이 있다. 개인에게는 전문성의 약화, 결근과 이직의 증가, 형식주의적 업무의 증가, 성과 위축 등의 양상으로 나타난다.[6] 그러나 당사자들이 지각하지 못하는 갈등상황의 존재는 갈등이라고 말할 수가 없다.

넷째, 갈등의 진행과정에서 표면화되는 대립적 행동에는 싸움이나 파괴와 같은 폭력적 행동만 있는 것이 아니다. 대립적 행동의 양태는 매우 다양하다. 가벼운 의문이나 이견을 말하는 것과 같은 최저의 수준에서 상대방을 파멸시키려는 극단적인 수준에 이르기까지 강약이 다른 여러 가지 대립적 행동이 있을 수 있다. 구체적으로는 동료에 대한 질투 및 언어적 공격이 있고 때로는 욕설, 업무방해, 신체적 공격까지 포함하기도 한다.

다섯째, 갈등은 조직을 위해 유익한 것일 수도 있고 해로운 것일 수도 있다. 조직이 추구하는 목적이나 가치를 지원하는 것은 조직을 위해 순기능적이

4) Louis R. Pondy, "Organizational Conflict: Concepts and Models," *Administrative Science Quarterly*, Vol. 12, No. 2(September 1967), pp.296~320.

5) Richard M. Steers, *op. cit.*

6) Richard Pettinger, *Introduction to Organizational Behavior*(London: Macmillan Business, 1996), p.326.

ORGANIZATION AND MANAGEMENT

며 건설적인 갈등이다. 반면 조직이 추구하는 목적이나 가치를 해치는 것은 조직을 위해 역기능적이며 파괴적인 갈등이다. 그러나 구체적인 경우에 순기능적 갈등과 역기능적 갈등이 항상 뚜렷하게 구별될 수 있는 것은 아니다. 그리고 양자의 기능은 시간이 흐름에 따라 변동될 수 있는 것이다. 즉 순기능적인 갈등이 역기능적인 것으로 될 수도 있고, 역기능적인 갈등이 순기능적인 것으로 될 수도 있다.

순기능적이고 건설적인 갈등은 조직의 생존과 성공에 필요한 쇄신적 변화를 야기하는 원동력이 된다. 그러한 갈등은 변화가 필요하다는 것을 알리는 신호의 한 종류로서 변화의 탐색을 유도할 뿐 아니라 변화 자체를 용이하게 한다. 또한 갈등은 조직 참여자들로 하여금 정태적인 사고방식에서 벗어나 능동적인 행동을 하게 하는 활력소가 될 수 있다.[7] 즉, 갈등 없이 새로운 아이디어가 고려되는 경우는 없기에 갈등은 개인적 사회적 변화의 뿌리라고 할 수 있다.[8] 이와 함께 갈등은 조직의 자율조정에 불가결한 요소라고 할 수 있는데, 갈등은 기존의 또는 장래의 자원배분에 변화를 야기함으로써 조직의 주요 국면을 근본적으로 바꾸어 놓을 수도 있기 때문이다.

순기능적 갈등의 부재가 정체된 사고방식, 부적절한 의사결정, 독재와 획일주의, 조직의 침체 등을 반영하는 것이라고 한다면, 순기능적 갈등의 존재는 창조와 성장, 민주주의, 다양성, 그리고 자기실현을 반영하는 것이라고 말할 수 있다.[9] 따라서 조직의 관리자들의 단조롭고 틀에 박힌 조직 문화를 개선하기 위해, 혹은 조직원들의 안정된 관계가 조직의 목표보다 우위에 있을 때 의도적으로 갈등을 야기할 수도 있다.[10] 그리고 경쟁을 통해 조직원의 성과향상을 꾀할 때도 관리자들은 갈등적 상황을 연출하기도 하고 다른 조직과의 갈등은 조직 구성원들의 정체성을 강화시키는 장점도 있다.[11] 그러나 지나

---

7) Gary Johns, *Organizational Behaviour. 4th ed.*(New York: Harper Collins College Publishers, 1996), pp.461~462.

8) Daniel Robey, *Designing Organizations*(Illinois: Irwin, 1986.), pp.176~181.

9) Leonard Rico, "Organizational Conflict: A Framework for Reappraisal," *Industrial Management Review*, Vol. 6, No. 1(Fall 1964), p.67.

10) Gary Johns, *op. cit.*

512 ——— 제2부 행정관리

친 갈등은스트레스로 인해 조직원들의 정서적 복지에 해를 끼치고 응집력을 해친다.

갈등을 이해함에 있어서 유사개념 혹은 동반되는 개념들과의 차이점을 이해해야 한다. 우선 경쟁(competition)이라는 개념과 구별되어야 한다. 조직생활의 실제에 있어서 경쟁과 갈등이 겹칠 때가 있다. 즉 어떤 교호작용은 경쟁이며, 동시에 갈등일 수도 있다. 그리고 경쟁이 격화되어 갈등으로 변할 때가 있다. 그러나 모든 경쟁이 갈등이라거나, 모든 갈등이 경쟁이라고 말할 수는 없다. 다른 사람보다 앞서거나 어떤 이득을 얻기 위해 경쟁하더라도 경쟁당사자 간에 대립적 내지 적대적인 교호작용이 없을 수 있다. 마찬가지로 갈등이 경쟁을 내포하지 않을 때도 있다.[12]

갈등과 협력(cooperation)의 구별도 분명히 해둘 필요가 있다. 갈등을 협력과 혼동하는 사람은 없지만, 양자를 반대개념으로 오해하는 사람들은 흔히 있다. 즉 갈등의 반대가 협력이라고 생각하는 사람들이 있다. 그러나 갈등의 반대가 협력은 아니다. 갈등의 반대는 갈등이 없는 상태이고, 협력의 반대는 협력이 없는 상태이다. 갈등이 없다고 해서 반드시 협력이 있는 것은 아니다. 그리고 갈등과 협력은 별개차원의 문제이므로 같은 당사자 사이에 갈등과 협력이 병존할 수도 있다.[13]

제 2 절 갈등의 기능

조직연구자들은 오래 전부터 조직 내의 갈등이 있다는 사실을 인정하여 왔다. 조직이론은 꾸준히 변천해 왔지만, 어떠한 연구경향을 지지하는 사람이든 조직 내에 갈등이 존재한다는 사실 자체를 부인하려 하지는 않았다. 그러나

---

11) Richard M. Steers, *op. cit.*
12) Stephen P. Robins, *Managing Organizational Conflict*(NJ: Prentice-Hall, 1974), pp.25~27.
13) *Ibid*.

갈등이라는 현상을 바라보는 관점이나 갈등에 대응하는 처방을 제시하는 입장은 상당한 변화를 겪어 왔다.

고전적인 접근방법에 입각한 연구자들은 갈등을 바람직하지 못한 것이며 조직에 해로운 것이라고 보았다. 이와 같은 입장에 있는 대표적인 이론으로는 메이요(E. Mayo)의 인간관계론을 들 수 있는데, 그는 갈등을 일종의 악(evil) 또는 사회적 기교의 부족증상(a symptom of the lack of social skills)으로 취급 하였기 때문에 갈등이 없는 상태가 가장 이상적인 상태라고 생각하였으며, 갈등은 제거되어야 한다는 매우 단순한 처방을 제시하였다. 그리고 갈등의 제거는 가능한 일이라고 생각하였다. 즉 직무의 명확한 규정, 직위 간 관계의 구체적 규정, 직위에 적합한 사람의 선발 및 훈련 등을 통해서 갈등을 제거할 수 있다고 믿었다.

고전적인 이론가들의 그와 같은 갈등관은 문명사회에서 오랫동안 숭상되어 온 '반갈등적 가치'(anticonflict value)를 반영하는 것이다. 의견일치 · 단합 · 평화 · 조화 등은 좋은 것이며, 불화 · 의견대립 · 다툼 · 싸움 등은 나쁜 것이라고 규정하는 가치체계 속에서 사회화의 과정을 겪어 온 사람들은 모든 갈등은 나쁜 것이라고 생각하는 경향이 있다. 이러한 사고방식은 일반적인 언어관행에 나타나 있다. 사람들은 갈등이라는 말을 들을 때 대개 그것은 나쁜 일이라는 생각을 하게 된다.

문명사회의 일반적인 문화적 가치와 언어관행에 부합되는 고전적 갈등관은 조직이론과 조직사회에 매우 깊은 뿌리를 내리고 있었다. 오늘날까지도 대다수의 조직운영자들은 고전적인 관점이 쳐 놓은 그물에서 헤어나지 못하고 있는 것 같다.

그러나 조직 내의 갈등에 관한 고전적 접근방법은 저항을 받게 되었다. 적어도 이론적인 차원에서는 고전적인 갈등관이 강력한 비판과 배척을 받고 있다. 그러한 비판과 배척은 조직운영의 실제에도 영향을 미치고 있다. 갈등연구의 고전적 접근방법을 대치하려는 접근방법들은 갈등을 비난의 대상으로만 보지 않고 신중한 진단과 검토를 필요로 하는 변수로 파악한다. 즉 모든 갈등이 역기능적인 것이라고는 보지 않는다. 경우에 따라 갈등은 용납될 수 있을 뿐 아니라 유용한 것일 수도 있다고 본다. 이와 같은 입장을 취하는 대표적인 학자가 코저(Lewis Coser)인데, 그는 "어떤 집단도 완전하게 조화될 수는 없다. 집단은 조화와 부조화, 통합과 해체를 요한다. 갈등은 파괴적일 수만은 없는 것이다. 협력과 마찬가지로 갈등은 그대로의 사회적 기능을 지니고 있는 것이며, 어느 정도의 갈등은 집단형성과 집단활동의 중요요소가 된다"라고 주장하였다.

갈등관리에 관한 또다른 접근방법에는 갈등을 용인하고 옹호하려는 데 그치는 것도 있고, 보다 적극적으로 필요한 갈등을 조장하려는 것도 있다.[14] 갈등을 용인하고 옹호하려는 사람들은 갈등이 조직에 본래적으로 내재(inherent)하는 현상이므로 그것을 용인할 수밖에 없다고 생각한다. 그리고 갈등이 조직에 유용한 것이기도 하기 때문에 갈등의 해소만을 갈등관리의 목적으로 삼아서는 안 된다고 주장한다.[15]

조직에 필요한 갈등을 적극적으로 조성하려는 사람들은 갈등이 조직의 생존에 불가결한 적응과 변화의 원동력이라고 생각한다. 그들도 물론 모든 갈등이 조직에 유용하거나 필요한 것이라고 말하지는 않는다. 그러나 갈등이 없으면 조직은 정체되고 심한 경우에는 사멸의 운명을 맞게 된다고 한다. 그러므로 필요한 갈등은 적극적으로 조장되어야 한다고 말한다. 이처럼 갈등은 동전의 양면과 같아서 조직의 긴장 수준에 대한 적절한 관리는 모든 관리자들의 주요 임무이다. 즉, 갈등관리에는 갈등을 해소시키는 일뿐만 아니라 갈등을 조장하는 일도 포함되어야 한다고 주장한다.[16] 여하간 갈등의 종류와 그 정도가 어떠냐에 따라 갈등은 조직에 역기능적인 것일 수도 있고, 조직을 위해 순기능적이거나 불가결한 것일 수도 있다는 관점을 우리는 받아들여야 할 것이다.

---

14) 로빈스(S. Robbins)는 갈등관리에 관한 접근방법을 세 가지로 나누었다. 갈등은 나쁜 것이므로 제거해야 한다고 주장하는 입장을 traditionalist approach라고 불렀으며, 갈등을 용인하고 옹호하려는 입장을 behavioralist approach, 갈등이 필요한 경우에는 그것을 적극적으로 조장하여야 한다고 보는 입장을 interactionist approach라고 불렀다. S. Robbins, *op. cit.*, pp.11~20.

15) Warren G. Bennis, Kenneth D. Benne and Robert Chin(eds.), *The Planning of Change*, *2nd ed.*(Holt, Rinehart and Winston, Inc., 1969), p.152.

16) S. Robbins, *op. cit.*, pp.13~14.

이와 같은 갈등현상이 조직 및 집단에 미치는 기능과 역기능 혹은 편익(benefit)과 비용(cost)을 조직의 (ⅰ) 균형, (ⅱ) 통합, (ⅲ) 안정, (ⅳ) 창의성과 쇄신성이라는 측면에서 분석해 보면 다음과 같다.

1. 균형(equilibrium)

갈등은 개인·조직 및 집단의 균형을 깨뜨리고 불안과 무질서를 초래할 수도 있다. 그러나 갈등에 의해서 초래되는 불균형으로 인하여 오히려 정태적인 개인이나 조직 및 집단이 동태적인 성장과 발전의 계기를 맞이할 수도 있다.

2. 통합(integration)

갈등은 개인·조직 및 집단의 통합과 조화를 파괴할 수도 있다. 그러나 조직이나 집단이 외부집단과 경쟁이나 마찰 등의 갈등을 벌이는 경우에는 조직의 내적인 응집성(cohesiveness)과 조직구성원의 충성심의 고양을 가져올 수 있으며, 또한 조직 내부의 갈등이 있은 연후에 조직의 새로운 조화와 통합력의 향상을 가져올 수 있는 것이다.

3. 안정(stability)

갈등은 개인·조직 및 집단에 불안과 긴장을 조성한다. 그러나 어느 정도의 갈등과 불안은 오히려 동태적인 변화와 발전의 돌파구를 제공하여 줄 수 있다.

4. 창의성과 쇄신성(creativity and innovation)

갈등은 조직 내의 창의성과 쇄신성을 저해할 수 있다. 그러나 어느 정도의 갈등은 오히려 조직 내에 참신한 아이디어를 생성케 한다. 갈등이 전혀 없는 집단(conflict free group)은 정태적인 경우가 많으며, 구성원이 자기능력 이하의 업적밖에 내지 못하는 경우를 흔히 볼 수 있다.

제 3 절 갈등의 유형

　갈등의 유형은 매우 다양하게 분류될 수 있다. 조직에 이로운가 아니면 해로운가를 기준으로 순기능적 갈등과 역기능적 갈등으로 구별될 수 있음은 이미 앞에서 말한 바와 같다. 이 밖에도 당사자 또는 행동주체, 갈등의 진행단계, 표면화된 대립적 행동, 갈등상황 등을 기준으로 한 다양한 갈등의 분류가 있다.

　행동주체를 기준으로 한 분류만도 매우 다양하다. 저자들은 (i) 개인 간의 갈등, (ii) 개인과 집단 사이의 갈등, (iii) 집단 간의 갈등, (iv) 개인과 조직 사이의 갈등, (v) 조직과 집단 사이의 갈등이 있음을 앞에서 지적한 바 있다. 마치(James G. March)와 사이몬(Herbert A. Simon)은 (i) 개인적 갈등 (individual conflict), (ii) 조직상의 갈등(organizational conflict) 및 (iii) 조직 간의 갈등(interorganizational conflict)으로 구분하고, 조직상의 갈등에 초점을 두어 갈등문제를 논의하였고, 17) 로빈스(Stephen P. Robbins)는 (i) 개인 간의 갈등 (interpersonal conflict), (ii) 집단 간의 갈등(intergroup conflict), (iii) 집단내적 갈등(intragroup conflict)으로 구분하였다.18) 그리고 카츠(Daniel Katz)는 (i) 기능적 하위체제 간의 갈등과 (ii) 계층 간의 갈등으로 구분한 바 있다.19)

　폰디(L. Pondy)는 갈등관계의 진행과정에 착안하여 (i) 잠재적 갈등(latent conflict), (ii) 지각되는 갈등(perceived conflict), (iii) 감정적으로 느끼는 갈등 (felt conflict), (iv) 표면화된 갈등(manifest conflict), (v) 결과적 갈등(conflict aftermath)으로 구분하였다. 이 때 잠재적 갈등은 갈등이 야기될 수 있는 상황 또는 조건을 말하고, 결과적 갈등은 갈등관리의 결과 잠재적 갈등이 더욱 심각해진 상황 또는 조건을 말한다.20) 표면화되는 갈등행동의 내용과 강도에 따

17) James G. March and Herbert A. Simon, *Organizations*(New York: John Wiley and Sons, 1958), p.112.

18) S. Robbins, *op. cit.*, p.24.

19) Daniel Katz, "Approaches to Managing Conflict," in R. L. Kahn and E. Boulding(eds.), *op. cit.*, pp.105~106.

라 갈등이 분류될 수 있는 것은 물론이다. 이외에도 소극적 회피·이의제기·언쟁·폭력 등의 갈등양태가 여러 가지로 구분되고 있다. 또한 갈등의 출처, 갈등상황, 갈등관리의 전략 등을 기준으로 하여 갈등의 유형을 분류할 수도 있다.

Ⅰ 갈등의 방향에 따른 분류

우선 조직갈등의 대표적 유형 중의 하나인 계층 간의 수평갈등(holizontal conflict)과 계층 상·하 간의 수직갈등(vertical conflict)을 설명한다.[21]

1. 수평갈등

수평갈등은 조직의 계층제에서 대등한 수준에 있는 집단이나 부서 간에 발생하는 갈등을 말하는데, 대표적인 경우는 계선과 참모 간의 갈등을 들 수 있다. 국가의 행정체계에서 본다면, 국방부와 통일부, 국토부와 환경부와의 갈등을 들 수도 있고, 수도권 지방자치단체와 비수도권 지방자치단체들의 갈등도 포함될 수 있다. 조직 내부로 본다면, 집행부서와 예산 또는 감사부서의 갈등도 대표적인 수평갈등으로 볼 수 있다.

이와 같은 수평갈등의 원인은 조직 운용목표의 불일치, 분화(differentiation), 상호의존적 업무체계 등을 들 수 있다. 분화는 전문화에 따라 각 부서에 배치되는 구성원들의 전문영역의 차이에서 발생하는데, 여기에는 교육배경은 물론 인지구조, 감정의 차이 등 다양한 요소들이 연결되어 있다. 또한 최근의 조직 업무가 상호의존성이 강화되는 추세인데, 이에 따른 접촉 기회가 많아질수록 갈등발생의 가능성이 높아진다.

---

20) L. Pondy, *op. cit.*

21) Richard L. Daft, *Organization Theory and Design*(MN: West Publishing Company, 1992), pp.427~460.

2. 수직갈등

수직갈등은 계층제의 상이한 직급체계에서 발생하는 갈등으로 본부의 관리층과 지방 또는 기능부서의 조직계층 간에 발생하는 갈등을 예로 들 수 있다. 국가의 행정차원에서 본다면 국토교통부 본부와 지역항만청, 해양수산부 본부와 지방해운항만청 등의 갈등을 들 수 있다. 조직 내에서는 사무직 관료와 고용직 직원의 갈등 등을 예로 들 수 있다.

이와 같은 수직적 갈등의 원인으로는 심리적 차이, 권력과 지위의 차이, 가치와 이념의 차이, 자원의 불일치 등을 들 수 있다. 이 수직갈등의 경우 대부분 하위직급 또는 하위기관에서 발생하는 경우가 많은데, 많은 경우 하위직급 또는 하급기관의 직원들은 항상 자신들의 권한, 보수, 지위 등의 상대적 박탈감으로 인하여 조직과의 일체감을 갖지 못하고, 상급직급이나 상급기관과의 갈등을 일으키게 된다.

Ⅱ 갈등의 주체에 따른 분류

1. 개인적 갈등

개인적 갈등은 스스로가 타인이나 조직과 서로 다른 목표를 세움으로써 발생하는 갈등, 정치적 사안에 대한 토론에서 주로 드러나듯이 서로 다른 생각이나 의견으로 인해 발생하는 인지적 갈등, 느낌이나 감정, 태도가 상대방과 교류되지 못할 때 발생하는 정서적 갈등, 마지막으로 서로 다른 행동 양식이 상대방에게 받아들여지지 않을 때 발생하는 행동적 갈등이 있다.[22]

다양한 갈등적 상황에서 가장 중요한 것은 이러한 상황에서 벗어나는 것이다. 여기서는 의사결정의 상황에서 서로 의견 일치가 있지 않은 경우를 상정하여 마치(J. March)와 사이먼(H. Simon)의 분석을 토대로 개인 간 갈등의 특성을 설명한다.[23] 구체적으로 특정 상황에서 두 가지 선택지가 있고 이 선택

---

22) Richard M. Steers, *op. cit.*

지에 대한 개인별 선호나 판단이 다를 때 발생할 수 있는 경우의 수를 구분하여 갈등이 어떤 경우에 발생하는지, 어떤 성격의 갈등이 발생하는지를 분석하고자 한다.

두 가지 대안 중 한 가지가 탁월하거나 최소한 만족할 만한 선택지이고, 다른 한 가지는 평이하거나 부정적인 상황을 도출할 가능성이 존재하거나, 또는 긍·부정적 상황의 도출 가능성이 알려지지 않았을 때는 갈등이 발생하지 않는다. 왜냐하면 탁월하거나 만족할 만한 대안을 선택하는 것이 현명하기 때문이다.

그러나 그 외의 모든 경우에는 갈등이 발생할 수 있다. 즉, 어느 하나의 대안도 탁월하거나 만족할 만하지 않을 때, 부정적인 결과가 도출될 가능성이 크거나 예상 가능한 긍·부정적 결과 중 어느 쪽의 발생 가능성이 더 큰지 비교할 수 없을 때, 또는 어떤 결과든 그 발생 가능성이 알려져 있지 않을 때에는 의사결정 과정에서 갈등이 발생할 것이다. 두 대안의 동일하게 평가받을 때에도 갈등은 발생한다. 예를 들어 두 가지 대안이 모두 평이하거나 또는 두 대안이 모두 탁월하게 판단되어 우수성을 비교하기 힘든 경우에도 의견차이로 인한 개인 간 갈등이 발생한다. 또한 두 대안 모두 부정적인 상황이 발생 가능하거나 그 가능성이 클 때에도 마찬가지이다.

정리하면, 의사결정자가 대안으로 제시된 여러 선택지의 수준이 만족스럽지 못해 받아들이기 힘든 경우(unacceptability), 대안이 도출할 결과의 발생 가능성이 알려져 있지 않아 예측할 수 없는 경우(uncertainty), 그리고 대안들이 도출할 결과의 발생 가능성을 알지만 그 우열을 서로 비교할 수 없는 경우(incomparability) 등에 의해 의사결정에서 개인적 차원의 갈등이 발생하게 된다.[24]

이렇게 갈등의 발생이 인식되면 그것을 줄이고자 하는 동기가 발현되어 상황에 적합한 처방을 모색한다. 대표적으로, 갈등의 원인이 불확실성(uncertainty)

---

23) James G. March and Herbert A. Simon, *op. cit.*, pp.133~137.

24) *Ibid.*, pp.121~129. 마치와 사이몬은 자기들 나름대로 규정한 의사결정과정에 초점을 둔 시각에서 갈등문제를 논의하였기 때문에 논지의 전개가 특이하며, 특히 초심자에게는 그 내용의 난해함 때문에 이해가 쉽지 않다.

일 경우 개인들은 우선 제시된 대안들의 결과에 대한 불확실성을 줄이고자 연구를 하려 할 것이고 만약 이 시도가 실패하면 새로운 대안을 찾고자 할 것이다. 갈등의 원인이 수용불가성(unacceptability)일 때도 새로운 대안들을 찾으려는 노력이 필요할 것이다. 이때 고려해야 할 변수는 대안들의 활용가능성과 시간적 압박이다. 일반적으로 시간적 압박이 클수록 대안을 찾는 시도는 더욱 활발해 진다. 만약 받아들여질 만한 대안들을 찾는 시도가 계속 실패한다면 수용가능성의 정도를 수정할 필요가 있다. 마지막으로 갈등의 원인이 비교불가성(incomparability)일 때 개인들은 대안을 찾는 과정에서 자신들의 주의를 끌 만한 요소가 포함된 대안에 관심을 보일 것이고 대안들이 제시되는 순서 역시 최종 선택에 많은 영향을 미칠 것이다. 결과적으로 새로운 결정을 위한 시간은 짧을 것이다.

2. 조직내 갈등

1) 조직 내 개인 간 갈등[25]

우선 조직 내의 개인 간 갈등은 조직이 마주한 문제를 해결함에 있어 조직 구성원들이 받아들여질 만한 대안을 제시하지 못할 때 발생한다. 또 다른 경우는, 개인들이 대안을 제시할 수 있지만 그 대안들 간의 차이 때문에 발생한다. 이 경우는 전체 조직이 갈등상황에 놓이게 된다.

조직 내 개인 간 갈등을 개인이 느끼는 주관적 불확실성과 대안에 대한 수용불가성의 차원에서 설명하자면, 우선 불확실성은 개인의 경험과 의사결정 상황의 복잡성과 관련이 깊다. 과거의 경험이 풍부하다면 또는 의사결정을 내려야 하는 상황이 비교적 단순하다면 갈등 당사자들이 느끼는 주관적인 불확실성이 낮아져서 갈등이 발생할 확률이 낮아질 것이다. 반면, 개인의 경험이 충분하지 못하거나 상황이 복잡하다면 당연히 높은 불확실성으로 인해 갈등 발생 확률은 높아질 것이다.

덧붙여서 조직의 목적 달성을 위한 개인의 열정은 높은데 성취가능성이 낮

---

25) *Ibid.*, pp.137~140.

을 경우, 예를 들어 경기불황이나 경기가 둔화되는 시기에 개인의 열정과 성취가능성 간의 불균형이 발생하는 경우에는 조직 내의 개인 간 갈등의 가능성이 높아질 것이다.

2) 조직 내 집단 간 갈등

마치(J. March)와 사이몬(H. Simon)은 조직 내의 집단 간의 갈등을 야기하는데 필요한 조건으로, (ⅰ) 공동 의사결정의 필요에 대한 인지(felt need for joint decision-making), (ⅲ) 목표의 차이(difference in goals) 및 (ⅲ) 현실에 대한 인식의 차이(difference in perceptions of reality)를 들었다.[26]

공동의사결정의 필요성을 인지하는 것은 중요한 두 가지 요인에서 야기된다. 첫째는 자원배분과 둘째는 시간계획의 작성이다. 제한된 자원에 대한 상호의존성이 크면 클수록 그 자원과 관련된 공동의사결정의 필요성을 더 크게 인지하게 될 것이다. 또한 특정 활동을 계획한 시간끼리의 상호의존성이 크면 클수록 조직 내 집단 간 시간계획 작성과 관련된 공동의사결정의 필요성을 더 크게 인지하게 될 것이다.

만약 자원이 무한정이라면 그것의 배분과 관련한 특정한 문제점은 있을 수 없고 또한 가용자원을 활용할 수 있는 기간이 충분히 배분된 경우, 즉 마치와 사이몬의 표현에 따르면 환경의 관용성(munificence)가 클 경우에도, 공동 의사결정의 필요성을 그만큼 덜 인지하게 될 것이다.

개개의 참여자나 하위 단위 간 목표의 차이(difference in goals)를 증가시키거나 감소시키는 요소는 조직 구성원 간의 동질성 또는 조직의 보상구조(reward structure)와 관련이 깊다. 우선 조직의 가입 요건에 따라 만약 특정 대학 출신만을 고용하는 조직은 다른 조직에 비해 동질적인 집단 구성원을 고용하는 것이다. 대학뿐만 아니라 특정 직군만을 고용하는 것도 마찬가지이다. 일단 이렇게 조직의 구성원들이 충원되면 개인 목표상의 공통성을 확보되기 쉽다. 또 만약 보상구조(reward structure)가 모호한 기준에 의해 마련되었다면 개개인과 하위집단의 목표를 조정하여 목표의 공통성을 높이는데 어려움을 겪을

---

26) *Ibid.*, pp.140~149.

것이다. 그리고 보상이 계층제에 따라 설계되어 형식적인 일관성을 갖는다고 해도, 현실에서 그 설계 밖에서의 보상이 가능하다면, 내적 일관성이 떨어져 조직 내 개개인의 목표의 공통성을 확보하는 데 어려움을 겪게 될 것이다.

마지막으로 조직의 의사결정의 근저에 흐르고 있는 개인의 현실에 대한 인식의 차이(difference in perceptions of reality)는 우선 정보와 관련이 깊다. 조직 내 집단 간의 상이한 정보의 양과 유형, 부정확한 정보의 공유 등은 현실에 대한 인식의 차이를 야기시키며 조직 내의 의견 불일치를 야기시킨다. 또한 개인의 목표의 차이나 조직의 분화가 커지면 커질수록 개인의 현실에 대한 인식도 그만큼 달라질 수 있다.

조직 내 집단 간 갈등에 대한 마치(J. March)와 사이먼(H. Simon)의 이론에 따르면, 갈등발생의 첫째 조건, 즉 공동 의사결정의 필요에 대한 인지는 필수적이지만, 둘째 및 셋째 조건인 목표의 차이 및 현실에 대한 인식의 차이는 선택적이라고 한다. 즉 첫번째 조건과 두번째 또는 세번째 조건 가운데 하나가 성립되면 조직 내의 집단 간 갈등상황이 발생한다.

3. 조직간 갈등[27]

개인의 갈등이나 조직내 집단간의 갈등의 양상과 달리 조직간 갈등에 대한 연구는 많이 진전되지 않았지만 주로 갈등을 해결하기 위한 협상과정에 관심이 모아지고 있고, 이는 과점시장에서의 기업들, 민주국가 내에서의 정당들, 그리고 국가간의 갈등을 연구하는 게임이론가들에 의하여 주도되고 있다. 이때 조직간 갈등의 협상에 관한 핵심적인 주제는 1) 조직간 연합의 성립과 안정성, 2) 협상의 결과에 관한 것이다.

첫째 주제는 많은 수의 행위자가 있는 다자간의 조직구도에서 갈등이 유발되었을 때, 갈등의 해결을 위한 조직간의 연합구조(coalition structure)의 성립과정에 관한 것으로, 이 성립과정에서 어떤 조직들이 연합을 구성하는가의 문제와 그 연합은 얼마나 오랫동안 안정적으로 지속되는가의 문제가 핵심이라 할 수 있다. 이때 이 갈등의 장(field)에서 활동하는 모든 조직은 다른 조직의

---

27) *Ibid.*, pp.152~155.

전략을 제외한 갈등의 양상에 대한 완전한 정보를 가지고 있고, 자신의 이익을 극대화하기 위한 선호의 우선순위를 명확히 정립하고 있어야 한다. 물론 협상에 따르는 희생도 충분히 치를 용의가 있어야 한다.

둘째 주제인 협상의 결과에 대한 관심은 어떻게 하면 가장 바람직한, 즉 행위자들이 서로 만족할 수 있는 대안을 이끌어 낼 것인가의 문제이고, 이 과정에서 제3의 중재자의 개입과 역할 문제가 중요한 사안이 된다. 이 때 갈등 상황에 봉착한 조직들이 최대의 위험을 감수할 용의가 있다면 그 협상은 상대적으로 만족할 만한 결과를 도출할 가능성이 높아질 것이다. 특히 이 갈등의 양상이 나타나는 사회가 일정한 공정성(fairness)에 대한 기준을 보유하고 있고, 이것이 일상적으로 통용된다면 그 협상의 결과는 매우 합리적이고 모두에게 만족을 줄 수 있는 결과를 도출할 가능성이 높다. 결국 조직간의 갈등은 조직들이 활동하는 사회와 상황에 많은 영향을 받게 될 수밖에 없고, 이로 인하여 우리는 전체 사회의 공정성과 합리성에 관심을 가질 수밖에 없다.

Ⅲ 갈등원인에 의한 분류

갈등의 유형은 그 원인에 따라 구분해 볼 수도 있다. 여기서는 존스(Johns)의 분류에 따라 구체적으로 조직의 목표, 사실, 그리고 절차에 대한 분쟁으로부터 야기되는 갈등의 유형을 알아본다.

우선 서로 다른 결과물을 추구함으로서 드러나는 목표갈등이 있다. 목표를 둘러싼 갈등은 조직 내에서 매우 흔한 편이다. 예를 들어 상품의 판매를 담당하는 직원의 목표는 지속적으로 새로운 상품을 소비자에게 제공하는 것인 반면, 공장에서 생산을 담당하는 직원은 최대한 빠르게 많은 상품을 생산하는 것을 목표로 삼는다. 각자의 입장에서는 자신의 목표가 조직의 이익에 도움이 될 것이라고 생각하기 때문에 갈등이 발생한다. 사실에 관련한 갈등은 특히 기술과 관련하여 발생한다. 대표적인 사례로, 모토로라가 전 세계 휴대폰의 네트워크를 설립하려 했던 시도는 기술적 타당성에 대한 논쟁으로 거의 무산되었다.

절차에 대한 갈등은 일반적으로 윤리, 공정성, 지위 존중 측면에서 상대방에게 예상되는 행동에 대한 다른 한쪽의 기대에서 기인한 것이 많다.

이렇게 특정 갈등의 원인을 범주화 할 수 있지만 그 갈등의 해소방법이 반드시 갈등 원인의 범주 안에서만 찾아지는 것은 아니다. 예를 들어 사업 확장이라는 목표를 둘러싼 의견의 차이 및 갈등은 해당 사업의 잠재적 시장 크기에 대한 사실을 적시함으로써 해소할 수 있다. 또한 기술적 사실에 대한 갈등이 진행될 때, 만약 한쪽 당사자가 상대측을 비윤리적으로 방해하려고 하는 것처럼 보인다면, 사실에 대한 갈등이 절차에 대한 갈등을 초래할 수 있다. 이런 상황에서는 사실과 절차에 관한 갈등이 모두 해소되어야만 조직의 갈등이 해결되었다고 할 수 있을 것이다. 뿐만 아니라 갈등의 당사자들이 처한 입장 및 상황에 따라 한 당사자는 갈등을 목표의 충돌로, 다른 당사자는 그것을 절차상의 충돌 또는 사실상의 충돌로 다르게 해석할 수도 있다. 따라서 갈등의 해소를 위해서는 상대의 입장에서 갈등을 해석하려는 노력을 하여야 한다.

그 외에 드러나지 않는 갈등도 있다. 특정 관심사에 대한 사람들 간의 이견이 있음에도 불구하고 갈등이 보이지 않는 경우는 크게 세 가지가 있다. 첫째는 갈등은 권력이 집행될 수 있는 사전적 조건이지만 그 권력이 갈등을 수면 위로 드러나지 않게, 숨기는 방향으로 행사되기도 한다. 두번째는 관련 당사자들의 결과에 대한 두려움도 침묵의 원인이 된다. 예를 들어 당사자가 자신들의 패배를 예측할 수 있을 때, 갈등 해결 과정에서 공평한 기회를 얻지 못할 것이라고 판단할 때, 반대의견을 제기하여 갈등을 일으키면 자신의 현재 위치가 위태로워 질 것이라고 판단할 때, 그리고 갈등에서 승리하더라도 체면의 심각한 손상이 예상될 때 당사자는 침묵을 선택할 것이다. 세번째는 갈등의 한쪽 당사자나 조직이 애초부터 관련 주제의 논의에서 배제되었을 때에도 갈등은 드러나지 않게 된다. 예를 들어 새로운 기술의 도입이나 기술의 변화에 관련하여 직접적으로 많은 영향을 받게 되는 공장의 노동자들은 기술 관련 의사결정의 장에서 배제되는 경우가 많다.

제 4 절　갈등의 원인

　　조직에서 갈등의 원인이 될 요인은 무수히 많다. 의사전달, 특히 의사전달의 장애, 조직의 규모·분화·공식화, 조직참여자의 이질성, 감독의 유형, 의사결정에 대한 참여의 정도, 보상체제, 권력구조, 조직단위 간의 구조적 연관관계, 조직참여자의 성격·역할·지위 및 목적, 사회적인 상호작용 등은 갈등의 원인이 될 수 있는 중요한 조직상의 요인으로 흔히 열거되고 있다. 그와 같은 요인들은 어디까지나 예시적인 것이고 논자들의 관점이 다름에 따라 그들이 열거하는 갈등원인의 유형은 다음과 같다.

　　여기서는 여러 사람들이 제시하고 있는 다양한 갈등원인을 종합하여 다음과 같은 여섯 가지로 분류한다. 여섯 가지의 갈등요인이란, (ⅰ) 상충되는 목적추구로 인한 승패의 상황(win-lose situation), (ⅱ) 제한된 자원의 획득과 사용에 관한 경쟁(competition over means or resource utilization), (ⅲ) 지위부조화(status incongruency), (ⅳ) 지각의 차이(perceptual difference), (ⅴ) 높은 상호의존성(interdependency) 및 (ⅵ) 불확실성(uncertainty)을 말한다.[28]

1. 상충되는 목적추구로 인한 승패의 상황

　　둘 이상의 행동주체가 서로 양립될 수 없는 목적들을 동시에 추구할 때 승패의 상황이라는 갈등원인이 조성될 수 있다. 예를 들어 한 부서의 목표 달성이 다른 부서의 목표에 상치되는 경우가 발생할 수 있다. 하나의 조직 내에서도 개인의 성과가 전체 조직의 성공으로 고려되지 않고 독립적인 변수로 취급되어도 갈등이 발생할 수 있다.[29] 조직 안에는 이러한 원인을 유도하는 조건들이 많다.

---

28) Joseph A. Litterer, "Conflict in Organization: A Re-examination," in Henry L. Tosi and W. Clay Hamner(eds.) *Organizational Behavior and Management: A Contingency Approach*(MI: St. Clair Press, 1974), pp.322~324.

29) E. F. Huse and J. L. Bowditch, *op. cit*.

표 2-13-1 갈등의 원인

구분	갈등의 원인
타우스키 (C. Tausky)	(ⅰ) 개인의 목표와 조직의 목표의 상충, (ⅱ) 불확실하고 불균등한 보수, (ⅲ) 기술적 제약, (ⅳ) 조직의 변화
패팅거 (R. Pettinger)	(ⅰ) 특정 영역에 지속적으로 주어지는 특혜, (ⅱ) 조직에 의해 결정되는 공식 비공식적 지위 및 서열, (ⅲ) 조직 구성원 개인 간의 성격 차이, (ⅳ) 역할의 차이(예 노동조합과 고용자, 선배와 부하직원, 평가자와 피평가자, 승진 경쟁), (ⅴ) 정책적 충돌, (ⅵ) 의사소통 채널의 막힘, (ⅶ) 보고관계의 불명확성[30]
핑크 (C. F. Fink)	(ⅰ) 상충되는 목적(incompatible goal), (ⅱ) 상호배척적인 이해관계(mutually exclusive interest), (ⅲ) 적대감정(emotional hostility), (ⅳ) 상이한 가치체계(differing value structure)[31]
폰디 (L. Pondy)	(ⅰ) 희소자원의 획득을 위한 경쟁(competition for scarce resource), (ⅱ) 자율성추구(drive for autonomy), (ⅲ) 목적의 분립(divergence of subunit goals)[32]
밀러(N. E. Miller), 돌라드(J. Dollard) 등	(ⅰ) 접근-접근상황(approach-approach situation: 바람직한 가치를 비등하게 가진 두 가지 대안에 직면하여 결정자가 선택을 망설이는 상태), (ⅱ) 접근-회피상황(approach-avoidance situation: 대안들이 바람직한 가치와 바람직하지 못한 가치를 함께 지녔기 때문에 결정자로 하여금 선택을 망설이게 하는 상태) 및 (ⅲ) 회피-회피상황(avoidance-avoidance situation: 바람직하지 못한 가치를 비등하게 가진 대안들에 직면하여 결정자가 선택을 망설이는 상태)[33]

---

30) Richard Pettinger, *op. cit.*, p.324.

31) Clinton F. Fink, "Some Conceptual Difficulties in the Theory of Social Conflict," *Journal of Conflict Resolution*, Vol. 12, No. 4(December 1968), pp.412~460.

32) L. Pondy, *op. cit.*

33) Neal E. Miller and John Dollard, *Social Learning and Imitation*(New Haven, CT: Yale University Press, 1941); N. E. Miller, "Comments on Theoretical Models, Illustrated by the Development of Conflict Behavior," *Journal of Personality*, Vol. 52(1951), pp.82~100.

승패의 상황을 조성하는 조건의 예로 감사(inspection)를 들 수 있다. 감사를 하는 사람과 받는 사람의 관계는 승패의 관계이다. 감사하는 사람은 피감독자의 잘못을 발견함으로써 자기의 존재가치를 입증하고 명예와 보상을 얻을 수 있게 된다. 반면 감사를 받는 사람은 자기 실적의 잘못이 노출되면 불이익을 받게 된다. 경비절감의 책임을 진 재정관리자와 판매촉진의 책임을 진 판매관리자 사이에서도 승패의 상황이 연출될 수 있다. 판매활동에 많은 비용을 들이고 실적이 좋은 판매원들에게 성과급을 넉넉하게 주어 판매량을 대폭 늘리면 판매관리자의 임무는 성공적으로 수행된다. 판매량증가에 대한 공헌으로 판매관리자는 그에 상응한 보상을 받을 것이다. 그러나 판매비용의 증가 때문에 재정관리자는 경비절감의 책임을 제대로 수행하지 못하게 된다.

상충되는 목적추구로 인한 승패의 상황에서 야기되는 갈등은 해소시키기가 매우 어렵다. 이러한 갈등은 대개 협상이나 중재의 방법으로 관리한다. 승패상황에서 야기되는 갈등이 심각한 역기능을 하게 되면, 승패상황을 가져오는 근본적인 조건을 뜯어 고쳐야 할 때도 있을 것이다.

2. 제한된 자원의 획득과 사용에 대한 경쟁

목적달성에 어떠한 자원 또는 수단을 동원할 것인가, 그리고 제한된 자원을 누가 차지할 것인가에 대하여 행동주체 간에 의견불일치가 발생하고 경쟁이 생기면 갈등이 야기될 수 있는 소지가 있다. 갈등을 야기시키는 자원은 일반적으로 한정된 예산, 설비 및 지원 시설, 가용 인원 등이다. 이런 자원을 둘러싼 조직 간의 권력의 차이가 있을 때 그 갈등의 소지는 커진다.[34]

공동의 목적을 추구하는 집단의 성원들이 그러한 목적추구를 위하여 가장 적합한 수단 또는 자원이 무엇인가에 대하여 서로 다른 의견을 가질 때 갈등 원인이 조성된다. 즉, 목표에 대한 갈등보다 그것을 둘러싼 조건에 대한 갈등이 더 집약적일 수 있다. 예를 들어 한 기업의 판매부서와 생산부서는 전체 이익을 증가시켜야 한다는 목표에는 쉽게 합의할 수 있지만 목표에 이르는 수단

---

34) Gary Johns, *op. cit.*, pp.446~449.

에 대해서는 각자의 입장에 따라 다른 대안을 제시할 것이다.[35] 판매부서는 다양한 상품을 판매함으로써 이익을 증가시키기를 원하고 생산부서는 소수의 질 좋은 주력상품의 판매촉진을 통해 전체 이익을 증가시키고 싶어 할 것이다.

또한 행동주체들이 제한된 자원에 공동으로 의존하기 때문에 그것을 서로 많이 차지하려고 경쟁하게 되고, 관리자들은 자원을 획득하기 위해 필요한 예산을 부풀리거나 로비와 같은 막후 전략을 구상할 것이다. 이와 같은 상황이 당사자 간의 협상이나 제3자의 중재에 의하여 조정되지 않으면 갈등을 빚게 될 가능성이 크다. 이렇게 자원의 희소성은 잠재적인 갈등을 수면 위로 올려 가시적으로 만든다.

3. 지위부조화

지위부조화는 행동주체 간의 상호작용을 예측불가능하게 하고 갈등을 야기할 수 있다.

조직 내에는 여러 가지 지위계층제(status hierarchy)들이 있다. 그러한 여러 가지 지위체계에서 개인이 차지하는 지위는 같은 것이 아니다. 그리고 지위는 수시로 변동된다. 예컨대 선임순위에 의한 지위계층제와 기술적 능력에 의한 지위계층제에서 어떤 한 사람이 차지하는 지위가 같지 않은 경우는 흔히 있다. 선임순위가 높고 나이가 많은 직원이 새로운 훈련을 받고 신규채용된 직원보다 기술적인 면에서 항상 더 유능하다는 보장은 없다.

계층제에 따라서 사람들의 지위가 다르므로 경우에 따라서는 지위가 뒤바뀐다고 생각될 수도 있다는 것, 그리고 사람들의 지위가 변동한다는 것 등은 지위부조화를 야기하는 중요한 원인이라 할 수 있다. 동료였던 사람이 상관이 된 경우, 선임순위가 높은 사람이 기술적 능력에 있어서 앞서는 젊은 직원의 지시를 받는 경우, 그리고 하급자의 지시를 상급자가 받아야 하는 경우 지위부조화라는 갈등원인이 조성될 가능성이 크다.

지위부조화는 심각하고 파괴적인 갈등을 조성하여 조직에 해독을 끼칠 수

---

35) E. F. Huse and J. L. Bowditch, *op. cit.*

있지만, 조직구성원들의 자기발전을 촉진하는 동기유발의 원인으로서 순기능을 발휘할 수도 있다.

4. 지각의 차이

같은 사물을 서로 다르게 지각하는 사람들이 상호작용하게 되면 갈등을 일으킬 가능성이 크다. 지각의 차이를 가져오는 요인은 대단히 많다. 사람의 가치관·경험·지위·역할 등의 차이는 지각의 차이를 가져올 수 있는 요인의 몇 가지 예에 불과하다. 기능적으로나 계층적으로 상이한 조직단위에 속한 사람들이 지각하는 바가 서로 달라 갈등을 빚는 사례들이 경험적 연구에 의하여 많이 나타나고 있다. 예컨대 환경부와 국토부의 기능은 서로 다르며, 구성원들이 하는 일이나 접촉하는 사람들도 서로 다르기 때문에 환경부 직원과 국토부 직원들은 관련업무에 대한 현저한 지각의 차이를 보일 수 있다.

뿐만 아니라 조직에 따라 인지적·정서적 차이에 의해 지각의 차이가 발생하고 또 강화되기도 한다. 예를 들어 기본적으로 영업 업무에 적합한 능력과 적성을 갖춘 사람이 영업 부서에 배치되면 그는 그 부서의 일원으로서 부서의 규범과 가치관을 체득하게 되어 그의 특성은 더욱 강화될 것이다. 따라서 조직 내 다른 하부조직과의 문화의 차이가 강화되고 이는 결국 갈등유발요소가 된다.36)

이와 마찬가지로 조직참여자의 소속계층이 다르면 흔히 지각하는 바도 달라진다. 예컨대 일선감독자들의 시간적 안목(time perspective)은 단기적인 데 반하여, 고위관리자들의 시간적 안목은 장기적인 경우가 많다. 시간적 안목에 차이가 있으면 문제와 해결방안에 대한 지각이 달라진다.

덧붙여서 인간의 타인과 자신을 구분하려는 본능도 지각의 차이를 발생시킬 수 있다. 사람들은 아주 작은 차이(예컨대 눈의 색깔)로도 서로를 구분하며 자신이 속한 조직에는 특별한 상호작용 없이도 긍정적인 시각을 발전시킨다고 한다. 이 긍정적인 시각을 바탕으로 조직 내부의 사람들과는 연대감을 쉽

---

36) Richard L. Daft, *op. cit.*, pp.489~492.

게 형성할 수 있고 조직의 성공이 자신의 자긍심의 기초가 되기도 한다. 이런 경향성은 역으로 조직 외부의 사람들에 대한 편견을 키우는 방향으로 작용한다.[37]

지각의 차이로 인한 갈등은 조직전체에 영향을 미칠 심각한 문제를 확인하는 데 기여할 수 있다. 그러나 지각의 차이와 그로 인한 갈등이 장기적으로 고착화되면 조직에 해가 된다.

5. 높은 상호의존성[38]

개인이나 조직의 독립성이 낮아 다른 주체와 상호의존해 있을 때 그들은 자신들의 목표를 추구하기 위해 상대측과 잠재적으로 갈등 상황에 놓일 수 있다. 왜냐하면 상호의존해 있다는 것은 서로의 이익을 위해 협조가 필요하다는 것을 의미한다.

상호의존성은 크게 세 가지로 구체화한다. 우선 집합적 상호의존성(pooled interdependence)은 조직의 본사와 각 지점들과의 관계와 같다. 각 지점은 독립적으로 존재하지만 본사의 이익에 기여해야 하고 서비스의 표준화를 위해 본사의 철저한 훈련 프로그램을 따라야 한다. 순차적 상호의존성(sequential interdependence)은 공장의 조립라인과 같이 방향성을 가진 의존성에 해당한다. 직접적인 의존성이 있기 때문에 앞선 과정 중 한 부분에서 문제가 발생하면 뒤따르는 업무의 진행이 매끄럽지 못하게 된다. 그러나 어느 부분에서 문제가 발생했는지 밝혀내기 어려울 때가 있으므로 부처 간 갈등이 더 심화될 수 있다. 교호적 상호의존성(reciprocal interdependence)은 각각의 부처가 독립적으로 수행하는 업무의 결과물이 다른 부처의 투입요소가 되는 관계이다. 이 업무의 흐름은 반복적으로 진행되어 서로서로의 투입요소를 지속적으로 제공하며, 이 과정이 부정합일 경우 갈등이 발생한다.

일반적으로 집합적 상호의존성의 관계에서는 부서 간의 상호작용이 드물

---

37) Gary Johns, *op. cit.*, pp.446~449.
38) Richard L. Daft, *op. cit.*

기 때문에 갈등 발생 수준이 낮다. 그러나 순차적 혹은 교호적 상호의존성 관계에서는 의사소통이 빈번하게 발생하기 때문에 목표나 태도의 차이가 드러나며 만약 합의를 도출하지 못한다면 갈등이 발생하게 된다.

이렇듯 서로 밀접하게 관련되어 있고 협조가 필요하다는 것은 역설적으로 상대방에게 권력을 행사할 여지가 있다는 것을 의미하기도 한다. 즉, 상호의존성은 협조의 좋은 토대이기도 하지만 권력, 지위, 문화의 차이 등과 같은 조건에 따라 권력의 행사를 통해 적대감을 일으키는 기초가 되기도 한다. 그리고 복수의 주체가 상호의존되어 있는 관계에서 주체 간의 상호작용을 가능하게 하는 공식적 비공식적 규칙들은 업무의 목적이나 영역, 책임소재, 성과평가 기준 등의 모호성에 의해 무력화 될 수 있고 이 역시 갈등의 원인이 되기도 한다.

6. 불확실성[39)]

지위에 따른 역할이나 책임, 그리고 지위에 따라 다르게 허락되는 재량의 불확실성은 조직 내 갈등의 원인이 된다. 예를 들어 관리자는 업무 시간을 유연하게 활용하여 개인적인 용무를 처리하는데 시간을 활용할 수 있고 그 외의 구성원들에게는 그러한 시간이 허락되지 않는다면 공정성 및 형평성의 문제가 대두될 것이다.

업무에 대한 책임소재의 불확실성 역시 갈등의 원인이 된다. 예를 들어 인사를 담당하는 부처와 인력이 필요한 부처가 동시에 직원고용 과정에 참여할 때 두 부처가 서로 다른 의견을 갖게 된다면 이 역시 갈등의 원인이 될 것이다.

또한 업무 성과에 따른 보상제도에서도 평가방식이 불확실하면 갈등의 원인이 된다. 예를 들어 생산과 관련된 인력은 그들의 성과가 비교적 측정하기 용이하여 자주 보상을 받고 반면에 판매 부처는 단기간 동안의 시장의 반응에 따라 달라지는 성과에 대한 평가 때문에 보상을 받지 못한다면 갈등이 발생할 것이다.

---

39) Richard M. Steers, *op. cit.*, pp.488~492.

앞서 본 여섯 가지의 갈등원인은 갈등을 야기할 수 있는 조건의 일반적 범주로서 중요한 것들이라고 할 수 있다. 그러나 여섯 가지의 갈등원인이 갈등을 야기할 수 있는 모든 조건들을 망라하여 포괄하고 있는 것은 아니며 또한 복수의 요인들의 조합으로 갈등이 야기되기도 한다.

제 5 절 　갈등의 영향

Ⅰ　갈등의 사후현상

갈등이 겉으로 드러나고 쟁점화 된 이후에 일반적으로 드러나는 현상들은 다음과 같다.

우선 조직 구성원들은 불안과 혼란을 느끼게 되고 조직이 당면한 문제들보다 갈등을 해결하는 것을 더욱 긴급하게 느끼게 된다. 의사소통은 기본적으로 방어적인 경향을 띄게 된다. 그러나 갈등의 당사자나 상대 조직에게는 공격적으로 변하고 공식적이고 제한된 조건 하에서만 연락을 주고 받게 된다. 또한 갈등과 관련된 정보는 숨겨지거나 왜곡되는 경향이 있고 이로 인해 관련자들의 인지적 지각적 왜곡은 증가하게 된다. 이러한 왜곡은 고정관념을 만들어낸다.[40] 상대 조직을 중립적으로 보지 못하고 부정적인 존재로 인식하게 하는 것이다. 그 결과 각각의 집단은 상대측의 장점을 인정하지 않는 반면, 자신들의 오류도 인정하지 않는다.

또한 상대측에 불리한 요인들을 통해 자신들의 이미지를 상승시키는 기회로 활용한다. 그렇기 때문에 조직 내부의 응집력은 강해지지만 이런 경향성에 반발하는 사람들은 조직 내에서 비난을 받게 된다. 이런 분위기에 편승하여 조직 내부는 독재적이고 엄격하고 교조적인 분위기가 형성되며 그러한 리더

---

40) E. F. Huse and J. L. Bowditch, *op. cit.*, pp.207~210.

십도 용인하게 된다. 조직의 리더는 상대측에 더욱 공격적인 입장을 취하게 되고 두 조직 간의 갈등은 점점 더 고조되고 애초의 갈등의 원인이었던 상호 의존성이나 자원의 희소성뿐만 아니라 갈등 그 자체가 또 다른 문제의 원인이 되어 갈등은 지속되게 된다.

Ⅱ 갈등의 해소과정

1. 개념화

갈등의 상황에서 갈등의 당사자들이 문제의 해결책으로서 원하는 것이 무엇인지, 갈등을 해결하기 위해서 제안되고 채택될 가능성이 있는 방안들을 그들이 어떻게 느끼는지 등을 정리하는 것을 갈등의 개념화 단계라고 한다.[41] 즉, 이 단계에서 문제를 해결할 수 있는 방안들과 그 방안들을 추진할 수 있는 전략들에 대한 예시와 가능성들이 드러나게 된다. 경영진과 노동조합의 협상을 예로 들면, 양 측 모두 무엇을 가장 중요하게 여기는지, 그 중요한 무엇과 교환될 수 있는 것은 무엇인지, 또 교환될 수 없는 것은 무엇인지 등에 대해 서로 알아보는 단계를 개념화의 단계로 볼 수 있다.

2. 전략 결정

갈등 해소 및 관리를 위한 구체적인 전략을 수립하는 단계이다. 전략들은 경쟁, 협조, 타협, 회피, 순응 등으로 구분된다.[42] 우선 경쟁은 갈등의 상황에서 자신의 주장을 최대화하고 협조를 최소화하는 것이고 협조는 양측이 모두 자신의 주장을 앞세우지만 동시에 상대에 대한 협조 역시 최대화하려고 노력하는 전략이다. 타협은 경쟁과 협조의 중간에 위치하는 전략이라고 하겠다. 회피는 갈등의 당사자가 자신의 주장과 다른 입장을 취하는 상대방의 관심사

---

41) Richard M. Steers, *op. cit.*, pp.488~492.
42) Gary Johns, *op. cit.*, pp.451~453.

에 대한 낮은 협조를 보이는 것이다. 순응은 자신의 의견 및 관심사를 앞세우지 않고 의견이 다른 상대방에게 협조를 하는 전략이다.

갈등 해소를 위한 전략들을 모색하는 과정에서 찾을 수 있는 흥미있는 점은 대부분의 갈등의 당사자들은 상대측과 비교하여 자신들의 전략이 우수하다고 생각하는 경향이 있다는 것이다.[43] 예를 들어 노사협의회에서 경영진들은 대부분 자신들은 협조와 타협을 추구하는데 상대측인 노동조합이 타협적이지 않고 경쟁 전략을 활용하려 한다고 생각한다. 이 상황에서 노동조합 측은 반대로 생각할 것이다.

3. 실제 행동

갈등의 개념화를 시작으로 하는 갈등해소 과정의 최종단계에서 갈등의 당사자들은 자신들의 해결방안을 실행하고자 노력하며 경쟁이나 순응의 전략을 통해 문제가 해결될 것을 기대한다. 결국 갈등과 관련된 양측은 자신들의 행위에 대한 결과로서 자신들에게 만족스러운 상황이 전개되며 갈등이 해소되기를 기대한다. 그러나 실제 행동의 결과에 대해 당사자 중 한쪽이라도 만족하지 못한다면, 혹은 만족하더라도 그것이 기대에 미치지 못한다면, 이 상황은 미래의 또 다른 갈등의 씨앗이 될 것이다.[44]

Ⅲ 방어기제의 활용[45]

갈등의 당사자인 개인들은 조직 내 혹은 조직 간의 갈등이 진행되는 와중에 갈등이 일단락 된 이후의 상황을 고려해 볼 수 있다. 대부분의 개인들은 곤란함을 느낄 것이다. 왜냐하면 갈등이 부정적인 결과를 도출할 경우 그 결과와 더불어 갈등에 관련되었던 자기 자신에게도 부정적인 영향이 미칠 가능

---

43) Richard M. Steers, *op. cit.*

44) *Ibid.*

45) Richard M. Steers, *op. cit.*, pp.492~493.

성이 있기 때문이다.

갈등이 조직에 이로운 갈등이었다 하더라도 개인의 입장에서는 갈등 후에 자신이 처하게 될 상황에 대해 우려할 수 있다. 따라서 개인들은 갈등을 줄이려는 노력과 더불어 갈등 이후에 자신이 경험하게 될 여러 가지 부정적인 효과들을 줄이려는 시도도 함께 하게 된다. 이것을 방어기제라고 한다. 예를 들어 갈등은 관련자들에 대한 이미지를 부정적으로 만들 수 있기 때문에 개인들은 자신의 인상이나 평판이 나빠지는 것을 방지하고자 노력한다. 즉, 자신의 이미지의 진실성을 강화하고자 노력하며 부정적인 이미지를 강화할 우려가 있는 요소들을 사전에 거부하거나 피하고자 노력한다. 이러한 행동이 방어기제의 하나이다.

방어기제는 크게 세 가지 전략으로 대별된다. 만약 어떤 개인의 이미지를 악화시킬만한 위협이 발생한다면 개인은 위협의 근거의 신빙성에 대해 먼저 문제제기를 할 수 있다. 이것은 공격전략이다. 반면, 타협전략은 개인들이 애초에 기대하고 원하던 것보다 낮은 수준의 해결안에 만족하도록 순응시키는 것이다. 이러한 순응을 이끌어 내기 위해서는 해결안 외의 보상을 주거나 아니면 결과물에 대한 합리화 등의 노력을 기울이는 것이 필요하다. 마지막으로 기권전략은 개인들이 갈등 상황에서 자신을 물리적으로 심리적으로 제외시키기 위해 자신의 애초의 생각이나 판단을 전환시키거나 갈등 상황에서 뒤로 빠지거나 아니면 무관심으로 일관하는 것 등을 포함한다.

이러한 방어기제들을 구사하는 개인들의 선택을 옳고 그름의 잣대 혹은 좋고 나쁨의 잣대로 평가할 수는 없다. 왜냐하면 개인들은 스스로에 대한 평판은 우호적으로 유지하고 나빠지지 않도록 지킬 유인이 있기 때문이다. 다만 갈등을 관리하는 과정에서 이러한 방어기제의 존재와 그것이 사람들의 인식, 태도, 행동에 어떤 영향을 미치는지 고려하는 것은 반드시 필요하다.

제 6 절	갈등관리의 전략 및 방법

앞서 설명한 바와 같이 조직 내의 갈등에는 역기능적인 것도 있고 순기능적인 것도 있다. 물론 역기능성과 순기능성을 함께 지닌 갈등도 많다. 그리고, 갈등의 순기능성과 역기능성은 시간이 흐름에 따라 변화할 수 있다. 한 마디로 말해서 갈등이란 매우 복잡한 동태적 현상이다. 그러므로 갈등관리의 전략은 상황적응적이어야 한다.

Ⅰ 갈등관리의 전략

1. 갈등관리의 기본 전략

갈등관리의 기본적인 전략을 대별해 보면 다음과 같다.

첫째, 갈등상황이나 그 출처를 근본적으로 변동시키지 않고 사람들이 거기에 적응하도록 만드는 것이다. 조직이라는 체제의 기본적인 조건은 변동시키지 않고, 일부 요인에 수정을 가함으로써 기존조직상의 배열이 보다 원활하게 운영되도록 하는 것이다. 이러한 전략의 실현에는 인간관계에 치중하는 기법들이 많이 쓰인다.

둘째, 조직상의 배열을 적극적으로 변동시켜 갈등상황을 제거하는 것이다. 조직을 구성하는 일부요인의 교체나 또는 새로운 요인의 추가, 그리고 기본적인 구조의 개편 등을 통하여 갈등의 출처와 갈등상황을 제거하는 것이다.

셋째, 조직을 위하여 순기능적이라고 판단되는 갈등을 조장하는 것이다. 전통적인 갈등관리개념에는 이러한 조장전략이 포함되어 있지 않다.

첫째 및 둘째 전략은 넓은 의미의 갈등해소전략(conflict resolution strategies)이다. 이 둘은 다같이 갈등해소전략이지만 첫째 전략은 미온적·현상유지적인 반면, 둘째 전략은 보다 적극적이고 변동유발적인 것이라고 말할 수 있다.[46]

---

46) 카츠(D. Katz)와 리터러(J. Litterer)는 갈등해소전략을 i) 기존체제운영의 원활화(makingthe

2. 효과없는 전략

갈등관리에서 관리자의 어려움은 갈등상황과 관련된 적합한 해결 전략을 선택하는 것이다. 그러나 지금까지는 연구에 따르면 관리자들은 효과가 없는 관리전략을 많이 선택해 왔다. 대표적으로 효과가 없는, 문제를 더 키우는 갈등관리 전략은 다음과 같다.[47]

첫째, 가장 보편적인 효과 없는 관리 방법은 아무런 조치를 취하지 않는 것이다. 문제를 외면하면 문제가 사라질 것이라고 생각하지만 그것은 혼란을 가중시키고 관련자들의 분노를 키운다.

둘째, 관리자들은 문제를 인식하지만 그 심각도에 적합하지 않는 조치를 취하는 것이다. 대신 그들은 문제 상황을 상부에 보고할 때 지속적으로 문제를 관찰하고 있다거나 혹은 연구 중이라고 보고한다. 혹은 더 많은 정보가 필요하다는 식으로 보고하기도 한다. 이런 전략은 그 누구의 걱정도 덜어주지 못하고 문제도 해결하지 못한다. 이는 행정적 orbiting이라고 불린다.

셋째, 관리자들이 불만족을 표현한 조직원을 약화시키고 진압하는 것이다. 이와 더불어 관리자들은 문제의 해결을 위한 방법은 이미 존재하고 그것은 누구나 활용할 수 있다고 주장한다. 이러한 방법은 주로 인종과 성별에 따른 차별에 관한 갈등에서 주로 반복적으로 활용된다.

넷째, 논쟁적인 문제나 결정에 따른 저항을 최소화하기 위해 관리자가 조직 구성원이 알아야 하는 사실들을 자주 비밀에 붙이는 것이다. 예를 들어 임금에 대한 정보를 비밀로 하는 정책이다. 그렇지만 이 정책은 피고용인들이 항상 자신들이 불평등한 취급을 받는다고 느끼게 만듦으로써 회사와 관리자에 대한 불신이 쌓이게 되고 상황을 더 어렵게 만든다.

마지막으로 효과적이지 않은 전략은 인격살인이다. 이것은 주로 성차별을 주장하는 여성을 조직의 문제아, 트러블 메이커라고 낙인을 찍는 것과 같다.

---

system work), ⅱ) 갈등중재를 위한 장치의 개발(developing additional machinery for conflict adjudication), ⅲ) 근본적인 갈등원인의 제거를 위한 조직개편(restructuring organization to eliminate the cause of the conflict) 등 세 가지로 구분하였다. D. Katz, *op. cit.*, pp.107~114; J. Litterer, *op. cit.*, pp.325~326.

47) Richard M. Steers, *op. cit.*, pp.493~498.

즉 조직 구성원들이 문제를 제기하려는 사람을 불신하게 만들어 그 사람을 고립시켜 스스로 떠나게 만드는 전략이다. 문제를 제기하려는 사람은 떠날 것이고 문제는 다시 그 조직 안에서 거론되기 힘들 것이다.

갈등의 구체적인 모습은 지극히 다양하기 때문에 갈등관리전략을 실현하는 방법 즉, 수단·기법 또한 다양할 수밖에 없다. 갈등관리를 성공적으로 이끌어나가려면 구체적인 필요에 맞게 관리기법을 분화시키고 상황적응적으로 활용해야 할 것이다.

Ⅱ 갈등관리의 방법

갈등이 순기능적인 면과 역기능적인 면을 동시에 지닌다는 점을 고려하여 역기능을 순기능화하기 위한 방법으로서 갈등의 해소방법과 갈등을 적극적으로 이용하기 위한 갈등조장방법을 살펴보면 다음과 같다.

1. 갈등해소방법

1) 상위목표의 제시

갈등을 일으키고 있는 당사자들이 공동적으로 추구해야 할 상위목표(superordinate goal)를 제시함으로써 갈등을 완화시킬 수 있다. 상위목표는 갈등관계에 있는 행동주체들이 모두 추구해야 하고 또 추구하기를 원하는 것이지만, 어느 하나의 행동주체가 단독으로는 성취시킬 수 없는 것이다. 상위목표를 설정하는 것은 주어진 상황의 토대를 변화시킬 수 있는, 파이(pie)의 분배 문제가 아니라 전체 파이의 크기를 키울 수 있는 높은 수준의 창의력이 요구되므로[48] 갈등관계에 있는 행동주체들이 모두 협력해야만 그러한 상위목표를 달성할 수 있다. 따라서 행동주체들의 개별적인 목적추구에서 빚어지는 갈등은 상위목표가 제시되면 상당히 완화될 수 있을 것이다. 공동의 적을 제

---

48) Gary Johns, *op. cit.*, pp.453~461.

시하는 방법도 상위목표의 제시와 비슷한 효과를 거둘 수 있을 것으로 생각
된다.

2) 공동의 적 제시

우주에서 침입자가 들어오는 공상과학 영화의 주제처럼 공동체 전체를 위
협하는 큰 힘은 부처 간의 차이점이나 조직 간의 차이점을 해소하고 그들의
기술력을 모으게 할 수 있다. 공통의 적은 경쟁회사나 정부 에이전시 또는 조
직에서의 제3의 그룹일 수 있다. 이런 경우 태스크포스 등을 활용하여 각자
보유하고 있던 정보들을 공유하도록 하여 공동으로 문제를 해결할 수 있는 경
험을 축적하도록 한다.[49]

3) 자원의 증대

자원의 증대(expansion of resources)는 희소자원의 획득을 위한 경쟁에서
초래되는 갈등을 해소하는 가장 효과적인 방법이라고 할 수 있다. 희소한 자
원에 공동으로 의존하는 행동주체들이 서로 더 많은 자원을 차지하려고 갈등
을 일으킬 때 자원을 늘려버리면, 어느 당사자도 패자가 되지 않고 모두 승자
가 될 수 있다. 따라서 갈등은 해소될 것이다. 그러나 조직 내의 전체적인 가
용자원에는 한계가 있기 때문에 자원증대에 의한 갈등해소방법에는 제한이
따른다. 한 곳의 갈등을 해소시키기 위해 다른 곳의 자원을 전용하면 그 '다른
곳'의 갈등을 악화시킬 수 있기 때문이다.

4) 완화

완화(smoothing)는 갈등당사자들의 차이점보다는 유사성이나 공동이익을
강조함으로써 갈등을 해소시켜 보려는 방법이다. 이를 위해 상호의존성을 강
조하도록 만남을 활성화시키거나 함께 일할 수 있는 기회를 마련할 수도 있
다. 이를 통해 각자의 업무에 대한 관점을 공유하고 오해를 줄일 수 있다.

완화는 당사자들의 이견이나 상충되는 이익과 같은 차이를 억제하고 유사

---

49) *Ibid.*

성과 공동이익을 전면에 부각시키는 기법이므로 회피방법과 상위목표제시방법을 혼합한 것이라고 볼 수도 있다. 완화는 잠정적이고 피상적인 갈등해소방법이다. 이는 갈등을 야기하는 당사자들의 '차이'를 제거하지 않기 때문이다.

5) 회피

회피(avoidance)는 단기적으로 갈등을 완화할 수 있는 방법이다. 갈등을 야기할 수 있는 의사결정을 보류하거나 갈등상황에 처한 당사자들의 접촉을 피하도록 하는 것, 갈등행동을 억압(suppression)하는 것 등이 회피의 방법에 해당한다. 우선 갈등 당사자나 관련 조직의 유사성을 높여 갈등을 줄일 수 있다. 갈등 관계의 조직 구성원들을 서로 맞바꾸어 상대 조직에서 일하도록 하는 기획를 제공함으로써 갈등을 줄일 수도 있다. 각 조직의 업무의 독립성을 높이거나 가용 자원의 충분히 보유함으로써 조직 간 상호의존성의 수준을 낮추는 방법도 있다.[50]

그러나 회피는 갈등의 원인 또는 갈등상황을 제거하는 것이 아니므로 근본적인 또는 항구적인 갈등해소방법이라고 할 수 없다.

6) 설득[51]

의견이 극단적으로 양극화된 상황에서 설득(persuation)을 시도하는 것은 협상에서 자주 발생한다. 설득의 목적은 자신이 목표로 하는 것을 달성하기 위해 상대방의 태도를 변화시키는 것이다. 설득을 시도하는 사람들은 자신들의 전문성을 내세우기도 하고 자신들의 주장의 공평성을 내세우기도 하면서 설득의 효과성을 높이려 한다. 이런 설득의 장에서 장애가 되는 것은 서로 상대방을 이기적이라고 생각하는 편견이다. 따라서 필요에 따라서는 편견이 없이 사실을 증언할 수 있거나 논쟁을 진행할 수 있는 제3의 인물을 데려오기도 한다.

---

50) Richard Pettinger, *op. cit.*, pp.347~348.
51) Gary Johns, *op. cit.*, pp.453~461.

7) 타협

당사자들이 대립되는 주장을 부분적으로 양보하여 공동의 결정에 도달하도록 하는 방법이 타협(compromise)이다. 타협에는 당사자 간의 협상(bargaining)과 제3자에 의한 중재(third-party arbitration)가 포함된다.[52]

타협 시 고려해야 할 점은 갈등 당사자들의 현재의 위치보다는 공동의 관심사에 집중할 수 있도록 노력해야 것이다. 또한 갈등이 고조될 때 문제에 대한 논의가 인신공격으로 비화되지 않아야 하며 상대방의 체면을 손상시키지 않도록 유의해야 한다. 이를 위해서는 중립성과 신뢰성을 갖춘 제3자의 개입이 필요할 때가 있다. 그렇지만 제3자에게 요구되는 덕목은 문화권별로 다소 차이가 있을 수 있다. 예를 들어 어떤 문화권에서 타협을 이끌어 낼 수 있는 기술적인 전문성이 요구되지만 다른 문화권에서는 제3자의 연령이나 경력이 더 중요하게 여겨질 수도 있다.[53]

타협에 의하여 얻어지는 결정은 어느 당사자에게도 최적의 결정이 될 수는 없다. 당사자들의 상충되는 주장을 절충한 결정이기 때문이다. 따라서 타협을 통해 갈등을 해소시킬 때에는 결정적인 승자나 완전한 패자가 뚜렷하게 구분되지 않는다. 누구나 조금씩은 승리하고 또 조금씩은 패하게 되기 때문이다. 타협은 갈등의 원인을 제거하지 않고 갈등을 일시적으로 모면케 하는 것이기 때문에 잠정적인 갈등해소방법이라고 할 수 있다.

8) 상관의 명령

부하들의 의견대립에 의한 갈등을 공식적 권한에 근거한 상관의 명령에 의하여 해소시킬 수 있다. 상관의 명령도 제3자에 의한 중재와 유사하다. 그러나 상관의 명령에 의한 갈등해소는 갈등당사자 간의 합의를 항상 전제로 하는 것이 아니다. 당사자 가운데 어느 한쪽이 상관의 결정에 찬성하지 않더라도 상관의 정당한

---

52) William W. Note and Frederick A. Starke, "Final-Offer versus Conventional Arbitration as Means of Conflict Management," *Administrative Science Quarterly*, Vol. 23, No. 2(June 1978), pp.189~203.

53) *Ibid.*

명령에 복종하지 않을 수 없다. 상관의 명령으로 갈등을 해소하는 방법은 타협의 경우와 마찬가지로 갈등의 원인을 제거하지 않고 표면화된 갈등행동만을 해소시키는 것이다.

9) 갈등당사자의 태도개선

갈등을 일으키거나 일으킬 가능성이 있는 사람들의 인적 변수를 변화시킴으로써 갈등을 예방 또는 해소시킬 수 있다. 당사자의 태도를 바꾸는 방법은 시간과 비용이 많이 드는 방법이다. 단기적인 노력으로 사람들의 태도를 바꾸기는 어렵기 때문이다. 태도변화를 촉진하는 데 쓰이는 주된 수단은 교육훈련이다. 행태과학의 발전과 더불어 개발·보급되고 있는 이른바 실험실 훈련(laboratory training)의 기법들이 태도변화훈련에 많이 쓰이고 있다.

10) 제도적 요인의 개편

제도적 요인에 변화를 야기함으로써 갈등을 보다 근본적으로 해소시킬 수 있다. 제도적 요인을 개편하는 방법의 예로서 인사교류, 조정담당직위 또는 기구의 신설, 이의제기제도의 실시, 갈등을 일으키는 조직단위의 합병, 지위체제의 개편, 업무배분의 변경, 보상체제의 개편 등을 들 수 있다.

11) 제3자 개입[54]

보통 중립적이고 독립적인 제3자가 회유나 위로의 역할을 맡음으로써 조직원들은 안정된 상태에 도달할 수 있다. 제3자는 분쟁이 심화되어 있는 상황에서 객관적으로 상황을 바라볼 수 있기 때문이다. 그들은 갈등 당사자들이 어느 부분까지는 동의가 가능한지, 어느 부분에서 분쟁이 심화되었는지 등을 분석하여 제시함으로써 갈등 당사자들이 상황을 객관적으로 파악할 수 있도록 돕는다. 그럼에도 불구하고 갈등이 해소되지 않으면 제3자는 조정을 위해 노력할 것이다. 두 집단이 모두 동의할 만한 제안서를 만들어 쌍방 합의와 수용을 기대할 수 있다.

---

54) Richard Pettinger, *op. cit.*

조정(mediation)은 우호적인 협상의 분위기를 조성하는 것을 포함하여 협상 과정에서의 거의 모든 업무를 담당한다. 조정자는 갈등의 본질이 명확히 드러나도록 노력하고 서로 양보를 권하기도 하고 또 새로운 선택안을 제안하기도 하면서 협상(bargaining)에 이르도록 노력한다. 그러나 만약 조정자가 중립적이지 않거나 갈등 당사자들의 긴장이 너무 강할 때는 많은 역할을 하지 못한다.

조정이 실패한다면 제3자는 구속력이 있는 중재자로서 역할하여 완벽한 재량을 발휘하여 최선의 상태를 제안한다. 즉 중재(arbitration)는 절차와 결과를 제3자에게 위임하는 형태로서 보통 법에 기반하거나 비공식적 상위관리자에 의해 수행된다. 갈등의 당사자들은 중재의 결과에 따라야만 하기 때문에 갈등의 당사자는 중재 단계에서 자신들이 지금껏 주장해 오던 모든 것을 잃을 위험이 있다. 그렇기 때문에 중재까지 가기 전에 최선을 다해 협상에 의한 동의에 이르려고 노력하게 된다.

위에서 열거한 갈등해소의 방법들은 결코 모든 것을 망라한 것이 아니다. 구체적인 갈등해소의 방법들이 그 밖에도 많을 수 있다. 실제로 전통적으로 갈등관리는 갈등의 해소를 의미하는 것이었기 때문에 갈등을 연구한 문헌에는 갈등해소방법을 처방한 것들이 대단히 많다. 그런데 논자마다 갈등해소의 방법을 여러 가지로 열거하고 있고, 사람마다 이야기하는 것이 구구하기 때문에 외견상의 혼란을 피할 길이 없다. 그러나 그 내용을 자세히 검토해 보면 상이한 것보다 유사성이 더 큰 것을 알 수 있다. 같은 방법을 다른 말로 표현한 것, 그리고 같은 방법들을 통합해서 설명하거나 세분해서 설명하는 것이 많다.[55]

---

55) 블레이크(R. Blake) 등은 갈등해소의 방법으로, i) 후퇴(withdrawal), ii) 완화(smoo−thing), iii) 타협(compromise), iv) 강압(forcing) 및 v) 문제해결(problem solving)을 들었다. R. Blake, H. Shepard and J. Mouton, *Managing Intergroup Conflict in Industry*(Houston, TX: Gulf Pub. Co., 1964); 셰파드(H. Shepard)는 집단 간의 갈등을 해소하는 방법으로 i) 억압(suppression), ii) 제한된 투쟁(limited war), iii) 협상(bargaining) 및 iv) 문제해결(problem solving)을 들었다. H. A. Shepard, "Responses to Situations and Conflict," in R. Kahn and E. Boulding(eds.), *op. cit.*, pp.127~135; 마치와 사이몬은 갈등에 대한 조직의 대응행동으로 i) 문제해결(problem solving), ii) 설득(persuasion), iii) 협상(bargaining) 및 iv) 정치(politics)를 들었는데, 여기서 정치란 협상과 유사하나, 협상과 다른 것은 협상의 장(arena of bargaining)이 고정되어 있다고 당사자들이 생각하지 않는다는 점이다. 열세에 놓인 당사자

2. 갈등조장방법

갈등의 순기능적 작용을 인정하는 사람들은 관리자들이 조직목적의 성공적인 실현을 위해 필요한 갈등을 조성하는 책임도 져야 한다고 본다. 관리자들은 조직의 활력, 창의와 쇄신을 위해 순기능적인 갈등을 적절히 조성하고, 그것을 창의적이고 건설적으로 해결해 나가야 한다는 것이다.

관리자들이 그러한 역할을 수행하려면 먼저 건설적인 갈등을 긍정적으로 받아들인다는 입장을 천명하여 그러한 갈등이 자유스럽게 표면화될 수 있는 분위기를 조성해야 한다. 이것은 건설적인 갈등을 조성하고 해소시킴으로써 조직에 이익을 가져오려는 노력의 전제조건이다. 이러한 조건이 갖추어지지 않는 조직에서는 갈등은 잠재화·악성화 될 우려가 있기 때문이다.

관리자가 자신의 조직에 갈등이 필요하다는 것을 확인할 수 있도록 Daniel Robey는 열가지 질문을 준비했다. 만약 이 열가지 질문 중 '그렇다'고 답하는 빈도가 높은 조직일수록 갈등이 필요한 조직이다.[56]

1) 관리자는 예스맨(Yes man)에게 둘러싸여 있습니까?

2) 부하직원들이 자신의 무지나 불확실성을 관리자에게 이야기하는 것을 두려워 합니까?

3) 의사결정자와의 타협에 도달하는데 너무 집중하여 회사의 가치, 장기적 목표 또는 복지를 간과할 가능성이 있습니까?

4) 관리자는 부서의 평화롭고 협력적인 모습을 유지하는 것이 자신들의 최선의 이익이라고 생각합니까?

5) 의사결정자가 다른 사람의 감정을 다치지 않게 하기 위해 과도하게 배려합니까?

6) 관리자들이 유명세가 훌륭한 성과나 경쟁보다 더 중요하다고 믿습니까?

7) 관리자들은 결정에 대한 합의를 이끌어 내는 것에 과도하게 집착합니까?

8) 직원들이 항상 변화에 대해 높은 거부감을 보입니까?

가 유력한 후원자를 동원해 유리한 타결을 모색하는 것은 정치의 한 예이다. J. March and H. Simon. *op. cit.*, pp.129~130.

56) Daniel Robey, *op. cit.*, pp.191~198.

9) 새로운 아이디어가 충분하지 않습니까?

10) 고용된 사람들의 이직률은 높은 수준입니까?

더불어 갈등을 조장하는 실천적인 수단으로 다음과 같은 것을 생각할 수 있다.

첫째, 표준화된 공식적 및 비공식적 의사전달통로를 의식적으로 변경시켜 갈등을 조장할 수 있다. 특정한 의사전달통로에 통상적으로 포함되던 사람을 일부러 제외하거나 또는 본래 포함되지 않았던 사람을 새로 포함시키는 것은 의사전달통로변경의 한 예이다. 의사전달통로의 변경은 정보의 재분배와 그에 입각한 권력의 재분배를 초래하기 때문에 갈등을 야기시킬 수 있다.

둘째, 정보전달을 억제하거나 과다한 정보를 전달함으로써 갈등을 조장할 수 있다. 조직구성원이 얻으려는 정보를 감추면 그의 권력은 감소된다. 따라서 권력의 재분배가 일어나고 그로 인한 갈등이 조성될 수 있다. 정보전달을 억제하는 경우와는 반대로 지나치게 많은 의사전달을 함으로써 정보과다현상이 나타나게 되어 갈등을 조성할 수도 있다. 정보과다로 인한 혼란은 갈등을 야기하고, 나아가서 조직구성원들의 정체된 형태를 활성화시키며 창의성과 자율성을 일깨워 줄 수 있다. 정보과다를 일으키지 않고도 관리자들은 의식적으로 모호한 정보나 위협적인 정보를 전달함으로써 갈등을 직접 야기시킬 수 있다. 이러한 방법을 쓰면 모든 의사전달을 무비판적으로 받아들이는 무관심상태를 타파할 수 있다.

셋째, 조직 내의 계층 수, 그리고 기능적 조직단위의 수를 늘려 서로 견제하게 함으로써 갈등을 조장할 수 있다. 이 경우에 조직단위 간의 의존도를 높이면 갈등발생의 가능성은 더욱 커진다.

넷째, 조직구성원을 이동시키거나 직위 간의 관계를 재설정함으로써 갈등을 조장할 수 있다. 사람의 이동과 직위 간의 관계의 재설정은 관련된 조직단위의 동질성을 와해시키고 의사결정권을 재분배하며 상호감시기능을 확대시켜 갈등을 야기할 수 있다.

다섯째, 지도과정의 지도 유형을 적절히 교체함으로써 갈등을 야기시키고,

지도대상집단을 활성화시킬 수 있다.

　여섯째, 조직구성원의 태도변화를 통해서 간접적으로 갈등을 조성하는 방법이 있을 수 있다. 그러나 사람들의 태도를 변화시키는 것은 단기간에 이루어질 수 있는 일이 아니다. 단기적으로 가능한 방법은 기왕에 상이한 태도를 지닌 사람들을 적절히 배열함으로써 갈등을 야기시키는 방법일 것이다. 그리고 역할갈등이나 지위부조화 등으로 인한 개인의 내면적 갈등을 조성하여 그것이 조직상의 갈등으로 유도되게 할 수도 있을 것이다.

CHAPTER

14 위기관리

1. 위기관리의 필요성

사전적 의미의 위기는 대개 갑작스런 변화로 인한 불안정한 상황을 말한다. 이러한 상황은 긴장상태를 만들어 내기도 하지만, 이에 대응하여야 하는 개인이나 조직의 견지에서 본다면 자신들의 대응여부에 따라 이와 같은 불안전한 상황을 전환시킬 수 있는 결정적인 기회가 되기도 한다.

특히 위기는 일반적으로 어떤 위험이나 위협과 같은 부정적인 함의가 더 강하다. 조직의 내·외부에서 발생하는 예견 가능한 또는 예견 불가능한 현상으로 인하여 생겨나는 위협은 조직으로써는 감당하기 어려운 도전일 수 있고, 이는 조직 내의 갈등을 불러 일으킨다. 즉 조직의 구성원들은 공포로 긴장과 갈등상태에 놓이는 동시에 생존을 위한 대응을 하여야 한다. 게다가 위기는 예고없이 찾아온다고 한다. 그러나 위험이나 위협과 동시에 조직의 전환점이 될 수 있는 기회가 된다는 점에 착안할 필요가 있다. 일정정도의 위협은 세밀한 주의를 통하여 사전에 파악할 수 있다. 실제로 조직이 직면하는 위기의 일종인 태풍과 같은 자연재해(disater)는 일정정도의 주기를 가지고 있는 것이 사실이다. 또한 건물의 붕괴와 같은 인위적 재난(catastrophy)도 많은 경우에 인지하지 못할지라도 수없이 많은 사전적 징후가 나타난다.[1] 따라서, 조직에게

---

1) Mayer Nudell and Norman Antokol, *The Handbook for Effective Emergency and Crisis Management*(D.C.: Lexington Books), pp.1~15.

는 오히려 중대한 전환과 발전의 계기가 될 수 있는 위기에 대한 충분한 숙지와 사전적인, 그리고 사후적인 위기에의 대응과 관리의 중요성이 대두된다. 즉, 조직이 앞으로 전개될 미래의 방향을 바꿀 수 있는 비상시점을 바로 위기라 할 수 있고, 이 과정에서의 현명한 대응이 위험에 처한 조직을 소망스런 방향으로 전환할 수 있기 때문에 보다 현명한 위기의 대응과 위기관리가 요구된다고 하겠다.

2. 위기의 원인

일반적으로 위험과 기회를 동시에 포괄한다고 이해되고 있는 위기는 조직구조는 물론 조직사회를 지탱하는 본질적인 가치와 규범을 총체적으로 붕괴시킬 수 있는 상황이라고 정의할 수 있지만,[2] 위기에 관한 정의는 매우 다양하고, 실제로 다양한 개념들이 혼용되고 있는 것이 현실이다.[3] 전통적인 의미에서의 위기는 국가의 존망을 결정지을 수 있는 전쟁과 같은 군사적 충돌에 관한 것이었지만, 이제는 다양한 자연재해와 인위적 재난을 포함하여 그 범주를 확장하는 양상을 보이고 있다. 즉 국가적 차원의 안보 위주의 전통적인 위기는 자연재해와 인위재난을 포함하는 포괄적 위기로 전환되었다고 볼 수 있고, 개별 조직의 차원에서도 이와 같은 위기에 대한 포괄적인 접근은 물론 전략관리 차원의 위험과 기회의 미시적인 접근 또한 필요하다.

이와 같은 위기의 대응은 정확한 위기의 원인을 분별하는 데서 출발한다고 볼 수 있다. 위기의 원인은 외부환경으로부터 오는 대외적인 원인과 내부환경에서 비롯되는 대내적 요인으로 구분할 수 있다.[4]

---

2) 박우순, 현대조직론(서울: 법문사, 1996), 446면.
3) 위기(crisis)는 비상사태(emergency), 재난(disaster), 위험(risk), 위협(threat), 우발상황(contingency), 사고(accident) 등의 유사개념과 혼용되고 있는데, 위기는 사실상 모든 개념을 포괄한다고 볼 수 있다.
4) Paul Dobson, Kenneth Starkey, and John Richards, *Strategic Management*(Oxford: Blackwell, 2004), pp.18~50.

1) 대외적 요인

(1) **정치적 요인** 급격한 정치지형의 변화는 행정을 포함한 모든 조직의 위기를 유발한다. 특히 이념을 달리하는 정치주도권의 이동은 조직의 향방을 변화시키는 요인이 된다. 전쟁을 또 다른 정치의 유형이라고 본다는 점에서 국가 간의 군사적인 충돌도 넓은 범주에서 정치적 요인으로 파악할 수 있다.

(2) **경제적 요인** 전 지구가 실시간으로 영향을 주고 받는 지구촌시대에서의 급격한 경제환경의 변화는 조직의 위기상황을 유발한다. 실업, 물가앙등, 고용 불안정, 경기침체 등은 조직의 자원확보와 산출에 지대한 영향을 미치게 된다. 특히 국가 간의 경제활동이 빈번한 현대에 다른 국가의 경기침체도 국내의 영향으로 순식간에 전이되는 점을 인정하여야 한다.

(3) **사회적 요인** 시민사회의 활동, 전통적 가치와 문화의 변동, 인구의 변동, 세대 간 갈등, 지역간 갈등의 촉발은 중요한 위험요인이라고 할 수 있다.

(4) **자연적 요인** 일반적으로 재난관리의 영역에 속하는 자연재해는 물론 인위적인 재난은 전통적으로 위기의 요인으로 지목되어져 왔다. 특히 급격한 기후변화에 따른 자연재해의 빈발은 더 이상 간과할 수 없는 위기요소이다.

2) 대내적 요인

(1) **조직 구조** 조직 내의 계층변동, 급격한 집권화와 분권화는 개인과 조직의 위험요소로 작용할 수 있다.

(2) **인적 자원의 변동** 적절하지 않은 조직구성원의 충원, 승진, 부서이동 등과 같은 인사의 문제는 조직의 위기를 초래할 수 있다.

(3) **물적 자원** 외부로부터의 자원수급은 물론, 내부적인 자원의 배분과 유통에 차질이 생기는 것은 위험요소가 된다.

(4) **조직운영과정** 의사소통을 포함한 조직의 정보화, 조정과정 등 조직의 관리과정에서 유발되는 다양한 문제는 위기로 진화되는 경우가 많다. 이와 같은 관리과정에의 면밀한 관심과 선제적 대응은 중요한 위기의 주제이다.

제 2 절   위기관리의 전제

효과적인 위기관리를 위한 원칙 또는 전제는 다음과 같이 요약할 수 있다.5)

첫째, 위기관리는 지속적인(continuous) 과정이다. 따라서 어떤 한 사건을 중심으로 준비되기보다는 다양한 과거의 비상상황들을 반추하고, 이를 토대로 준비되어야 한다. 따라서 새로운 상황이 발생하면 이 새로운 경험이 위기관리 체제에 축적되도록 노력하여야 한다.

둘째, 위기관리체제는 문제를 예측하고, 이에 대한 가능한 대책을 모색하여 위기상황에서의 불확실성을 최대한 감소시켜야 한다. 이런 측면에서 볼 때, 신속하고 적절한 대응이 요구되지만, 양자가 상충될 경우 적절한 대응이 더욱 효과적이라는 점을 이해할 필요가 있다.

셋째, 위기관리는 모든 위기관리 관련자들이 위기관리의 절차와 방법 등을 충분히 숙지하도록 하는 교육활동이다. 이를 통하여 위기대응 당사자들은 자신들의 기대행동을 알게 되고, 위기 대응시 혼란을 겪지 않을 수 있다.

넷째, 위기관리는 연습과 훈련과정이다. 특히, 대응(response)과 복구(recovery)에 중점을 둔 훈련이 지속적으로 수행되어야 한다. 이와 같은 훈련이 없다면 모든 준비는 사실상 공허한 논쟁에 불과하다.

마지막으로 위기상황은 특히 인위적 재난은 우연히 발생하거나, 예고없이 발생하지 않는다. 이들은 사전에 확인할 수 있는 징후를 지속적으로 보여준다. 따라서 예측이 위기관리와 관련된 모든 활동의 중심에 있어야 한다.

---

5) Rick Michelson, "Emergency Planning Principles," *Police Chief*, Vol. 51(1984), p.47.

제 3 절 위기관리의 요소

많은 경우 위기의 관리는 선제적이지 않고, 주로 벌어진 상황에 대한 대응에 불과한 경우가 많다. 물론 대응조차 부실한 경우도 많은 것이 사실이다. 그러나 위기가 비상상황을 전환할 수 있는 전환점이라는 사실을 상기시켜 본다면, 효과적인 위기의 관리는 조직의 기회를 극대화할 수 있고, 위험을 최소화할 수 있게 한다.

이와 같은 효과적인 위기관리를 위하여 우리가 철저히 준비하고 실행하여야 할 요소는 다음과 같다.[6]

첫째, 최고관리층의 위기상황에 대한 숙고와 대응의지가 가장 중요한 선결요건이다. 이를 위하여 다양한 위기상황에 대한 이해와 이러한 위기상황은 당장이라도 발생할 수 있고, 아무리 작은 위기라도 조직을 위태롭게 만들 수 있다는 사실을 인정하여야 한다. 그리고 이러한 위기상황에 대한 최고관리층의 관심은 위기상황에서는 큰 보상을 받게 된다.

둘째, 위험과 기회의 구분이 필요하다. 위기에 봉착하면 수없이 많은 상황의 변화가 동반된다. 어떤 문제가 우선적으로 해결해야 할 중요한 문제인지에 대한 분별도 불가능하게 된다. 따라서 초기의 위기대응에 대한 기획단계부터 위기관리자는 위기상황에서 위험과 기회를 구분하고, 확인하는 작업에서 주도적으로 활동하여야 하고, 일단 위기상황에서는 적절히 이를 적용할 수 있도록 준비해야 한다.

셋째, 위기대응 수단의 확인과 훈련이 필수적이다. 다양한 위기에 봉착했을 때의 상황을 가정한 훈련과 적절한 대응수단의 활용연습은 실제 위기상황에서 벗어날 수 있는 준비태세를 확립하는 길이다. 그러나 이러한 연습과 훈련을 소홀히 하는 경우가 많은데, 이는 위기대응태세를 포기하는 것과 마찬가지라 할 것이다.

---

6) Mayer Nudell and Norman Antokol, *Ibid.*, pp.20~24; Roger Kemp, "The Public Official's Role in Emergency Management," *Police Chief*, Vol. 52(1985), p.42.

넷째, 위기에 대응할 수 있는 환경의 조성이 요구된다. 적절한 대응은 준비의 산물이다. 이를 위하여 위기관리자는 조직의 구성원들이 적절한 대응시설과 수단을 사용할 수 있도록 임무를 배분하고, 지원수단을 강구하여야 하며, 이를 위한 상황에 대한 정확한 분석과 평가, 그리고 조직화를 통하여 위기대응에 요구되는 충분한 환경을 조성하여야 한다.

다섯째, 피해의 감수와 최소화가 요구된다. 위기에서 발생하는 피해를 완전히 방지할 수 없다면, 이를 최소화하고 감내하는 노력도 필요하다. 특히 물리적 피해의 경우도 마찬가지이지만, 조직구성원들의 심리적 손실과 사기의 저하를 최소화하려는 노력이 필요하다. 그러나 이와 같은 심리적 요인을 간과하는 경우가 많은데, 모든 것은 의지에 좌우된다는 사실을 상기할 필요가 있다.

여섯째, 위기의 극복은 위기관리의 핵심요소이며, 중요과정이라 할 수 있다. 즉 위기상황에 봉착하였다 하더라도 최대한 준비하여 대응하고, 극복하여야 한다. 어떤 위기상황에서도 가장 최선의 목표는 현상의 유지라 할 수 있다. 따라서, 현상을 가능한 한 유지할 수 있도록 적극적인 위기에의 대응이 필요하다.

일곱째, 위기상황이 지나간 후에는 정상으로의 신속한 복귀가 필요하다. 인명의 경우 피해자에 대한 적극적인 지원을 통한 회복, 시설과 장비의 경우 원상태로의 복구, 업무의 경우 정상으로의 복귀가 바람직한 위기대응의 수순이라 할 수 있다.

여덟째, 위기상황에 대한 평가와 분석, 그리고 재발방지를 위한 대응책의 모색이 필수적이다. 다양한 이유로 위기상황을 완전히 봉쇄할 수는 없지만, 적어도 동일한 위기상황에 다시 봉착하지 않도록, 이미 치룬 위기상황에 대한 철저한 평가와 환류를 통하여 재발을 방지하는 것은 위기관리의 백미라 할 수 있다.

제 4 절　위기관리의 모형

위기를 관리하기 위해서는 주요 전략이나 정책이 일원화된 방향성을 가져야 한다. 우연한 사건이 긴급하게 발생했을 때에도 위기의 극복과 조직 전체의 이익에 기여할 수 있는 방향성을 유지하는 것이 중요하다. 여기서는 대표적인 위기관리 모형은 FEMA모형과 머천트 모형 등을 살펴본다.

1. FEMA모형

위기관리의 대표적인 모형은 위기에 대응하는 방법에 따라 구분한 것이다. 이는 미국의 재난관리청(FEMA: Federal Emergency Management Agency)이 재난관리의 방법을 기준으로 만든 것이어서 주로 재난관리모형으로 이해되고 있으나, 광범위한 위기관리의 모형으로 유추하여 활용하여도 무리가 없다고 할 수 있다. 이 모형은 위기관리를 다음과 같은 네 가지 기능으로 구분한다.[7]

1) 경감(mitigation)

이는 위기의 발생이전에 위기의 요인을 제거하거나 억제, 약화시키는 활동을 의미한다. 환율의 급격한 상승과 하락에 대한 헷징(hedging), 건물붕괴를 대비한 보험가입, 수영장의 안전수칙 등 다양한 예를 찾아볼 수 있으며, 예방으로 지칭되기도 한다.

2) 준비(preparedness)

준비는 위기 상황에서 수행해야 할 제반 사항을 사전에 계획, 교육, 훈련함으로써 위기 대응 능력을 제고시키는 활동을 말하며, 대비라고 표현되기도 한다. 예컨대, 위기관리수칙의 준비와 교육훈련, 위기관련 협정의 체결 등이 이에 해당한다.

---

7) David Mcloughlin, "A Framework for Integrated Emergency Management," *Pubic Administration Review*, Vol. 45(1985), p.166.

3) 대응(response)

위기가 실제로 발생하였을 때 가용한 자원과 역량을 효율적으로 활용하여 신속하게 대처함으로써 피해를 최소화하는 일련의 활동을 말한다. 위기관리센터의 가동, 탐색과 구조, 응급의료체계의 가동, 환율의 급변에 따른 자국환의 매수 또는 매도 등을 예로 들 수 있다.

4) 복구(recovery)

위기로 인해 발생한 피해를 정상상태로 회복시키고, 재발방지대책을 강구하며, 확인된 위기관리 능력을 보완하는 일련의 사후관리 활동을 말한다. 임시주거지 제공, 시설장비의 복구, 단기실업대책 마련 등을 예로 들 수 있다.

2. 머천트(J. Merchant)모형

머천트(J. Merchant)모형은 다음과 같은 네 가지 차원에서 위기관리의 대응을 제안한 바 있다.[8]

1) 공학적 기술(engineering technology)

위험요소를 줄이기 위한 공학적 기술의 준비를 말하는데, 위기상황의 예측은 물론 방지대책의 모색도 포함한다. 이는 위기상황의 예방과 대비대세를 갖추는 데 필수적이라 할 수 있다. 이 공학적 요소에는 금융은 물론 인지공학요소들이 포함된다.

2) 교육(public education)

위기발생으로 인하여 예상되는 피해와 이를 최소화하거나 방지할 수 있는 다양한 대책에 대한 교육을 통하여 위기에 대응하는 태도를 구조화 한다.

---

8) James Merchant, "Preparing for Disaster," *American Journal of Public Health*, Vol. 76(1986), p.234.

3) 위기대응(emenrgency responses)

철저한 초기대응과 관련된 모든 조직, 인적자원 등을 조정·통제하여 실제적인 위기의 대응을 실현하는 과정이다. 예측가능한 위기의 경우 활용되는 관심(blue), 주의(yellow), 경계(orange), 심각(red)의 위기경보는 위기대응의 기본이지만 매우 적절한 위기대응의 지표가 될 수 있다. 이 경보단계는 순차적으로 발령될 수도 있고 위기의 상황에 따라 바로 높은 단계가 발령될 수도 있다.

4) 체계적 평가(systematic assessment)

발생된 위기상황에 대한 평가와 이를 바탕으로 한 미래의 대책을 마련하는 것으로 장·단기 상황은 물론, 조직내·외의 관계자들의 지혜와 경험이 종합적으로 모아져야 한다.

제 5 절 위기관리조직과 임무

다양한 위기관리체제의 요소 중에서 대응을 주도하는 위기관리조직의 성공적인 운영이 성공적인 위기관리의 관건이다. 즉 위기관리조직의 구성과 운영은 위기관리의 핵심적인 주제라 할 수 있다. 특히 위기관리조직은 위기에 대하여 조직의 역량을 결집하여 신속하고 효율적으로 대응하여야 하므로 일반 행정조직과는 달리 더욱 통합적이고, 유기적으로 구성되고 운영되어야 한다. 더불어 급변하는 위기양상의 출연에 유연하게 대응할 수 있도록 항상 학습하는 조직으로서의 면모를 갖추어야 할 필요가 있다.

위기관리조직의 구성과 운영에 있어 가장 중요한 원칙으로 리더십은 한 사람에게 주어져야 한다는 것을 들 수 있다.[9] 이는 위기상황 자체가 토의나 의견의 수렴이 가능할 만큼 여유롭지 않기 때문이다. 물론 리더의 부재상황을

---

9) Mayer Nudell and Norman Antokol, *op. cit.*, pp.33~53.

대비하여 차상급자나 권한의 위임을 받은 자도 명시적으로 확보되어야 한다. 리더는 위기관리의 정보유통, 의사결정, 집행 등 모든 활동을 조정하고 통제하는 권한을 행사하게 된다. 이 리더는 충분한 경험과 지식을 바탕으로 조직의 관리자로부터의 권한을 부여받는다. 물론 권한에 상응하는 책임을 다하여야 하지만, 위기발생시 모든 권한을 행사하여야 한다.

위기관리조직의 임무는 위기발생 전 – 위기발생시 – 위기발생 후로 나누어 논의할 수 있다(표 2 – 14 – 1 참조). 위기발생 전의 임무는 주로 계획과 절차의 수립, 물자와 장비 및 전문인력의 확보와 배치 등의 준비기능을 수행하는 것이다. 이 준비과정에는 개인별 업무분장 및 직무명세서 확보, 주기적인 교육훈련 등이 포함된다, 완벽한 준비기능이 없다면 위기의 발생시 적절한 대응이 불가능해진다는 점에서 준비의 중요성을 찾을 수 있다.

표 2 – 14 – 1 위기관리조직의 임무

위기발생 전	위기발생시	위기발생 후
• 위기대응계획의 작성 • 인력의 충원과 교육훈련 • 장비 및 시설의 확충 • 임무의 배분	• 업무일정의 설정 • 권한의 적절한 위임 • 적정한 정보유통 • 임무수행일지의 유지	• 계획의 효과성 평가 • 업무절차의 적절성 평가 • 장비/시설/훈련의 적절성 평가 • 문제점 개선과 계획의 개정

위기발생시의 대응과정에서 중요한 점은 위기대응팀원이 과로하지 않도록 적절한 임무를 배분하여야 한다는 것이다. 단시간에 끝날 위기상황이 아닌 경우가 대부분이고, 위기상황 자체가 주는 압박은 평상시와는 다르게 과중하기 때문에 이에 대한 고려가 필요한 것이다. 이를 위하여 근무일정을 즉각적으로 설정하고, 준비된 절차와 수칙을 준수하면서 위기에 대응한다. 위기가 예정대로 진행되는 것은 아니기에 대응에의 유연성도 담보되어야 한다. 이 임무와 권한의 위임정도는 준비과정에서 결정하여 실행한다. 특히 진행되는 위기상황에 관한 원만하고 정확한 정보유통을 통하여 무분별한 소문이 유포되지 않도록 유의하여야 한다.

위기종료 후의 임무는 정상으로의 회복에 만전을 기하는 것이다. 이와 함께 위기대응시에 확인된 위기대응계획의 효과성을 평가하는 작업도 시작된다. 이 과정에는 임무수행 절차의 적절성, 장비와 시설의 활용도, 팀원의 성과 등이 종합적으로 고려된다. 물론 평가에 따른 보상도 진행하여야 하며, 기록의 보존과 함께 이후의 위기에 대한 새로운 준비에 돌입하여야 한다.

위기관리의 책임은 일차적으로는 위기관리조직과 해당 조직의 리더에게 있으나, 최종적인 책임은 결국 조직의 최고관리자에게 있다. 따라서 조직의 최고관리자는 위기관리에 관한 전체 체계를 이해하고, 위기관리조직의 책임자를 포함한 다양한 전문가들이 최상의 능력을 발휘할 수 있도록 지원함으로써, 조직의 위기상황에 대한 예방은 물론 발생된 위기에 효과적으로 대응하고, 일단 발생한 위기상황은 재발되지 않도록 대비하여야 하며, 궁극적으로는 발생된 위기상황이 조직발전의 전환점이 될 수 있도록 최선의 노력을 다하여야 할 것이다

CHAPTER

15 변화관리

제 1 절 　변화관리의 의의

조직관리 전략으로서 변화관리와 관련하여 미국 GE(General Electrics)의 CEO였던 잭 웰치의 유명한 일화가 있다. 그는 1980년대 초 제조업이 생산성 위기를 겪던 시절 GE의 CEO로 선임되어 1878년 설립 이후 기업의 핵심자산 (core asset)이던 전기산업분야의 제조업 부문을 이사회의 반대와 시장의 회의 적인 시각을 무릅쓰고 구조조정을 강행하여 서비스 산업으로 조직을 탈바꿈 시켰다. 이처럼 기업의 핵심자산까지 변화시킨 그의 관리전략은 당시로선 매우 충격적이었으나 결과적으로 GE는 다우존스 출범 시 12개 상장기업 중 유일하게 현재까지 남아있게 되었다.

이처럼 변화하는 환경에 대응하여 조직의 자원배분체계와 관리전략 및 역량, 가치를 변화시켜 외부환경의 변화를 능동적으로 관리하는 것이 조직관리 전략으로서 변화관리의 핵심이라 할 수 있다.

1. 조직변화의 정의

조직은 정적이지(static) 않다. 주위의 작은 식당부터 대규모 조직에 이르기까지 조직은 항상 변화하고 있고 이러한 변화는 조직의 고객뿐만 아니라 조직 구성원의 행태 역시 변화시키고 있다. 이처럼 변화는 조직의 기본적 속성이기에 변화에 대한 시비를 가리는 것보다 조직의 변화가 어떻게 수행되고 관리되는지에 초점을 맞추는 것이 더욱 중요하다.[1] 이를 보다 구체적으로 이해하기 위해 조직관리의 요소를 중심으로 조직변화를 이해할 필요가 있다.[2]

1) 목표와 전략 변화

조직은 때때로 목표를 변화시키며 이러한 변화된 목표를 달성하기 위한 수단으로서의 전략을 변화시킨다. 예컨대, 조직규모를 확장할 것이냐, 새로운 재화와 용역을 창출할 것이냐, 새로운 이해관계자를 확보할 것이냐 등의 변화가 여기에 해당한다.

2) 기술 변화

조직변화로서 기술 변화는 그 수준이 다양하다. 조직과업체계 내에 전자문서시스템을 도입하는 것은 단순한 기술적 변화에 해당하나 생산라인의 자동화는 비교적 큰 규모의 기술적 변화에 해당한다.

3) 과업설계 변화

조직변화의 과정에서 조직 내 집단의 과업을 재설계하기도 한다. 이를 통해 과업수행과 관련된 다양성과 자율성, 정체성, 중요도, 피드백 등의 특성이 변화하게 된다.

4) 구조 변화

구조적 측면에서 조직변화는 규칙, 정책, 절차의 변화를 포함하며 조직을 참모형 조직에서 계선형 조직으로, 또는 반대로 변화시키기도 한다. 또한 공식화 수준과 집중화 수준은 조직 구조변화를 측정하는 가장 대표적 지표로 쓰이기도 한다. 이러한 조직구조 변화를 통해 조직의 수직적 계층화 수준, 통제의 수준, 네트워크 기능 등에서 변화가 발생하게 된다.

---

1) Gary Johns, *Organizational Behaviour, 4th ed.*(New York: Harper Collins College Publisher, 1996), pp.562~566.

2) *Ibid.*

5) 과업수행방식 변화

조직변화는 기본적인 과업수행 방식을 변화시킨다. 가령, 순차적 과업수행 방식이 조직변화에 따라 동시적으로 이루어지는 것으로 바뀌기도 한다.

6) 조직구성원의 변화

조직변화는 조직구성원에게 두 가지 측면의 변화를 유발한다. 하나는 인사관리상의 변화로 인한 실질적 신분상의 변화이다. 과거 우리나라를 비롯한 동아시아 국가들에서 나타난 종신 고용직 관행이 시대 변화에 따라 성과 중심의 고용관계로 변화한 것을 예로 들 수 있다. 또 다른 하나는 교육훈련 방식의 변화로 나타나는 조직구성원의 인식과 행태 등의 변화이다. 성인지 교육의 강화 등이 이에 해당한다.

2. 조직변화의 요인

1) 외적 변화요인

조직은 자원의 투입과 산출의 균형을 유지하기 위해 노력한다. 그러나 이러한 노력이 외적 요인으로 인해 깨지는 상황이 발생하기도 하는데, 이 때 조직변화가 발생하게 된다. 가령, 주요 제품의 생산을 위한 자원공급망의 변화나 경쟁의 심화, 소비자 취향의 변화와 같은 외적 변화요인은 기술적으로 혹은 조직관리전략 측면에서 조직의 기존 상황과 관계없이 조직변화를 유발하게 된다. <그림 2-15-1>에서 보듯이 이러한 외적 변화요인에 따른 조직변화는 조직이 처한 외부환경의 특성과도 연관되는데, 조직의 외부환경이 동적일 경우 안정적인 환경에서보다 조직변화의 정도가 커진다는 것을 알 수 있다.

▼ 그림 2-15-1 환경적 특성과, 조직변화, 그리고 조직 효과성의 관계[3)]

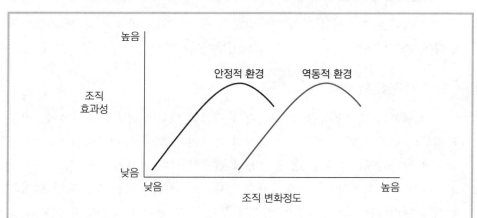

2) 내적 변화요인

조직 내적으로는 낮은 생산성이나 조직 내 갈등, 파업, 이직률 등이 조직변화를 필요로 하는 신호로 읽힐 수 있다. 일반적으로 이러한 내적 변화요인은 조직이 외적 변화요인에 대응하여 조직변화를 꾀할 때 함께 발생하는 경우가 많다. 따라서 외적 변화요인에 따른 조직변화에만 초점을 과도하게 맞출 경우 조직변화를 설계하고 실행한 이후에도 앞서 살펴본 조직 재동결 상태가 이루어지지 않을 수 있다.

이와 같은 조직의 변화를 관리한다는 것은 조직 내부적으로 추진되고 있는 변화를 적절하게 구현하고, 그 변화로 인한 효과가 지속될 수 있도록 하기 위해 전략적으로 접근하는 것을 의미한다. 변화관리(change management)에서 주된 초점을 맞추어야 하는 것은 변화를 누가 주도하는지, 변화의 주요 대상은 누구 혹은 무엇인지, 변화의 영향이 미치는 범위를 어떻게 더 넓힐 수 있을지, 변화를 받아들이기 위해서는 어떤 준비가 필요한지 등이다. 특히 물리적인 영역 뿐만 아니라 조직 구성원의 정신적인 측면에 대한 혁신이 요구되므로 변화에 대한 저항 측면을 잘 이해해야 원활한 변화관리가 가능할 것이다.[4)]

---

3) *Ibid.*, p.564.

제 2 절 사회현상으로서 변화

1. 변화의 유형

조직변화를 관리하기 위해서는 조직단위에서 이루어지는 변화를 관리가능한 프로그램 수준으로 이해할 필요가 있다. 이처럼 프로그램 수준에서 조직변화 유형을 이해하는 것은 구체적인 변화관리의 목표를 위해서 어떤 관리적 요소가 필요하고 달성되어야 하는지를 파악하는 데 도움을 준다. 쿡과 매컬리, 콜디콧(S. Cook, S. Macaulay, and H. Coldicott)은 변화관리를 위한 프로그램 목록으로 다음과 같이 13가지를 제시하고 있다.

표 2-15-1 변화관리 프로그램[5]

변화관리 프로그램	추구하는 조직변화
비즈니스 프로세스 개선 (business process re-engineering)	조직 내 프로세스를 보다 효율적이고 효과적으로 재정의
린 생산방식(lean manufacturing)	제조업 조직이 불필요한 프로세스를 줄이고 이를 통해 비용효과성을 제고
식스 시그마(six sigma)	프로세스상의 오류 제거
총체적 품질관리(total quality management)	조직 산출물의 질적 개선
ISO 9000	문서화된 품질관리 시스템 구축
유럽품질경영재단(european foundation for quality management)	초우량 품질관리 기업에 대한 벤치마킹
밸류 프로그램(values programmes)	조직가치의 배태화를 통한 비즈니스 문화 변화
브랜드 얼라인먼트(brand alignment)	조직구성원 행태와 브랜드 가치의 결합

---

4) *Ibid.*, pp.566~572.

5) S, Cook, S. Macaulay, and Coldicott, *Change Management Excellence: Using the Four Intelligences for Successful Organizational Change*(London: Kogan Page Limited, 2004), pp.22~23.

변화관리 프로그램	추구하는 조직변화
서비스/고객관리 (service excellence/customer care)	고객의 관심을 제고하고 고객 니즈 발굴에 초점을 맞춤
균형성과표 (balanced scorecard)	재정, 고객관리, 프로세스, 학습 및 혁신 분야의 성과 측정
문화 변화(culture change)	조직 문화 변화
역량개발접근법(competency framework)	역량강화에 기반한 성과관리 프로세스 도입
기타 프로그램이나 프로젝트	다양성, 위임, 지식관리 등의 변화관리를 위한 개별 프로그램 또는 프로젝트

2. 변화 담당자

변화 담당자(change agent)는 변화 과정에 활력을 불어 넣고 변화과정을 지시 또는 추동하는 사람 또는 집단을 의미한다.[6] 이들은 주로 조직의 핵심 이해관계자이거나 외부 관계자, 또는 전문가일 수도 있다. 이들은 마치 선도자(Entreprenuer)와 같이 열정과 혁신적인 방법으로 조직변화를 주도한다.[7]

이들 변화 담당자는 조직 내 초기 경력자들로 하여금 조직 과업에 새로운 시각을 가져올 수 있도록 잠재력을 이끌어 내는 역할을 한다. 또한 이들 초기 경력자들이 만들어 낸 새로운 접근이 조직 혁신과 연계될 수 있도록 목표를 설정하고 관련 사업을 만들어 내도록 뒷받침한다. 이를 통해 궁극적으로는 조직 문화 전반의 변화를 이끌어 내도록 한다.

---

6) Richard Pettinger, *Introduction Organizational Behavior*(London: Macmillan Press LTD, 1996).

7) J. S, Osland, D. A. Kolb, and I. R. Rubin, *The Organizational Behavior Reader*(New Jersey: Prentice Hall, 2001).

제 3 절 　조직변화 과정 및 관리

1. 계획된 변화

　조직의 변화는 내·외적 요인에 의해 자연적으로 발생하기도 한다. 동시에 이러한 내·외적 변화요인에 대한 능동적 대응을 위해 조직변화를 설계 또는 계획하기도 하며, 이러한 계획된 변화는 조직관리 전략의 측면에서 변화관리를 가장 잘 설명하는 활동이라 할 수 있다.

　계획된 변화 중 조직발전(organizational development)은 조직을 둘러싼 환경적 변화에 대해 조직의 적응능력을 기르고자 하는 관리전략이다. 다른 전략들이 주로 기술적으로 조직 변화에 대응하고자 했다면 조직발전은 행태과학의 지식을 활용하여 조직을 더욱 효과적으로, 또한 더욱 인간적으로 변화시키고자 한다. 즉 조직발전은 조직 구성원의 자기개선을 통해 변화하는 환경에서 살아남기 위함을 목적으로 한다.[8]

　조직발전은 직접적이고 특수한 문제에 대한 해결방안이기보다는 보다 장기적이고 포괄적인 변화로서 조직 전체의 기능을 향상시키고 궁극적으로 조직 구성원의 만족도를 높이려는 것이다. 조직의 일처리 과정, 조직 구조, 그리고 사업 전략 등을 개선하고 뿐만 아니라 조직 구성원의 상호신뢰와 협력을 향상시키고 조직의 문화적 규범을 개선해 나가려 한다. 이를 통해 집단의 문제를 일정 기간동안 집중적으로 해결함으로써 완결짓는 변화과정이 아니라 조직 구성원들의 가치를 확대하고 조직의 발전을 추구하는, 즉 인간과 조직의 공동적 발전을 추구하는 장기적이고 지속적인 과정이다. 만약 이렇게 새로운 환경에 대한 적응을 위한 조직개발이 반복적인 시도를 통해 제도화된다면 그것은 조직 문화의 핵심적인 요소가 될 것이다.

---

8) Gary Johns, *op. cit.*, pp.572-573.

2. 대표적인 변화 관리 모델: '해빙-변화-재동결' 모델

많은 학자들이 변화관리를 정의하기 위해 노력해 왔다. 덕(J. Duck)은 변화 관리는 변화가 발생할 수 있는 조직적 상황을 관리하는 것 뿐만 아니라 변화 의 노력을 이끄는 사람과 새로운 전략이 실행될 것을 기대하는 사람 간의 대 화를 관리하고 또 감정을 관리하는 일이라고 정의했다.[10] 레빗(H. Leavitt)에 따르면, 조직이란 기술, 인간, 구조, 과업의 요소가 상호작용하는 복합체이며

표 2-15-2 변화관리의 단계 비교[9]

모형	Lewin (1947)	Dalton (1969)	Kolb Frohman (1970)	Lippit (1975)	Greiner and Barnes (1975)	Bullock and Batten (1985)	Beer *et al.* (1990)	Kotter (2002)
단계	해방	긴장	조사	변화필요성 개발	문제진단	탐색	변화에 대한 공약	완화단계 (위기감조성) (혁신부서구상) (비전·전략 수립) (새로운 비전 전파)
			착수	변화관계 설정			새로운 비전 개발	
	변화	개입	진단	문제진단	변화 계획	계획	비전의 합의	변화단계 (권한이양) (단기성과 달성) (변화 폭 확대)
			계획	대체안과 행동목표 고찰			변화의 활력 계산	
		실행	행동	행동안 실행	변화 시도	실행	제도적 지원 변화의 정착	
	재결빙	강화	평가	변화 안정화 및 일반화	결과 추적	통합		재동결 단계 (조직문화 정착)
			종료	변화담당자 와의 관계 및 훈련 종결			검증 및 개선	

9) 홍영식·김상덕·오창규, 정보시스템 도입에 따른 변화관리 사례 연구: 대법원 변화관리 프 로젝트를 중심으로, (Information Systems Review, 2006).

10) J. D. Duck, "Managing change: The art of balancing," *Harvard Business Review*, Vol. 71(November~December, 1993).

따라서 조직변화란 이 네 가지 요소 중 한가지라도 변화하는 것을 의미한
다.11) 그 외에도 조직의 목표를 달성하기 위해 조직 체계에서 하위 조직 체계
의 수준을 변화하기 위한 과정으로 정의되기도 한다.12)

이전에는 조직 차원의 변화를 설명할 때 실제 조직의 변화하는 모습을 설
명하는 변화(change) 단계만 고려하곤 했었다. 그러나 Lewin(1947)은 변화의
전 단계와 후 단계까지의 과정을 단계적 순서로 설명하여 해빙(unfreeze)－변
화(change)－재결빙(refreeze)의 3단계 조직변화 이론을 제시하였다. 이 이론은
많은 학자들에게 받아들여지고 있으며 또 창의적으로 활용되어 더욱 세분화
된 이론으로 발전하고 있다. 이는 환경이 변화함에 따라 조직의 변화과정 역
시 복잡해지는 현실을 반영하고 있다고 볼 수 있다.

여기에서는 던칸(R. Duncan)의 해빙－변화－재동결을 계획된 변화의 관점
에서 설명하고자 한다.

▼ 그림 2－15－2 계획된 변화 관리 과정13)

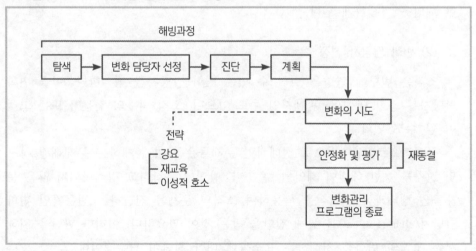

---

11) H. J. Leavitt, *New Perspectives in Organization Research*(New York: John Wiley & Sons, 1964).
12) W. B. Brown and D. J. Morbeg, *Organization Theory and Management: A Macro Approach*(New York: John Wiley, 1980).

1) 해빙

해빙은 기본적으로 현재적 상태가 불만족스럽다는 것에 대한 인식에서부터 시작한다. 즉, 조직이 처한 현재의 상황이 만족스럽지 않을 때, 즉 조직이 추구하는 바람직한 상황과 현재 상황 간의 간극에서 발생한다. 이 단계는 조직 구성원들에게 변화에 대한 공감을 유도하고 새로운 비전을 제시하는 단계이기도 하다. 글로벌 금융위기와 같은 외재적 위기상황 역시 이러한 해빙단계를 촉진하기도 한다. 이 단계가 제대로 수행되지 않으면 조직들은 경쟁조직이나 두각을 나타내는 다른 조직의 변화 시도를 흉내내는 선택을 하기 쉽고 그 결과는 변화관리의 실패로 끝날 것이다.

(1) 탐색

해빙 또는 변화를 위한 준비과정의 첫 번째 단계는 탐색활동이다. 이때 조직은 필요로 하는 변화를 인지하고 이러한 변화와 관련된 문제를 해결하기 위한 대안을 탐색하게 된다.

(2) 변화 담당자 선정

조직은 변화에 영향을 미칠 수 있는 변화 담당자를 정의한다. 이들 변화 담당자는 조직 내 핵심 관계자일 수도 있으며, 조직 외부의 전문가 또는 고객이 될 수도 있다.

구체적으로, 상대적으로 정례적인 문제들은 이미 존재하는 문제해결 창구 및 절차를 통한 해결이 제안될 수 있다. 반면에 복잡하고 정례화되지 않은 문제들은 행태과학적 지식을 활용하여 조직의 문제를 진단하는 전문가인 변화 담당자(change agent)를 통해 진단을 받는 것이 필요하다. 이러한 판단을 위해서는 조직의 변화를 저해하는 요소들에 대한 진단이 필수적이다.

---

13) Jack W. Duncan, *Organizational Behavior*(Boston: Houghton Mifflin, 1981), p.384.

(3) 진단

진단은 정보를 제공하는 과정이다. 조직적 변화를 저해하는 요소들에 대한 정보를 수집하여 체계적으로 이해하는 진단과정을 통해 조직이 처한 문제를 정의하고, 이를 해결하기 위한 목표를 명확히 하며, 가용가능한 자원을 분류한다. 이를 통해 어떤 변화가 수행되어야 하는지 좀 더 명확하게 드러나게 된다.

(4) 계획

계획과정에서는 실행계획을 개발하고 조직변화를 통해 달성할 수 있는 결과물을 예측한다.

2) 변화의 시도

해빙과정이 완료되면 조직의 내외부 변화 담당자를 통해 계획된 변화를 실행하여 조직 구성원들을 더욱 만족스러운 상태로 움직이게 한다. 그러나 이 과정에서 명시적 혹은 묵시적 저항이 발생할 수 있다. 사람들은 변화를 거부하면서 또는 현상유지의 필요성을 합리화하면서 방어기제를 활성화 할 수 있다. 이 과정에서 활용되는 전략으로는 강요와 재교육, 이성적 호소 등을 들 수 있으며[14] 과업의 외주화나 구조조정과 같이 대규모의 활동이 될 수도 있다.

(1) 강요(force)

강요는 계획된 변화를 실행하는 데 있어 가장 일반적으로 활용되는 전략으로 법적 수단의 활용이 이에 해당한다. 이러한 전략의 가장 큰 장점은 신속한 변화실행이라 할 수 있으며, 단점은 장기적 측면에서 변화관리 대상의 태도변화를 수반하기 어렵다는 것이다.

(2) 재교육(re-education)

일반적으로 조직변화에 반하는 조직구성원의 행태는 기존의 교육훈련의

---

14) *Ibid.*

결과인 경우가 많다. 따라서 재교육을 통한 변화관리는 앞선 강요와 달리 장기적 측면에서 조직변화에 긍정적 효과를 가져오나, 동시에 시간과 비용이 많이 소요된다는 단점이 있다.

(3) 이성적 호소(rational appeal)

이성적 호소는 특정 상황에서는 매우 효과적인 변화관리 전략이다. 조직구성원으로 하여금 자기 이해관계에 따른 동기부여를 하도록 만듦으로써 조직변화에 대한 수용성을 높일 수 있다. 다만, 이 전략은 이성적인 동기부여 기제가 작동하지 않는 조직변화 맥락에서는 적용에 한계가 있다.

3) 재동결

조직변화에 대한 실행이 완료되면, 변화된 요인들, 예를 들어 조직 구성원들의 행동, 태도, 혹은 조직의 구조를 기존의 시스템 내에서 안정화시키는 과정이 필요하다. 이 과정에서 조직변화에 대한 평가, 즉 변화 시도가 성공적이었는지 그리고 변화를 위한 시도가 지속되어야 하는지 혹은 종료되어야 하는지에 대한 평가가 이루어진다.

변화의 결과물이 긍정적으로 평가된다면 조직은 그 변화를 내제화하고 제도화하고자 할 것이다. 그것은 그 변화가 조직 구조의 영구적인 부분이 된다는 것을 의미한다. 그렇지만 제도화하고자 하는 변화가 광범위한 기초를 토대로 다양한 영역에 영향을 미치는 단순하지 않은 변화라면 그 변화에 영향을 받지 않는 구성원들의 제도화를 동의하지 않을 수도 있다. 왜냐하면 그러한 변화는 다양한 관점으로 판단될 수 있기 때문이다.

따라서 변화단계 이후의 재동결 상태는 근본적으로 임시적이며 상대적이라 할 수 있으며 재동결 과정에서는 변화시도 과정의 전략인 재교육과 이성적 호소가 결합되어 활용되기도 한다.

제 4 절 ／ 변화에 대한 저항

모든 변화에는 저항이 따른다. 비록 조직변화의 목적이 보다 나은 조직목표의 달성 또는 성공이라 할지라도 이러한 변화의 실질적 영향을 받는 모든 조직구성원이 이를 환영할 것이라 기대하기는 어렵다. 누군가는 변화의 목적에는 동의하나 그 방법에 부정적일 수 있으며, 또 다른 누군가는 이성적 판단에 따른 이해관계의 득실 측면에서 발생할 비용이 과다하다면 따라 변화를 거부할 지도 모른다. 또는 단순히 변화에 대한 심리적 두려움이 변화를 더디게 하거나 실패하게 만들기도 한다.

이러한 것들은 조직의 자원 낭비나 집단적 사기 저하를 초래하여 조직 발전에 심각한 문제를 일으킨다. 이처럼 변화에 대한 저항은 변화관리의 마지막 단계로서 비용적 측면에서 관리되어야 할 사항이라 할 수 있다.

1. 원인

변화에 대한 저항의 원인은 매우 다양하며, 조직의 맥락에 따라 상이할 수 있으나 여기서는 다양한 학자들의 의견을 종합하여[15] 살펴 본다.

1) 정치성과 이기심

사람들은 변화로 인해 야기되는 조직 내 정치적 권력이나 지위, 심지어 직업을 상실할 위험에 대해 우려한다. 이런 우려는 로비의 촉매제 역할을 하기도 하고 변화를 추구하는 조직의 구성원과의 갈등의 주요 원인이 되기도 한다. 변화를 추구하는 세력의 영향력을 줄이기 위해 저항하는 집단은 연합을 구성하기도 한다. 예를 들어 노동조합의 영향력을 줄이기 위한 이해관계자 집단이나 정치조직의 노력을 떠올릴 수 있다. 때로는 전문가의 의견은 변화가 성공하면 자신의 지위나 권력을 잃게 되는 기득권의 이익을 위해 활용되기도 한다.

---

15) Richard Pettinger, *op. cit.*, pp.469~474.

2) 오해

변화의 필요성이나 변화관리과정에 대한 정확한 정보가 전달되지 않은 경우에 이에 대한 오해로 비롯된 저항이 발생할 수 있다. 변화에 대한 제안이 불분명하게 제시되었을 때 다른 집단이나 개인은 제안된 변화에 대한 그들의 해석이나 자신들에게 그 변화가 어떤 의미를 가져올지에 대한 의견을 덧붙이게 된다. 이를 통해 같은 정보에 대해서도 모순적인 관점이 등장할 수 있고 전문가나 언론이 개입하게 되면 오해는 더욱 깊어진다.

3) 낮은 신뢰

조직 구성원이 제안된 변화의 의도에 대해 불신한다면 또는 변화의 필요성에 대해서는 수용할 수 있으나 변화 담당자의 변화수행 동기에 대해 신뢰하지 않는다면 변화의 숨은 의도에 대해 찾으려 노력하며 저항할 것이다.

4) 상황에 대한 상이한 판단

조직변화의 대상이 되는 조직구성원은 조직변화가 필요한 상황에 대해 다른 조직구성원 또는 변화 담당자와 다르게 판단할 수 있다.

5) 조직 문화

이는 조직 문화의 맥락에 따라 상이하며, 특히 전통과 안정을 중시하는 조직문화를 가진 조직일수록 조직변화에 대한 시도를 외부의 불순한 동기에 의한 것이라 판단할 가능성이 크다.

6) 변화에 대한 용인도

앞서 언급한 다섯 가지 요인들은 모두 결과적으로는 조직의 변화에 대한 용인도 수준을 결정하는 것들이지만 좀 더 근본적이고 심리적인 요인들도 있다. 기존에 준수하던 정형화된 과업수행절차를 변화시키려는 일련의 변화관리 시도는 조직구성원으로 하여금 불편함을 느끼게 하는 동시에 과업수행의 정당성 기반을 약화시키는 역할을 하게 된다. 이러한 불편함은 그 전까지의 과업수행절차에 대한 친밀함과 안락함에서 기인한다.

친밀함은 기존 절차들에 대한 익숙함, 확실성, 자신감을 대변하는 감정으로서 만약 이런 감정이 방해된다면 현재의 것들이 갑자기 완벽하게 느껴지거나 더욱 애정어리게 느껴질 것이다. 사람은 습관을 만들고 그 안에서 안락함을 느끼며 살아가는 존재이기에 이미 정례화된 것을 효율적이고 효과적으로 느낀다. 사람들은 인식의 변화를 불편하게 느끼고 특히 기존의 절차들이 조직에 이미 내부화 또는 제도화되었다면, 조직 구성원의 잠재적 저항력은 더욱 커질 것이다.

결국, 변화에 대한 낮은 용인도를 높이기 위해서는 오래된 것을 더 우수한 가치와 대체함으로써 조직 구성원들에게 이익이 주어진다는 것과 더불어 개인들이 더 넓은 자기 인식이 가능할 수 있다는 비전을 제시해야 할 것이다.

2. 해소방안

앞서 살펴본 조직변화에 대한 저항은 개별적인 사안별로 해소가 가능하다. 가령, 변화에 대한 낮은 용인도는 호의적이고 인내심 있는 관리자의 설득과 같은 역량으로 해소가 가능하며, 정치성과 이기심에서 비롯된 저항은 변화과정에서 특정한 역할을 부여함으로써 해소가 가능하다. 또한 오해나 신뢰의 부족, 상황에 대한 상이한 판단, 저항적 조직문화에서 비롯된 저항은 대화를 통한 인센티브 기제의 마련, 진단과정에의 참여 등을 통해 해소가 가능하다.

결국 조직변화에 대한 저항을 해소하기 위한 일반화된 방안은 아래의 <그림 2-15-3>에서 볼 수 있듯이 조직구성원 간 조직 내 정치적 또는 변화관리과정상의 정체성 간의 간극을 적절하게 관리하는 문제로 볼 수 있다.

▼ 그림 2-15-3 조직구성원 간 정체성 차이와 조직변화 수용성의 관계[16]

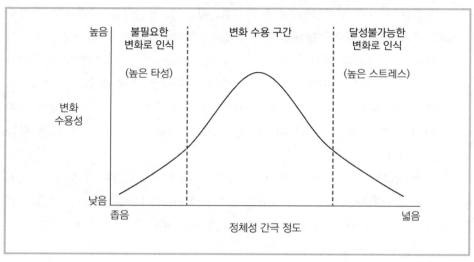

제 5 절 │ 성공적인 변화관리 전략

조직관리 전략으로서 변화관리는 현재 조직이 당면한 문제를 해결하는 차원이기도 하나 궁극적으로는 미래의 바람직한 조직상태를 달성하고자 하는 능동적인 관리전략이라 할 수 있다. 이를 위해서는 변화관리를 성공적으로 이끌기 위해 필요한 제반의 요소들과 이들 요소를 활용하여 조직변화에 성공적인 영향을 미칠 수 있는 전략을 수립해야 하며, 이를 통해 조직이 활동중심이 아닌 결과중심의 변화관리를 수행할 수 있는 역량을 갖추어야 할 것이다.

16) R. K. Reger, L. T. Gustafson, S. M. Demarie, and J. V. Mullane, "Reframing the organization: Why implementing total quality is easier said than done", *Academy of management Review,* Vol. 19(1994), p.576.

1. 성공적인 변화관리 요소17)

1) 아이디어

새로운 아이디어는 조직이 경쟁력을 갖추는데 필수적 요소이다. 조직변화는 이러한 아이디어를 실현시키는 과정이자 결과라 할 수 있다. 또한 새로운 아이디어는 창의성과 관련되며, 인지된 요구를 충족시키고 기회에 대응하는 방식을 결정하는 데 영향을 준다.

2) 요구(needs)

모든 새롭고 창의적인 아이디어가 조직변화를 이끌지는 않는다. 이를 위해서는 변화에 대한 인지된 요구가 필수적이다. 즉, 조직관리자가 실제 조직성과와 바람직한 기대성과 간의 간극을 인지하고 이를 통해 조직변화의 필요성을 느끼게 될 때 아이디어가 변화에 영향을 주게 되는 것이다.

3) 채택

조직변화의 필요성에 대해 조직관리자가 인지하고 문제를 해결할 새로운 아이디어를 채택할 때 조직변화가 시작된다. 이러한 아이디어의 채택을 위해서는 핵심 관리자와 조직구성원의 변화에 대한 지지와 합의가 필요하다.

4) 실행

실행은 조직구성원이 실제 제안된 아이디어를 활용하는 것을 의미한다. 이를 위해서는 아이디어를 실행할 자원과 장치가 필요할 것이며, 조직구성원 역시 새로운 아이디어를 활용할 수 있도록 교육훈련을 받을 필요가 있다.

5) 자원

실제 의미있고 성공적인 조직변화를 이루어내기 위해서는 인적 자원과 활동이 필요하다. 변화는 자연적으로 이루어지지 않으며, 막대한 시간과 자원을 필요로 한다.

---

17) Richard L. Daft, *Organization Theory and Design*(Ohio: Thomson South－Western, 2004), pp.404~406.

▼ 그림 2-15-4 성공적인 변화관리 요소 및 절차[18]

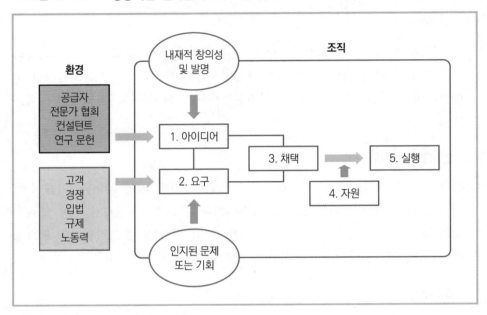

2. 영향전략(Influence Strategy)[19]

1) 통합(integration)

변화관리에 있어 영향력을 극대화시키는 방안 중 통합전략은 칭찬과 보상, 지원 등을 통해 변화대상의 변화에 대한 수용성을 증진시키는 것이다.

2) 편익의 교환(exchange of benefit)

조직변화의 결과로 얻어지는 편익을 변화대상과 교환하는 것을 의미한다. 이는 전술적 접근으로 변화 수용에 대한 비용을 일정부분 편익의 이전을 통해 상쇄시켜 주는 것이다.

---

18) *Ibid.*, p.405.

19) S. Cook, S. Macaulay, and H. Coldicott, *Change Management Excellence: Using the Four Intelligences for Successful Organizational Change*(London: Kogan Page Limited, 2004), pp.146~151.

3) 상향적 호소(upward appeal)

조직변화 관리에 있어 때로는 조직관리자로부터의 하향적 호소보다는 조직구성원에 의한 상향적 호소가 보다 영향력을 발휘하는 경우가 있다. 특히, 계층화 수준이 높은 조직일수록 이러한 전술적 접근의 효과가 크다.

4) 연합(coalitions)

조직변화에 대해 동일한 또는 유사한 견해를 지닌 조직구성원들과 연합을 구성하는 것이다. 이를 통해 조직변화에 대해 저항하는 집단과의 협상이나 대면시 조직화된 지원을 받을 수 있다.

5) 이성(rationality)

이성적이고 논리적인 주장과 사실에 기반한 주장은 변화관리에 있어 가장 근본적인 영향력을 발휘한다고 할 수 있다.

6) 물리적 변화(physical changes)

전보나 해고 등 물리적 조치를 수반하는 물리적 변화는 변화관리 전략 중 가장 급진적이라 할 수 있다. 이러한 물리적 변화는 장기적인 조직문화의 변화를 야기하지는 않으나 그럼에도 조직변화과정에 대한 관심을 증대시키는 효과를 발휘한다.

7) 상징적 변화(symbolic changes)

최고 관리자의 전용 주차장을 없앤다거나 모든 관리직급의 명칭을 매니저로 통일하는 등의 전략은 실질적 변화보다는 무언가 변화가 이루어지고 있다는 인식을 조직구성원에게 심어줄 수 있다.

8) 비전공유(sharing a common vision)

미래에 대한 공통된 비전을 공유하는 것은 조직변화로 야기되는 미래의 불확실성에 대한 두려움을 감소시키고 변화에 대한 심리적 비용을 낮추는 효과를 발휘한다.

9) 롤 모델(role modelling)

변화관리에 있어 롤 모델의 설정은 리더십의 설정과 관련된다. 조직변화과 정에서 리더의 말과 행동은 조직구성원들에게 관찰되며 이들 간의 불일치성 은 조직변화에 대한 저항 요소로 작용하기도 한다.

16 행정관리의 미래

개방체계로서의 행정과 조직은 환경의 변화에 대응하고, 또한 주도하는 지속적인 도전과 응전의 과정을 겪는다. 보다 성숙한 행정관리를 위한 필수조건은 미래 환경의 변화에 대한 예측과 이에 대한 준비라고 할 수 있다. 미래의 행정관리에 영향을 미치는 요인들에 대한 예측은 미래의 행정과정에 요구되는 새로운 예지를 줄 것이다.[1]

제 1 절 세계화와 지방화

교통과 통신의 발달로 인하여 지구상의 모든 국가는 거의 동시에 서로 영향을 주고받게 되었고, 이러한 변화로 한 나라의 행정문제는 더 이상 그 나라만의 문제가 될 수 없다. 이러한 세계화(globalization)의 추세는 점점 더 강화되고 있다. 1960년대 말에 행정현상을 다른 문화와 환경을 가진 나라들과 폭넓게 비교·고찰하는 비교행정이 각광받았는데, 이제 다시 각국의 행정을 비교의 관점에서 접근하는 '신비교행정'(new comparative administration)이 주목받고 있다. 특히 우리나라의 경우 선진국가들의 연구대상으로서 또는 수혜국으로서의 비교행정이, 원조국으로서 그리고 행정의 모범국가로서의 비교행정

---

1) Glover Starling, *Managing The Public Sector*(Chicago: The Dorsey Press, 1986), pp.50~54.

으로 그 패러다임(paradigm)이 바뀌게 되었다. 이러한 신비교행정을 통하여 범세계적인 조직들의 관리나 문화횡단적인 관리기법들에 관한 연구와 정보의 교환이 이루어지고 있으며,2) 또 세계화의 추세는 중앙정부뿐만 아니라 지방정부에도 영향을 끼치게 되었고, 이로 인하여 지방의 세계화 경향은 점점 가속화되고 있다. 또한 각 지방정부는 지속적이고 빠른 발전을 위하여 세계를 대상으로 산업의 유치, 시장확보에 직접 나서게 되었고, 이는 역설적으로 지방화(localization)를 더욱 강화하는 요인이 되고 있다.

제 2 절　행정의 역할 확대

현대행정의 역할은 전통적인 행정의 역할에만 국한되지 않는다. 국방과 치안, 그리고 다양한 규제와 같은 전통적인 행정 이외에 보건과 복지, 소비자 권익보호, 환경보전 등 그 역할의 범위가 더욱 확대되고 있다. 이로 인하여 행정관리의 역할과 책임은 강화되고 있는 추세이다. 이러한 역할 강화는 관리의 영역에 의사결정의 투명성, 정보의 공개 등과 같은 새로운 요소를 지속적으로 추가하고 있다. 또한 조직과 관리의 모든 영역에서 발생하는 자원의 제약으로 인하여 감축, 절약, 효율성 제고, 생산성 향상과 같은 경제의 문제에 적극적으로 대응하여야 한다. 물론 이와 같은 모든 활동들이 항상 성공적이거나 원만하게 진행되지 않는 것도 사실이다.3)

규제완화, 감세, 재정지출 축소 등과 같은 조치를 취하여 정부의 역할을 제한하자는 주장도 있다. 이러한 주장의 근거는 정부의 개입은 자유시장의 경쟁에 비하여 자원의 배분과 투자의 촉진, 경제성장에 있어서 상대적으로 비효율

---

2) Jamil E. Jreisat, "The New Public Management and Reform," in Kuotsai T. Liou(ed.), *Handbook of Public Management Practice and Reform*(New York: Marcel Dekker, Inc., 2001), pp.552~553.

3) *Ibid.*, p.552.

적이라는 것이다. 실제로 이러한 주장은 1980년대 이후 한동안 전 세계의 공공관리에 영향을 끼쳤다. 그러나 시장의 실패가 가시화되면서, 경제를 조정하고, 고용의 유지와 가격구조의 안정을 정부의 재정정책을 통하여 달성하려는 노력이 더욱 강조되고 있는 시점에 이르렀다.

제 3 절 행정윤리의 제고

행정윤리와 높은 수준의 윤리기준은 더욱 더 공공관리에 있어서 중요한 문제가 되어가고 있다. 물론 이와 같은 문제는 행정과 공공관리 부문에서만 발생하는 것이 아닌 전반적인 사회의 변화와 맥을 같이하는 문제인 것이다. 특히 효율성 중심의 공공관리의 영향으로 공공부문 자체의 존립의미가 퇴색되기도 하였다. 사실 공정성, 정의, 책임성과 같은 공공행정의 가치는 효율성이나 경제성과 같은 가치와 분리되거나 선택의 문제로 치부되어서는 안된다. 시장주의는 효율성과 경제성을 강조하고 있으나, 공공행정은 모든 공공가치의 확보에 힘써야 한다. 맹목적인 경제적인 관리의 추구는 공공조직의 정체성을 훼손하고 결국에는 민주성을 위협하게 된다.[4]

게다가 시장의 논리가 민간의 영역에 새로운 이윤창출의 계기를 제공하는 것은 사실이지만, 이것이 공공부문이 생산하는 재화와 용역의 질을 항상 제고시키거나, 효율성을 담보하지는 않는다. 게다가 민간부문이 항상 공공부문보다 효율적인 것도 아니라는 증거는 많다.[5] 따라서 공공부문의 정체성을 유지

---

[4] Larry D. Terry, "From Greek Mythology to the Real World of the New Public Management and Democratic Governance," *Public Administration Review*, Vol. 59, No. 3(1999), pp.272~277.

[5] Jamil E. Jreisat, *Public Organization Management: The Development of Theory and Process*(Conn.: Greenwood, 1997); H. Klages and E. Loffler, "New Public Management in Germany," *International Review of Administrative Sciences*, Vol. 64, pp.41~54; H. Simon, "Guest Editorial: Why Public Administration?" *Public Administration Review*, Vol. 58, No. 1(1998), ii.

하는 공공가치와 윤리에 대한 관심은 더욱 강조되어야 한다. 엄격하고 수준높은 행정윤리의 확보는 이에 대한 적극적인 교육, 관리활동에 대한 감독 강화, 명확한 규정관리 등 다양한 조치를 통하여 가능하므로 이와 같은 제반 활동에도 관심을 기울여야 한다.

제 4 절 성공적인 행정관리의 전략

효과적인 행정관리를 위하여 조직이 관심을 두어야 할 요소는 많다. 다만 민간과 공공부문을 막론하고 성과의 제고를 위하여 요구되는 핵심요소들은 몇 가지로 간추려질 수 있다. 우선 조직의 성과에 대한 명확한 규정이 요구되고, 이에 대한 최고관리층의 지원과 헌신이 필요하다. 보다 구체적으로 성과목표와 목적에 대한 전체 조직 차원의 계획 수립, 성과측정요소에 대한 조직전 구성원의 합의와 참여, 지속적인 성과제고 방법의 모색 등이 핵심적인 요소로 정리될 수 있다.[6] 이와 함께 성공적인 행정관리를 위한 전략을 구상해 보면 다음과 같다.

Ⅰ 인적자원의 효과적 관리

1. 실적주의의 강화

공공조직의 구성원은 능력과 업적에 기초하여 선택, 임명, 승진되고 보상되어야 한다. 그러나 실제에 있어서는 지역, 학벌, 문화적 배경, 성별 또는 업

---

6) G. Starling, *op. cit.*; J. E. Jreisat, *Public Organization Management: The Development of Theory and Process*(Conn.: Greenwood, 1997), pp.231~239; J. E. Jreisat, "The New Public Management and Reform," in Liou, K. T.(ed.), *Handbook of Public Management Practice and Reform*(New York: Marcel Dekker, Inc., 2001), pp.539~559.

무와 관련되지 않은 다른 요소들의 제약에 의해 영향을 받는다. 이러한 정실주의나 엽관주의에 의한 인사관리는 대부분의 관료제에서는 배제되어야 한다.

2. 관리자의 적극적 리더십

관리자는 자신이 책임지고 있는 목표를 성취하기 위해 설득력있는 권위와 필요한 자원을 동원할 수 있어야 하며, 결과에 대해 책임을 질 수 있어야 한다. 합리적인 리더는 조직의 목표달성을 위하여 정확한 정보에 바탕을 두고 조직의 기능과 구조, 그리고, 인적자원을 결속시켜야 한다. 리더는 건전한 조직문화, 창의와 혁신을 조성하는 능력을 갖추고 조직의 성과를 제고시켜야 한다.

3. 조직구성원들의 권리보호

향후의 공공조직은 과거보다 더 강한 조직구성원들의 단체행동에 직면할 가능성이 높다. 이는 민주성의 제고와 함께 권리의식의 제고에서 비롯되는 자연스러운 현상이다. 실제로 공공조직의 구성원들은 국민들의 큰 정부에 대한 반감, 경기변동에 따른 감축관리의 성행으로 인한 직업안정성의 위협은 물론 정치적 권력남용과 독단적인 관료제로부터의 보호가 필요하다. 효과적이고 효율적인 정부와 조직은 조직구성원들이 얼마나 잘 공공에 봉사하고 있느냐에 기초하여 평가되고, 그들이 정당하고 가치 있게 대접받는다는 믿음이 있어야 열과 성의로 공직에 종사하게 되므로 이에 대한 특별한 관심이 요구된다.

4. 전문화와 자긍심의 함양

전문화는 성과의 기준을 유지하고, 조직구성원 개인의 업무에 대한 열정을 불어넣어준다. 이를 바탕으로 국민의 다양한 행정적 요구에 적절히 대응하고, 조직의 기능이 국민의 요구에 잘 적응할 수 있도록 구조화한다. 이와 함께 개인의 능력을 개발하도록 장려하고 업무의 질을 향상시켜야 한다. 또한 관료적인 장애, 분명한 목표의 부재, 성과에 대한 부적절한 환류와 감독상의 결함 등이 조직구성원의 사기를 저하시키는 요인이 되므로 이와 같은 문제의 발생을 철저히 억제한다.

5. 보상의 강화

조직구성원이 수행하는 업무의 성과와 보상(incentives)은 서로 연계되어야한다. 사실 적절한 인센티브가 제공되지를 않는다면 전술한 전략들은 무용지물이 될 염려가 크다고 하겠다. 다만 성과와 보상의 연계가 조직구성원 간의 갈등을 촉발할 수 있는 요소가 된다는 사실도 상기하여야 한다.

6. 윤리의식의 제고

공직윤리에 대한 요구가 고조되고 있어, 공공조직은 이에 부응하기 위한 다양한 전환과정에 놓여 있다. 이와 같은 전환과정의 일환으로 업무과정의 개선과 적정한 인재의 충원을 통한 부패방지에 최선의 노력이 경주되어야 한다. 또한 윤리강령(codes of ethics)의 확립과 이에 대한 조직구성원의 교육강화가 요구된다. 이와 아울러 정직, 법규준수, 갈등억제, 업무의 절차적 흠결을 방지하는 등의 각종 제도의 정착과 준수가 필요하다.

Ⅱ 새로운 기술습득에 대한 적극적인 자세

조직의 효과적인 관리는 의사결정과정은 물론 다양한 조직운영과정에서 요구되는 적절하고 적합한 정보의 활용에 달려있다고 해도 지나치지 않다. 자원의 운용과 정책집행에 필요한 정보를 수집·분류하고, 활용하기 위한 정보체계의 정립과 정보기술의 습득과 활용은 조직운영의 요체인 것이다. 조직의 운영성과 확인에는 비교적 장기적인 시각이 요구되지만, 적정한 정보기술의 활용은 단기적인 차원에서도 조직의 성과제고에 견인차가 된다. 그러나 많은 경우 정부를 포함한 공공조직은 민간기업과는 달리 신기술을 도입하는 데 적극적이지 않기 때문에, 조직의 관리자는 자기 조직의 각 부분에 어떠한 정보

와 기술이 필요한지를 인지하고 이를 획득과 활용을 위하여 적극적으로 지원
하여야 한다.

Ⅲ 창의적 사고 함양

정치, 경제, 사회, 문화 등 조직이 직면하고 있는 환경의 문제에 적절히 대
응할 수 있는 창의적인 사고를 수용하고, 권장하는 것은 조직의 성공적인 관
리와 운영에 매우 긍정적인 신호라 할 수 있다. 조직 내·외의 환경에서 나타
나는 다양한 사회문제는 매우 복잡하고, 상호 연결되어 있어 단순한 기술적인
방식으로의 해결은 가능하지 않은 경우가 많다. 따라서 조직은 지속적인 학습
과 교육을 통하여 항상 새로운 정보와 기술의 획득에 개방적이어야 한다. 새
롭고 창의적인 사고의 수용의 예는 공공의 목적을 달성하기 위한 민영화, 민
간위탁 등에서 확인될 수 있다.

Ⅳ 내부과정 개선

결과중심의 조직관리는 몇 가지 중요한 관리역량의 제고를 통하여 달성될
수 있다. 관리자의 역량을 제고시킬 수 있는 집행전략의 수립, 적절한 법규의
준수, 공정한 성과의 측정, 효과적인 정보의 획득와 활용, 업무과정의 투명성
제고, 성과감사의 도입, 우수한 교육체계의 구비 등 다양한 측면의 내부자원
의 활용을 위한 업무과정의 지속적인 혁신이 효과적인 미래의 조직관리전략
의 근간이 될 것이다.

Ⓥ 적극적인 참여 강화

다양한 수준의 권한위임을 통한 조직구성원의 조직운영과정에의 적극적인 참여는 성공적인 조직의 운영에 있어 필수적인 요소이다. 조직에 순응하는 구성원이 지나치게 많을 경우 해당 조직은 정체되기 쉽다. 참여의 적극적인 조장과 지원은 관리자가 자기의 책임을 방기하는 것이 아니다. 일반적으로 공공조직이나 행정조직은 계층제와 합법적 권력에 의존하는 경향이 짙다. 다양한 범위와 계층의 조직구성원의 다양한 의사의 표출과 조직운영과정에의 투영은 조직의 발전은 물론 외부 이해관계자의 요구에의 대응에 매우 효과적이다. 특히 범위를 확장하여 외부의 이해관계자의 의견을 충분히 수렴할 수 있는 제도적 장치가 구비된다면 한층 더 효과적인 조직운영의 토대를 갖추는 것이다.

Ⓥ Ⅵ 결과중심의 관리

성과중심관리는 이제 국경을 넘어선 지구촌에서의 관리현상이다. 선진국, 개발도상국의 구분이 없다. 이는 세계화의 추세에 따라 더욱 가속화되고 있다. 이러한 조직관리는 성과기준에 합당하고, 공공의 요구에 적정한 서비스의 질을 도모하며, 비용은 절감하는 관리양태이다. 효율성의 제고와 권한의 위임, 성과에 대한 보상의 적용도 포함하는 이러한 관리방식은 모든 관리의 초점을 성과와 결과에 두고 있다.

Ⓥ Ⅶ 협동정신의 함양

정부를 비롯한 공공부문의 활동이 사회의 모든 분야에 개입되고 있으며, 민간의 관리기법이 공공부문으로 흡수되고 있는 등, 사회 각 조직은 상호협력과 공동의 노력을 통하여 전반적인 사회의 목적은 물론 자신들의 조직목표를 달성할 수 있게 되었다. 민영화는 서비스의 질을 개선하고 생산비용을 줄이기 위한 방법으로 제시되고 있다. 생산성이 높은 민간기업이 쓰레기처리 등과 같은 공공사업에 직접 참여하여 효율성을 제고하는 것도 사실이다. 물론 민간기업과 정부의 계약은 정치적 부패의 위험을 내포하고 있기도 하고, 민간이 처리하는 방식이 완전히 비용을 절감시킨다고 단정을 할 수 없는 일이기도 하지만, 이러한 민간방식의 도입이 예산의 절감으로 귀결된 예도 많다는 사실은 부인할 수 없다.

민·관 협력을 통한 사회기능의 유지는 이미 보편화된 현상이고, 민간의 자본을 활용한 공공기반시설의 확충 등은 민·관 협력의 한 예에 불과하다. 행정관리과정은 산출과 결과를 향상시키기 위한 민간의 기술과 정보활용 등의 경험으로부터 많은 혜택을 보고 있다. 올바른 방법을 활용함으로써 공공부문은 국민의 행정요구에 부응할 수 있고, 민간은 공공성에 대한 이해의 폭을 넓힐 수 있다. 이와 같은 양자의 협력과 상호작용은 사회발전의 견인차가 될 것이다.

이 장을 마치면서 미래의 행정관리를 위한 관리자들의 자세에 관하여 간략하게 언급하고자 한다. 먼저 미래의 행정관리자는 우선 넓은 시야를 가진 관리자(generalist)가 되어야 한다. 이러한 관리자만이 복잡한 사회문제에 대하여 신축성 있게 리더십을 발휘할 수 있다. 또한 미래의 행정가는 쉽게 흥분해서는(easily exicited) 안 된다. 작은 실수가 크게 발전이 되어 조직 전체를 위험하게 할 수 있게 되며 일의 방해를 유발시킬 수도 있기 때문이다. 그리고, 미래의 행정가는 현상의 다양한 측면을 충분히 고려해야만 하고, 다양한 이해관계의 조정자로서 상반되는 집단의 이익을 중재해야만 한다. 그리고, 미래의 행정관리자는 계속해서 증가하는 행정부문의 어려움과 도전을 적극적으로 수용하고, 신축성 있게 극복할 수 있는 능력을 향상시켜야 할 것이다.

참고문헌

국외문헌

Abramson, Robert, *An Integrated Approach to Organization Development and Improvement Planning*, West Hartfond: Kumarian Press, 1978.

Adams, J. Stacy, "Interorganization Processes and Organization Boundary Activities," in Barry M. Staw and Larry L. Cummings(eds.), *Research in Organizational Behavior*, *Vol. 2*, Greenwich, Conn.: JAI Press, 1980.

Albrecht, K., *Organization Development: A Total Systems Approach to Positive Change in Any Business Organization*, Englewood Cliffs, New Jersey Prentice－Hall, Inc., 1983.

Alderfer, C. P., *Existence, Relatedness and Growth: Human Needs is Organizational Setting*, New York: The Free Press, 1972.

Alford, L. P. and Beatley H. R., *Principles of Industrial Management*, New York: Ronald Press Co., 1965.

Allen, Louis, *A Professional Management*, New York: McGraw－Hill Publishing Co., 1973.

Allport, F. H., *Social Psychology*, Boston: Houghton Mifflin Co., 1924.

Allport, G. W., *Personality: A Psychological Interpretation*, New York: Holt, Reinhart & Winston, 1937.

Andreski, Stanislas, *Military Organization and Society*, Berkeley, CA: University of California Press, 1968.

Ansoff, Igor H., *Corporate Strategy*, New York: John Wiley, 1965.

Ansoff, Igor H., *The New Corporate Strategy*, New York: John Wiley, 1988.

Argyris, Chris, *Personality and Organization*, New York: Harper, 1957.

Argyris, Chris, *Understanding Organizational Behavior*, Homewood, Ill.: Dorsey Press, 1960.

Argyris, Chris, *Interpersonal Competence and Organizational Effectiveness*, Homewood, Ill.: Irwin Posey Press, 1962.

Barnard, Chester I., *The Functions of the Executive*, Cambridge: Harvard University Press, 1938.

Barton, R. and Chappell, W. L. JR., *Public Administration*, Glenview, Ill.: Scott Foresman and Company, 1985.

Bass, B. M., *Leadership and Performance beyond Expectation*, New York: Free Press, 1985.

Beckhard, Richard, *Organizational Development: Strategies and Models*, Readings, Massachusetts: Addison—Wesley, 1969.

Bell, Daniel, *The Coming of Post—Industrial Society*, New York: Basic Books, 1973.

Bendix, Reinhard, *Max Weber: An Intellectual Portrait*, Garden City, New York: Doubleday & Co., 1950.

Bennis, Warren G., *Changing Organizations*, New York: McGraw—Hill Book Co., 1966.

Bennis, Warren G., Benne, Kenneth D., and Chin, Robert(eds.), *The Planning of Change, 2nd ed.*, New York: Holt, Rinehart and Winston, Inc., 1969.

Berelson, Bernard and Steiner, Gary A., *Human Behavior*, New York: Harcourt, Brace and World, 1964.

Berkley, G., John Rouse, and Ray Begovich, *The Craft of Public Administration*, Wm. C. Brown Publishers, 1991.

Blair, George S., *American Local Government*, New York: Harper & Row, 1964.

Blake, Robert and Mouton, Jane, *The Managerial Grid*, Houston: Gulf Publishing Co., 1964.

Blake, R. R., Shepard, H. and Mouton, J., *Managing Intergroup Conflict in Industry*, Houston, Tex.: Gulf Pub. Co., 1964.

Blau, Peter M., *Bureaucracy in Modern Society*, New York: Random House, 1956.

Blau, Peter M., *The Dynamics of Bureaucracy*, Chicago: University of Chicago Press, 1963.

Blau, Peter M., *Exchange and Power*, New York: John Wiley & Sons, Inc., 1964.

Blau, Peter M. and Scott, W. Richard, *Formal Organizations*, San Francisco: Chandler, 1962.

Blauner, Robert, *Alienation and Freedom*, Chicago: University of Chicago Press, 1964.

Blumberg, Paul, *Industrial Democracy: The Sociology of Participation*, New York: Schocken Books, Inc., 1969.

Bornstein, Morris, *Economic Planning: East and West*, Cambridge, Mass: Ballinger Publishing Co., 1975.

Boulding, Kenneth E., *The Organizational Revolution*, Chicago: Quadrangle Books, Inc., 1968.

Bowers, David G., *Systems of Orgnization: Management of the Human Resource*, Ann Arbor: The University of Michigan Press, 1967.

Bradford, L. P., Membership and the Learning Process, in Brad—ford, J. R. Gibb and K. D. Benne, *T—group and Laboratory Method*, New York: Wiley & Sons, 1964.

Brown, Alvin, *Organization: A Formulation of Principle*, New York: Hilbert Printing Co., 1945.

Bryson, John M., *Strategic planning for Public and Non—Profit Organizations*, San Francisco: Jossey—Bass, 2004.

Brzezinski, Zbigniew, *Between Two Ages: Americai̅s Role in the Technetronic Era*, New York: The Viking Press, 1970.

Brudney, J. L., Laurence J. O'Toole, Jr, and Hal G. Rainsy(eds.), *Advancing Public AMangement: New Developments in Theory, Methods, and Practice*, D.C.: Georgetown University Press, 2000.

Buckley, Walter, *Sociology and Modern Systems Theory*, Englewood Cliffs, New Jersey: Prentice—Hall, 1967.

Burns, J. M., *Leadership*, New York: Harper & Row, 1978.

Burns, T. and Stalker, G. M., *The Management of Innovation*, London: Travistock Institute, 1961.

Burns, Tom, The Comparative Study of Organization, in Victor H. Vroom(ed.), *Methods of Organizational Research*, Pittsburgh: University of Pittsburgh Press, 1967.

Campbell, John P., On the Nature of Organizational Effectiveness, in P. S. Goodman, J. M. Pennings and Associates(eds.), *New Perspectives on Organizational Effectiveness*, CA: Jossey—Bass, 1977.

Campbell, John P. and Pritchard R. D., Motivation Theory in Industrial and Organizational Psychology, in M. D. Dunnette(ed.), *Handbook of Industrial and Organizational Psychology*, Chicago: Rand McNally Co., 1976.

Caiden, Gerald, *The Dynamics of Public Administration: Guidelines to Current Transformations in Theory and Practice*, New York: Holt, 1971.

Canfield, B. R., *Public Relations: Principles, Cases and Problems*, Homewood, Ill.: Irwin—Dorsey, 1960.

Caplow, Theodore, *Principles of Organization*, New York: Harcourt, Brace and World, Inc., 1964.

Cartter, Allan M., *An Assessment of Quality in Graduate Education*, Washington, D. C.: American Council of Education, 1966.

Chandler, A., *Strategy and Structure*, MA: MIT Press, 1962.

Chandler, Ralph C. and Plano, Jack C., *The Public Administration Dictionary*, New York: John Wiley & Sons, Inc., 1982.

Chinoy, Ely, *Automobile Workers and the American Dream*, New York: Doubleday & Co., 1955.

Chung, K. H. and Megginson, L. C., *Organizational Behavior: Developing Managerial Skills*, New York: Harper and Row Publishers, 1981.

Clegg, S. R., Hardy, C., Lawrence, T. B., and Nord, W. R., *The SAGE Handbook of Organization Studies*, CA: Sage Publications Ltd., 2006.

Coger, J. A., *The Charismatic Leader*, San Francisco, Calif.: Jossey—Bass, 1989.

Cohen, Harry, *The Dynamics of Bureaucracy*, Ames: Iowa University Press, 1965.

Cohen, Michael D. and Lee S. Sproull, (eds.) *Organizational Learning*, CA: Sage, 1996.

Cook, S., Macaulay, S., and Coldicott, H., *Change Management Excellence: Using the Four Intelligences for Successful Organizational Change*, London: Kogan Page Limited, 2004.

Cyert, Richard M. and March, James G., *A Behavioral Theory of the Firm, Englewood Cliffs*, New Jersey: Prentice—Hall, 1963.

Daft, Richard L., *Organization Theory and Design, 8th ed.*, MN: West Publishing Company, 2004.

Daft, Richard L., *Organization Theory and Design*, MN: West Publishing Company, 1992.

Dalkey, N., *The Delphi Method: An Experimental Study of Group Opinions*, Santa Monica, Calif.: Rand Corp., 1969.

Dalton, Melville, *Men Who Manage*, New York: John Wiley & Son, Inc., 1966.

Denison, Daniel R., *Corporate Culture and Organizational Effectiveness*, New York: John Wiley and Sons, 1990.

Davis, G. B., *Management Information System*, New York: McGraw—Hill Book Co., 1974.

Davis, Keith, *Human Behavior at Work, New York, 4th ed.*, New York: McGraw—Hill, 1972.

Davis, Keith, Informal Organization, in Harold Koontz, and Cyril O'Donnel(ed.), *Readings in Management*, New York: McGraw—Hill, 1959.

Dawson, S., *Analysing Organizations, 3rd ed.,* London: Macmillan Business, 1996

Deci, E. L., *Intrinsic Motivation*, New York: Plenum Press, 1975.

Deci, E. L. and R. M. Ryan, A Motivational Approach to Self: Integration in Personality, in R. Dienstbier(ed.), *Nebraska Symposium on Motivation: Perspective on Motivation, Vol. 38*, NE: University of Nebraska Press, 1991.

De Grazia Sebastian, *Of Time, Work and Leisure*, Garden City, New York: Doubleday and Co., Inc., 1964.

Deal, T. and Kennedy, A. A., *Corporate Culture*, Reading Mass: Addison—Wesley 1982.

Delbecq, A., Van de Ven A., and Gustafson, D., *Group Techniques: A Guide to Nominal and Delphi Processes*, Glenview, Ill.: Scott Foresman, 1975.

Deutsch, Morton and Robert Krauss M., *Theories in Social Psychology*, New York: London, Basic Books Inc., 1965.

Dimock, M. E., and Dimock G. O., *Public Administration, 4th ed.*, New York: Holt, Rinehart & Winston, Inc., 1969.

Dimock, M. E., Dimock, G. O., and Koenig Louis W., *Public Administration, revised ed.*, New York: Rinehart, 1958.

Dobson, P., Kenneth Starkey, and John Richards, *Strategic Management*, Oxford: Blackwell, 2004.

Downs, Anthony, *Inside Bureaucracy*, Boston: Little Brown, 1967.

Dror, Yehezkel, *Ventures in Policy Science*, New York: Elsevier Co., 1971.

Drucker, Peter F., *Organization Development*, New York: Harper & Row, 1993.

Drucker, Peter F., *The Age of Discontinuity: Guide Lines to Our Changing Society*, New York: Harper and Row, 1969.

Drucker, Peter F., *The Practice of Management*, New York: Harper & Row, 1954.

Dubin, Robert(ed.), *Human Relations in Administration, 2nd ed.*, Englewood Cliffs, New Jersey: Prentice－Hall, 1961.

Dubin, Robert, Kornhauser Arthur and Arthur Ross(eds.), *Industrial Conflict*, New York: McGraw－Hill, Co., 1954.

Dubrin, Andrew J., *Fundamentals of Organizational Behavior*, New York: Pergamon Press, 1974.

Duncan, W. Jack, *Organizational Behavior, 2nd ed.*, Boston: Houghton Mifflin, 1981.

Dunnete, M. D. and Kirchner, W. K., *Psychology Applind to Industry*, New York: Appleton－Century－Croffs, 1965.

Eates, B. L., *Social Program Administration*, Englewood Cliffs, New Jersey: Prentice－Hall, 1980.

Emery, F. E. and Trist E. L., The Casual Texture of Organizational Environments, in John G. Mauser(ed.), *Readings in Organizational Theory: Open System Approach*, New York: Random House, 1971.

Etzioni, A., *A Comparative Analysis of Complex Organizations*, New York: Free Press of Glencoe, 1961.

Etzioni, A., *Modern Organizations*, Englewood Cliffs, New Jersey: Prentice－Hall, 1964.

Evan, William M., Organizational Theory and Organizational Effectiveness: An

Exploratory Analysis, in S. Lee Spray(ed.), *Organizational Effectiveness Theory, Research and Utilization*, Kent, Ohio: Kent State University Press, 1976.

Evan, William M., The Organization Set, in James D. Thompson(ed.), *Approaches to Organizational Design*, Pittsburgh: University of Pittsburgh Press, 1966.

Faludi, A., *Planning Theory*, Oxford: Pergamon Press, 1973.

Fesler, James W., *Areas and Administration*, AL: University of Alabama Press, 1949.

Festinger, Leon, *A Theory of Cognitive Dissonance*, Calf.: Stanford University Press, 1957.

Fiedler, Fred E., *A theory of Leadership Effectiveness*, New York: McGraw—Hill Book Company, 1967.

Finer, Herman, *The British Civil Service, revised ed.*, London: Fabian Society, 1937.

Fink, Stephen L., Jenks, R. Stephen, and Willits, Robin D., *Designing and Managing Organizations*, Homewood, Ill.: Richard D. Irwin, 1983.

Fisher, Frank E., A New Look at Management Communications, reprinted in Max D. Richards and William A. Nielander(eds.) *Reading in Management*, Cincinnati: South Western Publishing Co., 1958.

French, John R. P., Jr. and Raven Bertram, The Bases of Social Power, in Darwin Carwright and Alvin Zander(eds.), *Group Dynamics*, Evanston, Ill.: Peterson, 1960.

French, W. L., *The Personal Management Process*, Boston: Hughton Mifflin Co., 1978.

French, W. L., and Bell, C., 2nd Ed., *Organization Development*, Englewood Cliffs, New Jersey: Prentice—Hall, Inc., 1978.

French, W. L., and Bell, C., *Organization Development*, Englewood Cliffs, New Jersey: Prentice—Hall, Inc., 1973.

French, W. L., Organization Development: Objectives, Assumptions and Strategies, in N. Margulies and A. Raia, *Organization Development: Values, Process and Technology*, New York: McGraw—Hill, 1972.

Friedrich, Carl J., *Man and His Government*, New York: McGraw—Hill Co., 1963.

Galbraith, John K., *The New Industrial State*, Boston: Houghton Mifflin, 1967.

George, Claude S., Jr., *The History of Management Thought*, Englewood Cliffs, New Jersey: Prentice—Hall, 1968.

Gibson, J. L., Ivancevich, J. M. and Dommelly, J. H. Jr., *Organizations: Behavior, Structure, Process, 4th ed.*, Plano Texas: Business Publications, Inc.,1976.

Goetz, Billy E., *Management Planning and Control*, N.Y: McGraw—Hill Co., 1949.

Golembiewski, Robert T., *Organizing Men and Power: Patterns of Hehavior and Line—Staff Models*, Chicago: Rand McNally, 1967.

Golembiewski, Robert T., *Behavior and Organization*, Chicago: Rand McNally & Co., 1962.

Gouldner, Alvin W., *Patterns of Industrial Bureaucracy*, Glencoe: Free Press, 1954.

Graicunas, V. A., Relationship in Organization, in L. Gulick(ed.), *Papers on the Science of Administration*, New York: Institute of Public Administration, 1937.

Grant, Robert M., *Contemporary Strategy Analysis*, Oxford: Blackwell, 2008.

Gross, Bertram M., *The Managing of Organizations, Vol. 2*, New York: Free Press, 1964.

Guetzkow, Harold, Communications in Organizations, in James G. March(ed.), *Handbook of Organizations*, Chicago: Rand McNally, 1965.

Gulick, Luther, Notes on the Theory of Organization, in L. Gulick and L. Urwick(eds.) *Papers on the Science of Administration*, New York: Institute of Public Administration, 1973.

Haire, Mason, Ghiselli, Edwin E. and Porter, Lyman W., *Managerial Thinking An International Study*, New York: John Wiley & Sons, Inc., 1966.

Hall, R. H., Organizations: *Structure, Process, and Outcomes, 7th ed.*,, Englewood Cliffs, New Jersey: Prentice—Hall, Inc., 1999.

Hall, R. H., Organizations: *Structure and Process*, Englewood Cliffs, New Jersey: Prentice—Hall, Inc., 1972.

Hanry, Quastter, *Information Theory in Psychology: Problems and Methods*, Ill.: Gree Press, 1955.

Haveman, Robert H., *The Economics of Public Sector*, New York: John Wiley & Sons, 1970.

Hax, Arnold C. and Nicholas S. Majluf, *The Strategy Concept and Process; A Pragmatic Approach*, New Jersey: Prentice—Hall, 1996.

Heady, Ferrel, *Public Administration: A Comparative Perspective*, New Jersey: Prentice—Hall, 1966.

Hellriegel, D., and Slocum, John W., Jr., *Organizational Behavior: Contingency Views*, St. Paul: West Publishing Co., 1979.

Hamel, G. and C. K. Prahalad, *Competing for the Future*, MA: Harvard Business Scool Press, 1994.

Hersey, Paul and Blanchard, Kenneth H., *Management of Organizational Behavior, 4nd ed.*, Englewood Cliffs, New Jersey: Prentice—Hall, 1982.

Herzberg, Frederick, *Work and the Nature of Man*, Cleveland: World Publishing Co., 1966.

Herzberg, Frederick, *The Motivation to Work*, New York: John Wiley & Sons, Inc., 1959.

Hicks, Charles B. and Place, Irene, *Office Management*, New York: Allyn & Bacon Inc., 1956.

Holden, Paul, Fish, Lounsbury and Smith, Herbert, *Top Management Organization and Control*, New York: McGraw—Hill, 1941.

Holzer, Marc, Building Capacity for Productivity Improvement, in Arie Halaclirni and Marc Holzer(eds.), *Competent Government: Theory and Practice*, VA: Chatelaine Press, 1995.

Holzer, Marc and Kathe Callahan, Productivity Improvement and Public Management, in Kuotsai Tom Liou(ed.), *Handbook of Public Management Practice and Reform*, New York: Marcel Dekker, 2001.

Homans, George C., *Social Behavior: Its Elementary Forms*, New York: Harcourt, Brace & World, Inc., 1961.

Horney, Karen. *The Neurotic Personality of Our Time*, New York: W. W. Norton & Co., Inc., 1937.

Hughes, Owen E., *Public Management and Administration*, Hampshire: Palgarve Macmillan, 2012.

Hunt, David V., *Quality Management for Government*, Milwaukee: ASQC Quality Press, 1993.

Huse, Edgar F., *Organization Development and Change*, St. Paul, Minnesota: West Pub. Co., 1975.

Huse, Edgar F. and Bowditch, J. L., *Behavior in Organization, 4nd ed.*, Massachusetts: Addison−Wesley Pub. Co., 1977.

Ingrahm, Patricia W. and Amy E. Kneedler, Dissecting the Black Box: Toward a Model and Measures of Government Management Performance, in Jeffrey L. Brudney, Laurence J. O'Toole, Jr, and Hal G. Rainey(eds.), *Advancing Public Management: New Developments in Theory, Methods, and Practice*, D.C.: Georgetown University Press, 2000.

Janis, I. L., *Victims of Group Think*, Boston: Houghton Mifflin, 1972.

Johns, Gary, Organizational Behavior, 4th ed., New York: Harper Collins Publishers Inc. 1996.

Jresiat, Jamil E., *Public Organization Management: The Development of Theory and Process*, CT: Quorum Books, 1997.

Kast, Fremont and Rosenzweig, James E., *Organization and Management: A Systems and Contingency Approach, 3rd ed.*, New York: McGraw−Hill Book Company, 1979.

Katz, Daniel and Kahn, Robert, *The Social Psychology of Organization*, New York: Wiley & Sons, Inc., 1978.

Katz, Daniel, Worker Satisfactions and Deprivations in Industrial Life, in Arthur Kornhauser, Robert Dubin and Arthur Ross(eds.), *Industrial Conflict*, New York: McGraw−Hill Book Co., 1954.

Keeling, D., *Management In Government*, London: George Allen & Urwin, Ltd., 1972.

Kettl, D., Managing on the Frontiers of Knowledge: The Learning Organization, in Patricia Ingram and Barbara Romzeck(eds.) *New Paradigms for Government*, CA: Jossey−Bass, 1994.

Killman, R. H., Saxton, N. J., and Sepra, R., Five key issues in understanding and changing culture, in Killman, R. H., Saxton, N. J., Sepra, R., and Associates(eds.), *Gaining Control of the Corporate Culture*, San Francisco: Jossey−Bass, 1986.

Koontz, Harold, O'Donnell, Cyril, and Weihrich, Heinz, *Principles of Management: An*

Analysis of Managerial Functions, 2nd ed., New York: McGraw—Hill Book Co., 1959.

Koontz, Harold, O'Donnell, Cyril, and Weihrich, Heinz, *Management, 7th ed.*, New York: McGraw—Hill, 1980.

Kotter, J., and J. Heskett, *Corporate Culture and Performance*, New York: Free Press, 1992.

Landsberger, Henry A., *Hawthorne Revisited*, Ithaca, New York: Cornell University Press, 1958.

Landsburger, Henry H., Parsons' Theory of Organization, in Max Black(ed.), *The Social Theories of Talcott Parsons*, Englewood Cliffs. New Jersey: Prentice—Hall, Inc., 1961.

Laski, Harold J., Bureaucracy, *Encyclopedia of the Social Sciences, Vol. 3*, New York: MacMillan, 1937.

Lasswell, Harold D., *Law, Science and Policy, Part* Ⅱ, New Haven: Yale University Press, 1956.

Lawler, Edward E., *Motivation in Work Organizations*, Calif.: Brooks Code Pub., 1973.

Lawrence, Paul R. and Lorsch, Jay W., *Developing Organizations: Diagnosis and Action*, Reading, Massachusetts: Addison—Wesley Pub. Co., 1969.

Lawrence, Paul R. and Lorsch, Jay W., *Organization and Environment: Managing Differentiation and Integration*, Boston: Harvard Graduate School of Business Administration, Division of Research, 1967.

Learned, E. F. and Sproat, A. T., *Organization Theory and Policy: Note for Analysis*, Homewood, Ill.: Richard D. Irwin, Inc., 1966.

Leavitt, H. J., Applied Organization Change in Industry: Structural, Technical and Human Approaches, in James G. March(ed.), *Handbook of Organizations*, Chicago: Rand McNally, 1970.

Le Breton, P. P., *Adminstrative Intelligence Information*, New York: Houghton mifflin Co., 1969.

Le Breton, P. P. and Henning, Dale A., *Planning Theory*, Englewood Cliffs, New Jersey: Prentice Hall, Inc., 1964.

Lerner, Deniel, *The Passing of Traditional Society, Modernizing the Middle East*, New York: The Free Press, 1958.

Lepper, M. R. and D. Greene(eds.), *The Hiddrn Cost of Reward: New Perspectives on Psychology on Human Motivation*, New York: Erlbaum, 1978.

Lewin, Kurt, *A Dynamic Theory of Personality*, New York: McGraw−Hill Book Co., Inc., 1935.

Lewin, Kurt, Group Decision and Social Change, in Eleanor E. Maccoby, Theodore M. Newcomb and Eugene L. Hartley(eds.), *Readings in Social Psychology, 3rd ed.*, New York: Henry Holt, 1958.

Liou, K. T.(ed.), *Handbook of Public Management Practice and Reform*, New York: Marcel Dekker, Inc., 2001.

Lippit, Ronald and White, Ralph K., An Experimental Study of Leadership and Group Life, in Eleanor E. Maccoby, Theodore M. Newcomb and Eugene L. Hartly(eds.) *Readings in Social Psychology, 3rd ed.* New York: Henry Holt, 1958.

Lipset, Seymour M. and Bendix, Reinhard, *Social Mobility in Industrial Society*, Berkeley, Calif.: University of California Press, 1959.

Lipset, Seymour M. and Zetterberg, Hans L., A Theory of Social Mobility, *Transactions of the Third World Congress of Sociology. Vol. 3*, International Sociological Associaation, 1956.

Likert, Rensis, *New Patterns of Management*, New York: McGraw−Hill, 1961.

Littlefield, Peterson E., *Modern Office Management*, Englewood Cliffs, New Jersey: Prentice−Hall, 1956.

Litterer, Joseph A., Conflict in Organization: A Re−examination, in Henry L. Tosi and W. Clay Hamner(eds.) *Organizational Behavior and Management: A Contingency Approach*, IN: St. Clair Press, 1974.

Luthans, Fred, *Organizatonal Behavior, 3rd ed.*, New York: McGraw−Hill Co., 1981.

Lynn, L. E. Jr, *Public Management as Art, Science, and Profession*, New Jersey: Chatham House, 1996.

Lynn, L. E. Jr, *Public Management: Old and New*, New York: Routledge, 2006.

Mali, P., *Management Handbook: Operating Guidelines, Techniques and Practices*,

New York: John Wiley and Sons, 1981.

March, James G. and Simon, Herbert A., *Organizations*, New York: John Wiley and Sons, 1958.

March, James G.(ed.), *Explorations in Organizations*, CA: Stanford University Press, 2008.

Margulies, N. and Raia A. P., *Organizational Development: Values, Process and Technology*, New York: Mc Graw—Hill Book Company, 1972.

Martindell, J., *The Scientific Appraisal of Management*, New York: Harper & Row, 1962.

Marx, F. M.(ed.), *Elements of Public Administration*, Englewood Cliffs, New Jersey: Prentice—Hall, 1949.

Maslow, Abraham H., *Motivation and Personality, 2nd ed.*, New York: Harper & Row, Publishers, 1970.

Mayo, Elton, *The Human Problems of an Industrial Civilization*, New York: The Macmillan Co., 1933.

McClelland, David C., *The Achieving Society*, New York: van Nostrand, 1961.

McGregor, Douglas, *The Human Side of Enterprise*, New York: McGraw—Hill, 1960.

Mercer, James L., *Public Management in Lean Years: Operating in a Cutback Management Environment*, CT: Quorum Books, 1992.

Merriam, Charles E., *Systematic Politics*, Chicago: University of Chicago Press, 1945.

Merton, Robert K., *Social Theory & Social Structure*, Glencoe, Ill.: The Free Press, 1957.

Merton, Robert K., Bureaucratic Structure and Personality, in A. Etzioni, *Complex Organization: A Sociological Reader*, New York: Holt, Rinehart and Winston, 1961.

Meyer, John W., Strategies for Furrther Research: Varieties of Environmental Variation, in Marshall W. Meyer(ed.), *Environments and Organizations*, San—Francisco: Jossey—Bass, 1978.

Meyer, P., *Administrative Organization*, London: Stevens & Sons, 1967.

Michels, Robert, *Political Parties*, Glencoe, Ill.: The Free Press, 1949.

Miller, N. E. and Dollard, J., *Social Learning and Imitation*, New Haven: Yale

University Press, 1941.

Millett, John D., *The Process and Organization of Government Planning*, New York: Columbia University Press, 1947.

Miles, R. E. and C. C. Snow, *Organizational Strategy, Structure and Process*, New York: McGraw－Hill, 1978.

Mintzberg, H., *The Structuring of Organizations*, Englewood Cliffs, New Jersey: Prentice－Hall, Inc., 1979.

Minzberg, H., B. Ahlstrand, and J. Lampel, *Strategy Sapari*, New Jersey: Prentice Hall, 1998.

Mooney, James D., *The Principles of Organization, revised ed.*, New York: Harper, 1947.

Moore, Wilbert E., *Man, Time and Society*, New York: John Wiley and Sons, Inc., 1963.

Morrow, William L., *Public Administration, Politics and The Political System*, New York: Random House, 1957.

Mumford, lewis, *The Myth of the Machine*, New York: Harcourt Brace and World, Inc., 1966.

Naisbitt, John, Megatrend: *The New Directions Transforming Our Lives*, New York: Warner Books Inc., 1984.

Newman, William H., *Administrative Action: The Techniques of Organization and Management*, N. J.: Prentice－Hall, 1963.

Normann, R., *Management for Growth*, New York: Wiley, 1977.

Nudell, M. and Norman Antokol, *The Handbook for Effective Emergency and Crisis Management*, D.C.: Lexington Books, 1988.

Nigro, Felix A. and Nigro, Lloyd G.. *Modern Public Administration, 4th ed.*, New York: Harper & Row, Pub., 1977.

Nutt, Paul C. and Robert W. Backoff, *Strategic Management of Public and Third Sector Organizations: Handbook for Leaders*, San Francisco: Jossey－Bass, 1992.

Olsen, John B. and Douglas, C. Eadie, *The Game Plan: Governance with Foresight*, D.C.: Council of State Planning Agencies, 1982.

Osland, J. S., David A. K., and Irwin M. R, *The Organizational Behavior Reader*, N.J.: Prentice Hall, 2001.

Parsons, Talcott, *Structure and Process in Modern Societies*, New York: Free Press, 1960.

Parsons, Talcott, A Revised Analytical Approach to the Theory of Social Stratification, *Essays in Sociological Theory*, Glencoe, Ill.: Free Press, 1954.

Parsons, Talcott and Smelser N., *Economy and Society*, New York: The Free Press, 1956.

Parsons, Talcott(ed.), *Max Weber: The Theory of Social and Economic Organization*, New York: The Free Press of Glencoe, 1947.

Pascale, R. T. and Athos, & Athos, A. G., *The Art of Japanese Management*, New York: Simon and Schuster, 1981.

Pennings J., Strategically Interdependent Organizations, in P. C. Nystrom and W. Starbuck(ed.), *Handbooks of Organizational Design*, Oxford: Oxford University Press, 1981.

Pennings, P. S. and J. M. Goodman, Toward a Workable Framework, in P. S. Pennings and J. M. Goodman(eds.), *New Perspectives on Organizational Effectiveness*, San Francisco: Jossey−Bass, 1977.

Pettigrew, A. M., *The Awakening Giant: Continuity and Change in Imperial Chemical Industries*, Oxford: Basil Blackwell, 1985.

Pettinger, R., *Introduction to Organisational Behavior,* London: Macmillan Business, 1996.

Perrow, Charles, *Complex Organizations: A Critical Essay*, Glenview, Ill.: Scott, Foresman and Co., 1972.

Perrow, Charles, *Organizational Analysis: A Sociological View*, Belmont Calif.: Brooks Cole Publishing Co., 1960.

Peters, B. G., *The Fiture of Governing*, Laerence: University of Kansas Press, 1993.

Pursley, Robert D. and Neil Snortland, *Managing Government Organizations*, CA: Wadsworth, Inc., 1980.

Peters, T. J., and Waterman, R.H., *In Search of Excellence*, New York: Warner Books,

1982.

Pfeffer, J., and Salanick, G., *The External Control of Organizations*, New York: Harper & Row, 1978.

Pfeffer, J., *New Directions for Organization Theory*, New York: Oxford University Press, 1997.

Pfiffner, John M., *Supervision of Personnel: Human Relations in the Management of Men*, Englewood Cliffs, New Jersey: Prentice—Hall, 1951.

Pfiffner, John M. and Presthus, Robert V., *Public Administration, recised ed.*, New York: Ronald Press, 1964.

Pfifiner, John M. and Sherwood, F. P., *Administrative Organization*, Englewood Cliffs, New Jersey: Prentice—Hall, Inc., 1960.

Pigors, Paul, *Leadership or Domination*, Boston: Houghton—Mifflin Co., 1953.

Porter, L. W., Lawler, E. E. III and Hackman, J. R., *Behavior in Organization*, Tokyo: McGraw—Hill, kogakusa, 1975.

Porter, Lyman W. and Lawler, Edward E., *Managerial Attitudes and Performance*, Irwin, Homewood, Ill.: R. D. Irwin, 1968.

Powell, Walter W. and Paul J. DiMaggio, *The New Institutionalism in Organizational Analysis*, Chicago: The University of Chicago Press, 1991.

Presthus, R., *The Organizational Society*, New York: Vintage Books, 1978.

Price, James L., *Organizational Effectiveness*, Homewood, Ill.: Richard D. Irwin, Inc., 1968.

Pursley, R. D. and Neil Snortland, *Managing Governemnt Organizations*, MA: Duxbury Press, 1980.

Redfield, Charles E., *Communication Management, revised ed.*, Chicago: University of Chicago Press, 1958.

Rheman, E., *Organization Theory for Long Range Planning*, London: Wiley, 1973.

Ridley, Clarence and Simon, Herbert, *Measuring Municipal Activities*, Chicago International City Management Association, 1973.

Roberts, Nancy C., Organizational Configurations: Four Approaches to Public Sector Management, in Jeffrey L. Brudney, Laurence J. O'Toole, Jr, and Hal G.

Rainey(eds.), *Advancing Public Management: New Developments in Theory, Methods, and Practice*, D.C.: Georgetown University Press, 2000.

Robey, D., *Designing Organizations, 2nd ed.,* Ill: Irwin, 1986.

Robins, Stephen P., *Organization Theory: Structure, Design, and Applications*, New Jersey: Prentice—Hall, 1996.

Robins, Stephen P., *Managing Organizational Conflict*, New Jersey: Prentice—Hall, 1974.

Roethlisburger, F. J. and Dickson, W. J., *Management and the Worker*, Cambridge: Harvard University Press, 1939.

Sadler, Philip, *Strategic Management*, London: Kogan Page Limited, 1993.

Sargent, S. S., *Social Psychology*, New York: The Donald Press Co., 1950.

Schein, E. H., *Organizational Psychology 2nd ed.*, Englewood Cliffs, New Jersey: Prentice—Hall, 1980.

Schein, E. H., *Organizational Cultere and Leadership*, San Francisco: Jossey—Bass, 1988.

Schein, E. H. and Bennis, W. G., *Personal and Organization Change Through Group Methods: The Laboratory Approach*, New York: John Wiley & Sons, 1965.

Scott, W. R. *Institutions and Organizations*, CA: Sage. 2014

Seltiz, Claire, Wrihtsman, Lawrence S. and Gook, Stuart W., *Research Methods in Social Relations*, New York: Reinhart and Winston, Inc., 1976.

Senge, Peter M., *The Fifth Discipline*, New York: Doubleday, 1994.

Sharkansky, Ira, *Public Administration: Policy—Making in Government Agencies*, Chicago: Markham, 1970.

Sherwin, D. S., The Meaning of Control, in Koontz & O'donnell(ed.), *Readings in Management*, New York: McGraw—Hill Book Co., 1959.

Shrode, W. A. and Voich, Dan, Jr., *Organization and Management: Basic Systems Concepts*, Homewood, Ill.: Richard D. Irwin, Inc., 1974.

Sills, David L., *The Volunteers*, New York: The Free Press, 1957.

Simon, H. A., *Administrative Behavior*, New York: Macmillan, 1961.

Simon, H. A., Smithburg Donald W. and Thompson Victor A., *Public Administration*,

New York: Knopf, 1961.

Stahl, Glen O., *Public Administration, 7th ed.*, New York: Harper & Row, 1983.

Starling, G., *Managing the Public Sector, 3rd ed.*, Chicago Ill.: The Dorsey Press, 1986.

Steers, R. M., *Introductions to Organizational Behavior, 2nd ed.,* Ill.: Glenview, 1984.

Steiner, G., *Top Management Planning*, New York: Macmillan, 1969.

Stevens, J. M., *Public Governance Ideals and Models: An Existential Searchor Manager for All Seasons*, un published paper, Pennsylvania State University, 1997.

Stogdill, Roger M. and Coons, Alvin E.(eds.), *Leader Behavior: Its Description and Measurement, No. 88*, Columbus, Ohio: Bureau of Business Reserch, The Ohio State University, 1957.

Szilagyi, Andrew D., Jr., and Wallace, M. J., Jr., *Organizational Behavior and Performance*, Glenview, Ill.: Scott Foresman & Co., 1983.

Szilagyi, Andrew D., Jr and Wallace, Marc J., Jr., *Organizational Behavior and Performance, 2nd ed.*, Santa Monica: Goodyear Pub. Co., 1980.

Tausky, Curt, *Work Organizations: Major Theoretical Perspectives*, Ill.: F. E. Peacock Pub. Co., 1970.

Taylor, F. W., *The Principles of Scientific Management*, New York: Harper and Brothers, 1911.

Taylor, Donald, Decision Making and Problem Solving, in James G. March(ed.) *Handbook of Organizations*, Chicago: Rand McNally, 1965.

Terry, G. R., *Principles of Management, 3rd ed.*, Homewood, Illinois: Richard D. Irwin, 1960.

Terry, G. R., *Office Management & Control: The Actions of Administrative Management, 4th ed.*, Homewood, Ill.: R. D. Irwin Inc., 1962.

Tead, Ordway, *The Art of Administration*, New York: McGraw－Hill Book Co., 1951.

Thompson, Victor A., *Modern Organization*, New York: Alfred A. Knopf, 1961.

Titmuss, R. M., *The Gift Relationship*, New York: Vintage Books, 1972.

Toffler, Alvin, *The Third Wave,* New York: William Morrow and Company, Inc., 1980.

Tompson, James D., *Organization in Action*, New York: McGraw－Hill, 1967.

Tosi, H. L. and Hamner, W. C., *Organizational Behavior and Management: A*

Contingency Approcah, 3rd ed., New York: John Wiley & Sons, 1974.

Tocqueville, Alexis de, *Democracy in America, Vol. 1*, New York: Vintage Books, 1954.

Trice, H. M. and J. M. Beyer, Charisma and its Routinization in Two Social Movement Organizations, in B. M. Staw and L. L. Cummings(eds.), *Research in Organizational Behavior, Vol. 8*, Greenwich, Conn.: JAI Press, 1986.

Trist, E. L., *Organizational Choice*, London: Tavistock Pub. Co., Ltd., 1963.

Uris, Auren, *How to be a Successful Leader*, New York: McGraw－Hill, 1953.

Urwick, L. F., *The Elements of Administration*, London: Sir Issac Pitman & Sons, 1947.

Sathe, V., *Culture and Related Corporate Realities*, New York: McGraw－Hill, 1985.

Veblen, Thorstein, *The Theory of the Leisure Class*, New York: Mentor Books, 1953.

Vroom, Victor, *Work and Motivation*, New York: John Wiley and Sons, 1965.

Wakeley, J. H. Managing people and systems: The management skills. In William B. Eddy(ed.), *Handbook of Organizational Management*. New York and Basel: Marcel Dekker INC, 1983.

Walker, Charles R. and Guest, Robert, *The Man on the Assembly Line*, Cambridge, Mass.: Harvard University Press, 1952.

Walker, Charles R. and Guest Robert, *Toward the Automobile Factory*, New Haven, Conn.: Yale University Press. 1957.

Wallace, S. C., Consideration Which Enter into the Construction of a Department, in D. Waldo(ed.) *Ideas and Issues in Public Administration*, New York: McGraw－Hill Book Co., Inc., 1953.

Waugh, W. L. Jr. and Ronald John HY(ed.), *Handbook of Emergency Management: Programs and Policies Dealing with Major Hazards and Disasters*, CT: Greenwood Press, 1990.

Weber, Max[Talcott Parsons(ed.): A. M. Henderson and T. Parsons(trans.)], *The Theory of Social and Economic*, New York: Oxford Unicersity Press, 1947.

Wheare, K. C., *Government by Committee*, London: Oxford University Press, 1855.

Whetten, D. A. and Kim S. Cameron, Organizational Effectiveness: Old Models and New Constructs, in J. Greenberg(ed.), *Organizational Behavior: The State of the*

Science, N. J.: Lawrence Erlbaum Associates, Publishers, 1994.

Whitehead, T. North, *The Industrial Worker*, Cambridge, Mass.: Harvard University Press, 1938.

White, L. D., *Introduction to the Study of Public Administration*, New York: Crowell Collier & Macmillan, 1955.

White, L. D., *The State and The Nation*, Baton Rouge: Louisiana State University Press, 1953.

Whyte, W. E., *Money and Motivation*, New York: Haper Bros., 1955.

Whyte, W. E., *Money and Motivation*, New York: Haper & Row, 1955.

Wilensky, Harold L., *Organizational Intelligence*, New York: Basic Books, Inc., 1967.

Williamson, Oliver E., *Markets and Hierarchies: Analysis and Antitrust Implications*, New York: The Free Press, 1975.

Woodward, Joan, *Industrial Organization*: Theory and Pactice, New York: Oxford University Press, 1965.

Woodward, Joan, *Management and Technology*, London: HMSO, 1958.

Young, Stanley, *Management: A Systems Analysis*, Glenview, Ill.: Scott, Foresman, 1966.

三宅太郎, 行政におけの組織と管理(증보), 동경: 와세다대학 출판부, 1971.

沖田哲也, 集權と分權, 行政學講座(4) 行政と組織, 동경: 동경대학 출판부, 1976.

田中敏夫, 산업능률단기대학 조직개발연구グル一プ編, 조직개발사례집, 동경: 산업능률단기대학 출판부, 1978.

幸田一男, 組織開發の理論と實踐, 동경: 산업능률단기대학 출판부, 1972.

田中守, 管理の動向, 行政學講座(3) 行政の過程, 동경: 동경대학교 출판부, 1976.

井出嘉憲, 行政廣告論, 동경: 경초서방, 1967.

Oxford English Dictinary, London: Oxford University Press, 1933.

Websteri̇̄s New International Dictionary, 2nd ed., Spring field: Meriam Webster, 1959.

국외 논문

Adams, J. Stacy, "Toward an Understanding of Inequity," *Journal of Abnormal and Social Psychology*, Vol. 67, No. 5(1963), pp.422~436.

Adams, J. Stacy, "Effects of Wage Inequities on Work Quality," *Journal of Abnormal and Social Psychology*, Vol. 69, No. 1(1964), pp.19~25.

Alderfer, C. P., "An Empirical Test of a New Theory of Human Needs," *Organizational Behavior and Human Performance*, Vol. 4(1969), pp.142~175.

Bennis, Warren G., "Leadership Theory and Administrative Behavior," *Administrative Science Quarterly*, Vol. 4(1959~1960), pp.259~301.

Bennis, Warren G., "Post－Bureaucratic Leadership." *Transaction*(July~August 1969), p. 45.

Bennis, W. and Slater, P., "Democracy Is Inevitable," *Harvard Business Review*, Vol. 68, No. 5(September~October 1990), pp.167~176.

Bierstedt, Robert, "An Analysis of Social Power," *American Sociological Review*, Vol. 15(1950), p. 733.

Blake, R. R., Mouton J. S., Barnes L. B. and Greiner L. E., "Break－through in Organization Development," *Harvard Business Review*, Vol. 43, No. 6(November ~December 1964), p. 134.

Blood, Milton R. and Hulin, C., "Alienation, Environmental Characteristics, and Worker Responses," *Journal of Applied Psychology*, Vol. 51(1967), pp.284~290.

Bowman, James S., "Ethics in Government: A National Survey of Public Administration," *Public Administration Review*, Vol. 50, No. 3(May~June 1990), pp.345~353.

Brady, Rodney H., "MBO Goes to Work in the Public Sector," *Harvard Business Review*, Vol. 51, No. 2(March~April 1973), pp.65~74.

Brown, David S., "The Public Advisory Board as an Instrument of Government," *Public Administration Review*, Vol. 15(Summer 1955), p. 196.

Brumback, Gary B. and McFee Thomas S., "From MBO To MBR," in Public Management Forum, *Public Administration Review*, Vol. 42, No. 4(July~August 1982), pp.363~371.

Campbell, J. P. and Dunnette, M. D., "Effectiveness of T-Group Experiences in Managerial Training and Development," *Psychological Bulletin*, Vol. 70(August 1968), p. 104.

Child, John, "Organizational Structure, Environment, and Performance: The Role of Strategic Choice," *Sociology*(January 1972), pp.1~22.

Coates, Charles H. and Pellegrin, Roland J., "Executives and Supervisors: A Situational Theory of Differential Occupational Mobility," *Social Forces*, Vol. 35(1956), pp.121~126.

Coch, Lester and French, John R. P. Jr., "Overcoming Resistance to Change," *Human Relations*, Vol. 1(1947), pp.512~532.

Collins, Orivis, Dalton, Melville and Roy, Donald, "Restriction of Output and Social Cleavage in Industry." *Applied Anthropology*, Vol. 5(1946), pp.1~44.

Crockett, Harry J., Jr., "The Achievement Motive and Differential Occupational Mobility in the United States," *American Sociological Review*, Vol. 27(1962), pp.191~204.

Dalton, Melville, "Conflict between Staff & Line Managerial Officers," in Etzioni(ed.), *Complex Organization: A Sociological Reader*, pp.212~221.

Davis, Kingsley "The Abominable Heresy: A Reply to Dr. Buckley," *American Sociological Review*, Vol. 24(1959). pp.82~83.

Davis, Kingsley and Moore Wilbert, "Some Principles of Stratification," *American Sociological Review*. Vol. 10(1945), pp.242~249.

Dawis, Rene M. and Corrigan, B., "Linear Models in Decision Making," *Psychological Bulletin*, Vol. 81(1974), pp.95~106.

Deci, E. L., R. Koestner, and R. M. Ryan, "A Meta-analysis Review od Experiments Examining the Effects of Extrinsic Rewards on Intrinsic Motivation," *Psychological Bulletin*, Vol. 125, No. 3(1999), pp.627~668.

De Woolfson, Bruce H., Jr., "Public Sector MBO and PPB: Cross Fertilization in Management Systems," *Public Administration Review*, Vol. 35, No. 4(July~August 1975), pp.387~391.

Dill, William R. "Environment as an Influence on Managerial Autonomy," *Administrative Science Quarterly*, Vol. 3(March 1958), p. 409.

Dubin, Robert, "Power, Function and Organization," *Pacific Sociological Review*, Vol. 6(1963), pp.16~24.

Duck, Jeanie Daniel, "Managing Change: The Art of Balancing." *Harvard Business Review*, November—December, 1993

Einhorn, H., "The Use of Non—Linear, Non—Compensatory Models as a Function of Task and Amount of Information," *Organizational Behavior and Human Performance*, Vol. 6(1971), pp.1~27.

Einhorn, H. and Hogarth R. M., "Unit, Weighting Schemes for Decision Making," *Organizational Behavior and Human Performance*, Vol. 10(1975), pp.171~192.

Emerson, Richard M., "Power—Dependence Relationships," *American Sociological Review*. Vol. 27(1962), pp.31~44.

Empey, Lamar T., "Social Class and Occupatonal Aspirations," *American Sociological Review*, Vol. 21(1956), pp.703~709.

Festré, Agnès and Pierre Garrouste, "Theory and Evidence in Psychology and Economics about Motivation Crowding Out: A Possible Convergence?" *Journal of Economic Surveys*, Vol. 29, No, 2(2015), pp.339~356.

Fink, Clinton F., "Some Conceptual Difficulties in the Theory of Social Conflict," *Journal of Conflict Resolution*, Vol. 12(December 1968), pp.412~460.

French, John R. P., Jr., Israel Joachim and Dagfin As, "An Experiment in Participation in a Norwegian Factory," *Human Relations*, Vol. 13(1960), pp.3~19.

Frey, B. S. and Reto Jegen. "Motivation Crowding Theory." *Journal of Economic Survey*, Vol. 15, No. 5(2001), pp.589~611.

Goldberg, L. R., "Five models of Clinical Judgement: An Empirical Comparison Between Linear and Non—Linear Representations of the Human Inference Process," *Organizational Behavior and Human Performance*, Vol. 6(1971), pp.458~579.

Goldhammer, Herbert and Shils Edward A., "Types of Power and Status," *American Journal of Sociology*, Vol. 45(1939), pp.171~182.

Golembiewski, R. T., "Organization Development in Public Agencies," *Public Administration Review*, Vol. 24, No. 4(1969), p. 368.

Golembiewski, R. T., "Toward the New Organization Theories: Some Notes on Staff," *Midwest Journal of Political Science*, Vol. 5, No. 3(1961), pp.258~239.

Goode, William J., "The Protection of Input," *American Sociological Review*, Vol. 32(1967), pp.5~8.

Graeff, C. L., "The Situational Leadership Theory: A Critical Review." *Academy of Management Review*, Vol. 8, No. 2(April 1983), pp.285~291.

Granovetter, Mark S., "Economic Action and Social Structure: The Problem of Embeddedness," *American Journal of Sociology* Vol. 91, No. 3(1985), pp.481~510.

Greiner, L. E., "Evolution and Revolution as Organizations Grow," *Harvard Business Review*, Vol. 50(1972), pp.37~46.

Gross, George R., "The Organization Set: A Study of Sociology Departments," *The American Sociologist*, Vol. 5(1970), pp.25~29.

Guest, Robert H., "Job Enlargement: A Revolution in Job Design," *Personnel Administration*, Vol. 20(1957), pp.9~16.

Hall, Peter A. and Rosemary C. R. Taylor, "Political Science and Three New Institutionalisms," *Political Studies*, Vol. 44(1996), pp.942~946.

Hall, Richard H., "Intraorganizatonal Structural Variation: Application of the Bureaucratic Model," *Administrative Science Quarterly*, Vol. 7, No. 3(1962), pp.295~308.

Hall, Richard H., Eugene Haas, J. and Johnson, Norman J., "An Examination of the Blau－Scott and Etzioni Typologies," *Administrative Science Quarterly*, Vol. 12(1967), pp.126~134.

Hall, W. K., "Survival Strategic in a Hostile Environment," *Harvard Business Review*, Vol. 58(September~October 1980), pp.75~85.

Hambrick, D. and Snow, C. C., "A Contextual Model of Strategic Decision Making in Organizations," Proceeding of the 37th Annual Meeting of the Academy of Managemment(1977), pp.109~112.

Harvey, Edward, "Technology and Structure of Organization," *American Sociological Review*, Vol. 33(1968), pp.247~259.

House, Robert J., "A Path—Goal Theory of Leader Effectiveness," *Administrative Science Quarterly*, Vol. 16(September 1971), pp.321~338.

House, Robert J. and Mitchell, T. R., "Path—Goal Theory of Leadership," *Journal of Contemporary Business*, Vol. 5(1974), pp.81~97.

Hudson, Barclay, "Comparison of Current Planning Theory: Counterparts and Contradiction," *Journal of American Planning Association*, Vol. 45 No. 4(1979), pp.387~397.

Hughes, Everett C., "Queries Concerning Industry and Society Growing out of Study of Ethnic Relations in Industry," *American Sociological Review*, Vol. 14(1949), p. 219.

Hulin, Charles L. and Blood, Milton R., "Job Enlargement, Individual Difference and Worker Responses," *Psychological Bulletin*, Vol. 69(1968), pp.41~55.

Hunt, J. G. and Hill, J. W., "The New Look in Motivation Theory for Organizational Research," *Human Organization*, Vol. 28(Summer 1969), p. 104.

Jun, Jong S., "Management by Objectives in Public Sector: Introduction," *Public Administration Review*, Vol. 36, No.1 (January~February 1976), pp.1~5.

Katzell, Raymond A., "Contrasting System of Work Organization," *American Psychologist*, Vol. 17(1962), pp.102~108.

Kaufman, Herbert, "Organization Theory and Political Theory." *American Political Sicence Review*, Vol. 58(1964), p. 6.

Kemp, R., "The Public Official's Role in Emergemcy Management," *Police Chief*, Vol. 52(1985), p. 42.

Kiel, David H., "An Organization Development Strategy for Policy Implementation: The Case of North Carolina State Government," *Public Administration Review*, Vol. 42, No. 4(July~August 1982), pp.375~383.

Kelman, H. C., "Manipulation of Human Behavior: An Ethical Dilemma for the Social Scientist," *Journal of Social Issues*, Vol.21(1965), pp.31–33.

Klages, H. and E. Loffler, "New Public Management in Germany," *International Review of Administrative Sciences*, Vol. 64(1998), pp.41~54.

Knight, Kenneth, Davis, Stanley M. and Lawrence, Paul R., "Problems of Matrix

Organizations," *Harvard Business Review*, Vol. 56(May~June 1978), pp.131~142.

Koelble, Thomas A., "The New Institutionalism in Political Science and Sociology," *Comparative Politics*, Vol. 27 No. 2(1995), pp.231~243.

Landau, M., and Rassell S., Jr., "To Management is not to Control: Or the Folly of Type II Errors," Public Administration Review, 39, Mar./Apr., 1979, pp.149~156.

Lepper, M. R. and D. Greene, R. E. Nisbett, "Undermining Children's Intrinsic Interest with Extrinsic Rewards on Intrinsic Motivation: A Test of the Overjustification Hypothesis," *Journal of Personality and Social Psychology*, Vol. 23(1973). pp.129~137.

Lewin, Kurt, Lippit, Ronald and White, R. K., "Patterns of Aggressive Behavior in Experimentally Created Social Climates," *Journal of Social Psychology*, Vol. 10(1939), pp.271~299.

Lyman, Elizabeth, "Occupational Differences in the Value Attached to Work," *American Journal of Sociology*, Vol. 61(1955), pp.138~144.

Maro, David, "Creativity and Administration," *Public Administration Review*, Vol. 31, No. 1(January~February 1971), p. 48.

McCaffery, Jerry, "MBO and the Federal Budgetary Process," *Public Administration Review*, Vol. 36, No. 1(January~February 1976), pp.33~39.

McClelland, David C., "The Two Faces of Power," *Journal of International Affairs*, Vol. 24, No. 2(1970), pp.29~47.

McClelland, David D., "Business Drive and National Achievement," *Havard Business Review* 40, July~August 1962, pp.99~112.

Mcloughlin, D., "A Framework for Integrated Emergency Management," *Pubic Administration Review*, Vol. 45(1985), p. 166.

Mechanic, David, "Sources of Power of Lower Participants in Complex Organizations," *Administrative Science Quarterly*, Vol. 7(1963), p. 349.

Merchant, J., "Preparing for Disater," *American Journal of Public Health*, Vol. 76(1986), p. 234.

Meyer, A. D., A. S. Tsui, and C. R. Linings, "Introduction: Confgurational Approaches to organizational Analysis," *Academy of Management Journal*, Vol. 36(1993),

pp.1175~1195.

Meyers, R. T., Is There a Key to the Normative Budgeting Lock? *Policy Sciences*, Vol. 29(1996), pp.171~189.

Michelson, R., "Emergency Planning Principles," *Police Chief*, Vol. 51(1984), p. 47.

Miller N. E., "Comments on Theoretical Models, Illustrated by the Development of Conflict Behavior," *Journal of Personality*, Vol. 52(1951), pp.82~100.

Miles, R. E. and Vergin, R. C., "Behavioral Properties of Variance Controls," *California Management Review*, Vol. 8(Spring 1966), p. 59.

Mintzberg, Henry, "Structure in S's: A Synthesis of the Research on Organization Design." *Management Science*, Vol. 26(March 1980), pp.336~338.

Morse, Nancy C. and Weiss, Robert S., "The Function and Meaning of Work and Job," *American Sociological Review*, Vol. 20(1955), pp.191~98.

Note, W. W. and Starke, F. A., "Final−Offer versus Conventional Arbitration as Means of Conflict Management," *Administrative Science Quarterly*, Vol. 23, No. 2(June 1978), pp.189~203.

Nutt, P., "Models for Decision Making in Organizations and Some Contextual Variables That Stipulate Optimal Use," *Academy of Management Review*, Vol. 1(1976), pp.84~98.

Pellegrin, Roland J. and Coates, Charles H., "Executive and Supervisors: Contrasting Definitions of Career Success," *Administrative Science Quarterly*, Vol. 1(1957), pp.506~517.

Perry, James L. and Lois Recascino Wise, "The Motivational Bases of Public Service," *Public Administration Review*, Vol. 50, No. 3(1990), pp.367~373.

Perry, James L., "Measuring Public Service Motivation: An Assessment of Construct Reliability and Validity," *Journal of Public Administration Research and Theory*, Vol. 6, No. 1(1996), pp.5~22.

Pettigrew, A. M., "On Studying Organizational Cultures," *Administrative Science Quarterly*, Vol. 24, No. 4(Dec., 1979), p. 574.

Perrow, Charles, "A Framework for the Comparative Analysis of Organization," *American Sociological Review*, Vol. 32(1967), pp.149~208.

Pondy, Louis R., "Organizational Conflict: Concepts and Models," *Administrative Science Quarterly*, Vol. 12, No. 2(September 1967), pp.296~320.

Pritchett, Hermon, C., "The Regulatory Commssion Revisited," *American Political Science Review*, Vol. 43(October 1949), p. 982.

Provan, Keith G. and H. Brinton Milward, "Do Networks Really Work? A Framework for Evaluating Public—Sector Organizational Networks," *Public Administration Review*, Vol. 61, No. 4(2001), p. 414.

Pugh, D. S., Hickson, D. J. and Hining, C. R., "An Empirical Taxonomy of Structure of Work Organization," *Administrative Science Quarterly*, Vol.14(1969), pp.115~126.

Rainey, Hal G. and Paula Steinbauer, "Galloping Elephants: Developing Elements of a Theory of Effective Government Organizations," *Journal of Public Administration Research and Theory*, Vol. 9, No. 1(1999), pp.1~32.

Quinn, R. E. and Cameron, Kim, "Organizational Life Cycles and the Criteria of Effectiveness: Some Preliminary Evidence," *Management Science*, Vol. 29 No. 1(1983), pp.33~51.

Quinn, R. E. and Rohrbaugh, J., "A Competing Values Approach to Organizational Effectiveness," *Public Productivity Review*, Vol. 5(1981), pp.122~40.

Ramos, A. G., "Models of Man and Administrative Theory," *Public Administration Review*, Vol. 32, No. 3(May~June 1972), pp.243~46.

Rhodes, R. A. W. and John Wanna, "Bring the Politics Back In: Public Value in Westminster Parliamentary Governement," *Public Administration*, Vol. 87, No. 2(2009), pp.161~183.

Rico, Leonard, "Organizational Conflict: A Framework for Reappraisal," *Industrial Management Review*, Vol. 6(Fall 1964), p. 67.

Riggs, Fred W., "Bureaucratic Politics in Comparative Perspective," *Journal of Comparative Administration*, Vol. 1(May 1969), pp.6~8.

Roy, Donald, "Quota Restriction and Gold bricking in a Machine Shop," *American Journal of Sociology*, Vol. 57(1952), pp.427~442.

Samuel, Yitzhak and Manheim, Bilha F., "A Multidimensional Approach toward a Typology of Bureaucracy," *Administrative Science Quarterly*, Vol. 15, No. 2(June

1970), pp.216～229.

Schick, Allen, "A Death in the Bureaucracy: The Demise of Federal PPB," *Public Administration Review*, Vol. 33, No. 2(March～April 1973), pp.53～54.

Schwab, Donald P. and Dyer, Lee D., "The Motivational Impact of a Compensation System on Employee Performance," *Organizational Behavior and Human Performance*, Vol. 9(April 1973), pp.315～335.

Shepsle, Kenneth and Barry Weingast, "The Institutional Foundations of Committee Power," *American Political Science Review*, Vol. 81(March 1987), pp.85～104.

Sherwood, Frank P. and Page, William J., Jr., "MBO and Public Management," *Public Administration Review*, Vol. 36, No. 1(January～February 1976), pp.5～12.

Short, Larry E., "Planned Organizational Change," *MSU Business Topics*, Vol. 21(Autumn 1973), p. 57.

Simircich, Linda, "Concepts of Culture and Organizational Analysis," *Administrative Science Quartely* Vol. 28, No. 3, (Sep. 1983), p. 346.

Simon, Herbert A., "The Proverbs of Administration," *Public Administration Review*(Winter 1946), pp.53～67.

Simon, Herbert A., "Guest Editorial: Why Public Administration?" *Public Administration Review*, Vol. 58, No. 1(1998), ii.

Tausky, Curt, "Occupational Mobility Interests," *Canadian Review of Sociology and Anthropology*. Vol. 4(1967), p. 246.

Tausky, Curt, "Meaning of Work among Blue Collar Men," *Pacific Sociological Review*, Vol. 12(1969), pp.49～55.

Tauksy Curt and Dubin Robert, "Career Anchorage: Managerial Mobility Motivations," *American Sociological Review*, Vol. 30(1965), pp.725～735.

Terry, Larry D., "From Greek Mythology to the Real World of the New Public Management and Democratic Governance," *Public Administration Review*, Vol. 59, No. 3(1999), pp.272～277.

Terreberry, Shirley, "The Evolution of Organizational Environments," *Administrative Science Quarterly*, Vol. 12(March 1963), p. 609.

Thompson, Victor A., "Hierarchy, Specialization and Organization Conflict," in

Administrative Quarterly, Vol. 5(March 1961), p. 512.

Tichy, Noel M., "Agents of Planned Social Change : Consequence of Value, Connition and Action," *Administration Science Quarterly*, Vol. 19(June 1974). p. 165.

Trist, E. L. and Bamforth, K. W., "Some Social and Psychological Consequences of the Longwall Method of Goal Setting," *Human Relations*, Vol. 4(1915), pp.3~38.

Vandenabeele, W., "Toward a Public Administration Theory of Public Service Motivation: An Institutional Approach," *Public Management Review*, Vol. 9, No. 4(2007), pp.545~556.

Van de Ven A. and Delbecq A., "The Effectiveness of Nominal, Delphi and Interacting Group Decistion Making Process," *Academy of Management Journal*, Vol. 22(1974), pp.605~621.

Vroom, Victor H. and Jago, Arthur, "Decision Making as a Social Process: Normative and Descriptive Models of Leader Behavior," *Decision Science*, Vol. 5(1974), pp.743~769.Walker, Charles R., "The Problem of the Repetitive Job," *Harvard Business Review*, Vol. 28(1950), pp.54~58. *Newsweek*, September 23, 1968.

국내 문헌

강태룡 · 정규서, 기획론, 서울: 대왕사, 1984.

김규정, 행정학원론, 서울: 법문사, 1988.

김명훈 · 정영윤, 심리학, 서울: 박영사, 1981.

김번웅, "행정부조리, 조직의 민주화 및 간접유도행정," 조직과 복지사회(유종해교수 회갑 기념논문집), 서울: 박영사, 1991.

김보현 · 김용래 공저, 지방행정의 이론과 실제, 서울: 법문사, 1985.

김영종, "민주사회발전을 향한 행정부패의 방지전략," 「민주사회 성숙을 위한 공공행 정」, 한국행정학회 제1차 학술대회, 1988.

김영훈, "예산제도의 발전의 방향: PPBS와 목표에 의한 관리의 관계를 중심으로," 연세행 정논총, 서울: 연세대학교 행정대학원, 1976.

김운태, 조직관리론, 서울: 박영사, 1971.

김태극, 행정관리, 서울: 남영문화사, 1961.

박동서, 한국행정론, 서울: 법문사, 1972.

박연호, 신행정관리론, 서울: 진수당, 1970.

박연호 · 이상국, 현대조직관리론, 서울: 박영사, 1982.

박우순, 현대조직론, 서울: 법문사, 1996.

박응격, "공무원 윤리관 확립과 의식개혁," 행정문제논집, 제3집, 한양대학교 행정문제연구 소, 1982년 12월.

박재규 역, 테크네트로닉 시대의 국제정치, 경남대학교 극동문제연구소, 1974.

박재창, "공직자 재산등록·공개제도: 통제론적 접근," 한국행정연구, 제2권 제1호, 1993.

소덕진 외, 최신경영학대사전, 서울: 보문각, 1972.

손재식, 지방행정개론, 서울: 박영사, 1982.

송대현, 사회심리학, 서울: 박영사, 1981.

송대현, 사회심리학, 서울: 박영사, 1983.

신유근, 조직행위론, 서울: 다산출판사, 1985.

안해균, 현대행정학, 서울: 다산출판사, 1987.

안희남, "정책의 합리성을 위한 이론적 모형에 관한 연구," 연세대학교 대학원 석사학위논문, 1981.

오석홍, 조직이론, 서울: 박영사, 2014.

유석영, "공무원 부패방지에 관한 연구," 한국행정학보, 제15호, 1981.

유종해, "조직의 정책논론 개선방안: 조직발전의 개념 및 효용," 연세행논총, 제3집, 1976.

유종해 편역, 비교행정론, 서울: 연세대학교 출판부, 1972.

유종해, "행정윤리와 부패," 사회과학논집(연세대 사회과학연구소), 제23집, 1992.

유종해, "행정학에서 윤리문제의 제기와 행정이념," 사회과학논집(연세대 사회과학연구소), 제22집, 1991.

유종해, 현대조직관리, 서울: 박영사, 2006.

유종해, "현대조직이론의 계보와 경향," 고시계 제294호, 1981.

유종해, 현대행정학, 서울: 박영사, 2006.

유종해 · 송영달, 조직이론, 서울: 연세대학교 출판부, 1975.

유종해 · 이덕로, 현대행정학, 서울: 박영사, 2015.

윤재풍 공저, 조직관리론, 서울: 법문사, 1978.

이봉기, "조직환경의 변화에 따른 조직발전의 추이에 관한 연구," 연세대학교 행정대학원 석사학위논문, 1981.

이상조, 사무관리론, 서울: 세종출판공사, 1962.

이종수 외, 새행정학 2,0, 서울: 대영문화사, 2016.

이학종, 조직행동, 서울: 세경사, 1984.

전병재, 사회심리학, 서울: 박영사, 1984.

정경섭, 조직행동론, 서울: 법문사, 1986.

정인흥, 행정학, 서울: 박영사, 1960.

조석준, 현대사무관리론, 서울: 박영사, 1982.

한덕웅, 조직행동의 동기이론, 서울: 법문사, 1985.

행정안전부, 행정업무운영편람: 서울: 행정안전부, 2020.

행정자치부, 사무관리실무, 서울: 행정자치부, 2008.

홍영식 외, "정보시스템 도입에 따른 변화관리 사례 연구: 대법원 변화관리 프로젝트를 중심으로", *Information Systems Review*, 2006.

색인

사항색인

저자소개

유종해(劉鐘海)

서울대학교 법과대학(법학사)
서울대학교 행정대학원(행정학석사)
The University of Michigan(MPA, Ph.D.)
Eastern Michigan University 교수
연세대학교 행정학 교수, 사회과학연구소장,
지역사회개발연구소장
연세대학교 행정대학원장
명지대학교 객원교수
한국행정학회장(제17대)
한국교정학회장
입법고시, 행정고시, 외무고시위원
3급 공무원 특별채용 및 승진시험위원
국무총리실 지방자치제실시 연구위원, 총무처·
내무부 정책자문위원, 이북5도위원회 행정자문
위원장

현 매산공공정책연구소장

이덕로(李悳魯)

서강대학교 정치외교학과(정치학사)
서강대학교 경제학과(경제학사)
연세대학교 대학원 행정학과(행정학석사)
Florida State University(Ph.D.)
한국국방연구원 기획관리연구실장
세종대학교 사회과학대학장 및 공공정책대학원장
한국국정관리학회장
입법고시, 행정고시, 외무고시위원
7·9급 국가직 공무원 시험위원
서울시·국방부 공무원 채용 및 승진시험위원
국무총리실 정부업무평가전문위원, 기획재정부 공
공기관 경영평가위원, 행정자치부 지방자치단체평
가위원·지방공기업평가위원·정책과제평가위원,
외교부 정책자문위원·공적심사위원, 해양수산부
정책자문위원, 제21대 국회의원 선거구획정위원,
해양수산부 중앙수산자원관리위원, 농림축산식품
부 규제심사위원, 국방부 기관평가위원

현 세종대학교 사회과학대학 행정학과 교수
  세종대학교 국정관리연구소장
  한국행정학회장(제58대)

제2판
현대조직관리

초판 발행   2015년 8월 26일
제2판 발행   2023년 3월 31일

지은이   유종해·이덕로
펴낸이   안종만·안상준

편 집   배근하
기획/마케팅   손준호
표지디자인   BEN STORY
제 작   고철민·조영환

펴낸곳   (주) 박영사
             서울특별시 금천구 가산디지털2로 53, 210호(가산동, 한라시그마밸리)
             등록 1959. 3. 11. 제300-1959-1호(倫)

전 화   02)733-6771
f a x   02)736-4818
e-mail   pys@pybook.co.kr
homepage   www.pybook.co.kr
ISBN   979-11-303-1747-2   93350

* 파본은 구입하신 곳에서 교환해 드립니다. 본서의 무단복제행위를 금합니다.
* 저자와 협의하여 인지첩부를 생략합니다.

정 가   39,000원